Brigitte Zuber

Gymnasiale Kunsterziehung der NS-Zeit
Das Beispiel München

Brigitte Zuber

Gymnasiale Kunsterziehung der NS-Zeit
Das Beispiel München

WALLSTEIN VERLAG

Bibliografische Information der Deutschen Nationalbibliothek

Die Deutsche Nationalbibliothek verzeichnet diese Publikation in der Deutschen Nationalbibliografie. Detaillierte bibliografische Daten sind im Internet über http://dnb.d-nb.de abrufbar.

© **Wallstein Verlag, Göttingen 2009**
www.wallstein-verlag.de
Gesetzt aus der Adobe-Garamond und Myriad Pro
Layout und Umschlaggestaltung: Brigitte Zuber, Wolfgang Blaschka

Titelbild unter Verwendung einer Fotografie aus der Ausstellung *Gymnasiale Kunsterziehung der NS-Zeit in München,* Kunstpavillon München, Oktober 2005, und der Montage einer Fotografie aus dem Archiv von Joseph Wulf.

Druck: Messedruck Leipzig GmbH
ISBN: 978-3-8353-0436-9

Diese Arbeit wurde als Inaugural-Dissertation zur Erlangung des Doktorgrades der Philosophie an der Ludwig-Maximilians-Universität München 2007 angenommen und gedruckt mit Unterstützung des Förderungs- und Beihilfefonds Wissenschaft der VG WORT.

Inhalt

Vorwort		9
I.	Entwicklungsphasen vor 1933 und der Übergang zum Faschismus. Zwei Berufsgruppen: Die »Alten« und die »Jungen«	15
1	Das politische Milieu der jungen Zeichenlehrer (aufgezeigt an der TH München und der Zeitung des AStA)	17
1.1	Zeichenlehramt im Spannungsfeld von Technik und Kunst	17
1.2	*Kampfbund für deutsche Kultur:* Kultur und Kunst als Gesinnung	21
1.3	*Volk ohne Raum:* »Überfüllung der akademischen Berufe«	23
1.4	*Volksgemeinschaft:* Kulturgeist wird Frontgeist	27
1.5	Antisemitischer Dozent mit Extraunterricht für den Zeichenlehrernachwuchs	29
1.6	*Verein für das Deutschtum im Ausland:* »Grenzland in Not«	31
1.7	Exkurs: Das »Geiselmord«-Traditionsgedenken im Luitpoldgymnasium	37
2	Das berufliche (Kampf-)Feld der Zeichenlehrer und die Besonderheiten der bayerischen Kunstpädagogik	47
2.1	MAN und BMW beeinflussen die Lehrpläne	47
2.2	Georg Kerschensteiners Einfluss	53
2.3	Autoritäten: Konrad Fiedler, Adolf von Hildebrand, Hans Cornelius und Gustaf Britsch	59
2.3.1	Britsch und Cornelius – erkenntnistheoretische Positionen	63
2.4	1928-1933: Der Münchner Streit über die Britsch-Theorie	71
2.4.1	Richard Mund gegen Britsch/Kornmann – Quellenlage	75
2.4.2	Richard Munds Ausgangsposition	77
2.4.3	Munds fachdidaktische Kritik	81
2.4.4	Auseinandersetzung unter ungünstigen Vorzeichen	87
2.5	1925-1938: Die Veränderung der Britsch-Überlegungen	91
2.5.1	Egon Kornmann: Ordnung statt »Durcheinander«	91
2.5.2	Kornmanns Gegenüberstellung von Technik und Kunst	95
2.5.3	Hans Herrmanns Argumentation mit Thomas von Aquin	103
2.5.4	Hans Herrmann wird Münchner Fachberater für Zeichnen	109

INHALT

II. Münchener Unterricht in Kunsterziehung 1933 bis 1945 117

1   1933-1935: Zeichnen und Kunsterziehung im Schlepptau der Geschichtsfälschung (im Spiegel des Amtsblatts des bayerischen Kultusministeriums) 117
1.1   Unterrichtsprinzip statt Zeichenlehrbücher 117
1.2   Goebbels Idee: Zeichenwettbewerb zum Winterhilfswerk ... 121
1.3   Zeichnen und Kunsterziehung als rassenkundlicher Gesinnungsunterricht 123
2   1935: Erster programmatischer Lehrplan. Schulordnung für die Deutschen Aufbauschulen 127
2.1   Kunsterziehung zum Schauen in den Wellengang der deutschen Geschichte 131
2.2   Heimatkunst und ›zerlegendes Sehen‹ – ein Gesamtsystem .. 133
3   1935-1936: Zeichenunterricht im Schullandheim 135
3.1   Spirale der Judenverfolgung, SA- und SS-Zeichenlehrer – Gisela-Oberrealschule und Gelbenholzen 137
3.2   Ein Tagebuch enthüllt Unterschiede Rupprecht-Oberrealschule und Holzhausen 143
3.3   »Schauder und Idylle«. Luisenlyzeum und Seeheim. Wittelsbacher Gymasium und Endlhausen 147
4   1935-1944: Die Seminarschule von Josef Bergmann 153
4.1   Seminarlehrer Bergmann und die Adolf-Hitler-Schulen 155
4.2   Der Unterricht von Josef Bergmanns Musterschüler Karl Wellano 163
4.3   »Soldatisch-musische Erziehung« von Krieck und Baeumler . 167
5   1935-1940: Zeichenlehrerinnen an Mädchenschulen 175
5.1   Die Entstehung der Oberschulen für Mädchen auf Kosten der Klosterschulen 177
5.2   Besonderer Ehrgeiz der weiblichen Zeichenlehrkräfte 181
5.3   Britsch/Kornmann/Herrmann-Einfluss an Mädchenschulen . 185
6   Ab 1934: Flugmodellbau und »Stählerne Romantik« (Kriegsvorbereitung I) 193
6.1   Kultusministerium – Luftgaukommando – Kriegsmarine – Schuldirektorate 195
6.2   Schönheit der Technik als »stählerne Romantik« 201
6.3   Flugmotorenkunde verdrängt Darstellende Geometrie 205
7   1936-1939: Zeichenausstellungen zum *Vierjahresplan* (Kriegsvorbereitung II) 209
7.1   1937-1938: Aktivitäten 211
7.2   1938-1939: Bezirksschulausstellungen 215
7.3   Das abrupte Ende der Bezirksausstellungen 223

8	1937-1940: Das NS-Programm für Kunst und Kunsterziehung ist ausgearbeitet	229
8.1	Exkurs 1937: Der Festzug fixiert das Verhältnis von Kunst und Geschichtsdarstellung	229
8.2	1938-1940: Reichsschulreform und der neue Lehrplan ...	239
8.2.1	»Kunstbetrachtung« durch die neuen Kunsterzieher	241
8.2.2	1940: Prüfungsneuordnung für das Künstlerische Lehramt: Die Verpflichtung auf ein »nichtkünstlerisches Beifach« ...	249
8.3	1940: Ein Protokoll über den verheerenden Zustand der Kunsterzieher-Ausbildung an der TH München	253
9	1929-1953: Die Behandlung der Fotografie an den höheren Schulen Münchens	261
9.1	1934: Unterrichtsfilm statt Schulfotografie	267
9.2	1937: Die politische Weihe der Amateurfotografie	275
9.3	1938: Herrmanns Traktat über Kunst und Fotografie	281
10	1933-1945: Zeichenlehrkräfte und ihr Unterrichtsalltag ...	287
10.1	Die »Alten« und Funktionäre der Lehrerverbände	287
10.1.1	Der Lehrer Adalbert Lunglmayr – ein »Alter«	287
10.1.2	Kriegerisches in Schrift, Zeichnung und Fotografie bei Josef Blatner	291
10.1.3	»Zeichenlehrer Fluhrer führt die Liste der Gefallenen«	297
10.1.4	Zeichenunterricht bei Richard Mund	299
10.1.5	Selbstzeugnisse von Adolf Braig	301
10.1.6	»Reichssieger« Helmut Zischler – ein Schüler des Seminarlehrers Karl Motz	307
10.1.7	Der beste Schüler von Josef Eckert (Seminarist von Ferdinand Honig)	307
10.2	Aus dem Unterricht von Bergmann-Seminaristen	315
10.2.1	Sichtbarer Lehrerwechsel: Von Maendl zu Heueck	315
10.3	Die Lehrer aus dem Kornmann-Freundeskreis	317
10.3.1	Ein Skizzenbuch und die Romane von Alfred Zacharias ...	317
10.3.2	Allweyersche Heilkräuter und Dall'Armische Maibäume ..	327
10.4	Unterrichtsaufsicht durch das Kultusministerium	331
11	Widerstand: Das Beispiel Alexander Schmorell	333
III.	Ästhetisierung von Geschichte und Politik 1933 bis 1945	339
1	Sakraltransfer	341
1.1	Die Feier des Märtyrers	341
1.2	Sakralisierung des »ewigen Deutschlands«	347
1.3	Gestalterische Symmetrie und Menschenornamente	349
2	Äußere Merkmale – »innerer Charakter«	353

3	Allumfassende Ästhetisierung – bis in den Tod	359
4	Politik und Kunst – die Ästhetisierung entgrenzt beides	365
5	Von der geschichtslosen »Gestalt« (Jünger, Baeumler, Weinhandl) zur »Wesens-Schau« (Hans Herrmann)	373

IV. Das Verhalten der Kunsterzieher 1945 und danach 383

1	Das politische Verhalten bei der »Entnazifizierung«	383
1.1	Ein spezifisches Münchener Verwechsle-dich-Spiel	385
1.2	Der unpolitische Künstler und der bloße Wissenschaftler	389
1.3	Der arme Student	395
1.4	»Auf Befehl« gehandelt	397
1.5	Kein »äusseres Anzeichen« von »nazistischer Gesinnung«	399
1.6	Das »Fundament der geistlichen Kunst der Vergangenheit«	403
1.7	Der »Bayer und Katholik« Dussler wird Ordinarius	405
2	Das kunstpädagogische Verhalten nach 1945	411
2.1	1946-1948: Ein organisatorischer Neuanfang	413
2.2	1949: Richard Wolf wird »Inspektor«	417
2.3	1950: Die Akademie in der Auseinandersetzung	419
2.4	1952: Ein Vorfall zwischen Fritz Reß und Richard Wolf	427
2.5	1952: Bezugswissenschaften. Symbiose mit Philipp Lersch	433
2.6	Abstrakt oder nicht: Der »Gegenstand in der Zeichnung«	439
2.7	Das neue alte Frauenbild	441
2.8	Die neue alte Aufteilung: Volksschulen und Gymnasien	443

V. Kurze Zusammenfassung 448

VI. Anhang

1	Kurzviten der ZeichenlehrerInnen und KunsterzieherInnen an Münchner »höheren Schulen« in der NS-Zeit	451
2	Ausstellungen, Filme und Veranstaltungen 1933-1944 in München, die von Schulklassen besucht wurden	474
3	Staatliche und städtische »höhere Schulanstalten« in München 1933-1945	487
4	Ungedruckte Quellen: Archive	492
5	Gedruckte Quellen: Schulberichte, Schülerzeitungen, Festschriften / Zeitungen und Zeitschriften / Ausstellungskataloge / Schriften	493
6	Literatur	499
7	Abkürzungen	503
8	Personenregister	505

Vorwort

Die vorliegende Studie betritt innerhalb der historischen Kunstpädagogik in mehrerlei Hinsicht Neuland. Sie untersucht ein komplexes Stück Fachgeschichte, indem sie die unterschiedlichsten Quellen zu Lehrtätigkeit, Personen und Institutionen der NS-Zeit in München aufschließt und die auch disparaten Fundstücke zusammenführt.

Die Begrenzung der Studie auf München und auf die damaligen »höheren Schulen« erlaubte es, sich auf Details und Besonderheiten einzulassen, den jeweiligen Widersprüchen konkret nachzugehen und dadurch wesentliche Zusammenhänge in der Kunsterziehung der NS-Zeit kennenzulernen. Da die Arbeit versucht, Kippstellen, Weichenstellungen, Wegscheiden, also Entwicklungen und Veränderungen zu erkennen und zu dokumentieren, folgt sie so weit wie möglich der Chronologie entsprechenden Verläufen. Der eingegrenzte Forschungsbereich ermöglichte die Arbeitsweise, zunächst nach Hinweisen auf die Biografie und Tätigkeit der ZeichenlehrerInnen aller städtischen und staatlichen Schulen zu suchen. Die einschlägigen Informationen in den Jahresberichten der Schulen wurden nach einem bestimmten Raster erfasst, so dass parallel dazu in den Schul-, Stadt-, Staats- und Universitätsarchiven nach ergänzendem Material geforscht werden konnte. Auch wurden ehemalige Schülerinnen und Schüler der betreffenden Jahrgänge gefunden, die ihre Erfahrungen schilderten und Privatarchive öffneten. Von Schul- und Stadtgeschichtsforschern kamen Tipps und Archivgaben. Die Besonderheiten der bayerischen Kunsterzieherausbildung führten in die technische Hochschule und damit in einen Bereich, der auf einen zentralen Konflikt des Nationalsozialismus hinwies, auf das Verhältnis von Technik und Kunst.

Ein erstes Zwischenergebnis stellte die Magisterarbeit dar. Mit der auf ihr basierenden Ausstellungstätigkeit »Gymnasiale Kunsterziehung der NS-Zeit in München« im Kunstpavillon 2005 und der damit verbundenen Fachtagung konnte auch die Diskussion mit ehemaligen Schülern und Nachkommen der damaligen ZeichenlehrerInnen intensiviert werden. Eines der positiven Ergebnisse dieser Kontakte war, dass die belegte Dokumentation der Mitgliedschaften und Betätigungen ihrer Angehörigen im NS-Staat nicht als Denunziation, sondern – im Interesse der wissenschaftlichen Behandlung – als notwendig angesehen wurde. Starke Differenzen jedoch zu den Ergebnissen meiner Studie stellte das Gestalt-Archiv Hans Herrmann e.V. fest, wobei die Leitung des Archivs die sachliche Auseinandersetzung hierüber suchte und eine erste Diskussion über die unterschiedlichen Standpunkte erfolgte. Sie bewirkte bei mir, die Stationen der Veränderung der Britsch-Theorie im Zusammenhang mit dem NS-Thema näher zu untersuchen, als es bislang in der Fachliteratur einschließlich meiner Magisterarbeit geschah. Den Ursprungsthesen von Britsch und ihrer Rezeptionsgeschichte ist deshalb in der vorliegenden Arbeit relativ viel Raum gegeben. Soweit dabei einzelne Personen im Mittelpunkt der jeweiligen Untersuchung stehen, wurde wie auch bei den anderen Fachströmungen die exemplarische Aussage gesucht, die Antworten auf jenen Fragenkomplex gibt: Woher kommt dieser »soziale Charakter« von größeren Bevölkerungsgruppen einer bestimmten Gesellschaft, der die einzelnen Menschen »wünschen lässt, so zu handeln, wie sie zu handeln haben [...] dass sie das kontinuierliche Funktionieren eben dieser Gesellschaft verbürgen«? (Erich Fromm) Welche spezifischen Faktoren führten zu den verschiedenen Fachrichtungen, welche Widersprüche entwickelten sich zwischen ihnen, welche Fachinteressen kulminierten zugleich mit den ideologischen und staatlichen Geboten der NS-Zeit?

Ebenso wie in der »großen Politik« stellen die Besonderheiten Münchens bzw. Bayerns auch in der Kunsterziehung geradezu eine Goldader dar, um Erkenntnisse in verallgemeinerter Form zu gewinnen. Die Spezifika der bayerischen Kunsterzieherausbildung in der TH-Ära von 1869 bis 1945 waren – insbesondere für den Zeitraum der 1920er bis 1940er Jahre – bisher kein Forschungsthema. Hinweise gab der Artikel »Kunsterzieher an der Akademie«[1] von Wolfgang Kehr, dessen Thema aber nicht die Technische Hochschule München, sondern die Akademie der Bildenden Künste war. Ebenso findet sich bei Wolfgang Reiss[2] ein Fingerzeig auf dieses Thema. Das »Handbuch der Geschichte des bayerischen Bildungswesens«[3] belegt den dürftigen Forschungsstand.

Im Zusammenhang mit der Entwicklungs- und Rezeptionsgeschichte der Britsch-Überlegungen gibt es die hilfreichen Quellenstudien von Otfried Schütz und einen Text von Wolfgang Kehr, die das kunstwissenschaftliche Umfeld von Gustaf Britsch im Kreis von Adolf von Hildebrand behandeln. (Bei Schütz stehen die Einflüsse dieses Kreises auf die Theorie von Britsch im Mittelpunkt, bei Kehr mehr das kunsterzieherische Engagement in dieser Kunstszene der

---

1   In: Thomas Zacharias (Hg.), *Tradition und Widerspruch. 175 Jahre Kunstakademie München*, München 1985, S. 287-326.
2   Wolfgang A. Reiss, *Die Kunsterziehung in der Weimarer Republik. Geschichte und Theologie*, Dissertation 1980, Weinheim und Basel 1981.
3   Vgl. Erich Wasem, *Kunsterziehung im Dritten Reich, unter Berücksichtigung bayerischer Modifikationen*, in: Handbuch der Geschichte des bayerischen Bildungswesens, 3. Bd., *Geschichte der Schule in Bayern. Von 1918 bis 1990*, Bad Heilbrunn 1997, S. 426-439.

Jahrhundertwende und der ersten zehn bis zwanzig Jahre danach[4].) Die vorliegende Arbeit kann nun die weitere Rezeptionsgeschichte dieses Kreises durch die gymnasialen Zeichenlehrer in München bis in die 1950er Jahre hinein darlegen.

Die Studie stützt sich weiterhin auf die Fachpublikationen, die die ideologisch-programmatischen Aspekte der Kunsterziehung der NS-Zeit schwerpunktmäßig behandeln. Dies betrifft die Untersuchung von Alex Diel[5], der die entsprechenden Verlautbarungen der NS-Kunstpädagogik umfassend zusammentrug, die Studie von Wolfgang Reiss, der die Weimarer Zeit (in Preußen vorwiegend) untersuchte und spezifische Anknüpfungspunkte für die NS-Politik dabei herausarbeitete, die Untersuchungen von Ildikó Neukäter-Hajnal[6] u.a. und die einschlägigen Hinweise zu Quellenlage, Forschungsstand und Dokumentation der historischen Kunstpädagogik von Diethart Kerbs.

Zu den Fragen der »Hauptstadt der Bewegung« und der »Hauptstadt der Deutschen Kunst« zeigte z.B. das Symposium 2003 über das geplante Dokumentationszentrum zum nationalsozialistischen München, dass über die Rolle Münchens insbesondere *während* der NS-Zeit kein Konsens unter den Historikern und politisch Interessierten vorherrscht. Auch über München als Entstehungs- und Aufstiegsort der NSDAP konnte man sich nur annähernd verständigen. Inwieweit zum Beispiel die zwei Hauptstadt-Titel eine Art Entschädigung für die Wahl Berlins als Reichshauptstadt darstellten oder welches Gewicht der in München verbliebene zentrale NS-Verwaltungsapparat für das NS-Regime hatte, sind nur zwei der strittigen Fragen. Die ebenfalls kontrovers diskutierte Frage nach der Bedeutung Münchens für die NS-Kunst hing und hängt weitgehend damit zusammen, wie die Legitimierungsfunktion der Kunst für die Verbrechen des NS-Regimes einzuschätzen ist, im weiteren Sinne damit, welche Bedeutung man der entsprechenden Ästhetisierung von Politik, Geschichte und Alltag zumisst. Die vorliegende Arbeit beschränkt sich auf die gymnasiale Kunstpädagogik in München, kommt dabei aber zwangsläufig immer wieder in die Nähe dieser Fragen, so dass sie auch entsprechendes Material zu diesen Aspekten liefern kann. Als eine der Konsequenzen daraus ergab sich ein besonderes Interesse an einem präziseren begrifflichen Instrumentarium zu dem Grenzbereich, in dem sich ästhetisierte Politik und politische Kunst voneinander scheiden. – Da eines der wesentlichen Kennzeichen der NS-Ästhetisierung ihr allgegenwärtiges und umfassendes Eingreifen in alle Bereiche des öffentlichen und

---

4 Wolfgang Kehr und Ernst Rebel: *Zwischen Welten. Adolf von Hildebrand (1874 bis 1921). Person, Haus und Wirkung.* München 1998, S. 69-92.
5 Alex Diel, *Die Kunsterziehung im Dritten Reich. Geschichte und Analyse,* München 1969.
6 Ildikó Neukäter-Hajnal, *Ideologische Wurzeln der Kunsterziehung. Herausbildung von irrationalen Tendenzen und ihrer Wirkung,* Kastellaun 1977.

Viele der in diesem Buch abgebildeten Dokumente wurden im Oktober 2005 an authentischem Ort, im Kunstpavillon des Alten Botanischen Gartens in München, einem NS-Bau, erstmals ausgestellt. Die Archivalien und Originalzeichnungen und -malereien waren ergänzt durch Exponate wie etwa Segelflugzeugmodelle jener Zeit aus dem Deutschen Museum, alte Schulhefte und Handarbeitsproben, sowie begleitet von zwei Sonderausstellungen – eine zur Geschichte der Kunsterziehung in Bayern und eine mit frühen Arbeiten von vier zeitgenössischen Künstlern. Zahlreiche Schulklassen, KunstpädagogInnen und Nachfahren damaliger ZeichenlehrerInnen besuchten die Ausstellung. So lässt sich die vorliegende Forschungsarbeit zugleich wie ein nachträglicher Ausstellungskatalog lesen.

ENTWICKLUNGSPHASEN VOR 1933

des privaten Lebens der Menschen war, ist das entsprechende Forschungsgebiet fast unübersehbar. Auch die Eingrenzung der Untersuchung auf die Ästhetik jener Feiern, Ausstellungen und Ereignisse, die nachweislich von Schulklassen der sog. höheren Schulen in München 1933-1945 erlebt wurden (siehe chronologische Aufstellung im Anhang), schützt nicht vor subjektiv einseitiger Auswahl der Beispiele.

Der reichliche Abdruck von Dokumenten- und Bildmaterial in dieser Arbeit scheint mir dem Thema der Studie angemessen zu sein. Die Fülle der verschiedenen Gesichtspunkte, die zu berücksichtigen sind, wird so auch anschaulich in Erinnerung gerufen. Bei der Mehrzahl der Dokumente handelt es sich um bisher unveröffentlichte Quellen und unbekanntes Material.

An dieser Arbeit haben sichtbar und unsichtbar viele mitgewirkt. Dafür möchte ich meinen herzlichen Dank aussprechen:

Zuallererst an meinen Doktorvater, Prof. Dr. Ernst Rebel, der mir bereits für die Magisterarbeit die Wahl dieses sperrigen Themas nahelegte, der mir die Sicherheit wissenschaftlicher Maßstäbe für die spezifische Bearbeitung dieses Themas vermittelte und der mich mit Rat und Tat stets unterstützte.

An den Lehrstuhlinhaber Prof. Dr. Wolfgang Kehr, der mit großem persönlichem Einsatz für die Ausstellung im Kunstpavillon und das wissenschaftliche Beiprogramm jede Hilfe bot, der ein eigenes Hauptseminar zu diesem Thema einrichtete und institutionelle Arbeitsmöglichkeiten zur Verfügung stellte, sodass auch eine studentische Projektgruppe für die Ausstellung gewonnen werden konnte.

An Dr. Christian Fuhrmeister, in dessen Seminaren an der LMU ich meine alte Liebe zur Archivrecherche und zu Originaltexten wiederentdeckte, und der aufgrund seiner vielfältigen Aktivitäten zur NS-Kunstgeschichte ein stets präsenter Ansprechpartner war.

An Prof. Dr. Otfried Schütz, der mir den Britsch-Nachlass öffnete, den er in aufwendiger Privatarbeit vom Zustand Tausender Zettel in ein übersichtliches Archivsystem verwandelt hatte. Darüber hinaus konnte er mir auf viele Fragen wertvolle Hinweise geben.

An das Gestalt-Archiv Hans Herrmann, das aus seinem einzigartigen Bestand viele Schüler- und Lehrerarbeiten für die Ausstellung im Kunstpavillon 2005 zur Verfügung stellte.

An die Schul- und Stadtgeschichtsforscher Günther Baumann, Johann Binser, Walther Habersetzer und Bernhard Möllmann, an die Geschichtswerkstatt Neuhausen und ihre Mitarbeiter, insbesondere Florian Köhler, und an die vielen privaten LeihgeberInnen von Schularbeiten im Zeichen- und Kunstunterricht.

Besonderer Dank gilt den Mitarbeitern der öffentlich-rechtlichen Archive, den Schuldirektoren und -sekretariaten für ihre Hilfsbereitschaft und Renate Hennecke für das Korrekturlesen.

März 2007, Brigitte Zuber

Die Zeichenlehrer

Fotos aus: Ausstellung »Gymnasiale Kunsterziehung der NS-Zeit in München«.

1 Entwicklungsphasen vor 1933 und der Übergang zum Faschismus

Zwei Berufsgruppen: Die »Alten« und die »Jungen«

In den Jahresberichten der städtischen und staatlichen Schulen sind die Namen der ZeichenlehrerInnen vermerkt, sie teilen sich in zwei Hauptgruppen: in die der Studienräte bzw. Studienprofessoren und in die der noch nicht verbeamteten, im sog. vorbereitenden Schuldienst stehenden Studienassessoren.[1] Das durchschnittliche Alter der Lehrkräfte an den damaligen staatlichen und städtischen sog. höheren Schulen in München (Gymnasien, Oberrealschulen, Realschulen, Lyzeen) war erstaunlich hoch. Im Schuljahr 1932/33 betrug es bei den (männlichen) Studienräten 51 Jahre und bei den Studienassessoren 28 Jahre. Nur vier der (männlichen) Studienräte waren zum Stichjahr 1933 jünger als 45 Jahre, es fehlte fast eine gesamte Altersstufe, nämlich die Geburtsjahrgänge 1888 bis 1901: Diese Zeichenlehrer und Zeichenlehramt-Studierende sind offenbar – wie so viele – vom 1. Weltkrieg nicht mehr nach Hause bzw. in den Beruf zurückgekehrt: verwundet, getötet, vermisst. »Aus unserm Staate ist die Jugend verschwunden, es ist, als hätte man den Frühling aus dem Jahre genommen«, klagte man auf einer »Langemarckfeier« 1928.[2]

Eine weitere Untersuchung der beiden Hauptgruppen von Zeichenlehrkräften zeigt zwischen den »Jungen« und den »Alten« einen signifikanten Unterschied beim politischen Organisierungsgrad. Von den Studienassessoren waren – im Zeitraum des Bestehens der NSDAP – ca. 80 Prozent einmal Mitglied in der NSDAP und/oder bei SA oder sogar SS[3], von den noch Studierenden ausnahmslos alle, während von den »Alten« immerhin mehr als die Hälfte sich einer solchen Mitgliedschaft verweigert hat.[4] (Dok. 16)

---

1 Der Einfachheit halber werde ich im Text die weibliche und männliche Form nur dann unterscheiden, wenn ich explizit auf ein Genderproblem eingehe. In der Regel wähle ich für beide Geschlechter die grammatikalisch männliche Form.
2 Siehe Faksimile Dok. 4.
3 Die jeweiligen Jahre der Mitgliedschaft spielen für die Untersuchung an dieser Stelle noch keine Rolle, im Einzelnen siehe Kurzviten der Lehrkräfte im Anhang.
4 Insgesamt schneiden die akademisch ausgebildeten Zeichenlehrer im Vergleich zum Beispiel zu den Münchener Volksschullehrern schlecht ab: Von diesen waren im Schuljahr 1938/39

Zeichenlehrkräfte an den »höheren Schulen« Münchens (1933)

Studienräte und Studienprofessoren

Name	Alter im Jahr 1933	Lehramtsprüf. TH/KGS*	Mitglied** in NSDAP, SA oder SS
Blatner, Joseph	38	1925	nein
Braig, Adolf	53	1901	nein
Brand, Hans	54	1904?	NSDAP,SS
Bergmann, Josef	45	1919	NSDAP
Dietl, Johann Bapt.	50	1907	NSDAP
Dressel, Paul	46	1910	nein
Eichele, Max	51	1906	nein
Fäustle, Alfons	45	1910	NSDAP,SA
Fluhrer, Friedrich	50	1906	nein
Hämmerle, Josef	47	1908	nein
Haseneder, Joseph	63	1899	nein
Heckenstaller, K.-H.	47	1910	NSDAP
Holzner, Franz	48	1910	NSDAP
Honig, Ferdinand	57	1898	NSDAP
Kerschensteiner, W.	46	1910	NSDAP
Lunglmayer, Adalbert	53	1903	NSDAP
Lutz, Gustav	48	1908	nein
Maendl, Robert	51	1903	nein
Motz, Karl Jakob	55	1899	nein
Mund, Richard	48	1908	nein
Nerl, Franz	50	?	nein
Oettel, August	63	1893	nein
Randl, Michael	54	1902	NSDAP
Renner, Wilhelm	64	1894	NSDAP,SA
Rockelmann, H.	58	1902	nein
Scherr, Andreas	41	1919	NSDAP,SA
Schlötter, Karl	53	1901	NSDAP
Schwimbeck, Fritz	44	1912	NSDAP
Soyter, Karl	55	1902	(o.A.)
Sterner, Anton	48	1908	NSDAP
Zielbauer, Paul	43	1913	nein
Durchschnittsalter	**51 J.**		**Ca. 50% NS**

Studienrätinnen und Stud.professorinnen

Name	Alter	Lehramt	Mitglied
Allweyer, Barbara v.	49	1907	nein
Börner, Laura	54	1899	nein
Buchner, Dorothea	42	1915	NSDAP
Dall'armi, Emma v.	48	1909	nein
Gaugigl, Magdalena	41	1915	nein
Hollweck, Emma	51	1905	nein
May, Anna	49	1909	nein
Ostertag, Mathilde	41	1925	NSDAP
Steinheil, Martha	41	1915	NSDAP
Thoma, Sophie	56	1908	nein
Zwengauer, Maria	45	1908	NSDAP
			Über ein Drittel NS

Studienassessoren und Studienassessorinnen

Name	Alter im Jahr 1933	Lehramtsprüf. TH/KGS*	Mitglied** in NSDAP, SA oder SS
Birnmeyer, Artur	32	1925	NSDAP
Braun, Heinrich	25	1932	NSDAP
Deppisch, Hildegard	25	1932	NSDAP
Födransberg, Alfred	32	1925	NSDAP
Grünleitner, Elisabeth	24	1929	NSDAP
Hahn, Julie	33	1921	nein
Herrmann, August	25	1931	NSDAP,SA
Herrmann, Hans	34	1927	nein
Heß, Paul	24	1932	NSDAP,SS
Hinterlohr, August	23	1933	NSDAP
Kellhammer, Max.	31	1928	NSDAP
Landgrebe, Heinrich	25	1932	NSDAP,SS
Kolnberger, Anton	27	1931	nein (bis1938)
Loher, Josef	26	1931	nein
Pickel, Joseph	25	1932	NSDAP
Praun, Susanne	29	1929	NSDAP
Rau, Walter	28	1930	NSDAP
Reß, Fritz	27	1931	NSDAP
Richter, Paul	25	1931	NSDAP
Schäfer, Raimund	31	1926	NSDAP
Schmidt, Hans	26	1929	NSDAP,SA,SS
Schorer, Georg	26	1932	NSDAP,SA
Vogelgsang, Karl	32	1925	NSDAP
Wagner, Johann	26	1931	NSDAP
Wolf, Richard	32	1926	nein
Wüllfarth, Leonhard	34	1933	NSDAP,SS
Zacharias, Alfred	32	1929	nein
Zeitler, Anton	34	1933	NSDAP
Ziegelmaier, Josef	34	1924	NSDAP,SA
Durchschnittsalter	**29 J.**		**Ca. 80% NS**

Studierende oder Schüler im Januar 1933

Name	Alter	Jahr	Mitglied
Baer, Otto	22	1934	NSDAP,SA
Beer, Andreas	19	1937	NSDAP,SA
Dering, Josef	23	1934	NSDAP,SA
Eckert, Josef	23	1934	NSDAP
Heueck, Otto	28	1938	NSDAP
Hußla, Hugo	21	1935	SS
Schätzl, Lothar	19	1939	NSDAP,SA
Strecker, Hedwig	18	1939	nein
Scheibe, Emil	19	1938	NSDAP
Weber, Kurt	22	1935	NSDAP,SA
Wellano, Karl	21	1937	NSDAP,SA
Weiß, Gerald	24	1935	NSDAP,SA
Winzinger, Franz	24	1934	NSDAP
			Fast alle NS

* TH bzw. Kunstgewerbeschule München.   ** Eintrittsjahr siehe *Kurzviten* im Anhang.
Quellen: Personalakten des Ministeriums für Unterricht und Kultus im Bayerischen Hauptstaatsarchiv und des Stadtarchivs München, Bestand Schulamt, siehe im Einzelnen *Kurzviten*.

Dafür sind zunächst mehrere Gründe denkbar: Ein besonderes Sozialisationsmilieu der »Jungen« in- und außerhalb ihrer Familien / Karrieregründe und Verlockungen, verbunden mit der unsicheren Lage der Studienassessoren und der im Vergleich dazu wirtschaftlich abgesicherten Lehrerbeamten / die spezielle Demagogie der NSDAP, die sich als eine Bewegung der Jugend, eine Bewegung mit umstürzlerischen Zielen, darstellte.

1 Das politische Milieu der jungen Zeichenlehrer und Kunsterzieher (aufgezeigt an der TH München und der Zeitung des AStA)

Eine zentrale gemeinsame Prägestätte der bayerischen Kunsterzieher war die Technische Hochschule (TH) München. Ausnahmslos alle der untersuchten männlichen Lehrkräfte (zum Teil auch die Zeichenlehrerinnen) studierten an der TH und unterzogen sich dort bis 1943 der Lehramtsprüfung. Durch die technische Hochschule mussten alle hindurch – Grund genug, sich mit ihr näher zu befassen.[5]

1.1 Zeichenlehramt im Spannungsfeld von Technik und Kunst

Die 1868 neu gegründete technische Hochschule (ihre Vorläuferin war eine polytechnische Zentralschule) hatte 1868/69 von der Akademie der Bildenden Künste den gesamten Architekturbereich, einschließlich Kunstgeschichte, sowie Ausbildung und Prüfung der akademischen Zeichenlehrer übernommen. Kurz zuvor waren erstmals Realgymnasien in Bayern eingerichtet worden, die nach vierjährigem Unterricht an die polytechnische Schule führten. Diese war eine Bau- und Ingenieurschule. Die technisch-industriellen Anforderungen an die Architekten- und Ingenieurausbildung im Zeichnen und Konstruieren waren enorm gewachsen, und in der dabei vertieften dualen Sichtweise von Technik und Kunst entschied man sich in Bayern radikal für die Technik. Die Akademie pflegte dann die sog. reine Kunst – und verlor dabei einstweilen sogar

---

insgesamt 29 % Mitglied der NSDAP. Diese Zahl ermittelte sich »auf Grund einer Rundfrage bei 750 Volksschul- und Gewerbelehrern und bei 1020 Volksschul-, Handarbeits- und Zeichenlehrerinnen, Kindergärtnerinnen und Hortnerinnen«: 141 der Erzieherinnen (= 14 %) und 369 der Erzieher (= 49 %) waren Mitglied der NSDAP, gesamt also 510 von 1770 = 29 %. Aus: *Die Volksschulen der Hauptstadt der Bewegung*, Jahresbericht 1938/39, hg. vom Stadtschulamt München, S. 13.

5 Das Sozialisationsmilieu der weiblichen Zeichenlehrkräfte, insbesondere ihre Prägestätte an der Kunstgewerbeschule, wird an späterer Stelle und in anderem Zusammenhang behandelt. Dies ist auch von daher zu rechtfertigen, dass die Zeichenlehrerinnen wesentlich mehr und variationsreichere Ausbildungswege gingen, um überhaupt in den Schuldienst zu kommen.

Der Hörsaal für Mathematik und Kunstgeschichte 1869 in der neu gegründeten Technischen Hochschule: ein Kennzeichen für die neue Symbiose unter Vorherrschaft des Technisch-Mathematischen.

Bildquelle: Die KB Technische Hochschule zu München 1868-1918. Denkschrift zur Feier ihres 50jährigen Bestehens. München: Bruckmann AG 1917, Tafel 47 (KB = Königlich-Bayerische).

Die Technische Hochschule München

Herausgeber: Der Vorstand des Allgemeinen Studentenausschusses der Technischen Hochschule München / Hauptschriftleitung und verantwortlich für den Gesamtinhalt: W. Staudinger, München / Für den Weihenstephaner Teil: W. Schnegg Weihenstephan / Geschäftsstelle: München, Arcisstraße 21, A. St. A., Fernsprech-Anschluß 54901, Nebenstelle 96 Sprechstunde 11–12 / Postscheckkonto 15582 / Druck: Alpine Verlagsanstalt H. Stock & Co., Kommanditgesellschaft, München / Erscheint nur während des Semesters / Bezugspreis im Monat RM. 1.— / Einzelnummer RM. 0.80 / Für Studierende kostenlos.

Heft 5   **1. Juli 1928**   **4. Semester**

Nachdruck nur mit Quellenangabe.

Sonderheft Form und Technik*

Inhalt: W. Riezler, Schönheit und Technik / Gedanken zum Gestalten / Hemmungen in der Entwicklung des Industriebaus / Franz Kollmann, Bücherquerschnitt / Neuordnung des landwirtschaftlichen Hochschulwesens in Bayern / Sonstige Nachrichten.

Schönheit und Technik.

„Die Schönheit, was das ist, das weiß ich nit". Dürer.

Daß Schönheit und Technik, Schönheit und Maschine nicht notwendig Gegensätze sind, darüber braucht man heute kein Wort mehr zu verlieren, und es lohnt sich nicht mehr, sich mit denen auseinanderzusetzen, die die Technik verfluchen, weil sie eine neue und sehr verhängnisvolle Häßlichkeit

der Formen bis zum Überschwang des zwecklosen Ornaments dort, strengste Gebundenheit an den Zweck und Beschränkung auf das Notwendige als erstes und letztes Gebot hier. Auch von der Betrachtung der Baukunst, die der Welt der Notwendigkeiten und Berechnungen noch am ehesten verden Bezug zur Kunstgeschichte; für das Polytechnikum hingegen bedeuteten die neuen Lehrstühle einen entscheidenden Markstein auf seinem Weg von der Fachschule zur Hochschule.[6] Die Ausbildungsstoffe der Zeichenlehrer an der TH waren extrem geometrisch-konstruktivistisch und stilkundlich orientiert, und von der TH aus erhöhte sich der Druck auf die Lehrpläne für die höheren Schulen, um dem Linearzeichnen die höchste Priorität einzuräumen (siehe Kapitel I. 2.1). Die Ausbildungsstoffe der Zeichenlehrerinnen an der Kunstgewerbeschule folgten dem Muster »Männerdominanz und Frauenresonanz« (Kapitel II. 5).

Selbstredend förderte die TH auch die Entstehung eines neuen beruflichen Leitbildes, das des Ingenieurs. So wurde z.B. 1928 die »formende Kraft des Ingenieurs« beschworen und ausdrücklich dem »Kunstleben unserer Tage« entgegengesetzt: »[...] wer vom Gebiete der Kunst auf jenes neue Reich der Technik herüberblickt, der wird mit einem gewissen Neide feststellen müssen, wie dort der Ingenieur sicheren Schrittes auf dem neuen Wege fortschreitet, zu immer freieren, inneren, reineren Lösungen, – während das Kunstleben unserer Tage das niederdrückende Schauspiel eines fast haltlosen Hin und Her, ohne Sicherheit des Instinktes, ohne Kraft des letzten Gelingens darbietet [...]«.[7] Seit etwa 1927/28 wurden an der TH München Fragen des Verhältnisses von *Schönheit und Technik*, von *Form und Technik*, der *technischen Ästhetik* usw. in einem nationalsozialistisch dominierten Milieu gestellt und beantwortet. In der (wenig umfangreichen) sozialpolitischen Geschichtsschreibung über die TH München heißt es, dass dort in der Frühzeit der Weimarer Republik noch bürgerlich-liberale Kräfte überwogen, ab etwa 1926/27 jedoch die nationalistischen Kräfte und ab 1927/28 der nationalsozialistische Studentenbund großen Einfluss gewann.[8] Autorenauswahl, Themenstellung und Inhalte, die Inserate und der

---

6   Die Zeichenlehramtskandidaten hatten weiterhin das Recht, an der Akademie zu studieren; verpflichtet waren sie, das letzte Jahr ihres vierjährigen Studiums an der TH zu verbringen. Frauen waren in Bayern bis 1903 von Universitäten, bis 1905 von der TH und bis 1919 von der Akademie ausgeschlossen. Ab 1872 konnten sie an der Kunstgewerbeschule München in der Abteilung zur »Heranbildung von Zeichnen-Lehrerinnen« studieren und sich prüfen lassen, diese »Heranbildung« galt aber nicht als vollakademische Ausbildung. Nach: Kehr, *Kunsterzieher an der Akademie*, S. 292, und »100 Jahre Frauen in der Wissenschaft«/Forum Wissenschaft, http://www.br-online.de/alpha/forum/vor0307/20030709.shtml (eingesehen Juli 2004).

7   Walter Riezler, *Schönheit und Technik,* in: Sonderheft Form und Technik der Technischen Hochschule München, Heft 5 (4. Semester), 1.7.1928, S. 3.

8   Siehe z.B. *Technische Hochschule München 1868-1968 (Festschrift),* München 1968. Oder: Hans-Liudger Dienel und Helmut Hilz, *125 Jahre Technische Universität München. Bayerns Weg in das technische Zeitalter,* München 1993.

Stahlhelm-Artikel: THM, Heft 2 (4. Semester), 15.3.1928, S. 5. Nationalsozialistischer Deutscher Studentenbund: THM, Heft 2, ebd. Akademischer Kolonialbund: THM, Heft 13, 13.5.1927. Langemarckfeier: THM, Heft 2 (5. Semester), 25.11.1928, S. 12. Aufruf an die Universitäten: Völkischer Beobachter, Nr. 121, 30.4.1932.

Gesamttenor der Zeitung des Vorstands des Allgemeinen Studentenausschusses der TH »Die Technische Hochschule München« (THM) bestätigen, wie sehr hier die reaktionären Kräfte buchstäblich das Heft in die Hand nahmen.

Offensichtlich hat sich diesem geistigen Umfeld kaum einer der Zeichenlehramtskandidaten widersetzt. Einige traten in ihrer Studienzeit an der TH in die SS – wie z.B. Hugo Hußla 1933 – oder in die NSDAP ein – wie Josef Pickel bereits 1929. Auch bei denen, die sich erst später in der NSDAP organisierten, ist anzunehmen, dass die Voraussetzungen hierfür während ihrer Zeit an der TH gelegt wurden.[9]

In den folgenden Kapiteln soll das politische Milieu an der TH etwas näher thematisiert werden.

1.2   *Kampfbund für deutsche Kultur*:   Kultur und Kunst als Gesinnung

Im Januar 1929 erschien die TH-Zeitung mit dem Aufmacher »Die Geisteswende. Kulturverfall und seelische Wiedergeburt.« Es handelte sich um einen der ersten Aufrufe des *Kampfbunds für deutsche Kultur,* der sich einen Monat später im Auditorium maximum der Universität München zum ersten Mal öffentlich präsentierte.[10] Die Gründung dieser »Kulturorganisation« ging auf einen Beschluss des Reichsparteitags der NSDAP vom August 1927 zurück, den »nationalsozialistischen Gedanken in Kreise zu tragen, die durch Massenveranstaltungen im allgemeinen nicht gefaßt werden können«. Alfred Rosenberg, damals Hauptschriftleiter beim »Völkischen Beobachter«, der den entsprechenden Auftrag von Hitler erhielt, startete 1928 mit der *Nationalsozialistische[n] Gesellschaft für deutsche Kultur.* Die immer wiederkehrende Aufgabenformulierung, »gute deutsche Namen als Förderer zu gewinnen«[11], führte in die Hochschulen Münchens. Hier fand sich die gesuchte Unterstützung für die Gründung des *Kampfbunds.*

Ein Textvergleich von internen Rundschreiben der NS-Vorläuferorganisation mit dem TH-Aufruf für den *Kampfbund* zeigt die inhaltliche und über große Strecken wörtliche Übereinstimmung. Im TH-Artikel 1929 wurde zwar die

---

9   Von einem einzigen Kunsterzieher an Münchener Gymnasien dieser Zeit, Richard Wolf, ist aus den Archivalien ersichtlich, dass er Mitglied der Sozialdemokratischen Partei Deutschlands (SPD) war; 1932 trat er aus; in die NSDAP trat er nicht ein.

10 Jürgen Gimmel, *Die politische Organisation kulturellen Ressentiments. Der »Kampfbund für deutsche Kultur« und das bildungsbürgerliche Unbehagen an der Moderne,* Dissertation 1999 an der Universität Siegen, in: Schriftenreihe der Stipendiatinnen und Stipendiaten der Friedrich-Ebert-Stiftung, Band 10, 1999, S. 13.

11 Ebd., S. 13 ff.

Die Technische Hochschule München

Herausgeber: Der Vorstand des Allgemeinen Studentenausschusses der Technischen Hochschule München / Hauptschriftleitung und verantwortlich für den Gesamtinhalt: W. Staudinger, München / Für den Weihenstephaner Teil: W. Schnegg Weihenstephan / Geschäftsstelle: München, Arcisstraße 21, A. St. A., Fernsprech-Anschluß 54901, Nebenstelle 96 Sprechstunde 11—12 / Postscheckkonto 15582 / Druck: Alpine Verlagsanstalt H. Stoc & Co., Kommanditgesellschaft, München / Erscheint während des Semesters / Bezugspreis im Monat RM. 1.— / Einzelnummer RM. 0.50 / Für Studierende kostenlos.

| Heft 6 | 15. Juli 1928 | 4. Semester |

Nachdruck nur mit Quellenangabe.

Inhalt: Prof. Dr. Lenz, Der Bildungswahn als Volkskrankheit / Vermittlung von Stellungen im Auslande / Münchener Hochschulmeisterschaften / Frohe Wanderfahrt / Kommerzienrat Dr. ing. e. h. Friedrich Deckel / Sitzung des Hauptausschusses der Deutschen Studentenschaft / Kriegsschuldfundgebung der Deutschen Studentenschaft / Dr. Block, Die deutschen Auslandsschulen und ihre Bedeutung für das deutsche Volkstum / Neues Bauen / Salzburger Hochschulkurse / Sonstige Nachrichten

Der Bildungswahn als Volkskrankheit.

Vortrag von Prof. Dr. Lenz, gehalten am 26. Juni 1928 im Hochschulring Deutscher Art.

Da ich vom Hochschulring gebeten wurde, einen Vortrag zu halten, der der Notlage unseres Volkes entspricht, habe ich gerade dieses Thema gewählt. Keinem Stande geht es heute gut. Industrie, Landwirtschaft leiden Not. Doch ist dies nicht das Schlimmste. Das größte Verhängnis liegt im Niedergang unserer Rasse. Wir wandeln nicht

besuch möglich, unbewußt erstand eine Auslese der Begabten; die Wertung des Erbgutes, die man nicht wollte, stellte sich durch die Hintertür wieder ein. Man glaubte, dies sei ein Erfolg der Bildung. Wegen des Seltenheitswertes brachte Bildung hohes Ansehen, der Akademiker hatte noch großes Einkommen. Kopfarbeit ist teuer

Die Technische Hochschule München

Herausgeber: Der Vorstand des Allgemeinen Studentenausschusses der Technischen Hochschule München / Hauptschriftleitung und verantwortlich für den Gesamtinhalt: W. Staudinger, München / Für den Weihenstephaner Teil: W. Schnegg Weihenstephan / Geschäftsstelle: München, Arcisstraße 21, A. St. A., Fernsprech-Anschluß 54901, Nebenstelle 96 Sprechstunde 11—12 / Postscheckkonto 15582 / Druck: Alpine Verlagsanstalt H. Stoc & Co., Kommanditgesellschaft, München / Erscheint nur während des Semesters / Bezugspreis im Monat RM. 1.— / Einzelnummer RM. 0.50 / Für Studierende kostenlos.

| Heft 6 | 20. Februar 1929 | 5. Semester |

Inhalt: Großdeutschland / L. Lindemann-Küßner: Vom geweiteten Deutschland. Die höchsten Dünen Europas cand. agr. Rabitsch: Theoretische und praktische Ausbildung in der Landwirtschaft cand. jur. Richard Schubert: Akademische Zukunft / Zugangs-Liste Nr. 3 der Bibliothek der technischen Hochschule München Sonstiges

Großdeutschland!

Volk ohne Raum ist das Kernproblem des heutigen Deutschland. — Und wenn der allgemeine Studentenausschuß der Technischen Hochschule München beschlossen hat, im Verein mit allen anderen bayerischen Universitäten München, Würzburg und Erlangen die Behandlung von Ost- und Grenzlandfragen in Form von Vorträgen, Filmen und illustrierten Aufsätzen in unserer Hochschulzeitung in Angriff zu nehmen, so will er durch die Vermittlung der Kenntnis der von uns getrennten deutschen Landstriche eine über die Landesgrenzen hinausgehende Vaterlandsliebe erwecken.

Zugleich soll uns dadurch vor Augen geführt werden, was unsere Stammesbrüder dort unter Feindesjoch zu dulden haben. Man soll wissen, daß wir die uns entrissenen Gebiete nie vergessen werden, und daß alle jene, die da draußen einen täglichen Kampf um ihr Deutschtum führen müssen, nicht verlassen sind, sondern auch im Reich überall einen starken Widerhall finden.

Drum ist es unsere Pflicht, den Mächten, die sich unrechtmäßig deutsches Land angeeignet haben oder gar noch jetzt kein Mittel scheuend versuchen neue Teile an sich zu reißen, entschieden entgegenzutreten, soweit wir es zur Zeit nur vermögen.

Zum andern aber muß die Überzeugung Allgemeingut jedes Deutschen sein, daß ein einheitlicher und angemessener Raum als Mutterland und einer unserer überschüssigen Volkskraft entsprechende Ausdehnungsmöglichkeit fundamentale Vorbedingungen dafür sind, ob wir weiterhin wirtschaftlich existenzfähig sein werden und überhaupt noch eine Nation mit allen ihren Attributen bleiben. Andernfalls wird deutsches Blut und das was deutscher Geist und deutscher Fleiß geschaffen haben durch Gebietsabtrennung und Auswanderung fortgesetzt gezwungen sein, in dem Kulturgut fremder oder gar feindlicher Völker aufzugehen.

Nicht Machtgelüste sind es also, sondern bittere Lebensnotwendigkeit ist es, die einen jeden, der sich heute noch deutscher Staatsbürger nennt, hierfür eintreten lassen muß.

So wollen wir denn über all der wissenschaftlichen Bildung bewußt auch den großdeutschen Gedanken unter unseren Kommilitonen wachrufen. Wissen wir auch jetzt noch nicht, wann und auf welcher Weise dieser Gedanke zur Tat wird, so wollen wir doch nicht aufhören, immer größeren Volksschichten für diese Dinge das Gewissen zu schärfen und den letzten Funken nationaler Ehre wieder aufzufachen, daß, was bis 1870 auch vornehmlich die akademische Jugend im Herzen trug, ein einiges, starkes und würdig geführtes Deutschland, soweit die deutsche Zunge klingt, einst wieder zu mächtigem Aufblühen deutscher Kultur führen möge.

Friedrich Spandöck, Dipl. Ing.
Vertreter
für Ost- und Grenzlandfragen.

»Überparteilichkeit« betont, aber hier fand sich das gesamte Vokabular vom Untermenschen in der speziellen Diktion von Alfred Rosenberg, hier wurde perfekt die gut eingeübte Rolle des Deutschen als Opfer aller Mächte dieser Welt beschworen, hier wurde der Kultur- und Kunstbegriff geprägt, der die geplanten Verbrechen legitimieren sollte: »Wie immer auch die verschiedenen Kulturen in ihrer Eigenart gestaltet gewesen sein mögen, so deckt das Wesen der Gesittung des germanischen Abendlandes ein Wort von Fichte auf: ›Wahre Kultur ist *Gesinnungs*kultur‹. Damit ist das eigentlich treibende Wesen aller unserer Kulturschöpfungen aufgedeckt, denn gerade auf Gesinnungswerten fußen alle gesellschaftlichen Voraussetzungen kultureller Schöpfungsmöglichkeit, sie sind auch das treibende Motiv germanischer Lebensgestaltung und des ehemalig germanischen Rechtsempfindens. Niemand empfindet diese Tatsache deutlicher als der geborene Feind einer arteigenen Gesittung: der schon genannte heute zusammengeballte Abfall der Weltstädte und das dort herrschende intellektuelle Untermenschentum, welches heute Millionenarmeen beeinflußt und kommandiert [...]«[12] Dass – wie in der TH-Zeitung vom Januar 1929 – mit der Unterschrift des angesehenen Kunsthistorikers Heinrich Wölfflin und anderer Professoren für den *Kampfbund* geworben werden konnte, hat die NS-Bewegung in München über ihre terroristischen Kader und ihren engsten fanatischen Anhängerkreis hinaus befördert und war ein wesentlicher Schritt, sie salonfähig zu machen. Mitbegründer dieser Kampforganisation waren z.B. die Münchner Verleger Hugo und Elsa Bruckmann, die Hitler bereits sehr früh finanzierten und ihn in die »gute Gesellschaft« einführten. Das Ziel des *Kampfbunds* war die »Sammlung aller Kräfte, welche diese Bestrebungen teilen, die Voraussetzungen für eine das Volkstum als ersten Wert anerkennende Erziehung in Schule und Hochschule zu schaffen. Er setzt sich namentlich das Ziel, im heranwachsenden Geschlecht aller Schichten des Volkes die Erkenntnis für das Wesen und die Notwendigkeit des Kampfes um die Kultur- und Charakterwerte der Nation zu wecken und den Willen für diesen Kampf um die deutsche Freiheit zu stählen« (§1 der Satzung). Von München aus dehnte sich der *Kampfbund* reichsweit aus, im Januar 1933 besaß er 240 Ortsgruppen.[13]

1.3 *Volk ohne Raum:* »Überfüllung der akademischen Berufe«

»Volk ohne Raum ist das Kernproblem des heutigen Deutschland«, so hieß es im Leitartikel in der THM vom 20.2.1929, und auf Seite 4 derselben Ausgabe wurde sogleich eine »Überfüllung der akademischen Berufe« beklagt. Schon die Monate davor wurde der »Bildungswahn als Volkskrankheit« (Dok. 6) an die

---

12 THM, Heft 4, 15.1.1929, S. 2.
13 Gimmel, *Die politische Organisation kulturellen Ressentiments*, S. 30.

RICHARD WOLF bewarb sich am 27.6.1936 beim Kultusministerium um eine Anstellung, die »eine normale Lebenshaltung« ermöglicht:
»Mein Alter ist 35 1/2 Jahre. Seit 6 Jahren bin ich verheiratet. Als Assessor im Vorbereitungsdienst beziehe ich monatlich M 115,-. Ich habe zwar zur Zeit noch eine bescheidene, aber bisher recht unsichere Nebeneinnahme aus meiner nur 6 Wochenstunden umfassenden Tätigkeit in den Hansa-Heimen, aber die kleine Nebeneinnahme wird mehr als reichlich aufgewogen und aufgezehrt dadurch, dass ich verpflichtet bin, meine völlig mittellose Schwiegermutter durchzuhalten. Für meine Frau und mich persönlich verbleiben sonach monatlich kaum noch die M 115,- Unterhaltszuschuss. Von diesen Betrag aber entfallen ohne weiteres schon monatlich M 60,- für die Wohnung und etwa M 10,- für Strassenbahn, Beiträgen u.s.w., sodass als Haushaltsgeld einschliesslich Licht, Heizung, Kleidung und Wäsche für zwei Personen monatlich nur M 50,- verbleiben.«

ANTON KOLNBERGER am 21.5.1932 an das Kultusministerium: »Gesuch um Erhöhung des Unterhaltszuschusses«:
»[…] Ich bin verheiratet und befinde mich in einer nicht mehr tragbaren wirtschaftlichen Notlage. Da von meinen 4 Geschwistern 2 verheiratete Brüder ständiger elterlicher Unterstützung bedürfen und zwei Schwestern ebenfalls vollständig im Brote der Eltern stehen, kann von dieser Seite eine fühlbare Unterstützung nicht gegeben werden. Gelegentliche Zuschüsse, die von Seiten Verwandter während der Studienzeit gegeben wurden, mußten aus wirtschaftlichen Gründen ebenfalls schon seit längerer Zeit eingestellt werden. Dazu kommt, daß künstlerische Nebenarbeiten, durch die ich früher ab und zu kleinere Beträge verdienen konnte, durch die Ungunst der Zeit fast vollständig in Wegfall kommen – und so bin ich trotz unermüdlichster Versuche der verschiedenen Art nicht mehr in der Lage, für meine Frau und mich auch nur das Allernötigste des täglichen Bedarfes aufzubringen.
Meine wirtschaftliche Lage ist verzweifelt zu nennen und zwingt mich zu der Bitte, ein hohes Ministerium möchte mir durch gütige Erhöhung des Unterhaltszuschusses die Möglichkeit geben, weiter zu existieren.”

KARL VOGELGSANG am 23.9.1938 an das Kultusministerium: »Laut M.E. wurde meine Beförderung zum Studienrat ausgesetzt, da ich, obwohl seit 1935 Parteigenosse, es an Einsatzbereitschaft für die Bewegung habe fehlen lassen. Der Aufforderung zu diesem Entscheid verantwortlich Stellung zu nehmen, komme ich hiermit nach. In nunmehr zwölfjähriger Vorbereitungszeit als Studienassessor i.V. und nichtetatm. Beamter habe ich an 14 Anstalten – darunter auch im besetzten Gebiet – meine dienstlichen Verpflichtungen erfüllt. Ich habe in dieser Zeit durch den oft wiederholten Ortswechsel – allein seit dem Jahre 1933 bin ich fünfmal versetzt worden – an keinem meiner Dienstorte festen Fuß fassen können. Nirgends wurde ich mit den örtlichen Verhältnissen so vertraut, daß ich zur Übernahme eines Amtes im Dienste der Partei hätte herangezogen werden können. […]«

DR. HANS SCHMIDT am 19.4.1932 an das Kultusministerium:
»Die Möglichkeiten durch Privatunterricht in meinem Fache etwas zu verdienen sind schon an sich gering und sind in letzter Zeit immer noch mehr zurückgegangen. Aus dem Verkauf von Bildern oder Graphik irgend einen Erlös zu erzielen muss jedoch heute als eine völlige Unmöglichkeit bezeichnet werden.[…]
Aus all diesen Gründen wäre eine – wenn auch nur geringe Erhöhung meines Unterhaltszuschusses mir eine sehr dankbar empfundene Erleichterung meiner Lebenshaltung.«

Quellen: BayHStA MK, jeweilige Personalakten, siehe Kurzviten.

Wand gemalt. Die Angst vor der drohenden Arbeitslosigkeit auch von Akademikern in der Situation der Wirtschaftskrise 1929-1933 wurde dazu genützt, den kriegsvorbereitenden Ruf »Volk ohne Raum« mit dem der »Überfüllung der Hochschulen« zu verbinden. Die deutsche Gesellschaft, die durch den Versailler Vertrag ausgeraubt, gedemütigt, am Boden darniederliegend dargestellt wurde, brauche nicht so viele Akademiker. Zum Semester im Sommer 1929 wurden die Studierenden eingeschworen:

»Wir leben heute in einer ernsten Zeit, doppelt schwer für den jungen Akademiker. Denn ihr tretet jetzt hinein in den harten Daseinskampf um eure spätere Stellung, um eure Existenz. Ohne Kampf kein Sieg.«[14] Mit den fehlenden Zeichensälen für die Ingenieure wurden gleichzeitig die Zeichenlehramtskandidaten angesprochen, deren Studium an der Architekturabteilung engstens mit der Bauingenieurabteilung gekoppelt war[15]: »Soll der Hochstand technischen Könnens, fast das letzte, was dem ausgeplünderten deutschen Volk geblieben ist, nicht verloren gehen, so mußten den unhaltbaren Zuständen, die eine geregelte Ausbildung der werdenden Ingenieure fast unmöglich machten, kräftig und rasch ein Ende gemacht werden. Umfangreiche Erweiterungsbauten zur Anschaffung neuer Übungs- und Zeichensäle und zur Unterbringung der zu klein gewordenen und neu zu schaffenden Forschungsinstitute mußten in Angriff genommen werden.«[16] Oder: »Im vierten Sturm stehen wir mitten drin. Millionen liegen auf der Straße und werden abgebaut. Der satanische Wille der Vernichtungsverträge erfüllt sich an ihnen.«[17] In »würdigen Protestkundgebungen gegen die Kriegsschuldlüge und das Versailler Diktat« erinnerte man an die »Strafen, die über das deutsche Volk verhängt sind, die Unwürdigkeitserklärung, in den Völkerbund aufgenommen zu werden, Kolonien zu verwalten und zur Wehrhaftigkeit zugelassen zu werden, die Wegnahme eines Siebentels des Grund und Bodens, von 80 Prozent der Handelsschiffe usw.«, und man zitierte »Sir Eric Geddes und Lord Derby: *Das deutsche Volk muß ausgepreßt werden wie eine Zitrone und noch mehr. Es muß an die Wand gedrückt werden, bis es quietscht.*«[18]

---

14 THM, Heft 1 (6. Semester), 1.5.1929, S. 1.
15 Die Ingenieurabteilung der TH München wurde 1895 zur Bauingenieurabteilung und 1934 zur Abteilung für Bau-(Kultur-) und Vermessungsingenieure. Sie war von Anfang an engstens verbunden mit der Architekturabteilung, die bis 1895 Hochbauabteilung hieß. 1934 wurden die zwei Abteilungen in der übergeordneten Fakultät für Bauwesen zusammengefasst. Aus: Dienel/Hilz, *125 Jahre Technische Universität München,* siehe grafische Darstellung »Die Abteilungen/Fakultäten der TH/TU München« auf der Innenseite des Umschlags.
16 THM, Heft 1, 10.12.1926, S. 5.
17 THM, Heft 14, 27.5.1927, S. 7.
18 THM, Heft 4/5, 25.1.1927, S. 12.

Die Technische Hochschule München

Herausgeber: Der Vorstand des Allgemeinen Studentenausschusses der Technischen Hochschule München / Hauptschriftleitung und verantwortlich für den Gesamtinhalt: W. Staudinger, München / Für den Weihenstephaner Teil: W. Schnegg Weihenstephan / Geschäftsstelle: München, Arcisstraße 21, A. St. A., Fernsprech-Anschluß 54901, Nebenstelle 96 Sprechstunde 11—12 / Postscheckkonto 15582 / Druck: Alpine Verlagsanstalt H. Stock & Co., Kommanditgesellschaft, München / Erscheint nur während des Semesters / Bezugspreis im Monat RM. 1.— / Einzelnummer RM. 0.50 / Für Studierende kostenlos

Heft 8   1. März 1928   3. Semester

National-Sozialistischer Deutscher Studentenbund. Hochschulgruppe München.

Wenn der N.S.D.St.B. am Ende des Wintersemesters feststellen kann, daß er in München wie überall in Großdeutschland sein erstes Ziel erreicht hat, nämlich die Schaffung einer tatkräftigen Organisation, die den Staatsgedanken des 20. Jahrhunderts innerlich erfaßt und nach außen propagiert, so liegt das daran, daß sich der deutsche Student allmählich seiner Pflicht wieder bewußt wird, in vorderster Linie für die Freiheit des deutschen Volkes zu kämpfen. Den deutschen Studenten auf diese Mission hinzuweisen, dienten die Veranstaltungen des N.S.D.St.B. in diesem Semester. Über 2000 Studenten besuchten die studentische Massenversammlung, in der Adolf Hitler über den „Weg zu Freiheit und Brot" sprach. Vor ungefähr 200 geladenen Gästen beleuchtete Alfred Rosenberg im nationalsozialistischen Sinne das Problem einer „Nationalen Raum- und Außenpolitik", während Gottfried Feder, M. d. R. in einem Vortrag über „Weltanschauung und die Politik" großen Veranstaltungen des N.S.D.St.B. für das Wintersemester abschloß. Außerdem gelang es uns in unsern eigenen Reihen eine Anzahl von Rednern heranzubilden, die über „Rassenkundliche Geschichtsauffassung", über „Adolf Bartels, ein deutscher Dichter", über „Stresemann als Anwalt des Weltgewissens", über „Antisemitismus und Nationalsozialismus", ferner über „Nationalsozialismus und Auslandsdeutschtum" bemerkenswerte Vortragsabende hielten. Zwei Vertreter der Münchener Hochschulgruppe besuchten die Hochschulgruppenführertagung in Leipzig, die vom 16.—19. Februar in Leipzig stattfand und ungefähr von 80 Vertretern besucht war. Der neue Hochschulgruppenführer Baldur von Schirach steht z. Z. in Unterhandlungen, um eine Geschäftsstelle mit Telephon für den N.D.S.St.B. zu mieten, der sich ein Aufenthaltsraum für die Mitglieder des N.S.D.St.B. mit Bibliothek usw. anschließen soll. So arbeiten wir an den Hochschulen Münchens bis auf den Tag, an dem das Dritte Reich, die Erfüllung unseres nationalsozialistischen Kampfes, entsteht.

1.4 *Volksgemeinschaft:* Kulturgeist wird Frontgeist

Aufschlussreich ist, wie den Lesern der THM die »Volksgemeinschaft« nahegelegt wurde. Man muss sich dabei vergegenwärtigen, dass an den Gymnasien und erst recht an den Hochschulen das Bürgertum damals weitgehend »unter sich« war. Mit ArbeiterInnen kam man wenig in persönlichen Kontakt, es sei denn in der Rolle als Vorgesetzter, Unternehmensleiter etc. und – in den Schützengräben. Auf dieser militaristischen Grundlage wurde in der THM der Volksbegriff aufgebaut: »Überall war der Frontgeist zu spüren, der Geist des Schützengrabens, wo der Student neben dem einfachen Arbeiter gemeinsam dem Tode ins Auge sah und keinen Klassenunterschied mehr kannte. Mit dem unbeugsamen Idealismus des Frontsoldaten setzten nun alle diese Kriegsstudenten ihre Kraft ein [...] Es zeigt die Geschichte der Freikorps, daß immer noch der Student mit am ersten dabei war, wenn es galt, das Vaterland gegen polnische Gier oder gegen das Vordringen des Bolschewismus zu verteidigen.«[19]

Die Aufhebung der Klassenunterschiede sollte es nur im Krieg geben. Das hatte den Vorteil, dass die Eigentumsverhältnisse auch dann nicht im mindesten angetastet wurden, wenn Millionen von Menschen in Bewegung waren.[20] Aber wie sollte man das den jungen Akademikern klarmachen? Wie konnte man sie dazu bringen, sich einen Nutzen von einer so engen Berührung mit ArbeiterInnen in der Volksgemeinschaft zu versprechen? Dass das gar nicht so leicht war, kann man auch an der verquasten Sprache erkennen, mit der erklärt wurde, dass niemand aus dem Bürgertum befürchten muss, dass ihm in der Volksgemeinschaft etwas geraubt würde:

»Wir müssen uns aber darüber klar sein, daß das Wort ›Volk‹ in sich geschichtlich sowohl wie gegenwärtig eine große Reihe von Stufen, von Abstufungen in sich birgt, daß also infolgedessen niemals das Volk gewissermaßen in einer gleiche Werte enthaltenden Gleichung stand. Wenigstens soweit die Hervorbringung aus dem Volksganzen in Betracht kommt.«[21] Der Autor wurde deutlicher: »Denken wir daran, daß im Saale alter germanischer Heerkönige der Sänger, der Barde selbstverständlich das Los und den Preis der Helden und nur der Helden sang. Der sittliche Kern dieser alten Heldenlieder ist immer eine bestimmte Standesethik [...] Kriemhild und Hagen gehören, um mich kurz zu fassen, zu den Typen, die herausgebildet aus der altdeutschen Adels- und Standes-

---

19 THM, Heft 2, 10.1.1927, S. 1.
20 Walter Benjamin, *Das Kunstwerk im Zeitalter seiner technischen Reproduzierbarkeit. Drei Studien zur Kunstsoziologie,* Frankfurt am Main 1974 (Aufsätze aus den Jahren 1931, 1936 und 1937), S. 42.
21 THM, Heft 6 (3. Semester), 1.2.1928, S. 2.

Luitpold Dussler an der THM

TH-Lehrstuhlinhaber in Kunstgeschichte und Ästhetik
- 1869-1906 Franz von Reber (1834-1919)
- 1907-1917 Karl Voll (1867-1917)
- 1918-1932 Joseph Popp (1867-1932), Vertretung durch Luitpold Dussler 1930 und 1932
- 1932-1944 Hans Karlinger (geb. 8.3.1882, gest. 8.9.1944) Vertretung wegen Krankheit durch Luitpold Dussler 1939
- 1947-1963 Luitpold Dussler (geb. 16.7.1895 in München, gest. 18.12.1976)
- 1963-1965 Luitpold Dussler kommiss. Direktor des kunstgeschichtl. Seminars
- 1966- ... Josef Adolf Schmoll gen. Eisenwerth (Schüler von Wilhelm Pinder)

Lehrstuhlinhaber der antiken Baukunst (Baugeschichte) an der THM
...
- 1919-1934 Hubert Knackfuß
- 1934-1945 Alexander von Senger
- 1946-1965 Friedrich Krauss
- 1966-1994 G. Gruben
...

BayHStA MK 58789. Foto: Schmoll, Restle, Weiermann, Festschrift Luitpold Dussler.

Aus einem Bewerbungsschreiben 1938: »Der Unterzeichnete erlaubt sich dem bayr. Unterrichtsministerium ein ergebenes Gesuch einzureichen betr. Neubesetzung des Leiters der Staatl. Graphischen Sammlung, München bezw. der Konservatorenstelle an den Bayer. Staatsgemälde-Sammlungen, Alte Pinakothek. [...] Mit den Zielen der Bewegung hat sich Unterzeichneter bereits 1930 durch seine im beifolgenden Lebenslauf erwähnte Kämpffähigkeit auf dem Gebiete des Expertisenwesens getroffen; ebenso hat er in seinem Dozentenberuf damals schon immer auf die Entartung der modernen Kunst und ihr völlig Volksfremdes die Studierenden verwiesen. [...] Heil Hitler! Prof. Dr. Luitpold Dussler.«

ethik den deutschen Charakter repräsentieren.«[22] Diese Klarstellung, was unter dem »Volke« und unter dem »deutschen Charakter« zu verstehen ist, wurde von der THM unter dem Leitartikel »Volk, Kunst und Staat« ausgeführt. Nachdem auf diese Weise die Basis des völkischen Begriffs freigelegt wurde, konnte und musste aber dieser Ursprung wieder verdunkelt und romantisiert werden. »Ohne Zweifel steht im Mittelpunkt das Volk. Aus dem Dunkel der Geschichte taucht es auf, mit dem Schicksal in der eigenen Brust, das auch fürderhin sein Schicksal bestimmt. Das Kind ist der Vater des Mannes.«[23] Und »alle nationale Kultur wurzelt schließlich in dem Glauben, daß deutsches Volkstum eine Tat göttlicher Schöpfung ist [...] Nur aus solchem Glauben erwächst die Kraft, für dieses Volkstum das letzte einzusetzen. [...] Die Front hat das im Kriege vorgelebt, ihr Geist war Kulturgeist im höchsten Sinne«.[24] Nur wenige Jahre später werden im Zeichenunterricht Wettbewerbe ausgeschrieben werden, die kurz und bündig den Titel tragen: »Volksgemeinschaft: Wehrgemeinschaft«.

1.5 Antisemitischer Dozent mit Extraunterricht für den Zeichenlehrernachwuchs

1929 habilitierte sich Luitpold Dussler an der TU für das Fach der mittleren und neueren Kunstgeschichte, er wurde »als Privatdozent für das Lehrgebiet Kunstgeschichte in die Allgemeine Abteilung«[25] aufgenommen. 1930 und 1932 bekam er die Vertretung für den erkrankten Ordinarius Joseph Popp. Im offiziellen Lehrprogramm des Studienjahrs 1933/34 wurde Dussler für die Vorlesungen »Ästhetik« und »Europäische Malerei der Romantik« und für »Führungen (Neue Pinakothek, Staatsgalerie, Schackgalerie)« erwähnt, im folgenden Studienjahr für die Vorlesungen »Ästhetik der zeichnenden Künste«, »Deutsche Malkunst im Zeitalter Dürers« und wieder für »Führungen durch die neueren Sammlungen«.
Dusslers Forschungsschwerpunkte waren die italienische Renaissance, Michelangelos Zeichnungen, Raffael, Sebastiano del Piombo, Signorelli, Bellini, Veronese, Tizian, Lorenzo Lotto.[26] Aber in »seiner Eigenschaft als Hochschullehrer hat Unterzeichneter seit 1929 mit besonderer Berücksichtigung des akad. Nachwuchses der Zeichenlehrer vorwiegend graphische Themen zum Gegenstand der Vorlesungen und Übungen gewählt und zwar erstreckte sich hier der Stoff

---

22   Ebd.
23   Ebd., S. 1.
24   Ebd., S. 8.
25   BayHStA MK 58789.
26   1918-22 studierte Dussler Kunstgeschichte als Hauptfach an der Universität München, 1922 promovierte er bei Wölfflin mit einer Arbeit über »Benedetto da Majano, ein Florentiner Bildhauer des späten 15. Jahrhunderts«. Als Bayerischer Staatsstipendiat kam er 1925 für ein halbes Jahr an das Kunsthistorische Institut in Florenz.

Im Lebenslauf von 1938 schrieb Dussler: »Meine seit Jahren gesammelten Beobachtungen und Materialien brachten den Beweis, daß eine Anzahl Kunstgelehrter im Solde des internationalen jüdischen Kunsthandels unbedenklich Falsch-Expertisen auf große Künstlernamen ausstellen und damit die Vorstellung echter Kunst auf's schwerste gefährdeten. Ich wurde auf Grund dieser Enthüllungen von den Firmen Heinemann-Fleischmann, Frey, Cassirer in der niedrigsten Weise verdächtigt; doch führte ich ungeachtet aller Drohungen – vielfach anonymer Art – den Kampf weiter. Das Endergebnis war die Anklage gegen den Hauptschuldigen, den Konservator der Pinakothek und Univ. Professor, Dr. A. L. Mayer. Mein Belastungs- und Beweismaterial hatte dessen Entlassung aus dem Staatsdienst zur Folge.«

Erklärung Dusslers am 6. Juli 1947: »Das disziplinäre Verfahren gegen Prof. Mayer wurde auf Grund einer Reihe von Beschuldigungen wegen seiner Gutachtentätigkeit eingeleitet; unter den Hauptklägern befanden sich Geh. Rat Dr. Zimmermann (German. Museum, Nürnberg) und Prof. Pinder (München, Universität). Unterzeichneter war aktiv an dieser Sache nicht beteiligt, ist auch nie während des Prozesses von einer Behörde herangezogen worden.«

hauptsächlich auf die Graphik des Nordens vom 15.-19. Jahrhundert«.[27] So beschrieb Dussler 1938 seine Tätigkeit in einem seiner zahlreichen Bewerbungsschreiben, die erst mit der Berufung auf den Lehrstuhl an der TH versiegten. Seine Bewerbungen (bei Museen und Universitäten) folgten stets dem Muster, zuerst seine Verdienste aus der Kampfzeit unter Beweis zu stellen und dann zu versichern, dass seine Kampffähigkeit voll erhalten sei. Stets brüstete er sich damit, für die Entlassung von Prof. Dr. A. L. Mayer aus dem Staatsdienst gesorgt zu haben: »Meine seit Jahren gesammelten Beobachtungen und Materialien brachten den Beweis, daß eine Anzahl Kunstgelehrter im Solde des internationalen jüdischen Kunsthandels unbedenklich Falsch-Expertisen auf große Künstlernamen ausstellen und damit die Vorstellung echter Kunst auf's schwerste gefährdeten. [...] Das Endergebnis war die Anklage gegen den Hauptschuldigen, den Konservator der Pinakothek und Univ. Professor, Dr. A. L. Mayer. Mein Belastungs- und Beweismaterial hatte dessen Entlassung aus dem Staatsdienst zur Folge. [...] Ein zweiter ›Fall Mayer‹ wurde 1932 an der Universität Graz ausgetragen, von deren Fakultät ich als Hauptzeuge für die Falsch-Gutachten des dortigen Prof. Snida angeführt worden bin.«[28] Diese Aussagen wurden von Dussler im Jahr der massivsten Pogromeinstimmung gegen die jüdische Bevölkerung getroffen. Nach 1945 spielte er den Unbeteiligten und schob die Schuld anderen zu (siehe Kapitel IV. 1.7).

1.6 Verein für das Deutschtum im Ausland: »Grenzland in Not«

Der 1881 als *Allgemeiner Deutscher Schulverein* gegründete und 1908 in *den Verein für das Deutschtum im Ausland* umbenannte Verband »ist Teil der Geschichte des deutschen Nationalismus«, wobei der Namenswechsel den Übergang von der Bismarck'schen zur Wilhelminischen Epoche markierte.[29] Aus einem Gelehrten- und Gebildetenverein, in dem traditionsgemäß Teile des deutschen Bildungsbürgertums ihre politische Ohnmacht durch nationalkulturelle Aktivitäten überdeckten, wurde ein machtpolitischer Verband des deutschen Imperialismus.[30]

---

27 BayHStA MK 58789.
28 Ebd.
29 Gerhard Weidenfeller, *VDA. Verein für das Deutschtum im Ausland. Allgemeiner Deutscher Schulverein (1881-1918). Ein Beitrag zur Geschichte des deutschen Nationalismus und Imperialismus im Kaiserreich,* Europäische Hochschulschriften, Reihe III, Geschichte und ihre Hilfswissenschaften, Bd./Vol. 66, Dissertation, Bern/Frankfurt am Main 1976.
30 Es kann wohl nicht als Zufall angesehen werden, dass »Schulrat Rohmeder, der Vorsitzende des Deutschen Schulvereins«, einer der ersten drei Mitglieder der im Aufbau befindlichen Thule-Organisation war. Nach: Rudolf von Sebottendorf, *Bevor Hitler kam. Urkundliches aus der Frühzeit der nationalsozialistischen Bewegung,* München 1933, S. 41.

Vereine (1929) an bayer. höh. Schulen

Summe gemeldeter Mitgliedschaften

Verein	Anzahl
Konfessionelle Vereine	6.503
Kulturelle, Unterhaltungs- und sonstige allgemeine Vereine	1.268
Verein für das Deutschtum im Ausland	24.594
Turn-, Sport-, Wander- und Alpenvereine	10.156
Technische Nothilfe	111
Militärische Vereine (Marine, Kriegertum usw.)	60
Schießsport-Vereine	54
Koloniale Vereine	298
Deutsche Jugendherbergen	23
Verband für Jugendwandern	18
Deutsche Jugendkraft	622
Quickborn	125
Wandervögel	43
Adler und Falke	39
Deutsche Pfadfinder	122
Bayerische Pfadfinder	71
Neupfadfinder	31
Pfadfinder	217
Christliche Pfadfinder	91
Jüdische Pfadfinder	6
(Gute) Kameraden	13
Deutsche Freischar	36
Christdeutscher Bund	85
Deutscher Jugend Bund	67
Jungpfalz	47
Jungbayern	1.079
Neudeutschland	1.417
Großdeutscher Jugendbund	254
Freischar Schill	11
Scharnhorst-Bund	9
Jungstahlhelm	36
Jungnationaler Bund	69
Hitlerjugendbewegung	4
Kreuzritter	10
Deutsche Jungmannen	2
Siegfriedjugend	20
Kreuzfahrer	6
Jungborn	3
Wehrkraft	2
Gefolgschaft	3
Bayernjugend	6
Neröther (Wanderverein)	10
Amelungen	18
Weggenossen	14
Jung Scharfeneck	19
(Deutsch)Jüdischischer Wanderbund	23
Chiemgau/Isengau	13
Sonstige	88

Quelle: BayHStA MK 52948.

Von jeher waren in diesem Verband viele Lehrer organisiert. Die Mitgliedschaft von ZeichenlehrerInnen in München ist schon in den 1920er Jahren feststellbar (z.B. Paul Dressel seit 1922, Laura Börner seit 1925). Einige der älteren Studienräte, die sich *nicht* in der NSDAP organisierten, erwarben ab 1933 die VDA-Mitgliedschaft, sei es zum Vorweisen ihrer »vaterländischen Gesinnung«, sei es, um sich zu schützen, oder aus anderen Gründen. (VDA-Eintritt Robert Maendl 1934, ihm wurde im Jahresbericht 1939/40 des Ludwigsgymnasiums anlässlich seines Todes »glühende Vaterlandsliebe« bescheinigt, Josef Hämmerle 1934, Karl Motz 1935, Alfred Zacharias 1937, Emma von Dall'Armi 1937).

Ende der 1920er Jahre bis 1933 bestand die Funktion des VDA an der TH München in einer ideologisch-feldzugmäßigen Sammlung breiter Schichten des konservativen Bürgertums, die der NS-Bewegung Kräfte zuführte, indem sie den imperialistischen Expansionsdrang mit der »Volk ohne Raum«-Demagogie rechtfertigte. In den bayerischen Gymnasien war im Gegensatz zu politischen Parteien die Mitgliedschaft der SchülerInnen im VDA erlaubt; aus einer Aufstellung aller »höheren Schulen« an das Bayerische Staatsministerium für Unterricht und Kultus über die Organisationszugehörigkeit ihrer Schüler 1929 ist ersichtlich, dass der VDA die mitgliederstärkste aller politisch rechts stehenden Vereine war. (Dok. 32 und 34)

An der TH – wir sind immer noch beim Sozialisationsfeld der jungen Zeichenlehrer – wurde die Bemerkung des preußischen Kultusministers Dr. Becker, »wenn man sich zum völkischen Gedanken bekenne, sei man im republikanischen Staate unmöglich«, vom 14. Dezember 1926[31] zur Entfachung einer großen Kampagne genutzt.[32] Der preußische Minister hatte festgestellt, bei »der Aufnahme auslandsdeutscher Studenten hätten die Studentenschaften eine Exklusivität geübt, die im Ausland den sehr unerwünschten Eindruck einer Auswahl nach dem Rassestandpunkt erweckt hätte«, und deshalb sei eine Änderung des geltenden Rechts beabsichtigt. Diese Ankündigung wurde nun in den

---

31 Zit. nach THM, 10.1.1927, S. 2.
32 Man erinnerte an den 18. September 1920, »an dem das preußische Gesamtstaatsministerium sämtlichen preußischen Studentenschaften [...] die Stellung öffentlich-rechtlicher Körperschaften« verlieh, und daran, »daß die Satzung der einzelnen Studentenschaft frei bestimmen könne, in welchem Umfang und zu welchen Bedingungen voll immatrikulierte Ausländer an der Studentenschaft teilnehmen können«. Und man wies auf eine Satzungsbestimmung von 1922 hin, die besage, dass »zu einer Deutschen Studentenschaft mindestens alle Ausländer, soweit sie deutscher Abstammung und Muttersprache sind, gehören sollen. Darüber hinaus kann jede einzelne Studentenschaft Ausländer nach freiem Ermessen aufnehmen.« Zit. nach THM, 25.2.1927, S. 1.

Der VDA an Münchener »höheren Schulanstalten«

Prüfungsstoff an der THM 1934 – Zeichenlehramt

I. Abschnitt der Prüfung für den Unterricht im Zeichnen 1934.

I. Aufgabe für die Zeitskizze

Zum Zweck einer Strassensammlung für das Deutschtum im Ausland soll ein Abzeichen in natürlicher Größe entworfen werden. Material beliebig.

VDA-Mitgliedschaften nach Angaben aus den Jahresberichten der Schulen:

Städtisches Mädchenlyzeum Luisenstraße:
1932: VDA 806
1933: VDA 719 Schülerinnen
(von insgesamt 966)

Theresiengymnasium:
Der VDA begann mit 404 Schülermitgliedschaften, am Ende des Schuljahres waren es 388, der Rückgang »ist nicht etwa mangelndem Interesse, sondern hauptsächlich den wirtschaftlichen Verhältnissen zuzuschreiben«.
(JB 1932/33, S. 32)

Gisela-Oberrealschule:
Im VDA waren
1931: 225 Mitgl.
1932: 416 Mitgl.
1933: 442 Mitgl.
1934/35: »fast alle«.

VDA-Mitgliedschaften 1929 an »höheren Schulen« in München (nach einer Erhebung des Bayerischen Staatsministeriums für Unterricht und Kultus, siehe Dok. 32):

Ludwigs-Realschule	249
Maria-Theresia-Realschule	144
LBA Pasing	132
Ludwigsgymnasium	169
Maximiliansgymnasium	409
Theresiengymnasium	220
Wilhelmsgymnasium	194
Wittelsbacher Gymnasium	357
Hum. Gymnasium Pasing	147
Altes Realgymnasium	o.A.
Neues Realgymnasium	113
Gisela-Oberrealschule	508
Luitpold-Oberrealschule	143
Rupprecht-Oberrealschule	35
Oberrealschule III	405

Quelle: BayHStA MK 52948.

THM als »Kampf gegen die Deutsche Studentenschaft!«[33] interpretiert, und im Huckepack-Verfahren schleuste man in einem großangelegten Feldzug für die »studentische Freiheit«, für das »Selbstbestimmungsrecht der Studentenschaft« usw. die militante Kampfideologie des Rassismus ein.

Im Sommer 1933 konnte man in der Ausstellung »Grenzland in Not« in Halle II des Ausstellungsparkes München Früchte dieses Feldzugs sehen. Veranstalter: Studentenschaft der THM. Künstlerischer Beirat: Oskar Graf und Hans Döllgast. Zeichenarbeiten: Thomas Stöckl, Joseph Eckert, Englmar Wagner, Walter Bodenstein, Leopold Freiherr von Proff zu Irnich. Die zuletzt Genannten waren Zeichenlehramtskandidaten, für ihre Mitarbeit an der Ausstellung erhielten sie drei »Halbjahrsprüfungen« erlassen. (Dok. 36) Zu sehen waren z.B. in »Raum 1. Deutschlands Grenzentwicklung. Die sämtlichen Tafeln (30) zeigen in chronologischer Folge die Entwicklung des deutschen Raumes, seine Weitung und seine Einengung, sein machtvolles Ausstrahlen in Europa und seine Zerstückelung durch der Feinde List und Haß«.[34] Der »klassenweise geschlossene Besuch« war den höheren Schulen durch kultusministerielle Anordnung »dringend empfohlen«.[35] Diese Ausstellung offenbarte bereits eine wichtige programmatische Aussage über die Funktion von Kunst und Kunsterziehung im Nationalsozialismus: Die NS-Geschichtsschreibung mit ästhetischen Mitteln darzustellen.[36]

Zwei Monate vorher, am 10. Mai, war »in einer feierlichen Veranstaltung den beiden Studentenschaften der Technischen Hochschule und der Universität München das neue deutsche Studentenrecht übergeben« worden. »Anschließend an die Feierlichkeiten in der Universität zogen NS-Studenten zusammen mit SA und SS in einem großen Fackelzug von der Universität zum Königsplatz.«[37] Dort verbrannten sie Bücher. Wie Fotos (Dok. 38 mit der bezeichnenden NS-Bildunterschrift »Studentenkundgebung mit Verbrennung der marxistischen Schriften«) und festliche Einladungskarten für diese Kundgebung bele-

---

33   Ebd.
34   Ausstellungskatalog, S. 7, vorhanden in StAM, Schulamt 2643.
35   StAM, Schulamt 2643. Die Ausstellungsleitung teilte die Anmeldungen ein. Am 8.6.1933 besuchte das Alte Realgymnasium »geschlossen« die Ausstellung, am 11.7.1933 die Oberrealschule III, am 12.7.1933 die Maria-Theresia-Realschule (Kl. 3-6), am 13.7.1933 das Luisengymnasium usw.
36   Diese TH-Ausstellung mit ihren vergleichsweise bescheidenen Mitteln dokumentierte nach dem Machtantritt der Nazis zum ersten Mal das, was 1937 mit dem Festzug zum Tag der deutschen Kunst in München mit ungleich größerem Pomp dokumentiert und programmatisch fixiert wurde, nämlich dass die Kunst im Wesentlichen die Dienerin der Geschichtsfälschung zu sein hatte. Siehe Exkurs 1937, Kapitel II. 8.1.
37   *Technische Hochschule München 1868-1968 (Festschrift)*, S. 298.

Ausstellung »Grenzland in Not« an der TH München (Juni 1933)

Der Lohn für die Zeichenlehramtsstudierenden Walter Bodenstein, Josef Eckert, Leopold Frh. von Proff zu Irnich, Thomas Stöckl und Englmar Wagner: Drei »Halbjahrsprüfungen« erlassen.

Fotos von der Eröffnungsfeier an der TH aus: StAM, Bildarchiv; Faksimile des Katalogs aus: StAM, Schulamt 2643; Zeugnisabschrift aus: HATUM.

gen, war dies kein spontaner Einfall der NS-Studenten, sondern von langer Hand geplant.

Am selben Tag fand auch in Berlin die Verbrennung von Büchern demokratischer, sozialistischer und kommunistischer Autoren statt – dort ebenfalls ein Ereignis, zu dem hochschuloffiziell aufgerufen wurde. Ein gewisser Professor Alfred Baeumler hielt an diesem Tag seine Antrittsvorlesung an der Berliner Universität. Dieser Philosoph – für den die Nazis eigens einen Lehrstuhl für »Politische Pädagogik« gegründet hatten und der einer der beiden pädagogischen Chefideologen[38] des Dritten Reichs war – rief in seiner Antrittsrede den Studenten zu: »Sie ziehen jetzt hinaus, um Bücher zu verbrennen, in denen ein uns fremder Geist sich des deutschen Wortes bedient hat, um uns zu bekämpfen. Auf dem Scheiterhaufen, den Sie errichten, werden nicht Ketzer verbrannt. Der politische Gegner ist kein Ketzer, ihm stellen wir uns im Kampfe, er wird der Ehre des Kampfes teilhaftig. Was wir heute von uns abtun, sind Giftstoffe, die sich in der Zeit einer falschen Duldung angesammelt haben. Es ist unsere Aufgabe, den deutschen Geist in uns so mächtig werden zu lassen, daß sich solche Stoffe nicht mehr ansammeln können.«[39]

Ein paar Minuten vorher hatte Baeumler seinen Lehrauftrag kurz und bündig formuliert vorgetragen: »Mit *einem* Worte läßt sich hier sagen, was Nationalsozialismus geistig bedeutet: die Ersetzung des Gebildeten durch den Typus des *Soldaten*.«[40]

1.7 Exkurs: Das »Geiselmord«-Traditionsgedenken im Luitpoldgymnasium

Am 30. April 1933, wenige Tage vor der »Bücherverbrennung«, war der Schulhof des Luitpoldgymnasiums in der Müllerstraße (ab 1918 Neues Realgymnasium, an dem Josef Bergmann ab 1932 Zeichenlehrer war, heute Albert-Einstein-Gymnasium) Schauplatz eines Aufmarschs von Hunderten von SA-Männern, Freikorps-Soldaten und Vertretern der Stadtprominenz unter Hakenkreuzfahnen und Reichskriegsflaggen. (Dok. 40) Lehrer salutierten stramm mit Hitlergruß hoch vom Mauersims herab, Schüler hockten in Trauben an den Fenstern und sahen dem Siegesrausch zu.

Im Luitpoldgymnasium hatte am 30. April 1919 der sog. Geiselmord stattgefunden. Angehörige der Roten Garde hatten zehn Gefangene erschossen. Es

---

38 Der andere war Ernst Krieck. Siehe auch Kapitel II. 4.
39 Alfred Baeumler, *Antrittsvorlesung in Berlin. Gehalten am 10. Mai 1933*, in: *Männerbund und Wissenschaft*, Berlin 1934, S. 137.
40 Ebd., S. 129. Hervorhebung durch Baeumler selbst.

Bücherverbrennung durch Studenten von TH und Uni München (10.5.1933)

Die Unterschrift zu dieser Karikatur: »Die Enttäuschten. *Du Samuel, ich habe mir aber den Glorienschein unserer Schriften ganz anders vorgestellt!*«

Bayerische Hochschulzeitung vom 11.5.1933, S. 4, Fotos: Götz, aus StAM: »Studentenkundgebung mit Verbrennung der marxistischen Schriften«.

waren die einzigen[41] Todesopfer der Münchener Räterepublik – hingegen kostete die »Befreiung« Münchens durch die »weißen Truppen« sehr vielen Revolutionären und Unbeteiligten das Leben (unterschiedliche Quellen sprechen von 588 bis 1200 Toten). (Dok. 42) Die Grausamkeit, mit der die Freikorps unter der Münchener Bevölkerung wüteten, und das Blutbad, das sie anrichteten, waren beispiellos. Aber in der Medienöffentlichkeit verband sich (noch bis 1968, wie die damalige Festschrift des Albert-Einstein-Gymnasiums zeigt) die Vorstellung furchtbarer Gräuel- und Bluttaten mit der »Bayerischen Räterepublik«. Der »Geiselmord« wurde zum Inbegriff der Räterepublik und zum Fanal gegen die »Hölle« der Weimarer Demokratie. 1933 feierte die NS-Bewegung ihren Sieg im Luitpoldgymnasium (NRG) »zum Gedenken an die Geiselopfer«.

Wolfgang Kerschensteiner, Sohn des Stadtschulrats Georg Kerschensteiner und Bruder des Zeichenlehrers Walter K., befand sich am 29.4.1919 unter den ca. 20 von der Roten Armee verhafteten Personen.[42] Er gehörte nicht zu denen, die unter dem Verdacht der Zugehörigkeit zur »Thule-Organisation« gefangen genommen wurden, sondern zu denen, die als Geiseln inhaftiert wurden. Eigentlich hätte sein Vater verhaftet werden sollen, aber dieser konnte sich rechtzeitig verstecken.[43] Während die als Geiseln Festgenommenen alle frei kamen, wurden sieben aktive Thule-Leute, zwei preußische Regierungssoldaten und ein Professor, der sich in die Thule-Gruppe drängte, weil er meinte, es ginge zur Vernehmung, erschossen.

Für die vorliegende Arbeit ist bemerkenswert, dass sich unter den gefangenen Thule-Mitgliedern neben der Gräfin von Westarp, Prinz von Thurn und Taxis und Franz Carl Freiherr von Teuchert mehrere bildende Künstler befanden. Eine Kommission der Räterepublik fand ein »in Leder gebundenes künstlerisches Werk mit altgermanischen Schriftzeichen und in der Sprache, wie sie etwa vom Teutonenorden gepflegt wird. In diesem Album waren die Namen von etwa 30 Herren verzeichnet, darunter die von den Malern [Walter] Deike, [Friedrich Wilhelm] Freiherr von Seydlitz, Walter Nauhaus und einer Anzahl von Münchnern, Würzburger und Nürnberger Professoren. Gegen sie wurde

---

41 Kurt Pätzold und Manfred Weißbecker, *Geschichte der NSDAP. 1920 bis 1945,* München 1998/2002, S. 22. Siehe auch insgesamt zu diesem Kapitel: Dirk Halfbrodt und Wolfgang Kehr (Hg.), *München 1919. Bildende Kunst / Fotografie der Revolutions- und Rätezeit. Ein Seminarbericht der Akademie der Bildenden Künste,* München 1979, insbesondere darin den Beitrag von Heinz Moser, *Die Erschießungsbilder Henrich Ehmsens,* S. 77-96.

42 Von Wolfgang Kerschensteiner ist ein Augenzeugenbericht überliefert, in: Gerhard Schmolze (Hg.), *Revolution und Räterepublik in München 1918/19 in Augenzeugenberichten,* München 1978, Kapitel »Schüsse im Luitpoldgymnasium«, S. 349-360.

43 Marie Kerschensteiner, *Georg Kerschensteiner. Der Lebensweg eines Schulreformers,* München/Berlin 1939, S. 182.

Das sog. Geiselmordgedenken am 30. April 1933 im Hof des Luitpoldgymnasiums in der Müllerstraße in München.

Fotos aus: StAM, unten: Fotograf Nortz, oben: Fotograf Kuhle.

Haftbefehl erlassen«.⁴⁴ Deicke war Kunstgewerbezeichner, von Seydlitz Kunstmaler und Nauhaus Bildhauer. Der Letztgenannte war bereits »Bruder« des Germanenordens und bereitete in Arbeitsteilung⁴⁵ mit Sebottendorf die Gründung der Thule-Gesellschaft vor. So wurde in der »Weihnachtstagung 1917« der Germanenorden⁴⁶ wieder belebt, und bald danach, »am 17. Ernting (August) 1918«, wurden die oben erwähnten »30 Brüder und Schwestern in den ersten Grad« der neu geweihten Loge »feierlich aufgenommen«. »Als Decknamen für die Gesellschaft schlug Nauhaus den Namen Thule vor.«⁴⁷ Walter Nauhaus, »der bei Professor Wackerle⁴⁸ als Schüler arbeitete«, war also nicht nur einfaches Mitglied der Thule-Gesellschaft, sondern einer der Hauptaktivisten.⁴⁹ Diese Gesellschaft bereitete eine großangelegte Verschwörung gegen die Räterepublik vor, wobei sie z.B. in großem Stil Formulare und Stempel der Regierung fälschte, Faksimile von Unterschriften und Ausweiskarten der KPD beschaffte und unter diesen Namen Plünderungen in großem Stil begingen, die dann den Kommu-

---

44 Schmolze, *Revolution und Räterepublik,* Augenzeugenbericht Josef Karl, S. 352.
45 »Die beiden kamen zu dem Entschluß, getrennt zu marschieren und vereint zu schlagen. Nauhaus sollte die Jugend sammeln und Sebottendorf wollte aus den älteren Herren das Rückgrat der Bewegung bilden.« Sebottendorf, *Bevor Hitler kam,* S. 41.
46 Eine Geheimgesellschaft, die 1912 als antisemitische Kampfloge gegen die Freimaurer gegründet wurde, und die wiederum auf den sog. »Hammerbund« zurückging, dessen Nachfolgeorganisationen der »Alldeutsche Verband« und dann der »Schutz- und Trutzbund« waren. »Der Deutsch-völkische Schutz- und Trutzbund wurde in Deutschland durch folgendes Inserat bekannt gemacht: Nehmt Juden in Schutzhaft, dann herrscht Ruhe im Lande! / Juden hetzen zum Spartakismus. / Juden wiegeln das Volk auf. / Juden drängeln sich überall an die Spitze. / Juden verhindern, daß sich die Deutschen verständigen. / Darum fort mit den jüdischen Machern und Unruhestiftern. / Deutschland den Deutschen, das sei die Losung. Männer und Frauen deutschen Blutes schließt Euch zusammen im Deutschen Schutz- und Trutzbund.« Sebottendorf, *Bevor Hitler kam,* S. 102 f.
47 Sebottendorf, ebd., S. 52.
48 Der Frage, ob und inwieweit Josef Wackerle selbst in der Thule-Gesellschaft engagiert war, konnte die Verfasserin nicht weiter nachgehen.
49 Sebottendorf, *Bevor Hitler kam,* S. 41: »Walter Nauhaus wurde am 20. September 1892 in Botschabelo-Transvaal als Sohn des dortigen Missionssuperintendenten geboren, hatte sich bei Kriegsbeginn als Freiwilliger gemeldet und wurde schon in den ersten Kämpfen im Westen sehr schwer verwundet. Als er 1916 als geheilt, aber kriegsuntauglich entlassen wurde, trat er in Berlin in die Schule von Professor Wackerle ein, um sich zum Bildhauer auszubilden. 1917 lernte er den Germanenorden kennen und kam mit Professor Wackerle nach München.« (S. 163) Zu Deike: »Walter Deike, der Freund Nauhaus, wurde im Jahre 1894 in Magdeburg geboren, auch er war Kriegsfreiwilliger und wurde schon in den ersten Kämpfen von 1914 schwer verwundet, er war zu dreiviertel erwerbsunfähig. Deike besuchte in München die Kunstgewerbeschule, der Gruppe Nauhaus war er im Juli 1918 beigetreten.« (Ebd.)

42

Nach einer Woche Gräuelmärchen über den »Geiselmord«:

Als am 6.5.1919 das Oberkommando der Weißen Truppen der Bamberger Regierung meldete, daß an den sog. zehn Geiseln *keine Verstümmelungen und Schändungen festgestellt* wurden, war es schon zu spät. Wie eine Polizeistatistik (s.u.) feststellte, waren am 6. Mai bereits 553 Getötete in München registriert.

Aus: BayHStA MA 99902.

Ministerium für militärische Angelegenheiten.

München, 6.5.1919.

Oberkdo. Möhl berichtet telefon. über die Lage vom 6.5.19.

Bericht ist an den Ministerpräsidenten Hoffmann weiterzugeben:

Durch Fernschreiber

An Ministerpräsidenten H o f f m a n n, Bamberg.
Oberkommando Möhl meldet :
Der gestrige Tag verlief auffällig ruhig, während der Nacht vereinzelt Schießereien. Die Haussuchungen werden fortgesetzt, bisher wurden etwa 10000 Gewehre eingeliefert. Bei Moosach und von einigen anderen Plätzen wurden insgesamt 4 000 000 Infanterie-Patronen gefunden. Der Kommunistenführer Reif und sein Sohn wurden verhaftet. An den von den Spartakisten erschossenen zehn Geiseln wurden keine Verstümmelungen und Schändungen festgestellt.

Bayer.Ministerium für militärische Angelegenheiten.

Polizeidirektion München.

Zusammenstellung

über die

bei den Unruhen in München ab **30.4.1919** ums Leben gekommenen Personen.

		durch Unglücksfall Mai									Erschossen im Mai Kampfe:									standrechtlich Mai									Bem.
	30. Apr.	1.	2.	3.	4.	5.	6.	7.	8.	Summe	30. Apr.	1.	2.	3.	4.	5.	6.	7.	8.	Sa.	30. Apr.	1.	2.	3.	4.	5.	6.	7.	8.	Sa.	Ges. Summe
gie=ungs=ppen	.	.	.	.	.	.	.	.	.	.	.	9	22	6	.	.	.	1	.	38	.	.	.	.	.	.	.	.	.	.	38
ehörige der en Armee	.	.	.	.	.	.	.	.	.	.	4	30	39	16	1	1	2	.	.	93	2	3	9	27	.	.	.	1	.	42	135
sen	.	.	.	.	.	.	.	.	.	.	3	2	2	.	.	.	.	.	.	7	.	.	.	.	.	.	.	.	.	.	7
ilper=onen	1	36	103	16	7	.	21	.	.	184	1	.	.	3	1	1	.	1	7	8	2	38	50	27	16	2	1	.	144	335
Unbekannte rsonen	Ob durch Unglücksfall x ums Leben gekommen, konnte nicht festgestellt werden.									42																					42
mma	1	36	103	16	7	.	21	.	.	226	4	43	63	24	4	2	3	.	2	145	10	5	47	77	27	16	2	2	.	186	557

++)Verwundete Personen wurden insgesamt gemeldet.................303

Anmerkung:

) Von den unbekannten Personen wurden Fingerabdrücke genommen. Soweit es die Beschaffenheit der Toten zuließ,wurden auch Lichtbilder gefertigt.Auf Grund der Fingerabdrücke konnten durch den Erkennungsdienst 23 Personen festgestellt werden.
Aufgrund der Lichtbilder konnten 5 Personen von den Angehörigen erkannt werden,während auf Grund der Personalbeschreibung 2 Mann festgestellt werden konnten.
Unter den 42 unbekannten Personen befinden sich vermutlich noch 18 Russen.

) Eine Ausscheidung der verwundeten Personen über Zeit,Ort und Umstände x.ihrer Verwundung konnte nicht erfolgen,nachdem eine größere Anzahl von Personen kurze Zeit nach ihrer Einlieferung ins Krankenhaus wieder entlassen und nähere Personalien sowie Angehörige nicht ermittelt wurden

Eine Gewähr für die Richtigkeit der Gesamtzahlen kann nicht geleistet werden.
Die Namen der ums Leben gekommenen Personen konnten größtenteils nur dadurch festgestellt werden,daß die Leichfrauen zur Vorlage von Verzeichnissen angehalten wurden, in denen alle Personen,die während den Kämpfen erschossen bezw.an den erlittenen Verwundungen verstorben sind und beerdigt wurden,aufzuführen waren,
Aufgrund dieses Materials wurde sodann durch die Kriminalkommissäre bei den Angehörigen der nähere Sachverhalt erh

nisten angelastet wurden.⁵⁰ Aus dem Thule-Kampfbund entstand im April 1919 auch das Freikorps »Oberland« unter Leitung von Sebottendorf.⁵¹

Der Germanenorden mit dem Decknamen Thule war integraler Bestandteil der Entstehungsgeschichte der NSDAP. Auf der »Weihnachtstagung 1918« beschloss der Germanenorden die Gründung einer »Deutsch-Sozialistischen Partei« (D.S.P.), die wenige Tage nach der Niederschlagung der Räterepublik im Mai 1919 erfolgte. Am 9. August 1919 erschien der »Münchener Beobachter« zum ersten Mal auch mit dem Titel »Völkischer Beobachter«. (Sebottendorf hatte 1918 den »Münchener Beobachter« samt Verlag von der Eher-Witwe aufgekauft und als Kampfblatt für die Thule ausgebaut.) Der »Verlag Franz Eher Nachf.«, der bereits 1920 Verlag der NSDAP wurde, befand sich in der Thierschstr. 15, identisch mit der Geschäftsstelle der D.S.P.«⁵² Das Thule-Mitglied Karl Harrer leitete den »Deutschen Arbeiterverein«⁵³ und wurde 1919 der 2. Vorsitzende der »Deutschen Arbeiterpartei«, die 1920 in NSDAP umbenannt wurde. So erklären sich die einleitenden Worte, die Sebottendorf 1933 seinem Buch »Bevor Hitler kam« voranstellte: »Jetzt kann endlich gesagt werden, was bisher nicht gesagt werden durfte, um nicht den Haß des ›Systems‹ auf die Wegbereiter zu lenken. Es braucht nun nicht mehr verhehlt zu werden, daß jene sieben Thule-Leute nicht als Geiseln starben, nein, daß sie gemordet wurden, weil sie Antisemiten waren. Sie starben für das Hakenkreuz, sie fielen Juda zum Opfer, sie wurden gemordet, weil man die Ansätze der nationalen Erhebung vernichten wollte.«⁵⁴ (Dok. 16)

Die Thule-Gesellschaft organisierte noch einige Jahre lang die Gedenkfeiern im Schulhof des Luitpoldgymnasiums, blühte nach dem Verbot der NSDAP 1923 noch einmal kurz auf⁵⁵ und verlor im Verlauf der späteren 1920er Jahre immer mehr an Bedeutung: Die NSDAP hatte den Antisemitismus, das militante Führerprinzip und die mystische Deutschverherrlichung übernommen und

---

50 Schmolze, *Revolution und Räterepublik*.
51 Pätzold/Weißbecker, *Geschichte der NSDAP*, S. 22.
52 Sebottendorf, *Bevor Hitler kam*, S. 182.
53 Ebd.
54 Ebd., S. 7.
55 »Noch einmal war Hochbetrieb in der Thule Gesellschaft, als nach jenem 9. November 1923 die N.S.D.A.P. zerschlagen wurde. Damals traten unter dem jetzigen Oberbürgermeister Karl Fiehler, München, die meisten Mitglieder der Partei in die Thule Gesellschaft ein. Sie konnten so ihre Propaganda fortsetzen, bis Adolf Hitler, aus Landsberg zuückgekehrt, von Neuem die Glieder zusammenfaßte.« Ebd., S. 198. Sebottendorf übertrieb – insgesamt traten nach dem Hitler-Putsch nur 13 neue »Brüder« mit Fiehler in die Thule ein. Vgl. Hermann Gilbhard, *Die Thule-Gesellschaft. Vom okkulten Mummenschanz zum Hakenkreuz*, München 1994, S. 165.

»Thule« und »Bund Oberland«

Bevor Hitler kam

Urkundliches aus der Frühzeit der nationalsozialistischen Bewegung von Rudolf von Sebottendorff
1. Auflage

1933

Deukula-Verlag Grassinger & Co., München 2 NW

Der Autor Rudolf von Sebottendorf war nicht nur Gründer der Thule-Gesellschaft, sondern auch von Bund und Freikorps Oberland.

Gedenkblatt

Als erste Blutzeugen des erwachenden Deutschland fielen am 30. April 1919 im Münchener Luitpoldgymnasium folgende Thule-Leute unter den Kugeln bolschewistischer Mörder:

Heila Gräfin von Westarp, Sekretärin der Thule
Gustav Franz Maria Prinz von Thurn und Taxis
Franz Karl Freiherr von Teuchert, Oberleutnant
Friedrich Wilhelm Freiherr von Seidlitz, Kunstmaler
Anton Daumenlang, Eisenbahn-Obersekretär
Walter Deicke, Kunstgewerbezeichner
Walter Nauhaus, Bildhauer

Die Technische Hochschule München

Nachrichtenblatt der Studentenschaft und des Kreisamtes VII (Bayern) der D. St. mit den amtlichen Nachrichten des Bayer. Staatsministeriums für Unterricht und Kultus und des Rektorates mit den Nachrichten des Bundes der Freunde der Technischen Hochschule Organ der Hochschule für Landwirtschaft und Brauerei

Weihenstephan
25. Januar   1927
Heft 4/5

Bund Oberland v. Hochschulgemeinschaft Oberland

Nächste Veranstaltung, zu der Gäste willkommen sind, findet am 27. Januar, 8 Uhr abends im Veteranenzimmer des Arzberger Kellers, Nymphenburgerstr. statt. Vortrag von General a. D. Professor Dr. Haushofer über „Innen- und außenpolitische Lage".

Für die Hochschulgenossenschaft mit Heil Oberland
Hans Scheuring.

Aus den »Kurzen Mitteilungen« der Technischen Hochschule München, Januar 1927, Seite 23, Ausgabe Weihenstephan.

gleichzeitig die Enge des Geheimordens gesprengt. Die schon traditionell völkisch und nationalistisch gestimmten Bürger Münchens rückten im Verlauf dieser Entstehungsgeschichte der NSDAP ein weiteres gehöriges Stück nach rechts.[56] Die Sprache von Marie Kerschensteiner, mit der sie ihren Kampf um die Freilassung von Sohn Wolfgang schilderte, ist deutlich:

> »Wir wurden in das Büro der Geiseln geführt. Ein schmieriger Mann von unaussprechlicher Häßlichkeit empfing uns. Ein Russe? Ein Ungar? Er radebrechte etwas mit deutlich östlichem Akzent, schickte uns in ein anderes Zimmer. Auch da waren es nicht Deutsche, die über Leben und Schicksal Deutscher befanden. Landfremde Hetzer, Abschaum von Völkern, die sich *solcher* Söhne gewiß gerne entrieten. Und es ist trostvoll, daß das Schreckliche nicht aus der Seele des deutschen Volkes kam. […]«[57]

Marie Kerschensteiner fasste ihre Sicht der Räterepublik zusammen: »Am 7. März wird Bayern Räterepublik. Der Bolschewismus nach russischem Muster beginnt. Das Standrecht wird verkündet, ein Revolutionstribunal errichtet. Der Terror herrscht. Plünderungen, Erpressungen, Diebereien sind an der Tagesordnung. Ein Student stürzt die Universität, setzt Rektor und Professoren ab.« Es war zwar kein Student, sondern Gustav Landauer, der als Volksbeauftragter für Volksaufklärung nun das Ressort Kultur-, Schul- und Pressewesen leitete – aber das traumatische Erlebnis von Professorenfamilien bleibt Fakt.[58]

Oskar Maria Graf schilderte seine Beobachtungen nach der Niederschlagung der Räterepublik und damit seine Sicht der Dinge:

> »Jetzt waren auf einmal wieder die verkrochenen Bürger da und liefen emsig mit umgehängtem Gewehr und weißblauer Bürgerwehr-Armbinde hinter den Truppen her. Wahrhaft gierig suchten sie mit den Augen herum, deuteten dahin und dorthin, rannten einem Menschen nach, schlugen plärrend auf ihn ein, spuckten, stießen wie wild geworden und schleppten den Halbtotgeprügelten zu den Soldaten.«[59]

Mit diesem kleinen Exkurs in die Geschichte soll das Kapitel zum politischen Milieu des Münchener Bürgertums vor 1933 zunächst beendet werden. Im

---

56 Schon vor den Erschießungen im Luitpoldgymnasium galt die Münchener Universität als Hochburg der Stimmungsmache gegen Kurt Eisner. David Clay Large, *Hitlers München. Aufstieg und Fall der Hauptstadt der Bewegung,* München 1998, S. 139.
57 Marie Kerschensteiner, *Georg Kerschensteiner,* S. 184.
58 Auch die Professoren der Akademie der Bildenden Künste waren vom Dienst suspendiert worden. Siehe Kehr, *Kunsterzieher an der Akademie,* S. 294.
59 Marie Kerschensteiner, *Georg Kerschensteiner,* S. 159.

46

Traditionelle Prüfungsstoffe der Zeichenlehramtskandidaten an der THM

Zeugnisse zum Beispiel 1893 und 1931.

Prüfungs-Zeugniss.

Herr August Oettel aus München k. Bezirksamts geboren am 20. August 1870 hat im Jahre 1893 die vorschriftsmässige Lehramtsprüfung für den Unterricht im

Zeichnen und Modelliren

abgelegt und sich hiebei in den einzelnen Prüfungsgegenständen folgende Censuren erworben:

1) Linearzeichnen — I
2) Bauzeichnen — I
3) Ornamentenzeichnen (Zeichnen nach dem Runden, Componiren eines Ornaments) — I/II
4) Figurenzeichnen (Ausführung einer antiken Büste, Umriss einer ganzen Figur nach gegebenem Modell) — I/II
5) Modelliren — III
6) Mündliche Prüfung aus der Kunstgeschichte — I
7) Mündliche Prüfung aus dem Gebiete des Zeichenunterrichts — II
8) Demonstration mittels Tafel und Vortrag — I

Prüfungs-Zeugnis.

Herr Anton Kolnberger geboren am 2. Februar 1906 zu Parsberg Bez. Amts Vilshofen, hat im Jahre 1931 den I. Abschnitt der Prüfung für den Unterricht im

Zeichen

abgelegt.

Für die Zulassungsarbeiten und die mündliche Prüfung hierüber erhielt er die Note (1,5-) II

In den einzelnen Prüfungsgegenständen hat er sich folgende Noten erworben:

I. Gruppe: Darstellende Geometrie und ihre Anwendungen .... Note III
Bauformenlehre .... „ II-III
II. Gruppe: Ornamentales Zeichnen .... „ I-II
Modellieren .... „ II
III. Gruppe: Figürliches Zeichnen .... „ II
Aquarellieren eines Stillebens .... „ I
IV. Gruppe: Mündlich: Kunstgeschichte ....
Fragen aus der Stillehre im Anschluß an einen vom Kandidaten nach gegebenen Thema angefertigten Entwurf eines kunstgewerblichen Gegenstandes .... „ II

Im deutschen Aufsatz hat der Kandidat eine persönlich eindringliche aber formal nicht durchaus klare Arbeit geliefert.

Er hat sonach die Prüfung mit der Hauptnote II = gut bestanden. 1,95

München, den 21. Februar 1931.

Der Vorsitzende des Prüfungsausschusses:

L.S. Freitag

Quellen: BayHStA MK 33499 und MK 34026.

Folgenden wird gezeigt, dass die Ausbildung der Zeichenlehrer an der TH zu einer fachlichen Sonderentwicklung in Bayern, speziell München, führte – und wie auf dem fachlichen und politischen Hintergrund aus einer ursprünglich rationalen wissenschaftlichen Fragestellung (den Britsch-Überlegungen) eine irrationale offizielle Methode des nationalsozialistischen Zeichen- und Kunstunterrichts werden konnte.

2 Das berufliche (Kampf-)Feld der Zeichenlehrer und die Besonderheiten der bayerischen Kunstpädagogik

Die Lehrpläne und die Zeugnisse der TH-Lehramtsprüflinge für Zeichnen und Modellieren zeigen, wie wenig sich ein dreiviertel Jahrhundert lang an der Ausbildung der Zeichenlehrer änderte. (Dok. 46) Dies steht umso mehr in Widerspruch zu den – im Wortsinn – gewaltigsten Umbrüchen dieser Jahre von 1870 bis 1945.

Die bayerische Sonderentwicklung war, wie Wolfgang Reiss schon kurz anmerkte, durch eine extrem mathematisch-technische Auffassung und rigide Zielsetzung beim Zeichenunterricht gekennzeichnet, die an den Schulen aller Gattungen vorherrschte. 1929 wurde anhand der ausgestellten Schülerarbeiten auf der Marktbreiter Tagung der Kunsterzieher festgestellt: »Schweigen wollen wir von den Arbeiten aus einem großen süddeutschen Staat, an dem alles auf diesem Gebiete in den letzten zehn Jahren Errungene spurlos vorüber gegangen zu sein scheint.«[60] In der Tat waren die Bestrebungen der Kunsterzieherbewegung, den Zeichenunterricht z.B. »dem Kunstgenuss« zu öffnen, in München offensichtlich schon an den Mauern der TH zum Halten gekommen[61], wie im Folgenden belegt wird.

2.1 MAN und BMW beeinflussen die Lehrpläne

Die Verlagerung der Lehramtsausbildung von der Akademie an die TH hatte zunächst – im letzten Drittel des 19. Jahrhunderts – für ein »Aufblühen« gesorgt.[62] Eine technisch orientierte Zeichenlehrerausbildung entsprach den Inte-

---

60 Wolfgang Reiss, *Die Kunsterziehung in der Weimarer Republik. Geschichte und Ideologie*, Weinheim und Basel 1981, S. 205.
61 Auch noch 1936 auf der ersten »Reichstagung der Gausachbearbeiter für Kunsterzieher im NSLB« in Bayreuth wurde in dieser Hinsicht auf Bayern angespielt: »Ist doch die Ausbildung der Studierenden für das künstlerische Lehramt zum mindesten in einem deutschen Land noch heute fast völlig technisch orientiert.« (Böttcher) In: Kunst und Jugend, März 1936, Heft 3, S. 57.
62 Siehe auch Kehr, *Kunsterzieher an der Akademie,* S. 293.

48 Unterschiedliche Interessen: Reformkunsterzieher und MAN

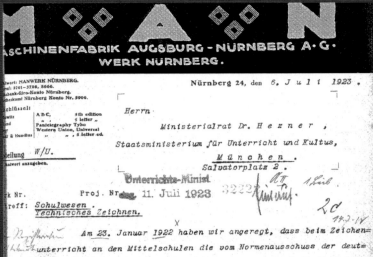

Anm.: »Mittelschule« hieß »höhere Schule« = zwischen Volksschule und Hochschule.

Quelle: BayHStA MK 20603.

ressen der damals rasch wachsenden großen Industrie. Die etwa zeitgleich[63] mit der TH gegründete Kunstgewerbeschule in München verstärkte diesen Aufschwung, ihre Produkte konnten sich in den Glaspalastausstellungen sehen lassen – während insgesamt für die deutschen Produkte auf den Weltausstellungen z.B. in Philadelphia 1877 der offizielle Vertreter des Reichs, der Berliner Professor Franz Reuleaux, einräumen musste:

»Deutschlands Industrie hat das Grundprinzip ›billig und schlecht‹. [...] Deutschland weiß in den gewerblichen und bildenden Künsten keine anderen Motive mehr, als tendenziös-patriotische, die doch auf dem Weltkampfplatz nicht hingehören, die auch keine andere Nation hingebracht; für die tendenzlose, durch sich selbst gewinnende Schönheit hat es keinen Sinn mehr. [...] Dritter Satz: Mangel an Geschmack im Kunstgewerblichen, Mangel an Fortschritt im rein Technischen.«[64]

Die um die Jahrhundertwende entstehende Kunsterzieherbewegung war eine aus dem bürgerlichen Norden Deutschlands geborene Antwort auch auf diese Probleme. In Bayern und München gab es andere Tendenzen. So erfolgte im ersten Drittel des 20. Jahrhunderts nachweislich eine bis in Lehrplanänderungen wirksame Einflussnahme der Industrie, insbesondere der Maschinenbau- und Autoindustrie, auf die TH-Lehrstühle, die andere, der Kunsterzieherbewegung gegenläufige Interessen verfolgte. Zwar waren die Bestrebungen von Alfred Lichtwark und den meisten anderen Pionieren der Kunsterzieherbewegung ebenso durch die Sorge um die Zukunft der deutschen Industrie, um die »erste Stelle auf dem Weltmarkte« etc. motiviert, aber die Reformpädagogen wollten diese durch eine »sorgfältige künstlerische Erziehung des Auges und der Empfindung«, durch die »Erziehung eines heimischen Konsumenten« sichern, der ein Bedürfnis nach künstlerischen Genüssen hat.[65] Unternehmen wie MAN oder BMW hingegen verfolgten ihre speziellen firmenegoistischen Interessen, wie sie z.B. in einem Schreiben von MAN an das Bayerische Staatsministerium für Unterricht und Kultus zum Ausdruck kamen: »Die jungen Leute sollen vor

---

63 Gegründet 1868 als Königliche Kunstgewerbeschule München (nur männliche Abteilung); 1872 wurde die weibliche Abteilung dazugegründet: Königliche Kunstgewerbeschule für Mädchen.
64 F. Reuleaux, *Briefe aus Philadelphia,* Braunschweig 1877, S. 5 f., zitiert nach: Kind und Kunst, KatAusst. des Bunds Deutscher Kunsterzieher in Verbindung mit dem Werkbund-Archiv und der Arbeitsstelle für historische und vergleichende Kunstpädagogik an der Pädagogischen Hochschule Berlin, 1976, S. 34.
65 Alfred Lichtwark, *Übungen in der Betrachtung von Kunstwerken. Nach Versuchen mit einer Schulklasse,* hg. von der Lehrervereinigung zur Pflege der künstlerischen Bildung. Berlin 1918 (Erstausgabe 1897), Einleitung, S. 17 ff.

Zwei Gutachten aus der Technischen Hochschule München

Aus: *Gutachten über die Leistungen des Zeichenunterrichts an den höheren Schulen nach den Erfahrungen an den zur technischen Hochschule übertretenden Schülern, erstattet von Dr. S. Finsterwalder, Professor der darstellenden Geometrie an der THM:*

In den abgelaufenen 12 Jahren, über welche mir unmittelbare Erfahrungen in den Übungen zur Darstellenden Geometrie zu Gebote stehen, sind die Leistungen der Schüler namentlich im gebundenen Zeichnen (Linearzeichnen) dauernd, ja sogar in steigendem Maße zurückgegangen. […] Es fehlt vor allem an den technischen Grundlagen des Zeichnens, am Gebrauche und der Beurteilung der Zeichengeräte und an den elementaren Tätigkeiten des Ausziehens und Anlegens. Aber auch an den mehr moralischen Voraussetzungen für die gedeihliche Ausübung des gebundenen Zeichnens ist Mangel. Genauigkeit, Sorgfalt und Sauberkeit lassen vieles zu wünschen übrig und erst gar ein geschulter Geschmack, der sich in der Anordnung der Figuren, in der Beschriftung, in der Anwendung und Auswahl der Farbe verrät. Die Fähigkeit, krumme Linien in Blei oder Tusche aus freier Hand erträglich nachzuziehen, vermißt man so gut wie ganz. Was sonst als äußeres Ergebnis eines jahrelangen folgerichtigen Zeichenunterrichts galt und in seinem inneren Wert vielleicht manchmal überschätzt wurde, ist so gut wie verschwunden. Ein Unterschied zwischen humanistisch und realistisch Ausgebildeten ist im Zeichnen kaum mehr festzustellen. Einträchtig gehen beide mit stumpfem Stift an die Arbeit und sind ganz zufrieden, wenn es beim Ausziehen gelingt, die Mißstimmigkeiten der Konstruktion durch derbe Striche oberflächlich zu verdecken. In der Bevorzugung greller, unsachlicher oder mißfarbiger Töne beim Anlegen und in der Verständnislosigkeit für den Anwendungsbereich der Aquarell- und Deckfarben halten sie sich die Waage. […] Ganz auffällig ist jedoch die große Zahl der im Zeichnen schlecht ausgebildeten Oberrealschüler, welche auf einen organisatorischen Fehler des Zeichenunterrichts an diesen Schulen hindeutet.«

München, den 15.12.1922, Dr. S. F.

Der Vorstand
er Bauingenieur-Abteilung
K. Technischen Hochschule
in München.

München, am 5. Dezember 1922

Gutachten
über die Notwendigkeit des Unterrichtes im Linearzeichnen.

Von jedem Studierenden, der an die Technische Hochschule übertritt muss verlangt werden, dass er eine beträchtliche Fertigkeit im Linearzeichnen aus der Mittelschule mitbringt. Linearzeichnen ist eine Ausdrucksform der Technik und als solche ebenso notwendig, wie die Fähigkeit, seine Gedanken schriftlich niederzulegen.

Der Wert des künstlerischen Momentes im Zeichenunterricht soll nicht verkannt werden; es will mir aber scheinen, als ob auf diesem Gebiet fast des Guten zu viel geschähe. Wichtiger als die Förderung der mehr oder weniger stark vorhandenen künstlerischen Fähigkeiten des Einzelnen scheint mir jetzt die Erziehung zur Sorgfalt und Genauigkeit zu sein, die in der straffen Form des Linearzeichnens und der zugehörigen Farbenbehandlung liegt.

Linearzeichnen verlangt Pflichttreue und Disciplin, Tugenden, die heute nicht mehr wie früher Gemeingut des Volkes sind, darum sollte es mit strengen Anforderungen an allen Mittelschulen geübt werden.

Halter,
Ord. Prof für Ingenieurwesen

Quelle: BayHStA MK 20603.

allem einwandfreie Grundlagen für das technische Zeichnen erlernen und üben«.⁶⁶ (Dok. 48) Briefe des Bayerischen Industriellen-Verbandes und des Senats der TH an das Kultusministerium belegen, wie stark von dieser Seite auf die Lehrplangestaltung des Zeichenunterrichts an den sog. höheren Schulen Druck ausgeübt wurde. (Dok. 50 und 52) Das Fazit einer gründlichen Untersuchung des Zeichenunterrichts an den höheren Schulen Münchens fasste der Hamburger Professor Fritz Kuhlmann 1929 (»aufgrund von mir durch Eltern und Kinder jeden Alters übermittelten umfassenden Materials« – F.K.) in einem Schreiben an das Bayerische Staatsministerium für Unterricht und Kultus zusammen: »Kinderfeindlich, unpsychologisch und unkünstlerisch [...]. Die Zeichenobjekte sind fast durchweg starre geometrische Gebilde [...].«⁶⁷

Man muss in Bayern von einem tief verankerten System der »alten Zeichenschule« ausgehen. Auf kultusministerieller Ebene wurde z.B. der Zeichenunterricht an den Oberschulen von einem Ministerialrat Freitag, bezeichnenderweise Referent für Mathematik, mit beaufsichtigt. (Dok. 46) Selbst die Besonderheit,

---

66 MAN am 6.7.1923 an das Kultusministerium.
67 »Der ZU der höheren Schulen Münchens bewegt sich im allgemeinen durchaus auf der Bahn der gewerblich-technischen-geometrischen Grundauffassung, die alle anderen Staaten, fast ohne Ausnahme, zugunsten einer psychologisch-künstlerischen seit Beginn dieses Jahrhunderts verlassen haben. Die von meinen Freunden in Hamburg (Lehrervereinigung zur Pflege künstlerischer Bildung) und mir zu jener Zeit schon ins Leben gerufene Reform, bekannt unter dem Namen ›Hamburger Reform‹, ist an den hiesigen u. wahrscheinlich an den bayerischen Schulen überhaupt spurlos vorbeigegangen, wie ich feststellen konnte, vielen Lehrern nicht einmal als geschichtliche Tatsache bekannt, obgleich sie in vielen Publikationen und Ausstellungen manifestiert worden ist und in allen Staaten, selbst im Auslande, mehr oder weniger von Einfluss sich erwiesen hat. So erweist sich der Zeichenunterricht an den hies. höh. Schulen in seinem Aufbau naturwidrig und kinderfeindlich, unpsychologisch und unkünstlerisch, die besten und natürlichsten Kräfte des Kindes hemmend und verschüttend. Die Zeichenobjekte sind fast durchweg starre geometrische Gebilde, die zum Kinde in keiner Beziehung stehen. Nur scheinbar wird an ihnen das perspektivische Sehen gelehrt. In Wirklichkeit wird das Auge total verbildet, da die angeblichen Wirklichkeitszeichnungen freihändige und nach Augenmass gefertigte parallelperspektivische Konstruktionen sind. Sie treten in den Zeichnungen in geradezu erschreckender Zahl auf. Nicht wenige Kinder haben mir tränenden Auges die Qualen geschildert, die sie in solchem Unterricht durchmachen und die ungelösten Rätsel vorgelegt, denen sie sich gegenüber gestellt sehen. Ich habe festgestellt, dass die Begabten sich nicht durch und im Unterricht entwickeln, sondern neben demselben her, ja dass sie sich erst entwickeln konnten, als es ihnen gelang, sich von ihm zu befreien. Die Beweise dafür sind mir mehrfach geliefert worden.« Aus: Zum Zeichenunterricht an den höh. Schulen Münchens, Fritz Kuhlmann an das Kultusministerium, 29.12.1919.

»In der Industrie wird neuerdings Klage geführt«

Bayerischer Industriellen-Verband München e. V.

Unterrichts-Ministerium 20 Juni 1923 28737 A II

München, den 19. Juni 1923.
Sonnenstr. 5

Nr. 5446 Dr.G./E.

An das

Bayerische Staatsministerium für
Unterricht und Kultus

München.

Betr.: Niedergang des Linear- bezw.
technischen Zeichenunterrichts
an den realistischen Lehranstalten
Bayerns.

In der Industrie wird neuerdings Klage geführt, daß die von den Höheren Lehranstalten Bayerns in die Industrie-Betriebe übertretenden jungen Leute überaus geringe Vorkenntnisse im Linearzeichnen bezw. im technischen Zeichnen aufzuweisen haben. Nach unserer Unterrichtung ist das zurückzuführen auf eine Umstellung im Lehrprogramm der realistischen Lehr-Anstalten in Bayern. Diese Umänderung des Lehrplans ist überaus betrüblich. Denn nicht nur ist das praktische Linearzeichnen eine notwendige Grundlage für alle Jene, die sich zur weiteren Ausbildung an die Technischen Hochschulen wenden, sondern vor allem auch für alle Jene, die nicht technisch vorgebildet in der Industrie ihre Lebensaufgabe erfüllen; denn die auch nicht technisch vorgebildeten Männer der Industrie kommen öfters in die Lage, Zeichnungen lesen zu müssen, wozu ihnen bei gründlichem Zeichenunterricht wohl die Voraussetzung

---

Der Senat der Technischen Hochschule

an das

Staatsministerium für Unterricht und Kultus.

Betreff:
Hebung des Linearzeichenunterrichtes an den höheren Lehranstalten.

Seit einer Reihe von Jahren wird von Dozenten der Hochschule die Beobachtung gemacht, daß die Absolventen der höheren Lehranstalten, die die Hochschule beziehen, im Freihandzeichnen nicht mehr in genügender Weise vorgebildet sind, sodaß durch die Ergänzung der bestehenden Mängel im Unterricht an der Hochschule eine fühlbare Mehrbelastung der Dozenten entsteht vor allem bei den Fachrichtungen, bei denen zur Vorprüfung wie zu den Fachstudien gutes Technisches Zeichnen gefordert werden muß. So scheint uns eine Reform des Linearzeichenunterrichtes an den höheren Lehranstalten zur dringenden Forderung geworden zu sein. Während unsere Maschineningenieur-, Bauingenieur- und Allgemeine Abteilung sich eine solche Reform ohne Erhöhung

---

Die Industrie nahm Einfluss auf die Lehrplangestaltung für Zeichnen an den sog. höheren Schulen Bayerns. Aufschlussreich dabei ist, dass die Architekturabteilung an der TH im Gegensatz zur Bauingenieurabteilung und Allgemeinen Abteilung das Linearzeichnen nicht auf Kosten des Freihandzeichnens verbessern wollte.

Quelle: BayHStA MK 20603.

dass z.B. mit Max Dasio[68] 1920 ein Künstler und Kunstprofessor (von der Kunstgewerbeschule) zum Ministerialrat im Bayerischen Staatsministerium für Unterricht und Kultus ernannt wurde, führte nicht zu einer wesentlichen Erweiterung des Zeichenunterrichts zu einer als Kunstunterricht verstandenen Unterweisung. Allerdings gab es bei Dasio einige Fortschritte gegenüber dem 19. Jahrhundert, z.B. Betonung des Naturstudiums statt Abzeichnen von Vorlagen. Dasios Spezialgebiete waren Ornamentzeichnen (stilkundlich orientiert) und Naturstudium. Bis 1931 besichtigte er auch den Zeichenunterricht an höheren Schulen, dadurch kannte er viele Zeichenlehrer persönlich.

Als Mitte bis Ende der 1920er Jahre die jungen Zeichenlehrer gegen das rigide Ausbildungs- und Unterrichtssystem zu rebellieren begannen, waren die Münchener Universität, Akademien und Schulen politisch bereits von rechts dominiert.

2.2 Georg Kerschensteiners Einfluss

Auch von den Unterrichtsversuchen Georg Kerschensteiners, in denen ab 1898 eine halbe Million Kinderzeichnungen hauptsächlich von Münchner Volksschulen geliefert und 300.000 von Kerschensteiner persönlich analysiert wurden, sprang offenbar kein Funke zu den »höheren Schulen« über. Im Gegenteil: Kerschensteiner selbst verblieb trotz seiner Auflehnung gegen die besonders starre Weishaupt'sche Zeichenmethodik[69] in einer alten Tradition befangen[70]: »Der

---

68 Max Dasio, geb. 28.2.1865, Studium an der Akademie der Bildenden Künste bis 1891 / als Staatsstipendiat Aufenthalt in Italien 1891 / zehn Jahre bis 1901 selbständige künstlerische Tätigkeit, dabei z.B. Leitung einer Privatschule für grafische Künste und Kunstgewerbe / Lehrer am Künstlerinnenverein in München für Kopfzeichnen und Illustration / 1901-02 Verweser der Professur für Ornamentzeichnen an der Kunstgewerbeschule in München / 1902-10 Professor an der Kunstgewerbeschule (von 1909 an gleichzeitig zur Dienstleistung bei der Ministerialabteilung für die humanistischen und realistischen höh. Schulen verwendet / ab 1910 Regierungs- und Studienrat im Königlichen Staatsministerium für Kirchen- und Schulangelegenheiten / ab 1913 Oberregierungsrat in diesem Ministerium (aus dem handschriftlichen Vormerkungsbogen von 1927). 1916 bekam Dasio eine »besondere Zeichenklasse für das Naturstudium« an der Kunstgewerbeschule genehmigt, 1920 wurde Dasio Ministerialrat im Bayer. Staatsministerium für Unterricht und Kultus, 1928 bekam er den Titel Geheimer Rat, 1930 Ruhestand, bis zuletzt Leitung einer Zeichenklasse an der Staatsschule für angewandte Kunst München, verlängert bis Oktober 1931. Quelle: BayHStA MK 35298.
69 Siehe auch Dok. 21.
70 Siehe Wolfgang Kehr, *Das kunstpädagogische Engagement im Münchner Freundeskreis um Adolf von Hildebrand,* in: Wolfgang Kehr und Ernst Rebel, *Zwischen Welten. Adolf von Hildebrand (1874 bis 1921). Person, Haus und Wirkung,* München 1998, S. 69-92.

Kerschensteiners Zielscheibe: Der Weishaupt'sche Unterricht

»Meine weiteren Pläne galten […] vor allem aber auch einer gründlichen Reform des Zeichenunterrichts, der seit dreißig oder vierzig Jahren in den abstrakten Weishauptschen Methoden dahinschlenderte und eigentlich überhaupt kein Zeichnungsunterricht war, sondern höchstens ein Unterricht zur Gewöhnung an eine reinliche Linienführung. Den Anstoß zu meinen Versuchen gaben im Grunde die Anregungen der Hamburger Lehrerschaft […].«

Aus: Georg Kerschensteiner, *Die Pädagogik der Gegenwart in Selbstdarstellungen,* Sonderdruck Georg Kerschensteiner, Leipzig 1928/29, S. 26.

Ausstellungsvitrine »Gymnasiale Kunsterziehung der NS-Zeit in München«, Oktober 2005.

Zeichenunterricht darf sich aber so wenig wie ein anderer Unterricht nur mit Annäherungen begnügen. Er muß seine Aufgaben so wählen, dass auch der letzte Grad der Genauigkeit bei der überwiegenden Zahl der Kinder erreicht werden kann.«[71] Aus diesem Grund bevorzugte der ehemalige Studienrat für Mathematik und Physik Kerschensteiner nach wie vor das Zeichnen nach Vorlagen und nicht nach der Natur, weil »das reale Objekt mit seinen wechselnden Ansichten viel komplizierter«[72] als ein vereinfachtes Erinnerungsbild oder eine vereinfachte, flächenhafte Vorlage ist. Kerschensteiner bemerkte einmal selbst, dass er sich nur vorsichtig den neuen Erkenntnissen der aus dem Norden stammenden Kunsterzieherbewegung näherte.[73]

Kerschensteiners Beziehung zur Kinderzeichnung war geprägt von seinem Ausgangsinteresse, für die Nation den »brauchbaren Menschen« heranzuziehen, wobei er einen theoretischen Gegensatz zwischen der Allgemeinbildung und der beruflichen Bildung konstruierte, um letzterer auf Kosten der ersten den Vorrang zu geben. (»Die Berufsbildung steht an der Pforte zur Menschenbildung.«)[74] So war für Kerschensteiner das Zeichnen »nicht selbst Zweck, son-

---

71 Georg Kerschensteiner, *Die Entwicklung der zeichnerischen Begabung. Neue Ergebnisse auf Grund neuer Untersuchungen,* München 1905, S. 5, zit. nach Kehr, ebd. S. 74.

72 Reiner Hespe, *Der Begriff der Freien Kinderzeichnung in der Geschichte des Zeichen- und Kunstunterrichts von ca. 1890-1920. Eine problemgeschichtliche Untersuchung,* Frankfurt am Main 1985, S. 116 ff.

73 »Den Anstoß zu meinen Versuchen gaben im Grunde die Anregungen der Hamburger Lehrerschaft, die bei mir auf einen um so fruchtbareren Grund fielen, als ich schon von Kindheit an den graphischen Künsten ergeben war […]. Der Kunsterziehungstag in Dresden 1902 machte Hunderte von Schulmännern Deutschlands auf die schlummernden zeichnerischen Begabungen vieler Kinder aufmerksam. Ich ging zunächst allen diesen Dingen vorsichtig nach, kam aber lange Zeit zu keinen sicheren, für Lehrplananweisungen brauchbaren Ergebnissen. […] Auch war ich viel zu tief vom Wesen der pädagogischen Arbeit durchdrungen, als daß ich an der bloß spielenden Beschäftigung im Rahmen der Schulerziehung ein starkes Interesse hätte haben können, selbst wenn ihre Ergebnisse noch so überraschend waren.« Georg Kerschensteiner, *Die Pädagogik der Gegenwart in Selbstdarstellungen,* Sonderdruck Georg Kerschensteiner. Leipzig 1928/29 [Nicht im Handel, StAM Monacensia 8° Mon 3623], S. 26 f.27.

74 Georg Kerschensteiner, *Berufsbildung und Berufsschule. Ausgewählte pädagogische Schriften, Band I.* Paderborn 1966, Schrift »Berufs- oder Allgemeinbildung?« (1904), S. 89-104. – Kerschensteiners Studium der Kinderzeichnungen führte aber ebenso zu vielfältigen Erkenntnissen, die auch von den Pionieren der Kunsterzieherbewegung aufgegriffen wurden, die eine andere Auffassung von »Ordnungsübungen« in ihrem Unterricht besaßen. So erwähnte z.B. Christoph Natter, nachdem er den einschüchternden klassizistisch orientierten Ornamentzeichenunterricht geschildert hatte: »Im anderen Falle hatten die exakten Untersuchungen Kerschensteiners über ›die Entwicklung der zeichnerischen Begabung‹, in denen er

Taf. 62.
Baumdarstellung. A. Reines Schema.

Figur	Gezeichnet von einem	Klasse	Alter	Allg. Fortgangsnote	Zeichnet zu Hause?	Hat ein Bilderbuch?	Beruf des Vaters	Bemerkungen
19	Knaben	I	6	II	ja	nein	Maurer	Unregelmässig. Astschema.
20	,,	III	8	II	,,	ja	Postadjunkt	Knäuelschema.
21	Mädchen	VI	11	III	,,	,,	Verwalter	Doppelt fiedriges Schema.
22	,,	III	8	I	,,	nein	Schneidergeh.	Astlos; Blätter u. Früchte direkt am dicken Stamm.
23	Knaben	III	8	II	nein	,,	Fuhrwerksbes.	Fiedriges Schema.
24	,,	III	12	IV	,,	,,	Taglöhner	Ganz vorstellungslos; beachte die Fortgangsnote.
25	,,	II	8	II	ja	,,	Schäffler	Besenschema.

Ein Beispiel für die Analyse Kerschensteiners von 300.000 Kinderzeichnungen: Darstellung eines Baumes aus dem Gedächtnis.

DIE ENTWICKELUNG DER ZEICHNERISCHEN BEGABUNG

NEUE ERGEBNISSE AUF GRUND NEUER UNTERSUCHUNGEN
VON
STUDIENRAT DR. GEORG KERSCHENSTEINER
STÄDTSCHULRAT VON MÜNCHEN, KORRESPONDIERENDES MITGLIED DER
KGL. AKADEMIE GEM. WISSENSCHAFTEN ZU ERFURT

MIT 800 FIGUREN IN SCHWARZDRUCK UND 47 FIGUREN IN FARBENDRUCK

MÜNCHEN
DRUCK UND VERLAG VON CARL GERBER
1905

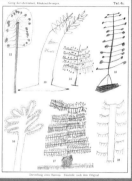

1. Stufe: Die Darstellung erfolgt in einem Schema: Tafel 60-62.
2. Stufe: Die Darstellung mischt Schematisches mit Erscheinungs- oder Formgemäßem: Tafel 63-64.
3. Stufe: Die Darstellung gibt Erscheinungsgemäßes: Tafel 65-68.
4. Stufe: Die Darstellung ist formgemäß: Tafel 69-70.

dern dienender Unterricht, und zwar dienend in so ausgedehntem Maße, dass man sagen kann, kein Sachgebiet ohne Zeichnen«[75]; in den ersten vier Schuljahren werde mit der Kinderzeichnung aus dem Gedächtnis heraus »eine vorzügliche Grundlage geschaffen für den jetzt erst beginnenden systematischen Unterricht«[76]. Der »Verein für Zeichnen- und Kunstunterricht an den Höheren Lehranstalten Bayerns« betonte hingegen: War der gymnasiale Zeichenunterricht »früher hauptsächlich wegen seines praktischen Nutzens für so viele Berufsarten in die Lehrpläne eingestellt, so ist heute der erziehliche Charakter, seine Bedeutung für die allgemeine Bildung, für die Geistesbildung in den Vordergrund getreten. [...] Die leider noch von einigen Zurückgebliebenen zuweilen geübte Herabsetzung des Zeichnens zu einem bloß technischen Fache stellt heute einen überwundenen Standpunkt dar.«[77] Diese Einschätzung entsprach mehr einem Wunschdenken als der Realität. Wohl trat eine ganz bestimmte »Geistesbildung in den Vordergrund« – sie wird in der weiteren Ausführung dieser Denkschrift deutlich: »für Volk und Staat«[78] – aber an den realen Unterrichtsstoffen und -methoden änderte sich wenig.

nachweist, daß das Kind durchaus reif ist für das Ornament, Hoffnungen in mir erweckt.« Auf dieser Grundlage kam Natter zu einem Unterricht, in dem Ornamentmalen zu einem Genuss wurde. Christoph Natter, *Künstlerische Erziehung aus eigengesetzlicher Kraft.* Gotha/Stuttgart, o.J., S.12 f.

75 Georg Kerschensteiner, zitiert im Feuilleton der Frankfurter Zeitung vom 23.9.1909.
76 Ebd.
77 Denkschrift des Vereins, o.D., vermutlich 1913, BayHStA MK 20603.
78 Ebd.: »Der Wiederaufbau unseres nationalen und wirtschaftlichen Lebens verlangt heute eine besondere Förderung des Zeichnens. In der klaren Erkenntnis, daß durch den Zeichenunterricht Kunst und Gewerbe eine bessere Basis erhalten, was für das ganze Wirtschaftsleben von außerordentlicher Bedeutung ist, kann für den Zeichenunterricht nicht genug geschehen. Es ist kein Zweifel, daß eine blühende Kunst einem Volke bedeutende ökonomische Vorteile zu bieten vermag. Diese kann aber nicht gedeihen ohne ein kunstliebendes und kunstverständiges Publikum. Die Hebung des Zeichenunterrichtes an allen unseren Schulen bedeutet eine der notwendigen Voraussetzungen für einen materiellen Aufstieg unseres Landes und ist für dessen Wiederaufbau unerläßlich. Es sei hier nur an die Worte Diderots erinnert: ›Diejenige Nation, die das Zeichnen ebenso pflegt, wie Lesen und Schreiben in der Schule, wird innerhalb eines halben Jahrhunderts die reichste Nation der Erde sein.‹ In Anbetracht des unleugbaren Wertes des Zeichenunterrichtes für Volk und Staat hat das Bayerische Staatsministerium für Unterricht und Kultus höchst dankenswerte Maßnahmen für die Hebung des Zeichenunterrichts getroffen. Besonders durch die Prüfungsordnung vom 4. Sept. 1912, durch welche nunmehr für die Lehrer des Zeichnens genau die gleichen Anforderungen gestellt werden wie für die Lehramtsanwärter aller anderen wissenschaftlichen Fächer.«

Die »charakteristische Ansicht« von Cornelius

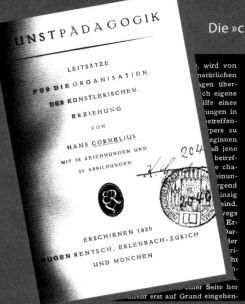

aus einiger Entfernung so gegenüber, daß die obere Öffnung desselben in die Ebene der Blickrichtung fällt, also geradlinig erscheint (Fig. a), so wird die Zeichnung des Umrisses von niemandem als Bild eines Blumentopfs erkannt werden, der nicht etwa durch besondere Umstände schon von vornherein an einen solchen Gegenstand zu denken veranlaßt worden ist. Wird dagegen der Blumentopf ein wenig von oben her gesehen, so daß die Öffnung als Ellipse erscheint (Fig. b), so gibt die Umrißzeichnung sich sogleich als das Bild eines Gegenstandes von der Form des Blumentopfes zu erkennen. Die beiden Fälle der natürlichen Erscheinung unterscheiden sich also wesentlich hinsichtlich der Leichtigkeit, mit der sie dem Auge ihren Gegenstand zu erkennen geben: die erstere ist nicht charakteristisch, während die zweite jedenfalls weit charakteristischer als jene

Gustaf Britsch:

»Charakteristische Relationen, d.h. die Ordnung und Klarheit eines Gesichtsvorstellungsbesitzes, sind der Gegenstand der künstlerischen Darstellung.

Dieser Gegenstand der künstlerischen Darstellung ist damit der Gegenstand einer wissenschaftlichen Untersuchung, die sich auf den künstlerischen Tatbestand am Kunstwerk richtet und sich ausschließlich auf diese Untersuchung beschränkt.

Nennt man eine solche wissenschaftliche Untersuchung, weil sie ~~sich tatsächlich~~ ihr Tatsachengebiet ausschließlich in künstlerischen Tatbeständen sucht: Kunstwissenschaft im engeren Sinne oder exacte Kunstwissenschaft, so ist damit das Tatsächliche dieser Untersuchungsweise bezeichnet, im Unterschiede von der ~~allgemeinen, und ausschließlich üblichen,~~ allgemeinen Kunstwissenschaft und Kunstgeschichte, die sich ~~auf die~~ mit der Darstellung der Kunst in ihrer Entwicklung als Produkt der gesamten Volkskultur, bedingt und eng verflochten nach allen Beziehungen und der übrigen Betätigung der betreffenden Nationen befasst.«

(Undatierte Notiz von Britsch)

Quelle: Britsch-Nachlass,
Archiv Schütz, o.J.V 24 Th.

2.3 Autoritäten: Konrad Fiedler, Adolf von Hildebrand, Hans Cornelius und Gustaf Britsch

Georg Kerschensteiner veröffentlichte 1905 die Ergebnisse seiner umfangreichen Zeichenunterrichtsversuche, er widmete sie seinem Berater Hans Cornelius, einer weiteren Schlüsselfigur für die bayerische kunstpädagogische Entwicklung im ersten Drittel des 20. Jahrhunderts. Der Philosoph, Psychologe, Kunstpädagoge und Kunstliebhaber Cornelius richtete an der Debschitz-Schule in München den Unterricht neu aus, die dort entwickelten Leitsätze[79] veröffentlichte er 1920. Das Buch »Einleitung in die Philosophie« (1911) widmete Cornelius dem Bildhauer Adolf von Hildebrand, ebenfalls Berater von Kerschensteiner, und das Werk »Grundlagen der Erkenntnistheorie. Transcendentale Systematik« dem »Andenken meines Freundes Gustaf Britsch«.

Im Zug der Herauslösung der Kunst aus den höfisch-feudalen Abhängigkeitsverhältnissen und als Folge ihrer neuen Abhängigkeiten in der bürgerlichen Moderne waren neue Kriterien für die Beurteilung und Definition von Kunst zu entwickeln. In den komplexen Umbrüchen wollten die naturwissenschaftlichen neuen Forschungsergebnisse – z.B. wahrnehmungspsychologische Studien (»sehen lernen«) – berücksichtigt sein, die Fotografie zwang zum Überdenken usw. Soziologisch, politisch und künstlerisch spielte der Wunsch, den Historismus des 19. Jahrhunderts zu überwinden und einen »zeitgemäßen Stil«, den »eigenen«, »nationalen Stil« usw. zu finden, eine große Rolle. An den Schulen verlor das Kriterium »richtig und falsch« bei der Beurteilung von Zeichnungen und Malereien immer mehr an Bedeutung, weil kein Vergleich mehr mit einer Zeichenvorlage möglich war, und auch zur Beurteilung der Kinderzeichnung, soweit man sie im Verlauf der Kunsterzieherbewegung als eigene »Sprache« anerkannte, brauchte man neue Kriterien.

In Bayern klaffte ein verhältnismäßig großer Zeitraum zwischen dem Beginn der neueren kunsttheoretischen Forschungen und dem Zeitpunkt, an dem die Zeichenlehrer begannen, sich der Theorien der Kunstwissenschaftler bewusst zu werden. So veröffentlichte zum Beispiel der Philosoph Konrad Fiedler[80] – Mäzen von Adolf von Hildebrand – bereits 1876 in München seine Schrift »Über die Beurteilung von Werken der bildenden Kunst«.[81] Aber erst in den späten 1920er Jahren wurden Fiedlers Argumente höchst aktuell im Richtungs-

---

79 Hans Cornelius, *Leitsätze für die Organisation der künstlerischen Erziehung*, Erlenbach-Zürich und München 1920.
80 Siehe Dok. 62: Büste Konrad Fiedlers von Adolf von Hildebrand.
81 Siehe dazu Kehr und Rebel, *Zwischen Welten*, S. 69 ff.

Langjährige Freunde

> Oberursel 20.X.21.
>
> Lieber Herr Britsch!
>
> Verzeihen Sie, wenn ich Ihnen erst heute für Ihren sehr lieben Geburtstagsgruss meinen Dank sage. Wir fallen Ihnen dafür heute auch gleich zu Dritt ins Haus, und zwei davon sogar in doppelter Auflage. Hoffentlich erhebt das Wohnungsamt gegen solche Überfülle des Besuchs keine Einwendungen. Die Bilder sind allerdings schon überholt: wir sind inzwischen grösser, dicker, und natürlich in Folge dessen auch vernünftiger geworden. Aber da wir leider selbst nicht photographiren, sondern auf fremde Gnade angewiesen sind, können wir keine neueren Abbildungen liefern.

Brief und Foto von Hans Cornelius an Gustaf Britsch.

Adolf von Hildebrand: Marmorbüste seines Freundes Conrad Fiedler.

Höhe 44 cm, 1874/75. Bayerische Staatsgemäldesammlungen, München. Aus: Angela Hass, *Adolf von Hildebrand. Das plastische Portrait*, München 1984, S. 67.

Foto aus einem Brief (Auszug oben) von Cornelius an Britsch, bisher unveröffentlicht. Quelle: Archiv Schütz, 17|III 7N+Br-varia.

streit der gymnasialen Zeichenlehrer und ihrer Verbände in München benutzt.

Cornelius arbeitete auf der Grundlage von Hildebrands »Problem der Form in der bildenden Kunst« von 1893 schon relativ früh (1901) seine Theorie von den »nichtssagenden Ansichten« und der »charakteristischen Ansicht« eines Gegenstands aus. Aber erst spät, 1919/20, arbeitete er in Anlehnung an die Überlegungen von Gustaf Britsch die vorrangige Rolle der »Vorstellung« für diese »charakteristische Ansicht«[82] aus (Dok. 58) – spät im Vergleich zu der schon bei Hildebrand hervorgehobenen Bedeutung der »Vorstellungen«[83] des Künstlers und derjenigen des Betrachters. Sehr schnell wurde ein Gegensatz konstruiert zwischen Vorstellung und Darstellung. Vorstellung stand für wahres Künstlertum, Darstellung für blinde Nachahmung.

Im Nachhinein gesehen hätte Cornelius wohl besser daran getan, den Britsch-Terminus »Beurteilung« beizubehalten, anstatt ihn durch »Vorstellung« zu ersetzen.[84] Denn noch im Verlauf der 1920er Jahre wurde daraus eine Art Kampfbegriff (gegen die »Nachahmung«). Die Absonderung und Herauslösung der Vorstellung des Künstlers aus ihren jeweiligen Zusammenhängen bei der Erstellung seines Werks, die starren, undialektischen Entgegensetzungen von Wahrnehmung, Gedächtnis, Erinnerung, Nachahmung und Vorstellung führten letzt-

---

82   Diese »charakteristische Ansicht« sei in der Regel nicht unter den »natürlichen Ansichten«, sondern eben genau deshalb nur durch die künstlerische Vorstellung zu finden. – Siehe auch: Hans Cornelius, *Elementargesetze der bildenden Kunst. Grundlagen einer praktischen Ästhetik,* Leipzig und Berlin 1911 (2. Auflage, Erstauflage 1908). – Die Gedankengänge dieser »wissenschaftlich-ästhetischen Untersuchung« standen, wie Cornelius im Vorwort zur ersten Auflage schrieb, »in enger Verwandtschaft und zu einem großen Teile in unmittelbarem Abhängigkeitsverhältnis zu den Ausführungen in Hildebrands Problem der Form in der bildenden Kunst; in der Tat sind sie im Lauf der Jahre aus einem Zyklus akademischer Vorlesungen erwachsen, den ich über Hildebrands Buch gehalten hatte.« In der Zweitauflage vermerkte Cornelius: »Seit dem Erscheinen der ersten Auflage dieses Buches hat die Kunstwissenschaft eine wesentliche Bereicherung durch die Untersuchungen erfahren, welche Gustaf Britsch zum Gegenstand seiner Lehrvorträge in Florenz und München gemacht hat. Von den Änderungen, welche die vorliegende neue Auflage gegenüber der ersten aufweist, ist ein großer Teil – so insbesondere der Zusatz von S. 117 (Mitte) bis S. 119 – durch die Anregungen bedingt, welche ich Britsch verdanke.«
83   Siehe Otfried Schütz, *Britsch und Kornmann. Quellenkundliche Untersuchungen zur Theorie der Bildenden Kunst,* Würzburg 1993, S. 37 ff., sowie die den Untersuchungen zugrunde liegende Dissertation von Otfried Schütz, *Gustaf Britsch. Die Entstehung seiner Kunsttheorie,* Frankfurt am Main 1984. Hier wird die Genese des Vorstellungsbegriffes im Triangel von Hildebrand, Britsch und Cornelius ausführlich behandelt.
84   Vgl. auch Hespe, *Der Begriff der Freien Kinderzeichnung,* S. 143. Hier wird H. Volkelt erwähnt, der den Britsch-Terminus »Verwirklichen« zutreffender fand als den Begriff »Abbilden« oder »Darstellen«.

Aus Briefen von H. Cornelius an G. Britsch

»München 17. II. 1910. Lieber Herr Britsch! […] Was macht das Buch? Ich hoffe es recht bald zu bekommen!! – Nina (Hildebrand-) Sattler erzählt, daß ihr Vater <u>wieder etwas schreibt; er habe sich sehr für das interessiert was Frl. B[?] über Ihre Vorträge erzählt habe</u>. Ich wittere Gefahr! Schreiben Sie, wenn nichts sonst, doch wenigstens die 2 Beispiele – japanisches und Brutus – als erste Publikation! […] H. Cornelius«.

Lieber Herr Britsch!

Ihr Brief traf [...]
bisher nicht beantworten und kann auch j[...]
ich lag mit einem riesengrossen Furunkel [...]
ein Nachfolger an der Symmetriestelle an[...]
wenn ich liegen und der Bewegung entbeh[ren...]
dazu, und zwar diesmal in der rechten Ha[nd...]
keit bedingt war. Da es hier kein Salvat[...]
der Gicht sehr langsam: als München best[...]
mer nicht eingetroffen.

Dass Sie mit Krankheit behaftet sin[d...]
auch sind Sie inzwischen auf dem Weg de[r...]

Das Buch, nach welchem Sie fragen, [...]
Systematik und ist bei Reinhardt in Mü[nchen...]
Folge der für Buchhändler schlechten Zei[ten...]
men und kann Ihnen daher keines schicken[...]
zeit keine passende Lectüre.

Uns geht es in Folge unserer landwi[rtschaftlichen...]
meinen recht zufriedenstellend. Unser B[...]
Eiern und den Erzeugnissen des Gartens M[...]
und bisher hatte ich gute Nachrichten: die Sorge hört freilich nie auf.

Hoffentlich machen unsere Diplomaten nicht zu grosse Dummheiten und hört die blödsinnige Kriegswirtschaft bald auf. Aber das sind freilich fromme Wünsche.

Mit allen guten Wünschen für Ihr Wohlergehen grüsst Sie

Ihr

H. Cornelius

Brief vom 12.7.1917 aus Oberursel und Ausschnitt aus 4-seitiger Karte.
Bisher unveröffentlicht, aus: Archiv Schütz, 17III 7N+Br-varia.

lich zu einem Mythos der »inneren Vorstellung«, mit dem nicht nur Generationen von Kindern auf neue Art gequält wurden, sondern auch ein Topos entstand, an dem die Nazis dann auf ihre Weise andockten.

2.3.1 Britsch und Cornelius – erkenntnistheoretische Positionen

Gustaf Britsch (1879–1923) war ein in Stuttgart bei Theodor Fischer ausgebildeter Architekt. Er zog 1906 nach München, wo er sich an der Universität immatrikulierte. Nach Otfried Schütz, der als der beste Kenner des originalen Werkes von Britsch gilt,[85] war Gustaf Britsch »besessen« von dem Erkenntniswillen, herauszufinden, was das eigentlich Künstlerische an einem Werk ist. Da die Britsch-Ideen nicht »von Kunstwerken, sondern von den geistigen Bedingungen ihres Entstehens«[86] handelten, gehörten sie wissenschaftlich in das Gebiet der Erkenntnistheorie und der philosophischen Ästhetik; weder waren sie ursprünglich für eine Neuausrichtung des Zeichenunterrichts gedacht, noch waren sie von vornherein ›wie geschaffen‹ für eine rassistisch-faschistische Vereinnahmung. So schlussfolgerte Schütz aufgrund seiner Quellenforschungen zur Britsch-Lehre: Der »Sog, der die Theorie im Dritten Reich erfasste, ist das Resultat ihrer Vereinnahmung durch die (geistigen) Nachfolger und Interpreten«.[87] Die vorliegende Arbeit behandelt nun, *wie* diese Vereinnahmung vor sich ging; dabei war auch die Frage zu stellen, welche theoretischen Positionen Britschs sich als Einfallstore für den Faschismus anboten.

Ein Hauptpunkt scheint darin zu liegen, dass Britsch vorbehaltlos die philosophischen Positionen seines akademischen Lehrers Hans Cornelius übernahm (wie Schütz aufgrund seines Quellenstudiums nachweisen konnte). Um die autonome Rolle des »künstlerischen Tatbestands« herauszuarbeiten, eliminierte Britsch alle historischen, ikonografischen und soziologischen Aspekte der Kunst. Dabei ging er weit über den positivistischen Ansatz Cornelius' hinaus, der immerhin detaillierte (theoretische) Untersuchungen über die Begriffsbestimmung und das Verhältnis des begrifflichen Denkens und der sinnlichen Anschauung unternahm und mit Nachdruck forderte, dass »der Anschluß an die Tatsachen gewahrt bleibt, die allein der Hypothese ihren wissenschaftlichen Sinn verlei-

---

85 Otfried Schütz konnte 1982 nach dem Tod von Egon Kornmann den Nachlass von Gustaf Britsch (soweit er sich auf die Entwicklung der Theorie bezog) nach Frankfurt holen; das erste Resultat des Quellenstudiums durch Schütz schlug sich in einer Dissertation 1984 nieder, deren gekürzte und veränderte Fassung eingearbeitet wurde in: Schütz, *Britsch und Kornmann*.
86 Ebd., S. 9.
87 Ebd., S. 8.

Gustaf Britsch

Undatierte Fotos – die meisten bisher unveröffentlicht. Aus: Britsch-Nachlass, Archiv Schütz, Box IX. Unten links: Gustaf und Luise Britsch.

hen«.⁸⁸ Auch lehnte Cornelius die Anschauung ab, die »in der sinnlichen Wahrnehmung die einzige Quelle unserer Erkenntnis zu finden meint«⁸⁹, weil »diese Ansicht zum *skeptischen Verzicht auf die Erkenntnis einer objectiven Welt* führt«.⁹⁰

Britsch begrenzte den »künstlerischen Tatbestand« und die Erkenntnis von Kunst – wie Fiedler vor ihm – auf das alleinige Gebiet sinnlicher Wahrnehmung, und zwar auf die »Gesichtssinneserlebnisse«, also auf das bloß Sichtbare. Diese Verabsolutierung der Anschauung war zwar wissenschaftlich nicht befriedigend, aber so lange nicht ›lebensgefährlich‹, wie sie nicht mit einer systematischen Herabsetzung des begrifflichen Denkens, der Ratio und der Vernunft schlechthin einherging. Fiedler wie Britsch ging es darum, die geistige künstlerische Leistung in Abgrenzung zum analytisch-wissenschaftlichen Denken zu untersuchen und die Ebenbürtigkeit der verschiedenen Erkenntniswege zu postulieren. Britsch konzentrierte sich dabei auf die Herausarbeitung von bildimmanenten logischen Zusammenhängen – das war seine moderne Leistung – und nicht auf die Fragen, die diese Arbeiten ebenfalls unmittelbar provozierten: in welchem Zusammenhang, in welcher Wechselwirkung künstlerische Intuition und analytisch-rationales Denken stehen.

Die das »Kunstwerk begründende besondere geistige Leistung« unterteilte Britsch in zwei Stufen, in eine frühe »Denkstufe der Ausdehnungsunveränderlichkeit« und in eine späte »Denkstufe der Ausdehnungsveränderlichkeit«. Zu den »Denkmöglichkeiten« der frühen Stufe gehörten Begriffe wie »ein gemeinter Farbfleck grenzhaft abgehoben von einer nichtgemeinten Umgebung«, »Richtungsunterscheidung«, »Richtungsveränderlichkeit«; die späte Stufe enthielt nur den Begriff »Ausdehnungsveränderlichkeit«. Gleichzeitig geriet er damit in ein Dilemma, das er zeitlebens nicht lösen konnte. Der künstlerische Tatbestand, die geistige Leistung des Künstlers, seine Entscheidungen, was »gemeint« und

---

88 Hans Cornelius, *Grundlagen der Erkenntnistheorie,* München 1926 (2. Auflage, Erstauflage 1916), S. 245.
89 Hans Cornelius, *Einleitung in die Philosophie,* Leipzig und Berlin 1911 (2. Auflage, Erstauflage 1902), S. 125.
90 Ebd., Hervorhebung durch Cornelius. Das Zitat geht weiter: »Von dieser sensualistischen Skepsis aber zur Negation des Begriffs der objectiven Welt, zur Leugnung ihres Daseins und somit zum dogmatischen Idealismus ist nur mehr ein kleiner Schritt.« Allerdings nahm Cornelius in seiner *Einleitung in die Philosophie* dann selbst eine idealistische Position ein, indem er z.B. ausführte: »Der Causalzusammenhang besteht nicht vor unserer Erfahrung, sondern kommt erst durch unser Denken in die Erscheinungen […]. Vor unserem Begreifen der Erscheinungen sind diese nicht als causal bedingt, sondern als frei zu betrachten; erst unser begriffliches Denken verknüpft sie zu dem gesetzmäßigen Causalzusammenhange.« (S. 341-42).

Wo die Manuskripte von Britsch oft abbrechen

Erstens bei der modernen Malerei

Zweitens beim geometrischen Zusammenhang

Quelle: Archiv Schütz, bisher unveröffentlicht. Undatierte Notizen von Gustaf Britsch, o.J.IV 29Th und o.J.IV 1Th.

was »ungemeint« sein soll, wurde z.B. (in Stufe I) in der Richtungsunterscheidung durch einen geometrisch in Vektoren und Winkelgröße bestimmbaren Ausdruck definiert, obwohl Britsch gerade angetreten war, den »Gesichtsvorstellungszusammenhang« unabhängig von dem »gesetzmäßigen Zusammenhang, den wir als die geometrische Form eines Körpers bezeichnen«, zu erklären. (Vgl. Dok. 66 und 72)

Die komplexen Sachverhalte der Aufeinanderfolge von »gemeint« und »ungemeint« in der Stufe II mit dem dazugehörigen Kriterium der »Ausdehnungsveränderlichkeit« überforderten das Theoriesystem vollends, so dass diese Stufe von Britsch – wie Schütz nachwies – nie weiter definiert wurde. Es ist auch sicher kein Zufall, dass Britsch – wo er überhaupt an eine Anwendung in Schulen dachte – zuerst (1917) nur die Volks- und Mittelschulen und das damalige Konzept der kunstgewerblichen Arbeitsschule im Auge hatte.[91] (Dok. 70) Aber auch in den Manuskripten bzw. Notizen Britschs, die sich auf die sog. höheren Schulen beziehen[92], enthalten diese keine Didaktik für einen Schulunterricht, sondern hier formulierte Britsch im Wesentlichen seine »Grundgedanke[n] für die sachliche künstlerische Ausbildung: Erarbeiten stufenweiser künstlerischer Denkmöglichkeiten. 1) Wir anerkennen vollgültige Leistungen auch auf frühen Stufen künstlerischer Denkmöglichkeiten. 2) Wir anerkennen einen (nachzuweisenden) logischen Entwicklungsverlauf von frühen zu späteren Denkmöglichkeiten. (Der wirkliche zeitliche Verlauf ist nicht streng der logisch aufzeigbare). 3) Im logisch aufzeigbaren Verlauf ist für jede nachfolgende Stufe die vorausgehende (und damit alle voraufgehenden) vorausgesetzt.«[93] Der Grundgedanke, künstlerische Fähigkeiten früh entwickeln zu können und für das Erwachsenenalter fruchtbar zu machen, quasi hinüberzuretten, und dabei über ein abgesichertes, benotbares System zu verfügen, begeisterte viele Lehrer.

---

91 Brief Britsch an Kornmann vom 21.1.1917: »Geheim. Denkschrift über die Wiederaufnahme der kunstwissenschaftlichen Arbeiten nach dem Kriegsende.« Auf den 10 Seiten dieser »Denkschrift« findet sich ein Beispiel einer konkreten Aufgabe für die kunstgewerbliche Arbeitsschule mit Auswählen, Zurseitestellen, Zeichnen und Besprechen von Töpfen. Das Beispiel ist eingebettet in den Versuch, für Kunststudierende und Kunstwissenschaftstudierende an der zu gründenden Arbeitsschule einen gewissen Lernaufbau zu beschreiben. Zu den Volks- und Mittelschulen findet sich in dieser Schrift hierzu nichts. Britsch-Nachlass, Archiv Schütz 17-18III 3Br.
92 Siehe »Zur Neugestaltung des Zeichenunterrichtswesens an Volksschulen und höheren Lehranstalten« (1920), in: Wilhelm Johann Menning und Karina Türr, *Gustaf Britsch. Schriften. Fragmente zur Kunsttheorie des frühen 20. Jahrhunderts,* Berlin 1981, S. 102-108, und »Die Neugestaltung des Unterrichts in bildender Kunst an den höheren Lehranstalten Bayerns«, Anhang VI der Dissertation von Schütz, *Gustaf Britsch*.
93 Notiz von Britsch aus dem Jahr 1918. Britsch-Nachlass, Archiv Schütz, 18III 3Br.

Herrn Egon Kornmann.
in München.

In den Karpathen.
21.1.1917.

Geheim.

Denkschrift über die Wiederaufnahme der
kunstwissenschaftlichen Arbeiten nach
dem Kriegsende.

A. Allgemeine sachliche Grundlagen.

Gründe für eine Durchführung eines sachlichen Unterrichts in bildender Kunst auf breiter Grundlage des Volks- und Mittelschulwesens.

1.) Der Ersatz des Unzweckmäßigen am heutigen Kunstunterrichtsbetrieb ist möglich

durch Umgestaltung des allgemein üblichen Denkens über den eigentlichen Sinn der bildenden Kunst u. der Kunstwerke.

2.) Durch Schaffung einer breiten Grundlage sachlichen Kunstunterrichts sind erst möglich zweckmäßige nicht zeitlich zu spät einsetzende Ausbildungsgänge für Erzielung von Höchstleistungen.

3.) Ein sachlicher, allgemeiner Kunstbetrieb ist für uns bitter notwendig als eine Möglichkeit, Arbeitsleistungen zu erreichen, die, weil sie unabhängig sind vom Beschaffen und vom Preis von Rohstoffen, uns einen auf lange Zeit nicht einholbaren Vorsprung gewähren und damit unserer Volkswirtschaft einen Zuwachs an Leistungsfähigkeit geben.

4.) Eine sachliche und damit für das geistige wie das wirtschaftliche Leben günstigere Ausnützung des in Kunstsammlungen und in Unterrichtsanstalten für Kunst u. Kunstgewerbe schon aufgespeicherten Volksvermögens wird bei einer Durchführung der Maßnahmen erreichbar.

Das geistige Leben des deutschen Volkes hängt von seinem wirtschaftlichen Leben<u>können</u> ab.

Im Vorstehenden die sachlichen Grundlagen für etwa aufzunehmende Verhandlungen mit öffentlichen Behörden.

Ich bitte Sie, zu diesen Grundlagen die in Anlage 1 näher bezeichneten Feststellungen vorbereiten zu wollen.

Inliegt:
Anlage 1.

Brief von Britsch an Kornmann, 1917 aus den Karpaten

Die in der 10-seitigen »Denkschrift über die Wiederaufnahme der kunstwissenschaftlichen Arbeiten nach dem Kriegsende« angesprochene »Grundlage des Volks- und Mittelschulwesens« erschöpft sich in einem Absatz, in dem die »Aufstellung des Lehrgangs und des Arbeitsgangs für die Unterrichtsbetriebe von Volks- u. Mittelschulen« ohne nähere Angaben lediglich gefordert wird. Hingegen wird für eine kunstgewerbliche Arbeitsschule der Versuch einer Aufgabenstellung gemacht.

Quelle: Archiv Schütz, Denkschrift: 17-18III 3Br. Foto aus einem Album, ebd., Box IX. Bisher unveröffentlicht.

Die formalanalytische Herangehensweise an ein Kunstwerk war zwar einerseits als ein Fortschritt gegenüber der damals wie auch heute noch beliebten Position anzusehen, die die Kunst außerhalb des Terrains wissenschaftlicher Analyse ansiedelt. Jedoch ermöglichte die von Britsch vorgenommene Verabsolutierung des Formal-Sichtbaren auch die willkürliche Koppelung weiter nicht nachprüfbarer geistiger Inhalte an die Form.

Diese Art von Rationalität verlangte geradezu nach irgendwelchen Sinnstiftungen oder – wie der einschlägige Begriff von Lukács ähnliche Sachverhalte beschrieb – weckte das »Bedürfnis nach Weltanschaung«.[94] Britsch beachtete die Warnungen Cornelius' zu wenig, der mit Nachdruck forderte, dass sich die Einzelwissenschaften Rechenschaft über ihre Grundlagen geben müssten – wobei Cornelius allerdings einschränkte, dass sie diese Grundlagen nicht auf ihrem eigenen Wissenschaftsgebiet finden könnten, sondern nur auf erkenntnistheoretischer – und das hieß bei ihm auf formallogischer – Grundlage.[95] An die Grenzen der Formallogik knüpft jedoch jeder Irrationalismus an.[96] Und natürlich war die bewusste Ausschaltung aller ›außerkünstlerischen‹ Faktoren durch Britsch bei seinen Thesen stets von einer Appellation an die Geschichte, an die Entwicklung der Menschheit, an kulturelle, ethische, politische und ökonomische Fragen begleitet. Dies geschah in Form von Analogien und nicht durch Erforschung von Kausalitäten.

Hildebrand, Cornelius und Britsch wollten (neoklassizistische) Kategorien der Kunst erforschen – möglichst allgemein gültige, alle Zeiten überdauernde, (natur-)wissenschaftlich abgesichert und widerspruchsfrei – so dass Kunst von Nichtkunst und gute Kunst von schlechter Kunst eindeutig unterscheidbar werden sollte. Cornelius suchte die einheitliche zeitgemäße Kultur, wollte weg von der »Anarchie des Historizismus« und von der »Urteilslosigkeit in Sachen des Geschmacks« und suchte deshalb »den klaren und eindringlichen Nachweis der über alle Zufälligkeit historischer Entwicklung erhabenen, unveränderlichen

---

94 Vgl. Begriff und Analyse von Georg Lukács in *Die Zerstörung der Vernunft*.
95 Cornelius, *Einleitung in die Philosophie*, S. 166.
96 Cornelius selbst sah sich an diesem Punkt »auf das Wertproblem zurückgewiesen«, das er in »unserem Gefühlszustand« in Form von »wertvollen« oder »minderwertigen« Qualitäten der Dinge entdeckte, je nachdem, welche Grundlage »erfreulicher Erlebnisse« gegeben sei. Und nachdem Cornelius festgestellt hatte, dass diese Begriffsbildung »keiner gesonderten Analyse mehr [bedarf]«, weil sie ja »die letzten Ziele alles Daseins« betreffe und in das Gebiet derjenigen Dinge gehöre, »die über die Grenzen menschlicher Erfahrung hinausgehen«, konnte er nun unbeschwert von jeglicher wissenschaftlichen Reflexionsbestimmung alle möglichen ethischen und Persönlichkeits»werte«, Verhaltensnormen, sozialen Werte, Lebensstilfragen usw. an seinen Wertbegriff anknüpfen. Cornelius, ebd., S. 348-376.

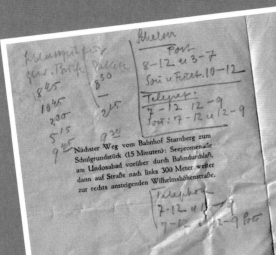

Quelle: Britsch-Nachlass, Archiv Schütz.

Gesetze der künstlerischen Gestaltung, der inneren Logik des Kunstwerkes«.⁹⁷ Das Verständnis dieser Gesetze sollte »wieder zum Gemeingut des ganzen Volkes« werden. So sollte bei Produzenten und Abnehmern die »künstlerische Urteilsfähigkeit wiederhergestellt« werden. Und dafür sollten vor allem die kunstgewerblichen Schulen und dann alle Schulen, angefangen bei den Volksschulen, umgestaltet werden.⁹⁸ Ein Programm, das stark an die Initiativen von John Ruskin in England – mehr als ein halbes Jahrhundert früher – erinnert.

Aber während Ruskin Nachfolger hervorbrachte wie z.B. den utopischen Sozialisten William Morris mit der Art-and-craft-Bewegung, war es in Deutschland für solche verhältnismäßig »harmlos-unschuldigen« Bewegungen schon zu spät. Hier müssen wir den Weg verfolgen, wie von Formbewertungen zu Menschenbewertungen übergegangen wurde, wie von guten und schlechten Bildern auf gute und schlechte Menschen geschlossen wurde, wie Beurteilungskriterien für *wertvolle und unwerte Kunst* zum Richter über vorgeblich *unwertes Leben* wurden.

2.4 1928-1933: Der Münchner Streit über die Britsch-Theorie

Es dauerte lange, bis schließlich Anfang 1928 auch der *Verein der Lehrer für Zeichnen- und Kunst-Unterricht an den höheren Lehranstalten Bayerns* beim Kultusministerium beantragte, dem »Wunsch vieler Lehrer für Zeichnen dahin, dass die Kindererziehung zum Ausgangspunkt für den Zeichenunterricht gemacht werde«, nachzukommen. (Dok. 74)

Der »Wunsch vieler Lehrer« sei hier exemplarisch an einem Bericht »zu Unterricht und Fachsitzungen« des Zeichenseminars an der Luitpold-Oberrealschule aus dem Jahr 1926 illustriert: Der Seminarlehrer Max Witz wurde darin von mehreren Lehramtskandidaten, darunter Artur Birnmeyer und Karl Vogelgsang, stark angegriffen. »Die Geschichte der Methodik brach bei Flinzer ab. Die Namen Lichtwark und Kerschensteiner wurden erwähnt. Dass dem Seminarlehrer der Name Stuhlmann nicht bekannt war, beweist der Umstand, dass er ihn nicht fehlerfrei ablesen konnte. Die Namen Rein, Matthäi, Lange, Hirth (dessen Gedanken sogar die Schulordnung beeinflusst haben), Kehlmann [sic], Cornelius, Volkelt, Volkmann, Hartlaub wurden nicht erwähnt. Das wichtigste Buch Lichtwarks war dem Seminarlehrer erwiesenermaßen am Anfange des Semi-

---

97 Hans Cornelius, *Leitsätze für die Organisation der künstlerischen Erziehung,* Erlenbach-Zürich und München 1920, S. 15 f. Im Rahmen der vorliegenden Arbeit konnten diese Leitsätze nicht systematisch mit den Aufzeichnungen von Britsch verglichen werden.
98 Ebd., S. 16.

Woran Britsch seine Theorie entwickelte

Quelle: Britsch-Nachlass, Archiv Schütz, 20III 1N.
Bisher unveröffentlicht.

narjahres nicht bekannt.«[99] Die Kritik war eingebettet in eine Ansammlung von anderen Kritikpunkten (Prügelstrafen unter Affekt, Willkür, persönliche und fachliche Inkompetenz jeder Art). Der Aufstand der Lehramtskandidaten gegen den alten Zeichenlehrer erinnerte den Direktor geradezu »an die Revolutionszeit«.[100]

Im März 1928 wurden also der Studienrat Richard Mund, seit 1920 am Maximiliansgymnasium tätig, und Studienprofessor Adolf Braig, seit 1925 Zeichenlehrer am Theresiengymnasium, durch das Kultusministerium »von der Einhaltung des bestehenden Lehrplans entbunden«, um »den am besten gangbaren Weg für das Vorstellungszeichnen zu ergründen«[101], oder wie es in einem Schreiben Dasios hieß, »um die Sache endlich zu klären«. Die »Sache« war inzwischen eine eigenartige Verknüpfung von Kunsterzieherbewegung und Britsch-Lehre geworden. Dasio schrieb:

»Eine weitere Forderung ist die Umstellung des Zeichenunterrichts durch Änderung des Lehrplans. Im Mittelpunkt der stürmischen und unklaren Diskussion steht die Forderung, das freie Kinderzeichnen, ›bildhaftes Gestalten‹ wie es auch genannt wird zur Grundlage des Z.U. an den höh. Lehranstalten zu machen. Die Bewegung setzte schon am Anfang des Jahrhunderts ein. Gegenwärtig ist das Zentrum der Bewegung das Britsch Institut in Starnberg. Britsch gab vor seinem Tode ein theoretisches Werk über bildende Kunst heraus (das unvollständig geblieben ist). Die in diesem Werk niedergelegten Ideen werden von seinem Schüler Kornmann auf das eifrigste propagiert. Von vielen Lehrern, verstanden oder unverstanden freudig aufgenommen. Gegen die Theorie selbst, die zu neuartigen Ergebnissen führt ist nichts zu sagen. Für uns handelt es sich nur drum, ob die Forschungsergebnisse Br. im Zeichenunterricht d.h.L.Anst. verantwortet werden können. Bisher wurden von sehr vielen Lehrern mit der Br. Theorie die wildesten Versuche (u. nicht zum Vorteil des Unterrichts) angestellt. Um die Sache endlich zu klären, wurde nach Rücksprache mit dem Herrn Staatsminister (v. 6994) an zwei Lehrer f.Z. Prof. Braig u. St.R. Mund der Auftrag gegeben von der 1. Kl. an zu versuchen, ob u. inwieweit sich die freie Kinderzeichnung als Grundlage f.d. Zeichenunterricht eignet. Die beiden Lehrer geben die Gewähr, daß im Laufe von ein paar Jahren es sich übersehen läßt, ob mit den Br. Ideen ein method. u. systematischer Unterricht möglich ist.« 16.1.1929, gez. Dasio. (Dok. 76)

---

99 Blätter 23448 in MK 17112 (Personalakte Max Witz).
100 Brief des Rektors an das Kultusministerium vom 8.6.1926, ebd.
101 Dok. »Neuorientierung des Zeichnens u. Kunstunterrichtes an den höheren Lehranstalten Bayerns«, Febr. 1929.

Der bayerische Lehrerverein beantragt eine »ruhige und sachliche Prüfung« der Kindererziehung als Ausgangspunkt des Zeichenunterrichts (Februar 1928).

An
das Bayer. Staatsministerium
für Unterricht und Kultus
in M ü n c h e n.

München, den 17. Februar 1928.

Betreff:
Ueberprüfung der Schulordnung.
3 Beilagen.

      Zur bevorstehenden Abänderung der Lehrordnung bittet der Fachverein folgende Vorschläge unterbreiten zu dürfen:

      Seit der letzten Aufstellung des Lehrplans für Zeichnen sind vielfach Zeichnungen von Kindern, die noch keinen Unterricht gehabt haben, gesammelt und unter psychologischen und pädagogischen Gesichtspunkten studiert worden. Die sich hieraus ergebenden Erkenntnisse haben auch bereits zur Bildung mehr oder weniger systematischer Theorien geführt. Eine umfängliche Literatur ist entstanden und weitere grosse Neuerscheinungen sind für die nächste Zeit angekündigt.

      In vielen Ländern ist auch schon der Unterricht auf die neue Grundlage gestellt. Auch in Bayern geht der Wunsch vieler Lehrer für Zeichnen dahin, dass die Kindererziehung zum Ausgangspunkt für den Zeichenunterricht gemacht werde. Auf der Mittel- und Oberstufe soll das Zeichnen nach der Natur den Vorrang behalten. Die ruhige und sachliche Prüfung der bereits vorliegenden Unterrichtsergebnisse gerade durch solche Lehrer, die selbst schon Versuche mit der neuen Lehrweise gemacht haben, ergibt wohl die Einsicht, dass in dieser Richtung die zeichnerische Erziehung einsetzen muss. Zugleich aber wecken diese Versuche die Ueberzeugung, dass noch nicht hinreichend klare und sichere Erfahrungen vorliegen, um jetzt schon eine Neugestaltung des Zeichenunterrichtes in die Wege zu leiten. Zudem stehen viele, namentlich auch ältere Fachgenossen, der neuen Lehraufgabe ablehnend gegenüber. Der Grund für die Ablehnung ist freilich zumeist darin zu finden, dass sie mit den schwierigen Problemen noch keine ernste Fühlung genommen haben.

      Von diesen Tatsachen ausgehend erlaubt sich der Verein die Bitte zu stellen, es möge den Lehrern, die in der neuen Richtung gründlich zu arbeiten vermögen, erlaubt werden, Lehrversuche anzustellen. Dann wäre es möglich, nach einem Zeitraum von etwa 3 Jahren genügend umfängliche und durchgearbeitete Ergebnisse zu gewinnen, die als tragfähige Grundlage für den Ausbau des Faches dienen könnten. Die betreffenden Lehrer würden sich dann erlauben, diese Ergebnisse dem Ministerium zu weiterer Verfügung vorzulegen. So bliebe der Zeichenunterricht an unseren höheren Lehranstalten vor Rückständigkeit wie vor übereilten und verwirrenden Neuerungen gleichermassen bewahrt.

      gez. M u n d .
Die Vorstandschaft des Vereins der Lehrer
für Zeichen- und Kunstunterricht an den höheren
Lehranstalten Bayerns.
I.A.

I. Vorsitzender.

Quelle:
BayHStA MK 20603.

Dieser Auftrag (Dok. 76) an die beiden Zeichenlehrer wurde wenige Monate vor dem Internationalen Kunsterzieherkongress in Prag[102] 1928 erteilt, auf dem Egon Kornmann das erste Mal vor einem internationalen Fachpublikum die Lehre von Gustaf Adolf Britsch bzw. seine, Kornmanns, Version dieser Lehre präsentierte. (Britsch war 1923 gestorben, ohne seine Überlegungen schriftlich zusammenhängend formuliert zu haben.) Braig und Mund waren mit Theorie und Praxis von Britsch/Kornmann gut vertraut: Kornmann hatte bereits 1925 im »Landesverband der Lehrer für Zeichnen und Kunstunterricht an den höheren Lehranstalten Bayerns« drei Vorträge über die »Exakte Kunstwissenschaft, angewandt auf Kinderzeichnen« gehalten, und Braig hatte sich z.B. 1925 eine Woche lang in einem Kurs im Starnberger Gustaf Britsch-Institut umgesehen. (Dok. 78)

Inwieweit Mund und Braig die »paar Jahre« zur Prüfung der »Sache« nutzten, das kann heute anhand von Archivalien auf zwei Ebenen untersucht werden: Zum einen existieren Malergebnisse von Schülern Braigs aus den Jahren 1929-32, die für eine Ausstellung ausgewählt wurden.[103] Zum anderen sind ca. 60 eng beschriebene Seiten der Kritik Munds an »Britsch-Kornmann« überliefert. Da die heftigen Auseinandersetzungen, die der Kritik folgten, schließlich dazu führten, dass an den Münchener »höheren Schulen« die sog. Britschianer wenig Einfluss gewannen, werden sie im Folgenden ausführlich behandelt.

2.4.1 Richard Mund gegen Britsch/Kornmann – Quellenlage

Mund war ein humanistisch gebildeter Kunsterzieher, selbst Maler, und – wie er 1932 sagte – von Anfang an gegen die Britsch/Kornmann-Theorie. Seine Streitschriften wurden in verschiedenen Medien veröffentlicht: In *Kunst und Wirtschaft* 1932[104], in *Neues Land*, Zeitschrift des *Verbandes Bayerischer Philologen*, Wissenschaftlicher Teil, von Juni 1932 bis Februar 1933 und in einem *Sonderdruck Zur Frage der ›Neugestaltung des Zeichenunterrichtes‹ des Landesverbands der Lehrer für Zeichnen und Kunstunterricht an den höheren Lehranstalten Bayerns* im Dezember 1932.

---

102 An diesem Kongress nahmen die deutschen ZeichenlehrerInnen offiziell nicht teil, um damit demonstrativ ihre Solidarität mit den preußischen Zeichenlehrern auszudrücken, die gegen ihre jüngste Besoldungseinstufung protestierten. Um nicht auf einen Beitrag aus Deutschland verzichten zu müssen, wurde der bis dahin relativ unbekannte Egon Kornmann eingeladen. Angaben aus: Wolfgang Reiss, *Die Kunsterziehung in der Weimarer Republik. Geschichte und Ideologie,* Weinheim und Basel 1981, S. 150.
103 Im Akademienachlass der Professoren Braig, Marxmüller und Zacharias, heute im Besitz von Professor Kehr, München.
104 Als Fortsetzungsartikel von Heft 5 bis Heft 9.

Nr. VIII 7217. Abschrift.
Nr. 6221
Bayer. Staatsministerium
für Unterricht und Kultus.

An
das Direktorat
des Theresien-Gymnasiums
in
München.

München, den 31. März 1928.
Unter Umschlag
an
den Verein der Lehrer für Zeichnen und Kunstunterricht,
z.Hd. des Herrn Studienprofessors Z i n t n e r
M ü n c h e n.

Für die übrigen Lehrer für Zeichnen entfällt damit die Notwendigkeit von Lehrversuchen in der fraglichen Richtung. Im Übrigen besteht keine Erinnerung dagegen, daß, wenn das durch den geltenden Lehrplan vorgeschriebene Klassenziel erreicht ist, ab und zu freie Aufgaben gestellt werden. Keinesfalls dürfen die Ergebnisse auf diesem Gebiete zu einer Herabsetzung der Note eines Schülers führen.

(L. S.)

Der Lehrer für Zeichnen am Theresien-Gymnasium in München, Studienprofessor B r a i g und der Lehrer für Zeichnen am Maximilians-Gymnasium in München Studienrat M u n d erhalten hiermit den Auftrag vom Beginne des kommenden Schuljahres an, mit der ersten Klasse beginnend, Versuche anzustellen, ob und wie das "kindertümliche Zeichnen" lehrplanmäßig durchgeführt werden kann. Es ist anzunehmen, daß im Verlaufe von drei Jahren die Frage sich klären lassen wird. Die beiden Lehrer werden das Staatsministerium über die Ergebnisse des Versuches auf dem Laufenden halten.

gez. Goldenberger.

Quelle: BayHStA MK 20603.

Munds erster größerer Beitrag trug den Titel: »Möglichkeit und Verwirklichung. Ist die Britsch-Theorie das ›Kolumbusei‹ der Zeichenpädagogik?« Er behandelte darin die von Kornmann nach dem Tod Britschs herausgegebene »Theorie der bildenden Kunst« als einheitliche Auffassung von Britsch und Kornmann.[105] Im Sonderdruck Ende 1932 beschäftigte sich Mund mit den Widersprüchen zwischen den Aussagen Britschs und Kornmanns.

Die Streitschrift Munds, die durch Initiative von Ferdinand Honig, Vorsitzender des *Vereins der Lehrer für Zeichnen- und Kunst-Unterricht an den höheren Lehranstalten Bayerns*, mit der Autorität des Verbands veröffentlicht wurde, sorgte für große Aufregung. Diese kulminierte 1933 in der Gründung einer eigenen vierteljährlichen Zeitschrift »Die Gestalt« unter Federführung von Hans Herrmann und bedeutete eine Abspaltung der vom *Reichsverband der akad. geb. Zeichenlehrer und Zeichenlehrerinnen* herausgegebenen Zeitschrift »Kunst und Jugend«. Zu den verbandsinternen Auseinandersetzungen existieren im Bayerischen Hauptstaatsarchiv eine Reihe von Stellungnahmen, Briefen und Korrespondenzen unterschiedlicher Art.

2.4.2 Richard Munds Ausgangsposition

Im Kolumbusei-Artikel führte Mund zunächst sachlich in die Begriffswelt der Britsch-Theorie ein. Dann eröffnete er seine Kritik mit der Feststellung, dass Britsch/Kornmann im Zusammenhang mit der frühen Stufe »die erste Zeichnung, Ritzung oder Formung des Kindes für eine grundsätzlich künstlerische Denkleistung erklärt«, woraus Mund folgerte, dass »damit die ›besondere Fähigkeit‹ des bildenden Künstlers geleugnet, sein ›alleiniges Vorrecht‹ stillschweigend wieder aufgehoben und die allgemeine Lehr- und Lernbarkeit künstlerischer Gestaltung behauptet wird«.[106] Dieser Kritikpunkt zieht sich wie ein roter Faden durch die gesamte Argumentation Munds. Die Warte, von der aus Mund scharfsinnig viele Schwächen der Britsch- und Kornmann-Thesen erkannte und zunehmend sarkastischer angriff, war die Position der beliebten Auffassung vom »angeborenen Künstler«, der eine besondere Begabung mit sich bringen muss: »Kunst üben kann nur der Erkorene / Kunst lieben jeder Erdgeborene (Anastasius Grün)«, wie ein Aufsatzthema im Luisengymnasium 1933/34 hieß. Aber diese Position führte auch zu Unterstellungen, die weder sachlich richtig noch

---

105 »Ob Britsch die auf diese Weise zustande gekommene Formulierung seiner Ideen in allen Punkten gebilligt hätte, scheint recht zweifelhaft, gehört aber nicht hierher. Jedenfalls zeichnet Kornmann verantwortlich für die jetzige Fassung, die in einem Anhang auch Originalstellen Britschs bringt.« Kunst und Wirtschaft, 1932/5.
106 Mund, Neues Land, Juni 1932, S. 2.

Braig war gut informiert auch über die Praxis von Britsch/Kornmann. Sein Name findet sich schon 1925 in den Kursbesucher-Listen des Britsch/Kornmann-Instituts in Starnberg.

Richard Mund und Adolf Braig waren Aktivisten im »Landesverband der Lehrer für Zeichen und Kunstunterricht an den höheren Lehranstalten Bayerns«. Schon 1925 stellte Kornmann dort die Britsch-Überlegungen vor. Abb. rechts: Sonderdruck des Landesverbands, Dezember 1932, S. 1.

Quelle: Archiv Schütz, Box IX, bisher unveröffentlicht.

Zur Frage der „Neugestaltung des Zeichenunterrichtes."

„Es gibt Menschen, die den Beruf des Lebens nicht darin finden, selbst etwas Tüchtiges zu leisten, sondern darin, den anderen Menschen vorzuhalten, was sie leisten sollten; sie tragen sehr leicht an der Verantwortlichkeit, die sie selbst für das ihnen zugeteilte Pfund haben, maßen sich aber eine schwere Verantwortlichkeit für den Zustand ihrer Nation an; sie meinen, daß sie die Verpflichtung hätten, für die Bildung, die geistige Höhe, den Glanz ihrer Zeit zu sorgen; aber anstatt hierfür durch ihr eigenes Dasein und ihre eigenen Leistungen auch nur ein Weniges beizutragen, erschöpfen sie sich darin, Mittel und Wege anzugeben, damit andere leisten können, wozu sie selbst sich außer stande fühlen. Durch sie treten an die Stelle natürlich entstandener Tätigkeiten künstlich erzeugte Bewegungen, und das Bild der Zeit setzt sich anstatt aus inhaltsreichen Taten aus leeren Bestrebungen zusammen." Conrad Fiedler.

* * *

Der Landesverband der Lehrer für Zeichnen und Kunstunterricht an den höheren Lehranstalten Bayerns veranlaßte im Jahre 1925 Herrn Dr. Egon Kornmann drei Vorträge über „Kräfte Kunstwissenschaft, angewandt auf Kinderzeichnen" in der Münchner Arbeitsgemeinschaft des Verbandes zu halten. Diese Vorträge wurden, als Manuskript gedruckt, allen Mitgliedern ausgehändigt.

Um in dieser für das Fach so lebenswichtigen Frage endgültig ins reine zu kommen, sei Herrn Kollegen Mund die Möglichkeit gegeben, sich ausführlich zu den Entgegnungen der Herren Kollegen Dr. Egerland und Bauermeister zu äußern. Die Gegenseite wird damit das gleiche Recht zugebilligt. Die Verantwortung für Form und Inhalt übernehmen die Verfasser.

Für den Beschluß der Vorstandschaft war in erster Linie die Tatsache maßgebend, daß von den Schriftleitungen der gelesensten Fachzeitschriften für Zeichenunterricht und allgemeine Pädagogik, in denen seit Jahren umfangreiche Abhandlungen zur Britsch-Theorie von deren Anhängern erschienen sind, die Aufsätze Munds von vornherein und ungelesen abgelehnt worden sind.

München, den 21. Dezember 1932. Der erste Vorsitzende des Verbandes.
Ferdinand Honig, Oberstudienrat.

der Auseinandersetzung dienlich waren. Vor allem ist hier der unangemessene Vorwurf zu nennen, Britsch hätte unter der »künstlerischen Denkleistung«, dem »Denken, Urteilen, Theorienbilden über Gesichtssinneserlebnisse« ein »ausschließlich logisches« Denken, ein »ausgesprochen begriffliches Denken«[107] verstanden. Mund war von der Richtigkeit seiner Kritik absolut überzeugt, die »kleine« Veränderung der Britsch-Formulierung »Denken *über* Gesichtssinneserlebnisse« durch Kornmanns Formulierung »Denken *in* Gesichts*vorstellungen*«, fand Mund »ganz richtig«, aber er unterstellte Kornmann dabei nur einen »kaltblütig« vorgenommenen »Trick«.[108]

Munds Kritik richtete sich gegen den in der Tat oft unklaren Begriffsapparat von Britsch, auf die oft widersprüchlichen Aussagen von Britsch und Kornmann, auf die mehrdeutigen Begriffe und Begriffsvertauschungen. So kritisierte Mund beispielsweise, dass Britsch die »Denkmöglichkeiten« auf seinen zwei »Denkstufen« der Ausdehnungsunveränderlichkeit und der Ausdehnungsveränderlichkeit zugleich auch als die »das Kunstwerk *begründende* besondere geistige Leistung« bezeichnete. »Das Wort Möglichkeit, das in der Britsch-Theorie immer im Wechsel mit Bedingung oder Voraussetzung benützt wird, hat zwei Bedeutungen: possibilitas = Seinkönnen, Denkbarkeit und potentia = Vermögen, Fähigkeit, Potenz. [...] Auf unzähligen Seiten des Buches [Kornmanns *Theorie der bildenden Kunst* – B.Z.] ist immer nur von Denkbedingung, Denkvoraussetzung, Denkmöglichkeit, Beurteilungsmöglichkeit, Differenzierungsmöglichkeit usw. die Rede; erst auf den letzten Seiten wird nicht mehr von der Möglichkeit, sondern von der Fähigkeit, dem Vermögen gesprochen. Die possibilitas hat sich endgültig in die potentia verwandelt.«[109] Aber »keinesfalls darf die Möglichkeit (Denkbarkeit) einer künstlerischen Vorstellung die Bedingung oder Voraussetzung für das Entstehen eines Kunstwerks genannt werden«.[110]

---

107 Mund, *Zur Frage der ›Neugestaltung des Zeichenunterrichtes‹*, S. 7.
108 Ebd.
109 Mund, Neues Land, Juni 1932, S. 8. Weiter im Zitat: »Wird z.B. auf S. 24 die ›Richtungsveränderlichkeit‹ eine künstlerische ›Denk- oder Beurteilungsmöglichkeit‹ genannt, so konstatiert Kornmann auf S. 130 (der vorletzten Textseite ein ›allen gemeinsames Urteilsvermögen über Gesichtssinneserlebnisse, das heißt also ein gemeinsames künstlerisches Denken‹ und spricht von einem – ›selbstverständlichen Können‹. Durch die Gleichsetzung des ›Urteilsvermögens über Gesichtssinneserlebnisse‹ mit dem ›künstlerischen Denken‹ wird das allen normalen stehenden Menschen geläufige logische Denken oder Urteilen über Gesichtssinneserlebnisse bzw. das ästhetische Urteilsvermögen, welches nach Fiedler ›dem Menschen ebenso natürlich ist wie das Gewissen‹, also eine allen – wenn auch mit Abstufungen – ›gemeinsame‹ Fähigkeit einfach vertauscht mit dem ›Erfahrungsumfang der Sinnestätigkeit, wie er sich nur beim Schaffenden durch die darstellende Tätigkeit entwickelt‹. (Hildebrand, Problem der Form.)«
110 Ebd., S. 7.

Richard Mund

Selbstbildnis und undatierte Fotos, aus: Familienarchiv.

Insbesondere müsse das »Bilden-Können« zum künstlerischen Vorstellen dazukommen, damit ein Kunstwerk entsteht. »Vorstellen und Bilden sind zwei in dauernder Wechselbeziehung stehende Entwicklungsformen der künstlerischen Tätigkeit. Nur indem er bildet, wird der Künstler sich über seine Vorstellung klar.«[111] Darin wusste sich Mund mit Fiedler, Cornelius und Hildebrand einig, die er auch ausführlich in diesem Sinne zitierte. Bei Britsch jedoch sei das »*Bilden* zum nebensächlichen Umstand« geworden, zur »bloßen Technik«, die jedermann erlernen könne. So verwies Mund z.B. auf den (in der *Theorie der bildenden Kunst* S. 143 nachlesbaren) Originalsatz von Britsch: »Jeglicher ›künstlerische‹ Tatbestand ist ausschließlich bedingt durch die Anwendung logischer Denkbedingungen (alle Qualität, künstlerische Eigenart, Stil).« Und indem er genüsslich Kant über das Ei des Kolumbus zitierte, um auf Hanns Egerland einzugehen, dem die Britsch-Theorie »wie ein Kolumbusei« einleuchtete, verdeutlichte Mund seine Auffassung über den Unterschied von Wissenschaft und Kunst: In der Kunst oder auch nur beim Zeichenunterricht[112] könne man eben nicht davon ausgehen: »wenn man es *weiß*, so *kann* man es«.[113]

Mund führte gegen Britsch/Kornmann noch J.A. Lange, Geschichte des Materialismus, S.70, ins Feld: »Wir verdanken Aristoteles das Gaukelspiel von *Möglichkeit* und *Verwirklichung* und die Einbildung eines in sich geschlossenen und alles wahre Wissen in sich begreifenden Systems.« Offensichtlich konnte Mund aufgrund seiner Ausgangsposition nur den ersten Teil der Aussage von Lange auf die Überlegungen von Britsch anwenden.

2.4.3 Munds fachdidaktische Kritik

Mund kritisierte, dass Britsch/Kornmann »die heute übrigens stark umstrittene naturwissenschaftliche Hypothese Haeckels, das ›biogenetische Grundgesetz‹, auf die psychische Entwicklung« anwenden und »sie zur Grundlage einer Neu-

---

111 Ebd., S. 6.
112 Wie seine Fachkollegen unterschied Mund das Abc und ein gewisses Fortkommen in zeichnerisch-handwerklicher Ausbildung an den Schulen scharf von einer künstlerischen Ausbildung. Dieses Verständnis entsprach dem auch in Bayern erkämpften demokratischen Anspruch, dass allen SchülerInnen eine elementare Zeichenausbildung ermöglicht werden muss. Dabei würde »nur das gefordert, was sich verstandesmäßig lehren und lernen läßt. Daher muß auch die noch immer vielfach verbreitete Annahme, daß zum Zeichnen in der allgemeinbildenden Schule eine besondere Kunstanlage notwendig sei, als ein großer Irrtum bezeichnet werden. Den Anforderungen des heutigen Zeichenunterrichts vermag jeder Schüler durchaus gerecht zu werden.« Denkschrift des Vereins für Zeichen- und Kunstunterricht, 1929.
113 Mund, Neues Land, Juni 1932, S. 3.

Richard Munds Kritik traf nicht immer ins Schwarze – aber meistens das noch Ungelöste.

Sein Vorwurf, Britsch hätte unter der »künstlerischen Denkleistung«, dem »Denken, Urteilen, Theorienbilden über Gesichtssinneserlebnisse« ein »ausschließlich logisches« Denken, ein »ausgesprochen begriffliches Denken« verstanden, war unangemessen.

Neues Land

Zeitschrift des Verbandes Bayer. Philologen

Wissenschaftlicher Teil.

Schriftleitung: Max Breiherr, München, Jutastraße 26/0.

Jahrgang 39   Nr. 1   Juni 1932

Inhalt: Ist die Britsch-Theorie das „Kolumbusei" der Zeichenpädagogik? Von Richard Mund, München. — Die Stellung Goethes zur französischen Sprache. Von Alois Horning, Landshut. — Buchbesprechungen: A. Deutsch. Von Denk, München. — B. Englisch. Von Dennerlein, Bamberg. — C. Mathematik und Physik. Von Popp, München. — D. Wirtschaftswissenschaften. Von Klotz, München. — Vermischtes.

Möglichkeit und Verwirklichung.
Ist die Britsch-Theorie das „Kolumbusei" der Zeichenpädagogik?

Von Studienrat Richard Mund, München.

Zur Einführung in die Begriffswelt der „Theorie der bildenden Kunst" geht man am besten von dem Zentralbegriff des Systems aus, den Britsch unter dem Titel „Der Begriff des künstlerischen Tatbestandes" zum Gegenstand eines Vortrags auf dem Berliner Kongreß für Ästhetik und allgemeine Kunstwissenschaft gemacht hat¹). Der „künstlerische Tatbestand am Kunstwerk" oder „die das Kunstwerk begründende besondere geistige Leistung" ist „als eine Theorienbildung über Gesichtssinneserlebnisse anzusprechen" und „bildet zugleich den Maßstab für die Beurteilung von Werken bildender Kunst". S. 139.

Die „Theorienbildung über Ges. erl." wird darum auch eine „Beurteilung von Ges. erl.", gewöhnlich nur kurz ein „Denken oder Urteilen über Ges. erl." genannt. Das Kunstwerk ist die „Verwirklichung" dieses Denkens. Die „künstlerische Erkenntnis" — nämlich die Gedanken, Urteile, Theorienbildungen über Ges. erl. — ist im Kunstwerk niedergelegt als in einem gültigen Symbol, aus dem sie abgelesen, nachgedacht werden

Abb. unten: Undatierte Notiz von Gustaf Britsch. Quelle: Archiv Schütz, o.J.V 28Th, bisher unveröffentlicht.

gestaltung des Zeichenunterrichts« machen.[114] In der Tat führten Ähnlichkeiten zwischen Zeichnungen von Kindern mit denen »primitiver Völker« und die Suche nach Gesetzmäßigkeiten Britsch dazu, die Haeckel-Hypothese von 1866 (»Die Keimesentwicklung ist eine gedrängte und verkürzte Wiederholung der Stammesentwicklung«[115]) in seine Kunsttheorie zu integrieren und sie dabei auf die Kindheit und Adoleszenz der einzelnen Menschen auszuweiten. Und in der Tat war diese Hypothese, die große stimulierende Bedeutung für die Erforschung der tatsächlichen Beziehungen zwischen Ontogenese und Phylogenese hatte, bereits im 19. Jahrhundert wissenschaftlich überholt. Mund konnte nicht wissen, dass Britsch diese Hypothese aber nicht als eine Anweisung für eine Stufentheorie im Schulzeichenunterricht verstand, Munds Kritik stützte sich auf Formulierungen von Kornmann (z.B. auf Seite 129 der *Theorie der bildenden Kunst*) und von Hans Herrmann.[116] Mund schrieb: »Die praktische Verwertung dieses psychogenetischen Parallelismus für die Methode Britsch führt zu der Forderung einer ›Arbeitssammlung für bildende Kunst‹ als ›Hilfsmittel für solche Arbeitsmethode‹.«[117] Darin sah er vor allem einen großen fachdidaktischen Rückschritt in die alte Vorlagenschule:

»Der praktische Beweis wird durch die nach der Methode Britsch ›verfertigten‹ Kunstwerke geliefert, d.h. durch die Ergebnisse einer pseudowissenschaftlich aufgetakelten Vorlagenmethode. Für diese Methode wird von Kornmann eine ›Arbeitssammlung für bildende Kunst‹ gefordert, nämlich eine ›Sammlung von historischen Originalbeständen (was für die Praxis der Sammlung getreue Wiedergaben, z.B. Abgüsse, nicht ausschließt)‹, um sie ›der selbständigen Erarbeitung – nicht Nachahmung – entsprechender Leistung darzubieten.‹ (S. 129) Da somit, nach Kornmann ›Originalbestände‹ praktisch auch als ›getreue Wiedergaben‹, d.h. als mechanische Kopien, Druckreproduktionen oder Abgüsse möglich sind, *so wird sich besonders in unserer Zeit* diese ›Arbeitssammlung von historischen Originalbeständen bildender Kunst‹ in den meisten Fällen auf die ›Darbietung‹ von Gipsabgüssen und handelsüblichen Vervielfältigungen von Zeichnungen, Gemälden und kunstgewerblichen Gegenständen beschränken, also auf eine Vorlagensammlung, wie sie vor fast einem Menschenalter als ein Überbleibsel eines veralteten Unterrichts aus den Zeichensälen entfernt worden ist. [...] So erklären sich die

---

114 Ebd., S. 2.
115 Philosophisches Wörterbuch, Leipzig 1975, S. 891.
116 Hans Herrmann, *Gustaf Britsch und die Kunsterziehung*, in: Kunst und Jugend, 1928, Heft 9, S. 237: »Das Modell wird durch das anregende Kunstwerk ähnlicher Stufe ersetzt.«
117 Mund, Neues Land, Juni 1932, a.a.O., S. 2.

Zur Theorie Britsch.

Zu den Ausführungen Mund's über die Britsch-Theorie sind uns eine größere Anzahl mehr zustimmender als ablehnender Briefe zugegangen, die aber zum Abdruck nicht bestimmt oder nicht geeignet sind. Sie beweisen aber das ungemein große Interesse, das die Erörterung der Britsch-Theorie in „K. u. W." gefunden hat. Wir lassen hier noch zwei Aeußerungen folgen, um dann Herrn Studienrat Mund das Schlußwort zu geben.

Gegen Ende des sehr bemerkenswerten Aufsatzes über die Kunsttheorie Britsch-Kornmann in Heft 5 wird gefragt: Wie ist es zu erklären, daß auch namhafte Kunstschulprofessoren, daß sogar wirkliche Künstler diese Kunsttheorie für wichtig und bedeutend halten können?

Ich meine, diese Frage ist zu beantworten, und wäre es noch leichter, wenn sie gelautet hätte: Wie kommt es, daß in Deutschland ...

Denn die Vorliebe des Volkes der Dichter und Denker für das gedruckte oder gesprochene Wort, für alles Denkerische und Theoretische, ist zu bekannt, als daß darüber Aufklärendes gesagt werden müßte, und sie bedeutet ja auch wieder eine nationale Besonderheit.

Aber bei manchem ist diese Besonderheit weniger glücklich, vor allem in der bildenden Kunst, die, was auch darüber theoretisiert werden kann, eine optische Angelegenheit ist, so wie die Musik schließlich eine akustische!

Selbstverständlich darum nicht etwa von Hohlköpfen betätigt; wohl aber kann die Intelligenz des Ausübenden eine durchaus latente sein, und nur so ist es auch z. B. zu erklären (um mit neuzeitlichen Beispielen zu kommen), daß von einem deutschen Meister wie Leibl so gut wie nichts wirklich Bedeutendes in Wort und Schrift bekannt ist, daß von einem der größten Maler Frankreichs, Corot, ebenso wenig Geistvolles berichtet werden kann, und so könnten noch viele Beispiele angeführt werden.

Eine Erklärung für diese Tatsachen liegt in der künstlerischen Arbeitsart des schöpferischen Schaffens, das den Betreffenden so ausfüllen und beanspruchen kann, daß für geistvolle und kluge Feststellungen außer der Arbeit das Gehirn nicht mehr fähig ist. Und damit sei der Vorgang des künstlerischen Schaffens überhaupt, das Wesen des Talentes, berührt als etwas derart Geheimnisvolles, Unbeschreibliches, wie es nur von dem nicht begriffen werden kann, der diesem Vorgang bewußten oder unbewußten Tuns gänzlich ferne steht.

Jedenfalls bleibt Kornmanns Theorie dem, was wir künstlerische Seele nennen, so fern wie der Erkenntnis einer Fähigkeit der Erfindung motivlicher und geistiger Art, als dem eigentlich Schöpferischen, wie der Vorgang, Erlebnisse geistiger und seelischer Art auf die Fläche zu bannen, genannt werden muß.

Das Geistige (nicht zu verwechseln mit dem nur Geistreichen) kann beim Kunstschaffen freilich nicht entbehrt werden. Es ist die schwer faßbare Basis des sicher nur als geistig zu bezeichnenden Genusses des Beschauens oder Hörens.

Was Wunder also, wenn einem Deutschen grade dies geistig Unterbewußte in der Kunst als eventuell faßbare Theorie besonders interessant erscheinen mußte, wenn von vielen Kunstmenschen sich einige wenige auch hier für die graue Theorie fast mehr interessieren als für das materialisierte Resultat in Farbe und Form? Und was Wunder also, wenn vereinzelte Theorietalente unter den Künstlernaturen einer Kornmann'schen theoretischen Tat näher stehen als einer wahrhaftig freien künstlerischen?

Denn daß das Britsch-Kornmann-Buch eines großen philosophischen Reizes nicht entbehrt und also nicht unbedeutend zu nennen ist, soll ausgesprochen sein und ebenso, daß es für komplizierte Köpfe grade auch in Verbindung mit der Kunst ein anregendes Novum darstellt; derart anregend vielleicht, daß dem angeregten Geistreichen sein Abrücken von der eigentlichen Kunst so wenig zum Bewußtsein kommt wie der Abgrund, der sich zwischen diesen Theorien und dem einfachen und schönen Geheimnis des schöpferischen Entstehens eines Kunstwerks auftut.

Wie gesagt, eine Unbedeutendheit dieser Kornmann-Schrift soll weniger betont werden als ihre falsche, von der freien Kunst fortführende Richtung — eine Richtung, die mit dem Ziel einer erlernbaren Kunstart, nämlich dem Kunstgewerbe, durchaus nicht bestritten zu werden brauchte. Bekanntlich kann alles Kunstangewandte erlernt und schematisch auch gelehrt werden, im Gegensatz zu allem Schöpferischen, das heute leider hinter der Nutzkunst im Verständnis des Publikums zurückstehen muß und sogar von einigen Kunstlehrern einfach nicht mehr als der Kern aller freien Kunst verstanden wird. Daß bei Kornmann's Theorie sein Ausdruck „Kunst verfertigen" im Hinblick auf die angewandte Kunst eher zu Recht besteht, ist klar.

Geschähe aber je eine Erlernung der bildenden Kunst nach Kornmann'schem, also theoretischem System, so käme solche Bildverfertigung einer Bilderinflation gleich; denn es würden erlernte Bilder geliefert, Gebilde, die schöpferischen Werken zwar ähnlich, aber bar alles dessen sind, was uns als geistiger Inhalt, als metaphysisches „hinter der Leinwand"

beim wirklichen Kunstwerk so seltsam anzieht und bewegt, als letzte Auseinandersetzung mit der Vielfalt des Seins.

Willy Preetorius, München.

Aus: Kunst & Wirtschaft 1932, Nr. 8, S. 137 f.

Erfolge der Methode Britsch: ›eine tote Anhäufung von Kopie- und Nachahmungsbeständen‹ (S. 116), was Ausstellungen von Arbeiten nach der Britsch-Methode dem Fachmann längst gezeigt haben.« (Mund, Neues Land, Juni 1932, S. 8-9, Dok. 82)

Mund betonte mehrfach, dass Britsch/Kornmann ihre Theorie auf unbewiesenen Annahmen, insbesondere der angeblich grundsätzlich künstlerischen Denkleistung des Kindes, aufbauen und dass Kornmann »ganz willkürlich gewählte Beispiele ›früher Kunst‹« bringe. Dieser Vorwurf war nicht unberechtigt. Aus dem *Parallelismus* zwischen »früher« und »Kinderkunst«, den Britsch behauptete, ohne sich auf vorliegende oder eigene systematische kulturgeschichtliche und andere gesellschaftsgeschichtliche Forschungen zu beziehen, wurde bei Kornmann (in seiner Prager Rede) sogar eine *Identität*: »Wir sehen die zeitlose Geltung der kindlichen Gestaltung, wir erkennen ihre Identität mit der Frühkunst aller Völker und Zeiten.«[118] Noch wenige Zeilen (Sekunden in der Rede) vorher hatte Kornmann das »Kernproblem der künstlerischen Gestaltungsleistung«[119] ausdrücklich dem Gebiet der Erkenntnistheorie zugeordnet – umso leichtfertiger muss sein Umgang mit der selbst so titulierten *exakten Kunstwissenschaft* Britschs eingeschätzt werden.

Richard Munds Kritik an der »Stufentheorie« war eine vorwiegend fachdidaktische. Der politisch brisante Bezug – neben der sowieso zweifelhaften Übertragung naturwissenschaftlicher Hypothesen auf gesellschaftliche Entwicklungen – lag in der Öffnung der Britsch-Theorie für solche Ansichten, wie sie z.B. in der Morphologie Spenglers[120] angelegt waren. Munds politische Biogra-

---

118 Egon Kornmann, *Die methodischen Folgerungen aus der Kunsttheorie Gustaf Britschs. Vortrag, gehalten auf dem VI. internationalen Kongreß für Zeichnen und Kunstunterricht in Prag*, in: Kunst und Jugend, Oktober 1928, Heft 10, S. 267.
119 Ebd.
120 Oswald Spengler, *Der Untergang des Abendlandes,* München 1920 (32. Auflage). Spenglers Entwicklungsgang lautete: »Jede Kultur durchläuft die Altersstufen des einzelnen Menschen. Jede hat ihre Kindheit, ihre Jugend, ihre Männlichkeit und ihr Greisentum.« S. 154, zit. nach Lukács, *Zerstörung der Vernunft*, S. 373. Danach waren Archimedes und Gauß, Polignot und Rembrandt usw. ›Zeitgenossen‹. Auch Spengler arbeitete mit unbegründeten Analogien. Er brauchte sie, um seinem Mythos von Kultur irgendeinen Zusammenhang zu geben: Die jeweiligen Kulturen wurden von Spengler in typenmäßige »Urphänomene« eingeteilt, streng voneinander getrennte, in sich geschlossene »Gestalten«. Lukács charakterisierte sie als »fensterlose Monaden«; jede von ihnen kann nur »innerhalb ihrer einzigartigen Wesenheit intuitiv ergriffen und beschrieben werden«. Die nur sich selbst kennende, allem außerhalb Stehendem fremd-feindlich gegenüberstehende Wesensart der Spengler-Gestalten war das methodologische Vorbild für die faschistische Rassentheorie. Ebd., S. 372 ff.

Landesverband der Lehrer für Zeichnen u. Kunst...
an den höheren Lehranstalten Bayerns.

Sehr geehrte Amtsfreunde:

Das letzte Rundschreiben und die Versendung der Mund'schen Druckschrift hat Folgen gehabt, die ein nochmaliges Eingehen auf die ganze Angelegenheit notwendig machen.
Kollege Braig war an jenem Abend, an dem Mund über seine Ab= sichten berichtete, ferngeblieben. Kollege Lutz hatte auf die Gefah= ren, die eine solche Veröffentlichung von Verbandswegen heraufbe= schwören könnte, ausführlich aufmerksam gemacht; trotzdem war ich als Vorsitzender dafür, dass diese an sich so bedauerliche Ausein= andersetzung endlich erfolgen müsse. Durch die schweren Angriffe, die Dr. Weismantel seinerzeit in der Lehrerzeitung gegen Dasio, der noch im Dienst war, erhoben hatte und den er durch Dr. Kornmann er= setzt wissen wollte, sah sich Kollege Mund veranlasst den Kampf gegen die Theorie Britsch und ihre Vertreter au... weil er die Aus= wirkungen dieser Richtung auf die praktis... für schädlich hielt. Er hat die einschläg... Literatur hiezu so gründlich studiert und... Gegner ernst zu nehmen ist und nicht in d... abgetan werden kann. Wenn die dadurch en... schärfste persönliche Form annahm, so ist... erlich, geht aber auch auf Verantwortung... den Schriftsätze.
Nun hatte die Schriftleitung von "N... schaftliche Beilage" Schwierigkeiten in... notwendigen Artikel gemacht und eine öf... bandsleitung verlangt. Deshalb entschlos... der Vorstandsmitglieder den Schriftwech... bandszeitschrift herauszuziehen und abse... lichkeit in reinen Fachkreisen weiterfü... hob sich bei der Abstimmung kein Einwand... konnte; der Beschluss sei durch die anwe... folgt. Wie sich bei der nächsten Sitzun... Lutz fehlte an diesem Abend wegen Krank... wesen den Herren zur Beschlussfassung m... dies dem Schriftführer Herrn Höfle im W... und erkläre nun vor der gesamten Mitgli... wortung dafür ganz auf mich nehme.
Ich erhielt nun als erste Auswirku... Briefe von den Herren Bauermeister-Kro... Ermer- Regensburg, Postner-Nürnberg, Pi... schondorf und H.Herrmann-Bad Tölz, die lebhafteste P... sönliche Spitze, auf das lebhafteste gefasst wa... Art der Mund'schen Schrift und sachlic... gen. Kollege Braig hat seinen Austritt... klärt, weil er sich mit dem Beschluss... kann.
Ich habe solche Schwierigkeiten a... vorausgesehen, bedauere aber trotzdem... Fluss gebracht zu haben. Es muss mögl... dass bis zur nächsten Hauptversammlun... ist, dass Beschluss darüber gefasst we... Britsch-Kornmann dauernd Wertvolles f... leiten ist. Ich hege die sichere Erwa... strebenden Amtsfreunde dazu beitragen... der zu nahe zu treten. Wir dürfen ni...

Aus der Diskussion zu Munds Streitschriften gegen Britsch/Kornmann.

Oben: Interner Brief des 1. Vorsitzenden des Landesverbands der Lehrer für Zeichnen und Kunstunterricht an den höheren Lehranstalten Bayerns, Ferdinand Honig, an seine Amtsfreunde, o.D.
Rechts: Ein Beitrag von Adolf Schinnerer in: Kunst & Wirtschaft 1932, Nr. 9, S. 157.
Quelle: BayHStA MK 20603.

Zur Britsch=Theorie

Das Buch ist peinlich zu lesen; man muß Mund dankbar sein, daß er so intensiv sich damit beschäftigt und gezeigt hat, daß nicht die Höhe der Anschauung, sondern die Ungenauigkeit und das Schielen der Begriffe schuld sind an dem Unbehagen, das man bei der Lektüre empfindet. Es gehört in die Nachbarschaft der Harmonielehre, die der Chemiker Ostwald mit seiner „Farbenorgel" den dummen Malern geschenkt hat, die selber so etwas nicht fertig gebracht haben.

Aesthetik ging bisher vom Kunstwerk aus. Die Einfühlung in dieses förderte in einer Art Abbau die entscheidenden Begriffe zutage, die zu Kriterien des Wertes wurden. Damit, daß man jeweils von den höchstgeschätzten Bilderwerken ausging, blieb diese Aesthetik in Parallele mit dem Kunstschaffen der Zeit; ein wesentliches Prinzip allen Kunstgeschehens, das der Wandlung, fand seinen Ausdruck in beiden. B r i t s c h suchte eine zeitlose, unbedingte Aesthetik. Er hat eine naturwissenschaftliche Untersuchungsmethode auf einen Gegenstand angewendet, der sich naturwissenschaftlich nicht begreifen und erschöpfen läßt. Das mechanische Strichemachen des Säuglings ist keine Kunst, auch keine „Vorkunst". Was soll das Vor, wenn kein Nach erfolgt? Damit, daß Britsch an der Kinderzeichnung seine Begriffe bildet, gelangt er gar nicht in den eigentlichen Bereich der Kunst, die über den Trieb hinaus in den Raum der bewußten Gestaltung vordringt. Der von ihm so oft und mit Recht betonte Satz, daß Kunst Erkenntnis sei, verliert an Wert, wenn er Perspektive, Anatomie, Proportion, Erkenntnisse, auf anderem Wege gewonnen, als Feinde der Kunst bezeichnet. Es ist grotesk zu sagen: Trotzdem du, Michelangelo, Anatomie getrieben hast, bist du doch ein Künstler. Nur durch dieses Studium konnte M. seiner Form diese Steigerung und Fülle geben. Gefühl für Proportion hätte übrigens auch dem Buch, das wie ein halbgefüllter Papierkorb sich darbietet, nichts geschadet.

Viele Zeichenlehrer schätzen das Buch, und sicherlich sind das tätige und interessierte Leute, die von der Analyse der Kinderzeichnung Nutzen haben. Vielleicht kann man das Buch zu einer Theorie der Kinderzeichnung ausbauen.

Ad. S c h i n n e r e r.

fie und sein Unterrichtsalltag – siehe Kapitel II. 10.1.4 – lassen darauf schließen, dass er Rassismus und Militarismus ablehnte; er war nicht Mitglied der NSDAP und verweigerte sich auch bis zuletzt der Mitgliedschaft in der Reichskammer für bildende Künste und nahm das damit verbundene Ausstellungsverbot in Kauf. Vermutlich hinderte eine traditionelle deutschnationale[121] und vielleicht auch apolitische Haltung Mund daran, die reaktionären Implikationen des Gebäudes von Britsch/Kornmann zu sehen.

2.4.4 Auseinandersetzung unter ungünstigen Vorzeichen

Richard Mund stellte im *Sonderdruck* von Ende 1932 fest: »Britsch und Kornmann widersprechen sich das ganze Buch hindurch in der unversöhnlichsten Weise; beide widersprechen sich selber mitunter im Abstand einer Zeile, ja nicht selten im gleichen Satz« – aber Mund sah keine »neue Qualität«, keine systematische Veränderung der Britsch-Thesen durch Kornmann. Die Auseinandersetzung eskalierte, ohne dass die politischen Tendenzen erkannt wurden. Mund griff zum Beispiel die (wörtliche) Aussage Kornmanns: »Wir dagegen maßen uns an, die Kunst zu *reinigen* von dieser Unkunst«, in der »die Kunsttätigkeit des 19. Jahrhunderts fast erstickt ist«, an und bezeichnete sie als »Gipfel lächerlicher Anmaßung«.[122] Die Auseinandersetzung verlief letztlich wie das Hornberger Schießen, die Fronten verhärteten sich – eine größere politische Sensibilität gegenüber dem drohenden Faschismus wurde nicht erreicht.

Unter dem Druck, wie Richard Mund schrieb, »die offizielle Einführung einer völlig unpädagogischen Methode des Zeichenunterrichts noch in letzter

---

121 Einen Beleg für diese Einschätzung sehe ich in der kleinen Schrift, die Richard Mund nach 1945 gemeinsam mit den Kunsterziehern Sepp Pickel und Benno Ziegler herausgab: »Meister der Gestaltung«. Im Verlagsvorwort heißt es: »Vorliegendes Büchlein enthält nur deutsche Meister. Es besteht der Plan, die großen Meister anderer Völker in weiteren Teilbändchen folgen zu lassen und dann alle in einem Sammelband zusammenzufassen.« Pro Künstler ein Bild und eine halbe Seite Text, informativ, übersichtlich. Allerdings wird nirgends der Umgang der NS-Zeit mit diesen Künstlern und ihren Werken reflektiert! So wurde z.B. im Hinblick auf die »Ecclesia« und »Synagoge« vom Straßburger Münster geschrieben: »die Gotik war […] eine allgemein mitteleuropäische Erscheinung. Und doch können wir zum erstenmal in der mittelalterlichen Plastik einen grundlegenden Unterschied erkennen: wohl wurde die gotische Form zuerst in der Isle de France entwickelt und zu berückender Schönheit gesteigert, vollendet aber wurde sie erst dort, wo sie sich mit deutscher Innerlichkeit paarte und vom Odem der deutschen Seele durchdrungen wurde.« (S. 7).
122 Richard Mund, *Ist der schaffende Künstler wirklich unfähig, junge Künstler heranzubilden?*, in: Kunst und Wirtschaft, Nr. 6, 1932.

Brief von Ferdinand Honig an Anton Karnbaum, Bayerisches Staatsministerium für Unterricht und Kultus. 5. April 1933.

Sehr geehrter Herr Studiendirektor!

In der Beilage übersende ich Ihnen die Mundsche Streitschrift. […] Wir hatten Mund zu einem Referat in die Vorstandssitzung geladen. Der Eindruck war ein sehr starker, die Drucklegung wurde schließlich beschlossen. Ich verließ mich darauf, daß er die stärksten Sarkasmen seiner scharfgeschliffenen Art beim Druck mildern würde und gab die Drucksache weiter, sobald ich sie erhielt. Ich war auch mit der Voraussetzung des Fiedlerschen Mottos nicht einverstanden. Nun verstecken sich die Gegner hinter die persönlichen Kränkungen und wollen auf den Kern der Sache nicht eingehen, denn in einem rein sachlichen Kampf würden sie wahrscheinlich vollständig unterliegen. Ich habe den bestimmten Eindruck, daß der doktrinäre Dr. Kornmann aus der Theorie Britschs etwas anderes gemacht hat als es ursprünglich war und wir fortschrittlichen Methodiker fürchten in der Tat, daß die ›Arbeitsgemeinschaft für neues Schulzeichnen‹ aus dieser ›Nachbeurteilung gegebener Kunstblätter‹ eine versteckte Kopiermethode machen, wenigstens die Mit- und Nachläufer. Die geradezu unheimliche Ähnlichkeit all dieser Leistungen ist mir ein sicherer Beweis dafür, daß hier in schärfster Art nach Form und Inhalt dressiert wird. Wir anderen sind stolz darauf, daß trotz auch unscheinbarer Aufgabenstellung soviel selbstständige Leistungen entstehen als Schüler in der Klasse sitzen. Wir stellen mit Vergnügen die Ähnlichkeiten innerhalb der Reifestufen bei den Schülern fest und finden so unsere Theorie durch die Tatsachen des Ergebnisses belegt. Wer tatsächliche Kenntnisse über die Psychologie der Jugendlichen besitzt und dazu unterrichtliche Erfahrung, muß es ablehnen sich in den Zwang solch einseitiger Ableitungen zu unterwerfen; denn maßgebend beim Erfolg ist einzig u. allein das innere Verhältnis zwischen Lehrer- und Schülerpersönlichkeit.

Vertraulich darf ich noch folgende subjektive Meinung wohl äußern. Die Anhänger der Britsch-Kornmannentheorie setzen sich fast ausschließlich aus Leuten zusammen, die im Seminar noch stark konservativ, rein intellektualistisch ausgebildet wurden, obwohl schon viel neue Gedanken und Absichten unterwegs waren. Ich habe diese Wege sofort verlassen, mit den Leuten Experimente nach vielen Seiten unternommen und dabei keine Enttäuschungen erlebt oder hervorgerufen. Es sprießt und treibt in unserem Garten überall. Jetzt muß bald die Schere her, die die quer [?] treibenden Äste abschneidet, damit alles sauber und gesund wachsen kann. Mund gehört zu denen, die die Schere zu führen verstehen, ich auch; wenn ich auch etwas weniger radikal vorzugehen gedenke. […]

Ihr hochachtungsvollst ergebener F. Honig.

Quelle: BayHStA MK 20603.

Minute zu verhindern«[123], stand seine theoretische Auseinandersetzung mit den Britsch/Kornmann-Ideen unter denkbar ungünstigen Vorzeichen. Zudem befürchtete Mund, dass Kornmann Dasios Nachfolger im Kultusministerium werden sollte, zumindest, wenn es nach dem Willen von Leo Weismantel[124] ginge.

Unter günstigeren Vorzeichen hätten die Artikel von Mund vielleicht zu einem fruchtbaren Diskurs führen können, wie die Diskussionsbeiträge z.B. von Adolf Schinnerer und Willy Preetorius andeuten konnten. Schinnerer legte den Finger auf besonders heikle Stellen: »*Britsch* suchte eine zeitlose, unbedingte Aesthetik.« Oder: »Der von ihm [Britsch] so oft und mit Recht betonte Satz, daß Kunst Erkenntnis sei, verliert an Wert, wenn er Perspektive, Anatomie, Proportion, Erkenntnisse, auf anderem Wege gewonnen, als Feinde der Kunst bezeichnet.« (Dok. 86)

Die Diskussion endete im Frühjahr 1933 abrupt. Hans Herrmann und zwanzig »Britschianer« fühlten sich beleidigt, gegenseitige Verletzungen eskalierten. Hans Herrmann gründete einen eigenen Zirkel um die Zeitschrift »Die Gestalt«. (Dok. 90) Egon Kornmann wurde nicht Max Dasios Nachfolger im Kultusministerium. Dort ging es mittlerweile um ganz andere Umwälzungen, als 1933 der Kultusminister Dr. Franz Goldenberger durch Hans Schemm und 1935 der Staatsrat Dr. Jakob Korn nach einer Zwischenstufe durch Ernst Boepple (der 1945 in Polen als Kriegsverbrecher verurteilt und hingerichtet werden sollte) abgelöst wurde. Mit Hans Schemm[125] kam ein Kultusminister, der die Münch-

---

123 Richard Mund, *Möglichkeit und Verwirklichung. Ist die Britsch-Theorie ein ›einheitliches wissenschaftliches Gebäude‹?*, Sonderdruck: Zur Frage der »Neugestaltung des Zeichenunterrichtes« des Landesverbands der Lehrer für Zeichen und Kunstunterricht an den höheren Lehranstalten Bayerns im Dezember 1932, S. 6.

124 Weismantel, Schulreformer und Schriftsteller aus Unterfranken, gründete 1928 die »Schule der Volkschaft für Volkskunde und Erziehungswesen« in Marktbreit und war der Organisator des o.g. Marktbreiter Treffens. Bis 1928 war Weismantel (als Parteiloser) bayerischer Landtagsabgeordneter. In den 1930er Jahren des NS-Regimes kämpfte er mit stark völkischnationalistischen Argumenten – allerdings erfolglos – gegen das Verbot der Wochenzeitschrift »Der Katholik«. Siehe BayHStA MK 36856.

125 Hans Schemm, geb. 6.10.1891 in Bayreuth. Volksschule, Lehrerseminar in Bayreuth, Schuldienst, 1914 als Sanitäter eingezogen, 1918 wegen Infektion verabschiedet, Angehöriger der Freikorps Epp und Bayreuth, Teilnahme an den Kämpfen gegen die Rote Armee der bayerischen Räteregierung, dann wieder Schuldienst. 1928 MdL München und Leiter des Gaues der NSDAP in Oberfranken, 1929 Führer der NSDAP-Stadtratsfraktion in Bayreuth und Gründer des NSLB am 21.4.1929 in Hof, 1930 MdR, 1933 SA-Gruppen-Führer. Am 5.3.1935 bei Flugzeugabsturz tödlich verunglückt. Aus: Jochen Klenner, *Verhältnis von Partei und Staat, dargestellt am Beispiel Bayern 1933-45*, in: Miscellanea Bavarica Monacensia, Heft 54, S. 60 ff.

Ankündigung der Zeitschrift »Die Gestalt« (März 1933)

Quelle: BayHStA MK 20603.

Arbeitsgemeinschaft für neues Schulzeichnen im Verband der Lehrer für Zeichnen und Kunstunterricht.

An das Staatsministerium für Unterricht und Kultus in München.

Bayer. Staatsministerium für Unterricht und Kultus
Eingl.: 11. MRZ 1933
IX 9960 a II Beil.: 2

Betreff: Streitfall Mund gegen die Anhänger der Theorie Britsch.

Beiliegend überreichen wir dem Staatsministerium für Unterricht und Kultus eine Veröffentlichung, die von Herrn Studienrat Mund verfaßt und kürzlich durch die Vorstandschaft des Landesverbandes der Lehrer für Zeichnen und Kunstunterricht an alle Mitglieder und in 100 Exemplaren der Zeitschrift des Verbandes der bayer. Philologen "Neues Land" beigelegt wurde.

Durch eine ganze Reihe von darin enthaltenen gröblichen Beleidigungen fühlt sich ein Kreis von mehr als 20 Kollegen, deren Namensliste beiliegt, in ihrer Berufsehre schwer gekränkt und aufs tiefste verletzt.

Durch diese hemmungslosen Auslassungen des Herrn St.R. Mund wird aber auch das Ansehen unseres ganzen Standes - gleichviel, wie der einzelne der angegriffenen Richtung eingestellt ist - bedenklich geschädigt und das gute Einvernehmen innerhalb der Berufsgemeinschaft empfindlich gestört.

[...] eine - an sich wünschenswerte - rein sachliche Auseinandersetzung mit dem Verfasser dieser Streitschrift ist uns gerade durch die Maßlosigkeit der darin enthaltenen Angriffe und die zahlreichen gegen uns geschleuderten Beleidigungen von vorneherein unmöglich gemacht. Eine gerichtliche Klagestellung müssen sich die mit Namensnennung angegriffenen Herren immerhin vorbehalten. Es dürfte wohl in der Geschichte unseres Faches und Standes einzigdastehen, daß ein Kollege wiederholt in aller Öffentlichkeit in Aufsehen erregender, maßloser Weise die Arbeitsmethode und die Lehrbefähigung eines großen Kreises von verdienten, arbeitsfreudigen und in der Mehrzahl bereits in langjähriger Wirksamkeit bewährten Amtsgenossen herabwürdigt und verurteilt.

Im Namen aller Kollegen, die durch die Gedanken und Forschungen von Gustaf Britsch und die stets uneigennützige und opferbereite Unterstützung von Herrn Dr. Kornmann in ihrer Berufsarbeit aufs beste beraten und gefördert wurden, bringen wir hiemit die feindselige Veröffentlichung des Herrn St.R. Mund dem Staatsministerium zur Vorlage. Wir halten es für unsere Pflicht, die von St.R. Mund geschaffene Sachlage unmittelbar zur Kenntnis des Staatsministeriums zu bringen und anschließend hieran zu berichten, daß wir gegen die veröffentlichten Angriffe in den Mitteilungen des Fachvereines und in der Zeitschrift "Neues Land" nachdrücklich Verwahrung einlegen werden.

Wege und Ziel unserer Arbeitsweise werden wir in einer Vierteljahrsschrift, deren erste Nummer im März erscheinen soll, in Wort und Bild vorführen.

Außerdem wird in absehbarer Zeit eine größere Ausstellung von Arbeiten unserer Schüler Rechenschaft über unsere Tätigkeit ablegen.

Im Auftrag der Arbeitsgemeinschaft für neues Schulzeichnen.

B.Prof. Birckenbach.   f. Kramer, H.R.

Brauermeister	St. R.	Kronach
Birckenbach	St. Prof.	Regensburg
Büglmeier	St. Ass.	Miltenberg a.
Brunner, Gg.	St. Ass.	Regensburg
Distel	St. Prof.	Regensburg
Dorn Walter	St. Ass.	Regensburg
Dr. Egerland	St. R.	Schliersee
Ermer, Franz	St. R.	Regensburg
Gollwitzer	St. Ass.	Schondorf a
Herrmann	St. R.	Bad Tölz
Hörnes	St. R.	Lauingen
Hoffmann	St. R.	Straubing
Karl	St. R.	Bamberg
Katzenberger	St. R.	Straubing
Picker	St. R.	Bad Dürck
Dr. Riedenauer	St. R.	Ingolstadt
Seitz	St. R.	Passau
Vogelgsang	St. Ass.	Marktred
Wustlich	St. R.	Bamberg
Zacharias	St. Ass.	München

ner Professoren belehrte: »Von jetzt an [...] kommt es für Sie nicht darauf an, festzustellen, ob etwas wahr ist, sondern ob es im Sinn der nationalsozialistischen Revolution ist.«[126]

Das unmittelbare Ergebnis der Auseinandersetzung Mund gegen Britsch/Kornmann war, dass der Einfluss dieser Richtung auf die sog. höheren Schulen in München gering blieb und erst mit der Einstellung von Hans Herrmann 1934 als städtischer Fachberater für Zeichnen auf die Volksschulen und einige Mädchenoberschulen verstärkt werden konnte. Inwieweit dieser Einfluss noch den ursprünglichen theoretischen Überlegungen Britschs entsprach, soll in den nächsten Kapiteln untersucht werden.

2.5   1925-1938: Die Veränderung der Britsch-Überlegungen

2.5.1   Egon Kornmann: Ordnung statt »Durcheinander«

Die erste Station der Weiterführung und Veränderung von Britschs Überlegungen bildete, wie in der Fachliteratur öfters besprochen wurde, die Tätigkeit Egon Kornmanns. Relativ wenig wurde bisher die Motivation Kornmanns im Umgang mit dem theoretischen Nachlass von Britsch behandelt.

In seiner Dissertation (siehe Dok. 92) benannte und begründete Kornmann 1931 sein Ziel: »Heute [...], wo wir selbst in einer Zeit größter Zersplitterung und Gegensätzlichkeit im Leben der Kunst stehen, heute müssen wir *bewußt* Wert von Unwert scheiden und *erkennend* das Wesen des Künstlerischen zu erfassen suchen.« (S. 9 f.) Trotz »allen reichen Lebens« in der Kunsterziehung seiner Zeit zeigten sich ihm »Zeichen einer inneren Krise«. So beklagte er »ein starkes Schwanken in den Werten, ein Hin und Her der ›Richtungen‹ und ›Programme‹ – als Spiegelbild der Zerrissenheit unseres heutigen Kunstlebens«. (S. 8) Kornmanns Wunsch dagegen war eine absolut gültige, zeitlos (ewig) wahre Kunst, deren Formen absolut eindeutig, klar und »jeder Strich« wie »gehauen und gestochen«[127] waren. An den ausgewählten berühmt-berüchtigten Baumbildern lobte er die »eindeutigste Verwirklichung der Vorstellung einer Form« (S. 16) und die »besondere Klarheit der Anordnung« (S. 15). »Nirgends ist eine ›Verunklärung‹ der Form durch ein ungestaltetes Neben- oder Durcheinander.« (S. 19)

---

126 Ernst Niekisch, zit. nach Klenner, ebd., S. 61. Darüber hinaus änderte sich die Funktion des Kultusministeriums ab 1933, da die Länderhoheit aufgehoben wurde und die entsprechenden Kultusministerien sich im Wesentlichen dadurch unterschieden, wie sie die Verordnungen und Richtlinien des Reichsministeriums umsetzten oder zu beeinflussen versuchten.

127 Prager Rede 1928, in: Kunst und Jugend, a.a.O., S. 266.

PROTOKOLL

über das Examen rigorosum des Herrn Egon Kornmann

aus Basel

abgehalten Freitag den 27. Februar 1931

nachmittags 3 Uhr im Dekanats-Zimmer.

Anwesend die Herren Professoren:

1. Fischer
2. Geyser
3. Pinder

Nachdem die vorschriftsmäßigen Einladungen ergangen waren, fand die Prüfung zur angegebenen Stunde statt. An ihr beteiligten sich

für das Hauptfach Pädagogik
Herr Professor Fischer

für das 1. Nebenfach Philosophie
Herr Professor Geyser

für das 2. Nebenfach Kunstgeschichte
Herr Professor Pinder I

In der darauffolgenden Beratung erhielt der Kandidat folgende Noten:

im Hauptfach magna c. laude I.
im 1. Nebenfach rite
im 2. Nebenfach magna cum laude (I)

Die Dissertation hatte die Note laudabilis II erhalten.
d. mündl. Prüfg.
Als Gesamtresultat wurde festgestellt:
Note cum laude (II)

Über den künstlerischen Bildungswert des Zeichnens in der Schule

Inaugural-Dissertation
zur Erlangung der Doktorwürde
der Philosophischen Fakultät (I. Sektion)
der Ludwig-Maximilians-Universität zu München

vorgelegt von
Egon Kornmann
aus Basel

Starnberg
Buchdruckerei Land- und Seebote G. m. b. H.
1931

Stellungnahme von Wilhelm Pinder:

»Dem Antrage des Herrn Referenten kann ich mich dankend anschliessen. Die Arbeit ist klar und gut, sie ist von erfreulicher, inhaltlicher Kürze. Dass ich vor der praktischen Anwendung der Britsch-Theorie eine gewisse Angst nicht unterdrücken kann, dass die ›Stufen‹ bei nicht gänzlich sicherer Leistung meiner Ansicht nach zu einer nicht überall berechtigten Forderung werden könnten das hat mit der Qualität der vorgelegten Arbeit wenig zu thun.
Aber: ebenfalls für Annahme mit der Note laudabilis. 15. II. 31. Pinder«

Quellen: Universitätsarchiv der LMU. Foto: Archiv Schütz

Gegenüber Britsch fand bei Kornmann eine Verschiebung von der Suche nach dem »*eigentlich* Künstlerischen« zur Festlegung des »*wahren, reinen, echten Keims*« der Kunst statt. »Diese Klarheit des Formgepräges, die schon in primitivsten Kinderzeichnungen sich findet, ist der wahre Keim der Einheit der künstlerischen Form. Hier fassen wir die Gesetzmäßigkeiten der künstlerischen Form in statu nascendi. Daß wir damit naturgemäß auch den Keim des Wahrheitsproblems fassen, den Punkt wo Kunst und Unkunst sich scheiden [...]«, das stand im Mittelpunkt der Dissertation. (S. 17) Dabei wurde der Begriff der Reinheit bei Kornmann übermächtig. Er sah es als die Aufgabe der Kunsterziehung an, die »echte archaische Formbildung«, die das Kind schaffe, »rein zu erhalten«, denn »im reinen Schaffen des Kindes« würden sich die »ewigen Grundgesetze anschaulicher Gestaltung« bestätigen. (S. 30) Eine Leseprobe aus seiner Prager Rede:

> »Denn das ist ja das Charakteristische jeder wahren Kunst, dass sie gerade nicht erscheinungsgemäß ist, sondern vorstellungsgemäß. Was Stil hat, kann im Grunde niemals erscheinungsgemäß sein. Und gerade deshalb ist z.B. diese Kunst der frühen chinesischen Landschaft so rein, weil sie die reine Vorstellungsverwirklichung des Kindes weiterführt bis zur höchsten Differenzierung. Weil sie diese reine Gestaltung aus der Vorstellung nicht durch ungestaltete Naturdarstellung trübt. [...] Der natürliche Weg der Kunsterziehung wäre also, dieses reine Gestalten des Kindes einheitlich zu entfalten. Wenn das gelingt, dann besteht die Aussicht, die reine Gestaltung des Kindes wieder zu reiner bildender Kunst weiterzuführen.« (Kunst und Jugend 1928, a.a.O., S. 264)

Da Kornmann gleichzeitig die »echte« deutsche Volkskunst als anzustrebendes Endergebnis der Fortführung der »reinen Gestaltung des Kindes« ansah, verstärkte er automatisch den Mythos der deutschen Volkskunst – und damit die einschlägige Bedeutung für die Hybris der Nazis. (Bekanntlich hat niemand sonst so sehr die Reinheit – des Blutes, des Deutschtums, der Rasse, der deutschen Kunst, der deutschen Frau usw. – postuliert wie die Nazis. Bekanntlich wurde die »Unreinheit der Juden« eine Begründung für ihre Vernichtung.) Kornmann war kein Rassist, er war »nur« deutschnational eingestellt. Und doch zeigte sich in den folgenden Jahren, wie sehr seine Betonung der Klarheit und Ordnung, des Echten, Wahren und Reinen den Nazis dienstbar wurde. Kornmanns Leitbegriffe entsprachen einer vielfältigen und überall in den Kulturwissenschaften vor 1933 schon zu beobachtenden Ordnungssemantik. Und überall trugen »die Konzepte der beteiligten Disziplinen dafür Sorge, dass auf der einen Seite ausgelesen und auf der anderen Seite ausgemerzt wurde, was die gewünschten Zustände bedrohen oder ihnen im Wege sein konnte«.[128]

Hanns Egerland, einer der engsten Freunde von Britsch und Kornmann,

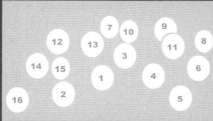

1 Dr. Egon Kornmann
2 Luise Kornmann-Britsch (geb. Wagner)
3 Hans Herrmann, München
4 Frau Henn, Ratingen bei Düsseldorf
5 Frau Fischel-Zacharias, München
6 Karl Vogelgsang, Freising
7 Hermann Mayrhofer, Passau
8 Alfred Zacharias, München
9 Dr. Aloys Henn, Ratingen, Verleger
10 Konrad Büglmeier, Landsberg
11 Gerhard Gollwitzer, Stuttgart
12 Ludwig Waldmüller, Coburg-Bamberg
13 Franz Ermer, Regensburg
14 Anton Marxmüller, München
15 Philomena Koch, München
16 Martha Herold-Strebel, München.

Egon Kornmann und sein Freundeskreis. Das Foto entstand anlässlich seines 70. Geburtstags am 16.9.1957.

Abdruck mit freundlicher Genehmigung durch das Gestalt-Archiv Hans Herrmann e.V.

einer »der Treuesten«[129], zog eine interessante Verbindungslinie zwischen Britsch und Orientierung suchenden deutschen Frontsoldaten: »Eine Gruppe Studenten, Frontsoldaten, die nach der Heimkehr aus dem Felde in dem Chaos und den richtungslosen Versuchen jener Zeit für ihren Berufsweg keine Lösung sehen konnte, fand in ihm einen klaren künstlerischen Führer und Freund, der ihre Arbeit wieder sinnvoll machte, denn mit dem Rüstzeug, das er schuf, erschloß sich ein neuer Weg unseres Volkes zu einer echten, wahren, artgebundenen deutschen Volkskunst.«[130] Egerlands Beschreibung könnte auf Fritz von Graevenitz, Hans Herrmann und andere Frontkämpfer wie Andreas Scherr zutreffen. Kornmanns Ordnungsauffassungen jedoch waren nicht deutschmilitaristischer Erziehung oder wirtschaftlicher Existenznot geschuldet, sie speisten sich mehr aus einer neoklassizistischen schöngeistigen Begriffswelt. Als sich Kornmann 1929 mit den »Bauhaus-Gedanken« auseinandersetzte, fand er wieder jenes »für unsere Augen unerträgliche Durcheinander von Formen, wie wir es heute schon überall in ›Blockmustern‹, Photomontage, Typografie und einer dieselben Tendenzen verkörpernden Architektur sehen«.[131]

2.5.2 Kornmanns Gegenüberstellung von Technik und Kunst

In der betonten Ablehnung der modernen Technik fand durch Kornmann eine gravierende Veränderung der Britsch-Überlegungen statt. Weil man »den Sinn einer technischen Funktion niemals gesichtsvorstellungsmäßig ausdrücken« könne, »kann ein solcher unmittelbarer Ausdruck niemals ein künstlerisches

---

128 Lutz Raphael, *Ordnung zwischen Geist und Rasse: Kulturwissenschaftliche Ordnungssemantik im Nationalsozialismus,* in: Hartmut Lehmann und Otto Gerhard Oexle (Hg.): *Nationalsozialismus in den Kulturwissenschaften. Band 2. Leitbegriffe – Deutungsmuster – Paradigmenkämpfe. Erfahrungen und Transformationen im Exil,* Veröffentlichungen des Max-Planck-Instituts für Geschichte (Band 211). Göttingen 2004, S. 133. Raphael beobachtete diese Radikalisierung und Politisierung des Ordnungsdenkens vor allem in den Disziplinen Pädagogik, Raumforschung und Soziologie, »wo es darum ging, die Grenzen ›konkreter Ordnungen‹ zu bestimmen bzw. zu sichern.« Die Kunstpädagogik gehört mit in diese Reihe: Die Veränderung der Britsch-Theorie ist dafür ein Beleg.
129 Luise Kornmann, *Leben und Wirken von Gustaf Britsch.* Ratingen 1952, S. 134.
130 Egerland, zit. nach Diel, *Die Kunsterziehung im Dritten Reich,* S. 302 f.
131 Egon Kornmann in: Mitteilungen des Gustaf Britsch-Institutes für Kunstwissenschaft, Jahrgang 2, Nummer 3, Starnberg, 27. Dezember 1929, S. 3. Kornmann kritisierte das »technische Oekonomieprinzip«, das »dogmatisch auf das Bildend-künstlerische übertragen« werde, weshalb z.B. keine Rahmen und Sockel mehr gebaut würden. Bei Britsch jedoch sei der »Rahmen«, das »Negativum«, das tragende Prinzip aller Gestaltung: die »U-Verwirklichung«.

Dürers Kanone: Ein Werk der Technik *und* der Kunst

LEHRBRIEFE DES GUSTAF BRITSCH-
INSTITUTES FÜR KUNSTWISSENSCHAFT

Jahrgang 14   Nr.9 und 10   Starnberg, J u n i 1942.

Die Notwendigkeit der Papiereinsparung zwingt uns, die beiden letzten Nummern dieses Jahrganges in eine zusammenzulegen. Diese Doppelnummer behandelt ein Thema, das hier schon des öfteren erörtert worden ist und kann deshalb die eine oder andere Wiederholung nicht vermeiden. Sie bringt einige Abschnitte aus einem Vortrag, der im Juli 1939 auf dem Württembergischen Studententag in Stuttgart gehalten wurde über das Thema

N A T U R ,   K U N S T ,   T E C H N I K .

Sie alle kennen das so oft angeführte Wort von Dürer, in dem er davon spricht, daß die Kunst in der Natur stecke, daß man nur verstehen müsse sie herauszureissen. Zum richtigen Verständnis dieses Wortes muß man
"Ein guter Maler
daß er ewiglich
schreibt, allwe
gehört zu Düre
fe und schöne W
Herzens offenba
seinem Herzen s

Weil also di
und weil sie au
ideen, deshalb
sondern als die
menschlichen Ge
nicht in der au
S t i l , den
erst in die Wel
zwar durch sein
schen Kultur.-

Könnte man n
den ? Könnte ma
in der Natur, w
es nicht auch hi
schaffen werden
kennende Naturwi
inneren Ideen de
die Dynamomaschi

)1(Ausschnitt aus Dürers „Großer Kanone"

veranschaulichen. Es sei etwa eine Kanone des 16. Jahrhunderts neben ein modernes Flakgeschütz gestellt. Die alten Geschütze sind keine Werke der konstruktiven Technik, denn die Faktoren ihrer Funktion waren noch nicht erkannt und konnten deshalb nicht berechnet werden. Weder die Festigkeit des Metalles, noch der Gasdruck des explodierenden Pulvers waren bekannt. Das Ökonomieprinzip konnte also noch keine Geltung haben und so blieb ein großer, von der Konstruktion noch nicht erfaßter Ballast von Material. Dieses von der Technik nicht erfaßte Ballastmaterial stand der bildnerischen Phantasie zur Verfügung. Es wurde benutzt, – und die Kanonen waren beides: Werke der Technik und Werke der Kunst. Die Rohre waren oft Meisterwerke plastischer Profilierung und die Lafetten Meisterwerke der Stellmacher- und Schmiedekunst. Von dem modernen Maschinengeschütz aber wird niemand behaupten wollen, daß in seiner höchst vollendeten Konstruktion irgend welche Werte bildnerisch-musischer Formsprache verwirklicht seien. Das Werk, das früher – trotz

Faksimile rechts aus: Kornmann, Egon, *Kunst im Leben. Gesammelte Aufsätze*, hg. von Hans Herrmann. Ratingen 1954, S. 14. Der Text stammt weitgehend aus den »Lehrbriefen« des Gustaf Britsch-Instituts vom Juni 1942, s.o.

Gestaltungsproblem sein«.¹³² Im Gegensatz zu bildnerischer Qualität, die »niemals mittelbar reflektierend«, sondern »nur unmittelbar sehend erlebt« werden könne, sei die technische Gestaltung »Verwirklichung einer begrifflich-wissenschaftlichen Erkenntnis über die statischen und energetischen Eigenschaften der Materie«. Und »Eigenschaften wie Schwere, Festigkeit, Energie« könne man »gar nicht unmittelbar sehen« (»man kann sie nur wissen«). Kornmann war sich bewusst, dass er in der schwelenden Auseinandersetzung der Moderne die traditionalistische Extrem- und Abwehrposition einnahm: »Ich weiß, wie sehr diese Feststellung heutigen Auffassungen widerspricht. Aber ich glaube, daß gerade heute diese ungeklärten Begriffe von der Schönheit des Technischen, vom Ausdruck der Funktion u.a. dringend der geisteswissenschaftlichen Klärung bedürfen. Und ich glaube, daß es gerade eine Aufgabe der theoretischen Kunstwissenschaft ist, den Begriff der künstlerischen Qualität rein und lebendig zu erhalten.«¹³³ Kornmann verfestigte damit die Ansicht, die er schon 1926 als Britsch-These ausgab: »Daß es also keine ›Ingenieur-Ästhetik‹ gibt, sondern nur Technik – das ist Wissenschaft – auf der einen, und bildende Kunst auf der andern Seite. Die beiden können sich nicht ›durchdringen‹, sondern sie können nur nebeneinander am selben Objekt verwirklicht werden. Je mehr aber die Form das Ergebnis der *Berechnung* des Ingenieurs wird, desto weniger Spielraum bleibt dem Künstler [...].«¹³⁴ (Siehe auch Dok. 96)

Die starre Entgegensetzung von industrieller Technik und Kunst, von Ingenieur und Künstler, beinhaltete eine Richtungsentscheidung, mit der Kornmann sich und das von ihm 1919 mitgegründete Gustaf Britsch-Institut für Kunstwissenschaft in Starnberg zu einem Zeitpunkt eindeutig positionierte, an dem der bekannte »Kulturkampf« zwischen Rosenberg und Goebbels zwar noch nicht institutionalisiert war, an dem aber diese Positionierung bereits eine politische Dimension annahm und eine weitere Weichenstellung für die Rosenberg'sche völkische Heimatkunst auf der Grundlage der Blut-und-Boden-Ideologie bedeutete. (Wie sehr diese Einschätzung zutrifft, ist in dem Kapitel II. 9.3 nachlesbar, wo Hans Herrmanns »Traktat über Kunst und Photographie« besprochen wird – er hatte es 1938 unter dem Pseudonym Hans Flüggen¹³⁵ veröffent-

---

132 Egon Kornmann in der Prager Rede 1928, in: Kunst und Jugend, a.a.O., S. 263.
133 Ebd.
134 Kornmann, *Theorie der bildenden Kunst,* S. 128.
135 Hans Herrmann alias Hans Flüggen, *Traktat über Kunst und Photographie,* München 1938, Seite 25. Hans Flüggen war nicht nur Deckname, sondern der Landschaftsmaler, der (wie Eleonore Weindl, Leiterin des Gestalt-Archivs Hans Herrmann e.V., gegenüber der Verfasserin bestätigte) das Erscheinen des Traktats unter seinem Namen erlaubte. Flüggen war 1934/35 Mitglied im NS-gleichgeschalteten Münchner Stadtrat und Leiter der Abteilung

Egon Kornmann rezipiert Britsch

Kornmann zur Abbildung rechts in seiner Prager Rede 1928: »Hier ist alle einheitliche Gestaltung des Kindes völlig zerstört. Jeder Strich ist völlig sinnlos und ohne jede Gestaltungsqualität. Man muß sich immer wieder fragen, welchen Bildungswert überhaupt solches geistig undisziplinierte Tun haben soll – ganz zu schweigen von dem künstlerischen Bildungswert, den es doch als Faktor der Kunsterziehung auch haben soll. Solches Naturstudium ist in der Kunsterziehung die Scylla des ungestalteten Naturalismus, der niemals zu reiner Gestaltung führen kann.« (Kunst und Jugend, Nov. 1928, S. 266).

Naturstudie einer Vierzehnjährigen, Abb. in Kunst und Jugend, 11/1928.

Britsch: »Dass wirklich eine Bearbeitung, nicht etwa ein blosses Nachahmen des Ges.s.erlebnisses ›Pferd‹ vorliegt, ergibt die einfache Überlegung, dass die Darstellung // je nach der Möglichkeit der Künstler, sich Pferde vorstellen zu können, sich ändert. Dies weist darauf hin, dass bei der Zeichnung überhaupt nicht von einer Darstellung eines Pferdes gesprochen werden kann, sondern dass gesprochen werden muss von der Darstellung oder der Verwirklichung der geistigen Vorstellung eines Pferdes; und ebenso: dass Unterschiede der Zeichnungen nicht notwendig Unterschiede der gehabten Ges.s.erlebnisse, etwa der Naturgegenstände, durch die sie veranlasst war, sein müssen, sondern auf Unterschieden der Denkmöglichkeiten der Urheber beruhen können. […]«

Quelle: Manuskripte aus dem Britsch-Nachlass, Archiv Schütz, 13II 3N, bisher unveröffentlicht.

licht: Offen, mit dem eigenen Namen »eine widernatürliche Entwesung des Auges« zu beklagen, das schien ihm zu diesem Zeitpunkt angesichts der für das Kriegführen angesagten Technikverherrlichung wohl zu schwierig.) Kornmann hatte bereits 1926 die »Denkgemeinschaft der Menschen eines Bildungskreises hinsichtlich bildender Kunst« gefordert: »Lebendig« sei eine solche »z.B. unter Bauernstämmen, wo das einfache Holzgerät unter den Händen der Männer ebenso zum Kunstwerk wird [...] wie die Web- und Nadelarbeiten unter den Händen der Frauen [...]«, eine »Volkskunst im tiefsten Sinne des Wortes«.[136] In der »Theorie der bildenden Kunst« druckte Kornmann einen Anhang mit »Aufzeichnungen Gustaf Britschs« ab. Im Theorie-Nachlass von Britsch ließ sich jedoch bis jetzt kein Beleg dafür finden, dass folgende Aussage von Britsch selbst stammt: »Die Forderung zur Einheitlichkeit im künstlerischen Denken führt zur Volkskunst im eigentlichen Sinn als selbständiger künstlerischer Leistung einer Volksgemeinschaft.«[137]

In München standen sich also die an der Technischen Hochschule eingebürgerte technisch rigide Zeichen- und Kunstausbildung und die von der Starnberger Schule postulierte »künstlerische Denkgemeinschaft wie solche unter Bauernstämmen« diametral gegenüber. Wie sich in der Folgezeit zeigte, wurden beide Positionen, die in der THM propagierte »Schönheit der Technik« und die von Kornmann und seinen Schülern geforderte »Volkskunst im tiefsten Sinne des Wortes«, von den Nazis in Dienst genommen. Kornmanns Begriffswelt vom Erhabenen, vom »ewigen Verlangen nach Vollkommenheit des Sichtbaren, nach Erhöhung des Lebens durch gestaltete Schönheit«[138], verschmolz mit einem

---

Kunst im städtischen Kulturamt; gemeinsam mit Kulturamtsleiter Zöberlein setzte er sich hier z.B. für die Konzeption einer nationalsozialistischen Ausstellung »1000 Jahre Deutsche Kultur« ein, die vom Zeichenlehrer Josef Buchner aus Dillingen eingereicht worden war. Die Ausstellung sollte eine allein nach rassischen Kriterien zu deutende Kunstgeschichte präsentieren. Originalton Buchner: »Die Wissenschaft hat weiter die Erkenntnis zu begründen, daß der Nationalsozialismus eine aus den Werten der Rasse und Bodenverbundenheit geistig regenerierte, im Lebensgefühl wiederum deutsche Kunst fordert. [...] Die Ausstellung muß wirklich die erlesenste Auswahl deutschen Kunstgutes darstellen, die möglich ist. Sie wird damit erstmalig ein Bild deutscher Kunst geben, wie es vom Blickpunkt des nationalsozialistischen Staates aus gesehen wird.« Zit. nach Stefan Schweizer, »*Unserer Weltanschauung sichtbaren Ausdruck geben*«. *Nationalsozialistische Geschichtsbilder in historischen Festzügen zum ›Tag der Deutschen Kunst‹*, Göttingen 2007. Siehe auch StAM, Kulturamt vor 1945, Nr. 665.

136 Kornmann, *Theorie der bildenden Kunst*, S. 130.
137 Otfried Schütz in einem Gespräch mit der Verfasserin, Februar 2007. Siehe Punkt 10 auf S. 147 der Erstauflage 1926 der *Theorie der bildenden Kunst*.
138 Egon Kornmann, *Über die Technik in der Landschaft*, in: Mitteilungen des Gustaf Britsch-Instituts für Kunstwissenschaft, Jahrgang 9, Nr. 6, Starnberg, 15. März 1937.

den schönsten Eindrücken seines Lebens. Denn diese Bauten im Donauland haben einen besonderen Charakter: eine beschwingte Musikalität und Wärme der Phantasie. Neben den grossen Meisterwerken der Stiftsbauten – unter denen das unvergleichliche Melk hervorragt –, den Wiener Bauten der Hildebrandt, Fischer u.A. stehen die kleinen Perlen eines bürgerlich-warmen Barock in Spitz, Dürnstein, Krems. ... Zeugen einer strengen und schönen Gotik.

Egon Kornmann

MITTEILUNGEN DES GUSTAV BRITSCH-
INSTITUTES FÜR KUNSTWISSENSCHAFT.

Jahrgang 10.   Nummer 6.   Starnberg, 15.März 1938.

Das grosse Ereignis der Vereinigung Österreichs mit Deutschland gibt auch uns Anlaß für unser besonderes Gebiet der Kunsterziehung des Zuwachses an Werten und Kräften zu gedenken, den das österreichische Volk dem Reiche zubringt. Denn es ist kein Zweifel, daß diesem Stamm eine besondere Begabung für das Bildnerische eingeboren ist, daß die Kultur des Augen-Sinnlichen hier zu besonderer Blüte kam.

Wie reich z.B. die Volkskunst der Tiroler Alpenländer gewesen ist, das zeigt in wundervollen Beispielen eines der schönsten Heimatmuseen: das Volkskunstmuseum in Innsbruck, das noch dazu den Vorzug hat, einen schönen alten Bau als köstlichen Rahmen für seine Sammlungen zu besitzen. In den holzreichen Tälern des Gebirges entwickelte sich eine starke bodenständige Kunst des bäuerlichen Holzgerätes. Sie ist besonders reich an jenen originalen Bildungen, die nicht zurückgebildete Formen der Hochkunst sind, sondern echte Frühkunst. Diesen Werken hat von je unser besonderes Interesse gegolten und wir freuen uns, seit über 25 Jahren in der Sammlung des Instituts eine Reihe jener schönen Ziegenhalsbänder, Wiegenbogen, Ochsenjoche, Löffel u.s.w. zu besitzen, die schon vielen Besuchern Starnbergs eine Anschauung geben konnten von der bildnerischen Kultur, die in Österreichs Alpentälern einmal lebendig war.

Im Innsbrucker Museum sind dafür weitere Zeugen: die Trachten mit all ihrem Zubehör an Leder- und Nadelarbeit, die lange Reihe der Stuben, die Dinge des völkischen und religiösen Brauchtums. Wohl nicht minder reich an solchen Schätzen ist der Südosten des Landes.

Was an hoher Blüte der Baukunst aus Österreichs Boden erwuchs, das gehört für den, der einmal durch die Wachau nach Wien gefahren ist, zu

Heimatbegriff, der 1937 längst von den Nazis besetzt war. In den »Mitteilungen des Gustaf Britsch-Instituts für Kunstwissenschaft« instruierte Kornmann regelmäßig seine LeserInnen. So z.B.: »Wer sagt: Die technischen Dinge sind so wie sie sind einfach eine sachliche Notwendigkeit, dem kann man entgegnen: Wenn diese Werke aber das Angesicht der Heimat zerstören, wenn sie ihr die Werte der Form-Kultur nehmen, sind sie dann noch in einem tieferen Sinn sachlich?«[139] In dieser Verbindung entstand und verfestigte sich auch Kornmanns Begriff des Musischen: So war für ihn z.B. der »Wehrturm des 16. oder 17. Jahrhunderts« zwar ein Zweckbau, aber trotzdem »ein Stück Bau-*Kunst*. An seiner Formung war das schöpferische Auge bildend beteiligt, und darum stand seine Form in der Landschaft als ›Bild‹. Dieser musische Wert des Gestalteten aber ist einer der Werte des Heimatlichen, ist ein ›Schatz‹, der unserem Heimatgefühl Reichtum gibt.«[140]

Die politische Dimension dieser Art von Verehrung der Heimat- und Volkskunst entwickelte sich im realen Nazi-Deutschland in einer eigenen Dynamik. Bei Kornmann führte sie beispielsweise anläßlich der Annexion Österreichs zu folgender Stellungnahme: »Das grosse Ereignis der Vereinigung Österreichs mit Deutschland gibt auch uns Anlaß für unser besonderes Gebiet der Kunsterziehung des Zuwachses an Werten und Kräften zu gedenken, den das österreichische Volk dem Reiche zubringt. Denn es ist kein Zweifel, daß diesem Stamm eine besondere Begabung für das Bildnerische eingeboren ist […]. Wie reich z.B. die Volkskunst der Tiroler Alpenländer gewesen ist […]. In den holzreichen Tälern des Gebirges entwickelte sich eine starke bodenständige Kunst des bäuerlichen Holzgerätes. Sie ist besonders reich an jenen originalen Bildungen, die nicht zurückgebildete Formen der Hochkunst sind, sondern echte Frühkunst. Diesen Werken hat von je unser besonderes Interesse gegolten […].«[141] Die Freude über den Zuwachs an Werten und Kräften[142] wurde offensichtlich mit politisch opportuner Haltung erkauft.

---

139 Ebd., S. 1.
140 Ebd. – Die Verbindung »musisch« mit »heimatlich«, mit »gestalteter Heimat« usw. prägte sich bei Kornmann während der NS-Zeit stark aus. So stand neben der »soldatisch-musischen« Erziehung von Krieck und Baeumler auch der musische Heimatstrang zur Verfügung, immer in Verbindung mit »gestalteter Schönheit« im traditionalistischen Sinn. In fast allen Mitteilungsblättern, die Kornmann bis Ende 1943 in Starnberg herausgab, propagierte er das »Musische«. 1945 knüpfte er daran an.
141 Mitteilungen des Gustaf Britsch-Institutes für Kunstwissenschaft, 15.3.1938, S. 1.
142 »Wir freuen uns besonders, auch einige in der praktischen Arbeit stehende österreichische Lehrer zu unserem Kreis zählen zu dürfen.« Ebd., S. 3.

Bilder und Geschenke aus dem Kornmann-Freundeskreis

Fotos von der Vorbereitung der Ausstellung *Gymnasiale Kunsterziehung der NS-Zeit in München*, Oktober 2005, mit Archivalien und mit Gipsabdrücken (gefertigt von Egon Kornmann), aus dem Gestalt-Archiv Hans Herrmann e.V.

(1) Foto von Egon Kornmann beim Gipsabdruck von Portraits, (2) Foto Gustaf Britsch, (3) Foto Egon Kornmann, (4) Foto Hans Herrmann, (5) Glückwunschschreiben für Egon Kornmann zum 50. Geburtstag am 16.9.1937 mit Auflistung, wer welches Geschenk mitgebracht hat, zum Beispiel: (6) Radierung von Karl Vogelgsang, (7) Tüllstickerei von Irmgard Fischel-Zacharias, (8) Spitzenschnitt von Fritz Karl.

2.5.3 Hans Herrmanns Argumentation mit Thomas von Aquin

Die zweite – nicht nur für die Münchener Schulen – entscheidende Station der Interpretation, Veränderung und Anwendung der Britsch-Überlegungen bildete die Tätigkeit von Hans Herrmann. In seiner autobiografischen Erzählung schilderte er, wie es ihn als Studienassessor für ein Jahr nach Werl in Westfalen verschlug und dass er dort »zwei gute geistige Freunde fand […]: Dr. Theodor Abele und den Geistlichen Franz Struck. Von ihnen erhielt ich den Sertillanges *Thomas von Aquin* geschenkt und fing zum zweiten Male Feuer.«[143] (Das erste Mal hatte er Feuer gefangen gegen Ende seines TH-Studiums, als er an »Kornmanns Ferienkursen in Starnberg« teilnahm. »Diese kurze Woche des Unterrichts gab mir endlich die Sicherheit, welche mir die Vorlesungen an der TH nicht zu vermitteln vermochten.«[144])

Ein 19-seitiger Aufsatz mit dem Titel »Die Lehre von Gustaf Britsch und die Erkenntnistheorie des hl. Thomas« wurde 1954 im Manz-Verlag München – Regensburg publiziert; geschrieben wurde er von Herrmann wahrscheinlich schon etwa 1933/34, wie man aus der chronologischen Reihenfolge der im Sammelband des Grabmann-Instituts gebundenen Schriften und aus einzelnen Fußnoten im Text selbst schließen kann. (Im Jahr 1940 erschien Hans Herrmanns »Glanz des Wahren«, wo er Teile dieses Aufsatzes übernahm.)

Im ersten Kapitel »Form und Erkenntnis« versuchte Herrmann, Britsch vom Ruf des Intellektualisten und von der Verdächtigung des Rationalisten zu befreien. »Begriffe wie ›Denken‹, ›Urteil‹, ›Erkenntnis‹ im landläufigen Gebrauche können verwirren. Unterstellt man aber diesen Begriffszeichen nicht den alltäglichen Sinn, sondern den, der aus der Erkenntnistheorie des hl. Thomas sich ergibt, dann löst sich ein scheinbarer Widerspruch von selbst.« So Hans Herrmann auf Seite 3 dieser Schrift. Denn, so begründete er, »der Begriff der Erkenntnis bei Thomas« wird so bestimmt: »*Erkennbar*‹ ist *nicht gleichbedeutend mit* ›*in Begriffe faßbar*‹. ›Die Erfassung in Begriffen ist nur eine unzulängliche Art der Erkenntnis‹, man könnte sagen ›je mehr ein Ding an Erkennbarkeit hat, umso weniger ist es in Begriffen zu fassen‹.« (S. 6)

Das war nun bestimmt nicht die Position von Gustaf Britsch, hatte der doch gerade versucht, die spezifische künstlerische geistige Leistung mit Begriffen wie Ausdehnungsunveränderlichkeit und Ausdehnungsveränderlichkeit und deren prozesshafte bildlogische Weiterentwicklung auszudrücken. Hans Herr-

---

143 Hans Herrmann (Hg.: Gestalt-Archiv Hans Herrmann e.V.), *Hans Herrmann 1899-1999. Forschung und Lehre. Vorträge, Untersuchungen, Abhandlungen, Kleinschriften zur bildnerischen Erziehung*, Schondorf: 1999, S. 38.
144 Ebd., S. 32.

Konträres Wissenschaftsverständnis von
Hans Herrmann und Gustaf Britsch.

Rechts: Titel einer 19-seitigen Broschüre von Hans Herrmann, vermutlich 1933/34 geschrieben. Unten: Notiz von Gustaf Britsch, undatiert, bisher unveröffentlicht. Aus: Britsch-Nachlass, Archiv Schütz, oJ.V 25Th.

DIE LEHRE VON GUSTAF BRITSCH UND DIE ERKENNTNIS-THEORIE DES HL. THOMAS

VON

HANS HERRMANN

VERLAGSANSTALT VORM. G.J. MANZ / MÜNCHEN-REGENSBURG

»Philosophie:
　　seiner Zeit:
　　　　Anspruch: Wissenschaft der Wissenschaften
　　　　Überhebung: als gemeinte *Über*ordnung
Kunstwissenschaft:
　　bis heute:
　　　　Anspruch: Wissenschaft der bildenden Kunst
　　　　Überhebung: als gemeintes Beurteilenkönnen
　　　　　　trotz Nichtfachmann.
Beispiele solcher Überhebung: Thomas v. Aquino 1270.
　　　　Philosophie: Magd der Theologie,
　　sofern die Philosophie der Theologie Lehrsätze biete,
　　um die offenbarten Wahrheiten auch noch
　　theoretisch zu begründen.
　　　　　Offenbarte Wahrheiten: Trinitat, Mysterium
　　　　　　der Menschwerdung Gottes.«

mann war dieser Widerspruch wohl bewusst – aber er erklärte ihn einfach als einen nur scheinbaren: zwar müsse man sich »darüber klar sein, daß Britsch aus der idealistischen Schule kam, also aus einer der scholastischen ganz entgegengesetzten Tradition. Aber im vollen Bewusstsein dieser Tatsache, glauben wir mit Nutzen in unserer Betrachtung fortfahren zu können und sind der Meinung, daß die Lehre von Britsch einen jener Fälle belegt, die zeigen, wie wenig im letzten Ende der Wille, die Absicht und die persönliche Meinung gelten, und wie sehr der innerste geistige Trieb, unbeschadet aller Kraft und Klarheit des Werkes, dem eigenen Bewusstsein verborgen bleiben kann.« (S. 6-7) So also konnte der »innerste geistige Trieb« die Überleitung der Britsch-Thesen in eine Abteilung der Theologie legitimieren! (Vgl. Dok. 104-108)

Herrmann versuchte, mit Thomas von Aquin die Kritiker zu widerlegen, die eine »einseitig formalistische Einstellung bei Britsch« sahen und die »jene ganzheitswidrige Auffassung von den ›zwei Seiten‹ [Form und Inhalt – B.Z.] des Kunstwerks« vertraten. »Die Form ist nach Thomas ›das bestimmende Prinzip der Wesenheit‹; formaler Unterschied ist Wesensunterschied. Die Form ist kein Sein im eigentlichen Sinn, es ist vielmehr ›etwas durch sie, sie ist *Prinzip des Seins*‹.« (S. 4) Aber mit der Gleichsetzung von Form und Idee (»die Form oder Idee ist *in* den Dingen und verwirklicht sie mit all ihren Besonderheiten« – S. 4) konnte Herrmann den Britsch-Überlegungen nicht gerecht werden, geschweige sie verteidigen. Britsch wollte den künstlerischen Erkenntnisakt quasi operationalisiert[145] darstellen, die einzelnen formallogischen Schritte und deren Aufbau erforschen, er wollte wissen, *wie* sich die (künstlerische) Idee in der Form materialisiert, also gerade nicht eine einfache Gleichsetzung vornehmen, deren wissenschaftliche Erforschung damit von vornherein obsolet gewesen wäre. Die Schwäche Britschs – dass er in seinem formallogischen System spätestens bei der »Stufe II«, der Stufe der Ausdehnungsveränderlichkeit, in eine Sackgasse geraten war und die künstlerische (Erkenntnis-)Leistung nicht weiterfassen konnte – forderte zu einer kritischen Überprüfung seiner Prämissen und Methoden heraus (Ewigkeitspostulat, gesellschaftsfreier Raum usw.). Stattdessen erklärte Herrmann die »zwei Seiten des Kunstwerkes« als gar nicht existent, weil ganzheitswidrig. So löste sich – wieder einmal – ein Widerspruch »von selbst«.

Thomas von Aquin habe gerade der Sinnlichkeit große Bedeutung beigemessen: »Auf die Quelle der Sinne geht jede Erkenntnis zurück: ›omnis cognitio a sensu‹.« Die sensualistische Betonung war aber bei Thomas von Aquin nur die notwendige Kehrseite der Medaille bei seinem Versuch, die Religion zu intellektualisieren, Wissen und Glaube in Übereinstimmung zu bringen. Die Grenzen

---

145 Herbert Wilsmeyer, *»Volk, Blut, Boden, Künstler, Gott« – Zur Kunstpädagogik im Dritten Reich,* in: Peter Lundgreen, *Wissenschaft im Dritten Reich,* Frankfurt am Main 1985, S. 104.

»Eine Parallelvergleichung:

Man kann aus rein wissenschaftlich allgemein historischem Interesse sich mit mittelalterlicher Gedankenwelt beschäftigen oder mit einer gewissen Vorliebe sich mit mittelalterlicher Gedankenwelt vertraut machen,

und die Resultate sind beidemale wissenschaftliche Forschungsergebnisse selbständiger Art, nicht in Mönchslatein geschrieben, sondern vernünftig in [?] moderner deutscher Sprache, und in moderner geistiger Haltung.
Die moderne Stellungnahme zur alten Scholastik ist der sachliche Ertrag, nicht das bloße Citat alter Scholastik.

Man beschäftigt sich aus irgend welchem Grunde aus der Meinung, bodenständig sein zu müssen, Heimatkunst zu betreiben, mit mittelalterlicher Stilbildung

und – glaubt, wenn man Mönchslatein nachschreibe, mit allen Schnörkeln, so habe man mittelalterliche Geisteshaltung erfasst und gegeben.«

Notiz von Gustaf Britsch, 1920, bisher unveröffentlicht. (Die Zuordnung »zu III« konnte inhaltlich nicht eruiert werden.) Quelle: Britsch-Nachlass, Archiv Schütz, 20III 3M.

mussten verwischt werden, um die Abhängigkeit des Menschen und seiner Erkenntnis von Gott zu untermauern[146] und die hierarchische Gliederung der Welt theoretisch zu begründen: »alles, was ist, hat Sein, und ist durch das Sein, jedoch mit unterschiedlicher *Seinsfülle*«[147], wobei die Seinsfülle den jeweiligen Grad der *Teilhabe* am *unendlichen Sein Gottes* beinhalte und von der Gnade Gottes abhänge.

Und so wendete Herrmann (im zweiten Kapitel »Wert und Persönlichkeit«) seine thomistische Britsch-Interpretation auf den Zeichenunterricht an: Statt von Kunstwerken ist mehr vom »tiefen Begriff des Seins« die Rede, »den Thomas gleichsetzt mit dem des *Guten*, des *Wahren* und dem besonderen, gereinigten [!] Begriff des *Schönen*.« Und dieses »wirklich Seiende«, das die »Kraft des Geistes« habe, wurde von Herrmann dann unmittelbar in Zusammenhang mit der »Form« gesetzt, wobei er in Begriffswahl und Inhalt eine gefährliche Nähe zur NS-Ideologie einging: »Das Falsche, Uneinheitliche, die Zerrissenheit der Form, sie alle haben nach Thomas kein Sein im eigentlichen Sinn; sie sind charakterisiert durch ein *Nicht-Sein*, durch einen *Mangel*. Jedes ›Persönliche‹, das wirklich nichts anderes wäre als eben dieses […] gehörte ganz ins Schattenreich, es wäre im wörtlichen Sinne privat, d.h. beraubt des Seins und der Wirk–lichkeit.« (S. 14) Die fundamentalistischen Leitsätze[148] gruppierten sich mehr und mehr um solche Positionen, die auch Bestandteil des NS-Grundmusters sind. Eine der Grundlinien dabei war das betonte Herausstellen der eigenen Ganzheitlichkeit wie des Ganzheitsdenkens überhaupt.[149] Der Ganzheitsmythos war für die NS-Ideolo-

---

146 »Der menschliche Intellekt steht vor einer Grenze; er zeigt sich in absoluter Letztabhängigkeit von Gott […].« Hermann Gantenberg, *Das Problem der Erkenntnis im System des Thomas von Aquin und seine metaphysische Grundlage*, Dissertation, Gießen 1932, S. 90.
147 Philosophisches Wörterbuch. Leipzig 1975, S. 869.
148 Einige Beispiele: »Wer in psychologisch-individualistischen Meinungen befangen ist, der kann gar nicht zu wahrer Einsicht über das einzig rechte Verhältnis von Geist und Welt gelangen.« (S. 14) »Wer aber gegen den Geist an sich zu Felde zieht, der kennt seinen Feind gar schlecht, und er ahnt nicht, dass er die Waffe gegen die eigene Brust kehrt.« (S. 15) »Nur wer mit Thomas von Aquin sich von der mechanistischen Auffassung der zwei ›Dinge‹ im Kunstwerk löst und zur Einsicht des wahren Verhältnisses von Stoff […] und Form kommt, kann den wirklichen Sinn der Lehre von Britsch erfassen.« (S. 4 f.).
149 In einem kleinen Aufsatz »Der ganze Mensch« schrieb Herrmann zur Stufenentwicklung des Menschen: »Der Mensch ist eben ein Ganzes, und wenn er auch durch besondere Pflege einzelne Fähigkeiten über seinen allgemeinen Stand entwickeln kann, so ist das doch nicht nach seiner Natur, und im allgemeinen wird man (besonders bei durchschnittlichen Menschen) aus den Äußerungen einiger seiner Kräfte entnehmen können, wo er im ganzen steht. Und so gilt also, recht betrachtet, der Begriff der ›Stufe‹, den Gustaf Britsch zunächst für die Entwicklungslage des Formbildners prägte, in entsprechender Weise ganz allgemein.« In: Die Gestalt. Blätter für Zeichen- und Kunstunterricht, Oktober 1937, S. 30.

108 Britsch gegen »dogmatische Verquickung von Religion und Kunst«

Über den von Britsch angedachten Inhalt dieses noch zu erarbeitenden Kapitels können nur Vermutungen geäußert werden. Er könnte der protestantischen Bilderabstinenz wie ebenso den neuthomistischen Versuchen einer Einverleibung der Kunstwissenschaften gegolten haben.

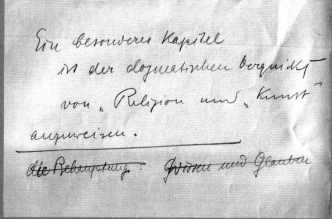

Notiz Britschs. Quelle: Archiv Schütz, o.J.V 28Th.

Wie Hans Herrmann »mit Thomas« seine Kunstpädagogik bildete:

»›Auf Grund der Einheit von Subjekt und Objekt in der Erkenntnis wird die Seele ein Teil des Weltganzen, und das erkannte Weltganze wird ein Teil der Seele.‹ Wer in schöpferischer Verbindung mit der Welt seine geistigen Anlagen, die im Zustande der ›Möglichkeit‹ schlummern, zur ›Wirklichkeit‹ erweckt, der erfüllt seine Pflicht gegen sich und gegen das Ganze; er steht mitten im Werk-Tag dem Ewigen näher, als der untüchtige Schwärmer, der sich in falsche Mystik vergräbt.« Der von Britsch gesuchte künstlerische Geist wurde bei Herrmann mit den sämtlichen »geistigen Anlagen« gleichgesetzt, aus der künstlerischen Denkmöglichkeit bei Britsch und dem im Kunstwerk verwirklichten künstlerischen Tatbestand wurde bei Herrmann eine religiös begründete missionarisch-strafende Aufgabe, in der auch die Koppelung mit dem »Charakter« des Schülers enthalten war:

»Was der Lehrer zum Schüler sprechen kann, der ihm einen mißlungenen bildnerischen Versuch zur ›Korrektur‹ vorlegt [...]: Ich will nur, dass Du in Deinem Bilde, nach Deiner Weise formst, was Du in Deinem Geiste formen kannst; weil das hier nicht geschah, muß ich Dich tadeln. So wie Du vor mir stehst, mit all Deinen Besonderheiten, hättest Du Dein Werk zu einer schöneren Einheit bringen können, wenn Du nicht in mechanischer Nachahmungssucht, Dein wahres Können vergessen hättest, wenn Du nicht mit der faulen Ausrede des toten Schemas Dich begnügt hättest, statt Deine eigene geformte Sprache zu sprechen. Freilich hindert dich diese oder jene Eigenschaft, die man Deinem Charakter zuschreibt, die aber nur dessen Verneinung und Hemmung ist: Deine Zerfahrenheit, Deine leichte Ermüdbarkeit, Deine innere Trägheit. Bemühe Dich aber, so gut Du kannst, das zu zeichnen, was Du als ›Form‹ ganz und gar in dich aufgenommen hast, versuche nicht, ein Bild durch bloße gegenständliche Bereicherung aus dem Willen auszuputzen, sondern halte dich nur an das, was Du von den ›Dingen‹ innerlich gewiß als sichtbar ›verstandene‹ Form besitzest. Dann wird auch Dein Bild als ehrliches Zeugnis einer geistigen Leistung vor den Augen verständiger Leute bestehen können.«

Aus: Hans Herrmann, *Die Lehre von Gustaf Britsch und die Erkenntnistheorie des hl. Thomas*, S. 13 ff.

gie deshalb so wesentlich, weil damit alle konkreten Grenzlinien und realen Widersprüche (z.B. Klassengegensätze) verwischt, fiktive Ganzheiten (z.B. Volksgemeinschaft) aufgerichtet und willkürlich »ein Ganzes« und ein »anderes Ganzes« antagonistisch gegenübergestellt werden konnten.

Herrmann versuchte die Britsch-Überlegungen in die thomistische Lehre als ein besonderes Anwendungsgebiet des Allgemeingültigen zu integrieren. Der Kunst betrachtende und produzierende Mensch würde mit dem Gegenstand seiner Kunst verschmelzen: »*erkennen* heißt *ein anderes sein*« – »wonach die erkannte Form der Außenwelt zum Ich des Erkennenden wird und nun *durch* den Geist des Menschen, *gemäß* seiner Natur nach ihrer eigenen Vollendung in der Form strebt […] alles wird nach Art und Weise des Erkennenden erkannt«. Wer meinte, im letzten Satz eine moderne Wahrnehmungstheorie zu entdecken, wird gleich von Herrmann eines Besseren belehrt. »Dieser Ausspruch bedeutet im Munde eines Philosophen der hierarchischen Ordnung, des Geistigen und Seinsmäßigen etwas anderes als im Munde dessen, der den Menschen in seiner Besonderung von vorneherein als das Maß der Dinge betrachtet. Was hier Banalität wäre, ist dort der Beweis tiefster *Lebensverbundenheit im Geiste*.« (S. 13)

Die »sinnlich-geistige Einheit« dieser Lebensverbundenheit wurde in Kapitel I von Herrmann als ein Konglomerat von »verschiedenen Quellen« und »verschiedenen Umständen« dargestellt: »1. Die *menschliche* Art Dürers […] eine *Einzelverwirklichung* des allgemeinen deutschen Wesens, wir wollen es nennen die *volkhafte Art* des Deutschen […] 2. Die ›Einheitlichkeit des Vorstellungszusammenhangs‹, die Geschlossenheit und Kraft des Geistes und in ihr *die Stufe der persönlichen geistigen Differenzierung*, die ohne Schmälerung der eben genannten Umstände *über Zeiten und Völker*, Geister ähnlicher Formkraft und ähnlich differenzierter Stufe *verbindet* […] 3. Die *Form des Gegen-Standes*, die *von der Form des bildenden Geistes aufgenommen* wird, ihn bereichert, verändert und mit ihm, in ihm zu einer *neuen Wesensform* zusammenwächst.« (S. 7, Hervorhebungen von H.H.)

2.5.4 Hans Herrmann wird Münchner Fachberater für Zeichnen

In seinem Bewerbungsschreiben vom 6.6.1934 für die Stelle des Fachberaters für Zeichnen an die Stadt München begründete Hans Herrmann, warum er nicht NSDAP-Mitglied war: »Vor der Neuordnung unseres Staates durch Adolf Hitler nahmen mich die praktischen und theoretischen Fragen meines Faches so sehr in Anspruch, daß ich keine Zeit fand, mich mit politischen Dingen zu beschäftigen, und nachher glaubte ich durch intensivste Weiterführung meiner bisherigen Arbeit den Idealen der deutschen Erneuerung am besten dienen zu können. Einen organisatorischen Anschluß an die Strömungen des neuen Bildungswillens fand ich durch die Mitgliedschaft beim *Kampfbund für deutsche Kultur*.« Britschs Lehre hatte er »als den Leitstern, der die bildnerische Erzie-

Pg. Dr. Hanns Egerland empfiehlt Hans Herrmann

Nationalsozialistische Deutsche Arbeiterpartei
Reichsleitung

Reichsgeschäftsstelle:
München, Briennerstraße 45
Briefanschrift: München 33, Brieffach 80
Fernsprech-Nummern: 54901, 58311 u. 56081
Postscheckkonto München 23319

Kampfzeitung d. Partei: "Völkischer Beobachter"
Geschäftsstelle der Zeitung: Thierschstraße 11
Telefon-Nummer 20647
Schriftleitung: Schellingstraße 39
Telefon-Nummer 20801 Postscheckkonto 11346

Reichspropagandaleitung
Abteilung Volksbildung
Tageb.Nr. 272/34/II Gu./Gr.

München, den 14. Nov. 1934

Herrn
Oberstadtschuldirektor Bauer,
<u>München</u>.
Rathaus

Sehr geehrter Herr Oberstadtschuldirektor und Parteigenosse!

Pg. Dr. Egerland, Referent für Kunst und Kunsterziehung im Kreis Miesbach des N.S.L.B., ersucht uns, für die Besetzung der Stelle des Sachbearbeiters für Zeichnen an den Münchener Volksschulen Herrn Hans Herrmann, Bad Tölz und in zweiter Linie Herrn Martin Seitz, Passau als Nachfolger für Oberstudiendirektor Steigerwald vorzuschlagen. "Durch diese beiden verdienten Kunsterzieher besonderer sachlicher Eignung und Erfahrung", so schreibt Pg. Dr. Egerland, "würde die entwicklungsfähige Weiterführung der von Oberstudiendirektor Steigerwald begonnenen Arbeit gewährleistet werden."

Da die beiden Herren Herrmann und Seitz bei der Abteilung nicht bekannt sind, müssen wir uns jeder Anregung enthalten und gestatten uns nur, Ihnen das Ersuchen von Pg. Dr. Egerland zu unterbreiten.

H e i l   H i t l e r !

Quelle: StAM, Schulreferat, Abgabeverzeichnis 25/42, Nr. 1898.

hung vor Verwilderung und Anarchie zu bewahren vermochte«, erkannt. (Ebd.) Und weiter: »Die Tätigkeit unserer ›Arbeitsgemeinschaft für neues Schulzeichnen‹ (deren Geschäfte ich führe) fand die Billigung verschiedener kultureller Parteistellen, und neuerdings hatten wir zu unserer großen Freude durch Vermittlung von Herrn Reichsminister Heß Gelegenheit, eine Mappe besonders schöner Kinderarbeiten dem Führer selbst vorlegen zu können. Heil Hitler. Hans Herrmann. Studienrat«. (Ebd.) Nach 1945 stellte Herrmann das anders dar. So schrieb er in einem Antragsschreiben für seine Beförderung am 20.9.1956 über seine Einstellung 1934: »Es bewarben sich ungefähr 30 Kandidaten, darunter Leute von Namen, wie etwa einer der bei seinem kürzlichen Tod als der ›schwäbische Pestalozzi‹ gefeiert wurde, wieder ein anderer, der damals die Unterstützung der NSDAP hatte, während ich nachweisbar gegen deren Willen, eben als Fachmann diese umworbene Stelle erhielt.«[150] (Vgl. Dok. 110 und 112) Als Fachmann ja – aber mit der Ergänzung: für eine Zeichenfachrichtung und -pädagogik, die den Nazis offensichtlich willkommen war:

Die Begründung des Schulreferats für die Auswahl Hans Herrmanns als Fachberater, der nicht nur das gesamte Volksschulwesen Münchens für das Zeichenfach ausrichten konnte, sondern auch Einfluss auf die städtischen sog. höheren Schulen (das waren insbesondere die Lyzeen, Frauenschulen, Mädchenoberschulen etc.) nehmen konnte, demonstrierte in den Ablehnungsbegründungen für die anderen 26 Bewerber, dass die Britsch/Kornmann-Diktion bereits Auswahlkriterium war: »[...] *Beichele* kann nicht in Frage kommen. Er beruft sich auf Britsch und seine Fühlungnahme mit Vertretern des neuzeitlichen Zeichenunterrichts und bietet in seiner Auswahl von Schülerzeichnungen den Beleg eines gründlichen Mißverstehens seiner Gewährsmänner. Seine Beispiele sind im Sinne der von ihm gemeinten Richtung geradezu Gegenbeispiele. [...] *Proff zu Irnich:* Seine Ausführungen zur Methode des Zeichenunterrichts weisen keine Richtung zum nationalen Erziehungsziel, sind von ungeordnetem Gedankengang und verraten kein tieferes Eindringen in das Grundsätzliche der zeichenunterrichtlichen Fragen.«[151]

Das »Grundsätzliche« erfüllte Hans Herrmann:
Erstens durch die Kopplung von Gestaltungsmerkmalen an Charaktertugenden mit zunehmend aggressiverem militärischen Grundtenor. Die folgenden

---

150 StAM, Schulamt, Personalakte 1898. Auch das Ersuchen von »Pg. Dr. Egerland, Referent für Kunst und Kunsterziehung im Kreis Miesbach des N.S.L.B.«, Hans Herrmann und in zweiter Linie Martin Seitz für den Fachberater vorzuschlagen, wurde am 14.11.1934 von der NSDAP-Reichspropagandaleitung, Abteilung Volksbildung, München, an die Stadt München unterbreitet. Ebd.
151 Schulreferat, 20.11.1934, an das Personalreferat der Stadt, StAM, Schulakt 2121.

Der Kreisleiter der NS-Kulturgemeinde empfiehlt Hans Herrmann

Kitzingen, 3. 10. 34.

Sehr geehrter Herr Dr.

Kollege Herrmann, den ich gut kenne, hat mich gebeten für ihn ein gutes Wort bei Ihnen einzulegen. Er hat sich um die Fachberater stelle im Zeichnen für die Münchener Volkshauptschulen beworben und ist, soviel ich weiß in eine engere Wahl gezogen worden.

Ich kenne die Persönlichkeit des Bewerbers ziemlich genau, ebenso sein künstlerisches Wollen. Ich habe ihm deshalb auch durch Vermittlung des mir bekannten Reichsministers R. Heß Gelegenheit gegeben, dem Führer seine Ideen zu unterbreiten. Ohne Sie natürlich irgendwie beeinflussen zu wollen, möchte ich sagen, daß der Mann die volle Gewähr gibt, daß das zu besetzende Amt auch bei ihm in die richtigen Hände käme. Ich bitte deshalb sein Gesuch wohlwollend zu behandeln. Es sollte mich freuen, wenn Sie sich für Herrmann entscheiden könnten. Ich glaube, daß seine Ideen u. sein Können bodenständig und vorwärts strebend sind, so daß ich als Kreisleiter der N. S. Kulturgemeinde ihn auch einmal hierher zu einem Vortrag bitten werde.

Nichts für ungut,

Heil Hitler,

ergebenst
B. Prof. Hacker.

Quelle: StAM, Schulreferat 1898.

Beispiele sind aus dem Jahr 1937 genommen, die Tendenz zeichnete sich jedoch 1933/34 bereits deutlich ab.[152] »Die unentschlossene, wackelige Linie verrät den Zeichner [...]; er formt nicht aus Vorstellung und echter Anschauung [...]. Oft sind solche zaghaft zittrige Zeichnungen der Ausdruck innerer Schwäche.«[153] Der Lehrer wird »Mittel und Wege finden, die echte Form zu pflegen und auch zu fördern. Er wird zunächst zufrieden sein, wenn es ihm gelingt, das verworrene, zaghafte, schlampige Geschmier zu verhindern«. Man muss vorgehen gegen die »schwammigen Faseleien«, »die wirren Kritzeleien«, das »wirre Gestrichel«.[154] Entsprechend hieß eine Losung bei der Ausstellung »Volk und Schule« 1934 »Strammheit im Äußern ist Kraft im Innern«. (Dok. 114) Im Ausstellungskatalog standen dieselben Worte wie später in der von Hans Herrmann herausgegebenen »Gestalt«: »Adolf Hitler, der größte deutsche Erzieher, kam aus dem Volke, ging unter das Volk und gestaltete erstmalig das Volk.«[155]

Zweitens durch die Anbindung der Britsch-Thesen sogar im Wortlaut an die Blut- und Bodenideologie. Als im Frühjahr 1933 das erste Heft der »Gestalt« herauskam, hieß es darin: »Britsch sagt, daß der Geist die Welt des Auges unmittelbar erfaßt und gestaltet; so dass die bildnerische Form an sich Verwirklichung von Seele und Geist ist. Das aber ist das Gegenteil von Rationalismus und Formalismus in üblichem Sinn; es ist auch das Gegenteil von Rassefremdheit, denn in der besonderen Art der sinnlich geistigen Formung wirkt notwendigerweise Blut und Boden.«[156]

Drittens durch die Ablehnung und Diffamierung der modernen Kunst- und Kunsterziehungsströmungen. »Die Grundsätze, die uns leiten, haben wir schon vor aller Öffentlichkeit kundgetan, und wir freuen uns von Herzen, daß wir nicht den mindesten Anlaß haben, sie den siegreichen Prinzipien der nationalen Bewegung anzupassen; in der sinnvollen Verfolgung unserer Ziele dienen wir zugleich den tiefen Idealen der deutschen Erneuerung, denn wir kämpfen mit begründeter Entschiedenheit gegen den erzieherischen *Liberalismus*, gegen den stofflichen *Materialismus* und gegen den *Nihilismus* der Formzertrümmerer. Wir sind Feinde einer ziellosen psychologischen Nachgiebigkeit, wir kennen nicht jenes kritiklose Gewährenlassen, den Grundsatz *individualistischer Zerstörung*; wir sind nicht damit einverstanden, daß man den edlen Begriff *erfüllten Wertes* durch die Überschätzung bloßer Ausdrucksgebärde verdirbt [...]« usw.[157]

---

152 Da war z.B. von »ungesunden Niederungen individualistischer Großsprecherei und Wichtigtuerei« die Rede (Die Gestalt 1933/1, S. 2, zitiert nach Diel, a.a.O., S. 236).
153 Die Gestalt 1937/1, S. 9.
154 Ebd., S. 5 ff.
155 Ebd., S. 4.
156 Die Gestalt 1933/1, S. 32, zit. nach Alex Diel, *Kunsterziehung im Dritten Reich*, S. 236.
157 Die Gestalt 1933/1, Vorbemerkungen, zitiert nach Alex Diel, ebd., S. 235.

Ausstellung *Volk und Schule*. Pädagogische Großausstellung, veranstaltet vom Münchener Lehrerverein 1934: »Einem Aufruf des Münchener Lehrervereins folgend, erstellten über 360 Lehrkräfte in kaum fünf Monaten in aller Stille und unbenannt eine Ausstellung Volk und Schule in 70 Abteilungen im Bibliothekbau des Deutschen Museums. Sie übergeben das Werk ehrfurchtsvoll dem Führer des deutschen Volkes, dem größten deutschen Erzieher, […] sie schenken das Werk der deutschen Jugend, dem lebendigen Träger der deutschen Zukunft in verantwortungsbewußter Führerliebe.« (S. 8) »Strammheit im Äußern ist Kraft im Innern« war als Motto quer über eine Wand geschrieben. (Ebd., S. 49) »Adolf Hitler, der größte deutsche Erzieher, kam aus dem Volke, ging unter das Volk und gestaltete erstmalig das Volk.« (S. 4)

Zitate, Faksimile und Foto aus KatAusst., 8° Mon 5971.

»Oft sind solche zaghaft zittrige Zeichnungen der Ausdruck innerer Schwäche.«

Bild 3: Klare und unklare Zeichnungen eines Astes in der Art etwa 12 jähriger

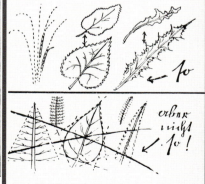

Bild 10: Sinnvolle und sinnlose Hilfslinien

Zitat und Faksimiles aus *Die Gestalt* 1937/1, S. 9.

ENTWICKLUNGSPHASEN VOR 1933

Das Jahr der Einstellung von Hans Herrmann in das Schulreferat der Stadt München markierte eine gewisse Zäsur in den Münchener bzw. bayerischen Kunsterzieherkreisen. Jedenfalls bei denjenigen, die sich (noch) der Britsch-Terminologie bedienten, schien das Theoriebedürfnis rapide abzunehmen. Sogar Hans Friedrich Geist, ebenfalls Britsch/Kornmann-Anhänger, sah 1934 keine theoretische Veranlassung mehr für eine Auseinandersetzung: »Der Gewinn der Theorie ist die Einsicht in das gesetzmäßige Wachstum des bildnerischen Gestaltungsvermögens, das sich folgerichtig aufeinander aufbaut. [...] Wenn wir einig darüber sein werden, daß die künstlerische Formerzeugung aus seelischem Überfluß kommt und daß die Formerzeugung im Menschen stets ihrem eigenen inneren Wachstum folgt, dann brauchen wir keinen Streit, dann wird endlich auch die Theorie überflüssig werden. ›Die Form ist kein Problem, wenn das Überformale unangetastet bleibt, der Glaube und die Gemeinschaft.‹ (Pinder)«.[158] Oder wie es bei Hans Herrmann hieß: »Ist es denn wirklich nötig, die Tätigkeit des Bildformens, welche doch dem wohlerzogenen Menschen so naheliegt, mit großen Geheimnissen zu umgeben? – Gewiß handelt es sich hier um die Auswirkung von Kräften, die im tiefsten Innern ruhen, mit ihren Wurzeln im Unbewußten. Aber es ist nicht gut dahinterzugraben, das ans Licht zu bringen, was nicht ans Licht gehört; was ungestört wirkt, wenn es weiter oben mit rechten Dingen zugeht.«[159]

Wie es nun »weiter oben mit rechten Dingen« zuging und wie die konkrete Schulpraxis in München aussah, das steht im Mittelpunkt der folgenden 220 Seiten dieser Untersuchung.

---

158 Hans-Friedrich Geist, *Die Wiedergeburt des Künstlerischen aus dem Volk. Ein Buch von der Kunst des Volkes und ihrer Bestätigung im Schaffen des Kindes als Beispiel praktischer Volkstumsarbeit*, Leipzig 1934, S. 180. Der Zusammenhang, aus dem dieses Zitat genommen ist, verdeutlicht aber auch die Tragik der Entwicklung. Denn die vollständige Argumentation von H.-F. Geist lautete: »Solang aber noch behauptet wird, daß 99 % des Volkes zu keinem eigenen Kunstschaffen fähig sein würden, solang ist auch die Geschichte der künstlerischen Erkenntnis nicht überflüssig.« Ebd., S. 180.

159 Aus einer Buchbesprechung in: »Die Gestalt«, Januar 1936, Heft 3, S. 63.

116 Zwei unterschiedliche Fachrichtungen, aber »Alles für Deutschland«

Opfergang für Volksschüler

Zeichenvorlage in Oberschulen für Jungen

SA-Dolch in einer Vitrine der Ausstellung »Gymnasiale Kunsterziehung der NS-Zeit in München«, Kunstpavillon München, Oktober 2005. Oben: Malerei aus der 8. Klasse Volksschule Berg am Laim, München, o.D., aus: Gestalt-Archiv Hans Herrmann e.V.

II. Münchener Unterricht in Kunsterziehung 1933 bis 1945

1 1933-1935: Zeichnen und Kunsterziehung im Schlepptau der Geschichtsfälschung (im Spiegel des Amtsblatts des bayerischen Kultusministeriums)

Im »Amtsblatt des Bayerischen Staatsministeriums für Unterricht und Kultus« waren die Entschließungen, Bekanntmachungen und Verordnungen des Ministeriums abgedruckt.

In den beiden ersten Jahren des NS-Staates waren in diesem Amtsblatt Zeichnen und Kunsterziehung als eigenständiges Unterrichtsfach faktisch nicht präsent. Zwar gab es 1933 zwei Bekanntmachungen, die die Ausbildung der ZeichenlehrerInnen betrafen – zum einen, dass ab 1937 die »Prüfung für Zeichenlehrerinnen an der Staatsschule für angewandte Kunst in München aufgehoben«[1] wird, und zum anderen wurde im Rahmen der Zulassungsbeschränkung für alle Lehramtsprüfungen auch das Zeichnungsfach an die Voraussetzung gebunden, dass das Kultusministerium *die Anwartschaft auf Anstellung* bzw. bei den weiblichen Prüflingen die *Zulassung* überhaupt *in Aussicht gestellt* hat[2] – darüber hinaus jedoch gab es bis zum Dezember 1934 keine einzige Entschließung, Verordnung oder Bekanntmachung zu diesem Fach. Das bedeutet allerdings nicht, dass sich für diesen Unterricht nichts geändert hätte oder dass keine Maßnahmen getroffen worden wären, die mit diesem Fach viel zu tun hatten.

1.1 Unterrichtsprinzip statt Zeichenlehrbücher

Am 27. März 1933 wurde *die Behandlung des Stoffgebietes Aufbruch der deutschen Nation von 1918-1933 im Geschichts-, Heimatkunde-, Anschauungs- sowie staatsbürgerlichen Unterricht* in einer Entschließung[3] festgelegt. Das Stoffgebiet umfasste die *Richtlinien I. Weltkrieg und sein Ende, II. 9. November 1918 bis zum Ende der Inflation 1923, III. 1923-1930. Deutsche Not – deutscher Freiheits-*

---

1   Nr. VII 16755 Bek. v. 12.6.1933.
2   Nr. VIII 52673 Bek. v. 10.11.1933.
3   Nr. VIII 12478 Entschl. v. 27.3.1933.

Dass »die Geschichte unter den Schulfächern an vorderster Linie steht« – aus der Rede des Reichsinnenministers Wilhelm Frick zur Schulpolitik am 9. Mai 1933.

Das *Münchner Kindl* im Heimatkunde-Volksschulheft, 3. Klasse, 1941, von Hubert Schraut.

Fotos: Vitrinenzusammenstellung für die Ausstellung *Gymnasiale Kunsterziehung der NS-Zeit in München*, Oktober 2005. Bücher aus dem Archiv des Luisengymnasiums.

kampf, IV. 1930-1933. Die Not steigt – die Freiheitsbewegung wächst. Das Stoffgebiet sollte innerhalb von 4 bis 6 Wochen behandelt werden. Der im Titel genannte *Anschauungsunterricht* war offensichtlich ein Unterrichtsfach für die ersten Klassen der Volksschule, aber allen Schularten und allen Unterrichtsfächern galt die Schlussbemerkung Schemms, dass die für »die Wiedererweckung des Nationalgefühls in der bayer. Schuljugend« wichtigen Stoffe »nicht allein als Unterrichtsfach« zu gelten hätten, »sondern auch als Unterrichtsprinzip«. Dieses Unterrichtsprinzip bestand bei Schemm zunächst in einer systematischen Aggression gegen den »Bolschewismus« und gegen die Demokratie, und fürs Erste sollte die NS-Bewegung als siegreiche Kraft, als Befreierin Deutschlands gefeiert werden.

Am 11. April 1933 wurde angeordnet: »Kein bayerischer Lehrer, kein bayerischer Schüler und keine bayerische Schülerin darf vom Tage des Erlasses dieser Entschließung an mehr ein marxistisches Buch in die Hand bekommen. […] Gleichzeitig wird bemerkt, daß viele Bücher und Schriften sich einseitig für die Zerstörung des Wehrgedankens eingesetzt haben, ohne daß dabei ausgesprochen marxistische Tendenzen zum Ausdruck kamen. Vielfach hüllte sich der Zerstörungswille gegenüber dem stolzen deutschen Wehrwillen in heuchlerische Ausführungen über angebliche Vertretung edler Menschlichkeit. Solcher versteckter Marxismus und Pazifismus müssen aus dem Schrifttum, das unsere Kinder und ihre Lehrer in die Hand nehmen, verschwinden.« Und weiter: »Auch die Anschauungsmittel der Schulen und Anstalten einschließlich des Wandschmuckes sind sorgfältig auf die genannten Gesichtspunkte hin zu überprüfen. Bilder, Zeichnungen und sonstige Anschauungsmittel marxistischer Prägung müssen beseitigt werden.«

Entweder lagen dem Kultusministerium Ende 1933 überhaupt keine Zeichenlehrbücher und kunstpädagogischen Schriften vor, oder sie waren alle als »marxistisch«, »pazifistisch« oder nur »versteckt marxistisch« verräumt oder – als dritte Erklärungsmöglichkeit – das Zeichenfach hatte zu wenig Bedeutung, um überhaupt erwähnt zu werden, und es hatte im Kielwasser der Fächer Deutsch und Geschichte mitzuschwimmen: In der Bekanntmachung Nr. VIII 58200 »über die Verwaltung und Pflege von Schülerlesebüchereien an den höheren Unterrichtsanstalten« beinhaltete das »Verzeichnis empfehlenswerter Klassenlesestoffe« nur einen einzigen Buchtitel für Kunst und Kunstgeschichte, aber knapp 200 für die anderen Fächer.[4] Auch im Folgejahr sah das Verhältnis nicht viel anders aus.

---

4   43 Titel zu *1. Dichtungen* und *2. Geschichtliche, erdkundliche und sonstige Stoffe* für die Oberstufe und entsprechend 46 Titel für die Mittelstufe, und in einem Nachtrag zu diesem Verzeichnis wurden aufgelistet: 50 Titel zur *1. Gruppe: Erzählungen und Gedichte,* 6

120

Goebbels hatte eine Idee: Zeichenwettbewerbe für das Winterhilfswerk

Die undatierten Postkarten stammen aus verschiedenen Volksschulen Münchens und sind in einer Sammelmappe aufbewahrt, die den Titel trägt: *Krieg: Kleine Malereien von Sanitätern und von Mädchen, die den Verwundeten Freude machen.*

Aus einer Postkartensammlung des Gestalt-Archivs Hans Herrmann e.V., Fotos aus der Ausstellung *Gymnasiale Kunsterziehung der NS-Zeit in München*, Oktober 2005.

1.2 Goebbels' Idee: Zeichenwettbewerb zum Winterhilfswerk

Erst nachdem der Geschichtsunterricht inhaltlich (für den Zeitraum 1918-1933)[5] festgezurrt und das Unterrichtsfach Turnen schon in vielfältiger Form aufgewertet war (Einführung zunächst einer dritten Turnstunde und eines zweistündigen Spielnachmittags etc., Stichwort »gestählter Körper«), wurde im Dezember 1934 zum ersten Mal das Fach Zeichnen genannt. Joseph Goebbels war auf die Idee[6] des Zeichenwettbewerbs gekommen: »Die Winterhilfe erfordert die Mitarbeit aller Volksgenossen. Um auch schon die schulpflichtige Jugend an der gemeinschaftsbildenden Arbeit des Winterhilfswerkes teilnehmen zu lassen, soll nach der Absicht des Herrn Reichsminister für Volksaufklärung und Propaganda ein Zeichenwettbewerb veranstaltet werden, der geeignet ist, den Gedanken der Winterhilfe in der Jugend zu stärken und das Werk selbst zu fördern. In den Volksschulen, mittleren Schulen und höheren Unterrichtsanstalten ist daher im Zeichenunterricht vom 5. Schuljahr ab zur Anfertigung von Zeichnungen anzuregen, die den Gedanken der Winterhilfe zum Ausdruck bringen. Die besten Zeichnungen sind von den einzelnen Schulen gesammelt unmittelbar dem von

    Titel zur *2. Gruppe: Lebenserinnerungen und Briefe*, 32 Titel zur *3. Gruppe: Geschichte*, nur 1 Titel für die *4. Gruppe: Kunst und Kunstgeschichte* (das Buch von Hans Karlinger, *München und die deutsche Kunst des 19. Jahrhunderts*), auch nur 2 Titel für *die 5. Gruppe: Musik und Musikgeschichte*, dann 9 Titel extra für die *6. Gruppe: Heimat- und Volkskunde* usw. Für die *12. Gruppe: Sport und Körperpflege* gab es 9 Titel. Aus: Amtsblatt 1933, Nr. 4, S. 41.

5 Die Herausgabe von neuen Geschichtsbüchern gestaltete sich – nicht nur für die sog. höheren Schulen – schwierig (siehe Kapitel II. 8.1). Auch in der »Scholle«, einem Organ für die Volksschullehrer, griff man die Sorgen der Geschichtslehrer auf: Wer »nicht den festen Willen hat, in den Strudeln einen sicheren Anker zu finden, dem wird alles Alte wankend, es können sich in ihm aber die vielen neuen Einblicke noch nicht zur einheitlichen Schau ordnen. […] Fragen von bisher kaum gekannter Tiefe taten sich auf: Der Weg des Germanentums zur Deutschwerdung ist noch nicht völlig erforscht; die Verschmelzung von römischer und deutscher Kultur im Mittelalter, die vielfache Verfremdung und der von Zeit zu Zeit immer wieder erfolgende Durchbruch deutschen Geistes, das sind Dinge, die für unsere Geschichtsbetrachtung unendlich bedeutsam geworden sind […]; die Rassenfrage ist der Schlüssel zur Weltgeschichte und zur deutschen Geschichte geworden, es gibt aber bis jetzt noch kein volkstümliches und nicht einmal ein zusammenfassendes Geschichtswerk auf rassischer Grundlage.« Aus: Die Scholle, 1935, Sonderheft Geschichtsunterricht, S. 3 ff.

6 Die Idee war nicht der Zeichenwettbewerb per se – solche hatte es im 1. Weltkrieg zur militaristischen Erbauung der Bevölkerung schon gegeben –, sondern der Zeitpunkt für den Zeichenwettbewerb.

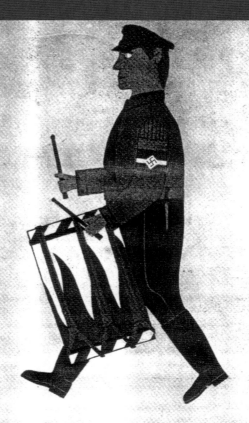

Faksimile aus: »Die Gestalt«, April 1935, Heft 4, S. 53.

der Kreisleitung der NSDAP gebildeten Ausschuß zuzuleiten. Es ist beabsichtigt, die Zeichnungen innerhalb der Kreise und Gaue zu Ausstellungen zusammenzufassen und für die besten Arbeiten Auszeichnungen zu gewähren. Auf Anforderung der zuständigen Parteistellen sind von den Anstaltsvorständen, Bezirks- und Stadtschulbehörden Lehrkräfte zu benennen, die als Vertreter der Schulverwaltung an den geplanten Bildausstellungen beteiligt werden.«[7] Die Goebbels-Idee wurde so ausführlich zitiert, da sie in den Folgejahren zu einer häufig angewandten Methode ausgebaut und hier das Zeichnen und Malen in aller Sachlichkeit klar als ein ausschließliches Hilfsmittel zur Durchsetzung der NS-Ziele benannt wurde. Die Frage der Ausbildung von Kindern und Jugendlichen spielte weder hinsichtlich der alten, traditionellen Weise des Erlernens des Zeichenhandwerks noch im Hinblick auf einen sich dem Kunstunterricht öffnenden Unterricht irgendeine Rolle. Vielmehr wurde hier im Ansatz bereits deutlich, dass der Zeichenunterricht vor allem eine funktional-dienende Rolle für Herrschaftsinteressen erlangte.

1.3 Zeichnen und Kunsterziehung als rassenkundlicher Gesinnungsunterricht

In Bayern hieß das Unterrichtsfach immer noch »Lehrfach für Zeichnen«. Erst 1938 wurde es in das »Fach für Kunsterziehung« umbenannt. 1935 deuteten sich Änderungen an.

Als dieses Unterrichtsfach im NS-Amtsblatt zum zweiten Mal seit Januar 1933 erwähnt wurde, nämlich im Februar 1935, befand es sich wiederum im Schlepptau des Geschichtsunterrichts und erschöpfte sich in folgenden Zeilen: »Was für die Geschichte gesagt ist gilt entsprechend für *Deutsch, Kunstunterricht* und auch *Singen*. Sie alle haben sich der Gestaltung germanisch-deutschen Wesens einzuordnen, sowohl in wertender Rückschau wie in vorschauendem Aufbauwillen.«[8] Für den Geschichtsunterricht galt: »Die *Geschichte* hat die Bedeutung der Rassen für das Werden und Vergehen der Völker und für ihre Leistungen aufzuzeigen, die Erkenntnisse auf unser Volk anzuwenden und in Gesinnung umzusetzen.«[9]

Der Grundstein für den Gesinnungsunterricht wurde im Biologieunterricht gelegt (»2-3 Wochenstunden, nötigenfalls auf Kosten der Mathematik und der

---

7 Bek. d. Staatsmin. f. Unt. u. Kult. v. 12.12.1934, Nr. I 58136, Amtsblatt 1934, Nr. 11, S. 269.
8 Amtsblatt 1935, Nr. 1, S. 13.
9 Ebd., S. 11.

Gesinnungsunterricht – Beispiel Biologiebücher

Abb. 71. Maske des „Parasiten". Unteritalien 4. Jh. v. Chr. — Vgl. mit Fig. 3 Tfl. 20!

Abb. 72. Der Geist des Bösen. Steinbildwerk vom Notre Dame in Paris mit jüdischen Gesichtszügen.

Heilig und unantastbar ist uns das Blut.

Halte Dein Blut rein.
Es ist nicht nur Dein.
Es kommt weit her.
Es fließt weit hin.
Es ist von tausend Ahnen schwer
und alle Zukunft strömt darin.
Halte rein das Kleid
Deiner Unsterblichkeit.
(Will Vesper)

Jakob Graf, *Biologie für Oberschule und Gymnasium*, München und Berlin, J.F. Lehmanns 1940.

Abbildungen aus dem Biologiebuch V. Klasse, zit. nach Walther Habersetzer, *Ein Münchner Gymnasium in der NS-Zeit. Die verdrängten Jahre des Wittelsbacher Gymnasiums*, München 1997.

Fremdsprachen«), da »jedoch biologisches Denken in allen Fächern Unterrichtsgrundsatz werden muß, so sind auch die übrigen Fächer, besonders *Deutsch, Geschichte, Erdkunde*, in den Dienst dieser Aufgabe zu stellen.«[10] So hieß es in der am 5.2.1935 eigens erlassenen reichsrechtlichen Anordnung »über den Unterricht in Vererbungslehre und Rassenkunde an sämtlichen Volks-, mittleren und höheren Schulen«.[11] Sie stand in unmittelbarem Zusammenhang mit dem »Gesetz zur Verhütung erbkranken Nachwuchses«, in dem die »Ausschaltung fremdrassiger Gruppen« programmiert war.

Was sich im Zeichenunterricht mit Blick auf *Vererbungslehre, Rassenkunde, Rassenhygiene, Familienkunde und Bevölkerungspolitik* im Einzelnen abspielte, das hing also stark mit der jeweiligen Konstellation der Biologie-, Erdkunde-, Deutsch-, Geschichts- und ZeichenlehrerInnen zusammen. Im Amtsblatt wurde für den Unterricht in *Familienkunde*, egal in welchem Fach sie gerade gelehrt wurde, gefordert, »zuverlässige Unterlagen für die Gesamterscheinung aller Sippschaftsangehörigen zu liefern. Dazu gehören: Beschreibungen von Gestalt, Gang, Haut-, Haar- und Augenfarbe, Krankheiten, Mißbildungen, seelische Eigenschaften, besondere Begabungen, Zeichnungen, Handschriften usw.«[12]

Dieses Sammelsurium von »zuverlässigen Unterlagen« entsprach dem Inhalt des Gesinnungsunterrichts, der wie ein Schwamm alles in sich aufsaugen konnte, wenn am Ende nur herauskam, was gefordert war. Der berechnenden, auf keiner wissenschaftlichen Grundlage stehenden Kopplung von äußeren Merkmalen und innerem Charakter, der Anbindung von *krank* und *gesund* an einen Tugendkatalog, an moralische Kategorien, die zur »Ausmerze« berechtigen und verpflichten, entsprach ein völliges Durcheinander in den Kompetenzbereichen der jeweiligen Lehrfächer. Welcher Lehrer was unterrichtete, das entschied sich nicht selten nach dem Faustrecht, nach der Devise »Wer ist der Stärkere?« oder »Wo kann ich mich am meisten profilieren?« Im Ludwigsgymnasium hieß es im JB 1933/34: »Der *Pflege des Kunstsinnes* dienten außer Führungen und Zeichenunterricht kunstgeschichtliche Lichtbildervorträge und regelmäßig wechselnde Ausstellungen des Stud.prof. Dr. Friedrich Mezger.« (S. 19) Mezger war Lehrer für Naturkunde und Erdkunde. Die Zeichenlehrerin Elisabeth Grünleitner am Max-Josef-Stift, der das Direktorat u.a. »Verläßlichkeit, Zielklarheit und Geradheit [...] Gepflegtes Äußeres. Ohne besondere Begabungen«[13] bescheinigte, suchte sich offenbar aus karrieristischen Gründen weitere Einsatzgebiete: »Fräulein Grünleitner steht auf dem Boden der nat.soz. Weltanschauung. Seit 11.4.

---

10 Ebd., S. 7.
11 Bek. Nr. VIII 3796, ebd., S. 7 ff.
12 Ebd., S. 9.
13 Beurteilung des Direktorats am 10.9.1943, BayHStA MK 56620.

9. Zeichnen und Kunstbetrachtung.

1. Zeichenunterricht, Kunsterziehung und Werkunterricht haben das Schöpferische und Bodenständige im volks- und wirklichkeitsverbundenen Deutschtum zu pflegen. Durch Zeichnen, Malen, Formen und Kunstbetrachtung sind die Schau- und Gestaltungskräfte des Jugendlichen rein zu erhalten und zu entwickeln. Das Gefühl für einheitliche Form- und Farbgebung ist zu wecken, ein persönliches Verhältnis zu Natur, Heimat und deutscher Kunst anzustreben, der Sinn für echt deutsches Kulturempfinden an den Überresten alter, wirklicher Volkskunst ebenso zu pflegen wie bewußtes, zerlegendes Sehen. Der Wehrsport und der Augenschulungsgedanke verlangen sicheres Erfassen und rasche Darstellung des Wesentlichen.

2. Das Linearzeichnen hat die Erkenntnis der körperlichen und räumlichen Zusammenhänge im Bauen, Handwerk und der Technik zu vermitteln, indem es diese darstellt und in maßstäblichen Werkzeichnungen abbildet. Auf saubere und genaue Arbeit ist dabei besonderes Gewicht zu legen. An den Mädchenanstalten entfällt das Linearzeichnen zugunsten des schmückenden Gestaltens. Dieses nimmt Beziehung zum Handarbeitsunterricht.

3. Die Kunstschätze im heimatlichen Lebensraum und die bedeutsamsten Kunstwerke der verschiedenen Zeiten, insbesondere die großen deutschen Künstler sollen den Schülern lebendig gemacht und die Wurzeln deutschen Empfindens und Kunstschaffens klargelegt werden. In Verbindung mit der Kunstbetrachtung wird der Vergleich guter und schlechter Bilder nach absolutem bildnerischem Formwert und der darin enthaltenen geistigen, seelischen Beziehung das geeignetste Mittel sein, den Sinn für Qualität zu wecken und zu kräftigen und damit im Schüler eine natürliche Abkehr von Schund und Kitsch zu erreichen. — In der Kunstpflege sind Antiqua und deutsche Schrift zu üben.

4. Der Werkunterricht pflegt durch Klassenarbeit den Gemeinschaftsgedanken, macht mit Material und Werkzeug vertraut und betont das künstlerisch Wertvolle im Handwerk. Dagegen gehören rein handwerkliche Wertleistungen nicht in seinen Aufgabenbereich.

1. Klasse. (3 Wochenstunden.)

Gestalten (freies erzählendes Zeichnen). Erlebnismäßige Darstellungen aus der Gedankenwelt des Schülers ohne Vorbild, Typus und Schema, erst vorstellungsgemäß, dann immer mehr naturwirklichkeitsgehalt erfüllt.

Zunehmende Klärung und Bereicherung der Formen durch Naturbetrachtung, zunächst nur auf körperlichen Tatbestand, dessen Erscheinung gerichtet. Kein Abzeichnen bestimmter und „Ansichten". Bewegungsunterschiede: Gehen, Laufen, Springen. Formunterschiede: schlank, breit, stehend, lagernd usw.

Übung von Auge und Hand. Viel und rasch zeichnen und gewissenhaft — langsam. Kein Messen oder Bilden.

Schmückendes Zeichnen. Schmuckgestaltung im Zusammenhang mit Werkarbeit: Heftumschläge, Einbandtragsfolgen für Schulfeiern, Tagebuchtitel, Standortschläge, Modellbau (Heimatkunde, Baugeschichte), Weihnachten.

Dazu Schriftübungen: Reihungen (Fuß- und Kopfrahmungen), Flächenfüllungen mit Feder und Pinsel, Scherenschnitt. Schmuckschriftzüge — Antiqua.

Linearzeichnen: Werkzeuggerechte Handhabung im Gegensatz zur mathematischen Konstruktion. Reiche handwerkliche Überlieferung und technische Notwendigkeit. Schätzung. Wenig Zirkel, viel Maßstabgebrauch. Themen: Gitter, Türschild, Verglasung, Gartentür, Vergrößerungen, Verkleinerungen.

Kunstbetrachtung in Verbindung mit dem Geschichtsunterricht. Die nächste Umgebung: Wohnung, Haus, Straße. Erste Anfänge der Gestaltung in der vorgeschichtlichen Zeit. Ägyptische und asiatische Kunst, griechische und römische Kunst, christliches Altertum. Bilder der germanischen Frühzeit. Der Baugedanke des romanischen Stiles. Byzantinische und islamitische Kunst.

2. Klasse. (3 Wochenstunden.)

Gestalten: Bildinhalte der Gegenwart, insbesondere volkhaftes Erleben (Tag der Arbeit, Totengedenken, Notgemeinschaft usw.). Heldengestalten aus Sage und Geschichte, z. B.: der fliegende Holländer, Siegfrieds Drachenkampf, Wieland der Schmied. Zusammenhang mit dem großen Raum, etwa einer Bühne als Anfänge einer Raumgestaltung bewußter Art.

Stärkere Beachtung der gesetzmäßigen Körperlichkeit der Naturdinge. Naturzeichnen zunächst ohne Raumtiefe und Raumerscheinung, aber stetige Hinweise auf die Verschiedenheit der Erscheinung und Darstellung ohne unmittelbare Wiedergabe.

Übungen zur Weiterentwicklung der räumlichen Anschauung für schwächere Schüler durch Aufgaben physikalisch-technischer Art (Geräte, Werkzeuge, physikalische Apparate, Motorenteile), für begabtere Schüler Erörterung einzelner Begriffe, wie Augenhöhe, Draufsicht, Untersicht usw.

Schmückendes Zeichnen und Werkarbeit: Stoffgebiete wie in der 1. Klasse in angemessener Steigerung.

Linearzeichnen: Rißbeziehungen werden an Beispielen körperhafter Art erfahren, in Verbindung damit Schrägdarstellungen. Erst praktische handwerklich-technische Beispiele, später stereometrische elementare Grundformen, Schnitte, Schrägrisse.

Amtsblatt des [Mini]steriums für Unterricht u. Kult[us]
[Bayerisches] Staatsministerium für Unterricht und Kult[us]

Nr. 8. 31. Mai 193[5]

[...] für Unt. u. Kult. v. 30. 4. 35 über die Schulordnu[ng der ...sch]ulen (S. 77).

[...] u. Kult. vom 30. 4. 35 Nr. II 22986 über [...] für die Deutschen Aufbauschulen.

[Für die Aufba]uschulen in Bayern erläßt das Staatsmi[nisterium für Unterricht und] Kultus folgende Schulordnung:

Die Deutschen Aufbauschulen.

§ 1.

[...] stellt das deutsche Kulturgut in den Vor[dergrund ... Er]ziehung des nationalsozialistischen deut[schen ...]
[...Ho]chschule vorbereiten sondern vor allem [...] Im besonderen ist sie die beste Vorschule [...]m.

§ 2.

Aus dem ersten programmatischem NS-Lehrplan (1935) für die »Deutschen Oberschulen in Aufbauform«.

1935 gehört sie dem NSLB mit der Mitgliedsnummer 319044 an. Außerdem ist sie Mitglied des Deutschen Frauenwerks seit 1.6.37 (Nr. 376 839) sowie der NSV seit 1.4.37. Sie ist Mitarbeiterin der Arbeitsgemeinschaft für Sippenforschung des Reichsnährstandes, wofür sie monatlich etwa 10 Stunden an Arbeitszeit aufwendet. [...] Ihr großer beruflicher Ehrgeiz veranlaßt sie zur weiteren Ausbildung in Sondergebieten ihres Faches.«[14]

An manchen Schulen führte der Gesinnungsunterricht zu einer bewusst arbeitsteiligen Vorgehensweise der LehrerInnen, vor allem bei größeren Kampagnen, insbesondere Zeichenwettbewerben und -ausstellungen, wodurch synergetische Effekte erzielt werden konnten. Aber nicht überall richtete sich die Arbeitsteilung nach dem simplen Muster, das z.B. von der Ludwigs-Realschule formuliert wurde: »Begreiflich ist auch, daß auf einer Schau eben das Schaubare im Vordergrund steht und daß deshalb jene Unterrichtsgebiete, die sich mit dem Sichtbaren der Erscheinungswelt beschäftigen, im ersten Glied stehen. So hat bei unserer Schule die zeichnerische Leistung vorzugsweise Zeugnis ablegen müssen von dem Grade der Erfüllung der Aufgabe, welche der Gauleiter uns gestellt hat.«[15]

2 1935: Erster programmatischer Lehrplan. Schulordnung für die Deutschen Aufbauschulen

Der erste zusammenhängend formulierte Lehrplan für eine sog. höhere Schule betraf die Umwandlung der bisherigen LehrerInnenbildungsanstalten in einerseits »Deutsche Oberschulen in Aufbauform« und andererseits in Hochschulen für Lehrerbildung. In München entstanden dabei 1935 die Hans-Schemm-Aufbauschule an der Frühlingstraße mit einer Abteilung für Mädchen und einer für Jungen und die Hans-Schemm-Hochschule für Lehrerbildung in Pasing.

Die Aufbauschule, in die man nach sieben Klassen Volksschule oder auch nach Übertritt von einer anderen höheren Schule aufgenommen wurde, führte nach sechs Aufbaujahren zur uneingeschränkten Hochschulreife. Sie sollte »die beste Vorbereitung für den künftigen Volksschullehrer« und außerdem »sehr günstig für das Zeichenlehramt« sein.[16] Die »Schulordnung für die Deutschen Aufbauschulen«[17] enthielt einige bemerkenswerte Neuerungen. Sie zeigte z.B., wie der Gesinnungsunterricht als offiziell ordnendes Prinzip der Arbeitsteilung

---

14 »Allgemeine Beurteilung« vom 3.2.1939 durch das Direktorat.
15 Anlässlich der Schulausstellung »Wir wollen gesund sein«, aus: JB 1938/39, S. 20 f.
16 Amtsblatt 1935, Nr. 2, S. 20.
17 Abgedruckt im Amtsblatt 1935, Nr. 8.

128

Kunstbetrachtung: Das deutsche Mittelalter in der Gesamtheit seiner künstlerischen Leistung. Große und kleine Nachempfinder mittelalterlicher Gestaltungen (Romantik). Renaissance, Barock und Rokoko, mit besonderer Betonung der deutschen Stilarten und Künstler (Dürer, Holbein). Museumsbesuch.

3. Klasse. (2 Wochenstunden.)

Gestalten: Bildinhalte des volkhaften Erlebens, dazu Bilder aus dem Mittelalter: mittelalterliche Bauhütte, Innenräume, Vorzeigen spätmittelalterlicher Darstellungen von Innenräumen. Ton- und Farbwerte als Mittel der Tiefenwirkung.

Wiederholung früherer Inhalte, besonders Tätigkeitsformen des Menschen.

Naturzeichnen in bewußter Beachtung der körperhaften Gesetzlichkeit. Wechsel des Standpunktes bei gleichem Gegenstand. Skizzieren, schließlich auch Gesamträume: Straßen, Plätze, Innenräume. (Anschauung, Betrachtung, Vorstellung.) Für Schüler, die nach verstandesmäßiger Erkenntnis drängen, Hinweise auf Erscheinungsgesetze (Perspektive). (Es kann eine methodische Trennung in ... Körper vorgenommen werden.)

Gemeinschaftsarbeiten: Darstellung ... Dorfanlage usw.

Schmückendes Zeichnen und ... steigerung durch Bearbeitung schwerere... heimischen Bauernhofes, Bühnendekor... verschiedenen Techniken (Schnitzen und ...

Schrift: Karolingische, kursive, ... Anwendung.

Linearzeichnen: Grundformen ... tung (Zylinder, Gewölbeformen, Kreuz... Dachverschneidungen). Technische Bauel... dungen, Fenster und Tür, Treppe, D... ausgezeichneter Prägung: „Der Baufachberater" vom Landesverein für ... Heimatschutz.)

Kunstbetrachtung: Übungen im Betrachten von Kunstwerken mit dem Ziel, Form und Inhalt als Einheit zu würdigen (Ausdruck und Form). Der Klassizismus des 19. Jahrhunderts. Die Romantik. (Menzel.) Der Impressionismus; der internationale Kunstmarkt mit seinen modernsten Erscheinungen. Asiatische Einflüsse. Neudeutsche Volkskunst. Entwicklung des Kunstgewerbes. Verfallskunst.

4. Klasse. (2 Wochenstunden.)

Die Trennung in verschiedene Darstellungs- und Gestaltungsgebiete soll auf dieser Stufe immer mehr zurücktreten. Jeder Schüler sucht Wege, die er eigengesetzlich gehen muß. Der verderbliche Einfluß von Fremdwirkung ist fernzuhalten, so die Überbetonung des technisch Manuellen, des Kitschigen, des übersentimentalen, des weichlich Schwächlichen, des überspitzt Theoretischen. Erörterung der Grundlagen der heimatlichen Siedelungsform in Stadt und Land in einer dem Gesichtskreis angemessenen kultur- und kunstkundlichen Form. (Klassik und ihre fernsten Nachwirkungen.) Ehrlichkeit im Bauen und im Gerät, Landschaft und Menschenwerk, Natur und Zivilisation, Natur und Kultur.

In Verbindung mit dem Gestalten: Betrachten von Werken der Kunst und des Handwerks, die zeigen, wie Zeiten mit gefestigtem Stilgefühl Wohnräume, Hausrat, Kleidung, Schrift- und Druckwerke usw. gestaltet haben.

Werkunterricht: Plastisches Gestalten in freier Betätigung.

Naturzeichnen: Sachliche, gegenständliche und auch erscheinungsgemäße Richtigkeit als Ziel. Vorzugsweise die menschliche Gestalt als Beobachtungs- oder Gedächtnisskizze.

Linearzeichnen: Der Lehrstoff der Fortbildungsschule in einfachen, aber gründlich zu bearbeitenden Aufgaben.

Kunstbetrachtung: Germanische Kunst. Das deutsche Mittelalter.

---

5. Klasse. (2 Wochenstunden.)

Vertiefung und Begründung der eigenen Arbeit. Geschichtliche und gegenwartsnahe Entwürfe im freien Gestalten. Zur Klärung der Vorstellung: heldisch-ideale Vorbilder, Suchen nach Bildanlässen aus der eigenen inneren Anschauung. Zu fördern ist jede Offenbarung kraftvoller Männlichkeit bei aller Bändigung stürmischen Drängens durch Maß, Form und Gesetz. Viel Skizzieren im Freien und in Museen, von Menschen, Landschaft und Tieren. Geländezeichnen in Verbindung mit Linearzeichnen.

Werkunterricht: Verschiedene Druckverfahren. Arbeiten in Pappe und Holz.

Linearzeichnen: Leistungssteigerung an Stoffen der Vorklasse.

Kunstbetrachtung: Renaissance, Barock und Rokoko, insbesondere in Deutschland. Die dienende Stellung der Malerei und Bildhauerei ...

---

mtsblatt
des
...nisteriums für Unterricht u. Kultu...
vom Staatsministerium für Unterricht und Kultu...

Nr. 8. 31. Mai 1935

...n. für Unt. u. Kult. v. 30. 4. 35 über die Schulordnun... ...schulen (S. 77).

§ 2.
Aufbau.
...en sind sechsklassige höhere Lehranstal... ...siebenten Volksschulklasse aufbauen.

§ 3.
...fnahme.
...er Deutschen Aufbauschule aufgenom... ...om Anstaltsvorstand bestimmten un...

Aus dem ersten programmatischem NS-Lehrplan (1935) für die »Deutschen Oberschulen in Aufbauform«.

zwischen den Fächern herrschen und Kompetenzen regeln sollte.[18] Und erstmals wurde dem Zeichenunterricht das Fach »Kunstbetrachtung« samt »Kunsterziehung« zugeordnet. (Dok. 126 und Dok. 128)

Die »Kunstbetrachtung« war ursprünglich auch ein Begriff der Kunsterzieherbewegung gewesen; die Geschichte seiner Verengung auf ein NS-Surrogat für »Bildanalyse« und Kunstkritik kann hier nicht im Einzelnen rückblickend verfolgt werden. In der Dissertation von Wolfgang Kehr wird ausgeführt, dass »die in der Kunsterziehungsbewegung bewußt offen gehaltene Methode der ›Kunstbetrachtung‹ […] bereits in den Zwanziger Jahren einem doppelten Systematisierungsdruck ausgesetzt« war. Kehr beschrieb ein Spannungsfeld zwischen den zwei Polen Schematisierungsdruck aus dem pädagogischen Interesse der sog. höheren Schulen einerseits und Bestrebungen, »formanalytisch und kulturgeschichtlich orientierte Forschung zu einer Art Super-Methode zu verschmelzen« andererseits.[19] Die neue Lehrordnung von 1935 zeigt, dass der Begriff hier vorwiegend im Interesse rassistischer Großmannssucht und deutscher Hybris Verwendung fand.

---

18 »Die verschiedenen Lehrgebiete wurden in möglichst enge Beziehung zueinander gesetzt, damit sie sich gegenseitig ergänzen, fördern und stützen können, und wo immer sich sonst ungezwungen Gelegenheit dazu ergibt, sind zwischen den einzelnen Unterrichtsgebieten Querverbindungen herzustellen. So läßt sich ermöglichen, daß die verschiedenen Lehrfächer als Teile in das Ganze der gleichen Kultur münden und verwandte Stoffe durch Verflechtung nach mehreren Seiten organisch in das Kulturbewußtsein eingegliedert werden.« Durch Unterstreichung wurde betont: »Entsprechend der Erkenntnis, daß nur die Fülle zur Klarheit führt, wurde die Lehrordnung nach den Erziehungs- und Unterrichtszielen des Nationalsozialismus ausführlich gestaltet, um durch diese Wegweisung hinsichtlich Auswahl und Auswertung des Stoffes im Sinne des neuen Staates die einheitliche Zusammenarbeit aller Lehrkräfte zu gewährleisten.« Aus der Präambel S. 82 f.
19 Wolfgang Kehr, *Kunstwissenschaft und Kunstpädagogik im 19. und 20. Jahrhundert. Studien zur Vermittlung von Kunstgeschichte an den Höheren Schulen*, Inaugural-Dissertation zur Erlangung des Doktorgrades der Philosophischen Fakultät der Ludwig-Maximilians-Universität zu München, 1983, S. 104 ff.

Maria-Theresia-Oberschule München

Sommerzeugnis

für den Schüler der 1. Klasse, Abteilung c.

Graschberger Karl

Betragen	Fleiß	Leibeserziehung						Deutschkunde				Naturwissenschaften und Mathematik				Fremdsprachen			Religionslehre
		Leistungen nach Punkten					Note	Deutsch	Geschichte	Erdkunde	Kunsterziehung	Musik	Biologie	Chemie	Physik	Rechnen und Mathematik	Wirtschaftslehre	Englisch	Französisch	Latein	
		Leichtathletik	Turnen	Schwimmen	Spiel	Boxen	Allgemeine körperliche Leistungsfähigkeit														
2	4	6	/	/	/	/	/	6	4	5	5	/	5	/	6	/	/	6	/	/	4

Bemerkungen: Äusserst gefährdet!

München, den 8. Juli 1939

Unterschrift der Eltern: Karl Graschberger
Der Oberstudiendirektor: Ernst
Der Leiter der Klasse: Max Aschenbrenner

Aus: Schularchiv Maria-Theresia-Gymnasium.

Die Bewunderung für die *Deutsche Größe* richtete sich in die Vergangenheit. Aus dem Vorwort von Alfred Rosenberg: Die Ausstellung stellt sich »die Aufgabe, aus dem Reichtum der Vergangenheit eine Anzahl Epochen entscheidender Kämpfe herauszugreifen, um durch die unmittelbare Anschauung ihrer Gestaltung das Bewußtsein der großen deutschen Geschichte zu vertiefen. Mit Hilfe des Auges sollen entscheidende Taten der deutschen Vergangenheit zur Erziehung unserer Zeit beitragen und das Pflichtbewußtsein stählen, den Kampf von heute im unbeirrbaren Geiste der Großen des deutschen Volkes durchzustehen«.

Seite 12: »Vom Baltikum bis ins Elsaß, von Flandern bis in die Krim spannte sich schließlich der stählerne Bogen der deutschen Heere. Und fast überall, wo ihr Marschtritt den Boden erschütterte, klangen wie im Echo alte Erinnerungen unserer Vergangenheit auf; fast überall war die Erde schon einmal geheiligt durch deutsches Blut oder deutsche Arbeit. Und dann brach alle diese ungeheure Kraft, ohne Führer, ohne gemeinsames wegweisendes Ziel, wie mit einem Schlag zusammen – war alles, was wir erlebt hatten, bloß ein Traum?«

Ausstellung **Deutsche Größe**
Unter Schirmherrschaft des Stellvertreters des Führers Reichsminister Rudolf Heß
veranstaltet von der Dienststelle des Beauftragten des Führers für die Überwachung der gesamten geistigen und weltanschaulichen Schulung und Erziehung der NSDAP.
Durchgeführt vom Amt Schrifttumspflege

München, 8. November 1940

1940 M. 4480

2.1 Kunsterziehung zum Schauen in den Wellengang der deutschen Geschichte

Der Satz 1 von Punkt 1 der Lehrordnung lautete: »Zeichenunterricht, Kunsterziehung und Werkunterricht haben das Schöpferische und Bodenständige im volks- und wirklichkeitsverbundenen Deutschtum zu pflegen.« Formell ausgedrückt hieß das: Zeichen- und Kunstunterricht sind ein Unterfach von »Deutschtum«, und in der Tat dauerte es nicht lange, bis das Fach »Kunsterziehung« offiziell als eine Unterabteilung von »Deutschkunde« geführt wurde (siehe z.B. Zeugnis der Maria-Theresia-Schule in Dok. 134). Satz 2 – »Durch Zeichnen, Malen, Formen und Kunstbetrachtung sind die Schau- und Gestaltungskräfte des Jugendlichen rein zu erhalten und zu entwickeln« – beinhaltete die uns schon bekannte bewusste Verneinung analytischer Fähigkeiten, wissenschaftlicher Auseinandersetzung und kritischen Denkvermögens. Die Kornmann/Herrmann-Diktion der *Gestaltungskräfte*, die den Jugendlichen rein erhalten, wurde durch die *Schaukräfte* ergänzt. In der Realität von Gesellschaft und Schule wurden diese Schaukräfte systematisch in einer Hyperaktivität von Schulfeiern, -veranstaltungen, -filmen, -aufmärschen, Ausstellungsbesuchen usw. als *Erlebniskräfte* ausgebildet. Selbst die »Zieh- und Fliehkräfte« des Deutschen Reichs konnten nun *geschaut* und *erlebt* werden.

Die Urkunden-Ausstellung »Der Kampf um das Reich in 12 Jahrhunderten deutscher Geschichte«, die 1936 von vielen Gymnasialklassen besucht wurde, war ein Beispiel für die Umsetzung des neuen Lehrplans. Im Ausstellungskatalog hieß es: »Die Absicht dieser Ausstellung ist es, den mehr als tausendjährigen Kampf zwischen den Zieh- und Fliehkräften des Reiches an einmaligen Urkunden des Hauptstaatsarchivs München darzustellen. [...] Sie hat als eine Schau der geistigen Kräfte, die an der inneren Wehrhaftmachung des deutschen Volkes arbeiten, in der Zeit, in der Deutschland aus tiefster Schmach und Wehrlosigkeit unter der Führung Adolf Hitlers und seiner nationalsozialistischen Bewegung wieder eine in der Geschichte beispiellose Auferstehung erlebt, Zeugnis für das neue Deutschland abgelegt.« (Dok. 136) Und den Geschichtsunterricht, der in dem neuen Lehrplan verlangt wurde, durchzog wie ein roter Faden das Bemühen, den »Wellengang in der Geschichte unseres Volkes: Aufstieg und Zusammenbruch« aufzuzeigen. Die Ausstellung »Grenzland in Not« der TH hatte das Muster dieses Geschichtsverständnisses schon anschaulich gestaltet. Der Zivilisationstheoretiker Norbert Elias machte darauf aufmerksam, dass dieser spezifische Blick auf die deutsche Geschichte, insbesondere der sehnsüchtige Blick auf die großen Reichsphasen und der tief beleidigte Blick auf das stets kleiner werdende Deutschland die Perspektive jenes deutschen Bürgertums war, das sich auf Gedeih und Verderb dem Adel angedient hatte und diesen mitsamt dem kaiserlichen Militarismus geradezu vergötterte, vor allem seit Bismarck per

Der Kampf um das Reich in 12 Jahrhunderten deutscher Geschichte

Urkunden-Ausstellung des Bayerischen Hauptstaatsarchivs München zur Reichstagung der NS.-Kulturgemeinde

Bearbeitet von Staatsarchivrat Dr. L. F. Barthel

1936

NS.-Kulturgemeinde – Amtsleitung Berlin

VERZEICHNIS DER ABBILDUNGEN

1. Der Reiterstein von Hornhausen.
   (Foto: Halle, Landesanstalt für Volksheitskunde.)
2. Grabmal Theoderichs in Ravenna.
   (Foto: Rom, Archäologisches Institut.)
3. Statuette Karls des Großen, Paris.
   (Foto: Frankfurt a. M., Stadtgeschichtliches Museum.)
4. Die deutsche Kaiserkrone.
   (Foto: Berlin, Staatliche Bildstelle.)
5. Der Reiter auf dem Markt zu Magdeburg.
   (Foto: Magdeburg, Museum.)
6. Ritterlicher Kampf, Hannover.
   (Foto: Hannover, Kestnermuseum.)
7. Büste Kaiser Friedrichs II., Berlin.
   (Foto: Berlin, Kaiser-Friedrich-Museum.)
8. Hochmeisterpalast, Marienburg.
   (Foto: Berlin, Staatliche Bildstelle.)
9. Lucas Cranach d. Ä., Martin Luther. Schwerin.
   (Foto: Schwerin, Landesmuseum.)
10. Titelblatt aus dem Erstdruck von Grimmelshausen »Simplicius Simplicissimus«.
    (Foto: Staatsbibliothek, Berlin.)
11. J. Gottfried Schadow, Friedrich der Große. Berlin.
    (Foto: Berlin, Nationalgalerie.)
12. J. Gottfried Schadow, Johann Wolfgang von Goethe. Berlin.
    (Foto: Berlin, Nationalgalerie.)
13. Richard Wagner, Seite aus der Originalpartitur der »Meistersinger von Nürnberg«.
    (Foto: Nürnberg, Germ. Nationalmuseum.)
14. Adolf v. Menzel, Das Eisenwalzwerk. Berlin.
    (Foto: Berlin, Nationalgalerie.)
15. Franz Lenbach, Otto von Bismarck. Berlin.
    (Foto: Berlin, Nationalgalerie.)
16. Der Führer des Großdeutschen Reiches.

»Der Kampf um das Reich in 12 Jahrhunderten deutscher Geschichte, Urkunden-Ausstellung des Bayerischen Hauptstaatsarchivs München zur Reichstagung der NS-Kulturgemeinde«, 1936. Im Vorwort des Katalogs schrieb Walter Stang, dass diese Ausstellung eine erweiterte Fassung der Buchausstellung »Das wehrhafte Deutschland« ist. Veranstalter: »NS-Kulturgemeinde in Gemeinsamkeit mit der Reichsstelle zur Förderung deutschen Schrifttums auf ihrer Reichstagung 1936«. Schirmherren waren u.a. Reichsleiter Rosenberg und Reichsminister Rust.

Besucht von Schulklassen, beispielsweise:
März 1936 *Luitpold-Oberreal* (obere Kl.)
Juni und Juli 1936 *Oberreal III* (Kl. 4-9)
Juli 1936 *Ludwigs-Realschule*
9. Juli 1936 *Hans-Schemm-Aufbauschule*.

»Die Absicht dieser Ausstellung ist es, den mehr als tausendjährigen Kampf zwischen den Zieh- und Fliehkräften des Reiches an einmaligen Urkunden des Hauptstaatsarchivs München darzustellen.«
»Sie hat als eine Schau der geistigen Kräfte, die an der inneren Wehrhaftmachung des deutschen Volkes arbeiten, in der Zeit, in der Deutschland aus tiefster Schmach und Wehrlosigkeit unter der Führung Adolf Hitlers und seiner nationalsozialistischen Bewegung wieder eine in der Geschichte beispiellose Auferstehung erlebt, Zeugnis für das neue Deutschland abgelegt.«

militärischem Sieg über Frankreich die deutsche Nation herstellte, was ebenjenes Bürgertum nicht zuwege gebracht hatte.[20]

2.2 Heimatkunst und ›zerlegendes Sehen‹ – ein Gesamtsystem

Die Sätze 3 und 4 im neuen Lehrplan für Zeichnen und Kunstbetrachtung lauten: »Das Gefühl für einheitliche Form- und Farbgebung ist zu wecken, ein persönliches Verhältnis zu Natur, Heimat und deutscher Kunst anzustreben, der Sinn für echt deutsches Kulturempfinden an den Überresten alter, wirklicher Volkskunst ebenso zu pflegen wie bewußtes, zerlegendes Sehen. Der Wehrsport und der Augenschulungsgedanke verlangen sicheres Erfassen und rasche Darstellung des Wesentlichen.« Dieser unvermittelte Bruch vom idyllischen Heimatgefühl zum zerlegenden Sehen war in Wirklichkeit kein Bruch, sondern in der Tat nur Ausdruck der chauvinistischen Gesinnungserziehung, die nach einer entsprechenden handwerklichen Ausbildung verlangte. Deshalb wurde im Folgenden übergangslos das Linearzeichnen als Ausbildungsstoff betont (»Auf saubere und genaue Arbeit ist dabei besonderes Gewicht zu legen«), um im nächsten Absatz sofort wieder auf die »Kunstschätze im heimatlichen Lebensraum« zurückzukommen:

»[…] insbesondere die großen deutschen Künstler sollen den Schülern lebendig gemacht und die Wurzeln deutschen Empfindens und Kunstschaffens klargelegt werden. In Verbindung mit der Kunstbetrachtung wird der Vergleich guter und schlechter Bilder nach absolutem bildnerischem Formwert und der darin enthaltenen geistigen, seelischen Beziehung das geeignetste Mittel sein, den Sinn für Qualität zu wecken und zu kräftigen und damit im Schüler eine natürliche Abkehr von Schund und Kitsch zu erreichen.«

Der Bildervergleich in der Kunstgeschichte war nichts Neues. Ebenso wenig wie die Vorstellung von »absolutem bildnerischem Formwert«, wie wir z.B. bei Britsch/Kornmann gesehen haben. Das Bedürfnis nach Ewigkeitswerten und absolut Gültigem, ein metaphysisch geprägtes Wissenschafts- und Weltbild war geradezu ein Kennzeichen des deutschen Idealismus. Der im »bildnerischen Formwert […] enthaltenen geistigen, seelischen Beziehung« haben Kunstwissenschaftler aller Couleur nachgespürt. Was war das spezifisch Nazistische an diesem Lehrprogramm? Nur der Lehrplan als ein Gesamtsystem kann hierauf eine Antwort geben, so wie es von den Verfassern der neuen Lehrordnung auch konzipiert wurde. Aber auch diese Antwort kann nur karg ausfallen, wenn man nicht die entsprechende Schulpraxis und gesellschaftliche Realität dabei zur

---

20 Norbert Elias, *Studien über die Deutschen. Machtkämpfe und Habitusentwicklung im 19. und 20. Jahrhundert* (Hg.: Michael Schröter), Frankfurt am Main 1992.

Schullandheime in Bayern ab 1927

Karikatur aus der Schülerzeitung »Das Band« der Luitpold-Oberrealschule, 21. Oktober 1930, Nr. 50.
Foto oben: Schullandheim Kermeß in Prien (Chiemsee), Postkarte 1937, aus: Möllmann u.a., *Zeugnisse. Das Humanistische Gymnasium in Pasing*, S. 175. Mitte und unten: Schullandheim Endlhausen, aus Jahresberichten des Wittelsbacher Gymnasiums 1927.

Kenntnis nimmt. Der »Vergleich guter und schlechter Bilder« kann ein harmloser stilkundlicher Vergleich sein, und er konnte ein aggressiver menschenverachtender Akt werden wie bei Schultze-Naumburg, der Fotos von geistig Verwirrten und psychisch Kranken mit Bildern von zeitgenössischen Malern verglich, um diese der erbarmungslosen Verfolgung preiszugeben. Die neue Lehrordnung deutete für den Zeichenunterricht, den Werkunterricht und die Kunsterziehung die Spannbreite an, in der sich dieser Unterricht an den höheren Schulen bewegen sollte: zwischen Linearzeichnen und deutscher Formschau und -gestaltung, was immer dies auch im Einzelnen bedeuten sollte.

3   1935-1936: Zeichenunterricht im Schullandheim

Die Schulheimbewegung war eine junge Bewegung. »1919 zählte man 20 Schulheime, 1929 bereits über 200. Am stärksten an der Bewegung sind Hamburg und Sachsen beteiligt, es folgen Berlin, Breslau, Hannover und das rheinisch-westfälische Industriegebiet. Alle Schularten, sowohl die höheren Schulen als auch die Mittel-, Volks- und Berufsschulen sind vertreten.«[21]

Der Grundgedanke der Schulheime nach dem 1. Weltkrieg war: »Oft kann das Elternhaus nicht genug für das körperliche Wohlbefinden und die Erziehung der Kinder tun. Denn es lebt heute in unserem *Volk ohne Raum* jeder vierte Deutsche in einer Großstadt, und so hat er alle die Hemmnisse der Großstadt, wie Wohnungsnot, Entfremdung von der Natur inmitten der Steinwüste der Häuser, Mangel an Licht, Luft und Sonne, anwachsenden Verkehr mit seiner nervenzerstörenden Wirkung zu erdulden. Dazu kommen die Nachwirkungen der Kriegs- und Nachkriegszeit. Die wirtschaftliche Not der Gegenwart, insbesondere die Arbeitslosigkeit, lastet schwer auf den Familien. Der Kampf ums Dasein, die dauernde Sorge um den Erwerb des täglichen Brotes verbraucht die Kräfte der Eltern so, daß sie nicht genügend Zeit haben, sich um die Erziehung der Kinder zu kümmern.«[22] Die Schulheime wurden in der Umgebung von Seen, Gebirge oder Wäldern gebaut bzw. angekauft, Träger waren Elterninitiativen, die auch die finanzielle Seite absicherten. In Bayern und speziell München schaltete man sich erst Anfang der 1930er Jahre in die Schulheimbewegung ein, mit einer Ausnahme: das erste Landheim eines Münchner Gymnasiums wurde 1927 von Geheimrat Dr. Gebhard Himmler initiiert, dem Vater von Heinrich Himmler, der bekanntlich wenige Jahre später als SS-Mann das Polizeipräsidium München leitete und dann in die engste Führungsriege des

---

21   Th. Breckling (Hg. i.A. des Vorstands), *Der Reichsbund der deutschen Schullandheime E.V.*, Illustriertes Handbuch, Kiel 1930, S. 15.
22   Ebd., S. 14.

Schullandheime
zur Einübung von
Unterwerfungsritualen

> Mittwoch, 17.5.33.
>
> Die Schule pflanzt im Spielgarten eine
> Adolf Hitler-Linde.
>
> Alle Klassen von 6-9 sind anwesend, außer 6 b
> Beginn der Feier: 11¹⁵.
> Programm: Aufmarsch unter Horst Wessel Lied
> 1. "Der Gott, der Eisen wachsen ließ", gespr. von Popp
> 2. Ansprache des Oberst. Direktors, Herrn Dr. Wührer
> 3. "Pflanzsegen" verf. und gespr. von F. Krampfl; Sprechchor
> 4. "Am Brunnen vor dem Tore" gesungen von den Schülern
> 5. Es gratulieren:
>   a.) ein Jäger   e.) die alte Trommel
>   b.) die Blumenwiese   f.) ein Fahnenschwinger der neuen Zeit
>   c.) Wandervögel   g.) Einsiedelmann
>   d.) die Feuerwehr
> 6.) Deutschlandlied.
> Nachmittags: Heimfahrt.   Dr Krampfl

Fotos: Pflanzung einer ›Hitlerlinde‹ im Ferienheim, aus: Album der Familie Genal, Archiv Baumann.

Dazugehöriger Text: Eintragung im Tagebuch des Schullandheims, aus: Archiv des Rupprecht-Gymnasiums.

NS-Staates aufrückte. Die Vorreiterrolle Himmlers verschaffte dem Wittelsbacher-Gymnasium 1927 das Schullandheim Endlhausen.[23] (Dok. 134)

Der späte bayerische Anschluss an die Schulheimbewegung war damit verbunden, dass die NS-Erziehung sich unmittelbar dieser Bewegung bedienen konnte. Die offizielle Diktion lautete: »Der nationalpolitische Unterricht fand seine besondere Pflege im Schullandheim.«[24] Neben dieser stereotypen Formulierung bieten die Jahresberichte der Schulen noch weitere Hinweise, auch auf die Rolle der Zeichenlehrer dabei.[25] Was wirklich in den Schullandheimen gemacht wurde, das ist aus diesen Formulierungen nur vage zu entnehmen und auch nicht über einen Kamm zu scheren, wie eine nähere Untersuchung zeigt.

3.1 Spirale der Judenverfolgung, SA- und SS-Zeichenlehrer – Gisela-Oberrealschule und Gelbenholzen

1932/33 war Dr.[26] Hans Schmidt Lehrer für Zeichnen im vorbereitenden Dienst und auch für Turnen an der Gisela-Oberrealschule und Oberrealschule III.[27] Die Gisela-Oberrealschule verfügte über das Hans-Schemm-Schullandheim in Gelbenholzen bei Fürstenfeldbruck. Dort war Dr. Schmidt von April 1934 bis März 1935 als Heimleiter angestellt. Schon 1933 war er in die SA eingetreten. Seine Tätigkeit in Gelbenholzen scheint dann sein Eintrittsbillett in die NSDAP gewesen zu sein. Die »NSDAP. Gau München/Oberbayern. Amt für Erzieher« schrieb am 1.12.1935: »Hinsichtlich der politischen und menschlichen Zuverlässigkeit des Studienassessors Dr. Hans Schmidt in Gelbenholzen besteht keine Erinnerung. Er wirkte im NSLB in vorbildlicher Weise als Kreisreferent für Schullandheimfragen und als Kreisreferent für Volkssport und körperliche Ertüchtigung. Zufolge seiner politischen Zuverlässigkeit und seiner Tätigkeit in

---

23   Siehe auch Walther Habersetzer, *Ein Münchner Gymnasium in der NS-Zeit. Die verdrängten Jahre des Wittelsbacher Gymnasiums,* München 1997, Abbildungen des Schullandheims Endlhausen S. 176, S. 182 und S. 184.

24   JB der Maria-Theresia-Realschule 1936/37 und 1938/39.

25   Z.B. »Nationalpolitische Lehrgänge im Schullandheim Kermeß, Prien, wurden durchgeführt: 1. In der Zeit vom 13. mit 20. Juni 1936 für die Klassen 2a und 2b, unter Führung der Herren […], Sterner. 2. In der Zeit vom 22. mit 29. Sept. 1936 für die Klassen 3a und 4a, unter Führung der Herren […] Eckert, Dr. Schmid. 3. In der Zeit vom 29. Sept. mit 6. Okt. 1936 für die Klassen 3b und 4b, unter Führung der Herren […] Lutz.« JB Ludwigs-Realschule 1936/37.

26   Promotion 1931 an der TH München. Thema: »Von Lukas van Leyden bis Rembrandt. Beiträge zu einer systematischen Geschichte der gebundenen und freien Tiefdruckgraphik in den Niederlanden von 1500-1650.«

27   Informationen, falls nicht anders angemerkt, aus: BayHStA, Personalakte MK 34756.

Staatsrat Dr. Boeckle

München
Kultusministerium

Sehr geehrter Herr Staatsrat !

Ich habe Ihnen gestern am Fernsprecher schon kurz von den unerhörten Zuständen in einem Schullandheim erzählt. Ich halte es für eine Unverantwortlichkeit sondergleichen und geradezu für jeden Nationalsozialisten und sauber denkenden Menschen empörend, daß irgendwelche anmaßenden Kräfte, hier "Erzieher", die Geschmacklosigkeit und Unfähigkeit aufbringen können, in einer deutschen Schule, noch dazu in einem "Hans S c h e m m - Schullandheim", J u d e n b u b e n unterzubringen und zu verköstigen.

Mit ~~~~~~~~~~, aber auch mit dem eisernen Willen, solange zu kämpfen, bis solche Herausforderungen einfach nicht mehr vorkommen können, zum Schutze des eigenen Kindes wende ich mich an Sie, sehr geehrter Herr Staatsrat, und bitte Sie, da energisch einzugreifen und verabredungsgemäß mich von dem weiteren Verlauf dieser Angelegenheit zu unterrichten. Ich muß das wissen, damit ich alle Wege gehen kann, die zu einer Säuberung von solchen Unzulänglichkeiten helfen. Diesen Brief habe ich zunächst in Abschrift an den Herrn Oberstadtschulrat und an die Kanzlei Julius S t r e i c h e r gesandt.

S a c h v e r h a l t :

Von der Gisela-Oberrealschule München fuhren die 5.Klasse C (keine Juden!) und die 3.Klasse C mit den Juden Oppenheimer, Neumark, Hutzler und Neuburger am Montag, den 1.Juli 1935 bis Donnerstag, den 4.7.35 (vorzeitiger Abbruch) in das "Hans Schemm-Schullandheim " Gelbenholzen b./Fürstenfeldbruck.
Begleiter: Professoren Wiedenhauer und Gerstenberger.
Dienst: gemeinsam mit den Juden,
Essen: gemeinsam mit den Juden,
Schlafen: gemeinsam mit den Juden.
Juden wurden zum Küchendienst abkommandiert.

Ich verweise auf einen Erlaß des Ministers H e ß, erschienen im Verordnungsblatt der Reichsleitung, wonach es verboten ist, mit Juden irgendwelchen Verkehr zu haben. Und hier zwingt man Kinder von alten Parteigenossen, mit Juden in einer Gemeinschaft zu leben.

Indem ich meine Bitte, Ihren ganzen Einfluß auszuüben, wiederhole, daß unsere Kinder, die Kinder von Nationalsozialisten sind und die auch von ihren Eltern in diesem Sinne erzogen werden, nicht mehr mit Judenbuben zusammen einer Brust Weisheit und Erziehung saugen müssen, zeichne ich mit

H e i l H i t l e r !

Trümbach

München, Arnulfstr. 5/3.

der Parteiorganisation wurde er vom Kreisamt für Erzieher und der Ortsgruppe der NSDAP Fürstenfeldbruck zur Aufnahme in die NSDAP vorgeschlagen. Sigel gez. Gruber Gg. Kreisamtsleiter.«

Vom 23.12.1934 bis zum 26.1.1935 befand sich Dr. Schmidt im »Lager Murnau. In diesem Lager erwarb er sich den L-Schein Nr. 700 011/414 und das SA-Sportabzeichen in Silber. Schmidt gehört seit 14. April 1935 dem hiesigen SA-Sturm 10/1 Fürstenfeldbruck an und war bereits zweimal zu achtwöchigen Kursen zum Reichsheer eingerückt. Beim Sturm wurde Schmidt als Ausbilder besonders zum Erwerb des SA-Sportabzeichens verwendet [...]. Der Führer des Sturmes 10/1« am 2.12.1935. 1938 trat Schmidt in den SS-Reitersturm 2/13 Mannheim ein. Seine Tätigkeit bei der IG-Farbenindustrie Ludwigshafen a.Rh. seit Anfang oder Mitte 1938[28] wurde ihm im April 1939 vom Bayerischen Staatsministerium für Unterricht und Kultus als staatlicher Vorbereitungsdienst anerkannt.

Zurück zur Gisela-Oberrealschule. Dort war Schmidt »bei Behandlung des Photokurses bereits lobend erwähnt wegen seiner künstlerischen Befähigung«[29] und wurde ins Feld geführt zur Denunzierung von Studienprofessor Ernst Nagel[30], »der sehr häufig unter Migräne leidet. Es fehlt ihm an der nötigen Autorität, seine Schüler verlachen ihn ob seiner Eigenheiten. An einer Schule, an der Zeichnen als Vorrückungsfach gilt, ist seine fernere Tätigkeit unmöglich [...] Sein Verhältnis zu Studienprofessor Brand (Z) läßt auch für die Zukunft nie gedeihliches Zusammenarbeiten erhoffen. Seine Versetzung an ein Gymnasium, wo er kleinere Klassen und Zeichnen als Wahlfach zu geben hat, ist dringend notwendig.«[31] Mit dem Studienprofessor Brand hatte es eine besondere Bewandtnis. Auch er war promoviert, auch er stand in den Diensten der IG Farben, war seit 1932 im Stahlhelm, seit 1935 in der NSDAP und dann in der Waffen-SS.[32] Hans Brand leitete die SS-Ahnenerbe-Abteilung »Forschungsstätte für Karst- und Höhlenforschung« (siehe ausführliches Kapitel IV. 1.2).

Überhaupt gab es an der Gisela-Oberrealschule im Gegensatz zu den meisten anderen höheren Schulen nicht einen einzigen Zeichenlehrer oder Kunsterzieher, der nicht bei der NSDAP, der SA oder der SS gewesen wäre.

Wie in Dok. 138 und Dok. 140 belegt ist, brachten das Schuldirektorat und das Kultusministerium im Zusammenhang mit dem Schullandheim Gelbenholzen 1935 folgende Spirale der Judenverfolgung in Gang:

---

28 Aus den Archivalien geht nicht hervor, was Schmidt bei den IG Farben gemacht hat.
29 JB Gisela-Oberrealschule 1932/33.
30 Leider konnte ich zu Ernst Nagel in keinem Archiv etwas finden. – B.Z.
31 JB Gisela-Oberrealschule 1932/33. Siehe ausführliches Kapitel II. 9.2.
32 BayHStA MK 45764.

140

Schullandheim und Judenverfolgung (2)

Das Direktorat der Gisela-Oberrealschule empfiehlt dem Kultusministerium.

Direktorat der Gisela-Oberrealschule München 13
Arcisstraße 65

München, den 16. Juli 1935.

Bayer. Staatsministerium für Unterricht und Kultus
Eingel.: 18. JUL. 1935
Nr. VIII 36235 A III Beil.: 1

das Staatsministerium für Unterricht und Kultus.

Betreff: Schullandheim.

Zur Ministerialentschließung vom 11. Juli 1935 Nr. VIII 34546 A IV wird dem Staatsministerium berichtet:

Unter den Schülern der Gisela-Oberrealschule, die das „Hans Schemm Schullandheim" in Gelbenholzen, Gemeinde Fürstenfeldbruck erworben und für ihre Schüler in Betrieb genommen hat, sind wie amtlich gemeldet auch eine Anzahl Juden.

Der Anstaltsleiter ist als Parteigenosse und politischer Leiter mit Herrn O.E. Trümbach durchaus der Ansicht, daß gerade in der Gemeinschaft im Schullandheim die Anwesenheit von Fremdrassigen unerwünscht ist. Er hielt sich aber bisher nicht für berechtigt, die Juden, nachdem sie an den Staatsanstalten durch Ministerialentschließung einmal zugelassen sind, von dem klassenweisen Besuch des Schullandheimes in dem auch Unterricht erteilt wird, auszuschließen.

Es werden daher, um derartige Vorkommnisse oder gar Veröffentlichungen in der Presse zu vermeiden, und die beanstandeten „Geschmacklosigkeiten und Unfähigkeiten" auszuschalten, dem Unterrichtsministerium drei Vorschläge unterbreitet:

I. Das Unterrichtsministerium möge bestimmen, daß an Schulen, die ein Schullandheim haben oder mit ihren Klassen ein Schullandheim besuchen, J u d e n n i c h t m e h r aufgenommen werden dürfen, oder

II. das Unterrichtsministerium möge die Anstaltsleiter ermächtigen, jüdische Schüler von der Teilnahme an der Gemeinschaft im Schullandheim auszuschließen und für die Dauer des Landheim-Aufenthaltes zu beurlauben oder einer anderen Klasse zuzuteilen, oder

III. daß überhaupt Juden an die höheren Schulen nicht mehr aufgenommen werden dürfen.

Wie weit sich die 3 Vorschläge gegenwärtig schon verwirklichen lassen, das zu entscheiden kommt dem Anstaltsleiter nicht zu, dagegen möchte er gegen den Ton des Schreibens Einspruch erheben.

Heil Hitler!
Wegstein

Schullandheim und Judenverfolgung (3)

Das Kultusministerium beschließt.

Nr. VIII 36235 Bek. »über den Besuch von Schullandheimen durch nichtarische Schüler« (Amtsblatt, 31.7.1935)
»Nichtarische Schüler und Schülerinnen sind in Schullandheime u.dgl. nicht mehr mitzunehmen. Sie haben während der Abwesenheit ihrer Klasse nach Weisung des Schulleiters am Unterricht einer anderen Klasse teilzunehmen. Als nichtarisch gilt, wer von nichtarischen, insbesondere jüdischen Eltern oder Großeltern abstammt. **Nichtarische Abstammung ist schon dann gegeben, wenn auch nur ein Eltern- oder Großelternteil nichtarisch ist.**
I.V. gez. Dr. Boepple.«

Der Pg Nr. 25 047 Trümbach, Vater eines Giselaners, beschwerte sich bei Staatsrat Boepple »zum Schutze des eigenen Kindes«, dass im Schullandheim Gelbenholzen »anmaßende Kräfte, hier *Erzieher*« wie Prof. Wiedenhauer und Gerstenberger es fertigbrachten, »in einer deutschen Schule Judenbuben unterzubringen und zu verköstigen« (»für jeden Nationalsozialisten und sauber denkenden Menschen empörend«): »Dienst: gemeinsam mit den Juden, Essen: gemeinsam mit den Juden, Schlafen: gemeinsam mit den Juden. Juden wurden zum Küchendienst abkommandiert.« Pg Trümbach forderte, dass »Kinder von Nationalsozialisten [...] nicht mehr mit Judenbuben zusammen an einer Brust Weisheit und Erziehung saugen müssen«. (6.7.1935)

Das Direktorat der Gisela-Schule beeilte sich, dem Kultusministerium drei Vorschläge zu machen: 1. »Juden nicht mehr« in Schulen mit Schullandheimen aufzunehmen, 2. jüdische Schüler berechtigterweise von der Teilnahme an den Landheimen auszuschließen oder 3. »daß überhaupt Juden an die höheren Schulen nicht mehr aufgenommen werden dürfen«. (16.7.1935)

Staatsrat Boepple gab am 31.7.1935 amtlich bekannt: »Nichtarische Schüler und Schülerinnen sind in Schullandheime u.dgl. nicht mehr mitzunehmen. [...] Als nichtarisch gilt, wer von nichtarischen, insbesondere jüdischen Eltern oder Großeltern abstammt. Nichtarische Abstammung ist schon dann gegeben, wenn auch nur ein Eltern- oder Großelternteil nichtarisch ist.«[33]

Letzteres war eine weitere eigenmächtige Verschärfung gegenüber der seit 1933 gültigen rassistischen Gesetzesgrundlage, nach der von der »nichtarischen Abstammung« ausgenommen waren »Abkömmlinge aus Ehen, die vor dem Inkrafttreten dieses Gesetzes geschlossen sind, wenn ein Elternteil oder zwei Großeltern arischer Abkunft sind«.[34]

Eine persönliche unmittelbare Beteiligung des Zeichenlehrers Dr. Hans Schmidt an dieser Judenverfolgung ist aus den Akten nicht belegbar, die persönliche Mitverantwortung ist nicht Gegenstand dieser Studie.

---

33 Nr. VIII 36235 Bek.
34 Zit. nach Benjamin Ortmeyer, *Schicksale jüdischer Schülerinnen und Schüler in der NS-Zeit*, S. 118. – Am 13.5.1936 schrieb Staatsrat Boepple an »den Herrn Reichs- u. Preuß. Minister für Wissenschaft, Erziehung und Volksbildung«: »Diese weite Fassung des Begriffes Nichtarier mußte ich damals wählen, weil in mehreren bayerischen Schulen Schwierigkeiten entstanden waren und der ›Stürmer‹ die Angelegenheit entsprechend behandelt hatte. Nach Erlaß der Nürnberger Gesetze könnte ich mich nun zu einer Einschränkung des damals gewählten Nichtarierbegriffes [...] verstehen; es wäre mir aber von Wert zu wissen, ob der Herr Reichserziehungsminister meiner Auffassung ist und wie in den übrigen Ländern zu dieser Frage Stellung genommen wird.« Quelle: BayHStA MK 54119, Personalakte Boepple.

Schullandheim Holzhausen – Tagebuchseiten von Seminarzeichenlehrer Karl Motz

Motz mit Zeichenassessor Richter
Dienstag, 1. August 1933.

Um 7 Uhr war großes Wecken!
Der Himmel tat in Wolken stecken.
Nachdem das Frühstück war vollbracht
hat auch die Sonne kurz gelacht.
Flugs gab's nun flotten Arbeitsdienst –
die Sonne nur noch spärlich grinst.
Schon fallen die ersten Tröpfchen.
Es folgten Spiel u. Sang im Zimmer.
Das Mittagessen war, wie immer,
bereitet mit den edelsten Gewürzen
gemischt mit frohem Sinn u. Geist [?]
                              von Scherzen.
Omlettensuppe – Fleisch vom Rind –
Bohnen u. Kartoffel uns stets
                   willkommen sind. […]
Herr Assessor Richter, auch geschickter
                              Schreiner.
Flickte eine Türe; keiner kann es feiner.
Bedenkt nur: ohne Hobelbank!
Wird er da nicht vom Hobeln krank?
Die Schüler tat er gut belehren,
die wissen auch ihn sehr zu ehren.
Man sieht nur frohe G'sichter
Wo Aufsicht führt Herr Richter.
Abends: Aufschnitt, Wurst u. Schinken
Eier taten auch drin blinken.
(Alsdann): Haller [?] – Schüler – Motz –
                                Professor
Trommel – Zither – immer besser!
Bettel-Brüder kehrten ein –
Alle starben – große Pein.
Schüler mimten dieses Drama
Wir war'n froh als es gar war.
Zither – Trommel – Türkenmarsch –
Schöner Schluß – ne Gaudi war's.
                            Motz. Richter.

Donnerstag, den 3. August 1933.
Über Nacht schwerer Regen; kühl.
7 Uhr: Wecken – Waschen u.s.w.
½ 8 h: Frühstück Kaffee u. Butterbrot
8 Uhr: Aufbetten; kleiner Arbeitsdienst
              von 9 bis 10 Uhr. (einige Schüler!)
              die übrigen bei Spiel u. Unterhaltung
bis   im Zimmer, da Aufenthalt im Freien
              infolge der Nässe des Bodens unmögl.
10 Uhr: zweites Frühstück (Marmel.-Brot)
10 bis 12 h: Anstreicher-Arbeit, Kellerschacht aus-
              bessern; Spiel u. Vorbereitung für
              das Schlußfestchen. [Steich?]
12 Uhr: Mittagessen: Gute Suppe
              (Mehlspätzel)
              Servelatwürste (2 Stück) reichl. Kart. u.
              sehr gutes Sauerkraut; Brot.
bis ½ 2 Uhr: Ruhepause; das Wetter wird etwas
              besser; allmähl. Aufenthalt im Freien
bis
3 Uhr: Vesperpause: Milch u. Marmel.brot
½ 4 Uhr: Abmarsch zur Ludwigshöhe; bei
              Sonnenschein ausgiebige Rast und
              zurück.
½ 7 Uhr: Ankunft; Hände u. Ges. waschen; dann
7 Uhr: Abendessen: Nudel u. Salat; Brot,
              dann: Spiel, Gesang, Unterhaltung
9 ¼ h: Guten Abend, gute Nacht!
              Motz. Richter.

Aus: Schularchiv Rupprecht-Gymnasium.

3.2 Ein Tagebuch enthüllt Unterschiede Rupprecht-Oberrealschule und Holzhausen

Im Schularchiv des Rupprecht-Gymnasiums existiert ein Tagebuch des Schullandheims Holzhausen, das von Juli 1932 bis Oktober 1935 von den Lehrern bei ihren Heimaufenthalten täglich geführt wurde und mir dankenswerterweise zur Verfügung gestellt wurde.[35] Die Rupprecht-Oberrealschule war neben dem Neuen Realgymnasium und der Luitpold-Oberrealschule die dritte Seminarschule für Zeichenlehramtsanwärter. In diesen Schulen war nie Mangel an ZeichenlehrerInnen, auch im Schullandheim wurden viele der Studienassessoren eingesetzt.

Die Texte der Zeichenlehrer im Tagebuch unterscheiden sich deutlich. Studienprofessor Karl Motz, Seminarlehrer für Zeichnen an der Rupprecht-Oberrealschule, erfreute sich besonders an den Mahlzeiten, am Schwammerlsuchen und an Waldspaziergängen. (Dok. 142) Über den Inhalt des Zeichenunterrichts im Landheim bemerkte er nichts.

Studienassessor Paul Richter beschrieb gerne die romantischen, idyllischen Stunden am »flammenden Lagerfeuer« in »mondfahler Nacht«, das Zeichnen der »kleinen aber reizvollen« Dorfkirche von Holzhausen (Dok. 144) oder des Feldkreuzes am Deininger Weg. Auch ein »ausgedehntes Geländespiel, das im zähen Ringen um den Sieg sich bis 6^h hinzog«, fügte sich in das unschuldig anmutende Treiben ein. (17.-19.7.1934) Schon sehr früh (4.8.1933) wurde genauso »unschuldig« von Richter notiert: »Nach dem Aufbetten Arbeitsdienst: ›Rhythmisches‹ Einbringen der Dachziegel unter Trommelbegleitung.«

Bei Studienassessor Steitz waren 1934 die schon militanten »Marschübungen mit Gesang und nach der Trommel« festgehalten, »Lektüre (Horst Wessel)« nach dem Abendtisch, »Zeichnen in Gruppen« am 21. und 22.6.1934.[36] Ähnlich

---

35 Darüber hinaus überließ mir der ehemalige Vorsitzende der Geschichtswerkstatt Neuhausen, Günther Baumann, zur Auswertung ein dreizehnbändiges Fotoalbum der Familie Genal, die zwei Söhne bei der Rupprecht-Oberrealschule hatte und sorgsam die vielen Fotografien des NS-Schul- und Fliegerlebens ihrer Söhne einklebte und mit Datum sowie Anmerkungen versah. Aus diesen Quellen und durch die Berichte von Zeitzeugen, damaligen Schülern, die mir die Geschichtswerkstatt Neuhausen vermittelte, konnten die Kenntnisse aus den Personalakten der Lehrer und den Jahresberichten der Schule ergänzt und z.T. auch anders gesehen oder verstanden werden.

36 Leider fehlen im Tagebuch einige Seiten von Anfang Juni 1934, auf denen offenbar Zeichnungen zu sehen waren, wie aus der Festschrift der Schule zum 50. Jahrstag zu entnehmen ist: »2.6.1934: Zeichnung der Klasse 1b: Wir treiben Sport; darunter Kritik der Klasse 4a: Wer nichts von Perspektive versteht, soll nicht malen; darunter Kritik der Klasse 8b:

Schullandheim Holzhausen

»Um 1/2 2 h marschierten wir ins Bad und in der Zeit von 1/2 4 – 6 h wurde die kleine aber reizvolle Kirche von Holzhausen das allseits umworbene Zeichnenobjekt. [...]

18. Sept. 1934. Ein herrlicher Morgen. Um 7 h Wecken. Waschen und 20 Minuten Waldlauf. 8 h Frühstück. Von 1/2 9 – 11 h zeichneten wir am Feldkreuz am Deininger Weg und dann ging es flink hinunter ins Bad. [...] Dann begann ein ausgedehntes Geländespiel, das im zähen Ringen um den Sieg sich bis 6 h hinzog. [...]

Nach dem Abendessen wanderten wir noch einmal hinaus in die mondfahle Nacht und sangen und saßen um das flammende Lagerfeuer.«

19. September 1934
Richter Paul.

Großdingharting, Aquarell. Klasse von Adolf Braig, 1941.

Zeichnung oben: Aus dem Tagebuch des Schullandheims der Rupprecht-Oberrealschule (loses Blatt, ohne Datum) Juli 1932 bis Okt. 1935, Archiv des Rupprecht-Gymnasiums. Foto Dorfkirche: Schüler zeichnen vor Dorfkirche und Friedhof in Holzhausen, aus: *25 Jahre Rupprecht-Oberrealschule München*, S. 34. Aquarell Großdingharting: Aus dem Akademienachlass der Professoren Braig, Marxmüller, Zacharias, Archiv Kehr. Gemälde unten: Aus der Ausstellung »Münchener Maler erleben den Feldzug im Osten«, Oktober 1941, aus: StAM, Bestand Kulturamt.

waren ein Jahr später bei Studienrat Walter Kerschensteiner das »Holzsammeln im Walde verbunden mit Marsch« und das Fahnenhissen mit dem Horst-Wessel-Lied. Über den Inhalt seines mehrstündigen Zeichenunterrichts erfahren wir nichts. (8.-10.7.1935) Studienassessor für Zeichnen Imschweiler organisierte einen »kleinen Kurs im Geländesport. Es wurde Stillstehen mit allen Feinheiten gelehrt, wobei R. mithalf.« (25.9.1933)

Auch beim Aufenthalt mit Direktor Wührer (Deutsch, Geschichte, Geographie) wurden Zeichnungen angefertigt, z.B. von »Holzhausener Bauernhäusern und anderen Bauten« nach einem »Vortrag über unsere alten Erdbefestigungen, der sich eine Besichtigung anschloß«. (27.8.1933) Bei ihm war die »Hissung der bayer. Flagge mit Trommelwirbel u. Sprechchor: Gott mit dir du Land der Bayern« vor dem Frühstück angesagt. (27.7.1933) In fachlicher Hinsicht ist aufschlussreich, dass die Klassen mit Dr. Wührer oft fotografisch ihre Objekte wie »Nußbaum«, »Findling«, »eisernes Grabkreuz« etc. festhielten. (Die Fotografie war nicht Bestandteil des Zeichen- oder Kunstunterrichts; zur Pionierrolle Dr. Wührers für die Schulfotografie siehe Kapitel II. 9.1) Nicht nur die medientechnische, sondern auch die kunstgeschichtliche Unterweisung über die Dorfkirche[37] fand durch Dr. Wührer statt.

Im Jahresbericht der Rupprecht-Oberrealschule 1933/34 wurde für den Ausbau des Landheims geworben: »Jeder Schüler der Anstalt muß es als selbstverständliche Ehrenpflicht betrachten, sein Wochenzehnerl beizubringen. Mag sein, daß dieses Zehnerl für ihn ein wirkliches Opfer bedeutet. Um so mehr wird er unter Beweis stellen, daß er jenes Opfer seiner Väter wert ist, denen er es verdankt, daß unsere über alles geliebte Heimat nicht vom Feinde zertreten, zerschossen, zerstampft wurde; daß nicht auch im letzten Kriege feindliche Reiterscharen einzogen in dies liebliche, friedenumsponnene Holzhausen und, wie anno 1800, ihre Gewehrläufe auf das harmlose Bauernvolk des Dörfchens richteten.«

Wie die Malerei von Schülern, Lehrern und Hochschuldozenten der späteren Jahre zeigte, waren die idyllischen Zeichnungen der »über alles gelieb-

---

Am schwersten zu ertragen sind die halbgebildeten, sie verstehen nichts von Kunst, reden aber darüber. / 1. und 2. Brachet 1935: Kameradschaftsabend der Jugendgruppe des NS-Lehrerbundes. Ein ›Künstler‹ malt in unser Gästebuch ein Hitlerbild, an dem jeder Antifaschist seine Freude haben kann. / Als Antwort darauf umrahmt Studienprof. Freundorfer und die Klasse 6c ihren Aufenthalt mit Blumengewinden, worauf sie von der anläßlich einer Sonnwendfeier gastierenden Hitlerjugend mit Runen zurechtgewiesen werden.«

37 So z.B. über die »Gotik der Blütezeit: Zwei Figuren auf dem l. Seitenaltare und eine Figur auf dem rechten Seitenaltar. Madonna I. vom Hochaltar« (aus dem Tagebuch).

Das Malen und Zeichnen von Kirchlein war lehrer-, schul- und richtungsübergreifend wesentlicher Bestandteil des Unterrichts.

Beispiele aus Klassen von Adolf Braig (oben und Mitte), Karl-Heinrich Heckenstaller (unten: Aquarell seines Schülers Banzhaf bei einer Fahrt in die Gottschee) und Skizzen von Alfred Zacharias. Privatarchive Banzhaf, Kehr, W. Zacharias.

ten[n] Heimat« kein Schutz gegen, sondern eher ein Programm für die Grausamkeiten, die gegen »das harmlose Bauernvolk« in den ebenso idyllischen Dörfern des Feindes angerichtet wurden. (Dok. 144)

3.3 »Schauder und Idylle«.[38] Luisenlyzeum und Seeheim. Wittelsbacher-Gymnasium und Endlhausen

Wenn im Folgenden von ZeichenlehrerInnen am Luisengymnasium berichtet wird, soll nicht dem Kapitel über den Zeichen- und Kunstunterricht an den sog. höheren Mädchenschulen vorgegriffen werden, obwohl sich im Zusammenhang mit dem Schullandheim ein zentraler Gesichtspunkt des geschlechterspezifischen Unterrichts und der Sozialisation überhaupt herausschält. Ein Fotoalbum aus dem Schularchiv des Luisengymnasiums veranschaulicht einen Zusammenhang, der auf einer Tagung zum geplanten NS-Dokumentationszentrum in München Titel eines Referats[39] war: »NS-Verbrechen: Männerdominanz und Frauenresonanz.«

Das Fotoalbum mit der Idylle am Starnberger See und dem Titel »Erster Lehrgang im Schullandheim Seeheim 8.-18. Mai 1936« dokumentiert das tägliche Leben und den Unterricht beispielsweise »auf der Veranda 2« oder »auf der Poccibank«. Die Titel der einzelnen Fotoseiten, albumgerecht in einer Zierblockschrift mit weißer Speckkreide angebracht, wurden immer dann in einer pseudomilitärischen Sprache gehalten, wenn es sich um eine besonders idyllische Situation handelte, z.B. beim abendlichen Kahnfahren »Der Admiral – und seine Flotte«. Auch bei einem »Kirchgang nach Holzhausen« und einer »Wallfahrt zum einsamen Kirchlein Pollenried« wurde der »Generalstab« fotografiert und der Titel gesetzt »Schnell noch Besprechung – dann angetreten – Abmarsch!« (Dok. 148) Ganz sachlich lauteten die Überschriften »Abends gemeinsame Flaggeneinholung«, »Ein Tag im Schullandheim«, »Frühsport«, so als ob hier das Kriegerische sowieso klar wäre – weil in der Sache selbst liegend – und keiner Betonung mehr bedürfe. Der »Gänsemarsch« (Dok. 152) auf einer Wiesenwanderung wurde damit begründet, so wenig wie möglich zarte Pflänzchen zu zertreten und die Natur nach Kräften zu schonen.

---

38 Gudrun Brockhaus, *Schauder und Idylle. Faschismus als Erlebnisangebot.* München 1997.
39 Vortrag von Prof. Lerke Gravenhors Ph.D. (Ahrensburg) auf der Tagung *Macht und Gesellschaft – Männer und Frauen in der NS-Zeit. Eine Perspektive für ein künftiges NS-Dokumentationszentrum in München,* 18./19. Juni 2004 im Münchner Stadtmuseum, veranstaltet von einer Reihe demokratischer und antifaschistischer Initiativen, unterstützt vom Kulturreferat der Stadt München.

Erster Lehrgang im Schullandheim Seeheim, 8.–18. Mai 1936.

Blick vom Fenster

Schnell noch Besprechung …

Der Generalstab

dann angetreten – Abmarsch!

Wallfahrt zum einsamen Kirchlein von Pollingsried.

Aus: Schularchiv Luisengymnasium.

Im Schullandheim: Deutsche Leibesübungen für Mädchen

Die Zeichen- und Turnlehrerin Laura Börner (erste Figur von rechts und Foto oben) mit Schülerinnen des Mädchenlyzeums an der Luisenstraße beim Aufenthalt im Schullandheim Seeheim.   Foto (o.D.): Archiv des Luisengymnasiums.

Das geschlechterspezifische System der »deutschen Leibesübungen« von Alfred Baeumler:

»*Deutsche Leibesübungen*

Volkstümlich	*Politisch*
Kinder, Mädchen, Frauen	Knaben, Jünglinge, Männer
Spielfreude	*Kampfgeist*
Spiel	Übung
Tanz	Turnen
Übung (Tummeln)	Wettkampf
(in Gruppen)	(in Mannschaften)«

Aus: Baeumler, *Männerbund und Wissenschaft*, S. 73.
Siehe auch das Kapitel »Die *soldatisch-musische Erziehung* von Krieck und Baeumler«.

Bei den ZeichenlehrerInnen am Mädchenlyzeum an der Luisenstraße gab es in politischer wie in fachlicher Hinsicht Besonderheiten. Politisch außergewöhnlich war, dass weibliche Zeichenlehrkräfte wie Dora Buchner schon 1926 in die NSDAP eintraten[40] oder Laura Börner schon seit 1925 VDA-Mitglied und -Aktivistin[41] war. Überhaupt war die Anzahl von VDA-Mitgliedern am Luisenlyzeum, wie aus den Jahresberichten der Schule hervorgeht, schon vor 1933 extrem hoch (1932: 806 Schülerinnen, 1933: 719 Schülerinnen von insgesamt 966). Der gute Resonanzboden für die Militarisierung der Gesellschaft bei der höheren Mädchenschule an der Luisenstraße scheint mir darin seine Erklärung zu finden. Im Schullandheim konnte sich das besonders gut ausdrücken, und es scheint auch kein Zufall zu sein, dass Laura Börner besonders im Schullandheim »zur Stelle« war und »Führereigenschaften« zeigte.[42]

Die Kombination von Turn- und Zeichenlehramtsausbildung war keine fachliche Besonderheit. Schon seit 1920 war die akademisch ausgebildete Zeichenlehrkraft Laura Börner Turnlehrerin, seit 1929 auch Seminarlehrerin für Turnen am Lyzeum an der Luisenstraße. Das Unterrichtsfach Turnen war für eine Reihe von Zeichenlehrkräften die berufliche Möglichkeit, eine Anstellung zu finden. In den Schullandheimen, wo Sport besonders groß geschrieben wurde, begegnen wir naturgemäß gehäuft diesen Fällen. Sport für Mädchen im Schullandheim hieß vor allem Gymnastik und Tanz, wie das Foto mit Laura Börner (Dok. 150) beispielhaft zeigt.

Den Zeichenunterricht am Mädchenlyzeum an der Luisenstraße gaben Dora Buchner und Fritz Schwimbeck. Die fachliche Besonderheit war, dass der kunstgeschichtliche Unterricht und der Besuch entsprechender Ausstellungen von diesen beiden Lehrkräften durchgeführt wurde und im Deutschunterricht kunstwissenschaftliche Aspekte auf Aufsatzthemen beschränkt waren.

Hingegen traf beim Wittelsbacher Gymnasium der andere Extremfall zu, dass nämlich der Deutschlehrer den kunstgeschichtlichen Unterricht völlig für sich beanspruchte, zusammen mit einem Zeichenlehrer Eichele (Spitzname Zeichele), der sich als Ersatzbetätigungsfeld das Schullandheim Endlhausen aussuchte, zumindest bis 1936/37, als er sich ganz auf den Modellbau-Unterricht speziali-

---

40 Eintritt in die NSDAP am 4.5.1926, Mitglieds-Nr. 40 011, aus: StAM, Schulamt 1686, Liste 7903 VIII /38.
41 »Dabei hat sie in den Jahren, wo der nationale Gedanke in den Schulen besonders durch den V.D.A. vertreten wurde, unermüdlich für den V.D.A. sich eingesetzt.« Direktorat des Luisenlyzeums am 23.1.1939. StAM, Schulreferat, Bund 7, Nr. 3, Abgabe 1986.
42 »Überall, wo es freiwillige Arbeit galt, war sie zur Stelle, so im Schullandheim, bei der hauswirtschaftlichen Prüfung und überall zeigte sie Führereigenschaften.« Ebd.

»Männerdominanz und Frauenresonanz«

Foto links unten: »Im Gänsemarsch«, aus: Fotoalbum 1935 im Archiv des Luisengymnasiums, Foto oben: »Ordnungsübungen«, Foto rechts unten: »Sport«, o.D., aus: Alben der Familie Genal.

sierte.⁴³ Vom Beginn des Schulheimes 1927 an übernahm »er freiwillig je eine Woche die Aufsicht in dem Ferienlandheim zu Endlhausen, wo er ebenfalls bemüht ist, die Schüler zu künstlerischen Versuchen anzuregen (Ausstellung von Aquarellen mit einheimischen Motiven in E. 1935)«, so wurde er 1935 vom Schuldirektor gelobt.⁴⁴

Aufschlussreich ist, in welchen Funktionszusammenhang Eichele die »einheimischen Motive« stellte: »Außerdem versucht er in diesem Schuljahr mit den seinen Wahlunterricht besuchenden Schülern der 7. Klasse eine große umfassende Aufgabe über Schloß Blutenburg zu lösen (Pläne, Baukunst, Kunstwerke, Geschichte)«⁴⁵ – diese Arbeit bestand dann in einem maßstabgetreuen Modell des Schlösschens und wurde im Rahmen des Schülerwettbewerbes an die Ausstellung »Volksgemeinschaft – Wehrgemeinschaft« in Berlin geschickt, und wie der Jahresbericht 1935/36 ergänzend vermerkte, »mit einem Geldpreis von 100 RM und einer besonderen Urkunde ausgezeichnet. Zwei Schüler der Klassen VIB und VIC und ein Schüler der Klasse VIC hatten der gleichen Ausstellung das selbstgefertigte Modell eines Panzerkreuzers (1,05 m) bzw. Kampffliegers übersandt. Auch diese Arbeiten wurden mit anerkennenden Preisen bedacht.« (S. 38) Einheimische Motive, technisches Zeichnen und Modellbau im militaristisch-aggressiven Funktionszusammenhang: In dieser Kombination verlor auch das malerisch an der Würm gelegene Wasserschlösschen Blutenburg seine Unschuld.

4   1935-1944: Die Seminarschule von Josef Bergmann

Die Seminarlehrer für Zeichnen in München waren Josef Bergmann am Neuen Realgymnasium, Karl Jakob Motz an der Rupprecht-Oberrealschule und Ferdinand Honig als Nachfolger von Max Witz an der Luitpold-Oberrealschule. Zu Bergmann existieren brisante Archivalien im Bayerischen Hauptstaatsarchiv, darüber hinaus ließen sich über seinen Seminarunterricht am NRG exemplarische Unterlagen finden.

---

43   Informationen aus den Jahresberichten, bestätigt von Walther Habersetzer, der jahrelang die Geschichte dieser Schule recherchierte und Autor der sozialpsychologisch motivierten Studie »Ein Münchner Gymnasium in der NS-Zeit. Die verdrängten Jahre des Wittelsbacher Gymnasiums« ist, hg. von der Geschichtswerkstatt Neuhausen.
44   BayHStA MK 32467, aus einem Zeugnis vom 13.10.1935 – gezeichnet von Schuldirektor Hudezeck.
45   Ebd.

Sein letztes Werk: Das Jüngste Gericht
Der Freskenmaler Professor Josef Bergmann in München gestorben

In der Nacht zum Freitag starb der Maler Prof. Josef Bergmann in München nach kurzem Krankenlager und nach, wie man gehofft hatte, gelungener Operation. Er starb mitten aus der Arbeit heraus, er starb an seiner Arbeit — in der Pfarrkirche Dollnstein, die er mit Fresken zu schmücken hatte, überhob er sich an einem Zuber und holte sich dabei eine schwer erkennbare Rückgratsverletzung, die rasch zu Lähmungen und zum Tode führte. So verloren wir den bedeutendsten Münchner Freskenmaler unserer Tage. Die Stirnwand in Dollnstein hatte er vollendet und malte nun auf der Längswand das Jüngste Gericht — es sollte sein letztes Werk, sein Abschied aus der Welt der Bilder und der Täuschungen werden. Das Sterben in den Sielen erscheint uns immer als das gemäße Ende des schöpferischen Menschen; Bergmanns Kunst war bis zuletzt im Anstieg, er hat die große Linie und den großen Werkatem gehabt, er hat an seiner einmal erkannten Idee des Monumentalen festgehalten und hat sein Leben ihrem Dienst gewidmet. Vor kurzer Zeit erst kam er aus Assisi mit neu gestärkter Begeisterung für sein großes Vorbild Giotto zurück, bereit zu neuer Bewährung und zu rüstigem Weiterschreiten.

In vier Wochen wäre Bergmann 64 Jahre alt geworden, er ist am 1. November 1888 geboren. Er studierte bei Becker-Gundahl, aber in seiner Kunstauffassung schöpfte er von früh an aus tieferen und reineren Quellen; bei dem Vater der neueren Freskomalerei, Giotto, der als erster das Bild des Menschen unverstellt und unverbildet in die glühend-verhaltene Dramatik seiner Heilsgeschichte aufnahm, fand er das Ideal der monumentalen, weil konzentrierten und aus reiner Anschauung gesteigerten Form. In der Zeichnung seiner Studien zu Köpfen und Figuren verband er die Frische und Größe des echten Freskomalers mit der Schlichtheit und Strenge des lauteren graphischen Stils. Fünfzehn Jahre lang führte er in seinem Seminar die Zeichenlehrer aus dem Studium in die Praxis. Sein erstes bedeutendes Werk war die reiche und glänzende Ausmalung der Kirche in Olching. Bedeutende Stationen sind die Fresken in den Pfarrkirchen von Riem und Kirchseeon sowie in St. Maximilian in München. Auf dem Heimweg in einer der schlimmsten Bombennächte sagte er einmal: „Ich habe mein Leben erfüllt, die Fresken in der Maximilianskirche habe ich gemalt!" Sie haben den Brand überstanden und sind dadurch nur tiefer und schöner im Ton geworden. Und so wird sein ganzes Werk den Künstler überdauern, in weite Zukunft.

Peter Trumm

Münchner Merkur Nr. 133 vom 27./28.9.1952, rechts: Bergmann als TH-Student, aus: HATUM.

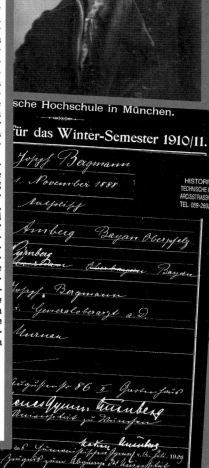

4.1 Seminarlehrer Bergmann und die Adolf-Hitler-Schulen

Als Josef Bergmann 1952 starb, verfasste sein ehemaliger TH-Kollege Peter Trumm einen Nachruf auf »den bedeutendsten Münchner Freskenmaler unserer Tage«, veröffentlicht im »Münchner Merkur«: »[...] er hat die große Linie und den großen Werkatem gehabt, er hat an seiner einmal erkannten Idee des Monumentalen festgehalten und hat sein Leben ihrem Dienst gewidmet. [...] Er studierte bei Becker-Gundahl, aber in seiner Kunstauffassung schöpfte er von früh an aus tieferen und reineren Quellen; bei dem Vater der neueren Freskomalerei, Giotto, der als erster das Bild des Menschen unverstellt und unverbildet in die glühend-verhaltene Dramatik seiner Heilsgeschichte aufnahm, fand er das Ideal der monumentalen, weil konzentrierten und aus reiner Anschauung gesteigerten Form.«[46] Schon 1922 hatte Bergmann einen Wettbewerb für die Ausschmückung der Olchinger Kirche St. Peter und Paul gewonnen, die »große Begabung Bergmanns lag in der zeichnerischen Vorbereitung seiner Fresken. Seine Zeichnungen nach der Natur waren überzeugend«.[47] (Dok. 158)

Von 1932 bis 1946 war Josef Bergmann Zeichenlehrer am Neuen Realgymnasium (heute Albert-Einstein-Gymnasium), im Schuljahr 1934/35 wurde er auch Seminarlehrer, als das NRG erstmals die Berechtigung zur Seminarausbildung für Zeichnen erhielt. Unter den ZeichenlehramtskandidatInnen, die ein Jahr lang unter seiner Leitung ihr pädagogisches Seminar ableisteten, befanden sich z.B. Karl Wellano, Otto Heueck, Frieda Schmidbauer, Clemens Löffler, Lothar Schätzl, Hedwig Strecker, Kurt Weber, Hugo Hußla u.v.a.m.[48]

Zum Schuljahr 1937/38 vermerkte der Jahresbericht des Neuen Realgymnasiums, dass Josef Bergmann vom 1.6. bis zum 16.7.1937 »zu den Vorbereitungen für den Tag der deutschen Kunst 1937 beurlaubt« war. Die choreografischen

---

46 Münchner Merkur, Nr. 233 vom 27./28.9.1952.
47 Rudolf Kaiser, *Der Freskomaler Josef Bergmann (1888-1952)*, in: Jahrbuch des Vereins für christliche Kunst, XIV. Bd., München 1984, S. 169-175 und Abb. 239-240, S. 170.
48 Die Namen aller SeminarteilnehmerInnen ab 1934/35 sind in den Jahresberichten des NRG nachzulesen. Soweit die Akten im HStA Auskunft geben, handelte es sich um AssessorInnen, die entweder in Orten wie Hof (Freiherr von Proff zu Irnich), Kaiserslautern (Martha Jung), Landshut (Josef Christian Müller), Lindau, Landau, Aschaffenburg oder Erding (Margarethe Thiemann) etc. oder gar nicht im Staatsdienst angestellt wurden. Ihre Lebensläufe wurden daher für die vorliegende Arbeit nicht im Einzelnen recherchiert. Ihre Mitgliedschaften in der NSDAP bzw. deren Gliederungen entsprechen im Wesentlichen meiner Analyse der Zeichenlehramtsstudierenden an der TH München in den 1930er Jahren: »Fast alle!«

156

Zeichenunterricht zwischen Schaukelpferd und Hochlandlager

Stellungnahme des Seminarlehrers Bergmann an das Kultusministerium wird zur Anweisung für ein Gymnasium.

Bergmann Josef, Studienrat
am Neuen Realgymnasium.

München, den 27. Dezember 1935.

An
das Staatsministerium für
Unterricht und Kultus.

Betreff:
Gutachten über die Nr. IX 36642 AIII.

Das Formvorstellungszeichnen, wie es sich im dem Blatt über das Schaukelpferd und über die Speerspitze aus den übrigen Arbeiten heraushebt, ist zweifellos ein gesunder Auftakt gegenüber dem gewohnten Schema. In diesem Sinn wären die Aufgaben auf der Unter- und Mittelstufe zu lösen. Abzulehnen sind grundsätzlich organische Versuche, die für die Allgemeinheit leicht auf Irrwege und Täuschungen hinführen, denn sie können nur in auserlesenen Ausnahmen und da nicht aufbauend klare Formvorstellungen zeitigen. Ergebnisse wie die Hühnerbilder gehen auf schlechte Postkarten und St[...] und sind abzulehnen [...]zulehnen die Scher[...] ins figürliche wag[...] sich in kitschige[...] Dem Schriftbild i[...] d Mittelstufe me[...] chenken uzw. in la[...]

---

der und in Zierschrift.

Nachtrag.

Gerade für die Mittel- und Unterstufe wäre ein sachliches Formvorstellungszeichnen regelm. dass seine Themen aus dem Hochlandlager und aus den H.J.-Ausrüstungen nimmt, das Gegebene. Hier liesse sich auch in der Werkarbeit mancherlei gestalten.

Heil Hitler

Josef Bergmann

Nr. IX 36642 .   Abschrift.

Bayer. Staatsministerium
für Unterricht und Kultus.
München 1, Brieffach.

München, den 13. Oktober 1936.

An
das Direktorat der Oberrealschule
Rosenheim.

Betreff:
Zeichenunterricht.

Zur Vorlage vom 18.7.1935
Nr. 407.

Der Bericht des Studienprofessors Baumgartner über die Gestaltung des Zeichenunterrichtes an der Anstalt und die Beilagen des Berichts haben zur Kenntnis gedient. Im einzelnen wird hiezu folgendes bemerkt:

Das Formvorstellungszeichnen, wie es sich in dem Blatt über das Schaukelpferd und über die Speerspitze aus den übrigen Arbeiten heraushebt, ist zweifellos besser als das gewohnte Schema. In diesem Sinn wären die Aufgaben auf der Unter- und Mittelstufe zu lösen. Abzulehnen sind organische Versuche, die leicht auf Irrwege führen, denn sie können nur in seltenen Ausnahmefällen klare Formvorstellungen zeitigen. Ergebnisse wie die Hühnerbilder gehen auf schlechte Postkarten und

---

Reklamebilder hinaus und sind abzulehnen. Desgleichen sind abzulehnen die Scherenschnitte, die sich ins Figürliche wagen. Dem Schriftbild ist auch in der Unter- und Mittelstufe mehr Aufmerksamkeit zu schenken und zwar der laufenden Schrift ebenso wie der Zierschrift.

Gerade für die Mittel- und Unterstufe ist ein sachliches Formvorstellungszeichnen notwendig, das seine Themen möglichst aus dem Hochlandlager und aus den HJ.-Ausrüstungen zu entnehmen hätte. Hier ließe sich auch in der Werkarbeit mancherlei gestalten.

J.A.
gez. Fischer.

Quelle: BayHStA MK Sachakte 20603.

Fähigkeiten[49] Bergmanns ließen ihn wohl – neben seiner politischen Zuverlässigkeit für das System und seinen organisatorischen Möglichkeiten als Ausbilder – für die Mitgestaltung des NS-Festzugs 1937 als geeignet erscheinen.

Bergmann war auch Gutachter für das Bayerische Staatsministerium für Unterricht und Kultus. Seine Urteile wurden zu Anweisungen des Ministeriums gegenüber anderen Schulen und Lehrern. Ein Beispiel dafür: Der Britsch-Anhänger und Studienprofessor Baumgartner aus Rosenheim hatte 1933 einen feurigen Bericht über seine Gedanken zum Zeichenunterricht auf der Grundlage der Britsch/Kornmann-Lehre an das Kultusministerium mit der Bitte gesendet, ihm versuchsweise eine Schulpraxis in diesem Sinn zu genehmigen und die darin geäußerten Vorstellungen auch in die Planungen für einen neuen Lehrplan des Zeichenunterrichts einzubeziehen. Das Ministerium gab diese Arbeit an Bergmann, um zu einer Stellungnahme zu kommen. Dessen Gutachten zeigte, dass er selbst sich eher distanziert, aber pragmatisch gegenüber den Britsch/Kornmann-Anhängern verhielt. Verworrene Ideen, meinte er, aber man soll der Begeisterung keinen Abbruch tun. Baumgarten solle seinen Willen haben. Das Ministerium erlaubte also dem Rosenheimer Zeichenlehrer die von ihm gewünschte Praxis mit der Auflage, 1935 darüber Ergebnisse vorzulegen. Der umfangreiche Schlussbericht von Baumgarten 1935 wurde vom Kultusministerium wieder an Bergmann zur Begutachtung gegeben. Bergmanns lapidare Stellungnahme dazu wurde dann fast wörtlich als Anweisung an die Rosenheimer Schule wiederholt.[50] Leicht entfrachtet von zu prinzipiellen Festlegungen, aber deutlich genug als Anweisung für künftiges Handeln, hieß es z.B. im letzten Absatz: »Gerade für die Mittel- und Unterstufe ist ein sachliches Formvorstellungszeichnen notwendig, das seine Themen möglichst aus dem Hochlandlager und aus den HJ-Ausrüstungen zu entnehmen hätte. Hier ließe sich auch in der Werkarbeit mancherlei gestalten. I.A. gez. Fischer.« (Dok. 156)

Während Hans Herrmann eine »Arbeitsgemeinschaft für neues Schulzeichnen« führte, leitete Josef Bergmann eine »Arbeitsgemeinschaft junger Zeichenlehrer«. Einer der Teilnehmer, Fritz Reß, der seit 1932 Studienassessor für Zeichnen am NRG war und von November 1936 bis April 1938 im Kultusministerium aushilfsweise zur »Bearbeitung von Personalanträgen für die höheren Lehran-

---

49 Zum »Weihnachtsspiel« stand im JB 1933/34, S. 30: »Besondere Anerkennung fanden dabei die von Studienrat Bergmann entworfene und unter Mithilfe zahlreicher Schüler ausgeführte Bühne samt Kostümen […].«

50 Charakteristisch für die Ministerialräte war die wörtliche Übernahme von vorformulierten Argumentationen immer dann, wenn sie aus tiefer Übereinstimmung einen Antrag genehmigten oder wenn sie einfach nicht gut Bescheid wussten, aber die Sache ›einleuchtend‹ fanden.

Seminarlehrer Josef Bergmann und die Adolf-Hitler-Schulen

I. An den Studienassessor Herrn Fritz Reß im Hause.

Betreff: Zeichenunterricht.

Für die Gestaltung des Zeichenunterrichts an den Adolf-Hitler-Schulen nach den Zielen der von Studienr. Bergmann geführten Arbeitsgemeinschaft junger Zeichenlehrer stel[le] ich meine Genehmigung in Aussicht u[nd] bin gerne bereit, auch die Zustimm[ung] des Reichsorganisationsleiters und Führer der Deutschen Arbeitsfront Dr. Ley zu erwirken.

H. Staatsmin. unterzeichnet

Nationalsozialistische Deutsche Arbeiterpartei
Reichsleitung

Der Reichsorganisationsleiter
Dienststelle Der Stabsleiter

München, den 18. März 1937.

An den Staatsminister für Unterricht und Kultus,
München.
Salvatorpl. 2.

Sehr geehrter Herr Gauleiter!

In Erledigung Ihres an Dr. Ley gerichteten Schreibens vom 6.ds.Mts. teile ich Ihnen im Auftrag des Reichsorganisationsleiters mit, dass er seine Zustimmung zu den von der Arbeitsgemeinschaft verfolgten Zielen erteilt.

Heil Hitler!

---

15. Februar 1937. Fritz Reß, Studienassessor, z.Zt. zur Aushilfe im Staatsministerium für Unterricht und Kultus verwendet. Sehr geehrter Herr Staatsminister! Auf Grund Ihres Erlasses vom 24.1.37 erlaube ich mir eine Bitte an Sie zu richten.

Vor drei Jahren wurde unter Führung des Gaufachschaftsleiters II des NSLB, Studienrat Bergmann, eine Arbeitsgemeinschaft junger Zeichenlehrer gebildet, die es sich zur Aufgabe machte, den Unterricht im Zeichnen so um- und neuzugestalten, daß er neben dem Unterricht im Deutschen Träger der kulturellen Erziehung der deutschen Jugend und damit des deutschen Volkes zu sein vermag. Das Ziel wurde bis jetzt schon in einem Maße erreicht, daß der Unterricht dieser jungen Lehrer auch einer ernsten Kritik von berufener Seite, d.h. von Künstlern, standhielt. Von der Tätigkeit der Arbeitsgemeinschaft erfuhren der Beauftragte für die Lehrplangestaltung von den neuen Adolf Hitler-Schulen und der Beauftragte für die Adolf Hitler-Schulen und dem Stabe des Reichsjugendführers, Oberbannführer Petter [?], Berlin. Dieselben erklärten sich bereit den Zeichenunterricht an den Adolf Hitler-Schulen nach den Zielen der Arbeitsgemeinschaft zu gestalten vorbehaltlich der Genehmigung durch den Herrn bayerischen Staatsminister für Unterricht und Kultus und den Herrn Reichsorganisationsleiter und Führer der deutschen Arbeitsfront Dr. Ley. Da nach den Worten des Führers die Kultur eine Lebensgrundlage des deutschen Volkes ist, andererseits aber der neugestaltete Zeichenunterricht die einzige Möglichkeit der formkulturellen Erziehung unserer Jugend gibt, erlaube ich mir, Sie, hochverehrter Herr Minister, zu bitten, durch Ihre Genehmigung und durch Ihre Fürsprache bei Reichsorganisationsleiter Dr. Ley unserer Arbeit ein Feld zur Entfaltung, der deutschen Jugend an den Adolf-Hitler-Schulen aber eine Erziehung zu geben, die ihr Aufgeschlossenheit und Verständnis für die deutsche Kultur der Vergangenheit und der Gegenwart vermittelt.

Heil Hitler. Fritz Reß.

Quelle: BayHStA MK Sachakte 20603.

stalten« beschäftigt war, schrieb am 17.2.1937 an den Staatsminister Wagner:
»[…] Vor drei Jahren wurde unter Führung des Gaufachschaftsleiters II des NSLB, Studienrat Bergmann, eine Arbeitsgemeinschaft junger Zeichenlehrer gebildet, die es sich zur Aufgabe machte, den Unterricht im Zeichnen so um- und neuzugestalten, daß er neben dem Unterricht im Deutschen Träger der kulturellen Erziehung der deutschen Jugend und damit des deutschen Volkes zu sein vermag. […] Da nach den Worten des Führers die Kultur eine Lebensgrundlage des deutschen Volkes ist, andererseits aber der neugestaltete Zeichenunterricht die einzige Möglichkeit der formkulturellen Erziehung unserer Jugend gibt, erlaube ich mir, Sie, hochverehrter Herr Minister, zu bitten, durch Ihre Genehmigung und durch Ihre Fürsprache bei Reichsorganisationsleiter Dr. Ley unserer Arbeit ein Feld zur Entfaltung, der deutschen Jugend an den Adolf-Hitler-Schulen aber eine Erziehung zu geben, die ihr Aufgeschlossenheit und Verständnis für die deutsche Kultur der Vergangenheit und der Gegenwart vermittelt. Heil Hitler. Fritz Reß.«[51]

Bereits am 18.3.1937 lag die Antwort vor, dass der Reichsorganisationsleiter der NSDAP, Dr. Ley, »seine Zustimmung zu den von der Arbeitsgemeinschaft verfolgten Zielen erteilt« hat. (Dok. 158)

Die beiden Beispiele zeigen, dass die Formierung und Ausgestaltung der NS-Lehrpläne zu einem nicht unwesentlichen Teil »unten« durch Lehrer an der »Basis« erfolgte; die Reichsleiter der NSDAP griffen dann zu, wenn ihnen etwas passend erschien. Die rasche Antwort von Robert Ley ist auf dem Hintergrund der gerade erst im Januar 1937 gegründeten Adolf-Hitler-Schulen (AHS) zu sehen.[52] Die in Rivalität zu den Nationalpolitischen Erziehungsanstalten

---

51 BayHStA MK 20603.
52 »Rivalitäten und Einflußnahmen führten bis hin zur Ausgliederung ganzer Aufgabenbereiche aus der Zuständigkeit des REM oder sogar zur Gründung konkurrierender Einrichtungen. So etwa im Falle der als NS-Ausleseschulen konzipierten Nationalpolitischen Erziehungsanstalten (Napolas). Um deren Herauslösung aus dem Ministerium bemühte sich sowohl Himmler für die SS als auch Ley für die DAF, als auch von Schirach für die HJ. Bereits 1934 wurden sie der allgemeinen Schulverwaltung entzogen und einer Sonderbehörde übertragen, die ab 1936 ›Inspektion der Nationalpolitischen Erziehungsanstalten‹ hieß und dem SS-Obergruppenführer und Leiter des SS-Hauptschulungsamtes August Heißmeyer unterstand, wobei allerdings Rust die Oberhoheit behielt. Die vom Zugriff auf die Napolas ausgeschlossenen Ley und von Schirach gründeten Anfang 1937 zur Befriedigung ihrer Ansprüche mit den Adolf-Hitler-Schulen einen neuen Typus von NS-Ausleseschulen als reine Parteischulen, und zwar mit ausdrücklicher Billigung Hitlers.« Wolfgang Keim, *Erziehung unter der Nazi-Diktatur. Band II. Kriegsvorbereitung, Krieg und Holocaust,* Darmstadt 1997, S. 12.

Das Kultusministerium fördert die NSLB-Zeichenkurse von Josef Bergmann

Nr. IX 3691.   Abschrift.   München, den 5. Februar 1935.

Bayer. Staatsministerium
für Unterricht und Kultus.
München 1, Brieffach.

An
die Direktorate
sämtlicher höherer Unterrichtsanstalten
in München.

Betreff:
Lehrpersonal.

Im Rahmen der nationalsozialistischen Erziehungsakademie finden ab 28.1.1935 ständig am Montag von 17 bis 21 Uhr und am Mittwoch von 2 bis 4 Uhr in der Städt. Fachschule, Luisenstraße 9, im Aktsaal Unterrichtskurse im Zeichnen statt, die vom Fachreferenten der Mittelschulen im NSLB.Studienrat Josef B e r g m a n n ,geleitet werden.

Die Direktorate wollen die Seminarteilnehmer und die Studienassessoren für Zeichnen auf die genannten Unterrichtskurse aufmerksam machen und ihnen den Besuch dringend empfehlen.

J.A.

Hans Bauerschmidt

Quellen: BayHStA MK 20603 und MK 43056.

(Napolas) gegründeten AHS unterstanden direkt der Schulaufsicht der NSDAP und der HJ. »Für die Aufnahme in die AHS galten noch schärfere Bestimmungen als für die Napolas.«[53]

Bevor Josef Bergmanns Arbeitsgemeinschaft an den NS- und SS-Kaderschulen[54] ihr »Feld zur Entfaltung« fand, leitete Bergmann im »Rahmen der national-sozialistischen Erziehungsakademie« bereits 1935 im Aktsaal der Städtischen Fachschule Luisenstraße Zeichen-Unterrichtskurse. Das Kultusministerium wies an: »Die Direktorate wollen die Seminarteilnehmer und die Studienassessoren für Zeichnen auf die genannten Unterrichtskurse aufmerksam machen und ihnen den Besuch dringend empfehlen.«[55] (Dok. 160) In den Abschlussberichten des pädagogisch-didaktischen Seminars am NRG (Lehramtsprüfung für Zeichnen Teil 2) wurde die Teilnahme an den Bergmann-Kursen meist vermerkt. »Die NSLB-Zeichenkurse besuchte sie fast immer.«[56] / »Die NSLB-Zeichenkurse wurden besucht.«[57] / »In den N.S.L.B.-Abenden gehörte sie zu den Eifrigsten und Besten.«[58]

---

53 Ebd., S. 111.
54 Es gab zwölf AHS, vorgesehen war je eine pro Gau. »Da sich die für die AHS geplanten Neubauten nicht so schnell realisieren ließen, erfolgte die Unterbringung ihrer sämtlichen Schüler bis 1941 in der NS-Ordensburg Sonthofen«, ebd.
55 gez. Dr. Bauerschmidt am 5.2.1935. Die Kurse fanden ab 28.1.1935 jeden Montag von 17 bis 21 Uhr und jeden Mittwoch 14 bis 16 Uhr statt. BayHStA MK 20603.
56 Der Vorstand des Seminars am 21.2.1935 für Berta Mathilde Melcher. BayHStA MK 33847.
57 Der Vorstand des Seminars am 21.2.1935 für Johanna Margarete Thiemann. BayHStA MK 34925.
58 Der Vorstand des Seminars im Februar 1936 für Elisabeth Engelsperger. BayHStA MK 32515.

1. Lehrproben unter Aufsicht des Herrn Prof. Bergmann

Monat	Tag	Std.	Kl.	Gegenstand
Juni 37	14.	5.u.6.	6b	Schlaufe
"	21.	"	6b	Künstl. Schrift
"	28.	"	6b	"
Juli 37	05.	"	6b	"
Okt. 37	06.	3.u.4.	7b	Zeichn. eines Spielpferdes
"	19.	"	5b	Schäferkarren
"	27.	"	7b	Entwurf eines Gestells für ein Relief
Nov. 37	03.	"	7b	"
"	20.	1.u.2.	1b	Segelschiff
"	27.	"	1b	"
"	"	"	5c	Segelschiff
Dez. 37	06.	"	5c	vorlesen
"	20.	"	5c	Schiff
Jan. 38	03.	"	"	"
"	04.	5.u.6.	8c	Krippenfiguren
"	05.	3.u.4.	7b	"

2. Selbständiger Unterricht an der Oberrealschule in Neustadt/Weinstr.

Monat	Tag	Std.	Kl.	Gegenstand
Jan. 38	12.	1.u.2.	1b	Fortführ. d. beg. Aufgabe: Zange
"	12.	3.u.4.	2b	Fortführ. d. beg. Aufgabe: Schere
"	12.	5.	1a	Fortführ. d. beg. Aufgabe: Zange
"	13.	3.u.4.	6	Vollend. d. beg. Aufgabe: Kanne
"	13.	5.u.6.	5	Vollend. d. beg. Aufgabe: Schüss
"	14.	1.	1c	Vollend. d. beg. Aufgabe: Zange
"	14.	2.	1b	Vollend. d. beg. Aufgabe: Zang
"	14.	3.u.4.	1a	Fortführ. d. beg. Aufgabe: Sche
"	15.	3.u.4.	2b	Fortführ. d. beg. Aufgabe: Sche
"	15.	5.u.6.	2a	Fortf. d. beg. Aufg.: Rebensche
"	17.	1.u.2.	2a	Schriftbl. besprechen
"	17.	4.u.5.	4	"
"	17.	6.	5	techn. Zeichnen
"	17.	1.u.2.*	6	"
"	18.	1.u.2.	1c	Schriftbl. besprechen
"	19.	1.u.2.	1b	"
"	19.	3.u.4.	2b	"
"	19.	5.	1a	"
"	20.	3.u.4.	6	Zeichn. v. Vögeln
"	20.	5.u.6.	5	Schüsseln beendet
"	21.	1.	1c	Schriftblatt
"	21.	2.	1b	"
"	21.	3.u.4.	1a	"
"	22.	3.u.4.	2b	Rebenschere
"	22.	5.u.6.	2a	"
"	24.	1.u.2.	2	Schriftblatt
"	24.	4.u.5.	4	"
"	24.	6.	5	techn. Zeichnen
"	24.	1.u.2.*	6	Mühle nach gebastelter
"	25.	1.u.2.	1c	"
"	25.	1.u.2.	1b	"
"	26.	3.u.4.	2b	Rebenschere
"	26.	5.	1a	"
"	27.	3.u.4.	6	Vögel
"	27.	5.u.6.	5	Töpfe
"	28.	1.	1c	Mühle
"	28.	2.	1b	"
"	28.	3.u.4.	1a	"
"	29.	3.u.4.	2b	Schere
"	"	"	2a	Schriftblatt besprec
"	31.	1.u.2.	2a	Töpfe
"	31.	4.u.5.	"	techn. Zeichnen

Quelle: Bay HStA MK 58546.

Bergmanns Musterschüler Karl Wellano und sein Unterricht

Monat	Tag	Std.	Kl.	Gegenstand
Febr. 38	1.	1.u.2.	1c	Mühle
"	1.	4.	1b	"
"	2.	1.u.2.	1b	"
"	2.	3.u.4.	2b	Spieleisenbahn be
"	2.	5.	1a	Mühle
"	3.	3.u.4.	6	Vögel
"	3.	5.u.6.	5	Töpfe
"	5.	3.u.4.	2b	Spieleisenbahn
"	5.	5.u.6.	2a	Schriftblatt
"	7.	1.u.2.	2a	"
"	7.	4.u.5.	4	Töpfe
"	7.	6.	5	techn. Zeichnen
"	7.	1.u.2.*	6	"
"	8.	1.u.2.	1c	Mühle
"	8.	1.u.2.	1b	"
"	9.	1.u.2.	1b	"
"	9.	3.u.4.	2b	Eisenbahn
"	9.	5.	1a	Mühle
"	10.	3.u.4.	6	Schriftblatt
"	10.	5.u.6.	5	Töpfe
"	11.	1.	1c	Spieleisenbahn
"	11.	2.	1b	"
"	11.	3.u.4.	1a	"
"	12.	3.u.4.	2b	"
"	12.	5.u.6.	2c	Schriftblatt
"	14.	1.u.2.	2a	Schere (Schulaufga
"	14.	4.u.5.	4	Töpfe
"	14.	6.	5	techn. Zeichnen
"	14.	1.u.2.*	6	"
"	15.	1.u.2.	1c	(Mühle) Spieleisen
"	16.	1.u.2.	1b	Spieleisenbahn
"	16.	3.u.4.	2b	Schere (Schulaufga
"	16.	5.	1a	Eisenbahn
"	17.	3.u.4.	6	Schriftblatt
"	17.	5.u.6.	5	"
"	18.	1.	1c	Eisenbahn
"	18.	2.	1b	"
"	18.	3.u.4.	1a	"
"	19.	1.u.2.	2b	Schere (Schulaufga
"	19.	3.u.4.	2c?	Schere (Schulaufga

* = nachmittag

Für die Lehrprobe vor bekannter Klasse wurde d
Mittelstufe (Kl. 5b) gewählt. (Unterschr. unleserl

4.2 Der Unterricht von Josef Bergmanns Musterschüler Karl Wellano

In einem »Gutachten« schrieb Bergmann über seinen Seminarschüler Karl Wellano: »Der Praktikant ist ein aufgeweckter frischer Mensch. Er hat mit als Erster begriffen, worum es bei dieser neuen Auffassung unseres Zeichenunterrichts geht. Mit grossem Eifer suchte er sich die notwendigen Grundlagen zu erarbeiten. [...] Wellano ist Mitglied der SA und des NSLB. Gegen seine nationalsozialistische Zuverlässigkeit bestehen gemäss Mitteilung der NSDAP Ortsgruppe keine Bedenken. München, den 19. Febr. 1938.«[59] In Bergmanns »Niederschrift über den Gang und das Ergebnis der Lehrprobe« 1938 wurde die Lehrmethode angedeutet:

»Nach einer einführenden Besprechung, die hauptsächlich dazu dient, Stimmung für die Aufgabe ›Das Langholzfuhrwerk‹ zu machen, wird von den Schülern an der Tafel alles zeichnerisch gebracht, was sie über diese Art des Fuhrwerks wissen. Der Praktikant greift dann durch verschiedene sehr anschauliche Teilzeichnungen ein, die schnell wieder weggewischt werden, um mechanisches Umzeichnen zu verhindern. Aber gerade diese Zeichnungen, die sehr charakteristisch und lebendig sind, begeistern die Schüler für ihre neue Aufgabe. Die Anteilnahme und das Interesse ist gross und die Führung greift immer dort ein, wo ein brauchbarer Ansatz bei den Schülern sichtbar wird, ein Beweis dafür, dass Wellano über ausgezeichnete Lehreranlagen verfügt und auch das Stoffliche trefflich zu meistern versteht.«[60] In der »Beurteilung der schriftlichen Hausarbeit« bewies der Praktikant, »dass es ihm nicht um äussere Aufmachung in der Darstellung geht, sondern dass er gewillt ist, den Formen der Meister mit Treue und Sachlichkeit nachzuspüren«.

Die »Mündliche Prüfung« beinhaltete
»a) National-sozialistische Erziehungsgedanken in der Erziehungsauffassung früherer Jahrhunderte (Sparta, Athen – Plato, Aristoteles –; Arndt, Jahn, Fichte, Hegel); – Wichtige Eigenschaften des Erziehers. b) 1.) Die Bildbesprechung auf der Oberstufe an Hand eines Wandbildes von Cavallini (zeichnerische Darstellung). 2.) Wie lässt sich das Spielschiff auf der Unterstufe als Aufgabe durchführen.«[61]

Was konnte Bergmann Neues bei »dieser neuen Auffassung unseres Zeichenunterrichts« anpreisen? Im Beispiel von 1935 waren es die Gegenstände der HJ-Ausrüstung und das Thema Hochlandlager. (Methodisch allerdings auch nicht

---

59 BayHStA MK 58546.
60 Ebd.
61 Ebd.

Der traditionelle Beißzangenunterricht

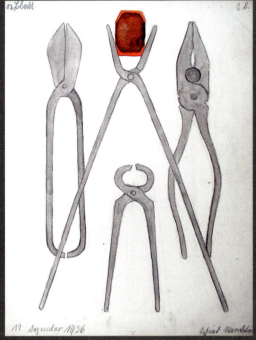

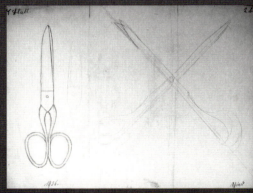

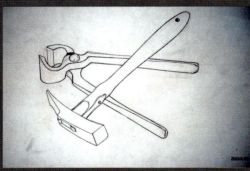

Hans Zintner 1907 über das »Gedächtniszeichnen« im Volksschulunterricht: »Mit der Zeit wird das Zeichnen aus dem Gedächtnis eine andere Form annehmen. Es wird vom Lehrer tatsächlich ein Gegenstand vorgeführt und besprochen bezüglich seiner Zusammensetzung und seines Zwecks. Nach Wegnahme des Objekts wird aus der Erinnerung gezeichnet. Das Resultat der Kinderzeichnung wird das geometrische Bild des Gegenstandes sein unter Betonung seiner Funktion (Beißzange – Hebelfunktion). Nachdem dies noch etwa ein Jahr getrieben wurde, geht man zum Zeichnen nach gepreßten Blättern (Blatt des Fliederstrauchs, des Akazienbaums) einfachster Form über als Ersatz der Wandtafeln und sonstigen Vorlagen.« (Straubinger Tagblatt Nr. 294, 1907)

Bericht von Josef Haseneder, der 1929 für das Kultusministerium den Zeichenunterricht der privaten Lehrerinnenbildungsanstalt München-Weichs besichtigte: »Im Beisein des Visitators wurde die von der Lehrerin gestellte Aufgabe, nach gründlicher Besprechung und Tafelskizze eine geschlossene Beißzange zu zeichnen, von fast allen Schülerinnen sehr gut gelöst.« (Visitation 18. und 23.1. 1929, StAM, Schulamt 2121)

Visitationsbericht von Adolf Braig 1936 am Mädchenlyzeum Luisenstraße: »Die Fachoberlehrerin Buchner erklärte in der 2. Klasse die Beißzange. Die Aufgabe war von der Lehrerin gründlich vorbereitet. Die Gesamtform und die Teilformen des Gegenstandes, die Verhältnisse und die zeichnerische Darstellung wurden klar und folgerichtig entwickelt. Dagegen standen die Erläuterungen des Zwecks und der entsprechenden technischen Ausführung des Werkzeugs etwas zurück. Für die Mädchen hätte sich der Ausgang von der ihnen mehr vertrauten Schere als besonders einleuchtend empfohlen.« (So gab das Kultusministerium den Bericht Braigs über seine Visiten am 24.1., 28.1. und 31.1. 1936 der Schule an der Luisenstraße weiter. StAM, Schulamt 3346)

Zeichnungen von Wendelin Schied (oben, Mitte), Maria-Theresia-Oberrealschule 1936, und von Helmut Zischler (unten), Rupprecht-Oberrealschule, o.D.

neu: Schon vor dem 1. Weltkrieg sicherten sich »besonders vorsichtige Kunstpädagogen [...] vor unfreiwilligen Kriegskarikaturen«, vor der Gefahr, dass »eine Sache entweiht und ins Lächerliche gezogen wird«, indem sie »die Schüler in formalen Aufgaben mit vaterländischen Ornamenten übten: Fahnen, Wappen, die Formen schlichter Grabkreuze [...] mit passenden Schriftzügen, z.B. *Für Kaiser und Reich*« usw.[62]) In der Prüfungsbeschreibung von 1938 wurde das sog. erklärende Zeichnen in der Interaktion von Schüler und Lehrer geschildert – vielleicht war das in Bayern neu. Technische Funktionsweisen wurden in anschaulichen Teilzeichnungen erläutert. Auch die Methode der Tafelzeichnungen, »die schnell wieder weggewischt werden«, war nicht neu (sie war uralte Volksschulpraxis). Unter dem Strich blieb im Wesentlichen die Betonung des NS-Kontextes, in den Langholzfuhrwerk und Spielschiff gestellt waren.

Welches die »nationalsozialistischen Erziehungsgedanken« waren, die in der griechischen Antike und im deutschen Idealismus entdeckt werden sollten, darauf verwies Bergmanns Musterschüler Wellano am 2.2.1938 in seinem Lebenslauf: »Als Gebiet der Pädagogik, mit dem ich mich besonders beschäftigt habe, gebe ich Ernst Krieck: Nationalpolitische Erziehung an«.[63]

Ernst Krieck war neben Alfred Baeumler der einflussreichste Ideologe auf den philosophisch-pädagogischen Lehrstühlen des Dritten Reichs. Im »Erziehungs- und Lehrplan«[64] der Adolf-Hitler-Schulen schlug sich das Konzentrat der pädagogischen Lehren von Krieck und Baeumler par excellence nieder. Ausgerechnet der Lehrplan für eine reine Jungenschule, die unmittelbar der NSDAP unterstand, benützte im Gegensatz zu allen anderen Lehrplänen für die sog. höheren Schulen den Begriff der *musischen Erziehung*: »In der Kunstbetrachtung gibt es kein Klassenziel, sondern die Weckung der angeborenen Empfänglichkeit für künstlerische Werte und Inhalte ist der Leitgedanke diesen Bereiches der musischen Erziehung.«[65] Krieck hatte 1933 drei kleinere Schriften (die erste 1927) unter dem Titel »Musische Erziehung« veröffentlicht, in denen er diesen Begriff, der in der deutschen Wandervogelbewegung schon eine Rolle spielte, für die NS-Erziehung aufbereitete.

Während Krieck sich vor allem auf die griechische Antike stützte, bezog sich Baeumler bei seiner Erziehungsrichtlinie für den deutschen Jüngling, der die

---

62 Ortrud Hagedorn und Ina Winker, *Der Wandel des Kunstunterrichts zur Zeit des 1. Weltkrieges (1914-1918)*, in: Kind und Kunst, S. 88-93.
63 BayHStA MK 58546.
64 Die Adolf Hitler-Schule. Erziehungs- und Lehrplan. Folge 3: Musikerziehung / Kunsterziehung / Kunstbetrachtung / Handwerkliche Grundlehre / Deutsche Schrift / Zeichnen im wissenschaftlichen Unterricht / Wohnraum / Bedeutung des Spielzeugs. 1944.
65 Ebd., S. 21.

Im Lehrplan der Adolf-Hitler-Schulen: Soldatisch = musisch

DIE ADOLF HITLER-SCHULE

ERZIEHUNGS- UND LEHRPLAN

NUR FÜR DEN DIENSTGEBRAUCH IN DEN ADOLF HITLER-SCHULEN

FOLGE 3 ENTHÄLT

DIE MUSIKERZIEHUNG
DIE KUNSTERZIEHUNG
DIE KUNSTBETRACHTUNG
HANDWERKLICHE GRUNDLEHRE
DIE DEUTSCHE SCHRIFT
DAS ZEICHNEN IM WISSENSCHAFTLICHEN UNTERRICHT
DER WOHNRAUM
DIE BEDEUTUNG DES SPIELZEUGS

1944

Alfred Baeumler
Politik und Erziehung

Ernst Krieck
Musische Erziehung

1933
Armanen-Verlag

Dr. h. c. ERNST KRIECK
Deutsche Kulturpolitik

FRANKFURT A. M. 1928
NEUER FRANKFURTER VERLAG G.m.b.H.

Alfred Baeumler
Männerbund und Wissenschaft

»Wiederaufrichtung des deutschen Männerbunds« als Lebensform absichern sollte, darüber hinaus vor allem auf den Turnvater Jahn und die deutsche Geschichte. Es ist auch nicht zufällig, dass in Prüfungsberichten von anderen Bergmann-Seminaristen[66] als Prüfungsstoff »Alfred Baeumler: Nationalpolitische Erziehung« auftaucht. So überraschend auf den ersten Blick die Verbindung »soldatisch = musisch« anmutet, so folgerichtig erweist sie sich beim Studium der Schriften von Krieck und Baeumler, wie im nächsten Kapitel näher ausgeführt wird. Vielleicht kann dabei auch das »Neue« von Bergmanns Unterricht entdeckt werden, denn bisher zeigte der Unterrichtsplan (Dok. 162) von Karl Wellano im Wesentlichen nur die Aufmöbelung des alten, traditionellen Beißzangen- und Scherenunterrichts. (Dok. 164)

4.3 »Soldatisch-musische Erziehung« von Krieck und Baeumler

In der reichlichen Fachliteratur nach 1945 über »Musische Erziehung« wurden nur selten die Krieck-Texte analysiert.[67] Sie wurden – wenn überhaupt – vorwiegend[68] in der Frage der »Seelenpflege« aufgegriffen, die bei Krieck »Seelenpflügung« bedeutete: Die Erziehung hatte nach Krieck – schon 1928 – ein dreifaches Ziel: »[...] technisches Können, dann die Gewinnung eines Weltbildes und endlich die Zucht einer bestimmten seelischen Haltung, einer Gesinnung,

---

66   So lauten z.B. die Fragen an Sophie Maria Huber in der mündlichen Prüfung des Bergmann-Seminars 1937/38: »Schule und Staat im 16., 17. und 18. Jahrhundert; Baeumlers Erziehungsziel: der politische Mensch; – wesentliche Forderungen der nat.soz. Schulordnung«. BayHStA MK 33202.
67   Einen Grund dafür nannte Fritz Seidenfaden: Man hat es »als peinlich empfunden, dass Kriecks Gedanken, die deutlich den einen (irrationalen) Aspekt musischer Erziehung herausstellen, bald in mehr oder weniger starker Vergröberung Bestandteil einer nationalsozialistischen Erziehungsideologie geworden sind. Schon in der 1933 aufgelegten Schrift steht ein Vorwort Kriecks, das die musische Erziehung der SA, SS, dem Stahlhelm und der Staatsjugend empfiehlt als notwendige Ergänzung der Wehrerziehung.« Allerdings trennte Seidenfaden das Vorwort vom Inhalt der Krieck-Texte, die er als »ursprünglich ohne *nationalpolitische* Nutzanwendung konzipierten Gedanken« betrachtete. Seidenfaden meinte, das zeige zwar »bereits im Ansatz die Anfälligkeit der musischen Erziehung gegenüber Ideologien«, doch in dieser Formulierung geht unter, dass jedes Konzept einer musischen Erziehung eine Ideologie bedeutet, und auch, dass die Krieck-Texte Ende der 1920er Jahre bereits wesentliche NS-Positionen enthielten. – Fritz Seidenfaden, *Die musische Erziehung in der Gegenwart und ihre geschichtlichen Quellen und Voraussetzungen,* Ratingen 1962, S. 17.
68   Siehe insbesondere Eckhard Siepmann, *Die Übung. Anmerkungen zur Erotik der Musischen Nationalerziehung,* in: Kind und Kunst, S. 165-168.

WIR VERABSCHIEDEN UNS

Die Kriegswirtschaft erfordert stärkste Konzentration aller Kräfte. Diese Zusammenfassung macht es notwendig, daß unsere Zeitschrift mit der vorliegenden letzten Nummer bis auf weiteres ihr Erscheinen einstellt, um Menschen und Material für andere kriegswichtige Zwecke freizumachen. Unsere Leser versichern wir, daß dies kein Ende sein soll und daß wir die erste Gelegenheit nutzen werden, wieder vor sie zu treten. Wir bitten sie, uns nicht zu vergessen und zum Zeichen hierfür mindestens die geänderten Anschriften mitzuteilen. Dann wird ein neuer Anfang nicht schwer sein. Wir selbst wollen versuchen auf irgend eine Art mit ihnen Verbindung zu halten.

Aloys Henn   *Hans Herrmann*

Abbildung oben aus: *Die Gestalt*, April 1942, Heft 4, S. 33. »Linolschnitt zu einem Schlußfeierprogramm der Hans-Schemm-Volksschule München, von einer dreizehnjährigen Volksschülerin«
Text rechts: *Die Gestalt*, 1943, Heft 4, letzte Seite.

eines Charakters«.⁶⁹ Vorbildhaft fand er »ganze Seelenkuren, Systeme der Seelenpflege«.⁷⁰ Die *Katharsis* bei Aristoteles und die Bücher *der Erziehung* und *der Politik* von Platon wurden dafür instrumentalisiert, das »Eindringen in das Seelenleben« als ekstatischen und musischen Akt zu propagieren, bei dem die Kontrolle durch Erkenntnis und Ratio ausgeschaltet werden kann. Den Zweck der Übungen schilderte Krieck in Anlehnung an ein Platon-Zitat unverhüllt: dass »die Gemüter wie Eisen zu glühen beginnen und sich erweichen und verjüngen, so daß sie leicht zu lenken sind für den, der es versteht, sie zu erziehen und zu bilden«.⁷¹ Die »Eindringlichkeit« – eines der häufigsten Worte in der Kunsterziehungsliteratur – würde erreicht, wenn zuerst »die Übungen den Menschen heraus aus seinem gewohnten seelischen Gleichgewicht« heben, bis seine Seele »dem ungepflügten, für neue Saat bereiten Ackerboden gleicht«: Dann mache das Eindringen keine Schwierigkeit mehr: »es wird der Seele in diesem Zustand eine gewünschte Richtung eingepflanzt und die entsprechende Form gegeben«.⁷² Vor allem mithilfe der rhythmischen Künste würde die Seele in die notwendigen Schwingungen versetzt und für »das Neue« geöffnet.

Hinter der offensichtlichen Nützlichkeit der von Krieck propagierten »Macht der Seelenformung« für die offizielle NS-Erziehungspolitik verbarg sich noch ein weiteres Phänomen, das wirksamer Bestandteil der NS-Ideologie wurde, indem es ein Bedürfnis der Menschen nach Harmonisierung von Widersprüchen und Aussöhnung von Gegensätzen einkalkulierte: »Dem Wirken der Musik wohnt eine eigenartige, auf den ersten Blick fast unbegreifliche Polarität ein: sie ist zugleich erregend und sänftigend, zugleich überschwenglich und stillend, zugleich formbrechend und formgebend. Es liegt hier aber dasselbe Problem vor wie im Rhythmus überhaupt, der ekstatische Irrationalität und exakt mathematische Form zur Einheit verbindet […]«⁷³ An anderer Stelle setzte Krieck die Malerei und Bildhauerei, die »aus ruhendem Schauen« komme, beim Betrachter »nachschaffende Eigentätigkeit« verlange und »wieder in ruhendes Schauen« übergehe, der »Unmittelbarkeit« der Wirkung der Musik entgegen. »Beim Maler und Bildhauer gehen Erlebnis und künstlerische Ausdrucktätigkeit ein in ein stilles, dauerndes Sein, in objektivierte Dingheit und Bildhaftigkeit […].

---

69 Ernst Krieck, *Musische Erziehung,* Leipzig 1933, S. 9. Die drei Kapitel (Die erzieherische Funktion der Musik / Musische Erziehung / Musik, Erziehung und Staat) fußen auf den früher veröffentlichten Aufsätzen: *Musik in Volk, Schule und Kirche,* Leipzig 1927, *Musische Erziehung,* Wolfenbüttel 1928, *Staat und Kultur,* Frankfurt am Main 1928.
70 Ebd., S. 3.
71 Ebd., S. 41.
72 Ebd., S. 12.
73 Ebd., S. 4.

Aus der Rede von Alfred Baeumler im Audimax der LMU am 29. Mai 1933, abgedruckt in der Bayerischen Hochschulzeitung vom Juni 1933. Am Schluss gab es »tosenden Beifall des bis auf den letzten Platz gefüllten Saales«.

Professor Baeumler vor der Münchener Studentenschaft:
Der Kampf um die politische Hochschule.

»Professor Baeumler kam auf die Rolle des Juden auf der deutschen Hochschule zu sprechen und schilderte den missionierenden Geist des Judentums im Zeitalter des Positivismus, der einen süßlichen Begriff von ›geistiger‹ Arbeit und ›geistiger‹ Kultur ausgebreitet hätte. Dieser Einfluß hätte die geistige Arbeit von jedem heroischen Gepräge gelöst. Die neue politische Hochschule stünde im Dienste des Staates, denn der Staat brauche die Wissenschaft, da sie staatsverwandt sei. Allerdings muß ein neues Bild vom Akademiker entstehen. Der Akademiker dürfe nicht ein ›Gebildeter‹, der dem Offizier fremd sei, bleiben. Professoren und Studenten seien nicht Priester der Wahrheit, die im Tempel der Bildung dem Geiste an sich dienen. Die Universität dürfe aber auch nicht ein Bureau, das die fachliche Schulung für gewisse Berufe vermittelt, sondern das Kriegslager der Wissenschaft sein, das Kriegslager jenes militanten Geistes, der den Nordvölkern eigen ist, in welchem sich Ernst und Heiterkeit so merkwürdig verbinden.«

Tanz, Musik und gesprochene Dichtung dagegen sind unmittelbare Tätigkeit, die den Hörenden und Schauenden mächtig andringen, ihn unter einen Wirkungszwang nehmen, dem er sich nicht entziehen kann. [...] Musik ist ekstatischen Wesens. Das Geheimnis dabei, das schon vor den ältesten Zeiten die Rätselrater gelockt hat, ist aber die Verbindung dieses Wesens mit der exakt mathematischen, streng gesetzmäßigen, jeder Willkür enthobenen Ausdrucksform.«[74]

Dieses »Geheimnis« diente Krieck zur Verherrlichung der staatlichen Erziehungsmacht und des Führerprinzips: »Im Hintergrund aber steht die berauschende und betäubende, formbrechende und zauberische Macht des Dionysos, der nur wohltätig wirken kann, wenn er im Banne des form- und gesetzgebenden Appollon steht. Darum kann die Festsetzung von Normen für die musische Kunst und Erziehung nur wieder *das Werk eines Gottes oder eines von Gott besessenen Mannes sein*«.[75] Apoll galt in der griechischen Mythologie als der Herrscher des Staats. Und Krieck schwärmte: Die griechische Musik erhob man »noch in der Zeit des philosophischen Rationalismus zum Rang eines Weltprinzips. Danach wird die Gesetzlichkeit des Kosmos begriffen als musikalisch-mathematische Harmonie und Eurhythmie, nach der dann auch Menschenleben und Staatsordnung [...] aufgebaut werden müssen«.[76] Die Griechen hätten sogar in der höchsten Phase ihrer rationalen und wissenschaftlichen Entwicklung das gymnastisch-musische Erziehungsprinzip beibehalten, bei uns jedoch, seitdem »unser Staat verweltlicht und versachlicht, von Religion und Kult gelöst, rationalisiert und technisiert wurde [...] ist das Menschentum aus dem Bann musischer Zucht und Formung herausgetreten.«[77]

Krieck forderte »ein neues Ineinander in neuer Ganzheit, ein Miteinander in neuer Gestalt der öffentlichen Lebensform und Lebensführung«[78], wobei er auch schon die »auf dem Männerbund ruhende Polis« und die Erziehung zu »männlicher Tüchtigkeit« beschwor.

Ein Jahr nach Herausgabe der Aufsatzsammlung »Musische Erziehung« formulierte Krieck in seinem Richtlinienwerk für die neuen Hochschulen für Lehrerbildung: »Neuer Bildungsinhalt: Von den Fächern zu den organischen Bildungseinheiten. Religiöse Erziehung, Geistesbildung (kultur- und naturkundlich), Werkerziehung, soldatisch-musische Erziehung.«[79] Die bündige Formulierung soldatische = musische Erziehung benützte Krieck mehrfach in dieser

---

74 Ebd., S. 15.
75 Ebd., S. 37.
76 Ebd., S. 18.
77 Ebd., S. 30.
78 Ebd., S. 31.
79 Ernst Krieck, *Wissenschaft Weltanschauung Hochschulreform*, Leipzig 1934, S. 97.

Einmal war's wahr — da sprang als Knabe ich, geliebtes Tal, so ungestüm wohl über deine Matten hin.....
Weißt du noch, das erste Erleben einer Blumenwiese, klein die Welt, und die Schmetterlinge und Gräser dem Auge so nah? Da du erstmals der Wiesendüfte gewahr wurdest und des perlenden Taus? Da war dem Kind alle Welt am Ziel. —
Heute schaust du tiefer hinein in die Natur und ihren Kampf und weißt, wo ein Baum steht, kann ein anderer nicht stehen, oder er muß sich krümmen und verderben: im kleinsten Grasstück wie im Leben der Völker spielt sich der gleiche schonungslose Kampf ums Dasein ab.

Albrecht Dürer / Großes Rasenstück

Was aber — einst — aus den Kräften der Tiefe strömend, von Menschenhand geformt und gestaltet war, trug diese Einheit. Einheit ist Stil. Stil aber, echter Stil ist Macht.
Auf solchen wie lebendige Rosse durch die Wellen stürmenden Booten eroberten vor über tausend Jahren nordische Seefahrer die halbe Welt. Kühnheit des Willens schuf kühne Form zugleich mit höchster Zweckmäßigkeit.

Wikingerschiff (Oseberg)

Aus:
Fritz von Graevenitz,
Kunst und Soldatentum,
Stuttgart 1940, S. 12 f. und 26 f.

Aus: Schorer, *Deutsche Kunstbetrachtung*, S. 203.

Prof. Fritz v. Graevenitz, geb. 16. 5. 1892 in Stuttgart als Sohn des Generals d. Inf. Fritz v. G. Kadett in Potsdam und Lichterfelde. Eine Verwundung im Krieg zwingt ihn zur Aufgabe der Offizierslaufbahn. Künstlerische Ausbildung in Stuttgart und bei Gustaf Britsch in Starnberg. September 1937 Professur an der Stuttgarter Akademie der bildenden Künste.

Schrift, sein »Bildungsplan« endete mit den Worten: »[…] Unser Vorgehen ist kolonisatorisch. 6. Das Gemeinschaftsleben entfaltet sich in nationalsozialistischem Geiste, es ist auf Volk und Staat bezogen und läßt echten soldatischen Geist lebendig werden.«[80]

Die Nummer 1 für die soldatische Erziehung war jedoch Alfred Baeumler. »Man rede einem Griechen von staatsbürgerlicher Bildung! Mann steht da neben Mann, Säule neben Säule: das ist die Schlachtreihe, das ist der Tempel, das ist das Heiligtum, das ist der Staat.«[81] Baeumlers Haltung zum »gymnastisch-musischen Prinzip« war – wie übrigens jedes Thema bei ihm – geprägt durch seine fanatische Männerbund-Kriegsphilosophie. »Der rhythmische Dauerrausch als Lebenszustand scheint mir etwas wenig – besonders für einen Mann. Überhaupt scheint mir die Gymnastik mehr von Wert für die Übungen der Frauen zu sein.«[82] Baeumler stellte der gymnastischen Bewegung die »deutschen Leibesübungen« entgegen, die nicht auf das Individuum, sondern auf den »ganzen Menschen« gerichtet seien, d.h. »der Mensch in seinen Beziehungen zu Volk und Staat«.[83] (Siehe auch Dok. 150)

Baeumler war schon sehr früh ein nationalsozialistischer Scharfmacher: In seine Verherrlichung von Tod und Krieg, von Landsknechtheeren, Freikorps und Soldatentum in den Schriften und Reden der 1920er Jahre mischten sich bereits die Ansätze der NS-Rassenlehre. Wirklichkeitsdemagogie, Ganzheitsmystik, Symbol- und Gestalttheorien zum Zweck der Propagierung des Führerprinzips und Gefolgschaftsdenkens usw. prägten seine Lehre. (Siehe auch Dok. 170)

Für die Kunstwissenschaften wäre vor allem die Tätigkeit Baeumlers weiter zu untersuchen, die darin bestand, dass er es »als erster« unternahm, »den Bildgehalt des Nationalsozialismus philosophisch auszuwerten«.[84] In der Bergmann-Zeichenschule spielte z.B. der »Maßstab der Größe« eine bedeutende Rolle, wie man den Prüfungsberichten entnehmen kann, wo Bergmann des öfteren bei seinen Seminaristinnen das »Streben nach grosser Form«[85] lobte. Die philoso-

---

80 Ebd., S. 99.
81 Alfred Baeumler, *Das akademische Männerhaus. Vortrag auf der Vertretertagung des Hochschulrings deutscher Art,* 17. Oktober 1930, in: Alfred Baeumler, *Männerbund und Wissenschaft,* Berlin 1934, S. 39.
82 Baeumler, *Männerbund und Wissenschaft,* S. 68.
83 »Wenn wir jedoch heute die deutschen Leibesübungen neu aufbauen, dann haben wir etwas anderes im Auge als den Turnverein […] Es rückt an die Stelle, die bei dem uns so nah verwandten Volke der Griechen die *Gymnastik* eingenommen hat.« Alfred Baeumler, *Politik und Erziehung. Reden und Aufsätze,* Berlin 1937, S. 131.
84 Gerhard Lehmann, *Die deutsche Philosophie der Gegenwart,* Stuttgart 1943, S. 534.
85 So z.B. bei Johanna Finsterwalder. BayHStA MK 32593.

Lyzeen und Höhere Mädchenschulen 1926 in München

Archivalien aus dem Luisengymnasium, Fotos von der Vorbereitung der Ausstellung »Gymnasiale Kunsterziehung der NS-Zeit in München«, Kunstpavillon München, Oktober 2005.

phischen Betrachtungen eines Baeumler darüber, was groß ist – die Tat, der Einsatz, der SA-Mann, der Nationalsozialismus etc. –, fanden in der Kunstauffassung und Kunsterziehung ihr sichtbares Pendant. Der dritte für die Kunsterziehung in der NS-Zeit maßgebliche Philosoph, Ferdinand Weinhandl[86], verband den Maßstab der Größe mit dem der Tiefe in den Raum hinein. Tiefe war Wahrheit. Je tiefer, umso wahrer. So konnte Weinhandl mit den auf diese Weise bewiesenen Wahrheiten alle bedienen, auch jene Kunsterzieher, die wie z.B. der Britsch-Freund und -Schüler Fritz von Graevenitz im »kleinsten Grashalm« die Tiefe und damit große Wahrheit entdeckten: »Heute schaust du tiefer hinein in die Natur und ihren Kampf und weißt, wo ein Baum steht, kann ein anderer nicht stehen, oder er muß sich krümmen und verderben: im kleinsten Grasstück wie im Leben der Völker spielt sich der gleiche schonungslose Kampf ums Dasein ab.«[87] Dazu druckte von Graevenitz Dürers »Großes Rasenstück« ab.

Von Graevenitz war der Bildhauer im Starnberger Kornmann-Kurs, der neben Hans Herrmann saß und diesen dazu veranlasste, den Dank der Hörerschaft in passende Worte zu kleiden: »wir Zeichenlehrer fühlten uns nun wie gerettete Schiffbrüchige, die endlich *Land unter den Füßen spürten*«.[88] Die Kunst als »Sinnbild des Lebens [...] erhebt uns so über die Grausamkeit des Lebens, daß selbst die tobende Schlacht, darin Ströme von Blut fließen, zur jauchzenden Lust wird durch die Kraft der Gestalt.«[89]

Mithilfe »der Gestalt« konnte die »kühne Form zugleich mit höchster Zweckmäßigkeit« (siehe das Wikingerschiff von Graevenitz in Dok. 172) ebenso propagiert werden wie »der Glanz der Schöpfung« auch im »kleinsten Teil«. Die »kleine Kunst für die kleinen Leute« war hauptsächlich für die Mädchenschulen vorgesehen.

5   1935-1940: Zeichenlehrerinnen an Mädchenschulen

Zu Beginn der 1930er Jahre gab es in München neben der Lehrerinnenbildungsanstalt (LBA) nur zwei städtische (Luisenstraße und St.-Anna-Platz) und eine staatliche höhere Mädchenschule, das Max-Josef-Stift. Die meisten »höheren Töchter« wurden in privaten Anstalten, zum Teil unter kirchlicher Verwaltung, bzw. in Klosterschulen ausgebildet. (Dok. 178) Ende der 1930er Jahre existierten neben der Hans-Schemm-Aufbauschule (ehem. LBA) für Mädchen

---

86   Weinhandl passte seine Gestalt-Theorien aus den 1920er Jahren ab 1932/33 den Erfordernissen des Faschismus an.
87   Fritz von Graevenitz, *Kunst und Soldatentum,* Stuttgart 1940, S. 12 f.
88   Hans Herrmann, *Forschung und Lehre,* S. 32.
89   Graevenitz, *Kunst und Soldatentum,* S. 26 f.

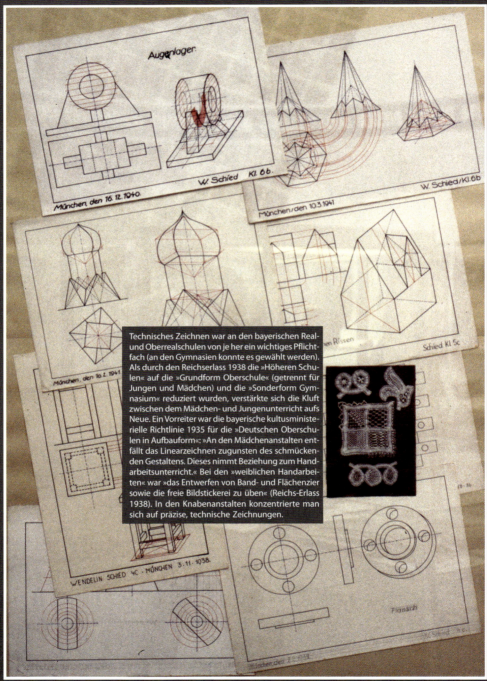

Technisches Zeichnen war an den bayerischen Real- und Oberrealschulen von je her ein wichtiges Pflichtfach (an den Gymnasien konnte es gewählt werden). Als durch den Reichserlass 1938 die »Höheren Schulen« auf die »Grundform Oberschule« (getrennt für Jungen und Mädchen) und die »Sonderform Gymnasium« reduziert wurden, verstärkte sich die Kluft zwischen dem Mädchen- und Jungenunterricht aufs Neue. Ein Vorreiter war die bayerische kultusministerielle Richtlinie 1935 für die »Deutschen Oberschulen in Aufbauform«: »An den Mädchenanstalten entfällt das Linearzeichnen zugunsten des schmückenden Gestaltens. Dieses nimmt Beziehung zum Handarbeitsunterricht.« Bei den »weiblichen Handarbeiten« war »das Entwerfen von Band- und Flächenzier sowie die freie Bildstickerei zu üben« (Reichs-Erlass 1938). In den Knabenanstalten konzentrierte man sich auf präzise, technische Zeichnungen.

Technische Zeichnungen von Wendelin Schied an der Luitpold-Oberrealschule 1938 bis 1941, Handarbeitsmuster aus dem Archiv des Luisengymnasiums – eine Tafel der Ausstellung 2005.

sechs Oberschulen für Mädchen in städtischer Verwaltung und die staatliche Oberschule Max-Josef-Stift.[90] Die wundersame Vermehrung ging auf die Schließung der Kloster- und anderen privaten Schulen zurück.

5.1 Die Entstehung der Oberschulen für Mädchen auf Kosten der Klosterschulen

Aus einem Brief von Staatsrat Boepple (Bayerisches Staatsministerium für Unterricht und Kultus) vom 31.12.1937 geht hervor, dass München bzw. Bayern der Vorreiter bei der Schließung der Kloster- und konfessionell betriebenen höheren Schulen und der oft nachfolgenden Enteignung des Schulbesitzes war.[91] Während in diesem Brief »ein öffentliches Bedürfnis« an den Privatschulen anerkannt wurde, wies Boepple in einem Formschreiben vom selben Monat mit vorformulierten Varianten 67 Lyzeen an, ihre Schule zu schließen:
»Für die dortige Anstalt kann kein Bedürfnis anerkannt werden. Sie ist daher mit Ablauf des Schuljahres 1937/38 im vollen Umfang zu schließen.« Oder: »Sie ist daher zu schließen und zwar in der Weise, daß vom nächsten Schuljahr an keine Schüler mehr aufgenommen werden dürfen. Im kommenden Schuljahr darf bereits keine 1. Klasse mehr eröffnet werden. Die übrigen Klassen können nach dem bisherigen Lehrplan hinausgeführt werden. Diese Erlaubnis ist stets widerruflich und an die Bedingung geknüpft, daß zum Leiter der Anstalt ein weltlicher, vom Staatsministerium für Unterricht und Kultus ausgewählter Erzieher bestellt wird, der ausschließlich nach den Weisungen des Staatsm.

---

90 Siehe Anhang Schulgeschichte.
91 »Betreff: Sicherung des Raumes für öffentliche Unterrichts- und Erziehungsanstalten. Die nationalsozialistische Schulpolitik erfordert es, das klösterliche Schul- und Erziehungswesen möglichst einzuschränken. In Bayern ist auf diesem Gebiete schon manches geschehen; weitere Schritte sind vorbereitet. Mit der Schließung der klösterlichen Anstalten ist es nicht getan; in den meisten Fällen besteht für die Erhaltung der Anstalt als solcher ein öffentliches Bedürfnis. Anstelle der klösterlichen Anstalt muß daher, von Ausnahmen abgesehen, eine gemeindliche oder staatliche Anstalt errichtet werden. Dazu sind in der Regel die Baulichkeiten und sonstigen Grundstücke der klösterlichen Anstalten benötigt. Neubauten kämen dem Staat oder den Gemeinden teuer zu stehen und wären meist auch nicht in der erforderlichen kurzen Zeit aufzuführen. Außerdem wäre es höchst unwirtschaftlich, die oft gut gebauten und ausgestatteten Schulgebäude und Heime der Klöster usw. ihrem Zweck zu entziehen [...].« Boepple beantragte bei Reichserziehungsminister Rust Rückendeckung in Form von allerlei Maßnahmen, Anordnungen und Gesetzen z.B. gegenüber den einzelnen Gliederungen der Partei und des Staates, die ebenfalls die Klöster als Objekt ihrer Begierde beanspruchten. BayHStA MK 41642.

Stundentafel Oberschule für Mädchen
(Sprachliche Form)

Fächergruppen und Fächer \ Klassen	1	2	3	4	5	6	7	8	Zus.
I. Leibeserziehung	5	5	5	5	5	4	4	4	37
II. Deutschkunde									
Deutsch	5	5	4	4	4				
Geschichte	1	2	3	3	3				
Erdkunde	2	2	2	2	2				
Kunsterziehung	2	2	2	2	2				
Handarbeit	2	2	2	2	2				
Musik	2	2	2	2	2				
III. Naturwissenschaften und Mathematik									
Biologie	2	2	2	2	2				
Chemie					2			3	
Physik									
Rechnen und Mathematik	4	4	4	3	3				
IV. Fremdsprachen									
Englisch									

Stundentafel Oberschule für Mädchen
(Hauswirtschaftliche Form)

Fächergruppen und Fächer \ Klassen	1	2	3	4	5	6	7	8	Zus.
I. Leibeserziehung	5	5	5	5	5	2	2	2	31
II. Deutschkunde						4	4	4	34
Deutsch	5	5	4	4	4	3	3	3	21
Geschichte	1	2	3	3	3	2	2	2	16
Erdkunde	2	2	2	2	2	2	2	2	16
Kunsterziehung	2	2	2	2	2	2	2	2	16
Musik	2	2	2	2	2				
III. Naturwissenschaften und Mathematik									
Biologie	2	2	2	2	2	2	2	2	16
Chemie					2	3	3	3	14
Physik									
Rechnen und Mathematik	4	4	4	3	3	2	2	2	24
IV. Fächer des Frauenschaffens auswirtschaft									
Kochen, Haus- u. Gartenarbeit[1]						6	6	6	18
Handarbeit	2	2	2	2	2	3	3	3	19
Gesundheitslehre						1	1	1	
und -pflege						1	1	1	
Beschäftigungslehre[2]									
Dienst (Säuglingsheim, Kindergarten, Familie)						[3]	[3]	[3]	
Fremdsprachen									
Englisch	5	4	4	4	4	2	2	2	
Religionslehre	2	2	2	2	1	1	1	1	
Zusammen	32	32	32	33	33	36	36	36	

Unterricht statt Gartenarbeit.
[Fußnote] lehre in der 8. Klasse wird je nach den Verhältnissen mit der Gesundheitslehre und ...gslehre ... verbunden.
...en sind nicht angesetzt, da der Dienst nur in vierwöchiger zusammenhängende...
Während dieser Zeit fällt der Unterricht aus.

Stundentafeln
Oberschulen ab 1938/39

Stundentafel Oberschule für Jungen
(mit Naturwissenschaftlich-Mathematischem und Sprachlichem Zweig)

Fächergruppen und Fächer \ Klassen	1	2	3	4	5	6*)	7	8	Zus.
I. Leibeserziehung	5	5	5	5	5	5	5	5	40
II. Deutschkunde									33
Deutsch	5	4	4	4	4	3	4	4	22
Geschichte	1	3	3	3	3	3	3	3	16
Erdkunde	2	2	2	2	2	2	2	2	16
Kunsterziehung	2	2	2	2	1	1	2	2	14
Musik	2	2	2	1	1		2		16
III. Naturwissenschaften und Mathematik						Natur.wiss.-Math. Zweig / Sprachl. Zweig	Natur.wiss.-Math. Zweig / Sprachl. Zweig	Natur.wiss.-Math. Zweig / Sprachl. Zweig	Natur.wiss.-Math. Zweig / Sprachl. Zweig
Biologie	2	2	2	2	2	2 / 2	2 / 2	2 / 2	17 / 11 (16)/(12)
Chemie				2	3	2(3)2 / 2	2 / 2	2 / 2	30 / 24 (29)/(25)
Physik					2	2 / 2	2 / 2	2 / 2	30 / 36 (31)/(35)
Rechnen und Mathematik	4	4	4	3	3	4(3)2 / 2	4 / 2	4 / 2	18 / 24 (19)/(23)
IV. Fremdsprachen						2(3)4	2	4	
Englisch	6	6	4	4	4	2(3)4	2	4	
Latein				4	4	4	3	3	9
V. Arbeitsgemeinschaften									
a) Natur.-Math.						3	3	3	9
b) Fremdsprachliche						3	3	3	12
VI. Religionslehre	2	2	2	2	1	1	1	1	273 / 273
Zusammen	31	32	34	34	34	36(36)36	36	36	

*) Für die Übergangszeit bis zum Ausbau des mittleren Schulwesens wird die 6. Klasse nur in den Arbeitsgemeinschaften gegabelt; es gelten daher in Chemie, Physik, Mathematik und in den Fremdsprachen die eingeklammerten Stundenzahlen.

Aus: Reinhard Dithmar (Hg.), *Schule und Unterricht im Dritten Reich*, Neuwied 1989.

f. U.+K. tätig wird.«[92] Die Schülerinnen der privaten Lehranstalten sollten in kommunalen Schulen aufgefangen werden, und dafür mussten »die oft gut gebauten und ausgestatteten Schulgebäude und Heime der Klöster« zur Verfügung stehen.[93]

In diesem Sinne also sind Formulierungen zu werten wie z.B.: »Die bisherigen konfessionellen Privatschulen […] wurden ihres konfessionellen Charakters entkleidet und der Aufsicht der Gemeinden unterstellt.«[94]

Am 20.11.1942 fasste das Bayerische Staatsministerium für Unterricht und Kultus, gez. Dr. Friedrich, zusammen: »1) Geistliche und klösterliche Oberschulen für Jungen und Mädchen bestehen in Bayern nicht mehr. 2) Die noch bestehenden priv. höh. Schulen a) Pädagogium Ustrich, München […] d) Schönhärl, München […] sind teilweise auf Abbau gesetzt, laufen also aus, teilweise ist ihre Schließung nach Kriegsende in Aussicht genommen.«[95]

1938 waren die höheren Schulen reichsweit in nur noch »zwei Grundformen« gegliedert worden: »A. eine Hauptform, B. eine Sonderform. Die Sonderform der Oberschule für Knaben stellt das Gymnasium dar.«[96] Vom Abbau der Gymnasien blieben in München nur das Wilhelmsgymnasium, das Ludwigsgymnasium und das Maximiliansgymnasium verschont. Bezeichnend war, dass es für Mädchen die »Sonderform« des Gymnasiums nicht gab. So hatte sich der bayerische Lehrerinnenverein vor 1933 die Emanzipation von den höheren Töchterschulen[97] sicher nicht vorgestellt! Verfestigt wurde ein Erziehungssystem mit unterschiedlichen Entscheidungsträgern und Unterrichtsstoffen für Mäd-

---

92 Ebd.
93 Am 14.3.1938 wurden die Gemeinden von Boepple angewiesen, »zu Beginn des neuen Schuljahres 1938/1939 die notwendigen öffentlichen Unterrichts- und Erziehungsanstalten in geeigneten Räumen in Betrieb zu nehmen«. »Werden ihnen die benötigten Räume nicht im Wege gütlichen Einvernehmens überlassen oder im Wege des ordentlichen Enteignungsverfahrens rechtzeitig zur Verfügung gestellt, so wird ihnen zur Behebung des damit gegebenen öffentlichen Notstandes« mit der »Änderung des bayerischen Zwangsabtretungsgesetzes vom 14. März 1938 (GVBl. S. 117)« die »vorübergehende Benutzung« so lange erlaubt, bis das Enteignungsverfahren abgeschlossen ist. Ebd.
94 Aus einer »Aufschreibung für den Herrn Obergebietsführer Klein«, Referat 5, 18.10.1939. In diesem Papier wird der Begriff »Mädchenschulreform« verwendet. Ebd.
95 Ebd.
96 Münchener Jahrbuch 1939.
97 Dem Namen nach gab es in Bayern erst seit 1932 keine »höheren Töchterschulen« mehr. (Bekanntmachung des Bayerischen Staatsministeriums für Unterricht und Kultus vom 20.2.1932: »Die Schulgattung der ›Höheren Mädchenschulen‹ soll in Zukunft wegfallen; sie werden in Lyzeen umgewandelt.«) Münchener Jahrbuch 1933, S. 191.

An das Staatsministerium für
Unterricht und Kultus
München
Salvatorpl.1.

Dez.8/L.   2. Mai 1939.

Nach 20 Jahren Studienrätin (1939)

Quelle: StAM, Schulamt, Personalakte Steinheil.

Betrifft: Einstufung der städt. Zeichenlehrerinnen.

Die Zeichenlehrerinnen älterer Ordnung, die noch an der Akademie für angewandte Kunst (frühere Kunstgewerbeschule) ausgebildet sind und dort ihre Abschlussprüfung abgelegt haben, werden bei der Stadt München als Fachlehrerinnen in Gruppe 7 der Bes.O. als Eingangsgruppe eingereiht; Endgruppe ist die Gruppe 9 für Fachoberlehrerinnen. Die vergleichbaren Gruppen der Bayerischen Besoldungsordnung vom 27.3.39 sind ungefähr die Gruppen 4e und 4b 1.

Diese Zeichenlehrerinnen weisen nun in einem Gesuch darauf hin, dass nach einer im Bayerischen Unterrichtsministerium erhaltenen Auskunft die Zeichenlehrerinnen ä.O. im bayerischen Landesdienst zu Studienrätinnen befördert werden, sobald sie 20 Dienstjahre haben und 40 Jahre alt sind; sie bitten deswegen bei der Stadt um die gleiche Einreihung.

Ich bitte um Bestätigung dieser Angaben und um Mitteilung, ob eine Erinnerung gegen eine beabsichtigte Beförderung älterer Fachoberlehrerinnen besteht.

Der Oberbürgermeister:

II. Wiedervorlage m.E. oder in 4 Wochen.
Am 2. Mai 1939.
Dezernat 8:

20.6.39.

[Unterschrift]

Beilage

1.) Die Zeichenlehrerinnen waren früher, vor dem Jahre 1921 durch das Gehaltsregulativ der Direktorinnen der Höheren privaten Mädchenschulen wesentlich höher eingestuft. Sie sind 1921, seitdem der Staatszuschuss an die Höheren Lehranstalten für Mädchen gegeben wurde, in die tiefste Gehaltsklasse gesetzt worden.

.) Seit 1930 sind Zeichenlehrerinnen ä. O. und Zeichenlehrerinnen n.O. nebeneinander angestellt.

Die Zeichenlehrer ä.O. – heute ca. 130 im Amt– sind durch Uebergangsbestimmungen seinerzeit den Zeichenlehrern n.O. in Rang und Gehalt gleichgestellt worden.

Für die Zeichenlehrerinnen ä. O., welche die gleichen Vor- und Ausbildungsbedingungen erfüllen wie die Zeichenlehrer ä.O., wurden die Uebergangsbestimmungen noch nicht geschaffen. Die Zeichenlehrerin ä.O. steht in ihrer Einstufung weit unter der Zeichenlehrerin n.O., obwohl sie wie diese, eine vierjährige Fachausbildung besitzt.

.) Die niedrige Einstufung der Zeichenlehrerin ä.O. steht auch in keinem Verhältnis zur Bedeutung des Faches "Zeichnen und Kunsterziehung" und seinen vielseitigen Aufgaben, die sich heute mehr denn je, als hervorragende Erziehungs- und Bildungsmittel auswirken.

Wir bitten unsere Bemühungen um die Uebergangsbestimmungen, die den Zeichenlehrern ä.O. gegeben wurden, an massgebender Stelle gütigst zu unterstützen, denn wir sind durch die bestehenden Verhältnisse nicht nur materiall schwer benachteiligt worden, sondern wir leiden auch in ideeller Beziehung eine starke und

Anstellung abgelehnt (1915)

An die Gesuchstellerin.

Von Jhrem Gesuche um Anstellung als Zeichenlehrerin haben wir Kenntnis genommen und Vormerkung gemacht. Wir bemerken aber, dass bei der grossen Anzahl von Bewerberinnen und dem geringen Bedarfe an Zeichenlehrkräften für unabsehbare Zeit keine Aussicht auf Berufung besteht.

Gleichzeitig teilen wir Jhnen mit, dass zur Zeit an den städtischen Schulen Zeichenlehrerinnen zur Praxis nicht zugelassen werden.

Zur Gesuchsammlung.

München, den 13.Okt.

Magistrat:

chen und Jungen. (Dok. 176 und Dok. 178) Beim Zeichen- und Kunstunterricht verfestigte die städtische Verwaltung der Mädchenoberschulen den Einfluss von Hans Herrmann.

5.2   Besonderer Ehrgeiz der weiblichen Zeichenlehrkräfte

Die Lebensläufe der weiblichen Zeichenlehrkräfte unterschieden sich deutlich von denen der männlichen: Ihre Anstellungschancen waren noch geringer und unsicherer. Die meisten Lehramtskandidatinnen zogen die Konsequenz, ihre berufliche Ausbildung auf viele Bereiche auszudehnen. Ihr Studium und ihre Weiterbildung variierten inhaltlich und zeitlich stark. Waren sie einmal in den Schuldienst übernommen, wurde in ihren Zeugnissen oft besondere Rührigkeit und Ehrgeiz erwähnt.

Zum Beispiel: Emma von Dall'Armi absolvierte ihre Lehramtsprüfung 1909 und gab in ihrem Lebenslauf unter »1913-18 Weiterbildung auf künstlerischem Gebiet« an: 1913 Kopf- und Aktzeichnen bei Prof. Knirr in München, 1914-16 Stillleben und Landschaftsstudium bei Prof. Hummel München, Malschule Heymann und Hofmann, 1915 Copieren in der Alten und Neuen Pinakothek zu Studienzwecken, 1914-16 Erlernen des Buchbindens bei Buchbindermeister R. Hönn, 1917-18 Schrift und Graphik an der Staatsschule für angew. Kunst b. Prof. Ehmke, Besuch von Vorträgen über Kunstgeschichte. Im Gutachten des Schuldirektors von 1940 hieß es: »Jahrelang mußte sie sich im übrigen durch den Verkauf ihrer Bilder und Kopien den nötigen Unterhalt verdienen.« Ab 1918 war sie am Max-Josef-Stift angestellt, dort kamen 1934 Werkunterricht, 1935 Kurzschriftunterricht dazu. Dazwischen besuchte sie u.a. Kurse am Gustaf Britsch-Institut in Starnberg.

Andere Lehramtskandidatinnen absolvierten zusätzlich die Sonderprüfung für den Volksschuldienst, so z.B. Hildegard Deppisch oder Susanne Praun 1935, oder sie besuchten noch eine viersemestrige Modeklasse und bildeten sich nach ihrer Lehramtsprüfung noch weitere Semester an der Kunstgewerbeschule fort. So z.B. Hertha Münzinger: Ihr wurde »von amtlicher Stelle die völlige Aussichtslosigkeit, je eine Zeichenlehrerinnenstelle zu bekommen« bescheinigt, sie ließ sich deshalb »im wissenschaftlichen Naturzeichnen bei Herrn Dr. Skell und im Aquarellieren bei Frau Prof. Brauneis, sowie im Kopf- und Aktzeichnen bei Herrn Prof. Klein weiter aus[ ]bilden in der Hoffnung, auf dem Gebiete des wissenschaftlichen Zeichnens irgend eine Verdienstmöglichkeit zu haben«.[98] Andere – z.B. Julie Hahn oder Sophie Thoma – legten die Lehramtsprüfung für Zeichnen und zusätzlich für Turnen ab.

---

98   Aus: Lebenslauf vom Februar 1935, StAM, Schulamt, Personalakte 3331.

Traditionelle Prüfungsstoffe der Zeichenlehramts-kandidatinnen an der Kunstgewerbeschule München, zum Beispiel 1899 1909 und 1925.

Siehe zum Vergleich auch die Prüfungs-Zeugnisse der Lehramtskandidaten an der THM in Dok. 48.

Quellen: StAM, Schulamt, Personal-akten der Prüflinge, siehe Kurzviten.

Auch die Handarbeitslehrerinnen, die zum Unterricht an den höheren Schulen berechtigt waren und sich ab 1938 den dreistündigen Unterricht in den oberen Klassen der Mädchenoberschulen mit den Zeichenlehrerinnen teilten, durchliefen viele Ausbildungsgänge, wie exemplarisch bei Elisabeth Grünleitner deutlich wird: Frauenarbeitsschule 1923-26 mit Gesellenprüfung, Handarbeitslehrerseminar 1926-28 mit Abschlussprüfung, Deutsche Meisterschule für Mode 1931-33 mit Meister- und Diplomprüfung, Lehrgang Kunstgewerbeschule 11/37 bis 4/38 14 Wochenstunden, selbständige Schneidermeisterin 1933-35. In den Zeugnissen wurde ihr immer wieder »guter Geschmack«, »gepflegtes Aussehen« und besonderer Ehrgeiz bestätigt. Die harte Schule bis zur Anstellung war offensichtlich ein fruchtbarer Nährboden für die Härte, die sie als Lehrerin und als NS-Mitarbeiterin der *Arbeitsgemeinschaft für Sippenforschung des Reichsnährstandes* ihren Schülerinnen und Kolleginnen abforderte. »Die Grüne war ein Schreckenswort«, so eine ehemalige Schülerin[99] des Max-Josef-Stifts. Sogar noch 1948 hieß es in der dienstlichen Beurteilung: »In ihrem Unterricht sowohl wie im Heimdienst verwirklicht sie stramme Disziplin«, und noch 1957: »In der Bewertung von Leistungen, Betragen und Fleiß legt sie einen sehr strengen Maßstab an. Leider besuchen viele Schülerinnen den Handarbeitsunterricht mehr mit Bangen als mit Freude.«[100]

Im Schularchiv des Luisengymnasiums befinden sich noch heute Hunderte von Stick-, Web-, Strick- und Häkelarbeiten aus farbigen Fäden aller Art, fein säuberlich auf Musterkartons oder Textilien aufgetragen. Man hat sie offensichtlich mehr geschätzt als Zeichnungen und Malereien, von denen im Archiv keine mehr erhalten sind. Das Handarbeitsfach war das sichtbare Relikt der traditionellen Ausbildung zum »guten Geschmack« der »höheren Töchter« entsprechend ihrer gesellschaftlichen Hauptfunktion, die Familie des im öffentlichen Leben stehenden Bürgers zu repräsentieren und ein »trauliches Heim« zu gestalten.[101]

---

99 Hertha Schmorell im Gespräch mit der Verfasserin, August 2004.
100 BayHStA MK 56620.
101 Oder wie der am Alten Realgymnasium bis 1946 unterrichtende Zeichenlehrer Hans Zintner 1907 im Zusammenhang mit der Forderung nach einem »ordentlichen« Zeichenunterricht an den Mädchenschulen formulierte: »Viel zu wenig Würdigung findet das Zeichnen an den Mädchenschulen, namentlich den *Höheren Töchterschulen*. Es herrscht dort meistens kein ordentliches Unterrichtssystem, man befaßt sich zuviel mit dilettantischen Oelklexereien, während doch ein Naturstudium verbunden mit Stilisierversuchen angezeigt wäre. Wenn die zukünftige Hausfrau etwas Geschmack, Dekorationsgefühl, Gefühl für Flächenverteilung mitbrächte, so wäre das den ›Frauenhandarbeiten‹ nur förderlich. Eine Frau, die es versteht, das Heim traulich zu gestalten, wird ihren Mann nicht tagtäglich dem Wirtshaus zusteuern sehen, sondern ihn in der Familie retten.« (Straubinger Tagblatt Nr. 294, 1907).

Am Gustaf Britsch-Institut

Kursteilnehmer vorwiegend Frauen

Sommerkurs 1941

Aquarell: Das Haus in Starnberg. Rückseitig signiert von Gustaf Britsch. Quelle: Britsch-Nachlass, Archiv Schütz.

Lehrsumme für 1941.   21. – 26. Juli.

1. Rektor Iver Sörensen — 15.–
2. Frau Meta " — 15.–
3. Frl. Marianne Frech, Heros.Sefarin. Stuttg. — 15.–
   Neckarstr. 48 B
4. Frl. M. Neumann, Linz — 15.–
5. Frl. H. Rößler, Göppingen, Kopperstr. 12 — 15.–
6. Frl. v. Ros. Stadelmaier – Heilbronn, Weins... — 15.–
7. " Paul Buntner, Reutl. Bellinostr. 68 — 15.–
8. " Waldraff – Geislingen — 15.–
9. Phil. Off. Planck — 15.–
10. Randlehrer Weiler — 15.–
11. " Krötz – Lermann — 15.–
12. Frl. Else Riemüller – Augsburg — 15.–
13. Frl. Liesel Sachs – Trier — 15.–
14. Frl. Hitzmann – Metz
15. " Sonja Mentz
16. Randl. Herrmann, Oberndorf
17. Frl. Seidenschnur – Magdeb.
18. Frl. Rose Bauer – Eutin
19. Frl. Hackstein – Voerde
20. Frl. Jos. Bauer – Wiesbaden

21. Frl. Gudrun Klebe – Lübeck
22. " Hild. Tepe – Linz
23. " Resch – (Ariciniano?)
24. " Elfriede Fischer – St. Cytharina?
25. Frl. L. Weigle – Stuttgart
26. Frl. Marg. Rosenmüller
27. Frl. geb. Niemer – Bonnen
28. Frl. Hartstein
29. Frl. v. Komiatski – Tha...
30. Frl. Post
31. Frl. Untermann, Berlin
32. Frl. Wedel, Münster
33. Frl. Stricker
34. " Kaufmann, Boch...
35. " Potthoff
36. " Schroeder
37. Phil. Ros. Pedlak, Neu... / Südslav. Linzergasse 42 — 15.–
38. " Benno Itenberg — 15.–

M. 570

39. Frl. Hofmann als Gast

Eine Zeichenlehrerin konnte frühestens nach 20 Jahren Lehrtätigkeit zur Studienrätin befördert werden (Dok. 180), obwohl die Lehramtsprüfung für Zeichnen an der Staatsschule für angewandte Kunst derjenigen an der TH München entsprach, mit geringen Abwandlungen wie Blumenzeichnen für Stillleben (Dok. 186, zum Vergleich Dok. 46). Ähnlich wie bei der TH bestimmten an die sieben Jahrzehnte lang geometrisches, projektives und perspektivisches Zeichnen, Ornamentzeichnen etc. die Ausbildung; die Kunstgeschichte-Prüfung zählte nur 1/20 der Gesamtnote.

An der Hans-Schemm-Aufbauschule gab es zwei Abteilungen, eine für die Mädchen, eine für die Knaben. Diese gingen zum Vordereingang in die Schule, jene mussten den Hintereingang nehmen. »Die Mitteltreppe war tabu für uns.«[102] Der Alltag zeigte in den sog. Kleinigkeiten oft die diskriminierende Behandlung des weiblichen Geschlechts. Auf solcher Grundlage muss man wohl auch die besonderen Anstrengungen von Frauen sehen, gesellschaftliche Anerkennung zu finden. Sosehr Hitler, Goebbels, Rosenberg etc. die weibliche Unterlegenheit beschworen, so fanden durch die Nazis auch bestimmte »Aufwertungen« statt, z.B. durch die Definition der »Frau als Bewahrerin der Rasse« oder durch die Verwendung privater, »weiblich definierte[r] Werte – Hingabe, Gefühl, Gemeinschaftsverpflichtung« im öffentlich-politischen Raum.[103]

5.3 Britsch/Kornmann/Herrmann-Einfluss an Mädchenschulen

Aus verschiedenen Archivalien ist ersichtlich, dass Lehrerinnen sowohl aus privaten als auch städtischen Lyzeen wie auch aus dem Max-Josef-Stift seit den 1920er Jahren zu ihrer Fortbildung Zeichenkurse des Britsch/Kornmann-Instituts in Starnberg besuchten.[104] (Dok. 184 und 186) Querverbindungen gab es auch über die Kunstgewerbeschule. So wurde z.B. Anton Marxmüller, der dort

---

102 Frau Kollmann in einem Gespräch mit B.Z., 2004.
103 Siehe Brockhaus, *Schauder und Idylle,* insbesondere das 5. Kapitel »Damals hat man als Frau noch etwas gegolten! Weibliche Größenphantasien und ihr Preis«, S. 165-183.
104 Siehe z.B. den internen Jahresbericht 1931/32 der privaten Lehrerinnenbildungsanstalt München-Weichs oder den Schulakt 2121 des Stadtarchivs München, aus dem hervorgeht, dass im Schuljahr 1935/36 Barbara von Allweyer von der Hans-Schemm-Aufbauschule ebenso wie Dall'Armi vom Max-Josef-Stift vier Kurse besuchten, und von der Höheren Mädchenschule Maria Ward wurden vier Zeichenlehrkräfte mit insgesamt 23 Kursbesuchen aufgezählt. – Im Britsch-Nachlass (Archiv Otfried Schütz) existieren in einem Buch mit dem Titel »Kurse 1926-43 u. 50-51« weitgehend vollständige Eintragungen über die KursbesucherInnen.

Zeichenlehrerinnen in Starnberg

Kurse 1926–43 und 50–51

Mit wenigen Ausnahmen finden sich die Namen aller Münchner Zeichenlehrerinnen und Kunsterzieherinnen in den Listen des Kursbesucherbuchs im Gustaf Britsch-Institut in Starnberg. Schon in den 1920er Jahren, z.B. Juli 1927:

Julie Hahn
Sophie Thoma
Susanne Praun
Irmgard Fischel
(Zacharias).

Quelle: Britsch-Nachlass, Archiv Schütz, Box IX. Das Foto oben stammt von 1938.

1922-30 die Radierklasse leitete, von Herrmann als einer »der ältesten Schüler von Britsch und Kornmann« vorgestellt.[105] Der traditionelle Einfluss des städtischen Volksschulfachberaters für Zeichnen auf die städtischen höheren Mädchenschulen und Lehrerinnenbildungsanstalten hing damit zusammen, dass aus diesen Anstalten hauptsächlich die Volksschullehrkräfte und Fachlehrerinnen gewonnen wurden.

Eine der Kursbesucherinnen war Barbara von Allweyer von der Hans-Schemm-Aufbauschule (Abteilung für Mädchen). Hans Herrmann bedankte sich bei ihr in Heft 4 von »Die Gestalt«, April 1938, dass sie ihr Kräuterbuch zur Verfügung gestellt und damit die Herausgabe dieses Heftes ermöglicht hatte.[106] Zu den abgebildeten Heilkräutern schrieb Herrmann kaum Text, das war auch nicht notwendig, denn die ersten zwei Hefte dieses Jahrgangs 5 (Schuljahr 1937/38) waren thematisch schon vom Pflanzenzeichnen bestimmt: Heft 1 stellte die bekannten Baumschemen »Entwicklungsformen der kindlichen Zeichnung« vor. Daraus wurde abgeleitet, dass nur »klare, durchaus bestimmte Formen [...] an Stelle von schwammigen Faseleien« erlaubt seien und dass man Großtuern verbieten muss, die »echte Naturwahrheit« zu verletzen. Heft Nr. 2 lieferte zuerst maltechnische Hinweise: »Auf die starke Leuchtkraft der unmittelbar aufs Papier gesetzten schwimmenden *Wasserfarbe* verzichten wir großenteils, weil sie in der Schule kaum zu gediegener Formbildung zu gebrauchen ist. Die Deckfarbe dagegen gibt uns die Möglichkeit *einer formvorstellungsgemäßen Durchmodellierung.*« (S. 19) Dann folgten »Aus der Kulturrede des Führers in Nürnberg 1937« jene Passagen, in denen Hitler gegen »gedankenlose kleine Spießer« eine musische und jeder Kritik entzogene Kunstproduktion propagierte: »Viel schwieriger ist die Frage (ergänze: der Wertung eines Kunstwerkes [H.H.]) aber dann zu lösen, wenn der Kunstbesitz der Nation bedroht wird von dem Eindringen einer nicht durch die eigene künstlerische Höhe geheiligten und damit berechtigten neuen Welle von Kunstwerken, als vielmehr durch den Angriff einer im tiefsten Grunde *amusischen unkünstlerischen Produktion,* die aus allgemeinen weltanschaulichen oder politischen Gesichtspunkten lanciert, propagiert und gefördert wird. [...] Vor allem: Jedes gewaltige Kunstwerk trägt seinen eigenen

---

105 Die Gestalt 38/3, S. 47. Die Verbindungen zwischen dem Fachberater für Zeichnen bei der Stadt München und der Kunstgewerbeschule waren traditionell eng. So war z.B. auch Herrmanns Vorgänger Eduard Steigerwaldt neben seiner Fachberaterstelle nebenberuflich Dozent an der Kunstgewerbeschule, auch er war – zumindest 1933/34 – Britsch/Kornmann-Verfechter, wie aus dem Ausstellungsbericht zu »Volk und Schule« 1934 eindeutig hervorgeht, zudem war er einer derjenigen, die sich für die Einstellung Hans Herrmanns stark-machten. StAM, Schulreferat, PA 11857.
106 Jg. 5, Heft 4, S. 60.

Kinderzeichnungen zeigen früh beginnende genderspezifische Sozialisation

Magdalena Aufhauser, geb. 1936. Zeichnungen aus der NS-Zeit.

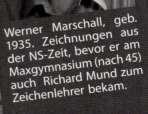

Werner Marschall, geb. 1935. Zeichnungen aus der NS-Zeit, bevor er am Maxgymnasium (nach 45) auch Richard Mund zum Zeichenlehrer bekam.

Wert in sich. Es kann nicht mit anderen Maßstäben gemessen werden […] Das große Kunstwerk trägt einen absoluten Wert in sich.« (S. 23) Heft 3 vom Januar 1938 enthielt die Anleitung zu »Schule und Vierjahresplan, auf ihrem Titel prangte die Abbildung eines Scherenschnitts (Früchtemotiv, Ausschnitt aus einer Gemeinschaftsarbeit) aus dem St.-Anna-Lyzeum.[107] Heft 4 schließlich beschränkte sich auf zwei Dutzend Kräuterabbildungen und eine Textseite, die nichts Neues enthielt.

Die auf den ersten Blick seltsam erscheinende Mischung der Schwerpunktthemen der Zeitschrift »Die Gestalt« enthielt durchaus einen roten Faden. Alle vier Hefte können nach dem Krieck'schen Erziehungsmuster interpretiert werden: wie man »die Seele« von Lehrerin und Schülerin mobilmacht: Heft 1 mobilisierte durch Erschütterung und Einschüchterung, durch Verächtlichmachung und Ausgrenzung, Heft 2 lockte durch »Unterrichtsgeheimnisse« und die Verheißung des Führers auf Höchstleistung bei gleichzeitiger Abmahnung jeder Kritik, Heft 3 befriedigte durch die praktische Anwendbarkeit in unentwegtem Aktivismus und gehobener Stimmung, mit Heft 4 konnte das Schuljahr ausklingen. Die Fachberatertätigkeit Hans Herrmanns im Dienst seines pädagogischen und künstlerischen Formverständnisses war stets politisch opportun eingebettet. (Siehe insbesondere das Kapitel »Zeichenausstellungen zum Vierjahresplan«.)

Anfang 1940 konnte man einer Schau *Form der Jugend*[108] entnehmen, dass die Mädchenoberschule am St.-Anna-Platz und die Mädchenabteilung der Hans-Schemm-Aufbauschule die einzigen Oberschulen aus München waren, die Beiträge für diese Ausstellung unter Leitung von Hans Herrmann geliefert hatten. In einer »umfassenden Leistungs- und Lehrschau« sollte über das »neue Zeichnen«[109] an den Münchner Schulen, hauptsächlich Volksschulen, berichtet werden. (Siehe Kapitel »Bezirkszeichenausstellungen«) Im Schlussbericht protokollierte Herrmann unter »Besucher: a) einzelne Erwachsene etwa 3100. b) Schul-

---

107 Dort waren zu diesem Zeitpunkt als Zeichenlehrerinnen vor allem Martha Steinheil, Julie Hahn und Sophie Thoma tätig; alle Genannten hatten Kurse im Starnberger Gustaf Britsch-Institut für Kunstwissenschaft durchlaufen, wie aus den Aufzeichnungen des Instituts hervorgeht. Quelle: Archiv Schütz, Box IX.
108 18. Januar 1940 bis 4. Februar 1940, ausführliche Dokumente in: StAM, Schulamt 2564.
109 »Die *sachlichen Schulausstellungen* über den Vierjahresplan, über das WHW, über die Gesundheitsführung hatten unzweifelhaft bewiesen, daß *der neue formbildende Zeichenunterricht* allein imstande war, die Kinder zu sachlich klaren, formschönen und auch *gegenständlich einleuchtenden Darstellungen* zu bringen. Daher kam der Plan, in einer umfassenden Leistungs- und Lehrschau über dieses neue Zeichnen zu berichten. Er wurde vom Fachberater zunächst mit dem Träger der bisherigen Schulausstellungen, der NSD-Schulgemeinde besprochen.« Hans Herrmann am 7. April 1940, ebd.

Modellbauunterricht für Alt und Jung

Bild links aus: StAM, Schulamt 2078, Bilder unten aus Jahresberichten der Rupprecht-Oberrealschule und Oberrealschule III.

Amtlicher Schulanzeiger

für den

Regierungsbezirk Oberbayern.

Herausgegeben von der Regierung von Oberbayern.

Erscheint nach Bedarf monatlich ein- bis zweimal. Preis vierteljährlich 0,80 RM. Druck und Geschäftsstelle: Buchdruckerei Kastner & Callwey, München 2 NW, Finkenstraße 2

Nr. 11.   München   26. November 1935.

Inhalt: Pflege des Luftfahrtgedankens in den Schulen. — Feststellung der Stärke der Hitlerjugend an den Volksschulen. — Lehrkräfte im H.J.-Dienst. — Kurzschrift an den Schulen; hier Schülerleistungsschreiben 1936. — Maschinenschreiben an den Schulen; hier Schülerleistungsschreiben 1936. — Einführung des Unterrichtsfilms in den Berufsschulen. — Volksbüchereien. — Dienstesnachrichten. — Buchanzeigen.

E. d. Staatsmin. f. Unt. u. Kult. v. 16. 10. 35 Nr. VII 46475 über die

Pflege des Luftfahrtgedankens in den Schulen.

An die Direktorate der höheren Unterrichtsanstalten, die Schulleitungen der Volksschulen und der technischen Fachschulen, die Vorstandschaften der Berufsschulen.

Die rasche Entwicklung des Flugwesens macht es notwendig, der Erziehung eines wissenschaftlich, technisch und fliegerisch gut vorgebildeten Nachwuchses für alle Zweige der deutschen Fliegerei besondere Sorge zuzuwenden. Bei der Heranbildung dieses Nachwuchses fällt der Schule eine wichtige Aufgabe zu. Sie ist es vor allem, die in der Jugend vom frühesten Alter an Verständnis und Ant[...] wecken berufen ist. Zur Erfüllung dieser [...] Möglichkeiten zu Gebote. Es gibt kein [...] Teil dazu beitragen könnte, den Luftfahr[...] bringen. Darüber hinaus müssen entspr[...] genheit erhalten, sich bereits in der S[...] Grundlagen des Flugzeugbaues vertraut [...] tritt hiezu noch die eigentliche praktisch[...]

Die gesamte Arbeit der Schule auf die[...] Einvernehmen und in ständiger Zusamm[...] Landesgruppen des Deutschen Luftsport[...]

In der Geschichte muß die Bedeutung der Fliegerei für Verteidigung und Angriff, ihre Leistung im Weltkrieg, unsere jetzige Lage im Vergleich zur Luftrüstung der Nachbarmächte, die Möglichkeit eines feindlichen Luftangriffs gewürdigt und die wehrpolitische Folgerung gezogen werden.

Kunstunterricht.

Auch im Kunstunterricht kann dem Sinn der Fliegerei gedient werden. Im phantasiemäßigen Gestalten sind Aufgaben aus diesem Gebiet auf allen Stufen der Volks-, Mittel- und höheren Schulen dem Alter gemäß zu bearbeiten. Im sachlichen Zeichnen bietet das Flugzeug geeignete Motive. Werbeplakate für die Fliegerei und deren Veranstaltungen können sowohl in den oberen Klassen der Mittelschule, als auch in der höheren Schule geeigneten Arbeitsstoff ergeben. Plaketten aus Ton oder billigem Eisenguß aus dem Kunstunterricht der höheren Schulen sind geeignete Preise für Wettbewerbe im Modellbau, Modellsegeln und Gleit- und Segelflug der Jungfliegergruppen.

klassen 227, darunter Klassen aus Meisterschulen des Handwerks, aus Höheren Schulen, aus Kunstakademien und privaten Kunstschulen.«

Es liegt nahe, Hans Herrmanns Einfluss auf (zumindest zwei) »höhere« Mädchenschulen und seinen mangelnden Einfluss auf die Oberschulen für Jungen und Gymnasien in Zusammenhang mit den Geschlechterrollen der NS-Zeit zu bringen. Auch die offiziellen Richtlinien weisen darauf hin. Zum Beispiel: »An den Mädchenoberschulen musste sich naturgemäss die Pflege der Luftfahrt in engeren Grenzen halten als es in Jungenschulen möglich ist. Das Hauptbestreben war darauf gerichtet bei den Schülerinnen eine ihrer Altersstufe entsprechende bejahende Einstellung zum Luftfahrtgedanken zu erreichen. Auch der Deutschunterricht konnte durch geeignete Lektüre, sowie durch Bearbeitung einschlägiger Niederschriften und Aufsätze dazu beitragen, in den Mädchen das Verständnis für die Bedeutung und den Wert der Luftfahrt zu wecken und zu steigern.«[110]

Die Technik für die Jungen und die Natur[111] (z.B. Pflanzen) für die Mädchen entsprach einem alten Klischee. Das Gebiet der HJ-Ausrüstungsgegenstände und Themen der Hochlandlager waren in den Münchener Oberschulen für Jungen bereits durch die Bergmann-Richtung besetzt (es ist kein Zufall, dass das diesbezügliche »Feld der Entfaltung«, die Adolf-Hitler-Schulen, reine Knabenanstalten waren). Der geringe Einfluss Hans Herrmanns auf die Knabenanstalten hing aber nicht nur mit personellen Einflussgebieten zusammen, sondern auch mit den objektiven Zielen der NS-Erziehung. So übernahm z.B. der an der Luitpold-Oberrealschule als Studienassessor beschäftigte damals noch Britsch anhängende Richard Wolf dort ab 1936 den Flugzeugmodellbau. Hans Herrmann konzentrierte sich mehr auf das »organisch-einheitliche« Gebiet der völkischen Kleinkunst mit den Themenbereichen Garten, Küche, Heim, Familie, Friedhof, Feldpost etc., wobei er eine spezifische NS-Frauenrolle bediente: Die Frau kann Politik »mit dem Herzen verstehen«.[112] (Soweit in der Zeitschrift »Die Gestalt« Abbildungen auch von Knaben abgedruckt waren, stammten sie

---

110 »gez. Bauer Stadtschulrat« 11.10.1940 an das Bayerische Staatsministerium für Unterricht und Kultus, Quelle: StAM, Schulamt 2078.
111 Dass die »Natur« keineswegs ein unschuldiger Begriff war, dafür wurde in vielerlei Hinsicht gesorgt, z.B. in Aufsatzthemen: »Die ganze Natur ist ein ewiges Ringen zwischen Kraft und Schwäche, ein ewiger Sieg des Starken über den Schwachen. (Adolf Hitler.)« »Die Naturliebe, ein Grundzug deutschen Wesens.« (Kl. 8 a und b der Gisela-Oberschule im Schuljahr 1940/41, s. JB.)
112 »Politik war von der vernünftigen Beurteilung befreit, sie ließ sich ›mit dem Herzen verstehen‹, d.h. durch Identifikation – und sie kann häufig nicht mehr als ›Politik‹ erinnert werden.« Möding, zit. nach Brockhaus, *Schauder und Idylle*, S. 169.

Flieger-Landesgruppe X Bayern
des Deutschen Luftsport-Verbandes
München 2 N, Lenbachplatz 7 (Marburg)

An das
Bayerische Staatsministerium
für Unterricht und Kultus
z. Hd. des Herrn Ministerialrat v. Jan,
München,
Salvatorplatz

Ihre Zeichen:
Ihre Nachricht:

Betreff: Einführung der Juge...

Direktorat der Gisela-Oberrealschule
München 13
Arcisstraße 65

München, den 28. Juli 1934
Fernsprecher Nr. 370445
Postscheckkonto Nr. 11818

Reg. v. Oberb. K. d. Innern
empf. 30. JUL 1934 Nr. ....

An die Regierung von Oberbayern
Kammer des Innern
München 22

Betreff: Luftsportlehrgänge.

Zur Regierungsentschließung vom 14. 7. 1934 Nr. 1172/16 wird in obengenanntem Betreff berichtet:

Von den jüngeren Lehrern der Anstalt wurden 14 Herren veranlaßt, über Beteiligung oder Nichtbeteiligung an den Sportlehrgängen anher Bericht zu geben.

Bis heute (28. Juli) sind 10 Antworten jedoch mit ablehnendem Entschluß hier eingelaufen. Gemeldet hat sich hiezu Assessor i. Vorbereitungsdienst Pickel, für die Dauer der Ferien in seiner Heimat Würz=burg, Johannitergasse 10; dorthin gebeten wollen die einschlägigen Mitteilungen gesendet ...

Direktorat der Gisela-Oberrealschule
München 13
Arcisstraße 65

München, den 1.8.34 193
Fernsprecher Nr. 370445
Postscheckkonto Nr. 11818

Reg. v. Oberb. K. d. Innern
empf. -2. AUG. 1934 Nr. ....

An die Regierung von Oberbayern
Kammer d. Innern
München 22

Betreff: Luftsportlehrgänge:

Zur Regierungsentschließung vom 14.7.34.
Nr: 1172/16 wird berichtet:
Heute, am 1.8.34, ist bei der Direktion noch die Zusage d. Hilfsass. Hans Wagner zu Korrekturen der Gisela Oberrealschule eingegangen.

Beilagen: 1.

MAN — MASCHINENFABRIK AUGSBURG-NÜRNBERG A.G.
WERK NÜRNBERG
Drahtwort: MANWERK NÜRNBERG
Fernruf: 41781, 43181

An die
Regierung von Oberfranken und Mittelfranken,
Kammer des Innern
Ansbach

Regg. v. Oberfrk. u. Mittelfrk.
Kammer des Innern
Empf. 25. JUL 1934
No.

Ihre Abteilung | Ihr Zeichen | Ihre Nachr. vom 14.7.34 | Unser Zeichen | Uns. Abteilung U

Nürnberg, 24. Juli 1934.

Betreff: Ausbildungskurs für Schülerunterweisungen im Luftsport.

Wir ersuchen zu vorbezeichnetem Ausbildungskurs den derzeitigen Leiter unseres Turn- und Sportbetriebs Herrn Karl Steinlein einzuberufen. Nachdem er als Mechaniker gelernt hat, dürfte er sich zur Herstellung von Segelflugzeugen und Modellen gut eignen.

Maschinenfabrik Augsburg-Nürnberg A.G.
i. Vollm.   i. Vollm.

Brief der Flieger-Landesgruppe aus: Archiv Ludwigsgymnasium, die anderen Briefe aus: BayHStA MK 41576.

nicht aus Münchener »höheren Schulen«.) Das entsprach durchaus dem Kunstverständnis, das Robert Böttcher in seiner Rede auf der ersten »Reichstagung der Gausachbearbeiter für Kunsterziehung im NSLB« vorgegeben hatte. Böttcher antwortete auf die selbst gestellte Frage, warum an die Stelle der »hohen Kunst« die Volkskunst treten soll: Weil jene im Allgemeinen nicht geeignet ist, »die Betrachtungsstunden in der Unter- und Mittelstufe zu füllen«, weil ihre Formen »häufig Ausflüsse von Kunsterlebnissen reifer Männer« sind.[113]

Für die Oberstufe der männlichen Schüler war die Schönheit der Technik vorgesehen.

6 Ab 1934: Flugmodellbau und »Stählerne Romantik« (Kriegsvorbereitung I)

Bereits 1934 fand der erste Kurs für Lehrer »im Gebiete der Fliegerlandesgruppe X, Bayern« statt. Unter den allerersten 20 bayerischen Lehrern aller Schularten und Fächer, die sich für die Luftsportlehrgänge anmeldeten, befanden sich drei Münchener Gymnasialzeichenlehrer, die Assessoren Josef Pickel, Hans Wagner (beide damals aus der Gisela-Oberrealschule) und Walter Rau (damals Luitpold-Oberrealschule und Theresiengymnasium). »In der Zeit vom 15.8. bis 23.9.1934 findet in oder bei München ein Teil eines Ausbildungskurses für Schülerunterweisungen im Luftsport statt. Dieser 1. Teil umfaßt die theoretische Unterweisung und den Bau von Segelflugzeugen und Modellen in Werkstätten.«[114] Mit ihrer Anmeldung verpflichteten sich die Zeichenlehrer, »nach ihrer Ausbildung an einer der Schulen ihres Dienstortes die Unterweisung an Schüler aller Schul-

---

113 Februar 1933. BayHStA MK 40905. Robert Böttcher war der »Reichssachbearbeiter für Kunst und Kunsterzieher«. – Dozent Zieting aus Hannover: »Aufgrund handwerklicher Schulung wird die Frau wieder einen Sinn bekommen für die Aufgaben in der Wohn- und Hauskultur, ihrem eigentlichen Wirkungsgebiet.« Ebd. Von Hans Herrmann gibt es mehrere Aussagen, wie er zur NS-Frauenrolle stand. Zum Beispiel: »Das Wunschbild eines allseitig verwurzelten, in die wirkliche Welt eingepflanzten und aus den geminderten menschlichen Grundkräften erwachsenen Daseins mag den Besten unserer heutigen Jugend wohl im Sinne liegen; deswegen kann man die Voraussicht der Reichsjugendführung nur aufrichtig begrüßen, welche der weiblichen Jugend in ›Glaube und Schönheit‹ ein Feld zu schaffen verstand, auf dem sie sich selbst mit den wichtigen Fragen auseinandersetzen und das nach Kräften zur Wirklichkeit bringen kann, was dem Sinn für Schönheit vorschwebt und was im Begriff des höheren Menschentums enthalten ist.« Herrmann, *Traktat über Kunst und Photographie*, S. 11.
114 Aus dem Schreiben der Regierung von Oberbayern an die »Direktorate der staatlichen höheren männl. Lehranstalten« vom 14.7.1934. Quelle: BayHStA MK 41576.

Nr. VIII 61072.

Bayer. Staatsministerium
für Unterricht und Kultus
München 1, Briefsach.

München, 3. Januar 1941.

An

die Direktorate der höheren Lehranstalten
für Jungen (Vollanstalten)
im Bereich des Luftgaukommandos VII.

Betreff: Werbung für den Offiziernachwuchs
der Luftwaffe.

Das Luftgaukommando VII hat mitgeteilt:
„Der Reichsminister der Luftfahrt und Oberbefehlshaber
der Luftwaffe hat angeordnet, daß die Werbung für den Offiziernachwuchs der Luftwaffe in diesem Winterhalbjahr, -den Kriegsnotwendigkeiten angepaßt- in dem bisherigen Rahmen weiter zu erfolgen hat.
Die Werbung hat sich auf die 4 oberen Klassen zu erstrecken. Für
jede dieser Klassen ist die Anlegung einer "Luftwaffenliste" vorgesehen, in der diejenigen Schüler, die sich mit der späteren Absicht tragen, Luftwaffenoffiziere zu werden, eingetragen und laufend geführt werden. Eine Ausfertigung dieser "Luftwaffenliste"
soll bei den Direktoraten aufliegen, sodaß sich Schüler jederzeit
in die "Luftwaffenliste" eintragen lassen können. Die namentlichen
Eintragungen sind aber in keiner Weise
Außerdem ist die Durchfü
beabsichtigt. Hierfür werden nachsteh
1.) Fliegen heißt sieg
2.) Welche Bedeutung ha
gegenwärtigen Kamp
wovon ersteres zur Bearbeitung für
(I. Gruppe), letzteres zur Bearbeit

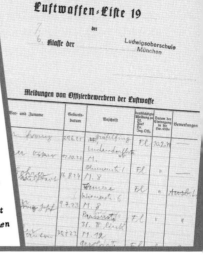

(II. Gruppe) vorgesehen ist.
Diese Themen sollen im Rahmen des Lehrplanes zur
Bearbeitung kommen. Die Verfasser der beiden besten Arbeiten
jeder Klasse werden mit Diplomen prämiert, die vom Luftgaukommando ausgestellt werden. Diplomträger, die in der Luftwaffenliste geführt werden, treten innerhalb ihrer Gruppe
außerdem noch in einen engeren Wettbewerb der gesamten Schulen
des Luftgaubereichs, wobei die besten Arbeiten mit Preisen
ausgezeichnet werden.
Im Hinblick auf die Wichtigkeit der Werbung für den
Offiziernachwuchs der Luftwaffe geht die Bitte des Luftgaukommandos um Unterstützung des Ministeriums dahin, daß die Themen
den in Frage kommenden Schulen von Seiten des Ministeriums bekanntgegeben werden und die Genehmigung zu deren Bearbeitung im Rahmen
des Lehrplanes erteilt wird".
Den Wünschen des Luftgaukommandos ist Rechnung zu tragen.

J.A.

Dr. Bauerschmidt.

Einem Kampfflieger

Und immer noch sind tausend Männer, wenn sie
Den Feind umstürmen, ein Gesang. Wer aber
Von seiner Heimat wie ein Pfeil des Todes
Geschickt wird, sie zu rächen, hat nur noch
Den leeren Raum und dann die Hölle Ziel,
In die er blind hinab muß, wär es selber
Zum Bündnis der Zermalmung.
Einsam ist er
Wie niemand sonst auf Erden, und sein Maß
Halten die Götter, nicht Menschen.

LUDWIG FRIEDRICH

Aus: Schularchiv Ludwigsgymnasium.

gattungen in Theorie und Werkstättenarbeiten zu übernehmen«.[115] Als Belohnung winkte im 2. Teil des Kurses der Segelflug selbst.

»Der Traum vom Fliegen hat damals viele von uns bewegt. War eine Flugschau im nahen Oberwiesenfeld angesagt, war ich ein begeisterter Zuschauer. Wenn Udet und Fieseler ihre Sturzflüge, Loopings und Todesspiralen am Himmel demonstrierten, stand ich mit unter den Zuschauern. Viele von uns besuchten seinen Wahlunterricht über Fluglehre und bestaunten seinen selbst gefertigten Windkanal. Begeistert waren wir, wenn wir ein in Gemeinschaftsarbeit gebasteltes Flugzeug von einem Turmfenster aus in den Schulhof gleiten lassen durften. Keiner von uns dachte dabei an Krieg und Verwüstung.«[116]

Unabhängig davon, wie lange dieses Nicht-dabei-Denken andauerte: Als es dann so weit war, dass Krieg und Verwüstung im Gange waren, besagen Zeichnungen und Malereien, dass man die Verwüstung und Vernichtung (des Gegners) wollte.

6.1 Kultusministerium – Luftgaukommando – Kriegsmarine – Schuldirektorate

Kein Thema war in den amtlichen Blättern des Kultusministeriums häufiger genannt als »die Pflege des Luftfahrtgedankens«: Schon 1935 wurden detaillierte Richtlinien veröffentlicht, wie »der Erziehung eines wissenschaftlich, technisch und fliegerisch gut vorgebildeten Nachwuchses für alle Zweige der deutschen Fliegerei besondere Sorge zuzuwenden« ist. (Dok. 194) »Es gibt kein Schulfach, das nicht zu seinem Teil dazu beitragen könnte, den Luftfahrtgedanken der Jugend nahezubringen.«[117] »An allen 9klassigen höheren Lehranstalten sind aus Schülern der 8. und 9. Klasse Arbeitsgemeinschaften zu bilden, die sich mit Fragen des Luftsports befassen.«[118]

Aus den höheren Lehranstalten sollte vor allem der Offiziersnachwuchs angeworben werden, der Zeichen- und Kunstunterricht diente der Einstimmung, aber auch der präzisen Sehtechnik. Die handwerkliche Geschicklichkeit war Voraussetzung z.B. für die Einstellung beim »Flieger- und Flak-Waffenpersonal«. In einem Rundschreiben der »Annahmestelle für Offiziersanwärter der Fliegertruppe« an das Ludwigsgymnasium vom September 1936 hieß es: »Auch wäre die Annahmestelle dankbar, wenn gelegentlich der Berufsberatung und Bespre-

---

115 Ebd.
116 Willi Waldhierl, *Erinnerungen, Rupprecht-Oberrealschule 1931-1939*, noch nicht veröffentlicht.
117 Amtsblatt Nr. 16 v. 31.10.1935.
118 Ebd., S. 270.

196

Beispiel einer Eilanweisung des Kultusministeriums: »Alle Vorbereitungen hat der dienstälteste Anstaltsleiter zu treffen.«

Bayer. Staatsministerium
für Unterricht und Kultus
München 1, Briefjach.

An
die Direktorate der 8klassigen
höheren Schulen und der Deutschen
Aufbauschulen für Knaben
in Augsburg, München und Passau.

Betreff:
Werbevorträge für den Marine-Offiziernachwuchs.

Im Monat Januar 1938 wird der Kapitänleutnant E r d m a n n der I. Schiffsstammabteilung Wilhelmshaven Werbevorträge für den Marine-Offiziernachwuchs halten. Und zwar sollen stattfinden
a) am 10. I. 1938 um 11⁰⁰ in

und falls Platz vorhanden, die Schüler der 4. Klassen.
c) Am 12. 13. 14. und 15. I. 1938 in München am 11.15 Uhr je ei gemeinsamer Vortrag für alle huh. Gymnasien, Realgymnasien, realschulen und die Hans Schemm-Aufbauschule.
Teilnehmen sollen alle Schüler der 8. 7. 6. Klassen, die zugehörige Lehrerschaft, soweit abkömmlich, und falls Platz vorh die Schüler der 5. Klassen.

In den Vortragsräumen, die verdunklungsfähig sein müssen, ein Epidiaskop und ein Schmalfilmapparat aufzustellen.

Alle Vorbereitungen hat der dienstälteste Anstaltsleiter treffen. In München hat dieser auch die Schulen auf die 4 Vortr tage zu verteilen. Der dienstälteste Anstaltsleiter hat sobald a möglich dem Marineverbindungsoffizier beim Generalkommando VII. korps in München (Fregattenkapitän Schneider) mitzuteilen, in we Räumen die Vorträge stattfinden sollen.

J.A.

Dr. Bauerschmidt

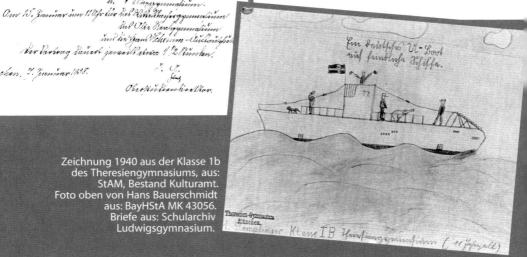

Zeichnung 1940 aus der Klasse 1b des Theresiengymnasiums, aus: StAM, Bestand Kulturamt. Foto oben von Hans Bauerschmidt aus: BayHStA MK 43056. Briefe aus: Schularchiv Ludwigsgymnasium.

chung mit den Eltern der Schüler den übertriebenen Gefahrenmomenten dieses Berufes entgegengetreten würde.«[119]

Vorträge von Flugkapitänen, Majoren, Marineoffizieren usw. in den Turnsälen vor mehreren Klassen, Auftritte von Militärkapellen im Schulhof, Zeichenwettbewerbe und -Ausstellungen, Aufsatzthemen, Besichtigungen des Flughafens Oberwiesenfeld und Schülerwerbeflüge, Flugphysik usw. usf. waren an der Tagesordnung. Im Schularchiv des Ludwigsgymnasiums existieren umfangreiche Mappen voll von Schreiben des Kultusministeriums, des Luftgaukommandos VII und der Marine an die Schuldirektoren, die zeigen, welche Hektik dabei zunehmend entwickelt und vor allem in welch wüster Manier auf die Schulen zugegriffen wurde. Aufforderungen, »dem Luftgaukommando VII freundlichst mitzuteilen, wieviele Schüler sich zum Eintritt in die Luftwaffe« gemeldet haben, wechselten mit drängenden Anmahnungen ab, »das Luftgaukommando VII, dem die Werbung von Offiziersanwärtern für die Fliegertruppe und Luftnachrichtentruppe in den höheren Lehranstalten Münchens übertragen ist«, zu unterstützen. So wurde z.B. der »Dienstälteste« der Schuldirektoren verpflichtet, auf eine Anweisung des Kultusministeriums vom 21. Dezember 1937 alle Münchener höheren Schulen einzuteilen und innerhalb weniger Tage bei gleichzeitigen Weihnachtsferien die Besuche von Werbevorträgen des Kapitänleutnants Erdmann vom 12. bis 15. Januar 1938 zu organisieren. (Dok. 196) Der Ton der Rundschreiben an die Direktorate wurde immer militärischer, das Luftgaukommando wies das Bayerische Staatsministerium für Unterricht und Kultus an, dieses war zuständig für die Anweisungen an die Schulen. Offiziersanwärter konnten reichsweit schon im Dezember 1935 vorzeitiges Abitur[120] ablegen, schließlich »erfolgte mit Erlaß vom 30. November 1936, sozusagen als Vorgriff auf die Neuordnung des Höheren Schulwesens von 1938, eine generelle Verkürzung der Schulzeit um ein Jahr. [...] *Die Durchführung des Vierjahresplanes sowie der Nachwuchsbedarf der Wehrmacht und akademischer Berufe erfordern es, die von mir angekündigte 12jährige Schulzeit schon von Ostern 1937 ab einzuführen (DWEuV 1936, S.525)*«.[121]

---

119 Archiv Ludwigsgymnasium.
120 »Vor dem Hintergrund der Ausweitung des Offiziersbestandes im Heer um mehr als das 4fache, bei der Luftwaffe sogar um das 13fache allein zwischen 1932 und 1938 ließ sich der jährlich wachsende zusätzliche Personalbedarf an Offiziersanwärtern [...] bald nur noch dadurch befriedigen, daß man interessierten Bewerbern die [...] Möglichkeit bot, vorzeitig das Abitur abzulegen [...]. Erstmals wurde für geeignete Kandidaten die Abiturprüfung vom Frühjahr 1936 auf Dezember 1935 vorverlegt.« Keim, *Erziehung unter der Nazi-Diktatur*, S. 27.
121 Ebd.

»Stählerne Romantik«

November 1940: Münchener Ferienwettbewerb des Reichsbunds Deutscher Seegeltung

Federzeichnung von Werner Eckhardt, Humanistisches Gymnasium Pasing, Privatarchiv Eckhardt. Fotos aus der Ausstellung *Gymnasiale Kunsterziehung der NS-Zeit*.

1940 führte der *Reichsbund Deutscher Seegeltung* kurzfristig einen eigenen Münchener Ferienwettbewerb durch. »Das großzügige Verständnis der Schulbehörden ermöglichte den notwendigen Schritt zur Lehrerschaft und damit in die Jugend, die einst an den Früchten des jetzigen Kampfes glücklich besitzend teilhaben wird.«[122] Aufgerufen waren die SchülerInnen aller Schularten, 800 Arbeiten wurden eingesandt, darunter 220 Modelle, 432 Zeichnungen/Malereien und 170 Aufsätze. (Dok. 198-202) Auch das Bild von »Reichssieger« Helmut Zischler aus der Rupprecht-Oberrealschule war dabei.[123] (Dok. 202) Sein Bild lässt vermuten, warum es ausgezeichnet wurde: *Deutsche Stukas versenken englische Schlachtschiffe.* »Bomben platzen, ganze Inseln gehen unter, Schiffshecke wirbeln in der Luft, Fluggeschwader kreisen über schäumenden Wellen […]. Die Phantasie, diese zweite Seele des Kindes, ist mobil gemacht. Sie führt ihren Krieg, sie fährt über das Meer, ganz wie und womit sie will, über Formen und Gesetze hinweg, hinein ins Abenteuer, in den Kampf.«[124] Die Form hielt der Maler da ein, wo er mit seiner Signierung bekräftigte, dass er sich auf der rechten = richtigen Seite sah: Ein stilvolles Kontrastmittel zur nun erlaubten und geförderten Form- und Gesetzlosigkeit![125]

Endlich durften auch Münchener SchülerInnen in Zeichnung und Malerei ihrer »Phantasie« freien Lauf lassen! Über die Freude am Abenteurertum und über Technikbegeisterung waren sie direkt in den brutalsten Vernichtungskrieg geführt worden, den die Welt bis dato kannte. Nicht alle Kunsterzieher haben sich daran beteiligt. Zum Beispiel berichtet ein ehemaliger Schüler von Studienprofessor Richard Mund am Maximiliansgymnasium: »Wir wollten Panzerschlachten malen, Flugzeuge und Luftkampf zeichnen, aber das war nicht seine

---

122 Ludwig Krafft, *Jugend – ahoi! Ausschnitte aus dem Münchener Ferienwettbewerb des Reichsbundes Deutscher Seegeltung,* in: Münchener Mosaik, Januar/Februar 1941, S. 17.

123 Helmut Zischler schickte ein halbes Dutzend Zeichnungen für den Wettbewerb ein. Sie waren in der Ausstellung *Gymnasiale Kunsterziehung der NS-Zeit in München* im Oktober 2005 im Original zu sehen.

124 Ebd., S. 18.

125 Die Bilderbesprechung verdeutlicht, was Hans Herrmann meinte, als er Gustaf Britsch interpretierte: »In der sinnvollen Verfolgung unserer Ziele dienen wir zugleich den tiefen Idealen der deutschen Erneuerung, denn wir kämpfen mit begründeter Entschiedenheit gegen den erzieherischen *Liberalismus*, gegen den stofflichen *Materialismus* und gegen den *Nihilismus* der Formzertrümmerer. Wir sind Feinde einer ziellosen psychologischen Nachgiebigkeit, wir kennen nicht jenes kritiklose Gewährenlassen, den Grundsatz *individualistischer Zerstörung*« (Die Gestalt, Heft 1, 1933, S. 2, zit. nach Diel, *Die Kunsterziehung im Dritten Reich,* S. 235, Hervorhebungen im Original): *Zerstörung* und *Formzertrümmerung* waren das Hoheitsgebiet der Herrschenden, nur als staatlich angeordneter und sanktionierter Akt waren sie gewollt.

Baupläne für den Zeichenunterricht
Aus dem Schularchiv des Ludwigsgymnasiums.

Münchener Ferienwettbewerb 1940

Modelle oben aus dem Theresiengymnasium und der Oberschule an der Siegfriedstraße 22, München, Herkunft der Modelle links bis auf das unterste (Oberrealschule III) unbekannt, aus: StAM, Bestand Kulturamt.

Sache. Das wollte Mund nicht. Manchmal hat er nachgegeben und gesagt: So, jetzt könnt ihr malen, was ihr wollt!«[126]

Auch hinsichtlich des Modellbaus, der zur »Pflege des Luftfahrtgedankens« an allen Schularten forciert wurde, existierte durchaus ein Unrechtsbewusstsein bei manchen Kunsterziehern. Zum Beispiel sagte Studienrat Paul Zielbauer, dass er »die ständigen Anordnungen zu Kursen für Flugmodell- und Schiffmodellbau bis zuletzt unter allen möglichen Vorwänden abgelehnt« habe.[127] Es gab aber auch Fälle, wo ein Kunsterzieher sich zuerst nach dem Modellbau drängelte und regelrecht andiente als Modellbaulehrer und dann 1945/46 alles als Druck von oben ausgab.[128] Es gab Fälle wie den des Studienassessors Richard Wolf, der schon 1936 einen Modellbaulehrgang absolvierte und auf diesem Gebiet sein besonderes handwerkliches Geschick einsetzte, was ihm als Nichtmitglied der NSDAP als besondere Treue zum NS-Staat angerechnet wurde, darüber hinaus wurde Wolf 1943 deshalb auch nicht zur Wehrmacht eingezogen.[129] Es gab Fälle wie den schon vom Schullandheim-Kapitel bekannten Studienrat Max Eichele, der auch im Modellbau ein Ersatzfeld fand, um als Zeichenlehrer etwas zu gelten.

6.2 Schönheit der Technik als »stählerne Romantik«

Der Goebbels-Begriff »stählerne Romantik«[130] wird durch das Bild »Im Atlantik« aus der Luitpold-Oberrealschule besonders ausdrucksstark verdeutlicht. (Dok. 198) Das Schwarz-Weiß-Bild, vermutlich ein Linolschnitt, zeigt einen alles an sich ziehenden vollen Mond, der senkrecht über dem Turm des Unterseeboots thront. Von den Wellen des Atlantiks halb verdeckt, erstreckt sich der Rumpf des Schiffes in souveräner Linie quer fast über das ganze Bild. »Alles in allem ist das Kriegsschiff vom Panzerkreuzer bis zum Torpedoboot von hoher Formenschönheit. Ohne daß andere Rücksichten als die auf den Zweck bei

---

126 Dr. Manfred Saller in einem Gespräch mit B.Z. (Frühjahr 2004).
127 Zielbauer am 30.8.1946 an die Spruchkammer Neu-Ulm/Weissenborn, BayHStA MK 47982. Das vollständige Zitat lautete: »In Kunsterziehung habe ich die propagandistischen Verdrehungen von der frühgermanischen Zeit an bis zu Hitlers Kunstdiktatur stets ignoriert, die ständigen Anordnungen zu Kursen für Flugmodell- und Schiffmodellbau bis zuletzt unter allen möglichen Vorwänden abgelehnt.«
128 Fall Rau: BayHStA MK 57696, siehe auch Kapitel IV. 1.4.
129 Eine Einberufung zur Wehrmacht wurde am 2.2.1943 »mit sofortiger Wirkung zurückgenommen, da der Genannte als Flugmodellehrer des NSFK weiterhin u.k. gestellt wird«. BayHStA MK 47933, VIII 5568 A IV.
130 Vgl. Brockhaus, *Schauder und Idylle*, S. 88.

»Hilf mit! Seefahrt ist not!«

Münchener Ferienwettbewerb
1940 des Reichsbundes
Deutsche Seegeltung

Bilder von Helmut Zischler aus der Rupprecht-Oberschule. Für das Bild Mitte wurde er »Reichssieger«.

seinem Entwurf bestimmend sein können, ist seine ästhetische Wirkung überraschend. Sein Schattenriß ist nur deshalb so überzeugend und eindrucksvoll, weil ihm jeder Trödel erspart bleibt […]. Vielleicht auch das Gefühl, daß diese Sachlichkeit im Schiffsinneren erhalten bleibt, daß beste, sparsamste Raumausnutzung für hohe Kampfkraft nicht minder unentbehrlich ist als größte Leistungen, mag so beruhigend wirken. […] Beim Unterseebot schließlich wird diese Knappheit höchste Meisterschaft. Hier mußte alles fallen, was dem Sieg über das Wasser hinderlich war; nur eines blieb, blieb und ward zusehends reiner, ward reiner und entwickelte sich in ungeahnter Weise: der Rumpf, das Boot.«[131] Die Zeilen stammen aus dem Buch *Technik und Schönheit*, das in der THM 1928 (Dok. 18) besprochen wurde.

Aus der Zweckmäßigkeit der Technik wurde die Ästhetik und die Faszination der technischen Formen abgeleitet.[132] Die Zweckrationalität erlaubt es gleichermaßen, von gesellschaftlichen Bezügen und Inhalten abzusehen oder solche ästhetisch in Beschlag zu nehmen. Die »stählerne Romantik« bot besonders wirksame ästhetische Erlebnisse, indem sie zweckrational überzeugende Sachverhalte mit ganz bestimmten Emotionen und Bedürfnissen, Ängsten und Sehnsüchten der Menschen verwob. So wurde z.B. in Heft 9 der THM (25.2.1927) in der Rubrik Technik »Der Luftkampf« beschrieben: »Das Flugzeug ist das einzige Verkehrsmittel […] das wirklich als Waffe verwendet wird. Andere bewaffnete Verkehrsmittel sind nur Waffenträger. […] Die Luftwaffe unterscheidet sich von anderen Waffen in ihrer Verwendung dadurch, daß sie im Kampfe nur den Angriff kennt. Eine Verteidigung gibt es nicht, nur eine Flucht.« (S. 6) »Feigheit« war eine der schlimmsten Charaktereigenschaften, die man »deutschen Jungen« unterstellen konnte. Das häufige Deutsch-Aufsatzthema »Fliegen heißt siegen« musste gleichzeitig so gelesen werden: Fliegen heißt nicht fliehen! Angst vor Versagen verschmolz mit romantischen Vorstellungen von Heldentaten und überhöhte diese noch.

Von der Familie Genal, die zwei Söhne an der Rupprecht-Oberrealschule lernen ließ, liegt ein 13-bändiges Fotoalbum als erschütterndes Zeugnis davon vor, wie der Schüler Genal zum Flieger Genal wurde. Im letzten Band existieren nur noch Fotos vom »Begräbnis des Kameraden Genal«. Zahlreiche Fotos zeu-

---

131 Franz Kollmann, *Schönheit der Technik,* München 1928, S. 118.
132 »[…] daß die Technik ästhetisch in ähnlicher Weise wie die Kunst zu befriedigen vermag, daß sie aber hierzu nur den Gesetzen des eigenen Stils unterworfen sein darf. Dieser Stil muß vom Geist der Maschine, die unsere Zeit beherrscht, durchdrungen sein; er gebietet in erster Hinsicht Zweckmäßigkeit, verrät also bereits in seinem wesentlichsten Punkt die Unabhängigkeit von irgendwelchen geschichtlich vergangenen Kunststilarten […].« (Kollmann, ebd., S. 14).

»Hilf mit! Seefahrt ist not!«

Münchener Ferienwettbewerb 1940 des Reichsbundes Deutsche Seegeltung

Modell und Bilder von namentlich nicht bekannten Schülern. Fotos: StAM, Bestand Kulturamt.

gen von den Früchten des Zeichenunterrichts: Geländezeichnen, Kartenlesen, Entfernungsschätzen und -messen. (Dok. 206) Die unschätzbare Nützlichkeit der »stählernen Romantik« für den NS-Staat bestand in der Tatsache, dass die ingenieurmäßigen Fertigkeiten gleichermaßen entwickelt wurden, wie sie emotional in den Dienst der Aggression gestellt wurden.

In der Schule bedeutete dies, die »zweite Seele des Kindes ist mobil gemacht« (s.o.), und bei Alfred Rosenberg genügte ein Wort: »Seelenkrieg«.[133] Oder wie Walter Benjamin feststellte: die Kunst der Faschisten gipfelt in der Kriegskunst: »Die poetische Seite der Technik, die der Faschist gegen die prosaische ausspielt […], ist ihre mörderische.«[134]

6.3 Flugmotorenkunde verdrängt Darstellende Geometrie

Um ein wenig den Druck »zur Pflege des Luftfahrtgedankens« zu illustrieren, der an Schulen, Hochschulen und Ministerien herrschte, sei hier eine Posse geschildert, die sich an der TH München zutrug. Es ist ein Beispiel dafür, wie die kriegswichtige Anwendung sogar ihre eigenen Grundlagen angreift.

Der »Reichs- und Preuß. Min. f. Wissenschaft, Erziehung und Volksbildung« schrieb am 16.2.1935 ans Bayerische Staatsministerium für Unterricht und Kultus: »Sofort! Im Hinblick auf den durch das Wachstum der Luftfahrindustrie sich steigernden Bedarf an Ingenieuren für dieses Fachgebiet erscheint es notwendig, die Ausbildungsmöglichkeiten für Ingenieure der Luftfahrt weiterauszubauen. […] Der Ausbau muß zweckmäßigerweise nach einem einheitlichen Plan erfolgen, und es haben daher zwischen dem Herrn Reichsminister der Luftfahrt und mir Verhandlungen […] begonnen. Hierbei ist in Aussicht genommen worden, an der Techn. Hochsch. in München eine a.o. Professur für Flugfunkwesen einzurichten […] sodann noch die Schaffung eines außerordentlichen Lehrstuhls für Flugmotorenkunde […] Ich ersuche mir zu berichten, bis wann diese Einrichtungen geschaffen werden können.«[135]

---

133 Rosenberg trug am 3.12.1939 in sein Tagebuch seine mit Göring übereinstimmende Meinung über Goebbels ein: »Wir waren uns darüber einig, daß ein schlechterer Prop.[aganda]-Minister kaum noch aufgetrieben werden könnte, da das Volk zu ihm persönlich keinerlei Vertrauen habe. Für den Fall d.[er] Zustimmung des Führers erklärte ich G.[öring], wie ich mir die Führung des Seelenkrieges denke.« Aus: Hans-Günther Seraphim, *Das politische Tagebuch Alfred Rosenbergs aus den Jahren 1934/35 und 1939/40*, Göttingen, Berlin, Frankfurt 1956, S. 90.

134 Zit. nach: Reichel, *Der schöne Schein des Dritten Reiches*, S. 27.

135 BayHStA MK 40107. Wenn nicht anders vermerkt, stammen alle Zitate in diesem Kapitel aus dieser Akte.

Der Flieger Kurt Genal aus der Rupprecht-Oberschule

Originaltitel der Fotos aus den Alben der Familie Genal (Archiv Günther Baumann):

1. Wetterzug
2. Aus meiner Dienstzeit
3. [Zur] Flugbesprechung
4. Vor dem Feindflug, Juni 1941
5. Nach dem Feindflug. 1943. Flugzeugführer und Beobachter besprechen den Feindflug
6. 2000. Feindflug der Staffel Gruppe Technik und Besatzungen, Tunis, 29.3.1943
7. Ohne Kommentar
8. Sarg 19. April 1943.

Nun begann sich das Karussell zu drehen. Staatsrat Boepple schrieb die TH an wegen zweier bisher unbesetzter Stellen[136] und meldete das auch dem Reichsminister. Der beauftragte am 17.5.1935 »im Einvernehmen mit dem Herrn Reichsminister für Luftfahrt« Göring die Rektoren aller technischen Hochschulen, einen Plan für den Ausbau der Luftfahrtlehrstühle an den acht THs vorzulegen. Im Juni 1935 wurde der Luftfahrt-Unterricht an der TH München von einem Abgesandten des Reichsministers für Wissenschaft, Erziehung und Volksbildung inspiziert.

Im September 1935 erklärte Staatsrat Boepple dem Bayerischen Staatsministerium der Finanzen die Sachlage: Wenn Bayern nicht zahlt, wird das Institut und die Professur an die TH eines anderen Landes verlegt. »Die Vertreter des Reichsunterrichtsministeriums und des Reichsluftfahrtministeriums erklärten, Bayern könne sich wohl der moralischen Pflicht zur Bereitstellung des Bedarfes nicht entziehen. [...] Andererseits bedenke das Reich die Bayer. Motorenwerke in München in einem Masse mit Aufträgen, das über den billigen Anteil Bayerns erheblich hinausginge; es wäre ein Unding, wenn die zur Zusammenarbeit mit den Bayer. Motorenwerken bestimmte Professur etwa nach Stuttgart verlegt werden müsste [...].«

Im September und Oktober 1935 wurde die finanzielle Zuständigkeit für die Flugmotorenkunde zwischen den bayerischen Ministerien hin- und hergeschoben. Boepple fasste den verworrenen Stand der Sache im Oktober 1935 dahingehend zusammen, dass ein eigenes Institutsgebäude errichtet werden müsse (Baukosten 150.000 RM, erstmalige Einrichtung 100.000 RM), erstklassige Arbeitskräfte notwendig seien mit einem jährlichen Bedarf von 23.000 RM. Zusammen mit den Sachaufwendungen von 30.000 RM müsse also ein Betrag von 53.000 RM vom Land aufgebracht werden. Boepple protokollierte nochmals die verschiedenen Tagungsergebnisse, betonte den Hinweis des Reichsluftfahrtministeriums, »dass das Reich in den Bayer. Motorenwerken zu München (trotz ihrer luftschutztechnisch ungünstigen Lage) gewaltige Summen investiert, bezw.

---

136 BayHStA MK 17426. Der Lehrstuhl von Manfred Bühlmann war frei, nachdem man diesen unter Anschuldigung von »widernatürlicher Unzucht« u.ä. vor Gericht gezogen und trotz Freispruch vor Gericht dann 1935 zum eigenen Entlassungsgesuch gedrängt und im Zuge eines »Entmündigungsverfahrens wegen Geisteskrankheit« in die Schweiz abgeschoben hatte. Bühlmann war u.a. Mitglied des Prüfungsausschusses für die staatlichen Lehramtsprüfungen im Zeichnen. Er war nicht Mitglied der NSDAP. Boepple schrieb noch am 24. Januar 1938: »Der Konservator a.D. der TH München Dr. Manfred Bühlmann ist zweifellos ein Volksschädling. Gleichwohl ist es bisher nicht gelungen, ihn der Bestrafung zuzuführen.« Die zweite unbesetzte Stelle betraf die seit 1929 nur mit Lehrauftrag von Dipl. Ing. Messerschmitt versehene Professur für Flugwesen.

Vierjahresplan und Schule

Aquarelle aus den Archiven Schied und Saller, Scherenschnitt aus dem Gestalt-Archiv Hans Herrmann e.V.

Höhere Mädchenschule am St. Anna-Platz, 18.-21.12.1937: Ausstellung zum Vierjahresplan. 118 Arbeiten zu »Mutter und Kind«. Mit dem Sammlungsergebnis steht das St.-Anna-Gymnasium an der Spitze aller Gymnasien.

Altes Realgymnasium. Ausstellung unter Leitung von Braig und Zintner zum Vierjahresplan »mit hübschen Arbeiten«. Thema: »Wie erhalten wir unser Volk stark und gesund?« (JB 1938/39)

Gisela-Oberrealschule. Aufsatzthema Klasse 8: »Technik ist Dienst am Volke (Gedanken zum Vierjahresplan)«. (JB 1936/37)

Humanistisches Gymnasium München-Pasing. »Mit vielem Eifer beteiligte sich eine Anzahl von Schülern an der Ausstellung anläßlich des Kreistages der NSDAP. Auch besuchte eine Reihe von Klassen die Ausstellung im Maximilianeum zu München Europas Schicksalskampf im Osten.« (JB 1938/39, S. 28 f.)

Hans-Schemm-Aufbauschule, am 16.12.1937: »Zur Teilnahme an der Eröffnungsfeier hatten sich außer dem Lehrkörper eingefunden: Vertreter der Partei, des Staates, der Elternschaft. Eine Ansprache des Oberstudiendirektors Forster wies auf die Vorgeschichte, das Wesen, den Zweck des Vierjahresplans hin und vertrat eindringlich die Notwendigkeit, das Wissen um seine Bedeutung über Schule und Elternhaus hinaus in weiteste Volkskreise zu tragen. [...] Unter den Gästen [...] waren Herr Ministerialrat Hadesten und Herr Gauamtsleiter Regierungsschulrat Streicher. [...] Die Theorie unserer Ausstellung wurde gestützt durch unseren praktischen Einsatz für die Bestrebungen des Vierjahresplans. Die Schule kämpfte z.B. durch Sammlung von Knochen mit für die wirtschaftliche Unabhängigkeit des deutschen Volkes.« (JB 1937/38, S. 41)

»Tag der Schule« unter der Parole Wir wollen gesund sein! »In allen Münchner Bezirken warben reichbeschickte Schulausstellungen eindringlich für die Gesundheitspflege. Vor Eröffnung der Ausstellung in der Volksschule am Mariahilfplatz am 11. März 1939, zu der die Aufbauschule beigesteuert hatte, veranstaltete der Oberstudiendirektor eine kurze Feier mit Flaggenhissung in der Anstaltsturnhalle.« (JB 1938/39, S. 41)

Ludwigs-Gymnasium und Albertinum. »Einen beachtenswerten Erfolg wies die Ausstellung Schule und zweiter Vierjahresplan auf, die am 12., 13. und 14. November für den allgemeinen Besuch geöffnet war. 200 unter Leitung von Studienprofessor Maendl gefertigte Arbeiten zeugten von dem künstlerischen Können und der vaterländischen Gesinnung unserer Schüler.« (JB 1937/38, S. 13)

Ludwigs-Oberrealschule. Schulausstellung Wir wollen gesund sein! »Für diese Forderung zu werben, war allen Schulen als Beitrag zu den Aufgaben des Kreistages (der NSDAP) vom 9. bis 19. März 1939 zur Pflicht gemacht. Jeder Unterrichtsgegenstand, jedes Fach hatte sich in den Dienst dieser Werbung zu stellen. Während des Kreistages sollte in einer Schau dargetan werden, wie tief und vielgestaltig die Gesunderhaltung des einzelnen mit der Leistungsfähigkeit des Volksganzen verbunden ist und wie mannigfach die Möglichkeiten der Gesundheitsschädigung sind. Es ist nur selbstverständlich, daß der Werbung für die Gesunderhaltung die schulische Organisation dienstbar gemacht wurde. Ist doch das deutsche Schulwesen ein Organismus, der ebenso wie nur noch das deutsche Heer eine Angelegenheit des gesamten Volkes darstellt und stets dargestellt hat. Begreiflich ist auch, daß auf einer Schau eben das Schaubare im Vordergrund steht und daß deshalb jene Unterrichtsgebiete, die sich mit dem Sichtbaren der Erscheinungswelt beschäftigen, im ersten Glied stehen. So

Fortsetzung Seite 214.

ihnen unverhältnismässig grosse Aufträge erteilt habe« usw.

Nachdem Boepple von niemandem eine positive Antwort mit Zahlungszusagen bekam, hatte er im Dezember 1935 eine erhellende Idee. In einem Schreiben an den Ministerpräsidenten kam er wieder darauf zurück, dass die Bayer. Motorenwerke »besonders ausgiebig mit Aufträgen bedacht würden«: »Dies legt den Gedanken nahe, die Bayer. Motorenwerke zu den Leistungen für das Institut heranzuziehen. Bei der Unmöglichkeit, im Rahmen meines Haushalts die Bedarfssumme unterzubringen, sehe ich darin zurzeit den einzigen Weg zum Ziele zu kommen.«

Natürlich hatte Boepple die Rechnung ohne den Wirt gemacht. Nach einigen anfänglichen Ausweichmanövern und Hinhalteangeboten stellte BMW klar, dass es weder 1936 noch künftighin sich an den Kosten beteiligen werde. Im Brief vom 22. Januar 1936 konnte sich die Firma die Bemerkung nicht verkneifen: »Wir möchten uns aber die Anregung erlauben, die Stadtgemeinde München zur Deckung dieses Fehlbetrages heranzuziehen, da sie an dem Grossbetrieb unseres Werkes erheblich interessiert ist und in direkter und indirekter Weise daraus einen bedeutenden Nutzen zieht. Heil Hitler!«

Während die Ministerien die finanzielle Zuständigkeit noch immer wie einen Ball hin und her warfen, wurden längst die Fakten geschaffen: Der Bühlmann-Lehrstuhl wurde besetzt, Assistenten- und Schreibstellen eingerichtet, Werkstätten und Büroräume, Motoren, Messgeräte, Schmiedegebläse usw. angeschafft, im Kapuzinerhölzl die Bäume gefällt für den Institutsneubau etc. – unter täglichem Gezerre, wer was zahlt. Am 29. Januar [...] hieß es im »Richtspruch« anlässlich des Richtfestes des Institutes für Flugmotoren auf dem Gelände der Neuen Technischen Hochschule München: »Heut', wo wir den Bau beenden / Da lasst uns stolz des Mann's gedenken / Der unser Volk aus Fesseln hat befreit / Und uns geführt zu neuer Einigkeit / Der uns're Luftfahrt stark gemacht / die unser neues Reich bewacht. Ihm sei voll Stolz mein erstes Glas geweiht / Heil! Führer Dir! Heut' und in aller Zeit!«

7   1936-1939: Zeichenausstellungen zum *Vierjahresplan* (Kriegsvorbereitung II)

Hitler hatte im Juli 1936 von Göring einen Bericht zur ökonomischen Lage verlangt, damit er am Reichsparteitag im September etwas präsentieren konnte. Angesichts der unterschiedlichen Vorstellungen der Chemieindustrie mit ihren Abteilungen für Rohstoff- und Devisenfragen im Interesse der synthetischen Rohstoffproduktion einerseits und z.B. Albert Vögler, Chef der Vereinigten Stahlwerke, andererseits verfasste Hitler eine Denkschrift. Sie bestand aus zwei Teilen; der erste Teil, »über die politische Lage«, beinhaltete den ideologisch-aggressiven Part, der zweite Teil, über »die wirtschaftliche Lage Deutschlands«, bot das Programm »zu einer Lösung unserer Lebensnot«: »Die endgültige Lösung liegt

Schulausstellungen beim Kreistag
Jugend will gesund sein!
Schon 100 000 Karten verkauft — 40 000 Freikarten für Kinderreiche

Münchener Beobachter vom 8.3.1939.

Fortsetzung Seite 216.

hat bei unserer Schule die zeichnerische Leistung vorzugsweise Zeugnis ablegen müssen von dem Grade der Erfüllung der Aufgabe, welche der Gauleiter uns gestellt hat. Unsere Schüler haben unter Anleitung der Studienprofessoren Lutz und Sterner zu der Ausstellung, die an der Schwanthalerstraße veranstaltet wurde, eine erhebliche Anzahl wohlgelungener Arbeiten geliefert.« (JB 1938/39, S. 20 f.)

LUISENGYMNASIUM. »War der Unterricht in den beiden ersten Jahrdritteln hauptsächlich dem Kerngedanken des Vierjahresplans gewidmet, so stand er im letzten Drittel vornehmlich im Zeichen des Luftschutzes. [...] Auch hierbei konnte sich der Zeichenunterricht durch Anfertigung der Luftschutztafeln für sämtliche Unterrichts- und Verwaltungsräume ein besonderes Verdienst erwerben. (JB 1937/38, S. 25)

LUITPOLD-OBERREALSCHULE. »Die Arbeit für das gewaltige Werk des Vierjahresplanes stand im Vordergrund aller Fächergruppen. [...] Die Verwirklichung unserer Schulausstellung zum Kreistag der NSDAP wurde uns durch verschiedene Umstände im letzten Augenblick unmöglich gemacht. Dies war umso bedauerlicher, als wir umfangreiche Vorbereitungen getroffen hatten. In fleißiger Zusammenarbeit der Schüler entstanden eine große Anzahl von graphischen Darstellungen, Anlagen im Freien für meteorologische Messungen [...], Modellbauten zum Flughafen, zum Luftschutzkeller, einer neuzeitlichen Siedlung mit HJ.-Heim, eines fortschrittlich gedachten Bauernhofes, Nistkästen aller Art [...]. Auch wurden ein Diorama des Schullandheims, Lichtbilder über die Arbeit dort draußen und ein Schmalfilm hergestellt«. Die Arbeiten belebten und vertieften den Unterricht im höchsten Grade und standen durchaus im Dienste der nationalen Erziehung.« (JB 1937/38, S. 45)

MARIA-THERESIA-REALSCHULE, 24.1.1939 Vortrag des Zeichenlehrers Holzner über die Ausstellung Gesundes Volk. Dank an Holzner »für seine unermüdliche Arbeit« und die »sachkundige Leitung« der Bezirksschulausstellung in der St.-Martinschule vom 11.-18.3.1939 anlässlich des Kreistages der NSDAP. (JB 1938/39)

MAXIMILIANSGYMNASIUM, Ausstellung zum Vierjahresplan im Zeichensaal Ein Volk hilft sich selbst (Bastelarbeiten, Aufsätze, Plakatentwürfe, Flugmodelle etc.). (JB 1937/38)

MAX-JOSEPH-STIFT. »Das Schuljahr 1937/38 begann am 12. April 1937. An die feierliche Hissung der HJ-Fahne schloss sich der erste Schulapell an, der unter dem Leitgedanken stand: Wir helfen dem Führer zum Gelingen des Vierjahresplans!« (S. 22) »Die Losung Oberbayerische Jugend hilft dem Führer hat bei unseren Schülerinnen einen regen Eifer entfacht. Fast alle Fächer, besonders aber der Zeichen-, Werk- und Handarbeitsunterricht, der Deutschunterricht, Chemie, Naturkunde und Mathematik arbeiteten nach einem festgelegten Plan gemeinsam an dem großen Ziel: unserer Jugend das gewaltige Ringen Deutschlands um seine wirtschaftliche Freiheit und Unabhängigkeit vom Ausland klar zu machen, darüber hinaus aber in ihr den Willen zur tätigen Mithilfe zu entfachen. Der gemeinsame Besuch der Reichsnährstandsschau am 4. Juni [...] eine Fülle von Anregungen für unsere eigene Ausstellung Schule und Vierjahresplan. Diese Schul-Ausstellung vom 6.-11. November war der Rechenschaftsbericht unserer gemeinsamen Arbeit. Sie gliederte sich in drei Teile: 1. Warum ein 2. Vierjahresplan? – hier wurde hauptsächlich das Versailler Diktat und die Kolonialfrage dargestellt. – 2. Der deutsche Wald hilft mit. [...] Im 3. Teil Und wie hilfst du mit? stellten unsere Mädel ihre häuslichen Arbeiten zur Schau [...] – Kampf dem Verderb, Altstoffsammlung,

in einer Erweiterung des Lebensraumes.« Diese Denkschrift schloss mit der Befürwortung eines Mehrjahresplans (den Begriff Vierjahresplan gebrauchte Hitler erst in seiner Parteitagsrede, Planwirtschaft klang damals modern), um die Wehrmacht einsatzfähig, die Wirtschaft kriegsbereit und die Bevölkerung opferwillig zu machen. Die IG Farben in Verbindung mit dem Luftwaffenchef Göring konnten »den größten Gewinn aus dem Machtkampf um die Vorherrschaft auf den Wirtschaftssektor ziehen«.[137] Die Weichenstellung auf die unmittelbare Kriegsvorbereitung übte großen Einfluss auf die Schulen aus, eben auch auf den Zeichen- und Kunstunterricht. (Siehe auch Dok. 208-212)

7.1   1937-1938: Aktivitäten

»In einer Bekanntmachung vom Februar 1937 verfügte das Bayerische Staatsministerium für Unterricht und Kultus, daß die Schulen von Oberbayern den Fragen des Vierjahresplanes eine besondere Aufmerksamkeit zuzuwenden hätten, ja daß in bestimmten Fällen der Gedanke des Vierjahresplanes ganz in den Mittelpunkt gestellt werden könne. [...] Aus den Ergebnissen einer wochen- und monatelangen Beschäftigung mit den Fragen unserer Nationalwirtschaft sollten nämlich aufklärende und werbende Ausstellungen für die Eltern und Freunde der Schule aufgebaut werden, mit Zeichnungen, Modellen, plastischen Darstellungen, Plakaten, schriftlichen und statistischen Erläuterungen. [...] Auf dem Lande wurden bezirksweise Ausstellungen veranstaltet, [...] in München blieb jede Schule für sich und wandte sich an ihre Elterngemeinde.«

So Hans Herrmann im Januar 1938[138] in einem Artikel, in dem er auch für das kommende Jahr die Kampagne vorstellte. »Wenn die Aufgaben aus dem Vierjahresplan richtig angepackt werden, stören sie die Bildungsarbeit der Schule nicht; ja, sie geben ihr sogar einen förderlichen Auftrieb, da sie die Stoffe des Unterrichts in einen Lebenszusammenhang bringen. – Freilich nur dann, wenn der höhere Zweck des Vierjahresplanes auch in dieser ›Propagandatätigkeit‹ nicht vergessen wird. Es ist ja nicht der letzte Sinn dieser umwälzenden Aktion, ein bloßes Dasein unseres Volkes irgendwelcher Art sicherzustellen, sondern jenes besondere, hochgemute und werträchtige Leben zu erfüllen, das uns zur Aufgabe gestellt ist und in dem wir erst die Werte einer rassischen Mitgift verwirklichen.«[139] In dem umfangreichen Themenkreis für die »echten einfachen For-

---

137 Zitate, Fakten und Interpretation: Ian Kershaw, *Hitler. 1936-1945,* Stuttgart 2000 (Übersetzung aus dem englischen Original: *Hitler. 1936-1945,* London 2000), S. 52 ff.
138 H. Herrmann, *Schule und Vierjahresplan,* in: Die Gestalt, Januar 1938, Heft 3, S. 33.
139 Ebd., S. 38 ff.

„Wir wollen gesund sein!"

Resteverwertung, Schadenverhütung usw.« Besonderer Dank für die »unermüdliche Arbeit« von Frl. von Dall'Armi.« Über 1½ Tausend Besucher, darunter mehrere Schulklassen, konnten sich davon überzeugen, dass »die Schule von heute nicht totes Wissen vermittelt, sondern mitten im Volke steht«. (JB 1937/38) Schulausstellung Wir wollen gesund sein: »Kunsterziehung, Biologie, Pflege und ...-lehre arbeiteten Hand in Hand um möglichst vielseitige und brauchbare Ausstellungsgegenstände zu formen. Jede Klasse hatte ihre besonderen Aufgaben. So malten die Kleinen in ihrer kindertümlichen, eindrucksvollen Art Bilder über Körperpflege und Ferienfreuden sowie farbenfrohe Fruchtkörbe; die 2. Klasse fertigte ein bunt bewegtes Fries vom Ablauf der Turnstunden; die 3. Klasse stellte Leben und Treiben in einem Ferienlager des BDM dar und zwar nicht nur bildlich, sondern auch in einem sehr gelungenen Großmodell mit Figuren und Zelten; die 4. Klasse hatte sich das Schullandheim im Dienste der körperlichen Ertüchtigung zum Ziele gesetzt; die 5. Klasse führte im Zeichenunterricht zahlreiche Plakate mit Darstellungen und Schriftsätzen über Erbgesundheit- und Rassenpflege aus, die in der Biologie erarbeitet wurden [...]. Schließlich zeigte die Heimarbeitsgemeinschaft für Werkunterricht das gesunde, neuzeitige Schulheim in einem naturgetreuen Modell des neuen Max-Joseph-Stift (Maßstab 1:200) mit allen Freilandanlagen. Daß die meisten dieser Gemeinschaftsarbeiten in die große Ausstellung im Deutschen Museum übernommen werden, mag den beteiligten Lehrkräften der beste Dank für ihre Mühewaltung sein.« Dall'Armi war zuständig auch für das Modell des Neubaus. (JB 1938/39)

OBERREALSCHULE III, 12.-16. November 1937 Vierjahresplanausstellung im Zeichensaal. (JB 1937/38) »Am 11. März hielten wir zur Eröffnung des Kreistages von Oberbayern und der Schulausstellung Wir wollen gesund sein, mit Schülerchören, einer Rede des Anstaltsvorstandes, und den nationalen Liedern eine Schulfeier. Darnach fiel der Unterricht aus.« (JB 1938/39, S. 25) »Die Vierjahresplanausstellung gliederte sich in die Abteilungen: Schützet die Vogelwelt; eßt mehr Kartoffeln; deutsche Arzneikräuter; der deutsche Wald; sammelt Altmaterial; sammelt Knochen; deutsche Wehr (Schiffsbauten); lernt fliegen (Flugmodelle); Sätze führender Männer [...] Das Besondere dieser Ausstellung lag darin, zu zeigen, wie die Anstalt ihre Schüler systematisch zu sorgfältigem, gewissenhaftem Arbeiten auf technischem Gebiete (Planzeichnen, Schrifttafeln, Flugmodellbau usw.) erzieht und so für ihren künftigen Aufgabenkreis und für das Wirken im Sinne des Vierjahresplanes vorbereitet.« (Ebd., S. 23 f.)

RUPPRECHT-OBERREALSCHULE. »Nach der Flaggenhissung am 9. März zum Beginn des Kreistages München-Oberbayern versammelten sich die Schüler am 11. März zu einer Feierstunde unter dem Leitwort: Wir haben die Pflicht, gesund zu sein.« Vortrag über Gesundheitspflege. Am 13. März wurde eine Gedenkstunde für die Heimkehr Österreichs ins Reich abgehalten; darauf besuchten die Schüler der unteren Klassen die Ausstellung Gesundes Volk in der Winthirschule. (JB 1937/38)

THERESIENGYMNASIUM. »Wie im ganzen Reiche, so spielte auch bei uns der Vierjahresplan eine bedeutende Rolle. In allen einschlägigen Fächern wurde bei jeder sich bietenden Gelegenheit der Inhalt dieses Planes im Unterricht verarbeitet. Insbesondere brachten unsere Schüler durch ihren Fleiß im Zeichen- und Modellbauunterricht eine beachtliche Ausstellung auf diesem Gebiet zustande[...].« (JB 1937/38, S. 21)

WILHELMSGYMNASIUM. Ausstellung Schule und Vierjahresplan 14.12.-20.12.1937.

men«, die zu zeichnen, malen und modellieren waren, bestand der größte Block aus dem »Volk ohne Raum«.[140] Darunter listete Herrmann auf: »Versailler Vertrag: Bildhafte Statistik aus Buntpapierschnitten in Streifen; es wurden uns geraubt so und so viel an Weideland, Ackerland, Wald, an Bergwerken für Eisen, Kohle usw., wobei jeweils geeignete klare Figuren das Gemeinte kennzeichnen. Unsere Kolonien […] Neulandgewinnung […] Neue Rohstoffe […] Verbrauchslenkung: Ernährungskalender […] Gesundes Leben […] ›Wir alle helfen mit‹ […] ›Wir alle tragen Steine zum Bau Deutschland‹ […] ›Was alles auf dem Baume wächst‹ […] wobei Wiege, Krücke und Sarg nicht vergessen werden.«[141]

Unschuldige Sachzeichnungen von Heil- und Gewürzkräutern mutierten unter der Hand zu Instrumenten des verbrecherischen Regimes. Im Frühjahr 1937 erschien die 1. Auflage einer »Anleitung besonders für Lehrer und Erzieher«, ein Buch mit dem Titel »Deutschlands Jugend sammelt Heilkräuter«. Der Autor rechnete im Detail vor, dass der Einkaufswert von 20 ausgesuchten Kräutern, die »alljährlich in Deutschland« verbraucht werden, sich auf etwa 60 Millionen Kilogramm und »fast 4,5 Millionen Reichsmark« belaufe. (Dok. 214) »So gesehen, stellt die Heilpflanze ein eigenes großes Rohstoffproblem dar, das unbedingt nach dem Willen des Führers gelöst werden muß.«[142] Um »Deutschland wirtschaftlich unabhängig zu machen«, musste die Schuljugend ans Sammeln. Die Lehreranleitung sprach offen aus: »Das Heilpflanzensammeln ist eigentlich nur ein Teilstück einer größeren Aktion […] Jugend, hilf mit! Ein jeder soll opfern; die Jugend besitzt aber nichts an klingender Münze, die sie freudig geben kann. Sie besitzt aber Zeit! Und von seiner Freizeit soll jeder echte Bub und jedes deutsche Mädel einen bescheidenen Anteil opfern, indem beide das sammeln, was sonst verderben würde, was wir aber doch benötigen und aus dem Auslande als Ersatz dafür wieder einführen müssen.«[143]

Das Sammeln von Heilkräutern setzte deren Kenntnis voraus, deshalb wurden sie im Schulunterricht fein säuberlich beschrieben und gezeichnet. (Dok. 216) Es dauerte nicht lange, bis die Kräuter »kriegswichtiges Gut« wurden und 1940 die »Reichsarbeitsgemeinschaft für Heilpflanzenbeschaffung des Gaues München-Obb.« für den Kreis München einen eigenen Kreissachbearbeiter bestimmte, dessen Aufgabe es war, »mit den verschiedenen Schulen in Verbindung zu treten, um die Lehrer u. die Schüler für das Sammeln von wildwach-

---

140 Ebd., S. 43.
141 Ebd.
142 Karl Geith, *Deutschlands Jugend sammelt Heilkräuter. Eine Anleitung besonders für Lehrer und Erzieher*, in: Biologische Zeitfragen. Eine Schriftenreihe (Hg.: Ernst Lehmann), S. 3-105, Erfurt 1940 (Erstauflage 1937), S. 11.
143 Ebd., S. 19.

»Warum Heilpflanzensammeln?«

> **Warum Heilpflanzensammeln?**
>
> „Der zweite Vierjahresplan ist
> die Sicherung der deutschen Ehre und
> die Sicherung des deutschen Lebens.
>
> Ein klares Ziel, klar vor allem, weil wir wissen, daß diese Sicherung im zweiten Vierjahresplan darin besteht, die Wirtschaftskraft Deutschlands weiter zu stärken und auszubauen. Es gilt, Deutschland wirtschaftlich unabhängig zu machen!"

senden Heilkräutern zu gewinnen«.[144] Und während in den Schulen niedlich-herbe Kinderzeichnungen entstanden »Wir sammeln Birkenblätter« etc. (Dok. 218) und diese dann in diversen Schulausstellungen anfeuernde Wandtexte wie z.B. »Wir schaffen es!« dekorierten – bereitete die SS Himmlers im KZ Dachau die Einrichtung ihrer Kräuterplantage vor. Von der (fürs Regime) billigen Sammeltätigkeit von Schulkindern und -jugendlichen führte ein nur kurzer Weg zur Nutzung und Ausbeutung billiger Arbeitskräfte, die in den KZs in großer Anzahl vorhanden waren. Allein für die Kultivierung des Moorlands zur Errichtung des SS-Kräutergartens im KZ Dachau 1938 bis 1940 mussten bereits 429 Häftlinge ihr Leben lassen.[145]

Zurück zu den Münchner Schulen. Hier fanden also 1937 und 1938 überall Tagesausstellungen zum Vierjahresplan statt, wobei jede Schule für sich blieb und die Eltern ihrer SchülerInnen einlud. Die Parole des stellvertretenden Gauleiters lautete: »Wie mache ich mein Volk stark und mutig?«[146] Für 1939 wählte man einen wesentlich größeren Rahmen.

7.2   1938-1939: Bezirksschulausstellungen

»Gelegentlich des Kreistages des Kreises München der NSDAP, der in der Zeit vom 9. mit 19. März 1939 stattfindet, werden insgesamt 8 Bezirksschulausstellungen durchgeführt.« So instruierte ein gewisser Georg Schreck, Beauftragter für die Schulausstellungen 1939 des Kreises Groß-München, am 20.12.1938 die Leiter der NSD-Schulgemeinden des Kreises.

Alle Schularten einschließlich der Oberschulen und Gymnasien waren den einzelnen Bezirksschulausstellungen zugeordnet. Als Leiter der höheren Schulgruppe pro Ausstellungsbezirk wurden solche Schuldirektoren bestimmt, die man als besonders »zuverlässig« im Sinne des NS-Staats einschätzen konnte.

Bezirk	Ausstellungsort 1939	Höhere Schulen (mit den damaligen Bezeichnungen)
I	Schule Hohenzollernstr.140	Gisela-Oberschule / Leiter: Pg. Dr. Wetzstein Oberschule für Mädchen an der Luisenstr.
II	Deutsches Museum	Oberschule an der Siegfriedstraße Maximiliansgymnasium Oberschule für Mädchen am St.-Annaplatz Oberschule für Mädchen Max Josef Stift
III	Schule am Winthirplatz 6	Wittelsbacher Oberschule / Leiter: Pg. Hudezeck Rupprecht-Oberschule

---

144 StAM, Schulamt 1725.
145 Wolfgang Jacobeit und Christoph Kopke, *Die biologisch-dynamische Wirtschaftsweise im KZ. Die Güter der ›Deutschen Versuchsanstalt für Ernährung und Verpflegung‹ der SS von 1939 bis 1945,* Berlin 1999, S. 429.
146 Würmtal-Bote vom 27.7.1938, Nr. 1/2.

»Über die Heil- und Gewürzpflanzen wird vom 4. Schuljahr an ein besonderes Heft geführt, in dem alle Einzelheiten eingetragen werden.«
(*Deutschlands Jugend sammelt Heilkräuter*, S. 62 f.)

Aus einem Schulheft von Werner Eckhardt, Klasse 3b, 1938, Humanistisches Gymnasium Pasing.

IV	Schulneubau Schwanthalerstr.	Ludwigs-Oberschule / Leiter: Pg. Dr. Schalk
		Oberschule a.d. Damenstiftstraße
V	Schule am Gotzingerplatz 1	Theresiengymnasium / Leiter: Pg. Schulz
VI	Schule St. Martinstraße 30	Maria-Theresia-Oberschule / Leiter: Pg. Ennerst
VII	Schule Gebelestraße 2	Luitpold-Oberschule / Leiter: Pg. Dr. Speyerer
		Wilhelmsgymnasium
VIII	Schule am Mariahilfplatz 18	Aufbauschule f. Knaben, Frühlingstraße
		Oberschule a.d. Klenzestraße
		Oberschule a.d. Müllerstraße / Leiter: Pg. Dr. Werner

Noch im Dezember 1938 wurde eine detaillierte Stoffgliederung für das übergeordnete Ausstellungsthema »Wir wollen gesund sein« veröffentlicht.[147] Den höheren Schulen war dabei zugedacht: »Abschnitt I / 3, 4, 5: Gesunde Jugend – gesundes Volk. Abschnitt II / 1, 2, 3: Der nationalsozialistische Staat schafft durch Gesetz und Leistung die Voraussetzungen für die Gesunderhaltung des deutschen Volkes.«[148] Die hier angewiesene Arbeitsteilung zwischen den höheren Schulen und den Volksschulen ist aussagekräftig für die schichtenspezifische Demagogie der NSDAP und die entsprechende Rolle des gymnasialen Zeichen- und Kunstunterrichts.

»**I. Gesunde Jugend – gesundes Volk**
[…]
3. in der Schule: Turnen, Sport, Wandern, ärztliche Reihenuntersuchungen, Zahnbehandlung, Schülerspeisung usw.;
4. in der Hitlerjugend: Leibesertüchtigung, Fahrten, Lager, Wettkämpfe (Sportabzeichen), ärztliche Betreuung usw.;
5. im Arbeitsdienst; in der Wehrmacht; in den Organisationen der NSDAP, SA, SS, NSFK, NSKK

II. Der nationalsozialistische Staat schafft durch Gesetz und Leistung die Voraussetzungen für die Gesunderhaltung des deutschen Volkes.
1. Rassengesetze sichern die Reinheit des deutschen Blutes.
   a) Die Vererbungserscheinungen und -gesetze (im Pflanzen- und Tierreich und beim Menschen).
   b) Die Grundtatsachen der Rassenkunde (Rassenbegriff, Erbmasse, geistige und seelische Merkmale, Rassenschichtung, geschichtliche Leistungen der rassischen Grundwerte).
   c) Die Rassengesetze des nationalsozialistischen Staates verhindern Volksentartung.
2. Gesetz zur Verhütung erbkranken Nachwuchses.
   a) Begriff der Erbkrankheit.
   b) Was kosten die Minderwertigen dem Staate?
   c) Die Gefahr einer Volksentartung durch Zunahme der Erbkranken in der Geschlechterfolge.
3. Die soziale Gesetzgebung des nationalsoz. Staates fördert die erbgesunde und rassisch wertvolle Familie.
4. Der nationalsozialistische Staat schafft gesunde Lebensbedingungen für das arbeitende Volk (Erbhofgesetz, bäuerliche Sippe, Beseitigung der Arbeitslosigkeit, »Verhinderung der aus Nahrungsmittelmangel oder einseitiger Ernährung entstehenden Krankheiten)[…]«[149]

Die undatierten Postkarten aus verschiedenen Volksschulen Münchens sind in einer Sammelmappe des »Gestaltarchivs Hans Herrmann e.V.« aufbewahrt, die den Titel trägt: »Krieg: Kleine Malereien von Sanitätern und von Mädchen, die den Verwundeten Freude machen.«

»Wir sammeln Birkenblätter«

Der Punkt 4 »für das arbeitende Volk« zielte auf die Angst vor Krankheit durch »Nahrungsmittelmangel oder einseitige[r] Ernährung«, und bei den höheren Schulen schürte man die Angst des Bürgertums, es könne ihm etwas weggenommen werden, z.B. »Was kosten die Minderwertigen dem Staate?«. Die Gebildeten sollten vor allem ihre Biologiekenntnisse in rassistische Hetze ummünzen, die Volksschüler sollten schwerpunktmäßig brav »Schaden verhüten«, Knochen sammeln, Abfall wieder aufbereiten, sich sparsam ernähren usw. Natürlich wurden auch an den höheren Schulen Knochen gesammelt (allerdings, wie es im Jahresbericht des Alten Realgymnasiums 1937/38 hieß: »Die Sammlung der Knochen lief zäh an ...«), und in allen Schularten wurde der Wehrsport massiv gefördert. Aber der Plan für 1939 war von besonderer Deutlichkeit. Es war das Jahr nach der berauschenden »staatsmännischen Ernte«[150], der Annexion Österreichs und der Grenzgebiete der Tschechoslowakei, es war das Jahr der fieberhaften Kriegsvorbereitung, bis es am 1. September 1939 hieß: »Seit 4 Uhr 45 wird zurückgeschossen.«

Im Zeichen- und Kunstunterricht an den höheren Schulen drückte sich die hyperaktive NS-Bewegung je nach Eigenart der Schule und der Zeichenlehrer spezifisch aus. Während einige ZeichenlehrerInnen den umfangreichen Arbeitsplan Klasse für Klasse »abarbeiten« ließen – z.B. im Max-Josef-Stift: »So malten die Kleinen in ihrer kindertümlichen, eindrucksvollen Art Bilder über Körperpflege und Ferienfreuden sowie farbenfrohe Fruchtkörbe; die zweite Klasse fertigte ein bunt bewegtes Fries vom Ablauf der Turnstunden; die 3. Klasse stellte Leben und Treiben in einem Ferienlager des BDM dar und zwar nicht nur bildlich, sondern auch in einem sehr gelungenen Großmodell mit Figuren und Zelten; die 4. Klasse hatte sich das Schullandheim im Dienste der körperlichen Ertüchtigung zum Ziele gesetzt; die 5. Klasse führte im Zeichenunterricht zahl-

---

147 »Anweisung der Gauleitung des Traditionsgaues München-Oberbayern der NSDAP« 1939. Die Gliederung war von Stadtschulrat Bauer und dem Gauamtsleiter im Nachrichtendienst Nr. 6 vom 17.12.1938 an die Leiter der NSD-Schulgemeinden im Gau München-Oberbayern gerichtet. StAM, Schulamt 2564.
148 Ebd.
149 Ebd.
150 »Das Schuljahr schließt am 1. April, das neue beginnt am 17. April 1939. Welch gewaltiges politisches Geschehen umspannt das vergangene Jahr! Das durch Versailles gedemütigte Reich ist wieder groß, stark und stolz geworden, die alte Ostmark, Sudetenland und Memelland sind heimgekehrt, Böhmen und Mähren stehen unter deutscher Hoheit. Danken wir dem Führer durch unwandelbare Treue, durch freudige Hingabe an sein Werk, durch stets einsatzbereiten Dienst für Volk und Vaterland!« So z.B. der Direktor der Hans-Schemm-Aufbauschule Max Forster im März 1939 (JB der Schule 1938/39, S. 46).

Darum Vogelschutz

Aquarell (ca. 41 x 29 cm) oben von Helmut Zischler, Rupprecht-Oberrealschule, Kl. 7c, 1940, Zeichenlehrer Karl Motz.

Malerei links vom 7.7.1937 aus dem Akademienachlass der Professoren Adolf Braig, Anton Marxmüller und Thomas Zacharias, Privatarchiv Kehr.

Fotos oben von einer Volksschul-Arbeitsgruppe, aus: StaM, Schulamt 2081. Fototitel unten: Vogeltränke für die Stadtgärten-Direktion.

reiche Plakate mit Darstellungen und Schriftsätzen über Erbgesundheit- und Rassenpflege aus, die in der Biologie erarbeitet wurden« usw. –, konzentrierte man sich in anderen Gymnasien und Oberrealschulen bereits auf den Flugzeug- und Schiffsmodellbau. So z.B. in der Oberrealschule III seit dem Schuljahr 1936/37; hier gliederten Zeichenlehrer Dietl und Blatner Abteilungen wie »Schützet die Vogelwelt; eßt mehr Kartoffeln; deutsche Arzneikräuter; der deutsche Wald« etc. zusammen mit Titeln wie »deutsche Wehr (Schiffsbauten); lernt fliegen (Flugmodelle)«.[151]

Soweit in den Jahresberichten einzelner Schulen keine oder nur wenige Angaben zur Vierjahresplan-Ausstellung gemacht wurden, gibt der Abschlussbericht der Kampagnenleitung Hinweise auf die wahrscheinliche Art der Beteiligung.[152] Die Kampagnenleitung stellte »reichliche Arbeitsunterlagen, Reichs- und Gaustatistiken, Literatur, Richtlinien für Schulausstellungen zu Raumverteilung und Planung der Ausgestaltung, Flächengestaltung, Gruppierung der Modelle, Bildtext und Schriftgestaltung, Bildhafte Statistik, Kindertümliches Zeichnen« usw. zur Verfügung. Insgesamt besuchten mehr als 200.000 Erwachsene und Jugendliche die Ausstellungen. »Erzieher und Eltern sind sich bewußt, daß auch dieser Weg mit dazu beiträgt, die Schule mit dem Leben der Partei und des Staates in Gleichschritt zu halten und die Entwicklung der Schule vor einer schädigenden Isolierung zu bewahren.«[153]

Ein dem Vernichtungskrieg des NS-Staats besonders dienender Effekt der Vierjahresplan-Aktivitäten bei Schülern und Eltern bestand darin, dass die Gegenstände des Alltagslebens ideologisch in einer Weise aufgeladen wurden, dass sie mehr und mehr eine andere Bedeutung bekamen – bis dahin, dass mit ihnen der Raubzug legitimiert wurde. Eine gezeichnete gelbe Rübe wurde zu einem Symbol für Deutschlands Unabhängigkeit, eine Hechtrolle in der Turnhalle zu einem militaristischen Akt, das sonntägliche Eintopfessen oder der Meerrettichtag zu einer aggressiven Kulthandlung. Eine Graugans legitimierte Rassismus, ein Segelschiffchen stand für deutsche Seegeltung, ein Stück Blech für das überlegene handwerkliche Geschick der Deutschen. Anders können die Zusammenfassungen in den Jahresberichten nicht interpretiert werden, sogar die »200 unter Leitung von Studienprof. Maendl gefertigte[n] Arbeiten zeugten von dem künstlerischen Können und der vaterländischen Gesinnung unserer Schüler«. Gerade wenn man davon ausgeht, dass die SchülerInnen dies nicht unbedingt so empfanden, muss man die Perfidie der systematischen aggressiven und zu Herrenmenschentum verführenden Aufladung des Alltagslebens erkennen. Die Zei-

---

151 Siehe ausführlichen Bericht in Kapitel II. 10.1.2 (Josef Blatner und die Fotografie).
152 StAM, Schulamt 2564.
153 Ebd.

chen- und KunsterzieherInnen beteiligten sich daran.[154]

Einen weiteren ideologischen Effekt erzielte der Vierjahresplan, indem mit ihm propagiert und praktiziert wurde, dass keiner »vom großen Werk« ausgeschlossen sei, dass jeder auf seine Weise »der Volksgemeinschaft« dienen könne. Eine Schulaufgabe 1937/38 lautete: »Wir können dem Vaterlande nicht alle auf die gleiche Weise dienen, jeder diene ihm auf seine Art.«[155] Für die Frage der Kunstrichtungen und ästhetischen Auffassungen war aufschlussreich, dass alternativ zu dieser Schulaufgabe das Thema »Technik ist Dienst am Volke (Gedanken zum Vierjahresplan)«[156] stand. Noch deutlicher brachte im selben Schuljahr eine »deutsche Hausaufgabe« in derselben Schule zum Ausdruck, dass die »Technik im Dienste der deutschen Erneuerung«[157] auch die Frage der Schönheit wieder neu stellt: »Es ist eine Torheit zu wähnen, daß Schönheit und Zweckmäßigkeit nicht miteinander gehen können (Oskar v. Miller).«[158]

7.3 Das abrupte Ende der Bezirkszeichenausstellungen

Ging man im Abschlussbericht der Vierjahresplan-Kampagne noch davon aus, dass diese Form der Schulausstellungen den »erfolgreichen Auftakt für alle weiteren Veranstaltungen gleicher Art« bilden würde, wurde durch das Kultusministerium anders entschieden. Eltern und Lehrer beschwerten sich, dass die Schüler durch die ständigen Arbeiten für die Ausstellungen nicht mehr zum Lernen kämen. Diese im Zusammenhang mit den sonstigen aktionistischen Einsätzen der Schuljugend auch früher schon mehrfach vorgebrachten Beschwerden verpufften dieses Mal nicht. Jetzt, 1939, befand man sich auf vielen Gebieten in einer Wendung; die Vorbereitungsphase des Zweiten Weltkriegs war beendet. Der propagandistische Feldzug war bereits in den militärischen eingemündet. Die Zeichenlehrer und Kunsterzieher hatten ihre Schuldigkeit an der »inneren Front« getan, nun hieß es Heeresdienst, Einsatz an der »äußeren Front« – und an der Schule zu retten, was zu retten war. Die Bezirkszeichenausstellungen

---

154 Es ist nicht Aufgabe der vorliegenden Arbeit, eine Entscheidung darüber zu treffen, inwieweit diese Beteiligung unvermeidbar durch Beruf und Stellung in der Gesellschaft war, aber ohne die Reflexion der Mechanismen und Umstände ist eine Entwicklung der Kunstpädagogik, in der man nicht ohnmächtig gesellschaftlichen Mächten ausgesetzt ist, nicht vorstellbar.
155 Gisela-Oberrealschule, JB 1936/37, S. 21.
156 Ebd.
157 Auch dies wörtlich ein Schulaufgabenthema, daneben auch: »Die Technik, die Erfüllerin von Wunschträumen der Menschheit«, ebenfalls Gisela-Oberrealschule, JB 1936/37, S. 21.
158 Ebd., S. 22.

Das Ende der Bezirks-zeichenausstellungen

Siehe vollständigen Text Seite 229–231.
Quelle: StAM, Schulamt 2564.

wurden eingestellt. In einem Brief an die Stadtschulbehörde München vom 9. November 1939 hatte der Bezirksschulrat 3 in elf Punkten vehement gegen die Planung neuer Schulausstellungen geblockt. (Dok. 224) Seine Argumente offenbarten dabei nicht nur viel über die Gesamtsituation, in der sich die Lehrkräfte befanden, sondern bescheinigten den Zeichenlehrern und Kunsterziehern, dass sie in der gegebenen Situation »nichts Neues« mehr bieten könnten.

München, den 9. Nov. 1939.
Vom Bezirksschulrat 3 für die Hauptstadt der Bewegung Amtssitz Schulstraße 3
An die Stadtschulbehörde München Herrn Stadtschulrat Pg. Bauer
Betreff: **Schulausstellungen.** Die NS Schulgemeindeschaft an die Planung neuer Schulausstellungen. Die gegenwärtigen Verhältnisse sprechen samt und sonders *gegen* eine neue Schulausstellung.
Begründung:
1. Anbindung mit den Kreistagen der NSDAP. Wir stehen unmittelbar vor Beginn des Krieges gegen England – an Abhaltung von Kreistagen in ihrer friedensmäßigen Form wird kaum gedacht werden können. Schulausstellungen hiezu sind *am Lande* z.Z. undurchführbar wegen Lehrermangels; der Kriegsstellenbesetzungsplan wird noch einschneidender sich auswirken.
 In München: 8 Bezirksausstellungen unmöglich
   a) Besetzung von Schulhäusern durch Militär
   b) Doppelbelegung durch 2 Schulkörper
  1 Gesamtausstellung: Erfolg fraglich, Wirkungsbeschränkung sicher.
2. Thema: Schulterung [?] u. Stärkung der inneren Front: Im großen gesehen hat die Schule dazu mitzuhelfen aber nicht mitzureden. Was wird u. kann [?] ausstellungsmäßig gezeigt werden? Sehr oft Wiederkauen der gleichen Untergebiete wie bei der letzten Ausstellung, also die gleichen Modelle, Figurinen, Überschriften – wenig neue Möglichkeiten.
3. Finanzierung: Eine einigermaßen wirkungsvolle Aufmachung – ohne eine solche ist Propagandaziel von vornherein in Frage gestellt – erfordert hohe Kosten. Neues Defizit ist wahrscheinlicher als etwa beabsichtigte Aufholung der letzten.
4. Materialverbrauch: Anpassung zu Gebote der Kriegswirtschaft ist vordringlich – Material zu solchem Zweck ist schwer zu erhalten, wenn schon aber für haus- u. lebensnotwendige Angelegenheiten wichtiger. Vierjahresplan muß jetzt praktisch doppelt in Erscheinung treten.
5. Zeit: Voraussetzung für Erstellung einer zweckdienlichen Schulausstellung ist, ein volles Schuljahr zur Verfügung zu haben, um die unterrichtliche Durchdringung zu gewährleisten, aus der das Ausstellungsgut herauswachsen muß.
6. Unterrichtliche Bedenken: Wir haben alle gerade genug zu tun, einigermaßen aufzuholen, was zwangsläufig versäumt wurde; jede einzelne Minute ist wichtig u. voll auszunutzen für Erlernung, Schulung und Übung der lebenspraktischen Fächer, vor allem Schreiben, Rechnen, Lesen, Geschichte (einschließlich Gegenwartsgeschehen), [?]kunde. Alles andere muß zurücktreten, erst recht nicht oder minder schulfremde Dinge, was eine überstürzt vorzubereitende Ausstellung zweifellos ist.
7. Schulzeit: Endlich haben wir Vollunterricht, wenn auch zu Kurzstunden, wiedergewonnen – sollen wir wieder abgeben? Gemeinsame Arbeit für Ausstellung *während* der Schulzeit lehnen wir als untragbar u. unverantwortlich ab im Interesse der gebotenen Erziehung unserer Jugend zur Leistung mit Lebensertüchtigung. Gemeinsame Arbeit *nach* der

Form der Jugend
Eröffnung der sehenswerten Schulausstellung

Zwei helle geräumige Erdgeschoßsäle im Historischen Stadtmuseum München haben eine Schau besonderer Art aufgenommen, deren Besuch, um dies gleich vorauszuschicken, sich für alle Kreise empfiehlt, die mit der Entwicklung des nach Gestaltung ringenden Ausdrucksvermögens der Jugend beruflich zu tun haben. Aber auch jeder, der wissen will, zu welchen Ergebnissen das neue Zeichnen in der Schule im Sinne selbständiger Auffassung und Formgebung führt, findet in der Schau eine Fülle wertvollen Stoffes, die ihm Einblicke und Aufschlüsse anregendster Art vermittelt. Es handelt sich um eine Ausstellung auf der Kunst-Wesenslehre von Britsch beruhenden Zeichnens, das vom Kind das Einfache an Form verlangt, das es leisten kann, von unsinnigem Wollen abhält, und, geduldig entwickelnd, die Formauffassung und Formprägung des Heranwachsenden verfeinere und hebe.

Die Schau, die vom Stadtschulamt München unter Mitwirkung der NSD.-Schulgemeinde veranstaltet ist, steht an jedem Werktag von 9 bis 17 Uhr und sonn- und feiertags von 10 bis 13 Uhr dem freien Eintritt offen.

Zeitnaher Zeichenunterricht
Sehenswerte Schulausstellung im Historischen Stadtmuseum in München

In Anwesenheit von Vertretern der Partei, des Staates und der Stadt München wurde am Donnerstagnachmittag im Historischen Stadtmuseum eine außerordentlich sehenswerte Schau eröffnet, die einen Ueberblick über die Arbeit verschiedener Volks- und Mittelschulen gibt, wie sie heute auf dem Gebiet des Zeichenunterrichts geleistet wird.

Stadtschulrat Bauer, der die Ausstellung eröffnete, betonte die Notwendigkeit einer gründlichen fachwissenschaftlichen Ausbildung auch für den Lehrer. Was die Ausstellung zeige, sei das wirklich erreichte Glied in einer langen Kette von Entwicklungen. Das Ergebnis jahrelanger aufmerksamer Beobachtungen. Auch diese Ausstellung beweise die Kraft des Deutschen Reiches, das trotz Krieges auf allen Gebieten des Lebens emsig weiterschaffend wirkt.

Nach der Eröffnung durch Stadtschulrat Bauer wurde die Schau vom Referenten von Studienprofessor Herrmann, dem Fachberater für Zeichenunterricht, der die Ausstellung zusammengestellt hat, besichtigt.

Was die Schau zeigt, ist in mancher Hinsicht ebenso erstaunlich wie überwältigend. Man denkt unwillkürlich an den bedauerlichen persönliche Gefühl und den eigenen Zeichenunterricht zurück, den man in der ewigen Jugend über das tragen lassen mußte. Was die Schau vermittelt, ist gerade das Gegenteil ein mechanisches Wissen oder passives Registrieren, sondern ein aktives Herausholen aus der Naturerscheinung, je nach Vermögen, Veranlagung und Können. Was auf diese Weise aus den Schülern herausgeholt werden kann, zeigt dem erstaunten Beobachter, der nicht in manchen Arbeiten einen Hauch des Geistes spürt, der überliefert ist von Meistern in ihren Kunstwerten haben. Die Ausstellung offenbart uns u.a. wie eng verbunden unsere Jugend mit dem Geist der Zeit ist. Beispiele sind dafür u.a. die vielfältigen Bilder, in denen das Thema Winterhilfswerk gestaltet wird.

Die Schau, die sich von der Zeichnung bis zur Malerei, vom Linolschnitt bis zum Stoffdruck erstreckt, wird an zwei Dritteln von den Münchner Volksschulen bestritten. Das letzte Drittel stellen die Oberrealschule Bayern, die Städtische Realschule Bad Tölz, das Städtische Mädchenlyzeum am Arnulfsberg, das Alte Gymnasium in Regensburg, sowie zahlreiche andere Volksschulen und Höhere Schulen Bayerns.

Die Ausstellung zeigt erstaunliche Schülerleistungen. Auf unseren Bildern sieht man einen kleinen Ausschnitt von Reliefabgüssen, Spielzeug und sehr netten Schmuckstücken. (Hötsch)

So wird heute gezeichnet
Eröffnung einer Schulausstellung im Historischen Stadtmuseum

Am Donnerstag, 18. Januar, 15.30 Uhr wird Stadtschulrat Bauer im Historischen Stadtmuseum eine Ausstellung eröffnen, die unter der Leitung von Studienprofessor Herrmann zusammengestellt wurde und einen Ueberblick über die bildende Arbeit verschiedener Volks- und Höherer Schulen bringen soll. Von der Zeichnung bis zur Wasserfarbenmalerei, vom Linolschnitt bis zum Stoffdruck sind hier Belege von Schülerarbeiten zusammengetragen worden, die über neue Wege der Einstellung: Die Zeichnungen oder Linolschnitte wirken vielfach wie Arbeiten alter deutscher Meister. Hier wird nicht mehr „schmissig" und gekonnt" der Eindruck „Baum" erweckt, sondern hier spricht die Ausführung der Zeichnung von innerer Sammlung und reiflicher Ueberlegung. Damit aber wird angeknüpft an das künstlerische Streben unserer Vorfahren und gleichzeitig der Sinn geweckt für alte deutsche Heimatkunst.

Von oben nach unten: Münchener Neueste Nachrichten vom 17.1.1940, Nürnberger 8-Uhr-Abendblatt vom 20.1.1940, Münchener Neueste Nachrichten vom 19.1.1940.

Schulzeit ist unmöglich; die freien Nachmittage müssen der zu verstärktem Einsatz aufgerufenen HJ. frei erhalten werden; die Verdunkelung verlangt spätestens 10 Uhr Schulschluß; eine Gemeinschaftsarbeit nach dieser Zeit ist nicht zulässig.

8. Vormilitärische Erziehung: Einsatz der Lehrkräfte gemäß Aufruf des Gauleiters ist unbedingt notwendig und vordringlich; dennoch wird geeignete Lehrkräfte hiefür zu erfassen schon schwer; jedenfalls scheiden diese aus für außerschulische Ausstellungsvorbereitungsaufgaben, ohne die es aber nicht geht.

9. Heeresdienst: Ein erheblicher %satz der gerade für Ausstellungszwecke verwendbarsten jüngeren Lehrkräfte steht an der Front oder beim Heer. Die übrigen sind zum Teil überlastet durch ständige Doppelführung von Klassen, zum Teil wegen Alters oder Kränklichkeit kaum zu richtiger Lösung solcher Sonderaufgaben brauchbar. Mit weiteren Einberufungen müssen wir rechnen, ständige Umbesetzungen von Klassen (und Schulen) sind an der Tagesordnung. Ein Einsatz heerespflichtiger Lehrkräfte für Ausstellungszwecke wird daher oft illusorisch [?], ständiger Wechsel ist [?] los. Ein Teil der Lehrkräfte wird bereits stärkstens von außerschulischer Dienstleistung in Anspruch genommen (Partei, Luftschutz, Singschule, Kurzschriftunterricht, Schulleistungsgeschäfte usw.); auch sie scheiden großenteils aus. Die Hauptlast einer Ausstellungsgestaltung würde auf die weiblichen Lehrkräfte fallen; das wäre weder richtig noch gut.

10. Häusliche Hilfe: Die Erstellung und Herstellung der Ausstellungsgegenstände bliebe beschränkt auf häusliche zusätzliche Alleinarbeit der Schüler; die Erfahrungen führen zur Ablehnung solcher unkontrollierten Arbeit, die fast ausschließlich ausstellungsunreif bleiben müssen. Dazu bedenke man das Familienleben jetzt in der Kriegszeit: Vielfach der Vater im Feld, Arbeitseinsatz der Mutter, Aufenthaltsbeschränkung auf ein oder wenig Räume der Wohnung wegen Verdunkelung, Heiz- u. Lichtersparnis. Bezugsscheinpflicht verursacht größte Einschränkung u. bisher freiwillig geliefertes Stoffmaterial u.s.w.

11. Notwendigkeit einer Schulausstellung: Nur größte Propaganda schuf Besucher – Interesse der Bevölkerung ist z. Z. kaum in genügendem Maße vorhanden, viel Neues kann nicht geboten werden – Verkehrsmittelmangel wirkt sich aus beim Besuch einer zentral gelegenen Ausstellung.
Die Zugkraft einer Schulausstellung tritt zurück gegen das schnellwechselnde aktuelle Kriegsgeschehen, der Erfolg kann nie gut, höchstens [?], wahrscheinlich nicht befriedigend sein; daraus resultiert mehr Schaden als Nutzen für Schüler, Schule, Propaganda für jetzt und vor allem für zukünftige Ausstellungen der Schule.

Unterschrift [nicht leserlich]

Nach dem Abbruch der Bezirkszeichenausstellungen gab es noch lokale oder einzelne Schulausstellungen, die nun der Initiative einzelner Lehrer auf Schulebene überlassen oder wie bei Hans Herrmann als Fachberater für das Münchner Volksschulwesen thematischen Einzelausstellungen (Dok. 226) oder Aktivitäten im Rahmen z.B. des Bayerischen Heimatbundes gewidmet waren.

Der Reichs- und Preußische Minister   Berlin W8, den 9. Oktober 1937
für Wissenschaft, Erziehung und   Postfach
Volksbildung
W J 4370 (a)   V e r t r a u l i c h !

    Der Führer und Reichskanzler hat am Tage der Deutschen Kunst grundsätzliche Richtlinien zu der Frage der Gegenwartskunst gegeben und hierbei die fehlerhafte Entwicklung der vergangenen Zeit gekennzeichnet. Es besteht Veranlassung darauf hinzuweisen, daß auch bei den Hochschulen in Lehre und Forschung mit besonderer Sorgfalt diesen Richtlinien Rechnung zu tragen ist und bei der Behandlung dieser Fragen alles zu vermeiden ist, was dem gesunden Empfinden des Volkes widerspricht und geeignet ist, die Entwicklung einer gesunden deutschen Kunst zu gefährden. Mit besonderem Nachdruck ist hierauf bei etwaigen Vorlesungen über die bildende Kunst der Gegenwart zu achten. Ich ersuche um entsprechende weitere vertrauliche Bekanntgabe an die in Frage stehenden Persönlichkeiten und Einrichtungen.
                                     gez. Rust.

An   B e g l a u b i g t :
die nachgeordneten Dienststellen
der preußischen Hochschulver-
waltung,   Verwaltungssekretär.
die Hochschulverwaltungen der Länder.
                                                Bayer. Staatsministerium
                                               für Unterricht und Kultus
                                               Eingel. 15. OKT. 1937

Quelle: BayHStA MK 39445.

Inschriften am »Haus der deutschen Kunst« (1937)

KEIN·VOLK·LEBT LÄNGER·ALS·DIE DOKUMENTE SEINER·KULTUR
11. SEPT. 1935
ADOLF HITLER

KUNST·IST·EINE ERHABENE·UND ZUM·FANATISMUS VERPFLICHTENDE MISSION
ADOLF HITLER

Fotos aus: Richard Klein und Leonhard Gall (Hg.): *Die Kunst im Dritten Reich*. Illustrierte Monatsschrift für freie und angewandte Kunst, München, Sonderheft Juli/August 1937, S. 10.

8   1937-1940:   Das NS-Programm für Kunst und Kunsterziehung ist ausgearbeitet

8.1   Exkurs 1937: Der Festzug fixiert das Verhältnis von Kunst und Geschichtsdarstellung

»Vertraulich! Der Führer und Reichskanzler hat am Tage der deutschen Kunst grundsätzliche Richtlinien zu der Frage der Gegenwartskunst gegeben und hierbei die fehlerhafte Entwicklung der vergangenen Zeit gekennzeichnet. Es besteht Veranlassung darauf hinzuweisen, daß auch bei den Hochschulen in Lehre und Forschung mit besonderer Sorgfalt diesen Richtlinien Rechnung zu tragen ist und bei der Behandlung dieser Fragen alles zu vermeiden ist, was dem gesunden Empfinden des Volkes widerspricht und geeignet ist, die Entwicklung einer gesunden deutschen Kunst zu gefährden. Mit besonderem Nachdruck ist hierauf bei etwaigen Vorlesungen über die bildende Kunst der Gegenwart zu achten. Ich ersuche um entsprechende weitere vertrauliche Bekanntgabe an die in Frage stehenden Persönlichkeiten und Einrichtungen. gez. Rust.« Dieses Rundschreiben ging am 15. Oktober 1937 beim Bayerischen Staatsministerium für Unterricht und Kultus ein.[159] (Dok. 228)

Der »vertrauliche« Charakter dieses Schreibens verhieß nichts Gutes. Hatte doch Hitler in seiner langen Rede nicht nur ideologisch die nationalsozialistische Auffassung von Kunst gekennzeichnet und im Kampf gegen die moderne Kunst ihren Ewigkeitsnimbus wieder aufgemöbelt – ewig-gültig und ewig-wahr, weil geheiligt durch das Deutschtum –, sondern auch angekündigt, »von jetzt ab einen unerbittlichen Säuberungskrieg [zu] führen gegen die letzten Elemente unserer Kulturzersetzung«.[160] Diese beiden Seiten gehörten bei den Nazis stets zusammen. Wenn jetzt die ideelle Seite in der wissenschaftlichen Behandlung isoliert von diesem »Säuberungskrieg« betrachtet wird, muss dies als ein zwar notwendiger, aber nur vorläufiger Zwischenschritt gesehen werden.

Die Rede Hitlers und das gesamte Staatsspektakel einschließlich der Gestaltung des Festzugs 1937 dokumentierten und zementierten – im Vergleich noch zum »Tag der deutschen Kunst« 1933 – die inzwischen erfolgte programmatische Festlegung der Kunst im NS-Staat. Es sei dies an dem Vergleich der beiden

---

159 BayHStA MK 39445.
160 Aus der Rede Adolf Hitlers, zit. nach Dresler, *Deutsche Kunst und entartete ›Kunst‹*, S. 31, oder nach *Die Kunst im Dritten Reich*, S. 61. Die Rede ist vollständig abgedruckt in: *Die Kunst im Dritten Reich*. Illustrierte Monatsschrift für freie und angewandte Kunst, München, Sonderheft Juli/August 1937, S. 47-61.

Programmfolge des Festzugs 1933

Berittene Polizei
I. Paukenschläger
II. Der Adler (modelliert von Bildhauer Hans Goebl)
III. Zwölf Herolde
IV. Emblem der Architektur; Ionisches Kapitell (Bildhauer Buchner) 4 Träger
V. Emblem der Malerei; antike Wandmalereien (Prof. Richard Klein) 4 Träger
VI. Emblem der Plastik, Nachbildung des Heraklestorso (Torso von Belvedere) 4 Träger
(Embleme werden begleitet von vierundzwanzig Pagen mit den Kränzen des Ruhms
VII. Gruppe der Pallas Athena
Vorreiter Jüngling mit Fahne der Kunst
Vergoldetes Standbild (Bildhauer Allmann) gezogen von vier Schimmeln
12 Begleiter mit Girlanden
VIII. Musikkorps zu Fuß
IX. Gruppe der Gotik
30 Mädchen in grün mit Blumengirlanden, Reiterinnen in Rot, Gotische Ritter in Schwarz
Wagen der Gotik (Bildhauer Hans Panzer, Schlossermeister Frohnsbeck), Moriskentänzer
aus dem alten Rathaussaal, 15 Begleiter in Rot. 70 Pagen
X. Gruppe des Bayerischen Rokoko (Andreas Lang, Franz Mikorey, J. Seidler und Hans Panzer)
12 Pfeifer und Trommler in weiß-blau, 6 Reiter in Blau und Silber
– ein Genius ist umgeben von Gruppen der Jagd, des Fischfangs, der Landwirtschaft und
der Wehrhaftigkeit, gezogen von 4 Schimmeln, Wackersberger Gebirgsjäger
XI. Gruppe Haus der deutschen Kunst,
6 Knaben zu Pferde, 8 Fanfarenbläser, das Modell
neun Meter lang, voran sechs Knaben auf Schimmeln, getragen von mehreren Personen,
begleitet von Jünglingen mit Girlanden und Kränzen, den Vertretern der Zünfte und einer
Bavaria (Kupferschmied Nagaller)
Figur der Bavaria, Zunftgruppe: Maurer, Steinmetze, Zimmerleute, Kupferschmiede,
Dachdecker und Spengler
XII. Musikkorps zu Pferde in Rot und Blau
XIII. Gruppe der Deutschen Kunst
16 Reiter mit schwarz-weiß-roten Fahnen
sechs Pferde ziehen Nachbildung des Bamberger Reiters (des berühmten Meisterwerks
der deutschen Frühkunst) (Prof. Richard Klein, Bildhauer Allmann)
die Namensschilder deutscher Künstler getragen von 16 Knaben
XIV. (Stoffgebiete der Kunst)
Fortuna (hier die Gerhardt-Figur, Bildhauer Prof. Lommel)
XV. Gruppe deutsches Märchen (Einhorn und Mädchen, Bildhauer Hanns Markus Heinlein),
von 2 Schimmeln gezogen, begleitet von 8 Mädchen mit Blumen, Spielleute
XVI. Wagen der deutschen Sage (Drachentöter, Prof. Karl Killer), begleitet von 12 Rittern und
schwarzen Reitern
XVII. Dichtkunst
Tragische Maske getragen von vier Männern
Wagen der Dichtkunst mit Pegasus von Bildhauer Hiller,
gefolgt von Männer und Frauen aus der griechischen Tragödie
XVII. Wagen der Meistersinger (Hans Sachs inmitten der Meistersinger), 1 Vorreiter, Gefolge,
Meistersinger
XIX. Wagen der Zunft mit der bunten Zunftlade
Jugend mit Fahnen und Emblemen
Trommler, Querpfeifer
Hitlerjugend mit Standarten mit dem Hoheitszeichen
Berittene Polizei
Die Straßendekoration: Entwurf und künstlerische Oberleitung Professor Georg Buchner
Mitarbeiter Oberbaurat Badberger, Entwurf der Tribünen, Prof. Paul Ludwig Trost [!]

Nach: Münchner Zeitung Nr. 286, 16. Oktober 1933, *Festzug der Künste*, auch in: Bayerische Staatszeitung Nr. 238, 14. Oktober 1933, freundlicher Hinweis von Stefan Schweizer.

Festzüge gezeigt.[161] Der Hauptunterschied bestand in der nach vier Jahren NS-Herrschaft eindeutig festgelegten Anbindung der Kunst an die Geschichte Deutschlands, wie sie von den Nazis in ebendiesen Jahren »ausgearbeitet« und propagiert wurde.[162]

Der Festzug 1933 enthielt viele lokalpatriotische Elemente und griff im Wesentlichen noch auf bürgerlich-akademische Kunst- und Geschichtsauffassungen des 19. Jahrhunderts zurück. München bekam das Trostpflaster »Stadt der deutschen Kunst«, nachdem Berlin die Hauptstadt des neuen Reichs geworden war. Gleichzeitig manövrierten sich die Veranstalter mit dem »beständigen Rekurs auf die lokale Kunstgeschichte« in die Situation, das nationalsozialistisch »Neue« der »Deutschen Kunst« nicht konturiert genug herausstellen zu können. So wurde z.B. die »deutsche Gotik« durch Münchner Moriskentänzer repräsentiert oder das bayerische Rokoko zu einer »Glanzzeit Deutscher Kultur« aufgewertet, so wurden »Jagd, Fischfang, Landwirtschaft und Wehrhaftigkeit« von einem jener Puttenensembles dargestellt, von denen es im 17. und 18. Jahrhundert »rund um München unzählige Exemplare« gibt, so begleiteten »reitende Knaben, Fanfarenbläser, Jünglinge mit Girlanden und, nun gänzlich identisch mit der Festzugtradition des 19. Jahrhunderts, Vertreter der Zünfte nebst einer Bavaria« das Modell des »Hauses der Deutschen Kunst« usw. So war z.B. die Position des Modells »emblematisch gedacht: Zwischen ›bayerischem Rokoko‹ und einer mittelalterlich aufgefassten ›deutschen Kunst‹ ließ es sich als Symbol einer eigenen Kulturepoche, einer ›Glanzzeit‹ deutscher Kunst verstehen«.[163] Zwar konnte auch bereits 1933 die NS-spezifische Ästhetisierung von Politik und Geschichte beobachtet werden, eine Versinnlichung der politischen Propaganda im erhebenden Feierstil. Aber auch die akustische Stimmung, die Pfeifer, Trommler und Fanfarenbläser vermittelten, hatte starken lokalen kunstgeschichtlichen Einschlag, so passte sie z.B. – wie die Münchner Zeitung zu berichten wusste – zum »hel-

---

161 Ich stütze mich dabei vor allem auf die Untersuchungen von Stefan Schweizer, die er z.B. im Rahmen der Tagung »Kunstgeschichte im Nationalsozialismus« im November 2006 in Bonn in einem Referat zusammenfasste, siehe auch den Sonderdruck: Stefan Schweizer, »Glanzzeiten Deutscher Kultur« – Der historische Festzug zur Grundsteinlegung des »Hauses der Deutschen Kunst« 1933 in München, in: Tel Aviver Jahrbuch für deutsche Geschichte XXXIV (2006). Geschichte und bildende Kunst (Hg. Moshe Zuckermann). Göttingen 2006. Seit April 2007 gibt es die umfassende Studie: Stefan Schweizer, »Unserer Weltanschauung sichtbaren Ausdruck geben«. Nationalsozialistische Geschichtsbilder in den historischen Festzügen zum »Tag der Deutschen Kunst« 1933 bis 1939, Göttingen 2007.
162 Was in der vorliegenden Arbeit also schon beim Lehrplan für die Deutschen Aufbauschulen gezeigt wurde – zuerst kam die Geschichte, dann die Kunst(erziehung) –, wird hier nochmals auf einer anderen Ebene bestätigt.
163 Schweizer, »Glanzzeiten Deutscher Kultur«, S. 198.

Heinrich der Städtegründer

1. Die romanische Baukunst
zwei mächtige romanische Kapitäle auf Tragbahren, mit Teppichen behangen.

2. Kaiser Karl der Große
der Begründer des ersten germanischen Großstaates zu Pferd in rot und goldenem Kaiserornat.

3. Der Sachsenherzog Widukind
mit fürstlichem und kriegerischem Gefolge, mit silbernen Gesichtsmasken, in grünen Mänteln mit roten Drachen.

4. Deutsche Krieger
aus der Zeit der Hunnen- und Avarenkämpfe zu Fuß und zu Pferd.

5. Heinrich der Städtegründer.
Vier Städte: Quedlinburg, Magdeburg, Meißen und Merseburg, auf Tragbahren, mit gestickten Teppichen.

6. Die Kreuzritter
in Gruppen weiß, rot, grün, golden, in Ordensmänteln und Harnischen mit Lanzen; gefolgt von golden-silbernen Trophäen aus den Kreuzzügen, getragen auf hohen Tragstangen von Kriegern in weißen Mänteln und silbernen Panzern.

Die Kreuzritter

7. Kaiser Friedrich Barbarossa
zu Pferd, im roten Krönungsmantel, umgeben von Rittern, Knappen und Edelfrauen.

8. Heinrich der Löwe.
Voran wird der Braunschweiger Löwe getragen. – Heinrich der Löwe zu Pferd mit einem Gefolge von Rittern und Edelfrauen.

9. Die romanische Plastik.
Das Fürstenportal von Bamberg unter violettem Baldachin und die Stifterfiguren von Naumburg, umgeben von vier romanischen Türmen, auf mit Teppichen behangenen Tragbahren, begleitet von Edelfrauen mit Gewändern in den gebrochenen romanischen Freskofarben.

10. Das deutsche Heldenlied.
Drei beidseitig bemalte Teppiche mit Szenen aus dem Waltharis-, Gudrun-, Hildebrand- und Nibelungenlied, aus Tristan und Parzival. – Dazwischen die Minnesänger zu Pferd mit Harfen, begleitet von Frauen des Mittelalters.

Fanfarenbläser und Paukenschläger zu Pferd in Rot und Weiß.

len, duftigen Blau-Silber des bayerischen Barock«.[164] (Dok. 230)

Für den Festzug 1937 wurden neue Verantwortliche[165] und ein geändertes inhaltliches Konzept bestimmt. In den Epochenkategorien der Kunst wurde nun chronologisch die mythologisierte deutsche Geschichte dargestellt. Die Kunstgeschichte wurde die Dienerin der NS-Geschichtsdarstellung, die mittels der eindringlichen und berauschenden Versinnbildlichung die Geschichtsfälschung gleichzeitig legitimierte. Die NS-programmatische Bestimmung für Kunstgeschichte und Kunsterziehung (»Kunstbetrachtung«) wurde in einem pompösen Staatsakt fixiert. Das »Schauen in den Wellengang der deutschen Geschichte« – wie z.B. bei der Urkundenausstellung »Der Kampf um das Reich in 12 Jahrhunderten deutscher Geschichte« – war nur eines jener vielen kleinen Vorspiele zum großen Schauerlebnis beim Festzug »Zweitausend Jahre deutscher Kultur«. Zwar »jubelte« immer noch hie und da die »bayerisch-bäuerliche Spielart« des Barock und Rokoko, aber zu dieser Epoche leiteten jetzt »friderizianische Soldaten« über, die vorher auch die Antwort auf die »Zeichen der Zünfte« darstellten:[166]

Zweitausend Jahre deutscher Kultur
»[…] Voran ein Wikingerschiff, Sinnbild meeredurchstürmender, weitendurchpflügender Kühnheit. Aus nordlichtdurchzitterter Nacht führt es die wägenden weisen Götter heran, denen germanische Männer und Frauen vorschreiten, Lurenbläser, Priester und Seherinnen. Hinter dem Sonnenrad im Strahlenkranz folgt unter goldenem Baldachin das Sinnbild des Tages, die Sonnengöttin. […] Der Mensch wird erschaffen aus der ragenden Weltenesche, in deren Wurzelwerk die Urmütter kauern und deren Stamm Elfen umschreiten in grünen fließenden Gewändern. […] Unmerklich fast geht die mythologische Vorzeit über in die Geschichte. Es kommen: Der Sachsenherzog Widukind mit seinen Mannen, dann riesige Krieger auf dem Marsch gegen Hunnen- und Avarenstürme, dann Heinrich der Städtegründer. Diese Gruppen führen ein in die romanische Zeit. Des alten Reiches Herrlichkeit umschwebt Kaiser Rotbart und seinen Gegner Heinrich den Löwen, den Welfen. Der ragende Dom von Naumburg mit seinen herrlichen Plastiken zieht vorüber und das Fürstenportal des Domes von Bamberg. Von Wandteppichen tönen in leuchtend-satten Farben die deutschen Heldenlieder. Das Rittertum in seiner Blüte rückt an: Kreuzritter reiten nach dem heiligen Land, Eisenreiter in Harnisch und Gelieger traben nach Italien, Ritter in glänzenden Rüstungen sprengen zu Turnieren; das schwarze Kreuz auf weißem Grund der Ordensritter, in des Reiches hohen Osten weisend, ein froher Jagdzug in Grün und Gelb und Sänger mit der Harfe im Arm klingen zusammen zum Dreiklang deutschen Ritterideals: Gottesfurcht, Minne und Waffenwerk. Drei Wagen zeigen die Gotik. Ein Kreuzgang mit Pfeilerfiguren und marmornem Hochgrab, ein Altar, der wie ein farbentrunkener

---

164 Ebd., S. 203.
165 Chef-Organisator 1933 war Josef Wackerle, für 1937 wurden Hermann Kaspar und Richard Knecht auserwählt.
166 Im Zug 1933 trugen die berittenen Paukenschläger lediglich »friderizianische Mützen«, wie der Berliner Börsen-Courier am 16.10.1933 berichtete.

Einweihung des Hauses der Deutschen Kunst

Aus: Richard Klein und Leonhard Gall (Hg.), *Die Kunst im Dritten Reich*, S. 11 und S. 35.

Schmetterling seine mit Tafelbildern geschmückten Flügel ausspannt, ein zartkühler Pfeilerbrunnen. Der Haufe der Landsknechte zieht heran, um die Adlerfahnen geballt. Die Kurfürsten mit ihren Standarten reiten vor Kaiser Maximilian, dem letzten Ritter. Ein Wagen mit der von Sternen umkreisten Sonne, umschritten von Doktores, versinnbildlicht die Entdeckungen auf der Erde und am Himmel und die sich aus Dunkelheit und Schwarzkunst ans Licht ringenden Naturwissenschaften. Einem Renaissancebrunnen, wie er die reichen Städte schmückt, folgen die Zeichen der Zünfte. Friderizianische Soldaten leiten über zu Barock und Rokoko, dessen bayerisch-bäuerliche Spielart in frohem Weiß und Blau jubelt. Die Masken des Schauspiels, der Tragödie und des Satyrspiels schreiten vor dem Wagen der Dichtkunst, auf dem Pegasus, das Dichterroß, die Flügel entfaltet. Zwischen prächtigen Baldachinen rollt der Wagen der deutschen Musik heran; Orgelpfeifen türmen sich empor in der strengen Gliederung einer Bachschen Fuge. Die Zeit der Klassik verkörpert der edle Riesenkopf einer Pallas Athene und die Richard-Wagner-Bühne in Rot und Gold, von Posaunenbläsern umritten, durch die gerafften Vorhänge schimmern Bilder aus den Musikdramen. Prächtige Reitergruppen mit Siegeszeichen künden den Anbruch des neuen Reiches. Fackelrauchumweht zieht der Wagen des Opfers vorbei und die Gruppen Glaube und Treue, Mutter und Kind. An die Rückkehr zum Reich erinnert der Wagen des Vater Rhein und die Wappen der Saarstädte. Der Hoheitsadler reckt sich empor. Die Bauten des Dritten Reiches rollen in gewaltigen Modellen heran: das Haus der Deutschen Kunst, heute in feierlichem Staatsakt eingeweiht, die Ehrentempel und das Führerhaus am Königlichen Platz in München, und hinter dem Wappen Nürnbergs die Bauten auf dem Parteitaggelände und die gewaltige Kongreßhalle. Und hinter einem Wald von Hakenkreuzfahnen marschieren die Formationen der Bewegung und der Wehrmacht am Führer vorbei, Sinnbild deutscher Kraft. Eingereiht sind sie in die stolzen Bilder aus vergangenen Zeiten, da deutsches Wesen sich in überschäumendem Reichtum aufs herrlichste geoffenbart.«[167]

»Man hat diesen Zug einen geschichtlichen Anschauungsunterricht ohnegleichen genannt«[168], schwärmte ein Zeitgenosse im Jahr 1939. Wie jene mittelalterlichen Wunderuhren zu geschlagener Stunde »aus verborgenem Schrein die Kaiser, Könige und Fürsten der Vorzeit in feierlichem Umzug hervorschicken, so ist es hier: Zu dieser Stunde öffnet sich der Schrein unserer Geschichte […].«[169] Die Festzüge ab 1937 bauten den Geschichtsunterricht weiter aus: »[…] der dröhnende Marschschritt der Geschichte findet hier seine Verkündung. Im Jahre 1937 zog im Zuge noch nicht die Ostmark mit; im Jahre 1938 noch nicht der Wappenwagen der böhmischen und mährischen Städte, noch nicht die Prager Burg mit den geöffneten Torflügeln und dem gereckten Schwert, noch nicht der Hl. Georg vom Hradschin.«[170] (Siehe auch Dok. 232)

---

167 Paul Gnuva, *Zweitausend Jahre deutscher Kultur*, in: Die Kunst im Dritten Reich. Illustrierte Monatsschrift für freie und angewandte Kunst, München, Sonderheft Juli/August 1937, S. 42 f.
168 Hans Arthur Thies, *Palladium der Nation. Der Tag der Deutschen Kunst und der Festzug 2000 Jahre Deutsche Kultur*, in: Münchener Mosaik. Kulturelle Monatsschrift der Hauptstadt der Bewegung, Heft 7, Juli 1939, S. 265-268.
169 Ebd., S. 266.
170 Ebd.

Rechenschaft »dem Führer«

»daß Kunstgeschichte Geschichte ist, Geschichte besonders deutscher Äußerungen unserer Rasse und unseres Volkes«
(Wilhelm Pinder)

Dem
Führer und Reichskanzler
legt die Deutsche Wissenschaft zu seinem
50. Geburtstag
Rechenschaft ab, über ihre Arbeit
im Rahmen der ihr gestellten Aufgabe

Der Reichsminister
für Wissenschaft, Erziehung und Volksbildung

Der Chef des Amtes Wissenschaft

Deutsche Wissenschaft

Arbeit
und
Aufgabe

1939

Verlag von S. Hirzel in Leipzig

Inhalt

Geisteswissenschaften	1
Architektur. D. E. Schweizer, Karlsruhe	3
Die Monumentalbauten des Deutschen Reiches. E. Rüster, Berlin	5
Industriebau – KdF.-Bauten. H. Seeger, Berlin	7
Architektur bei der Reichsautobahn. H. Freese, Dresden	9
Kunstwissenschaft. A. Stange, Bonn	11
Deutsche Kunstgeschichte. W. Pinder, Berlin	14
Archäologie. E. Buschor, München	16
Deutsche Musikwissenschaft. F. Blume, Kiel	19
Vor- und Frühgeschichte. K. Tackenberg, Bonn	21
Geschichtswissenschaft. Walter Frank, Berlin	24
Osteuropäische Geschichte. Hans Koch, Breslau	26
Wirtschafts- und Siedlungsgeschichte. Th. Mayer, Marburg	29
Philosophie. E. Krieck, Heidelberg	32
Philosophie. A. Baeumler, Berlin	34
Ältere deutsche Literatur und Sprache. J. Schwietering, Berlin	36
Neuere deutsche Sprach- und Schrifttumsgeschichte. H. Cysarz, München	39
Klassische Philologie. K. Deichgräber, Göttingen	41
Romanische Philologie. E. Gamillscheg, Berlin	43
Englische Philologie. R. Spindler, München	46
Psychologie und Pädagogik. E. Jaensch, Marburg	48
Geographie. C. Troll, Bonn	51
Kolonialgeographie. E. Obst, Breslau	
Rechts- und Wirtschaftswissenschaften	55
Rechtsgeschichte. Frh. von Schwerin, München	57
Deutsche Verfassungs- und Verwaltungsrechtswissenschaft. G. A. Walz, Köln	62
Deutsche Völkerrechtswissenschaft. F. Berber, Berlin	64
Bürgerliches Recht. H. Lange, Breslau	

Wie die Schwierigkeiten der Herausgabe neuer Geschichtsbücher für die höheren Schulen zeigen, gelang es den Nazis in ästhetisierter Form wesentlich komplikationsloser, ihre Geschichtsauffassung darzulegen. (Erst zwischen 1939 und 1941 konnten die nach den Vorgaben des Regimes angefertigten Geschichtslehrbücher jahrgangsweise eingeführt werden – und auch sie waren »nach amtlicher Feststellung nicht mehr als eine Übergangslösung«.)[171] Dies beleuchtet gleichzeitig die zentrale Rolle der Kunst in ihrer Ästhetisierungsfunktion. Sie illustrierte nicht nur die NS-Geschichtsinterpretation, sie lieferte nicht nur eine schöne und gefällige Darstellung, sondern sie stellte ästhetische und kunstwissenschaftliche Kategorien zur Verfügung, um etwas »zu rechtfertigen, was durch einen vernünftigen Diskurs überhaupt nicht mehr zu rechtfertigen wäre«.[172] Nicht dass die Geschichts- und anderen Lehrbücher der NSDAP mit einem vernünftigen Diskurs etwas zu tun gehabt hätten – aber auch ein Minimum an nachprüfbarer, sachlicher Argumentation bereitete schwer überwindbare Klippen.[173]

Weniger Schwierigkeiten sahen offensichtlich die Kunsthistoriker A. Stange und W. Pinder für ihr Fach. Im »Rechenschaftsbericht« an den »Führer und Reichskanzler« anlässlich dessen 50. Geburtstags überboten sie sich gegenseitig in ihren Feststellungen, dass der Nationalsozialismus »der deutschen Kunst den Platz gegeben« habe (Stange)[174] und es »weithin […] selbstverständlich geworden [ist], die Geschichte der deutschen Kunst als Geschichte des deutschen Volkes zu schreiben« (Stange, ebd.), »so setzt sich heute das Bewußtsein durch, daß Kunstgeschichte Geschichte ist, Geschichte besonders deutlicher Äußerungen

---

171 Agnes Blänsdorf, *Lehrwerke für Geschichtsunterricht an Höheren Schulen 1933–1945: Autoren und Verlage unter den Bedingungen des Nationalsozialismus,* in: Hartmut Lehmann und Otto Gerhard Oexle (Hg.), *Nationalsozialismus in den Kulturwissenschaften. Band 1. Fächer – Milieus – Karrieren.* Veröffentlichungen des Max-Planck-Instituts für Geschichte (Band 200). Göttingen 2004, S. 273-370, hier S. 367.

172 Bernd Ogan und Wolfgang W. Weiß (Hg.), *Faszination und Gewalt. Zur politischen Ästhetik des Nationalsozialismus,* Nürnberg 1992, S. 18.

173 Neben den Erschwernissen, die durch die Rivalitäten der verschiedenen konkurrierenden Staats- und Parteistellen sowie Autoren, Verlage und Prüfungsämter hervorgerufen waren. Siehe Blänsdorf, ebd.

174 Alfred Stange, *Kunstwissenschaft,* in: Deutsche Wissenschaft. Arbeit und Aufgabe. Dem Führer und Reichskanzler legt die Deutsche Wissenschaft zu seinem 50. Geburtstag Rechenschaft ab, über ihre Arbeit im Rahmen der ihr gestellten Aufgabe. Leipzig 1939, S. 9-10. Das Buch umfasst 22 »Rechenschaftsberichte« aus den »Geisteswissenschaften«, 11 aus den »Rechts- und Wirtschaftswissenschaften«, 9 aus der »Biologie – Landwirtschaft – Forstwirtschaft – Veterinärmedizin«, 18 aus der »Medizin«, 19 aus den »Naturwissenschaften« sowie 29 aus der »Technik«.

Kinderzeichnungen zur *nationalen* Erziehung von Erwachsenen – Pervertierung der Entwicklungsstufen von Britsch.

»Das Buch *Unsterbliche Volkskunst* ist von der *Reichsschrifttumsstelle des Ministeriums für Volksaufklärung und Propaganda* in die Leistungsschau 1937 aufgenommen und empfohlen worden.«

Hanns Egerland wurde nach Herausgabe dieses Buches an die Lehrerhochschule in Oldenburg berufen. Fritz von Graevenitz bekam einen Ruf an die Akademie in Stuttgart.

Aus: Mitteilungen des Gustaf Britsch-Institutes für Kunstwissenschaft, Jahrgang 10, Nummer 4, Starnberg, 15. Januar 1938.

So ist überall in der kindlichen Formschöpfung die Vorahnung dessen zu spüren, was die Kraft des Erwachsenen zur Reife führen soll. Heute freilich, wo die Hegemonie des Intellektualismus so viele Erwachsene derart in ihrem Banne hält, daß sie kaum mehr ins Paradies künstlerischen Denkens zurückfinden, tritt sogar der Fall ein, daß die kindliche Leistung der Schöpfung des Erwachsenen nicht mehr nur Vorstufe, sondern recht häufig sogar Vorbild ist (wie es zwei Blätter, Abb. 17 und 18, zu sein vermögen, die uns Beispiel sind, wie nationale Symbole in den volkstümlichen Formenschatz eingehen können), und daß es auf dem Gebiet der Kunst nicht gilt dem Kinde das Tun des Erwachsenen aufzunötigen sondern vielmehr diesen erst wieder in lebendige Verbindung zu bringen mit den Wurzeln, aus denen alle zukunftsträchtige Kraft steigt.

Scherenschnitt zum Winterhilfswerk
Mädchen, 13½ Jahre

Abb. 17. „Gebt Brot der Not!". Gemeinschaftsarbeit zum Winterhilfswerk. Scherenschnitt von 6 Mädchen, etwa 11 Jahre

Abb. 18. Hakenkreuz. Scherenschnitt, Knabe, 14 Jahre

Zum Vergleich Gustaf Britschs Grundgedanke

Quelle: Britsch-Nachlass, Archiv Schütz, 18III 3 Br, bisher unveröffentlicht.

8.4.1938.

Grundgedanke für die sachliche Künstler-Ausbildung:
Erarbeiten stufenweiser Künstler-Denkmöglichkeiten.
1) Wir anerkennen vollgültige Leistungen auch auf frühen Stufen Künstler-Denkmöglichkeiten.
2) Wir anerkennen einen (nachzuweisenden) logischen Entwicklungsverlauf von frühen zu späteren Denkmöglichkeiten.
(Der wirkliche zeitliche Verlauf ist nicht streng der logisch aufspürbare).
3) Im logisch aufspürbaren Verlauf ist für jede nachfolgende Stufe die vorausgehende (u damit alle vorausgehenden) vorausgesetzt.

unserer Rasse und unseres Volkes« (Pinder).[175] Stange schwärmte: »Die Größe des alten Reiches im Bilde der deutschen Kunstgeschichte erstehen zu lassen, die einzigartige künstlerische Fruchtbarkeit des deutschen Menschen, seine unauslöschbare Bedeutsamkeit für ganz Europa darzulegen, muß das Ziel sein.« (Ebd.)

In München organisierten sich im Jahr 1937 auffallend viele Zeichenlehrer und KunsterzieherInnen. Mehr als ein Drittel (ca. 40 %) der NSDAP-Mitgliedschaften dieses Berufskreises an den höheren Schulen begann 1937. Dieser Drang in die NSDAP war richtungs- und strömungsübergreifend festzustellen.

8.2 1938-1940: Reichsschulreform und der neue Lehrplan

In Bayern wurde das *Lehrfach für Zeichnen* erst 1938 durch das *Fach Kunsterziehung*[176] abgelöst, als der neue »Lehrplan für die Kunsterziehung an den höheren Schulen im Reich« in Kraft trat.

Die »deutsche Kunst als Ausdruck deutschen Wesens«, einer »bestimmten Seelenhaltung«, die »völkische Gebundenheit aller echten Kunst«, die »die Rückkehr zur artgemäßen Kunst begreifen« lässt, all die Inhalte einer Kunsterziehung, die das sog. »Abgleiten in ein der Rasse und dem Volke fremdes Kunstempfinden und in eine nicht artgemäße Kunstbetätigung verhindern helfen«, wurden 1938 als Lehrplan zementiert, nachdem sie jahrelang in Form von rassistischen Unterrichtsprinzipien, Deutsch-Aufsatzthemen, Ausstellungsinhalten, staatspolitischen Schulfilmen, militaristischen Feier- und Festzugsgestaltungen etc. eingebläut waren. Das Unterrichtsgebiet hieß »Kunstbetrachtung« und konnte nun auch für die Zeichenlehrer und Kunsterzieher freigegeben werden.

Der neue Lehrplan (Dok. 240) gliederte die Kunsterziehung an den höheren Schulen in fünf Bereiche: Freies Gestalten, Werkarbeit, Gebundenes Zeichnen, Schriftgestaltung und Kunstbetrachtung. Sauberkeit und Reinheit boomten. Zur

---

175 Wilhelm Pinder, *Deutsche Kunstgeschichte.* In: Deutsche Wissenschaft. Arbeit und Aufgabe, S. 11. Pinder setzte dieses neue »Bewußtsein« ausdrücklich in den ersten Absatz seines Textes. Dieser beginnt: »Unsere Wissenschaft hat sich seit der Machtübernahme entscheidend entwickelt. Während es eine Zeitlang sinnvoll erschienen war, die Welt der künstlerischen Formen wie etwas in sich selber Unabhängiges zu betrachten, so setzt sich heute das Bewußtsein durch, daß Kunstgeschichte Geschichte ist […].«

176 Im Gegensatz zu Preußen, wo bereits 1924 eine Neuordnung des höheren Schulwesens erlassen wurde, »mit der der künstlerische Gestaltungsunterricht obligatorisch für alle Stufen der höheren Schule wurde«. Dorothea Knoop und Kerstin Wallbaum, *Sozialgeschichtliche und schulpolitische Bedingungen des Zeichenunterrichts in den ersten Jahren der Weimarer Republik*, in: *Kind und Kunst*, S. 98-108, hier S. 106.

Das gebundene Zeichnen

Das gebundene Zeichnen vermittelt die Kenntnisse körperlicher Zusammenhänge und räumlicher Gesetze und führt durch seine Darstellungen, auch in maßstäblicher Zeichnung, tiefer in das Verständnis der künstlerischen, werkgebundenen Formen ein. Hier ist Gelegenheit, in Verbindung mit der Werkarbeit den Schüler zur Pflege der Wohnkultur anzuleiten, den Zusammenhang mit stilsicherer, alter deutscher Werk- und Volkskunst herzustellen und den Blick für das Kulturgut der engeren und weiteren Heimat zu schärfen. Mit dem für das gebundene Zeichnen benötigten Zeichengerät ist der Schüler frühzeitig vertraut zu machen.

Der Stoff:

4. (U III) Aufmessen eines einfachen Gegenstandes und seine maßgerechte Darstellung in Rissen.
5. Aufmessen und Darstellung eines Gegenstandes mit reicherer Formung (auch Rundformen). Der Schrägriß.
7. (U I) Aufmessen und Darstellung eines künstlerisch wertvollen Werkes aus Baukunst oder Handwerk, auch als Gemeinschaftsarbeit.
Dafür bei Mädchen Spielzeuggestaltung

Die Schriftgestaltung

Die Schriftgestaltung erzieht zu äußerer Sauberkeit der Arbeit und zu einer strengen, klaren Formauffassung. Daher nimmt sie im Unterricht aller Stufen eine besondere Stellung ein. Schon die Beschriftung der Schülerzeichnungen muß sorgfältig und mit guter Einordnung in die Zeichnung geschehen. Durch weitere Uebungen in deutscher Schreibschrift, Blockschrift und gebrochener Schrift soll der Schüler lernen, Beschriftungen oder Schriftsätze verschiedenster Art in klarer und guter Form auszuführen. Dabei wird die gelegentliche Verwendung von Farben und die Hinzunahme von Zeichnungen diese verschiedenen Ausdrucksformen reicherer künstlerischer Wirkung vereinen. Auf die Wichtigkeit der Schriftgestaltung für die Gebrauchskunst und das Alltagsleben sowie auf künstlerisch wertvolle Vorbilder ist soweit möglich hinzuweisen.

Der Stoff:

1. Deutsche Schreibschrift als Zierschrift.
2. Blockschrift.

Der neue Lehrplan für die Kunsterziehung an den höheren Schulen im Reich

Die Kunstbetrachtung

Sie hat nur dann Wert, wenn sie vom unmittelbaren Kunsterlebnis des jungen Menschen ausgeht und zu ihm zurückführt. Sie muß stets in enger Verbindung mit den anderen Arbeitsbereichen des Faches bleiben. Sie beginnt mit der vergleichenden und wertenden Betrachtung der Schülerarbeiten und erweitert sich ungezwungen dadurch, daß Werke der Volkskunst und des Kunsthandwerks und der hohen Kunst hinzugezogen werden. Was der Schüler im Unterricht versucht, soll ihm das Meisterwerk in letzter Vollendung zeigen. Dadurch, daß er erkennt, daß der Inhalt eines Kunstwerks und seine Gestaltung Ausdruck einer bestimmten Seelenhaltung sind, erwächst ihm der Sinn für die völkische Gebundenheit aller echten Kunst und läßt ihn die Rückkehr zur artgemäßen Kunst begreifen. Dem Schüler ist ein klarer Weg zur Betrachtung des Kunstwerks zu weisen, den er auch in seinem späteren Leben gehen kann. Etwa ausgehend von der Beschreibung des Inhaltes, wird man den Aufbau des Werkes in Linien und Farben, die Haupt- und Nebenformen, die Verteilung von Hell und Dunkel, die Darstellungsweise, den Gehalt und schließlich dessen Gestaltung als Ergebnis aus zeit- und rassebedingtem Künstlerwillen erörtern. Zudem wird die Kunstbetrachtung die Künstler und Werke, in denen deutsche Kunstweise am reinsten erscheint, sowie die Kunstzeiten, in denen deutsche Kunst gegen Ueberfremdung kämpft, besonders eindringlich behandeln. Der Lehrer muß sich aber davor hüten, das Kunstwerk zu zerreden oder künstlerische Probleme mit Hilfe außerkünstlerischer Begriffe einsichtig machen zu wollen. Die Kunstbetrachtung erfaßt, wenn möglich von Kunstdenkmälern der Heimat aus, die Eigenart der deutschen Landschaften und das Wesen der deutschen Kunst und läutert die Erkenntnisse durch Gegenüberstellung der Kunst verwandter und fremder Völker.

Der Stoff:

2. Volkskunst. Erzählende Bilder, z. B. der Falkensteiner Ritt von Schwind.
3. Bilder von besonderer Formklarheit, z. B. Dürers Naturstudien, der Bauernbrueghel. Glasfenster (in Verbindung mit Leuchtbildschnitten).
4. Einfache Raumdarstellung in der deutschen Kunst, z. B. Konrad Witz.
5. Das deutsche Bauernhaus. Deutscher Bürger- und Wehrbau, z. B. Lüneburg, Hildesheim, Burg Eltz, Nürnberg, Marienburg, Rathaus Breslau, Thorn. Deutsche Handwerkskunst: z. B. deutsche Kaiserkrone, Teppiche, Hausrat.
6. Nordischer Geist in der abendländischen Kunst. Germanische Frühkunst (das nordische Rechteckhaus, Osebergschiff). Die Kunst der Antike (der griechische Tempel, das griechische Theater, Jünglingsfigur der strengen Zeit, römische Monumentalbauten). Romantik (St. Michael Hildesheim, St. Zeno Verona, St. Patroklus Soest, Burg Münzenberg). Gotik (Notre Dame, Straßburg, Freiburg, Prag), die Kunst des 15. Jahrh. im Süden (Leonardo da Vinci, Michelangelo) und im Norden (van Eyck, Lochner).
7. Die Kunst in der Auseinandersetzung mit fremden Einflüssen: Karolingisch-Ottonische Kunst (Aachen, Gereon-Köln, Quedlinburg). Deutsche Renaissance (Heidelberger Schloß, Augsburger Rathaus). Barock (Dresden, Wien, Würzburg, Sanssouci; Schlüter: „Der große Kurfürst", Rembrandt, Rubens). Klassizismus, Schinkel, Schadow. Die Deutsch-Römer.
8. Deutsche Kunst als Ausdruck deutschen Wesens. Rückschau und Ausblick: Die Baukunst der Hohenstaufenzeit: Dome und Pfalzen (Worms, Limburg, Gelnhausen, Goslar), Plastik (Braunschweiger Löwe, Bamberg, Naumburg). Backsteingotik. Die Blütezeit deutscher Malerei: Dürer, Grünewald, Cranach, die Meister der Donauschule (Holbein). Meister des 19. Jahrh. (Runge, Friedrich, Menzel, Leibl, Thoma). Kunstschaffen des Dritten Reiches.

Aus: Kunst & Jugend, Mai 1938, Heft 5.

»Aufgabe des freien Gestaltens« hieß es: »Durch die Anleitung zu sorgsamer und bedachter Arbeit soll der Schüler zu innerer Sauberkeit erzogen werden.«[177] »Die Schriftgestaltung erzieht zu äußerer Sauberkeit der Arbeit und zu einer strengen, klaren Formauffassung.«[178] Die Kunstbetrachtung sollte »die Künstler und Werke, in denen deutsche Kunstweise am reinsten erscheint, sowie die Kunstzeiten, in denen deutsche Kunst gegen Überfremdung kämpft, besonders eindringlich behandeln«.[179] Die Betonung von Sauberkeit und Reinheit kann nur verstanden werden auf dem Hintergrund der gnadenlosen Verfolgung des »unreinen« Juden.

Beim freien Gestalten und gebundenen Zeichnen ist aufschlussreich, wie der neue Lehrplan alle nationalsozialistischen Richtungen, Strömungen und Arbeitsgemeinschaften der Kunsterzieher bediente. Peinlich genau wurde z.B. beim gebundenen Zeichnen das Wort Perspektive vermieden, sodass der Kornmann/Herrmann-Kreis sich nicht angegriffen fühlte.

8.2.1 »Kunstbetrachtung« durch die neuen Kunsterzieher

Als 1938 der neue Lehrplan eingeführt wurde, unterrichtete der Zeichenlehrer Franz Winzinger an der Luitpold-Oberrealschule, wo er 1930 schon das Abitur und 1934/35 sein Seminarjahr für Zeichnen absolviert hatte. 1938 war auch das Jahr, als Winzinger in die NSDAP eintrat und sich in der Altdorfer-Ausstellung auf seine Doktorarbeit vorbereitete. Zwei Jahre danach promovierte er an der TH München zum Dr. rer. nat. (Dissertation: »Studien über die Kunst Albrecht Altdorfers«), einer der Titel seiner wichtigsten Publikationen war später »Kunstbetrachtung«.[180] Von 1940 bis 1945 war er Soldat der Wehrmacht.[181]

In »Kunstbetrachtung« schrieb Winzinger 1964 (= Neuauflage der Ausgabe von 1954): »Die Kunst eines Grünewald ist ausdrucksmächtiger als alles, was die Italiener schufen […].«[182] »Irgendwie wurzelt die nordische Form immer im Unanschaubaren und Irrationalen, während die Kunst der romanischen Völker darauf angelegt ist, überall das reine Maß sichtbar werden zu lassen. Die deut-

---

177 Kunst und Jugend, 1938, Heft 5, S. 97.
178 Ebd., S. 99.
179 Ebd.
180 Die Bedeutung der Altdorfer-Ausstellung für seine kunstgeschichtliche Karriere hob Winzinger selbst hervor, BayHStA MK 55455.
181 In einem Lebenslauf (nach Kriegsende) schrieb Winzinger: »Nach den Kämpfen an der *Invasionsfront* wurde ich acht Monate in Dünkirchen eingeschlossen.« Hervorhebung B.Z., BayHStA, ebd.
182 Franz Winzinger, *Kunstbetrachtung*, in: Handbuch für Kunsterziehung, Bd. V., Berlin 1954, S. 64.

Der edle Bamberger Reiter

Abb. 38. Der Reiter im Bamberger Dom

Ein anderer Meister dieser Zeit formt uns das deutsche Mannesideal des Rittertums. Es ist einer der wenigen kostbaren Augenblicke der deutschen Geschichte, in denen echte deutsche Kunst den Zwang einer von anderen Ländern eingeführten Kultur und Seelenhaltung durchbricht und als Offenbarung deutscher Art plötzlich leuchtend vor uns steht. Der Bamberger Reiter ist der reine Held, dem List und Tücke fernliegen; Offenheit und ritterlicher Anstand sprechen aus der stolzen, freien Haltung des Kopfes und aus dem versonnenen Blick, der irgendwie in ferne, weite Räume oder Zeiten schweift.

Zeichnung von Werner Eckhardt (Schüler von Josef Blatner am Humanistischen Gymnasium Pasing).

Buchtitel von Wilhelm Kottenrodt, *Deutsche Führer und Meister. Geschichtliche Einzelbilder aus Gegenwart und Vergangenheit. Mit einem Anhang Feinde und Verräter*, Frankfurt/M. 1937,

Buchtitel von Hans F.K. Günther, *Kleine Rassenkunde*, München 1929 [!],

Buchtitel und Faksimile Georg Schorer, *Deutsche Kunstbetrachtung*, München 1939, S. 41. Das Buch war »aufgenommen in die NS.-Bibliographie«.

sche Kunst ist deswegen keineswegs willkürlich und formlos, sie ist nur nicht so ausschließlich auf den Menschen und auf menschliche Verhältnisse bezogen. In ihr sprechen sich freie Rhythmen aus, die den Herzschlag der ganzen Natur, ja des Universums ahnen lassen.«[183] »Neben dem unveränderlichen *nationalen Formgefühl*, das in den natürlichen inneren Anlagen des Künstlers seinen Grund hat, wirkt auf die künstlerische Gestalt eines Werkes all das, was von außen her in das Bewußtsein des Künstlers eindringt: die Zeit mit all ihren Inhalten, mit der ganzen unübersehbaren Vielfalt ihrer Ideen, Ereignisse und Erscheinungen.«[184]

Unter der Überschrift »Deutschland – Frankreich« stellte Winzinger Werke von Cézanne und van Gogh einander gegenüber. Der »Holländer« galt Winzinger wie in der bekannten Rembrandt-Tradition von Langbehn als besonders deutsch. In demselben Kapitel fand er anhand einer Betrachtung des Nordportals der Kathedrale von Reims heraus, wo ein deutscher Meister zu Werke war und wo ein Franzose. Vom adeligen Kopf des Bamberger Reiters hätte der deutsche Steinmetz »nicht viel mehr als das äußere Motiv mitgebracht«, der Rest stammte vom Franzosen: »Dieser verschwiegene, schmallippige Mund, der von den niederen Augenbögen beschattete Blick, der nicht in die Weite schweift wie beim Reiter, sondern etwas ganz Bestimmtes scharfäugig mit den Augen festhält, könnten sehr wohl dem wirklichen Leben entrissen sein.« In dem »hochgemuten Antlitz« beim Bamberger hingegen ist »nicht ein bestimmter adeliger Mensch, sondern der Adel des Menschen überhaupt« zum »idealen Bilde geworden«.[185] (Dok. 242) »Immer wieder spürt man in deutschen Bildwerken die Lust, verfilztes Geäst, gestaute, ausdrucksmächtige Gewandfalten, unübersichtliche malerische Raumbilder, überhaupt das Verschlungene und ineinander Verwachsene zu geben, dazu das bewegte Licht und den unendlichen Kräftestrom, der zugleich Ausdruck einer Weltvorstellung ist, Sinnbild alles Lebendigen und Seienden.« Von Pinder ist Winzinger noch in Erinnerung, dass er meinte, »in uns sei zugleich mit jenem nordischen Bewegungstrieb ein Sinn für Ordnung und Größe angelegt«.[186]

Die Zitate geben nicht nur Auskunft darüber, was 1938 im Lehrplan für Kunstbetrachtung gefordert war, sondern auch darüber, was noch Anfang der 1960er Jahre der BRD als Relikt der NS-Zeit für Studierende publiziert werden konnte.[187] Unter dem Etikett »Kunstbetrachtung« konnte man im Dritten Reich

---

183 Ebd.
184 Ebd., S. 66. Hervorhebung durch Franz Winzinger.
185 Ebd., S. 59.
186 Ebd., S. 63 f.
187 Winzinger war unter Beurlaubung vom höheren Schuldienst von 1953 bis 1958 Lehrbeauftragter, ab 1960 a.o. Professor an der Philosophisch-Theologischen Hochschule Regensburg. 1956 promovierte er an der Uni Erlangen zum Dr. phil. (Dissertation: »Zeichnun-

Schorer, *Deutsche Kunstbetrachtung,* Faksimile von Seite 167.

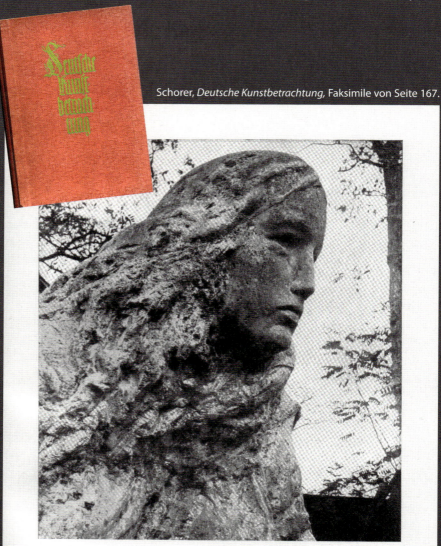

Abb. 178. Fritz v. Graevenitz, Mutter Heimat

Adelig in ihrer strengen werkgerechten Form ist die »Mutter Heimat« von Fritz von Graevenitz. Von Graevenitz entwirft seine Steinbildwerke nicht, wie allgemein üblich, in dem strukturfremden Ton, um die im Tonmodell erzielten Formergebnisse nachträglich in das andere Material zu übertragen, er ringt vielmehr – wie Michel= angelo es tat – dem Stein und seiner Härte unmittelbar die Gestalt ab. Deshalb sind seine Steinformen so echt und überzeugend, deshalb haben sie so edle »Rasse«, und es ist kein Wunder, daß diese Eigenart, als seelischer Wert erlebt, jeden gesund empfin= denden Menschen so sehr gefangennimmt. In der »Mutter Heimat« ist ein Stück des Felsengrundes unseres Heimatbodens selbst Antlitz geworden.

im Gegensatz zur »Bildanalyse« den »unendlichen Kräftestrom« des göttlichen Deutschen, den »Herzschlag der ganzen Natur, ja des Universums« in der deutschen Kunst erspüren und in dem ewigen »unveränderlichen nationalen Formgefühl« phantasieren, Hybris und Herrenmenschentum kunstgeschichtlich verpacken und zu legitimieren versuchen. Jahrelang wurden in Deutsch-Aufsätzen Fragen der Kunst und Kunstgeschichte zur Hervorzauberung eines besonders edlen deutschen Charakters und zur Rechtfertigung des besonders aggressiven Anspruchs auf Kolonien, mehr Raum, mehr Achtung und Ehre etc. vorgegeben: Die Themen lauteten beispielsweise: »In unserer großen Kunst kommt immer gesamtdeutsches Schicksal zum Ausdruck (Gedanken zum Tag der Deutschen Kunst)«[188] / »Das Wort des Führers (Inschrift am Haus der Deutschen Kunst): *Kunst ist eine erhabene und zum Fanatismus verpflichtende Mission* ist in seiner besonderen Bedeutung für das deutsche Volk zu beweisen.«[189] (Dok. 228) / »Goethes Symbolik, ein dt. Formerlebnis«[190] / »Allem echt Deutschen ist etwas Faustisches angeboren«[191] oder »Für die Kunst überhaupt, für ihre richtige Stellung in der Welt, muß erst ein neuer Boden gewonnen werden. (Rich. Wagner)«.[192] Nebeneinander standen Themen zur Wahl wie: »Deutsches Wesen in Dürers drei berühmtesten Kupferstichen: *Hieronymus im Gehäus, Melancholie* und *Ritter, Tod und Teufel*« und: »Die Rückgabe unserer Kolonien, eine nationale Forderung«.[193] Nicht immer war schon im Titel der Zweck des Aufsatzes so deutlich genannt wie bei dem Thema: »Eine Aufgabe der Kunst ist es, die Geschichte aus dem Gedächtnis ins Herz zu verpflanzen.«[194] »Bei den an der Schule bearbeiteten 283 Schul- und Hausaufgaben im Deutschen dienten 255 Themen der Aneignung und Klärung wichtiger Gedanken des neuen Staates«, faßte der Jahresbericht des Lyzeums an der Luisenstraße allein für das Schuljahr 1934/35 die Funktion des deutschen Aufsatzes zusammen — wie viele Themen dabei

---

gen altdeutscher Meister aus dem Besitz der CIBA AG Basel«), 1957 unterrichtete er als Privatdozent an der Uni Erlangen und an der Akademie für Bildende Künste Nürnberg, später war er Inhaber des Lehrstuhls für Kunstgeschichte an der Philosophisch-Theologischen Hochschule in Regensburg, Ehrenmitglied der Akademie der Bildenden Künste Nürnberg. BayHStA MK ad 55455.

188 Klasse 8b 1939/40 St.-Anna-Oberschule, s. JB.
189 Hausaufgabe der Klasse 8b im Schuljahr 1937/38 im Wilhelmgymnasium, s. JB.
190 Aufsatzthema 1935/36 in der Hans-Schemm-Aufbauschule, s. JB.
191 Schulaufgabe Klasse 9a im Schuljahr 1936/37 im Wilhelmgymnasium, s. JB.
192 Schulaufgabe Mädchen-Klasse 6 1936/37 in der Hans-Schemm-Aufbauschule.
193 Hausaufgaben für Klasse 7a und 7c im Schuljahr 1936/37 im Wilhelmgymnasium, s. JB. Das Dürer-Thema kam bei jeder Schule vor.
194 Aufsatzthema 1933/34 am Städtischen Mädchenlyzeum an der Luisenstraße, s. JB.

246 Kunstbetrachtung auf der Grundlage des neuen Lehrplans

Bild links: »Die Strasse«, in: Das Bayerland, München 1939, S. 609. Daneben: *Deutschland baut. Bauten und Bauvorhaben. 94 Bilder aus der Ersten und Zweiten Architektur- und Kunsthandwerk-Ausstellung zu München 1938 und 1939*, Stuttgart 1939.

Schorer, *Deutsche Kunstbetrachtung,* Abbildung von Seite 162, Text S. 163.

Abb. 172. Wolf Panizza, Aufstieg zum Irschenberg

Die Straßen Adolf Hitlers sind das größte Bauunternehmen des neuen Reiches. In ihnen sind Technik und Kunst, die in der zurückliegenden Zeit sich beinahe gegenseitig ausschlossen, enge Freunde geworden, die sich wechselseitig zu jener Einheit steigern, welche die Voraussetzung für jedes wahrhaft große Kulturwerk ist. Nicht nur höchste Zweckmäßigkeit, sondern auch die Forderung nach Einordnung in die Landschaft und nach bewußter Schönheit ihrer Kunstbauten beherrscht ihre Formgebung. Die Reichsautobahnen vermitteln in stärkstem Maße das Erlebnis eines neuen Lebensgefühls, das seinen Rhythmus aus der Welt der Technik und des modernen Verkehrs des 20. Jahrhunderts bezieht. Der Meister des großen Werkes ist Generalinspektor Dr. Todt.

über »Das *Bild* des neuen deutschen Menschen« (Deutschthema der Abiturklasse am Wittelsbacher Gymnasium 1935/36) liefen, wäre eine eigene Untersuchung wert.

Die Zusammenschaltung von »deutschem Charakter«, »deutschen ritterlichen Tugenden« und »gesundem Volk«, »wehrhafter Nation« etc. gegen das »Untermenschentum« auf der Grundlage der »Kunstbetrachtung« bekam ihren größten Schub naturgemäß durch den Besuch von entsprechenden Ausstellungen. (Siehe Kapitel III.) Aber auch das Buch *Deutsche Kunstbetrachtung* – von dem Münchner Kunsterzieher Georg Schorer 1935 im Deutschen Volksverlag herausgegeben – lieferte umfassenden Zündstoff zur Ästhetisierung von Politik und Geschichte. (Siehe Beispiele Dok. 242-246 und 338.) Georg Schorer studierte von 1927/28 bis 1931/32 an der THM für das Zeichenlehramt. Kunstgeschichte, Bauästhetik, »Moderne Malerei Europas«, »Die deutsche Malerei von der Romantik bis Leibl« hörte er in insgesamt 39 Semesterwochenstunden bei Josef Popp, durch die Alte Pinakothek und auf kunstgeschichtliche Exkursionen wurde er von Luitpold Dussler geführt. Die Studienzeit Schorers bei Dussler mit insgesamt 14 Semesterwochenstunden begann ausgerechnet in dem Jahr 1930, in dem Luitpold Dussler seine antisemitische Kampagne gegen A. L. Mayer in Szene setzte.[195]

Ein anderes Beispiel eines für die Kunstbetrachtung besonders prädisponierten Zeichenlehrers bietet Hans Schmidt, SA-Heimleiter aus Gelbenholzen und SS-Reiterstürmer. Er promovierte 1931 an der Technischen Hochschule München mit dem graphischen Spezialthema »Von Lukas van Leyden bis Rembrandt. Beiträge zu einer systematischen Geschichte der gebundenen und freien Tiefdruckgraphik in den Niederlanden von 1500-1650«.[196] (Siehe auch Kapitel »1937: Die politische Weihe der Amateurfotografie«.) Mit einer kunstgeschichtlichen Arbeit (»Triesdorf. Baugeschichte der ehemaligen Sommerresidenz der Markgrafen von Brandenburg-Ansbach 1600-1791«) wurde auch der Kunsterzieher Heinrich Braun 1955 an der Universität Würzburg promoviert. 1940 wurde er in seiner Zeichenlehrtätigkeit an der Deutschen Schule in Athen durch »das Mitglied des Gutachterausschusses für das deutsche Schulwesen im Aus-

---

195 Vgl. HATUM-Studentenakte von Georg Schorer. Nicht zufällig trat Schorer 1934 als frischgebackener Zeichenlehrer in die NS-Oberschule Feldafing (Reichsschule) am Starnberger See an, wo er 1940 insbesondere unter Verweis auf seine *Deutsche Kunstbetrachtung* zum Studienrat vorgeschlagen und ernannt wurde und bis 1945 unterrichtete. BayHStA MK 58038.
196 BayHStA MK 34756. In seinem Lebenslauf von 1935 wies Schmidt darauf hin: »In der bes. Eigenart meiner wissenschaftlichen Arbeit auf dem Gebiete der Graphik trägt vor allem bei, dass ich selbst ausübender Graphiker bin und die graph. Techniken (mit Einschluss aller modernen Verfahren) theoretisch wie praktisch beherrsche«, ebd.

Richtlinien für das kunstpädagogische Lehramt an der TH (etwa 1940), Seite 1 und 2.

Undatierter Anhang zum Protokoll »Der neue Ausbildungsplan des Kunsterziehers an den Bayerischen Schulen« (ebenfalls undatiert, jedoch sicher dem Jahr 1940 zuzuordnen) einer Sitzung an der TH München (siehe Kapitel II. 8.3). BayHStA MK 52833.

Fortsetzung S. 250.

Die künstlerische Erziehung an den höheren Schulen.

Das Ziel der neuen künstlerischen Erziehung ist das Erschliessen der im jungen Menschen als Erbgut schlummernden, formschöpferischen Kräfte, um durch sie eine dauernde, lebendige Aufnahmefähigkeit für die Kunst im allgemeinen, im besonderen für die Kunst des deutschen Volkes, wie es der Nationalsozialismus auffasst, zu bewirken. Das Kunstwerk wird durch die Form zum Ewigkeitswert. Dem Wesen der Form nachzuspüren, in seine Charakteristik einzudringen, ist die Aufgabe der kommenden Erziehung durch das Zeichnen. Dieser Erziehung kommt aber neben dem Deutschen eine Zentralstellung zu. Niemals wird ein Mensch ohne Erziehung zum kulturellen Schauen ein wertvolles Urteil in kulturell künstlerische Entscheidungen fällen können.

Als geistige Werkzeuge dieser erzieherischen Arbeit sind zu nennen:

a.) das Vorstellungszeichnen
b.) das Zeichnen vor der Natur
c.) das Risszeichnen und die Werkarbeit
d.) das Schreiben.

Alle greifen organisch ineinander, alle sind gleich wichtig, aber nicht wie ehedem Selbstzweck, sondern sie sind ausschliesslich dazu da, dem obengenannten Ziele zu dienen. Das Vorstellungszeichnen ist auf der U n t e r s t u f e in erster Linie zu verwenden. Dieses Vorstellungszeichnen darf aber unter keinen Umständen zum Bildchenmalen werden. Bei der Aufgabestellung ist darauf zu achten, dass bei aller Kindlichkeit die Elemente in den Vordergrund treten sollen, die eine natürliche, gesunde Entwicklung gewährleisten und dass nicht nach überspitzten und überbewunderten Scheinleistungen auf einen jähen, enttäuschenden Abbruch aller Naivität nach der Zeit der Pubertät hingesteuert werde. Im Kinde ist vielfach im hohen Masse Streben nach Charakteristik vorhanden. Dieses Streben muss erhalten und gepflegt werden, denn es ist die Grundlage um an das obengenannte Ziel zu gelangen. Grundsätzlich soll der Erzieher sachliche Forderungen stellen und zwar solche, die dem Gesichtskreis des Kindes entnommen sind, die es mit seinen Händen umfasst und abgegriffen hat, also Spielsachen wie Eisenbahnen und alles, was dazu gehört, Zinnsoldaten, Schaukelpferd, Nussknacker, Spieltiere usw. Damit keine kitschigen Formen in die Erinnerung des Kindes kommen können, soll der Erzieher stets eine Auswahl guter alter und gediegener neuer Spielsachen zur Verfügung haben. Die Aufgaben sollen frei und ungebunden durchgeführt werden. Es ist falsch, dem Kinde die Grösse der Zeichnung oder den genauen Platz auf dem Blatt vorzuschreiben. Dadurch unterbindet man die Unmittelbarkeit des Erlebnisses. Es muss dem lebendigen Erzieher trotzdem möglich sein, ein Blatt in

lande, Ministerialrat Dr. Rudolf Benze« beurteilt: »Er liebt es, sich dem Direktor gegenüber die Haltung militärischer Subordination zu geben [...] Recht brauchbar ist er für künstlerische Gestaltung von Schulfesten, Herstellung von Scenenbildern, Raumausschmückung und dergl.«[197]

Als weiteres Beispiel sei Friedrich Reß genannt, der die Adolf-Hitler-Schulen als Feld zur Entfaltung der Bergmann-Arbeitsgemeinschaft beantragt hatte. Schon 1937 war er für eine Dozentenstelle an der Hochschule für Lehrerbildung in Würzburg vorgesehen, 1941-45 dozierte er dann dort: In der Beurteilung vom 30.8.1937 (er war zu diesem Zeitpunkt im Kultusministerium beschäftigt) hieß es: »Studienassessor Fritz Reß steht auf dem Boden des Nationalsozialismus und beweist seine Gesinnung durch die Tat. Er ist seit 1.5.1933 Mitglied der NSDAP und versieht in den wenigen Stunden seiner freien Zeit seit 1936 das Amt eines Blockleiters. Er ist Vater von 3 Kindern. Sein soziales Empfinden verdient besondere Erwähnung. Von seinem Beruf, dem Dienst an der Jugend im Sinne des Nationalsozialismus, hat er eine hohe, verantwortungsbewusste Auffassung. Die fachliche Eignung ist bei ihm in hervorragendem Maße gegeben. Er ist als Dozent an der Lehrerhochschule Würzburg in Aussicht genommen. In seinem Wesen ist Kameradschaftlichkeit ein besonders ansprechender Zug.«[198]

8.2.2 1940: Prüfungsneuordnung für das Künstlerische Lehramt: Die Verpflichtung auf ein »nichtkünstlerisches Beifach«

Am 1. Oktober 1940 trat eine neue »Ordnung der Prüfung für das Künstlerische Lehramt an Höheren Schulen im deutschen Reich«[199] in Kraft. Sie enthielt als wesentliche Änderungen erstens die obligatorische Hinzunahme eines »nichtkünstlerischen Beifaches« und zweitens die Pflicht zum Verbringen des 1. Studienjahrs an einer Lehrerhochschule zwecks pädagogischen Studiums. In einem Schreiben an das Bayerische Staatsministerium für Unterricht und Kultus[200] wurde beklagt, dass von den bisher vier vollen Studienjahren in Bayern nun nur noch drei für die beiden Fachstudien zur Verfügung stünden: »Freilich war die Ausbildung der Lehrer unzureichend, zwiespältig und verworren und demzufolge der Unterricht in den Schulen großenteils schlecht. Durch die Kürzung

---

197 2.9.1940, gez. Romain, Oberstudiendirektor der Deutschen Schule in Athen, BayHStA MK 56104.
198 BayHStA MK 57752.
199 BayHStA MK 52833. In der Akte befindet sich ein »Ausschnitt aus dem *Reichsministerialamtsblatt Deutsche Wissenschaft, Erziehung und Volksbildung*, Berlin 5. September 1940, Heft 17«, S. 416-423.
200 BayHStA MK 52833, leider ohne Unterschrift und Datum.

Richtlinien für das kunstpädagogische Lehramt an der TH (etwa 1940), Seite 3 und 4.

Fortsetzung S. 252.

einer wohltuenden Ausnützung durchzuführen. Der jeweiligen Entwicklungsstufe des Kindes ist bei der Beurteilung in erster Linie Rechnung zu tragen. Wo räumliche Bestrebungen da sind, soll diesen niemals entgegengearbeitet werden. Es wäre aber auf dieser Stufe ebenso falsch, krampfhaft zur räumlichen Darstellung hinzudrängen. Entscheidend ist und bleibt die gesunde Naivität in der Formwiedergabe und die farbige Heiterkeit. Gute Blätter aus Bilderbüchern, wie die des Heinrich Hofmann, sollen im Zeichensaal nicht fehlen. Geeignete Schülerarbeiten werden im Schaukasten ausgestellt. Es soll hier gleich grundsätzlich gesagt werden, dass es sehr wohl möglich ist, Aufgaben in späteren Jahren zu wiederholen, sie werden auf Grund der Entwicklung und auch an und für sich immer neu sein. Es ist dann wahrscheinlich sehr häufig, dass einstige Zeichnungen aus der Vorstellung dann Zeichnungen vor der Natur werden.

Die Beschriftung soll auf der Unterstufe schon eifrig einsetzen. Der Junge soll dazu erzogen werden, selbständig seinen Raum für die Schrift und die Wahl in der Grösse der Buchstaben zu suchen. Dem Schriftbild ist von Anfang an die grösste Bedeutung beizumessen.

Auf der M i t t e l s t u f e wird das Vorstellungszeichnen fortgesetzt. Man wird hier dem technischen Interesse des heranreifenden jungen Menschen entgegenkommen und die Aufgaben werden sich hier mit dem Handwerk beschäftigen, dem Maurer, dem Schreiner, dem Schuster, dem Zimmermann usw. Es sollen aber auch selbstgefertigte Dinge zur Darstellung kommen, wie sie während der Werkarbeit entstehen können. Die Hammermühle, das Futterhäuschen, das Segelflugzeug, die Pionierbrücke, Brücken überhaupt usw. Die räumliche Darstellung ist auf dieser Stufe ganz von selbst von allen Schülern übernommen worden. Diese räumlichen Auseinandersetzungen mit schematischen Mitteln zu betätigen oder gar zu unterstreichen, ist ein Kardinalfehler. Es führt das vollkommen weg vom Erlebnis. Die Blätter, die vom Maurerhandwerk erzählen, von den Kübeln und Seilen berichten, von den Bohlen und von der Kelle, werden bei guter Führung voller Charakteristik sein und voller Erleben und brauchen und dürfen deshalb niemals sogen. Landschaftsbildchen werden. Organisches wie Blumen, Bäume, Tiere, Menschen, sind, falls sie hier aus sich heraus in die Aufgabe von den Schülern eingestreut werden, nur dann zu dulden, wenn sie ein echtes Erlebnis darstellen. Es ist auf dieser Stufe notwendig sehr darauf zu achten, dass dem schlechten Einfluss, der von Schaustellungen, Plakaten, auch vom Elternhaus ausstrahlt, wenn nur immer möglich, entgegengearbeitet wird. Wie in der Unterstufe ist auch hier das Ausstellen von wertvollen Schülerarbeiten ein bedeutsames Mittel, eine Klasse auf ein gutes Niveau zu stellen. Die Beurteilung erfolge nie nach dem blendenden Aufwand, sondern nach der Stärke des Erlebnisses und der Ausbildungszeit, vor allem aber durch die ungleich größere Belastung mit einem wissenschaftlichen Fach, muss dieser Unterricht zwangsläufig noch schlechter werden.« Das Klagen hatte keinen Erfolg. Vergeblich beschwor man: »München ist vom Führer zur Kunststadt erhoben worden und muss deshalb auch in der Kunsterziehung des Volkes führend vorangehen. Daher muss dem Kunsterzieher zur geplanten Ausbildung auch die notwendige Zeit und Muße zugestanden werden« – das »nichtkünstlerische Beifach« blieb Beschluss (der erst 1943 durch die Kriegsverluste durchlöchert wurde).

Die obligatorische Hinzunahme eines wissenschaftlichen Fachs ist mit hoher Wahrscheinlichkeit auf dem Hintergrund der sog. Wissenschaftsoffensive[201] der Nazis zu sehen. Was schon in der umfangreichen Begründung des Bezirksschulrats für den Abbruch der Bezirkszeichenausstellungen aufschien, artikulierte sich zunehmend auf breiter Grundlage als öffentliches Eingeständnis: Die Schüler verdummen! Insbesondere sprachen führende Vertreter der Wirtschaft und der Wehrmachts-Prüfstellen ganz offen »von einem bedenklichen Rückgang des Wissens der Abiturienten, dem entgegengetreten werden müsse«.[202] Bereits 1938 stellte das »Militär-Wochenblatt« (Nr. 21) fest, dass es den Abiturienten sogar an der Fähigkeit zu logischem Denken mangelte.[203]

Das »nichtkünstlerische Beifach« wurde als »wissenschaftliches Fach« gehandelt.[204] Die undialektische Betrachtungsweise von Wissenschaft und Kunst als zwei voneinander völlig getrennten Gebieten war inzwischen so eingebürgert und durch die Nazis geradezu als antagonistisch verfestigt, dass es nicht verwun-

---

201 Ich stütze mich bei diesem Begriff vor allem auf die Arbeit von Monika Leske, *Philosophen im Dritten Reich,* Berlin 1990, insbesondere S. 37 ff. und das Kapitel »Vorbehalte und Widerstände gegen die NS-Wissenschaftsreform«, S. 49-64.
202 Karl Obermann, *Exil Paris. Im Kampf gegen Kultur- und Bildungsabbau im faschistischen Deutschland (1933-1939),* Frankfurt am Main 1984, S. 167.
203 Ebd. – Obermann zitierte auch die Kölnische Zeitung vom 9.12.1938, die die Feststellungen des Militär-Wochenblatts in folgender Weise wiedergab: »Folgerichtigkeit und Straffheit des Denkens würden vielfach durch einen *geradezu unbeschreiblichen Hang zur Phrase* ersetzt. Bei schriftlichen Arbeiten würden viele Seiten gefüllt, ohne irgend etwas Positives zu sagen. Die klare Ausdrucksweise in der freien Rede werde durch törichte Redensarten, durch gedankenloses Nachsprechen von Modewörtern, Gemeinplätzen und durch die nichtssagende Begrifflichkeit idealistischer *Wunschträume* verderbt. Im Nachsatz werde oft das negiert, was im Vordersatz behauptet worden war. – Die geistige Zucht steht somit in Gegensatz zur straffen körperlichen Ausbildung, das selbständige klare Denken wird zugunsten ungeprüfter Phrasen-Assoziationen nicht etwa nur vergessen – man kennt es gar nicht einmal.«
204 Siehe z.B. den o.g. Brief an das Staatsministerium des Innern in BayHStA MK 52833.

Richtlinien für das kunstpädagogische Lehramt an der TH (etwa 1940), Seite 5 und 6.

Fortsetzung S. 254.

nach der charakteristischen Formauffassung. Organisches aus der Vorstellung zeichnen zu lassen, sollte in der Mittelstufe nicht ganz fehlen. Doch sollen nur einfache, klare und übersichtliche Formen gewählt werden, wie Wurzelstücke, ein einfacher, charakteristischer Baumstamm, grosse, übersichtliche Blätter usw. Auf keinen Fall sollen daraus sogen. Fantasiegewächse entstehen, oder willkürliche Zweige aus einem Baumstamm xxxxxxxxx wachsend. Das ist schlecht und führt weg von dem eingangs festgelegten, grossen Ziele. Die Farbe soll auch auf der Mittelstufe reichliche Verwendung finden. Die Formen sollen in ihrer Erkenntnis von den Farben unterstützt und getragen werden.

Die Beschriftung nimmt ihren Fortgang im selben Sinne wie auf der Unterstufe. Schlechte Angewohnheiten in der laufenden Schrift, Manieriertheiten, wie sie in diesem Alter aufzutreten pflegen, sollen energisch unterbunden werden. Die Schrift soll einfach und deutlich bleiben, soll aber dem Charakter des einzelnen Schülers sich anpassen. Auf dieser Stufe ist auch Antiqua und gotische Schrift zu üben. Besonders aber die Antiqua muss in ihren Elementen gesund gelehrt werden. Es dürfen sich nicht etwa modische oder manierierte Auswüchse einschleichen. Ist in der laufenden Schrift für das Schriftbild und den Massstab der Buchstaben eine gesunde Grundlage geschaffen worden, dann wird es nicht schwer fallen, auch mit den letztgenannten Schriftgattungen im Sinne des grossen Zieles dem Schüler vorwärts zu helfen.

Gegen Ende der Mittelstufe soll neben dem Zeichnen aus der Vorstellung, das nie aufhören soll, das Zeichnen vor der Natur einsetzen. Bei guter Führung des Vorstellungszeichnens ist ein organischer Uebergang von selbst gewährleistet. Selbstverständlich ist dieses Zeichnen vor der Natur kein langweiliges Abzeichnen, sondern ein Herausstellen grosser Bewegungen, ein Erfassen von Form, Raum und Charakteristik als geistige Vorstellung, von der dann frei und unbekümmert berichtet werden soll. Es kommt bei diesem Zeichnen darauf an, verschiedene Gegenstände gegeneinander charakteristisch auszuspielen, soz.B. eine frische Blume und daneben eine gleichgeartete verwelkte, einen grossen, hageren Bauernkrug mit kleinem Schnabel, daneben einen niederen, runden mit breitem Maul zu zeichnen. Je sachlicher diese Berichte sind, desto besser sind sie zu beurteilen. Keineswegs geschehe ihre Beurteilung nach einer geschickten Bleistiftführung oder sonst irgend einer Manieriertheit.

So werden besonders in der O b e r s t u f e Vorstellungszeichnen und Naturzeichnen jene bedeutsamen Aufgaben vorbereiten und unterstützen, wie sie beim wertvollen Unterricht über Architektur, Malerei und Bildhauerei notwendig sind. Denn es soll hier nicht beim blossen Anschauen und Besprechen bleiben, vielmehr sollen ernsthafte Versuche gemacht werden, mit einfachstem Material die grossen

dert, dass die wissenschaftliche Betätigung der Zeichenlehrer und Kunsterzieher nicht auf ihrem ureigenen Gebiet, der Kunst, gesehen und ermöglicht wurde. Nun war der Wissenschaftsbegriff der Nazis ebenso wenig wie ihr Kunstbegriff im Bereich der Vernunft angesiedelt, sondern genau so deutschnational-mystisch pervertiert. Doch gerieten die Nazis immer mehr in ein Dilemma. So kommentierte z.B. die »Frankfurter Zeitung« vom 20. Dezember 1938 die Ausführungsvorschläge zur Reichsschulreform wie z.B. »den Stoff zu beschränken, Wesentliches von Unwesentlichem mit strengem Maßstab zu scheiden und in der Auswahl Stoffe der Neuzeit, besonders der nationalsozialistischen Gegenwart, zu bevorzugen« usw.: »Aber es sind solchen Vorhaben Grenzen gesetzt, wenn die Kenntnis der elementaren Bausteine des Wissens verlangt wird, wie sie verlangt werden muß.«[205] Die Begründung für »mehr Wissenschaft«, wie sie in der Zeitschrift des NSLB »Die Deutsche Höhere Schule« 1940 formuliert wurde, braucht nicht weiter erläutert zu werden: »Man ist sich meist nicht im klaren, welche Auswirkungen ein langwieriger Ausfall des Unterrichts im Gefolge haben muß. […] Das, was die Jugend in diesen Monaten an Unterricht versäumt hat, ergibt für die gesamte Generation ein Minus an Wissen, das niemals wieder aufgeholt werden kann. Man sollte sich aber sagen, dass auch die Zukunft geistig fähige Soldaten dringend benötigt, um Deutschland zu schützen, aber auch Wissenschaftler und Techniker, um neue Werkstoffe zu erfinden und neue Waffen zu schmieden.«[206]

8.3 1940: Ein Protokoll über den verheerenden Zustand der Kunsterzieher-Ausbildung an der TH München

Im Bayerischen Hauptstaatsarchiv existiert ein Protokoll mit dem Titel »Der neue Ausbildungsplan des Kunsterziehers an den Bayerischen Schulen«.[207] Das Papier ist entweder ein Protokoll über eine Zusammenkunft mit den Teilnehmern *Pg. Prof. Alexander von Senger, Pg. St.R. Bergmann, Dozent Ress, Lehrer an der Hochschule in Würzburg, Schüler von St.R. Bergmann, Professor Buchner, Dozent Döllgast, Pg. Professor Heinlein, Pg. Dr. Kiener, Pg. St.R. Schloder,* oder es ist (außerdem) die Protokollierung der zwischen diesen Personen bereits aufgeteil-

---

205 Zit. nach Obermann, *Exil Paris,* S. 168.
206 Herbert Holtorf, *Grundlinien wehrgeistiger Erziehung,* in: Die Deutsche Höhere Schule. Zeitschrift des Nationalsozialistischen Lehrerbundes / Reichsfachschaft 2: Höhere Schulen, Heft 1/2 vom 5.1.1940, S. 153.
207 BayHStA MK 52833, auch dieses Protokoll ist weder datiert noch näher gekennzeichnet. Da in dem Papier vom »ersten, dem pädagogischen Jahr« ausgegangen wird, muss man von einem Zeitpunkt nach dem 1.10.1940 ausgehen.

Bewegungen der Formen oder der Komposition n herauszustellen, um so dem Formwillen der Meister näherzukommen. Der Schüler der Oberstufe muss auf Grund der vorhergegangenen Ausbildung im Stande sein, eine Fassade, wie die der Alten Pinakothek oder des alten Marstalls am Jakobsplatz aus der Vorstellung aufzuzeichnen. Er muss vom Wesentlichen der Anordnung und des Charakters lebendig mit dem Griffel berichten können. Ebenso muss er vor einer guten Aufnahme (Lichtbild) des Bamberger Reiters oder des Rolands X in Bremen durch seinen Stift nachweisen können, worin das Wesen dieser klaren und übersichtlichen Formen besteht. Das scheidet diese Erziehung grundsätzlich von der Wissensvermittlung, wie sie vom Philologen in der Kunst - und Stillehre angestrebt wird. Nicht auf das Viel kommt es hier an, sondern auf die Gründlichkeit, mit der das Kunstwerk mittels des Griffels betrachtet wird. So kann ein Werk zum Schlüssel werden für viele. Die Auswahl geschehe einmal im Zusammenhang mit den vorgenommenen Versuchen vor der Natur, dann aber auch so, und das ist wesentlicher, dass diese Werke in sinngemässem Zusammenhang stehen mit den wertvollen Kunstbestrebungen der Gegenwart. Die Werke der Meister, soweit man sie in der Nähe seiner Unterrichtsstätte finden kann, sind in besonderem Masse heranzuziehen. So kann im ernstesten Sinne und in Beziehung zu dem eingangs erwähnten grossen Ziele Heimatkunde getrieben werden.

Die Beschriftung spielt in der Oberstufe die grösste Rolle. Der junge Mensch soll einen Begriff davon bekommen, dass von der einfachen geschriebenen Karte bis zur Monumentalschrift ein inniger Zusammenhang besteht. So soll auf keinem Zeichenblatt eine wertvolle Beschriftung fehlen. Aber auch Schriftblätter für sich sollen reichlich entstehen. Die besten Beispiele guter alter Schrifttafeln sollen gelegentlich im Lehrsaal als Bilder aufgehängt werden. Aber auch das gute, moderne Schriftbild, wie z.B. Rudolf Koch und sein Kreis, soll dem Schüler auf der Oberstufe sehr wohl bekannt sein.

Ein wichtiges Kapitel ist die Raum - und Wohnkultur. Diese Aufgabe ist in erster Linie durch das Risszeichnen zu lösen. Sie kann durch Farbe, Form und Anordnung der kindlichen Zeichnung schon auf der Unterstufe vorbereitet werden. Erinnern doch die bunten Kinderzeichnungen an die frohen Farben der alten Bauernstuben. Die risstechnische Vorbereitung geschehe auf der Mittelstufe, wo das Prinzipielle des Risses an einfachen Körpern, wie Würfel, Prisma, Kegel usw. erläutert wird und wo zunächst primitive, aber gute Gegenstände zur Darstellung kommen. Die eigentliche Arbeit aber auf diesem Gebiete obliegt dem Ausgang der Mittelstufe, vor allem aber der Oberstufe. Es werden da alle Gegenstände aufgenom-

ten Arbeitsbereiche. In beiden Fällen untermauert die Zusammensetzung dieser Runde an der TH die These, dass der Britsch/Kornmann/Herrmann-Kreis an den höheren Schulen in München während der NS-Zeit weniger Einfluss hatte als die Bergmann-Schule. Bergmann selbst war seit 1935 alljährlich Mitglied der Prüfungskommission für die Lehramtsprüfung der Zeichenlehrer an der TH, ebenso wie Döllgast (seit 1935) und Heinlein (seit 1934). Die »Gebietsaufteilung« zwischen den zwei Hauptrichtungen der NS-Kunsterziehung verfestigte sich 1936, als Bergmann in der Prüfungskommission für die Lehramtskandidatinnen an der Kunstgewerbeschule durch den (spät bekehrten) Britschianer Eduard Steigerwaldt abgelöst wurde.[208] Als 1938 die Prüfung der Zeichenlehrerinnen nicht mehr an der Kunstgewerbeschule stattfand, sondern an die TH verlegt wurde, kamen Georg Buchner (Architekt, Straßendekorateur des NS-Festzugs 1937) und Hans Kiener (Dozent für Kunstgeschichte) von der KGS in den hier genannten Kreis. Kiener bewunderte die »moderne Monumentalmalerei« von Josef Bergmann.[209] An der TH war auch Alexander von Senger.[210] Insgesamt offenbart das Protokoll den verfahrenen Zustand und die inhaltliche Dürftigkeit der NS-Kunsterzieher(-Ausbildung). Einige Beispiele:

---

208 BayHSt MK 18405 (Akte Bergmann).
209 Hans Kiener, *Kunstbetrachtungen. Ausgewählte Aufsätze von Hans Kiener,* München 1937, siehe insbesondere: »Neue Arbeiten von Joseph Bergmann. Kunst und Handwerk 1925«, S. 227-230.
210 Die Schweizer Architektenzeitung »Das Werk« berichtete über von Senger: »*Nach Bayern heimgefunden.* Zur Zeit der nationalsozialistischen Machtergreifung in Deutschland lief in schweizerischen Architektenkreisen der Witz, man habe Alexander von Senger als Professor nach Deutschland geholt. Das deutsche Schicksal ist grausam genug, die absurdesten Witze zur Wirklichkeit zu machen. [...] Wie wir hören, auf besonderes Betreiben des Akademiedirektors und Professors Geheimrat Dr. German Bestelmeyer, des gleichen also, der die Absetzung von Prof. R. Vorhoelzer durchgesetzt hat und der sich auch sonst keine Gelegenheit entgehen läßt, jede, seinem eigenen Eklektizismus gefährliche moderne Regung in der Architektur als Bolschewismus zu denunzieren.« (22. Jahrgang, Heft 1, Januar 1935, Zürich) Gegen den Willen der TH, gegen die Vorschlagsliste zur Berufung, die drei andere Namen umfasste, wurde von Senger berufen. Allerdings ging es nicht so schnell, wie zunächst Schemm und dann Boepple wollten. (Quelle: BayHStA MK 67560) Die Karriere des Alexander von Senger ist auch in dem Buch *Architekturschule München* beschrieben. Senger stand in enger persönlicher Verbindung mit Alfred Rosenberg und Paul Schultze-Naumburg. Letzterer setzte 1934 über das Bayerische Kultusministerium die Berufung von Sengers durch. Das Problem war, dass von Senger überhaupt keine fachliche Qualität als Architekturlehrer hatte. Die einzige Empfehlung, die von Senger besaß, war, dass er ein fanatischer Nazi und Rassist war. Bestelmeyer machte sich dann dafür stark, dass der Lehrstuhl für antike Kunst, der durch die Emeritierung von Hubert Knackfuss frei geworden war, nun für von Senger so umgemodelt wurde, dass seine Professur innerhalb der TH

Richtlinien für das kunstpädagogische Lehramt an der TH (etwa 1940), Seite 9 und 10.

men, die zu einem kulturellen Wohnen gehören. Das gute, alte Möbelstück neben einem wohlgelungenen neuen, der Beleuchtungskörper, das Essgeschirr, Vorhang, Teppich, kurz alles, was hier in Frage kommt. Es sind hier aber nur ganz gediegene Beispiele neuer Wohnkultur zu verwenden. Die Aufgaben selbst finden ihre Steigerung nicht nach der Schwierigkeit ihrer Bearbeitung, sondern nach dem Wert und nach der Schwierigkeit, zu ihrem Verständnis zu gelangen. Der fertigen Risszeichnung geht eine Werkzeichnung voraus, die ohne Hilfsmittel den Gegenstand charakteristisch erfassen soll. Auf ihre Anordnung und Beschriftung ist genau so viel Wert zu legen, wie auf die, mit der Feder durchgeführte Risszeichnung. Es genügt aber nicht, die Gegenstände allein im Riss wiederzugeben, vielmehr müssen Vorstellungszeichnung, Risszeichnung und Werkunterricht Hand in Hand gehen, um diese Aufgabe zu lösen, und zwar so, dass die Gegenstände in ihrem Verhältnis zum Raum und in ihrem Verhältnis zueinander formlich und farbig klar zum Ausdruck kommen. Ein im Werkunterricht gut durchgeführtes Modell wird diesen Eindruck erhöhen. Es soll besonders darauf gesehen werden, dass alle Blätter, kurz jede Arbeit, die hier einschlägt, in Form und Beschriftung absolut kulturellen Geist ausstrahlt.

Der Werkarbeit ist im vorhergehenden verschiedentlich schon Erwähnung getan. Als Richtlinie sei hier ebenfalls das eingangs erwähnte, grosse Hauptziel genommen. Ob nun einfache Pappschachteln mit Papier beklebt werden, ob Futterhäuschen, ob Modelle von einem guten Bauernhaus oder einem neuen Eigenheim,

oder von einer Dekoration, die Schüler - und nationalsozialistische Feste künstlerisch gestalten soll, hergestellt werden, entscheidend ist nicht die Ueberwindung technischer Schwierigkeiten bei der Herstellung, sondern die Tatsache, dass mittels der Werkarbeit kultureller Sinn geweckt und verbreitet werde.

Nachtrag: Die Ausstattung des Zeichensaales spielt in der Erziehung des jungen Menschen die grösste Rolle. Der Zeichensaal kann einfach, bescheiden, ja vielleicht sogar ärmlich sein. Aber eines darf ihm nicht fehlen. Er muss kulturellen Geist ausstrahlen. Wie ein Bild hängt, wo es hängt, welches Bild mit einem andern aufgehängt wird, wie sein Rahmen beschaffen ist, das alles deutet hin auf den Erzieher, der dort schaltet und waltet. (Die guten Reichsdrucke, besonders die Zeichnungen der deutschen Meister sollten in keinem Zeichensaal fehlen.) Es deuten auch auf ihn die Dinge, die im Zeichensaal als Modell Verwendung finden, wo sie stehen, wie sie zueinander stehen, vor allem aber, wie sie gewählt sind. Die Blumen, die nie fehlen sollen, zeigen in ihrer Anordnung, wes Geistes Kind der Erzieher ist. Wer von Wohnkultur und von Kunst spricht, muss das beste Beispiel selbst geben.

Für das pädagogische Jahr »muss dafür gesorgt werden, dass die Lehrkraft, die das Kunsterziehungsfach dort vertritt, in den großen Grundsätzen einheitlich mit der Auffassung der darauffolgenden Fachausbildung geht.« (Ress) Von Senger war verantwortlich dafür, »dass an Stelle der darstellenden Geometrie und der bisherigen Bauformenlehre [...] ein Studium bei einem bedeutenden Architekten [tritt], der dem Studierenden Einblick in das Wesen monomentaler [sic!] Werke der Architektur gibt«. Bei Döllgast und Buchner sollte der Studierende »vor allen Dingen lernen, seinem späteren Übungssaal und überhaupt allen Schulräumen eine geschmackvolle künstlerische Note zu geben«. Damit »frühzeitig oberflächliche Naturen erkannt und ausgeschieden werden«, wurde »die Strenge der Zeichenschule eines Egger-Lienz oder Becker-Gundahl« gefordert, schließlich müssten »künftige Kunsterzieher den tragischen Ernst des schaffenden Künstlers würdigen lernen, wenn dieser am Aufbau zeitloser Kunst arbeitet« (Bergmann). Die Inhalte der Kunstgeschichte wurden mit einem Satz erledigt: »Die Kunstgeschichte soll im großen Überblick von den Studierenden gehört werden. Bei der Prüfung kann der Studierende sich den Abschnitt wählen, auf welchem er geprüft sein will.« (Kiener). »Bei der Benotung zählt das zeichnerische Fach oder das des Modellierens doppelt, alle anderen Fächer einfach. Die Prüfung aus der Kunstgeschichte ½.«

Eine Art Richtlinienpapier »Die künstlerische Erziehung an den höheren Schulen« bildete den Anhang dieses Protokolls. Eingangs formulierte man das NS-Glaubensbekenntnis: »Das Ziel der neuen künstlerischen Erziehung ist das Erschliessen der im jungen Menschen als Erbgut schlummernden, formschöpferischen Kräfte, um durch sie eine dauernde, lebendige Aufnahmefähigkeit für die Kunst im allgemeinen, im besonderen für die Kunst des deutschen Volkes, wie es der Nationalsozialismus auffasst, zu bewirken. Das Kunstwerk wird durch die *Form* zum Ewigkeitswert. *Dem Wesen der Form* nachzuspüren, in seine Charakteristik einzudringen, ist die Aufgabe der kommenden Erziehung durch das Zeichnen.« Als »geistige Werkzeuge« dieser Erziehung wurden die

---

einigermaßen legitimiert erschien: »Das Defizit der Lehre Sengers versuchte die Fakultät durch Abtrennung der wichtigeren Fächer und deren Verteilung als Lehraufträge an andere Dozenten auszugleichen.« So gingen z.B. »Bauaufnahme und Perspektive« 1934 an Hans Döllgast, der immerhin nicht Mitglied der NSDAP war und mit anscheinend unerschöpflicher Energie alle Lücken füllte. Jedenfalls die *»Lehrtätigkeit Alexander von Sengers beschränkte sich auf die Vertretung einer abstrusen Verbindung von Kunstgeschichte und Rassenlehre, außerdem betrieb er an der Hochschule und auch darüber hinaus eine ausgedehnte Denunziantentätigkeit für die Gestapo.«* Winfried Nerdinger (Hg.) in Zusammenarbeit mit Katharina Blohm, *Architekturschule München 1868-1993. 125 Jahre Technische Universität München.* München 1993, S. 105.

Lehrpläne der TH für das Zeichenlehramt

Vergleich zwischen den 1930er Jahren und ab dem neuen Lehrplan 1940, jeweils das 1. Studienjahr. Die Ausdünnung des Lehrplans setzte sich im 2. Studienjahr fort.

4. Zeichnen

Zur Erwerbung der Lehrbefähigung im Zeichnen wird ein mindestens vierjähriges Studium an einer technischen Hochschule oder an einer Akademie der bildenden Künste verlangt. Eines von diesen vier Studienjahren muß an einer technischen Hochschule verbracht sein. Die an der Technischen Hochschule München studierenden Zeichenlehramtsanwärter sind berechtigt, in ihr Studium einschlägige Fächer an der Akademie der bildenden Künste oder der Staatsschule für angewandte Kunst in München als Gasthörer zu belegen, soferne sie an der Technischen Hochschule nicht gelehrt werden.*)

Die an der Technischen Hochschule gelehrten einschlägigen Studienfächer werden am zweckmäßigsten nach folgendem Plan verteilt:

	Namen der Dozenten	Wochenstunden Vorl.	Wochenstunden Übgn.
I. Studienhalbjahr (Sommer):			
Allgemeine Kunstgeschichte II	Karlinger	2	—
Geschichte der deutschen Kunst bis 1800	Karlinger	2	—
Baugeschichte I	N. N.	—	2
Grundbegriffe und Formenlehre der Baukunst	N. N.	2	—
Pädagogische Grundprobleme der Gegenwart	Loewe	2	—
Anleitung zum Technischen Zeichnen und Skizzieren	Kreuter	—	2
Kopf- und Aktzeichnen und Aquarellieren	Graf	—	6
Plastik	Heinlein	—	4
Aufnehmen und Skizzieren von Bauwerken*)	N. N.	—	4
II. Studienhalbjahr (Winter):			
Allgemeine Kunstgeschichte I	Karlinger	2	—
Kunstwerk und Inhalt	Karlinger	2	—
Grundbegriffe und Formenlehre der Baukunst	N. N.	2	—
Darstellende Geometrie I — Unterstufe —	N. N.	3	3
Baugeschichte I	N. N.	—	2
Ästhetik der zeichnenden Künste	Dußler	2	—
Aufnehmen und Skizzieren von Bauwerken	N. N.	—	2
Anleitung zum Technischen Zeichnen und Skizzieren	Kreuter	—	2
Kopf- und Aktzeichnen und Aquarellieren	Graf	—	6
Plastik	Heinlein	—	4

1930er Jahre, hier 1933/34.

4. Zeichnen (Künstlerisches Lehramt).

Zur Erwerbung der Lehrbefähigung im Zeichnen an den höheren Lehranstalten wird ein mindestens sechssemestriges Studium verlangt. Zum künstlerischen Fach tritt ein wissenschaftliches Beifach, das selbständiges ordentliches Lehrfach der Schule ist. In erster Linie kommen in Betracht: Deutsch, Geschichte, Erdkunde; ferner Englisch, Lateinisch, Griechisch, reine Mathematik, angewandte Mathematik, Biologie, Physik, Chemie, Leibeserziehung, für weibliche Studierende auch Handarbeit.

Die an der Technischen Hochschule München studierenden Zeichenlehramtsanwärter sind berechtigt, in ihr Studium einschlägige Fächer an der Akademie der bildenden [Künste oder der Akademie für] angewandte Kunst in München als [Gasthörer zu belegen, soferne sie] an der Technischen Hochschule n[icht gelehrt werden.]

Im Allgemeinen ist für das Haup[tfach an der Technischen] Hochschule zu belegen:

1941/42 und 1942/43.

1. Studienjahr:	der Dozenten	Vorl.	Übgn.
Allgemeine Kunstgeschichte	Karlinger	2	—
Baugestaltung in der Geschichte	v. Senger	3	—
Grundbegriffe und Formenlehre der Baukunst	Friedr. Krauß	2	—
Geschichte der Pädagogik	N. N.	2	—
Anleitung zum Technischen Zeichnen und Skizzieren	Kreuter	—	2
Darstellende Geometrie I — Unterstufe —	Döllgast	3	3
Kopf- und Aktzeichnen und Aquarellieren	Trumm	—	9
Plastik (Modellieren)	Heinlein	—	4
Werkarbeit*)	Miller	—	*)
Aufnehmen und Skizzieren von Bauwerken	Döllgast	—	3
Luftschutz	Baumann	—	2

bekannten Unterrichtsrubriken Vorstellungszeichnen, Zeichnen vor der Natur, Risszeichnen und Werkarbeit sowie Schreiben genannt. Die Zeichenarbeiten sollten beurteilt werden »nach der Stärke des Erlebnisses und nach der charakteristischen Formauffassung, vor »überbewunderten Scheinleistungen« und »irgend einer Manieriertheit« wurde gewarnt, die Gegenstände sollten »dem Gesichtskreis des Kindes entnommen« sein, und als entscheidend galt »die gesunde Naivität in der Formwiedergabe und die farbige Heiterkeit«. Das Papier bietet insgesamt – auch in den Feinheiten der Unterscheidung zu den Kornmann/Herrmann-Schülern[211] – eine hinreichende Zusammenfassung der an der TH zu Beginn der 1940er Jahre verfolgten kunstpädagogischen Lehramtspositionen. (Dok. 248 bis 256) Die Verkürzung der TH-Ausbildung für das Zeichenlehramt, das jetzt Künstlerisches Lehramt hieß, von vier auf drei Jahre zeigt ausgerechnet in der Anzahl der Kunstgeschichte-Stunden die größten Einbußen, und von den um rund ein Drittel gekürzten Stunden gingen obendrein noch zwei für »Luftschutz« weg, während »Werkarbeit« neu angekündigt wurde. Insgesamt wuchsen – der Reduktion der Lehrerausbildung umgekehrt proportional – die Ansprüche an das zeichnerische Können der Schüler ins Maßlose, indem nun von der Unterstufe mit der »Unmittelbarkeit des Erlebnisses« (gesunde Naivität in der Formwiedergabe und die farbige Heiterkeit) zur Mittelstufe nun das Vorstellungszeichnen zu Technik und Handwerk »nach der charakteristischen Formauffassung« fortzuschreiten sei, bis schließlich gegen Ende der Mittelstufe »das Zeichnen vor der Natur einsetzen« soll (»Je sachlicher […], desto besser«): »So werden besonders in der Oberstufe Vorstellungszeichnen und Naturzeichnen jene bedeutsamen Aufgaben vorbereiten und unterstützen, wie sie beim wertvollen Unterricht über Architektur, Malerei und Bildhauerei notwendig sind. […] mit einfachstem Material die grossen Bewegungen der Formen oder der Komposition herauszustellen, um so dem Formwillen der Meister näherzukommen. Der Schüler der Oberstufe muss auf Grund der vorhergegangenen Ausbildung im Stande sein, eine Fassade, wie die der Alten Pinakothek oder des alten Marstalls am Jakobsplatz aus der Vorstellung aufzuzeichnen.« Und auch dem »Schriftbild ist von Anfang an die grösste Bedeutung beizumessen«. Das »Risszeichnen« kann »schon auf der Unterstufe vorbereitet werden« usw.

---

211 Sie kommen in drei Positionen zum Ausdruck: Erstens in der Betonung des Erlebnisses, das damals von Hans Herrmann noch als nebenrangig bis unwichtig charakterisiert wurde, zweitens in der Nichtbehandlung von bestimmten Stufenentwicklungen der Kinderzeichnung (außer in der Gliederung von Unter-, Mittel- und Oberstufe), drittens in der Verwendung der Fotografie. Im TH-Papier ging man davon aus, dass der Schüler der Oberstufe »vor einer guten Aufnahme (Lichtbild) des Bamberger Reiters oder des Rolands in Bremen durch seinen Stift nachweisen können [muss], worin das Wesen dieser klaren und übersichtlichen Formen besteht.« (Dokument S. 7.)

LEHRAMTSPRÜFUNG IM ZEICHNEN 1936.

AUFGABEN.

ZEITSKIZZE: Ein Dutzend flache Zinnsoldaten 4–5 cm hoch auf einen Bogen in Kontur zu zeichnen und zu kolorieren.

KOMPONIEREN DES ORNAMENTS: Einen Absatz aus der Nürnberger Kulturrede niederzuschreiben.

DEUTSCHER AUFSATZ:
1. Blut und Boden als Schicksalsmächte des Menschen.
2. Große Künstler und Kunstwerke sind Naturereignisse.
3. Ehr', Lehr', Wehr – kein Mensch braucht mehr.

PRÜFUNG FÜR DAS ZEICHENLEHRFACH. HERBST 1942.

SCHRIFT. AUFGABE:
Einen Abschnitt aus Perikles »Rede für die Gefallenen« schwarz auf weiss zu schreiben. Grösse 1 Din. »Leuchtender Männer Grab ist die ganze Erde und nicht nur die Inschrift der Säule in der Heimat bezeichnet sie.«

PRÜFUNG FÜR DAS ZEICHENLEHRFACH. HERBST 1942.

WAHLFACH SCHRIFT UND KOMPONIEREN DES ORNAMENTS. AUFGABE:
Für das Ehrengrab des stud.art. Otto Bach die Schrifttafel zu entwerfen. M. 1:1, Holz oder Blech, Grösse und Form steht frei. Text: Leutnant Otto Bach geb. 1917 gef. 1941 in Russland.

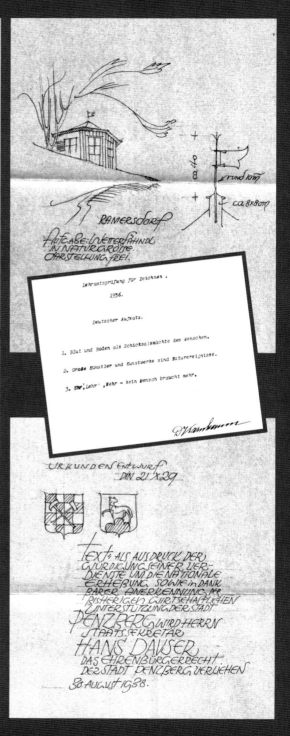

Dem geschilderten Zustand der Kunsterzieher-Ausbildung an der TH München entsprach eine ähnliche Situation an den Lehrerbildungsanstalten, die direkt dem Kultusministerium unterstanden. Das geht zum Beispiel aus einem Gutachten hervor, das Stadtschulrat Bauer einholte, um im Auftrag des Kultusministeriums die »Vorläufige[n] Bestimmungen für den Unterricht an Lehrerbildungsanstalten« von 1942 auf ihre »weltanschauliche Brauchbarkeit« hin zu überprüfen. Der Gutachter bemerkte zu allen Fächern etwas, z.B. zum Fach Geschichte: »eigene Nennung verdiente auch die Entstehung des deutschen Kolonialreiches[!]« u.ä. oder zur Musik »reichlich genug«. Nur zu einem Fach, nämlich zu »Kunst, Werkerziehung, Hauswerk fällt mir nichts auf«, lautete hier sein gefragtes Urteilsvermögen. Stadtschulrat Bauer übernahm dieses Gutachten für seine eigene Formulierung an das Ministerium, bemerkte zum Fach Geschichte: »Das Fach ist etwas zu kurz gekommen«, und geschickt überspielte er damit sein Loch bei der Kunsterziehung: »Ich bin der Auffassung, daß Kulturgeschichtliches nicht allein bei der Kunsterziehung seinen Platz hat, sondern auch schon in der Geschichte an der geeigneten Stelle behandelt werden muß.«[212]

9   1929-1953:   Die Behandlung der Fotografie an den höheren Schulen Münchens

In Bayern war (im Gegensatz zu Preußen) die Fotografie bis in die 1950er Jahre kein Unterrichtsfach an den staatlichen oder städtischen sog. höheren Lehranstalten (außer in der berufsmäßigen Fotografenausbildung in der Bayerischen Staatslehranstalt für Lichtbildwesen[213]). In den entsprechenden Jahresberichten weist ein einziger Jahrgang in einer einzigen Schule auf die Einrichtung einer

---

212 Achtseitige Stellungnahme Bauers an »Pg. Emil Klein, Stabsleiter des Bayer. Staatsministerium für Unterricht und Kultus« (irgendwann im Sommer 1942, in einer Mappe »Weltanschauliche Durchdringung der Lehrpläne«, StAM, Schulamt 1684.

213 Im Jahr 1900 gründete der Süddeutsche Photographen-Verein e.V. mit wesentlicher Unterstützung der Staatsregierung, des Kreises und der Stadtgemeinde München die »Lehr- und Versuchsanstalt für Photographie, Chemigraphie, Lichtdruck und Gravüre zu München«. 1903 wurde hier der erste (in Deutschland überhaupt der erste) Meisterkurs für Photographen durchgeführt. (BayHSt MWi 1527 und StAM, Schulamt 1106) Diese Vorreiterrolle verlor München, als in den meisten Kunstgewerbeschulen und modernen Kunstschulen der Republik die Fotografie in den Unterricht integriert wurde. (Vgl. Rolf Sachsse, *Fotografie, Vom technischen Bildmittel zur Krise der Repräsentation,* Köln 2003, S. 117 ff.) Als 1924 Richard Riemerschmid als Direktor der Münchener Kunstgewerbeschule entlassen und das gesamte Inventar der grafischen Werkstätten der KGS samt zwei Professuren an die konservative Akademie für Bildende Künste übereignet wurden, waren die Aussichten auf eine eigene Fotoklasse an der Kunstgewerbeschule München gegen null gesunken.

Ein Unterrichtsfach – aber nur außerhalb von Bayern! Obwohl der Kultusminister Bayerns Hans Schemm bis zu seinem tödlichen Unfall 1935 selbst Mitarbeiter der in Berlin herausgegebenen Zeitschrift »Die Schulphotographie« war, wandte er sich gegen die Einführung fotografischer Lehrgänge an den sog. höheren Schulen in Bayern.

»Schüler-Photoarbeitsgemeinschaft« hin (Gisela-Oberrealschule Schuljahr 1932/33 von Zeichenlehrer Hans Schmidt)[214]. Die technologischen Grundlagen der fotografischen Optik wurden – zumindest im Schuljahr 1932/33 – im Physikunterricht erteilt.[215] Da erst 1938 mit der Reichsschulreform ein einheitlicher Lehrplan für alle Länder des »Dritten Reichs« gültig wurde, muss danach gefragt werden, welche spezifischen Faktoren in Bayern bis 1938 die Einführung des Fotografie-Unterrichts verhinderten – und die Untersuchung wird zeigen, dass ebendiese bayerische Entwicklung wesentlich dazu geführt hat, dass 1938 im gesamten Reich ein Lehrplan für den Zeichen- und Kunstunterricht eingeführt wurde, in dem die Fotografie nun für alle fehlte. (Kapitel II. 9.1)

Seit ihrem Entstehen war die Fotografie von einer nie abreißenden, auch im 20. Jahrhundert nicht enden wollenden Debatte darüber begleitet, ob sie Kunst sei oder nicht und ob sie überhaupt Kunst sein soll oder nicht. (Und erst spät wurde die Frage gestellt, wie sich der Kunstbegriff selbst wandelt »im Zeitalter seiner Reproduktion«.[216]) Während Lichtwark in Hamburg in der sog. ersten Phase der Kunsterzieherbewegung schon sehr früh die Fotografie in die Reihe der Künste einbezog, war bei vielen Münchener Gymnasialzeichenlehrern noch weit in die 1930er Jahre die Ansicht verbreitet, die Leonhard Wuellfarth kurz so formulierte: »Kunst fängt da an, wo die Photographie aufhört!«[217] Diese Position war weitgehend strömungs- und richtungsübergreifend festzustellen.[218] Adolf

---

214 »Durch Studienassessor Dr. Hans Schmidt wurde eine Schüler-Photoarbeitsgemeinschaft eingerichtet, wobei den Schülern phototechnische Beratung erteilt und in einer neu geschaffenen Dunkelkammer die Möglichkeit zum Entwickeln, Kopieren und Vergrößern eigener Aufnahmen gegeben wird.« (JB 1932/33, S. 36) Leider geben die nachfolgenden Jahresberichte keine Auskunft darüber, ob diese Arbeitsgemeinschaft noch weiter existierte.

215 So lautete die Schlussprüfung 1933 am Städtischen Mädchenlyzeum am St.-Anna-Platz: »a) Man erläutere durch Zeichnung und Text Einrichtung und Strahlengang des photographischen Apparats! Wie stellt man ein photographisches Bild her? b) Hierauf löse man folgende Aufgabe: Jemand will von einem 30 cm hohen Bild eine 7,5 cm hohe Photographie herstellen. Wie weit muß der Gegenstand vom Objektiv entfernt werden und welche Auszugstiefe hat der Apparat, wenn die Objektivbrennweite 12 cm beträgt? (Eine Zeichnung zu b ist nicht verlangt.)« In den darauf folgenden Jahren wurde die Berechnung von Geschwindigkeiten bei Bombenabwürfen und Fallschirmzeiten bei Flugzeugabstürzen gefragt. Jahresberichte 1932/33, 1933/34 und 1935/36.

216 Benjamin, *Das Kunstwerk im Zeitalter seiner technischen Reproduzierbarkeit*.

217 Leonhard Wuellfarth, *Gipsschnitt und plastisches Bauen als Vorstufe zum plastischen Gestalten,* Ravensburg 1936, S. 7.

218 Dies bezieht sich hier nur auf die gymnasialen Zeichenlehrer in München. Selbstverständlich wurde in den verschiedenen Kunst-, Amateur- und Feuilletonkreisen auch in München und Bayern über diese Frage nicht einhellig geurteilt. Aber die Aussage von Moholy-

Die Fotografie – in der »Sammlung zu legitimierender Begriffe« von Gustaf Britsch

Sammlung zu legitimierender Begriffe:
  Portrait
  Darstellende (Kunst)
  Photographie
  Natur
  Akt
  Modell
  Material
  Kunstgewerbl. Gegenstand
  Nach d. Natur zeichnen
  Bewegung
  christl. Kunst
  Stil

Scheinprobleme   u   Vermittlgsprobleme
  Natur u Kunst
  Technik u Kunst
  Kunst u Gewerbe
            (am selb. Object)
  Photografie u Kunstwerk
  Portrait u Portraitiertes Object?
            (Natur u Kunst).
  Volk und Kunst
  Stil   (Scholast. Begriff)

Darstellg d. Bewegg.
Lessings Laokoon.   (~~nicht~~ zurückgestellt)
Ansichtsforderung
Relief- u Rundplastik
farbige Plastik |Corr. art.
Konstruktion u Architektur | Corr. art.
Ornament u Dekor. | Corr. art.
Anatomie u Kunst.

Notizen von Gustaf Britsch, o.D., bisher unveröffentlicht, aus: Archiv Schütz, o.J.V 20Th.

Braig drückte mit seinen Worten eine populäre Forderung verschiedener Zeichenlehrer aus: »[…] zurück aus der unnatürlich aufgepeitschten Bildersucht, die sich am mechanisch entgeistigten Lichtbild, an Kino und illustrierten Blättern maßlos sättigt und wieder hinein in die geistig lebendige Anschauung der Welt, wie sie schon im Kinde in seiner Art natürlich wirkt […].«[219]

Doch Theorie und Praxis waren widersprüchlich. Das Foto wurde als Lichtbild im Deutsch-, Geschichts- und Zeichenunterricht als Mittel benützt, Kunstwerke zu zeigen. Von einigen Zeichenlehrern ist bekannt, dass sie in sorgsamer und zeitaufwändiger Arbeit persönliche Sammlungen von Hunderten Lichtbildern herstellten, um sie im Unterricht zu präsentieren.[220] Oder es gab z.B. 1927 die Photographische Kunstausstellung in den Räumen der damaligen Kreislehrerinnenanstalt an der Frühlingstraße. Und sogar von den aktivsten Gegnern der Fotografie wie Hans Herrmann ist bekannt, dass sie sich selbst durchaus der Fotografie bedienten, um z.B. Kunstwerke kunstgerecht aufnehmen und dokumentieren zu können.[221]

Vor allem gab es die Amateurfotografie, die in München in den 1920er und 1930er Jahren boomte. Auch auf diesem Gebiet beteiligten sich Zeichenlehrer wie z.B. Dr. Hans Schmidt von der Gisela-Oberrealschule und Josef Blatner in Hof, bevor dieser 1934 ebenfalls an die Gisela-Oberrealschule nach München

---

Nagy im achten Bauhausbuch »Malerei, Photographie, Film« (1925) traf für die Münchener Kunsterzieherszene sicherlich zu: dass in der Fotografie »viele Menschen noch heute nur ein untergeordnetes ›mechanisches‹ Notierverfahren sehen. Daß die Photographie auch schöpferischer Ausdruck und Gestaltungsmittel sein kann, ist fast unbekannt«. Zit. nach Walter Koschatzky, *Die Kunst der Photographie,* Wien 1989, S. 296. Die heutige Fachliteratur und Forschung geht davon aus, dass man Mitte der 1920er Jahre als den Zeitpunkt ansehen kann, an dem die moderne Fotografie etabliert und »im allgemeinen Bewusstsein der Menschen verankert war«. Sachsse, *Fotografie,* S. 109.

219 Adolf Braig, *Albrecht Dürer und die Schule.* In: Kunst und Jugend, 1928, S. 82.
220 So berichtete z.B. Fritz Schwimbeck über seine Zeit 1924 im Vorbereitungsdienst an der Rupprecht-Oberrealschule (ab 1925 unterrichtete er dann am Städtischen Lyzeum Luisenstraße): »Hier legte ich besonderen Wert auf Bildung des Geschmackes und Weckung des Interesses an guter Kunst. Zu diesem Zweck veranstaltete ich aus eigener Initiative eine Reihe Führungen der oberen Klassen durch Münchener Sammlungen und Ausstellungen und versuchte den logischen, geschichtlichen, psychologischen, technischen und ethnographisch bedingten Aufbau der Formensprache der Menschen in einem Cyclus von Lichtbildvorträgen zunächst über die Antike klar zu machen. Ich legte mir privat aber für schulische Zwecke bestimmt eine Lichtbildsammlung an. […] Auch bei der Ausgabe der 6 neuen Lesebuchbände für höhere weibliche Lehranstalten wurde ich des Bildmaterials wegen zugezogen.« StAM, Schulreferat, Bund 25/35, Nr. 2562.
221 Hans Herrmann, *Forschung und Lehre,* S. 39.

München, den 7. August 1928.

An das
Ministerium für
Unterricht und Kultus.

Unterrichts-Minist.
Eingel. 7. AUG. 1928 VIII 34046 A II

Betreff: Pflege der Photographie an den Schulen.

Der Unterfertigte gestattet sich dem Ministerium für Unterricht und Kultus für die freundliche Unterstützung der im Juni und Juli abgehaltenen photographischen Kurse durch Ueberlassung einiger Räume der Lehranstalt für Lichtbildwesen nochmals bestens zu danken. Gleichzeitig möchten wir auf einen Erlass des preussischen Ministeriums für Wissenschaft, Kunst und Volksbildung hinweisen, der in Abschrift beiliegt.

Das Ministerium für Unterricht und Kultus wird gebeten die Frage prüfen zu wollen, ob nicht auf irgend eine ähnliche Weise auch in Bayern der Gedanke einer stärkeren Heranziehung der Photographie als Hilfsmittel des Unterrichtes eine Förderung erfahren könnte.

i.A.

Dr. Wührer

Mit 1 Beilage.

Quelle: BayHStA MK 52422.

kam. (Wie Blatner seine fotografischen Künste in der Schule anwendete, siehe Kapitel II. 10.1.2) Die Entwicklung der Amateurfotografie soll im Folgenden nur unter zwei Aspekten kurz gestreift werden: Erstens als Ersatzbetätigung für das, was in der Schule nicht möglich war, und zweitens und vor allem, dass sie – wie die Kunst und die Kunstgeschichte auch – am Tag der Deutschen Kunst 1937 in München ihre nationalsozialistische programmatische Bestimmung finden sollte und offiziell zugeschrieben bekam. (Kapitel II. 9.2)

In einem weiteren Kapitel (II. 9.3) soll anhand eines Traktats über Fotografie und Kunst von Hans Herrmann gezeigt werden, welche Umbruchsituation ab etwa 1938/39 sich abzeichnete.

9.1 1934: Unterrichtsfilm statt Schulfotografie

In Berlin trat am 9.7.1928 der sog. »Photographie-Erlass« des Preußischen Unterrichtsministeriums in Kraft, der in Anlehnung an die Fa. Agfa die Fotografie in die Schulen einführte.[222] Zur selben Zeit kämpfte der Verband bayerischer Philologen vergeblich um eine ähnliche Regelung. Der Zuspruch der Lehrkräfte war groß, für die im Juni und Juli 1928 vom Philologenverband organisierten Fotokurse meldeten sich 450 Münchener Lehrkräfte. Der Verantwortliche, Dr. Nikolaus Wührer, Gymnasiallehrer für Deutsch und Geschichte an der Rupprecht-Oberrealschule, bedankte sich beim Bayerischen Kultusministerium für die »Überlassung einiger Räume der Lehranstalt für Lichtbildwesen« und bat gleichzeitig, den preußischen Erlass »prüfen zu wollen, ob nicht auf irgend eine ähnliche Weise auch in Bayern der Gedanke einer stärkeren Heranziehung der Photographie als Hilfsmittel des Unterrichtes eine Förderung erfahren könnte«. (Dok. 266) Vergeblich. Mehr als ein Jahr später, im November 1929, bat Wührer wieder um Zustimmung für die Fortsetzung der Fotokurse. Die Raumfrage war schwierig, ein »Asyl-Angebot« der Rupprecht-Oberrealschule konnte schließlich

---

[222] Dieser Erlass schuf die rechtliche und administrative Grundlage für die bereits seit Mitte der 1920er Jahre existierenden Foto-Arbeitsgemeinschaften an preußischen Schulen, die sich damals auf die »Richtlinien der preußischen Schulreform vom 20. April 1925« stützten. Diese schulfachbezogenen Arbeitsgemeinschaften »hatten das Ziel, solche Stoffgebiete zu ergänzen und zu vertiefen, die aus Zeitmangel an den höheren Schulen Preußens nicht behandelt werden konnten. Die Teilnahme an ihnen war freiwillig. Jedes Unterrichtsfach hatte das Recht auf Einrichtung einer Arbeitsgemeinschaft; dafür standen insgesamt 6 Wochenstunden, für Doppelanstalten 12 Wochenstunden zur Verfügung, die auf die Pflichtstundenzahl der Lehrer angerechnet wurden. Im Rahmen dieser Arbeitsgemeinschaften bestand für jedes Fach die Möglichkeit, auch Fotoarbeitsgemeinschaften einzurichten.« Horst Böttcher, *Schulphotographie damals und heute. 60 Jahre Schulphotographie.* Berlin 1989, S. 7.

Nr. VIII 18818, A.III.
18819,
18820

Eilt!

I. Gegen die Einführung photographischer Lehrgänge an den höheren Schulen bestehen erhebliche Bedenken, da sich hiefür weder die nötige Zeit noch die entsprechenden Geldmittel werden aufbringen lassen. Weiterhin wäre auch aus Elternkreisen gegen die damit verbundene finanzielle Belastung der Schüler ernster Einspruch zu erwarten. Im wesentlichen dürften für die vorliegenden Eingaben ~~im wesentlichen~~ die geschäftlichen Belange der betreffenden Firma maßgebend sein.

Die unterfertigten Referate möchten daher für die Schulen ihres Bereiches Ablehnung der Anträge befürworten.

II. Zur gefl.weiteren Behandlung an Ref. 4.

München, den 2. Mai 1934.

Ref. 4a: *Bauerschmidt*   Ref. 4b: *[Unterschrift]*

Quelle: BayHStA MK 52422.

wahrgenommen werden, nachdem das Kultusministerium unter Betonung »Jede Haftung des Staates für Unfälle und sonstige Schäden, die sich aus Anlaß und im Zusammenhang mit der Benützung ergeben, ist ausgeschlossen« zustimmte.[223] Im März 1934 erfolgte noch ein Vorstoß der IG Farbenindustrie AG, ebenfalls unter Berufung auf das preußische Vorbild, dass auch in Bayern das »Photographieren und Filmen organisch in den Lehrplan der Schulen sowie in die Lehrervorbildung eingebaut werden« möge. Das Schreiben war an den damaligen bayerischen Kultusminister Hans Schemm gerichtet, der selbst Mitarbeiter an der in Berlin herausgegebenen Zeitschrift »Die Schulphotographie« war. Ende April 1934 erinnerte der »Leiter der Kulturabteilung der IG Farbenindustrie Aktiengesellschaft (Agfa)« den Ministerialrat des Kultusministeriums an den Wunsch Hans Schemms, dass »Sie ihm […] wegen der Dringlichkeit der Angelegenheit sogleich unseren Antrag auf Einrichtung der photographischen Ausbildungskurse für Lehrer und Lehrerinnen in Bayern zur Unterschrift vorlegen möchten«.

Aber Hans Schemm änderte seine Meinung, und das Kultusministerium lehnte ab: »Gegen die Einführung photographischer Lehrgänge an den höheren Schulen bestehen erhebliche Bedenken, da sich hiefür weder die nötige Zeit noch die entsprechenden Geldmittel werden aufbringen lassen.« Gez. Bauerschmidt und Haderer. (Dok. 268) In Schemms Begründung an die Direktion von Agfa in Berlin kann man ablesen, dass inzwischen eine deutliche Grundsatzentscheidung getroffen war, die nachweislich[224] im bayerischen Ministerium ihren Geburtsort hatte und nun reichsweit durchgesetzt wurde – das Zauberwort hieß

---

223 BayHStA MK 52422, *Höhere Lehranstalten. Pflege der Photographie in den Schulen.*
224 Ebd. In dieser Akte und in der Personalakte von Hans Amman, der ebenfalls Lehrer an der Gisela-Oberrealschule war (MK 31988), befinden sich mehrere Dokumente, die den Entstehungsverlauf dieser Grundsatzentscheidung belegen. Die »zweite deutsche Bildwoche des Zentralinstitutes und des Bildspielbundes« in den Räumen der TH München 1921 »hatte eines klar gezeigt: das ›stehende Projektionsbild‹ hatte bereits die Stufe der ›Eingliederung in den lehrplanmässigen Klassen-Unterricht‹ erreicht, der Film aber war noch an das Lichtspielhaus gebunden, sowohl in der Herstellung als auch in der Vorführung. […] Dr. Ammann […] zeigte an dem von ihm entworfenen und unter seiner Leitung aufgenommenen, als Schulfilm bestimmten Naturfilm: ›Aus dem Leben des Alpen-Murmeltieres‹ zusammen mit seinen Lichtbildern die […] Einheit von Steh- und Laufbildern und forderte, dass für die Schulen besondere, dem Lehrplan angepaßte ›Unterrichtsfilme‹ hergestellt werden, die dann ebenso wie die Lichtbilder in den laufenden Klassen-Unterricht einzufügen wären. Damit war ein neuer Begriff geschaffen, der dann auch in die Literatur einging. Der ›Unterrichtsfilm‹ sollte neben den allgemeineren ›Kulturfilm‹ und den spezielleren ›Lehrfilm‹ als eigene Filmgattung treten. […] Das Bayer. Kultusministerium nahm sich um diese Aufstellungen an, erweiterte die Bayer. Lichtbildstelle zu einer amtlichen Stelle und über-

270 Ab 1934: Die »Filmzehnerln« werden in allen Schulen eingesammelt

StadtA Mü.
Schulamt
2160

Städt. Mädchenlyzeum mit Humanistischem Mädchengymnasium und Mädchenrealgymnasium an der Luisenstr. in München

S a m m e l l i s t e der Schule _____

über Einhebung des Beitrags zur Beschaffung von Unterrichtsfilmen
(Bek. d. Staatsmin. für Unterricht und Kultus vom 25. August 1934)

Gesamtschülerzahl d. Klasse	Sollaufkommen gem. Ziff. 5 d. Bek.		Davon leisten						Gesamteinnahme		Gesamtausfall	
	Zahl der Schüler	Sollbetrag RM	Rpf	den vollen Beitrag		à 20 Rpf	d. ermäßigten Beitrag		à 10 Rpf	keinen Beitrag		Betrag	in %
				Zahl	RM	Rpf	Zahl	RM	Rpf	Zahl		RM	Rpf	

Gesamt	Schüler	RM	Rpf	Zahl	RM	Rpf	Zahl	RM	Rpf	Zahl	Gesamt	RM	Rpf	%
38	32	6	40	31	6	20	1		10		6.30		10	1,56
46	42	8	40	38	7	60	2		20	2	7.80		60	7,14
35	27	5	40	26	5	20				1	5.20		20	3,70
38	34	6	80	31	6	20	2		20	1	6.40		40	5,88
44	40	8	-	35	7	-	2		20	3	7.20		80	10
42	42	8	40	39	7	80	2		20	1	8.-		40	4,76
43	39	7	80	36	7	20	2		20	1	7.40		40	5,13
42	35	7	-	30	6	-	1		10	4	6.10		90	12,85
37	30	6	-	26	5	20	3		30	1	5.50		50	8,33
38	37	7	40	35	7	-				2	7.-		40	5,41
25	24	4	80	16	3	20	7		70	1	3.90		90	18,75
28	26	5	20	23	4	60	3		30		4.90		30	5,76
33	29	5	80	26	5	20	1		10	2	5.30		50	8,62
37	32	6	40	29	5	80	3		30		6.10		30	4,68
40	40	8	-	38	7	60				2	7.60		40	5
29	26	5	20	24	4	80				2	4.80		40	7,69
22	21	4	20	17	3	40	3		30	1	3.70		50	11,9
16	14	2	80	13	2	60				1	2.60		20	7,14
19	17	3	40	17	3	40					3.40			—
24	23	4	60	21	4	20	2		20		4.40		20	4,35
31	26	5	20	24	4	80	2		20		5.-		20	3,84
707	636	127	20	573	115	-	36		360	25	118.60	8	60	

Quelle: StAM, Schulamt 2160.

jetzt »Unterrichtsfilm«: »Aus grundsätzlichen Erwägungen sehe ich mich leider nicht in der Lage […] Lehrgänge zur Ausbildung von Lehrkräften im Lichtbildwesen einzurichten, die von Ihnen durchgeführt werden sollen. Dagegen habe ich keine Erinnerung, wenn Sie im Gau Bayerische Ostmark durch Vermittlung der Gaufilmstelle, Bayreuth, Hauptstraße 2 ein- bis zweitägige […] Lehrgänge zur Ausbildung von Lehrkursen hauptsächlich im Schmalfilmwesen veranstalten. Die zuständigen Stellen sind ermächtigt, den Lehrkräften für die Teilnahme den erforderlichen Urlaub zu gewähren. Kosten für die Staatskasse dürfen auf keinen Fall entstehen. […] Mit der B. Lichtbildstelle (Prof. Dr. Ammann) wurde Rücksprache genommen. Schemm«.[225]

In einer Aufstellung des Kultusministeriums vom 13.8.1934 wurden die »an den staatlichen höheren Lehranstalten in München vorhandenen Projektionsapparate« aufgelistet. (Dok. 272) Damit enden die Dokumente zur Schulfotografie im entsprechenden Akt des Bayerischen Staatsministeriums für Unter-

---

trug die Leitung am 1. April 1923 an Dr. Ammann, unter Befreiung von sonstigen schulischen Verpflichtungen, damit die ganze Zeit und Kraft auf den Aufbau des Lichtbild- und Schulfilm-Wesens verwendet werden könne.« (BayHStA MK 31988) Dr. Ammann setzte sich ein Jahrzehnt lang vehement für eine Technik ein, »die den Film – genau so wie das Lichtbild – ›in das Klaßzimmer trägt‹.« Dies betrieb er umso energischer, als in Bayern im Gegensatz zu den anderen Ländern Deutschlands die Einrichtung von »Schulkinos« nicht gefördert wurde. »Endlich 1928/29 wurde dieser Ruf gehört: so, wie die Photographie vom ›Groß-Format‹ zum ›Kleinbild‹ (Leica, Kontax) übergegangen war, versuchte auch die Film-Technik den Übergang zum ›Schmalfilm‹. […] In einigen speziellen Vorführungen überzeugte sich das Kultusministerium von der übergrossen Bedeutung dieser technischen Errungenschaft und empfahl und förderte die Einführung in die bayer. Schulen und Lehranstalten. […] Aber es fehlte an ›Unterrichtsfilmen‹! Die finanzielle Grundlage dafür fehlte. »Hier setzten die Vorschläge des Herrn v. Werner ein, die aus vielen Beratungen in der Lichtbildstelle und im Kultusministerium hervorgingen: die gesamte Schülerschaft Deutschlands soll zu einer grossen Gemeinschaft zusammengefaßt werden, jedes Schulkind soll alljährlich einen kleinen Beitrag (z.B. 1 M) an eine vom Reich und von den Ländern zu tragende Stelle zahlen […]. Im Schmalfilmdienst wurden die Versuche und Vorführungen fortgesetzt, gleichzeitig die Pläne für die Einrichtung von Landes- und Bezirks-(Stadt-)Bildstellen ausgearbeitet und durchberaten. Schon 1932 lagen sie dem Kultusministerium vor, das dann die Fühlung mit Berlin aufnahm. Inzwischen überstürzten sich die politischen Ereignisse, die Vorbereitungsarbeiten aber für den Unterrichtsfilm gingen weiter und 1933 brachte der bayer. Kultusminister die Vorschläge und Pläne zum Erziehungsminister nach Berlin, mit dem Erfolg, dass 1934 das grosse Gemeinschaftswerk aller Schulkinder, Eltern und Lehrer entstand, der ›Lernmittelbeitrag für den Unterrichtsfilm‹ eingeführt, der Film als Lernmittel erklärt und die ›Reichsstelle für den Unterrichtsfilm‹ in Berlin geschaffen wurde.«

225 Ebd.

Abdruck zu Nr. 41415.   13.8.1934

Verzeichnis

der an den staatlichen höheren Lehranstalten in München vorhandenen Projektionsapparate.

Ludwigs-Gymnasium	1 Projektionsapparat mit Lichtbildansatz (Filmdiapositiv)
Maximilians-Gymnasium	2 Projektionsapparate (Diaskope), zur Vorführung von Glasbildern (Diapositiven) eingerichtet,
	1 Projektionsapparat (Episkop), zum projezieren beliebiger Bilder,
Theresien-Gymnasium	hat keinen Projektionsapparat (Filmdiapositive)
Wilhelm-Gymnasium	1 Projektionsapparat mit Lichtbildansatz,
Wittelsbacher-Gymnasium	3 Projektionsapparate mit Lichtbildansatz, (einer im Mitbesitz der Rupprecht-Oberrealschule)
Altes Realgymnasium	3 Projektionsapparate (1 U.M.Projektor, 1 Novo Trajanus Epidiaskop, 1 Robra Projektionsapparat)
Neues Realgymnasium	5 Projektionsapparate mit Lichtbildansatz,
Gisela-Oberrealschule	2 Projektionsapparate für Diapositiv-Platten, 1 Epidiaskop, 1 Mikroprojektionsapparat
Luitpold-Oberrealschule	2 einfache Projektionsapparate,
Rupprecht-Oberrealschule	7 Diapositivapparate
	1 Bildansatz (Filmdiapositiv), verwendbar für alle Dia-Apparate,
	1 Epidiaskop,
	1 Mikroprojektionsapparat,
	1 Kino,
Oberrealschule III	hat keinen Projektions-Apparat mit Lichtbildansatz für Filmdiapositive
Ludwigsrealschule	4 Projektionsapparate
Maria-Theresia-Realschule	4 Projektionsapparate,
	1 Epidiaskop,
	1 Mikroprojektionsapparat,
	1 Filmapparat.

richt und Kultus für die NS-Zeit. Das nächste Dokument stammt vom 23. Mai 1953 und beginnt mit den Worten: »Liebe, sehr verehrte Frau Oberschulrätin! Nach Überwindung der letzten Schwierigkeiten ist nun der Zeitpunkt des ersten Zusammentreffens des Bundeslehrergremiums zur Förderung der Photographie an den Schulen gekommen. […]« Absender dieses Dokuments war der Verband der Deutschen Photographischen Industrie e.V.! Aus dem Industrieverband wurde noch im selben Sommer die »Gesellschaft zur Förderung der Photographie e.V.«, die mit einem Scheck von 2000 DM an die Landesbildstelle Nordbayern in Bayreuth für »die erste Lehrdunkelkammer« in Bayern das Kultusministerium beeindruckte.[226]

Die Gründe für die Entscheidung des bayerischen Kultusministeriums 1933 liegen auf der Hand. Die besondere Suggestivkraft des Films, seine »besondere Eindringlichkeit« wurde in vielen Dokumenten hervorgehoben, vor allem für die »neuen Unterrichtsgegenstände Rassenkunde und Volkskunde«.[227] Und Filme konnte man vorgeben[228], während ein Fotografieunterricht – auch wenn man Heimatmotive und Rassenideologie mitlieferte – doch eine gewisse eigenwillige Arbeit der Schüler mit eigenen Spielräumen bedeutete.

---

226 Ebd. – Die Fotoindustrie war dann auch der maßgebliche Initiator für das *Bundesgremium für Schulphotographie*, deren 1. Arbeitstagung vom 10. bis 12.6.1953 stattfand. Für die vorliegende Arbeit ist noch einschlägig, dass der Zeichenlehrer Sepp Pickel aus dem Maxgymnasium ab Mitte/Ende der 1950er Jahre eine führende Rolle in diesem Gremium einnahm. In den Protokollen des Gremiums taucht sein Name das erste Mal im Rechenschaftsbericht von 1955 auf.

227 Zum Beispiel setzte man sich im *Mitteilungsblatt der Reichsstelle für den Unterrichtsfilm* vom 1.11.1934 mit dem Verhältnis von Film und Lichtbild auseinander. Der Film solle da eingesetzt werden, »wo das bewegte Bild eindringlicher als alles andere zum Kinde spricht«. Das Lichtbild »soll keineswegs durch den Film verdrängt werden«, beim »Unterricht über statische Anschauungsobjekte« sei es unersetzbar. »Unvergleichlich wertvoll wird der Film aber in der Biologie sein (mit weitgehender Verwendung von Zeitraffer- und Zeitdehner-Aufnahmen), weiter in der Geographie und Heimatkunde, in der politischen Geschichte der Neuzeit, im Unterricht über Körperbildung und Hygiene, in der Berufskunde und vor allem bei den im Erlaß ausdrücklich genannten neuen Unterrichtsgegenständen Rassenkunde und Volkskunde. In diesen Unterrichtsfächern wird der Film eindringlicher als alles andere unterrichten.«

228 Nur in einem einzigen Jahresbericht einer Münchener höheren Schule wird erwähnt, dass Schüler selbst einen Schmalfilm herstellten: Im Schullandheim wurden »Lichtbilder über die Arbeit dort draußen und ein Schmalfilm hergestellt, der die Schüler bei werktägiger Beschäftigung aller Art in unserem Landheimbetrieb zeigt« – eine Aktivität im Rahmen des Vierjahresplans der Luitpold-Oberrealschule 1937/38, JB S. 45.

Künstlerische Photographien

Ausstellung der Sezession Münchener Lichtbildner

Im Festsaal des Kunstgewerbevereins, Pfandhausstraße 7, wurde am Freitagvormittag eine Schau von etwa 160 künstlerischen Photographien eröffnet, die bis Sonntagabend dauert und von all denen besucht werden sollte, die danach streben, ihre Liebhaberphotographie zu verbessern und auf eine höhere künstlerische Stufe zu stellen. Veranstalterin der Schau, die auch schon in den vergangenen Jahren sehr viel Anregungen bot, ist die „Sezession Münchener Lichtbildner", in der sich 43 Freunde der Kamera zusammengeschlossen haben, um in eigenem Atelier und schönen Arbeitsräumen in der Kaufingerstraße 15 sich gegenseitig in Lehrkursen, Vortrags- und Übungsabenden auf dem Gebiete des künstlerischen Photographierens weiter zu schulen und zu vervollkommnen.

Rund 20 der Mitglieder der Sezession haben Ergebnisse ihrer Kunst — so muß man in der Tat nach Beendigung der Schau sagen — gezeigt. Leiter der Vereinigung ist Heinrich Kainz, der selbst in der Ausstellung mit einigen ganz ausgezeichneten Schnappschüssen vertreten ist. Besonders die ländlichen Typen sind in herzerfreuender Weise eingefangen. Althann zeigt einige ungemein weich und zart aufgefaßte Damenbilder, während Max Hulla hauptsächlich männliche Charakterköpfe festgehalten hat. Auch seine Tulpen und seine einfache Aufnahme einer Kristallschale zeigen starkes Empfinden. Will zeigt ein sehr fein empfundenes Blumenstilleben, aber auch seine Dame in der Loge mag vielen gefallen. H. Schmidt geht eigene Wege: er knipst Bergsteiger auf Gipfeln oder auch Bauernkinder in blühender Wiese mit viel Geschick. Rattinger hat einen Wald, von Sonne durchflutet, zu einer starken Schwarzweißstudie gemacht, aber auch der Blick durch eine Laterne auf Nymphenburgs Park oder das starke Nachempfinden der Architektur einer Treppe sind von ganz ausgezeichneter Wirkung. Ähnlichen Effekten in Licht und Schatten geht auch Wolfram nach, dem ein einfaches Pflänzchen zwischen harten Steinen Erlebnis wird, oder auch ein Gitter, durch das die Sonne ihre krausen Schatten malt. Weniger mögen uns seine Akte gefallen, die seltsame Härten enthüllen und — ohne Farbe — eigentlich nicht das geben, was des menschlichen Körpers höchste Vollendung bedeutet. Netzle hat längst seinen Namen als wirklich hervorragender „Photograph" kirchlicher Plastiken. Auch in dieser Schau hat er mehrere Motive festgehalten, die erneut Schwierigkeit und Gelingen in sich vereinen und erkennen lassen. A. Knaus sucht mit seiner Kamera in der verschneiten Natur oder auf den Bergen seine Beute. Der winterliche Weg in seiner Herbheit ist eins der besten Stücke der ganzen Schau. Feldner macht sich nicht ganz frei von malerischen Vorbildern, doch ist das kein Fehler, wenn man sich dabei an Meister wie Segantini erinnert. Gestellt sind die Bilder keinesfalls. Gebersdorfer sucht im kleinsten Naturerlebnis seine Motive. Die Fliegenpilze im Walde oder auch die Seerosen sind fabelhaft geschaut. Auch seine Königssee-Motive zeigen endlich Bartholomä einmal anders als in Postkarten-Sentimentalität. Recht originell, aber ein wenig zu dürftig, sind die Motive von Maier,

Photo-Amateure stellen aus

An der Fülle des ausgezeichneten Materials, das Photo-Schaja im kleinen Ausstellungsgebäude am Gelände des früheren Glaspalastes zusammengestellt hat, und das einen Querschnitt durch die heutige Amateurphotographie bietet, ermißt man wie breite Volkstümlichkeit und kulturelle Bedeutung, zu der die Lichtbildkunst sich entwickelt hat. Es geht nicht darum, Photographie und Malerei gleichzustellen, es gilt vielmehr, wie Dr. Schmidt als Wortführer der Ausstellungsleitung in seiner gehaltvollen Einführung betonte, das eigene Weltbild der Photographie herauszuschälen.

Die Frage: „Ist Photographie Kunst?" ward praktisch von der neutraleren Formulierung überholt, daß auch die Photographie eine formenmäßige Gestaltung des Sichtbaren sei, auf deren besonderer Eigenart und unbeirrliche Lebenstreue das Wort des Reichspropagandaministers Dr. Goebbels von der „stählernen Romantik" sich anwenden läßt...

Der wichtigste Teil der Ausstellung ist denn auch der Ehrensaal, in dem der bekannte Münchner Photograph Hoffmann eine bedeutsame Sammlung sprechender Momentbilder aus dem Leben des Führers zusammengestellt hat, an denen — wie an den Bildern anderer führender Persönlichkeiten — das deutsche Volk sich unmittelbar überzeugen kann, wie die Männer aussehen, die sein Schicksal tragen, und denen es vertrauend folgt.

Das Photomaterial unserer Tage wird späteren Generationen ein Anschauungsmaterial überliefern, wie es der Geschichtsforschung bisher noch nie zur Verfügung stand. Die Photographie im besten Sinne ist ein Dokument von unbestechlicher Treue, eine Tat des Lichtes und des Lebens.

Die reichhaltige Ausstellung zeigt als wegweisende Vorbilder und anreizende Maßstäbe auch einige Arbeiten namhafter Berufsphotographen. In einem besonderen Raum bietet die ausstellende Firma eine kurze Entwicklungsgeschichte der Kamera mit einigen „vorsintflutlichen" Anfangstypen sowie eine interessante Sonderschau neuester technischer Hilfsmittel und Industrieartikel.

Um die besten Leistungen vom Standpunkt der Photo-Amateure aus festzulegen, hat die Firma Photo-Schaja mit der Ausstellung einen Wettbewerb verbunden, wonach die besten Bildleistungen von den besuchenden Amateuren aus festgelegt werden.

Dr. P.

Künstlerische Photographien, Völkischer Beobachter, 29.3.1936. *Photoamateure stellen aus*, Münchener Neueste Nachrichten, 29.11.1933.

9.2 1937: Die politische Weihe der Amateurfotografie

Was im Rahmen der Schule nicht getan werden konnte, das wurde außerhalb der Schule umso rühriger betrieben. Viele Lehrer betätigten sich in den fotografischen Amateurvereinen.[229] So war z.B. der Zeichenlehrer Dr. Hans Schmidt Mitglied der *Sezession Münchener Lichtbildner e.V.*: »Hans Schmidts Liebhaberei gilt dem Akt-Photo und dem durch feines Gefühl für die Stoffwirkung ausgezeichneten Damenbildnis.«[230] Er »knipst Bergsteiger auf Gipfeln oder auch Bauernkinder in blühender Wiese mit viel Geschick«, wie der »Völkische Beobachter«[231] im Detail über eine Ausstellung des Vereins berichtete. Für letztgenannte Motive hatte Schmidt als Heimleiter des Schullandheims Gelbenholzen viel Gelegenheit.

Die Motive der Amateurfotografie in den Münchener Ausstellungen standen thematisch den in der Malerei bevorzugten nahe: Bis in die Jahre der NS-Zeit hinein waren dies Landschaftsmalerei, Portrait, Stilleben, Frauenakt. Auch lehnte man sich weitgehend[232] nach wie vor an die konventionellen Kompositionen und Sichtweisen der klassisch-akademischen Malerei an. Inwieweit die Fotografie gerade in Abgrenzung zur Malerei ein eigenständiges künstlerisches Medium darstellt, um diese Frage drehte es sich auch bei einer Ausstellung der Firma *Photo-Schaja* 1933: »Es geht nicht darum, Photographie und Malerei gleichzustellen, es gilt vielmehr, wie Dr. *Schmidt* als Wortführer der Ausstellungsleitung in seiner gehaltvollen Einführung betonte, das *eigene* Weltbild der Photographie herauszuschälen. Die Frage: ›Ist Photographie *Kunst*?‹ ward praktisch von der neutraleren Formulierung überholt, daß *auch* die Photographie eine formenmäßige Gestaltung des *Sichtbaren* sei, auf deren besondere Eigenart und unerbittliche Lebenstreue das Wort des Reichspropagandaministers Dr. Goebbels von der ›stählernen Romantik‹ sich anwenden läßt …«[233] (Dok. 274) Die Zeitungs-

---

229 In München waren dies die *Sezession Münchener Lichtbildner e.V.* (gegründet 1932), die *Photographische Gesellschaft e.V.*, die *Münchener Gesellschaft zur Pflege der Photographie e.V.* und der *Photographische Club* (gegründet 1889).
230 Münchener Neueste Nachrichten Nr. 167 vom 21.6.1935.
231 Völkischer Beobachter Nr. 89 vom 29.3.1936.
232 Diese Einschätzung beruht nur auf Stichprobenergebnissen der Verfasserin. Um besser gesicherte Aussagen zu treffen, müsste eine eigene Forschungsarbeit erstellt werden. Literatur über den Verlauf und über Spezifika der Bewegung der Kunstphotographie in München konnte von der Verfasserin im Rahmen der Dissertation nicht ausfindig gemacht bzw. durchgesehen werden.
233 Münchener Neueste Nachrichten Nr. 326 vom 29.11.1933.

Fotos aus Deutschland

Aus dem Ausstellungskatalog der Internationalen Fotografischen Ausstellung (IFA) und Bundesausstellung des Reichsbundes Deutscher Amateur-Fotografen (RDAF), München, Deutsches Museum 29.7. bis 20.8.1939, Berlin 1939. Friedrich Klinge: »Im Training«, R. Rattinger: »Der Mai«.

meldung zeigte erstens in symptomatischer Weise, wie unentschieden noch die Frage des Verhältnisses von Fotografie und Kunst behandelt wurde, wobei doch schon eine Änderung angedeutet wurde. Darauf verwies auch die Verwendung von Fachtermini in der Tradition von Fiedler und Britsch/Kornmann. Zum Zweiten beschrieb man mit dem Goebbels-Wort hier schon aussagekräftig das Spannungsfeld, das in den folgenden Jahren seine Sprengkraft entfalten sollte.

1937 wurde reichsweit die Verbindung der Amateurfotografen zu den Schulen organisiert. Das Feld wurde bestimmt: »Die Arbeit des Amateurphotographen darf die der Berufsphotographen nicht stören, sondern soll sie ergänzen, z.B. in der Natur und Heimatphotographie, bei der Stimmungsberichterstattung über große Ereignisse usw. Aber auf die möglichst schnelle Erfassung und Auswertung der Bildschätze des Liebhaberphotographen kommt es an. Ausstellungen, Wettbewerbe, die Verbindung mit der Schule und nicht zuletzt mit der HJ sollen diesem Ziele näherführen.«[234] Der Reichsbund deutscher Amateurphotographen erhielt die Aufgabe, in sämtlichen Gauen und Landen Deutschlands nach dem Rechten zu sehen. Diese nun offizielle Bestimmung der Amateurfotografie kulminierte in einem Beschluss des Reichsministeriums für Volksaufklärung und Propaganda: »Beim Tag der Deutschen Kunst soll zum ersten Male in München der Versuch gemacht werden, die Amateurphotographen voll einzusetzen, aber nicht auf den Gebieten, die dem Berufsphotographen zustehen, sondern jenen der Gelegenheits- und Stimmungsbildnerei.«[235] (Verbindungsmann zum Reichsbund war aus München Heinrich Kainz, Vorsitzender der Sezession, in der auch Hans Schmidt Mitglied war.[236] Bei jeder Gau- und Kreisleitung der NSDAP wurde ein »Beigeordneter und Betreuer der Amateurphotographen bestellt«.)

Mit der offiziellen Eingliederung der Amateurfotografie in den NS-Herrschaftsapparat und der damit verbundenen Aufwertung der fotografischen Ästhetik wurde das Verhältnis von Fotografie und »Kunst« wieder neu aufgerollt.

---

234 MZ Nr. 193 vom 12.7.1937.
235 Ebd. – Der Völkische Beobachter hatte zwei Tage vorher, am 10.7.1937, geschrieben: »Es haben sich Lücken herausgestellt, die der Pressebildberichterstatter vom Beruf, eben seines Berufes wegen, nicht auszufüllen in der Lage ist. Er hat an der vordersten Front der Ereignisse zu sein, hat für die aktuelle Bebilderung insbesondere der Tagespresse Sorge zu tragen, am Rande der Ereignisse aber […] ist das weite und, ideell betrachtet, menschlich-künstlerisch wohl noch lohnendere Feld der Betätigung des Photographen aus Liebhaberei, nicht zuletzt draußen auf dem flachen Lande. Die Amateurphotographen für diese neue nationalpolitische Aufgabe zu gewinnen und zu schulen sind zur Zeit Vorarbeiten im Gange«.
236 Vgl. Münchener Neueste Nachrichten Nr. 185 vom 11.7.1937.

Niederschrift

über die Lehrprobe de r Studienreferendar in Elfride Kammermann

vor bekannter Klasse

am 17. Oktober 1939 an dem Neuen Realgymnasium München
in der Klasse 3b

Aufgabe: Geschütze, Protzen und Ausrüstungsgegenstände der Soldaten.

Mitglieder des Ausschusses

Vorsitzender: O. H. Stv. Dr. Werner.
Ausbildungsleiter: O. H. Stv. Dr. Werner.
Fachausbildner: H. R. J. Bergmann.
Gegebenenfalls Direktor der Schule:

Beginn der Lehrprobe 9.45 Uhr. Ende 11.15 Uhr.

Ergebnis nach Besprechung mit dem Ausschuß (§ 7 Päd.PrüfO.)

ausreichend, befriedigend, **gut**, mit Auszeichnung bestanden

Werner, Oberstudiendirektor

(Name) (Amtsbezeichnung)
Vorsitzender des Ausschusses

Niederschrift über den Gang und das Ergebnis der Lehrprobe

(Vergl. § 5 Päd.PrüfO. Die Niederschrift ist von dem Mitgliede des Ausschusses zu unterzeichnen, das die Niederschrift anfertigt.)

In ihrer Einleitung gelang es der Ref. in geschickter Form die Ereignisse des polnischen Feldzuges heranzuziehen. Anschließend daran folgte die Besprechung des eigent=
lich ... eingehend und gründlich behandelt wurde.

»National-politisches Photomaterial« in der Lehrprobe bei Josef Bergmann 1939

Lehrprobe vor unbekannter Klasse

Beginn der Lehrprobe 11,30 Uhr, Ende 13,00 Uhr

Ergebnis nach Besprechung mit dem Ausschuß (§ 7 PädPrüfO.)

Ausreichend, **befriedigend**, gut, mit Auszeichnung bestanden.

Niederschrift über den Gang und das Ergebnis der Lehrprobe

(vergl. § 5 PädPrüfO.; die Niederschrift ist von dem Schriftführer zu unterzeichnen)

Aufgabe : Klarlegung allgemein gültiger künstlerischer Gestal=
tungsprobleme.

Frl. Kammermann hatte sich zur Aufgabe gemacht über Zusammenstellung und Ausstellung nationalpolitischen Photo=
materials zu sprechen. In Zusammenhang mit dieser Ausstellung sollten Beschri tungen klärend und schmückend beigefügt werden. In trefflich gewählten Skizzen aus ihrer Hand wäre der Referendarin eine ausgezeichnete Grundlage für die beabsichtigte Lehrprobe zur Verfügung gestanden. Leider ist es ihr nicht gelungen jene Halt und Lehrbegabung aufzuweisen, die notwendig gewesen wäre, um d gewiß nicht leichte Aufgabe fruchtbar durchzuführen.
Anerkennend sei noch erwähnt ihr sicheres **Urteil**, das sie anläßlich der Korrektur einer Schülerzeichnung bekundete.

BayHStA MK 33301.

Der politischen Weihe folgte die Weihe der Kunst.[237] Die Fotografie wurde zum Mittel des »hochtechnisierten Romantismus« (Thomas Mann), wie die Nazis versuchten, den Widerspruch zwischen der Ideenwelt einer vorindustriellen Epoche (Heimat, Berge, Blut-und-Boden-Ideologie etc.) und einer technologisch entwickelten Moderne auf einen Nenner zu bringen. Die eigenen medialen Möglichkeiten der Fotografie wurden in eklektizistischer Weise einmal in traditionalistischer, kunstfotografischer Manier genützt, wobei sie die schlechteste und langweiligste Kunst-Gattung der NS-Zeit, die Malerei, zum Vorbild hatte. Wo das Neue in der Fotografie entdeckt wurde, da diente diese Kunst unmittelbar der »Ästhetisierung der Politik«: Ohne die neuen Möglichkeiten des Sehens (z.B. aus der Vogelperspektive) mittels Foto und Film hätten zum Beispiel die Menschenmuster und -ornamente bei den pompösen NS-Veranstaltungen nicht einen Bruchteil der propagandistischen Wirkung erreichen können. Ohne Zeitlupe und Nahaufnahme hätte Leni Riefenstahl z.B. die totale Erschöpfung (des Olympialäufers) des Kampfs bis zum Letzten nicht zur ästhetischen Faszination wandeln können. Deutlich wird dabei auch, dass die Klassifizierung »modern oder nicht modern« für die nationalsozialistische (künstlerische) Praxis und Ideologie keine ausreichende Charakterisierung bietet.

Der auf die Fotografie erweiterte Kunstbegriff wurde von den zwei hauptsächlichen Strömungen der NS-Kunstpädagogik in München sehr unterschiedlich aufgenommen. Es dürfte kein Zufall sein, dass in den Prüfungsberichten des Bergmann-Seminars das erste Mal 1939/40 die Behandlung der Fotografie erwähnt wurde. In der Lehrprobe »vor bekannter Klasse« hatte die Zeichenlehramtskandidatin Elfrida Luitgart Kammermann die Aufgabe »Geschütze, Protzen und Ausrüstungsgegenstände der Soldaten«, in einer anderen Lehrprobe behandelte sie »nationalpolitisches Photomaterial«.[238] (Dok. 278) Leider enthält der Prüfungsbericht nichts über die Art und Weise der »Behandlung« und keine Details zu den Fotos. Es bleibt die nackte Tatsache, dass die Bergmann-

---

237 »Vor zwei Jahrzehnten schon haben sich die Amateurlichtbildner der deutschen Kunststadt an der Isar mit ihren Leistungen im ganzen Reich die höchsten Anerkennungen erworben und Münchener Liebhaberphotographen haben für Deutschland wiederholt auf internationalen Ausstellungen im Ausland die ehrenvollsten Auszeichnungen geholt. Als die Zersetzungserscheinungen, die sich wie in allen übrigen Gebieten der Kunst auch in der künstlerischen Photographie gezeigt hatten, nach der Machtergreifung rasch überwunden wurden, nahmen auch die Münchener Amateurphotographen an der Aufbauarbeit des neuen ›Reichsbundes Deutscher Amateurphotographen‹ regen Anteil.« Münchener Zeitung Nr. 6 vom 6.1.1939.
238 BayHStA MK 33301.

Hans Herrmann über das »tote Auge des Apparates« und die »neue Zeit«

»Gerade unserer Zeit, welche die ungeschmälerte Übergabe eines überkommenen Erbes an zukünftige Geschlechter zu verantworten hat, muß das Gebot vor Augen stehen, daß die schöpferische Seele des Menschen durch eine ins Riesenhafte entwickelte Technik nicht Schaden leiden darf.« (S. 7)

»Vergessen wir nicht, daß gerade unsere Zeit die unersetzliche Wichtigkeit der natürlichen, sinnenhaften Grundlagen des Daseins wieder zu erkennen beginnt [...].« (S. 9)

»Heute, wo der Wiederaufbau der Kultur mit Ernst in die Wege geleitet wird, braucht man über die allgemeinen Grundsätze nicht mehr so viel Worte zu machen, denn die Bereitschaft, ohne Rücksicht auf Gewohnheit oder Bequemlichkeit den richtigen Weg zu gehen, ist bei den meisten Menschen vorhanden. Es ist nun freilich notwendig, nicht bei einer allgemeinen, unbestimmten Bereitwilligkeit stehen zu bleiben, nicht nur Pläne zu machen, sondern Steine zu brechen, zu behauen und aufzubauen.« (S. 10/11)

»[...] zur seelischen Befreiung aus dem selbst bereiteten Gefängnis des Nur-Technischen haben die Künste aller Art den Hauptteil beizutragen; darin besteht ihre hohe Sendung. Der Anfang zur Selbstbestimmung wurde gerade im neuen Deutschland gemacht, indem u.a. die Festigung des handwerklichen Kreises als vordringlichste Aufgabe gestellt wurde. Denn die gegenseitige Bindung und Durchdringung von Kunst und Handwerk und der Ausdruck der Seele unseres Volkes in allen beiden kennzeichnete die völkische Kultur während langer Jahrhunderte.« (S. 12/13)

Der Verfasser dieses Traktats war Hans Herrmann, dem es der Landschaftsmaler Hans Flüggen erlaubte, unter seinem Namen die Schrift zu veröffentlichen.

»Käme solches Mißurteil zur allgemeinen Anwendung, so verfielen ohne allen Zweifel die herzlichen Bemühungen des neuen Staates um die bildende Kunst einer grauenhaft tragischen Wirkungslosigkeit.« (S. 28)

»Insbesondere könnte aufgezeigt werden, bis zu welchem Grad der Einfluß der Photographie den Porträtmaler verdorben und die Aussicht auf eine große, zeitgenössische Bildnismalerei vernichtet hat. Angesichts der Aufgaben, die gerade unsere Zeit in dieser Hinsicht stellt, erscheint es uns nötig, darauf hinzuweisen, wie wenig das tote Auge des Apparates der Größe dieses Auftrags gewachsen ist.« (S. 33)

Schule die Fotografie in ihr Seminar integrierte.[239] Um »dem Formwillen der Meister näherzukommen«, lautete 1940 die offizielle Richtlinie an der TH, sollte nun das Lichtbild als Zeichenvorlage dienen dürfen. (Dok. 254 oben)
Ganz anders reagierte Hans Herrmann.

9.3   1938: Herrmanns Traktat über Kunst und Fotografie

Hans Herrmann wollte eine »gültige Grenze« zwischen »dem Künstlerischen und dem rein Zweckmäßigen« ziehen, wobei er die Fotografie dem zweiten »Bezirk« zuordnete, der Technik, Wissenschaft und Dokumentation. Er behandelte die Fotografie als »den unechten Einschlag im Teppich der heutigen Kunst«, den es »wieder auszuschalten« gelte.[240] Unter Betonung des Ganzheitsmoments der Kunst forderte er die strikte Trennung dieser Bereiche mit der Begründung, dass sonst die »echte Formung« durch ein Übergreifen mechanischer, seelenloser Tätigkeit ernsthaft gefährdet sei. Den Gegensatz zwischen dem nur »registrierenden Auge« und dem »schauenden Sehen« versuchte Herrmann auch anhand von drei bildlichen Gegenüberstellungen zu belegen. Aber es wäre nicht Hans Herrmann, wenn er seine kunstpädagogischen Auffassungen nicht mit einem missionarisch-vernichtenden Kreuzzug verbunden hätte. Seine Argumente und seine Sprache bedienten sich wie selbstverständlich der nationalsozialistischen Raster. Beispiel: »Während also das Kunstwerk gewissermaßen die Quintessenz arteigener Wert- und Lebenswelt darstellt, ist die Photographie durchaus charak-

---

[239] Man braucht allerdings nicht viel Fantasie, um sich diese Art und Weise vorzustellen. Einen Anhaltspunkt geben auch die Jahresberichte der Bayerischen Staatslehranstalt für Lichtbildwesen. 1943 hieß es im Bericht des Beirats über das Schuljahr 1942/43: »Auch bei den Bildberichten für die Abschlußprüfung habe ich die Wahl des Themas den Schülern nicht völlig freigestellt, sondern auf Wunsch des Herrn Stabsleiters Klein bewirkt, daß das heutige Zeitgeschehen mehr im Bilde festgehalten worden ist, und daß neben einigen recht guten Bildberichten von Fabriken und Betrieben [...] diejenigen von der Arbeit, dem Leben und Treiben der NSV., der HJ, des BdM, der KLV., in staatlichen Schulen, Wehrertüchtigungslagern, Erholungsheimen der Soldaten usw. überwiegen. Um einzelne Bildberichte dieser Art zu nennen: Kreistag in Rosenheim, Übung der Waffen-SS, Wehrertüchtigungslager in Scheyern, Fliegererholungsheim, Hochlandlager der HJ., HJ baut Segelflugzeuge, Marine HJ., Reichssportwettkampf der HJ., Leistungsprüfung der Motor-HJ., Kinderlandverschickung in der Baldur von Schirach-Jugendherberge, NSV-Kindergarten, Jungmädel-Spielnachmittag, Jungens der Adolf Hitler-Schule Feldafing, Jungen-Oberschule Kaufbeuren, Schnitzschule Oberammergau, u.a.«. Aus: Sammelakt des Stadt-Schulamts: »Bayr. Staatslehranstalt für Lichtbildwesen«, StAM 1106.

[240] Hans Herrmann alias Flüggen, *Traktat über Kunst und Photographie,* S. 21.

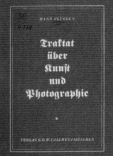

Hans Herrmanns Vergleich einer Wiese von Altdorfer und der fotografischen Abbildung einer Wiese.

Abbildung 1

Abbildung 2

terlos und international.«[241] Dabei stützten sie sich gleichermaßen auf die scholastischen Muster von *Gnade und Verdammnis*. Beispiel: »Solch menschlichen Leerlaufmaschinen versagt die Natur den Einblick [...]; dieselbe Natur, die den stillen Beschauer, der nicht die Öffnung der Linse, sondern das beseelte Auge aufschließt, mit Wundern der Gnade überschütten kann.«[242]

Doch es ist nicht nur die Sprache, die erschreckt. Es ist eine denunziatorische Schadenfreude, die in dem Traktat immer wieder aufscheint, so z.B. über die Schließung des Bauhauses: »Nichts kennzeichnet ja das maschinenmäßig Seelenlose einer gewissen, nun aus Deutschland verwiesenen Architektur deutlicher als der Umstand, daß in ihr die Photographie und Photomontage nicht nur möglich, sondern geradezu am Platze war.«[243] Ein Jahr nach der Ausstellung »Entartete Kunst« scheute sich Herrmann nicht, sich die Verfemung der Künstler für seine Argumentation zunutze zu machen: »Was sich in einem Kulturkreis an Kunst herausbildet, ist nicht gefällige Beigabe, sondern wesenhafter Ausdruck. Das muß gerade dem Schaffenden klar sein, damit er immer wieder gehalten wird, wahrhaftig zu sein und nicht die toten Aftergebilde der Photographie an Stelle lebendiger Geschöpfe zu setzen. Ebenso wie andere Entartungen der Kunst die Verwirrung einer ganzen Zeit anzeigen, wird auch jene Scheinbildkunst, die sich nach den Gesetzen der Photographie richtet, vor einem späteren, gesunden Urteil nicht bestehen können.«[244]

Politisch legte Hans Herrmann klar, dass es sich bei seinem Feldzug gegen die Fotografie nicht um eine Gegnerschaft zum »neuen Staat« handelte, sondern um eine Auseinandersetzung darüber, wer Hitler-Deutschland besser vertrat. Da er unter einem Pseudonym publizierte, hätte er es nicht nötig gehabt, unablässig seine Hoffnungen in den NS-Staat zu beteuern (siehe die Beispiele in Dok. 280). Die Wahl eines Pseudonyms verweist nur darauf, dass sich Herrmann einer Konkurrenz gegenüber in der Defensive sah und den Schutz der Unbekanntheit suchte. So beklagte er: »Es mehren sich nämlich die Fälle, wo die für Reklamezwecke durchaus vertretbare Großphotographie in Ehrenhallen, Repräsentationsräumen und bei der festlichen Zurüstung eines Versammlungsraumes an Stelle des künstlerischen Gebildes Verwendung findet. Dabei müßte gerade unser neu erwachter und sorglich gepflegter Sinn für die herrische Großheit wirklicher Architektur die naturalistische, ungeformte Photographie aus dem

---

241 Ebd., S. 23.
242 Ebd., S. 9.
243 Ebd., S. 29.
244 Ebd., S. 15 f.

Zeichnung und Fotografie

Hans Herrmann: »Zusammenhang des Wuchses wird durch die Zeichnung geklärt, durch das Lichtbild verdunkelt.«

Zitat und Faksimile aus: Hans Herrmann: *Zeichnen fürs Leben,* Marchtaler Pädagogische Beiträge, Heft 2/1993, S. 71 (Nachdruck der 3. Auflage, Ratingen 1963 – Erstauflage 1942).

Zum Vergleich unten: Abbildungen aus *Bloßfeldt, Urformen der Kunst. Wundergarten der Natur.* Das fotografische Werk in einem Band. München: 1994. Bloßfeldts Pflanzenarchitektur-Fotos waren schon Ende der 1920er Jahre veröffentlicht und breit rezensiert. Links: Nussbaumgewächs. »Junges Blatt in 12facher Vergrößerung« (S. 225), rechts: Punktfarn. »Junges eingerolltes Blatt in 6facher Vergrößerung.« (S. 38)

111–112. Erfassung charakteristischer Wuchsbewegung und deren Einbau in die beschwingte Form.

113–114. Zusammenhang des Wuchses wird durch die Zeichnung geklärt, durch das Lichtbild verdunkelt.

 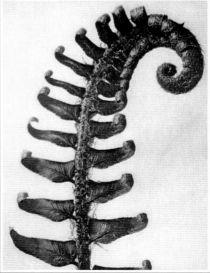

gebauten Bezirk verweisen!«²⁴⁵ Viele Textstellen dokumentieren das grundsätzlich positive Verhältnis Hans Herrmanns zum NS-Staat und zeigen, dass sein Traktat als Positionierung in den 1937/38 verstärkt einsetzenden NS-internen Reibereien anlässlich der o.g. »Wissenschaftsoffensive« der Nazis einzuordnen ist. (Dok. 280)²⁴⁶

Im Bildteil seines Traktats stellte Herrmann »eine blühende Wiese« von Altdorfer²⁴⁷ einer fotografierten Wiese gegenüber. (Dok. 282) Das zu erwartende Ergebnis: »Wo im Lichtbild nur zufällige Fetzen erscheinen, die in der Natur vom nächsten Windstoß wieder verjagt und durch andere ebenso zufällige ersetzt werden, wird im gemalten Bild die geliebte und innig empfundene Gestalt der Gewächse und ihre Ordnung zur gültigen Erscheinung gebracht […].«²⁴⁸ Natürlich konnte die Fotografie, die Herrmann verwendete und die durchaus einem beliebten kunstfotografischen Motiv entsprach, weder in Komposition noch Bildwirkung mit Altdorfers Kunst konkurrieren. Aber da Herrmann ausdrücklich »Wuchs und Gliederung der einzelnen Gewächse und ihre Gruppierung« als Unterscheidungskriterien hervorhob, hätte er bloß die Pflanzenfotografien von Karl Bloßfeldt heranziehen brauchen, um bei einem Vergleich z.B. mit Zeichnungen aus seiner Schulrichtung zu einem anderen Ergebnis zu kommen. (Dok. 284) Bloßfeldts Meisterfotografien der Pflanzenarchitektur mussten Herrmann bekannt gewesen sein, da man sie schon ein Jahrzehnt vorher publiziert und breit rezensiert hatte.²⁴⁹

---

245 Ebd., S. 28 f. Der echte Träger des Namens Hans Flüggen war in seiner Stellung als geehrter und kurz vor seinem Tod stehender Landschaftsmaler wesentlich unempfindlicher gegenüber öffentlichen Kontroversen. Vgl. Kapitel I, Fußnote 135.

246 Ich sehe in dieser Einschätzung kein Hindernis, sondern eher eine Voraussetzung dafür, dass das überaus reichhaltige Erbe der ZeichenlehrerInnen aus dem Britsch/Kornmann- und aus dem »Gestalt«-Kreis im *Gestalt-Archiv Hans Herrmann e.V.* für die kunstpädagogische Forschung und Lehre mehr als bisher genutzt werden kann. Die gemeinsame Grundlage einer schonungslosen Offenheit würde es erleichtern, auch dasjenige Erbe zu entdecken und weiterzuführen, das »nur« kontaminiert wurde.

247 Es handelte sich um einen Ausschnitt aus dem Gemälde von Altdorfer »Susanna im Bade«.

248 Ebd., S. 31.

249 Siehe Gert Mattenklott, *Karl Bloßfeldt – Fotografischer Naturalismus um 1900 und 1930*, in: Karl Bloßfeldt, *Urformen der Kunst. Wundergarten der Natur. Das fotografische Werk in einem Band.* München 1994, S. 7-66, insbesondere das Kapitel »II Die Pflanze im Brennpunkt 1930«.

Schuljahre 1941/42 und 1942/43
Klasse 2c und 3c bei
Zeichenlehrer Adalbert Lunglmayr an der
Maria-Theresia-Oberschule München

Farbstifte und Bleistift
gezeichnet von Heinrich Bauernfeind.

10 1933-1945: Zeichenlehrkräfte und ihr Unterrichtsalltag

10.1 Die »Alten« und Funktionäre der Lehrerverbände

Neben den auch in Form von Arbeitsgemeinschaften gruppierten ZeichenlehrerInnen – einerseits die durch die »Gestalt« beeinflussten, andererseits die Bergmann'schen »jungen Zeichenlehrer« – gab es die Gruppe der älteren Zeichenlehrer, die weitgehend ihre Schule aus dem 19. Jahrhundert und der Zeit vor dem 1. Weltkrieg weitertrugen, sowie eher einzelgängerische Kunsterzieher wie Richard Mund, Adolf Braig und andere, die z.B. in den 1920er Jahren in den verschiedenen Lehrerverbänden eine führende Rolle eingenommen hatten. Eine signifikante Zuordnung der unterschiedlichen Ansätze und Unterrichtsausprägungen zu einer der drei Seminarschulen ist – mit einer gewissen Ausnahme des NRG – nicht erkenntlich. Über die Arbeitsgemeinschaften und z.B. die Bergmann-Kurse außerhalb des Seminarunterrichts wurde »quer Beet« geworben, auch über persönliche Freundschaften wurden Richtungsansätze verbreitet und vertieft.[250] Der NS-Staat konnte nicht nur durchaus gegensätzliche Ansätze in seinen Dienst nehmen, sondern er benötigte sogar die unterschiedlichen Wege. Die Widersprüche konnten koexistieren, ohne auf eine Auflösung zu drängen. Erst nach 1945 wurden in künstlerischer und fachdidaktischer Hinsicht wieder offener die Gegensätze sichtbar, die sich während der NS-Zeit kooperativ verhielten oder sich nur unter Pseudonymen äußerten.

10.1.1 Der Lehrer Adalbert Lunglmayr – ein »Alter«

Ein typischer Fall für die Gruppe der älteren Zeichenlehrer war z.B. Adalbert Lunglmayr. Dank ausführlicher, auch schriftlicher Berichte ehemaliger Schüler kann man sich den Unterrichtsalltag bei ihm gut vorstellen.

»Wenn er uns auf der Tafel mit gekonntem Schwung eine Ellipse vormalte, betonte er immer wieder, wobei er über die Schulter sprach und aus dem gewohnten Münchnerischen in ein gequältes Hochdeutsch fiel: ›Der Schüler mäint, de Ällipsä äst äin Zwetschgenkärn – däm äst aber nächt so!!‹ Er wurde nicht

---

[250] Zum Beispiel berichtete Hertha Schmorell (ehemalige Schülerin des Max-Josef-Stifts und Schwägerin von Alexander Schmorell), dass ihr Onkel Fritz Karl oft mit einer Gruppe von Malerfreunden zum Malen an den Chiemsee fuhr, dabei waren Karl Vogelgsang, Franz Ermer und Walter Kerschensteiner.

Adalbert Lunglmayr, der »Lungsä«

Abdruck mit freundlicher Genehmigung des Autors Johann Binser.

Johann Binser

Die Geschichte des Maria-Theresia-Gymnasiums
München, Regerplatz 1

Band 5
Juli 1915 – 1922

(S. 2017 – 2594)

Der geduldige Leser möge mir die Ausführlichkeit zur Person des Lungsä verzeihen, aber ein Mensch, der der Jugend so viel Freude schenkte, soll nicht der Vergessenheit anheim fallen:

Doch nun zum Unterricht. Kam der Lungsä zu unserem Klassenzimmer, rief der „Späher": „Jetzt kimmta, alle Mann auf Tauchstationen". Der Lungsä schob erst seinen Bauch und dann sich selbst herein, wir standen auf, daß die Klappstühle krachten und schrien: „Heil Hit - ler". Der Kopf des Lungsä lief sofort dunkelrot an und er sagte: „Also, ich sags euch nochmal: Ich komm herein. Der Klassensprecher kommt zu mir vor und sagt Heil Hitler. Dann sag ich Heil Hitler. Dann sagt die Klasse Heil Hitler. Also nochmal. Nach der dritten Panne merkte er die Absicht, ihn zu ärgern. „Ich hau euch aufs Maul, daß eure Zähne der Größe nach geordnet in Reih und Glied herausmarschieren, ihr Giesinger Rotzrammel". Wir freuten uns über unseren Erfolg. War der Zeichenunterricht am Anfang des Tages, so mußte ein Schüler einen Spruch aufsagen, wie: „Nimmer wird das Reich zerstöret, wenn ihr einig seid und treu." Dann kam ein kurzes Gebet: „Schütze Herr mit starker Hand Führer, Volk und Vaterland." Der Effekt der ganzen Zeremonie: 1. 10 Minuten Zeitgewinn für die Klasse, 2. Roter Kopf beim Lungsä.

Der Unterricht begann mit der Lieblingsfigur des Lungsä, der Ellipse. Er schrieb den Namen in Schönschrift auf die Tafel und bemerkte: „Bei dem Wort seh ich fei kein Ypsilon, und: die Ellipse ist kein Zwetschgenkern." Er war für einige Zeit der „Ellipsenkönig".

Nach etlichen Wochen kam seine zweite große Leidenschaft auf uns zu, das Schattieren. E zeichnete einen Würfel auf die Tafel, die Klasse murmelte: sauwa, sauwa sauwa mit guten Erfolg: „Halts Maul, ihr Giesinger Vorstadtlümmel, Donislbande, ihr besoffenen Viehtreiber

Es war gute Sitte, ihn bei Zeichen an der Tafel mit Reichspfennigen zu bedenken, die w uns vom Munde abgespart hatten. Manche trafen ihn, andere nur die Tafel, aber alle kullerte lustig über den Boden. „Ha, jetzt geht's los, kommts nur her, in der Klasse muß man ja de Schandarm machen, da kann man ja nichts vorzeichnen, man muß ja aufpassen, daß kei Messerstechereien vorkommen, Sollerbande". Um den ganzen Charme dieser Zueignung verstehen, muß man wissen, daß der „Soller" im Tal das verrufenste Verbrecherwirtsha Münchens war. Die Münchner Neuesten Nachrichten berichteten am 13. 1. 1919: „150 Ma Fußtruppen und 50 Berittene der Sicherheitspolizei und alle verfügbaren Kriminalbeamt nahmen nachmittags eine Razzia in den Gaststätten Soller- und Metzgerbräu im Tal vor. 2 Personen wurden verhaftet. Ein Lastwagen Hehlergut, namentlich gestohlene Militärsach wurden beschlagnahmt." Der Soller war auch ein beliebtes Versteck für Gewaltverbrec aller Art.

Beim Vergeben der Zensur mußte jeder Schüler einzeln zum Lungsä ans Pult und sein C vorzeigen. Nach kurzer Zeit flogen die ersten Kreidestücke *(Eigentum der Schule!)* Lungsä um die Ohren. „Ha, ihr Kiesgrubenstreuner, Kulissenschieber, Lampenputze fühle mich stark genug, geht nur her, und wenn ich einen pack, dann weint der Schüle sagt: Ich hab nur das und das gesagt, dann sag ich: ich sag auch nur das und das, nämli

Montag um drei Uhr zum Arrest mit der Zeichenmappe in den großen Zeichensaal im ersten Stock." Und wieder flog ein Stückerl Kreide, der Lungsä tobte: „Ihr Schaukelburschen, da schmeißns im Schulzimmer mit der Kreidn rum wie im Soller den Leberkäs". Um den Unterricht zu verschönern, stimmte ich ein vergnügliches Summen an und bald brummte die Klasse die schönen Lieder der Nation, wie „Bomben auf Engelland", „Panzer rollen in Afrika vor", oder „Heimat deine Sterne". Undankbar sagte unser Kunsterzieher: „Gesang unterbleibt" und zu mir gewandt: „Und wer lacht, den schmeiß ich naus". Als wir einmal etwas Wichtiges zu besprechen hatten, sagte er „Da reißns Mei auf wia in da Au Pfensterlädn."

Zurück zum Schattieren. „Also, da hamma den Schlagschatten und den Selbstschatten. Um einen gleichmäßigen Ton aufs Blatt zu kriegen, legt man den Ellenbogen auf die Bank und bewegt den steifen Arm mit gleichmäßigem Druck hin und her. Doch was macht der Schüler? Er graviert Streifen und Striemen aufs Blatt so ⨳⨳⨳ und dann so ⨳⨳⨳ . Dann gefällts ihm nicht und er verwischt das Ganze mit dem Finger zu einem Geschmier, so ⬛ . Aber man kann ja alles dem Schüler dreimal ins linke Ohr und dreimal ins rechte Ohr hineinplärrn, es nützt nichts, denn der Schüler ist dumm, faul, frech und gefräßig".

Aber hatte auch Humor. Als ihn ein Schüler fragte, welche Art Lenkstange er beim Fahrrad zeichnen solle, antwortete er „Das kommt aufs Stadtviertel an". Eigentlich hatten wir beim Lungsä eine lockere Art von Technischem Zeichnen, womit auch der unbegabteste Schüler noch eine anständige Note bekommen konnte. Auch Zivilcourage hatte er. In dem schrecklich kalten Winter 1918, als es weder Holz noch Kohlen gab, sagte Rektor Baur: „Bei dieser Kälte kenne ich kein Problem. Da ziehe ich 3 Paar Socken und 2 Pullover an, dann friere ich nicht." Darauf der Lungsä, immerhin noch neu an der Anstalt: „Ja, ja, des is scho recht, Herr Direktor, aber i mecht in mein Gwand no laffa kenna". Quelle: Frau Johanna Schreiner, die Tochter des Dr. Hugo Schreiner („Schroansä).

Zum Schluß noch eine Begebenheit, die ich dem Leser nicht vorenthalten möchte. Ich hatte bei einem neuen Bleistift entdeckt, daß die sich Mine bewegen ließ, und so schob ich diese Mine ca. 15 cm nach vorn heraus und schattierte - ob es ein Schlag- oder Selbstschatten war, weiß ich nimmer - und merkte nicht, daß der Lungsä hinter mir stand. „So, jetzt bekommst die Note, die du verdienst." Aber mit dem 4er (ausreichend) konnte die „Giesinger Sollerkundschaft" gut leben, sein „Vorrücken gefährdet" hatte lateinische und physikalische Gründe.

Diese und noch viele andere Episoden verteilten sich auf meine vier Schuljahre und dürften nur einen kleinen Teil der Nettigkeiten unseres Kunsterziehers darstellen. Nachzutragen wäre noch, daß er Kurse für Technisches Zeichnen und Briefmarken-Schülerbörsen leitete. Ja ja, da Lungsä … R.I.P.   Johann Binser.

»Wenn er uns auf der Tafel mit gekonntem Schwung eine Ellipse vormalte, betonte er immer wieder, wobei er über die Schulter sprach und aus dem gewohnten Münchnerischen in ein gequältes Hochdeutsch fiel: ›Der Schüler mäint, de Ällipsä äst äin Zwetschgenkärn – däm äst aber nächt so!!‹ Er wurde nicht müde, uns zu beweisen, daß die Ellipse keine Ecken, sondern hübsche Rundungen habe.«

Josef Blatner am Humanistischen Gymnasium Pasing vor 1945 und Arbeiten seiner Schüler Hans und Werner Eckhardt.

Foto: Archiv Bernhard Möllmann (Fotograf unbekannt), Schülerarbeiten: Privatarchiv Werner Eckhardt, Ausweis: BayHStA P0027

Körper u. Stimme leiht die Schrift dem stummen Gedanken, durch der Jahre Strom trägt ihn das redende Blatt.
Schiller.

Viel lieber gestritten und ehrlich gestorben, als Freiheit verloren und Seele verdorben

Sich selbst bekämpfen ist der allerschwerste Krieg. Sich selbst besiegen ist der allerschönste Sieg.

Ora et labora!

Ceterum censeo Carthaginem esse delendam!

Si vis pacem, para bellum!

müde, uns zu beweisen, daß die Ellipse keine Ecken, sondern hübsche Rundungen habe.«[251] Ein zweites Steckenpferd von Lunglmayr waren der Selbstschatten und der Schlagschatten. (Dok. 286-289)

Schon seit 1918 unterrichtete Lunglmayr an der Maria-Theresia-Realschule. Seine Lehramtsprüfung an der TH München legte er bereits 1903 ab. Seminarjahre mit dem 2. Teil der Lehramtsprüfung als Abschluss waren damals noch nicht vorgeschrieben; wie viele andere absolvierte Lunglmayr ein freiwilliges Praktikantenjahr. In der »dienstlichen Würdigung« 1935 durch den Anstaltsvorstand der Maria-Theresia-Realschule hieß es: »Lunglmayr gibt einen guten, wenn auch nicht sehr originellen Unterricht, bei dem die Schüler vorzüglich sauberes Arbeiten und gute Beherrschung der Technik lernen. Disziplinär hat er manchmal Schwierigkeiten zu überwinden. Er ist gewohnt seinen ruhigen Gang zu gehen und zeigt deshalb nicht allzuviel Beweglichkeit, wenn es gilt Schwierigkeiten zu überwinden. Bei Wandertagen kann er eingesetzt werden. gez. Wimmer.«[252] Wie aus Dok. 288 f. hervorgeht, kannten die Schüler kein Mitleid mit Lehrern, die disziplinär »manchmal Schwierigkeiten« hatten. Wie viele andere Zeichenlehrer auch trat Lunglmayr im Jahr 1937 der NSDAP bei.

10.1.2 Kriegerisches in Schrift, Zeichnung und Fotografie bei Josef Blatner

Der einstige Schüler von Josef Blatner am Humanistischen Gymnasium Pasing, Werner Eckhardt (Abitur 1944), berichtet: »In meiner Schulzeit gabs keine Kunsterziehung, nur abwechselnd je 1 Trimester lang Unterricht im Zeichnen und in Schriften. Nie besuchte der Zeichenlehrer Blatner mit den wenigen an Kunst interessierten Schülern irgendeine Ausstellung oder ein Museum, keine Pinakothek oder Glyptothek, keine Schackgalerie, kein Lenbachhaus und auch keine Ausstellung im Haus der Deutschen Kunst. Überall dort hin ging ich allein. Daß er uns nicht geführt hat, hab ich dem Zeichenlehrer übel genommen. Andererseits gabs keinerlei Indoktrinierung durch ihn, weder in Kunst noch in Politik.«[253] Liest man die Texte, die Blatner seine Schüler in Frakturschrift fertigen ließ, bekommt man eher den Eindruck, dass die Indoktrinierung durchaus vorhanden, zwar unterschwellig, aber vielleicht umso wirksamer gewesen sein muss. (Dok. 290)

»Beim Zeichnen wurde uns nie etwas vorgezeichnet, nur verbal wurde ein

---

251 Wolfgang Johannes Bekh, *Am Brunnen der Vergangenheit. Erinnerungen,* Pfaffenhofen 1995, S. 76.
252 BayHStA MK 33733.
253 Werner Eckhardt in einem Brief an die Autorin im Oktober 2005.

Konventioneller Unterricht bei Josef Blatner

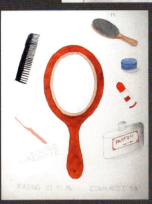

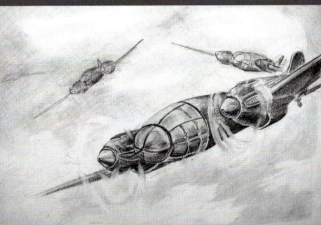

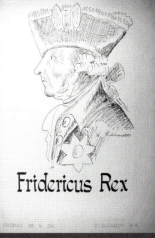

Schülerarbeiten von Werner Eckhardt am Humanistischen Gymnasium Pasing, Archiv Eckhardt.

Thema gestellt, das dann jeder nach eigener Idee darzustellen versuchte. Die Skizze zeigte man dem Lehrer. *Abradieren und auszeichnen* war die allgemeine Antwort. *Abradiert* hab ich nie. Später durfte ich meine Themen selber wählen, z.B. Flugzeuge oder Kriegsszenen.« Werner Eckhardt zeichnete, karikierte, malte und illustrierte schon als Schüler in professioneller Qualität. Er betont, dass das Zitat von Prof. Kuhlmann – *Ich habe festgestellt, dass die Begabten sich nicht durch und im Unterricht entwickeln, sondern neben demselben her, ja daß sie sich erst entwickeln konnten, als es ihnen gelang, sich von ihm zu befreien.* – für ihn genau zutreffe.[254]

Josef Blatner unterrichtete nicht nur am Humanistischen Gymnasium Pasing, sondern auch an der Oberrealschule III und vorher noch ein Schuljahr an der Gisela-Oberrealschule, an die er 1934 nach fünf Jahren Tätigkeit als Studienrat in Hof kam. In Hof veranstaltete der dortige Foto-Amateurverein eine große Abschiedsveranstaltung für Blatner und bedauerte, einen seiner wichtigsten Männer nun zu verlieren. Zwei Jahresberichte der Oberrealschule III geben ein wenig Aufschluss über Blatners Aktivitäten als Zeichenlehrer und Fotograf:

Nachdem der Jahresbericht 1937/38 eine Seite lang diversen militaristischen Schulveranstaltungen und Klassenbesuchen gewidmet hatte, wurde aufgezählt, was Blatner und sein Kollege Dietl mit »ordnender Hand« alles – auch im Wortsinn – in die Gänge brachten:

»Wir selbst veranstalt[et]en

1. vom 24. bis 28. Mai im Zeichensaale zum zweitenmale eine Flugzeugmodellausstellung,
2. vom 12. bis 16. November im Zeichensaale eine Vierjahresplanausstellung,
3. am 12. 1. 38 im Zeichensaal eine Ausstellung von 3 Schiffsmodellen (Panzerschiff Deutschland), die die Schüler der 5. Klasse Pausch, Zattler, Pfleger und Markmiller angefertigt hatten, und
4. das ganze Jahr hindurch in den Wechselrahmen der Gänge Ausstellungen der verschiedensten unterrichtlichen Ergebnisse des Zeichenunterrichts sowie von Bildern zum Rassenkundeunterricht.

Um diese Ausstellungen machten sich besonders Studienprofessor *Dietl* und Studienrat *Blatner* verdient, die die einschlägigen Kurse leiteten und mit ordnender Hand die Gegenstände gruppierten.

In der Flugzeugmodellausstellung waren zu sehen: Kleine und große Planmodelle, Eigenkonstruktionen, veränderte Plankonstruktionen, Bauteile, Modelle, die bei einem Segelflug-

---

254 Ebd.: »Das Vakuum im Kunsterziehungsunterricht meiner Gymnasialzeit wurde für mich ausgefüllt durch Bücher, die mein längst verstorbener Großvater, Hauptlehrer bei Heilbronn, hinterlassen hatte: Zeichenlust und Zeichenkunst, 1901, und illustrierte Bücher, z.B. Wilhelm Hauffs Märchen, Friedrich der Große von Adolph Menzel illustriert, auch dazugekaufte, besonders die von Olaf Gulbransson illustrierten Thoma-Bücher.«

Vorzeichnungen von Blatner-Schüler Werner Eckhardt

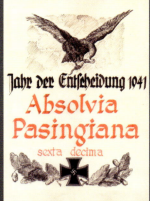

Der Schüler Werner Eckhardt entwarf mit diesen Zeichnungen die Titelblätter der Chroniken des Pasinger Gymnasiums.

Aus:
Archiv Eckhardt und Archiv Möllmann. Fotos aus der Ausstellung im Kunstpavillon 2005.

wettbewerb in Pasing prämiiert worden waren, ›Invaliden‹ jugendlicher Liebhaberei, ein ›Strolch‹, ein ›Rekrut‹, einschlägige Literatur, Kopien und Pläne, Bilder und Illustrationen, eine Schautafel für Werkstoffe und Werkzeuge zum Metallbau sowie eine solche für Holzbearbeitung. Die Ausstellung fand einen regen Besuch und brachte der Schule freiwillige Spenden für den Modellbau ärmerer Schüler.
Die Vierjahresplanausstellung gliederte sich in die Abteilungen: Schützet die Vogelwelt; eßt mehr Kartoffeln; deutsche Arzneikräuter; der deutsche Wald; sammelt Altmaterial; sammelt Knochen; deutsche Wehr (Schiffsbauten); lernt fliegen (Flugmodelle); Sätze führender Männer; wichtige Zusammenhänge in Wort und Bild. Das Besondere dieser Ausstellung lag darin, zu zeigen, wie die Anstalt ihre Schüler systematisch zu sorgfältigem, gewissenhaftem Arbeiten auf technischem Gebiete (Planzeichnen, Schrifttafeln, Flugmodellbau usw.) erzieht und so für ihren künftigen Aufgabenkreis und für das Wirken im Sinne des Vierjahresplanes vorbereitet.
[...]
In den Wechselrahmen der Gänge waren zu sehen: Interessantes aus der Fliegerei, Symmetrieschnitte, geklebte Flächenornamente, verschiedene Techniken, Anwendung von Spiralen, Wegschneide- und Zusammensetzmethode, Fehler an geradlinigen Schatten, Aquarelle usw. Zu den eigenen Ausstellungen kamen solche in der Stadt [...].« (S. 23 f.)

Während die in diesem Text beschriebenen Aktivitäten als typisch für viele Zeichenlehrer gelten können, findet sich in diesem Zitat – da, wo das Auslassungszeichen steht – auch ein Hinweis auf eine fotografische Initiative, die sonst von keiner Schule in München bekannt ist: »Für die ausgestellten Schiffsmodelle wurde eine photographische Konkurrenz veranstaltet; wir geben hier das eingelaufene beste Bild wieder: [...].«[255] Das beste Bild zeigte ein Modell des »Panzerschiffes *Deutschland*«, das mit zwei verschnörkelten Sockeln auf einem Tisch stand, der so angeschnitten war, dass gerade die Tischdecke mit Blümchen gut sichtbar war.[256] Wenn man bedenkt, dass Blatner nach seiner Lehramtsausbildung auch Kunstgeschichte und Archäologie studiert hatte, dass er 1946 Hauptkonservator beim Bayerischen Landesamt für Denkmalpflege[257] wurde und dass er in Sachen Fotografie – wenn man der Hofer Zeitungsmeldung glauben will – eine Koryphäe war, dann verweist der von ihm[258] veranstaltete Fotowettbewerb nur umso mehr auf die spezifischen NS-Begriffe von Kunst und Technik: Nachdem – um mit Walter Benjamin zu argumentieren – die »Aura« der Einmaligkeit des Kunstwerks im Zeitalter der Reproduktionen nicht mehr gegeben war (in unserem Beispiel wurde ein Modell des Panzerschiffes *Deutschland* nach einem reproduzierten Plan reproduziert und dann durch die Fotografie erneut

---

255 JB der Oberrealschule III 1937/38, S. 24.
256 Siehe Dok. 200, unterstes Bild links.
257 Seine Kontakte zum Denkmalamt reichten schon in die späten 1920er Jahre zurück.
258 Für die Fotoaktivitäten war Blatner der Verantwortliche, Dietls große Leidenschaft galt der Gabelsberger Stenografie.

Einer von den »Alten«: Zeichenlehrer und Soldat Richard Fluhrer

Studienrat Friedrich Fluhrer

Oben und Mitte: Als Soldat im 1. Weltkrieg, Fotograf unbekannt. Im Bild Mitte links ist Fluhrer am Tisch links gut erkennbar, aus: Archiv Möllmann.

Rechts: Fluhrer beim Schulausflug 1926 des Pasinger Humanistischen Gymnasiums. Abdruck mit freundlicher Genehmigung aus: Möllmann, *Bilder vom alten Pasing*, S. 71.

reproduziert), wurde nicht etwa der Ewigkeitscharakter oder die Einmaligkeit des Kunstbegriffs aufgegeben, sondern an einer neuen »Aura« für das »beste Bild« mitgewirkt. Sie bestand in der mythischen Aufladung des militaristischen Objekts in Verbindung mit *Deutschland*.

Im Schuljahr 1940/41 veranstalteten Dietl und Blatner gemeinsam eine »technische und Werkausstellung *Seefahrt ist not*, die mit vielgestaltigen, von unseren Schülern verfertigten Modellen, Zeichnungen, Gemälden sich in den Dienst der Werbung für die deutsche Technik, die deutsche Luftfahrt und Seegeltung stellte [...].«[259]

10.1.3 »Zeichenlehrer Fluhrer führt die Liste der Gefallenen«

Der hauptamtliche Zeichenlehrer am Humanistischen Gymnasium Pasing war Friedrich Fluhrer. Eine Schulbiografie notierte: Bei ihm ist »alles streng geordnete Exaktheit. Diesem Wesen entspricht auch sein Unterricht, der auf handwerkliches Können und Formstrenge Wert legt.«[260] Ein Schüler (Abitur 1934) berichtete, dass bei Fluhrer nicht über Kunst gesprochen wurde. Der Unterricht hieß *Zeichnen*. Ein weiterer Schüler, der von 1930 bis 1936 die Realabteilung besuchte, bestätigte: Fluhrer sei kein Kunsterzieher gewesen, sondern technischer Zeichner. Neben den zwei Wochenstunden Zeichnen hätten sie auch zwei bis drei Stunden technisches Zeichnen am Nachmittag gehabt. In diesem Fach wäre es auf das *millimetergenaue* Zeichnen angekommen. Desgleichen auch bei einem anderen Lehrer namens Schäfer.[261]

Fluhrer war einer der »Alten«, die schon Soldat im Ersten Weltkrieg gewesen waren oder, wie es in seinem Lebenslauf hieß: Von 1917 bis Kriegsende »im Felde«. Die Fotos in Dok. 296 zeigen ihn dort zusammen mit anderen Soldaten, einmal steif im Gruppenbild und einmal etwas lockerer in der Männergesellschaft. In einem dritten Soldatenbild sieht man ihn schreibend oder zeichnend an einem groben Feldtisch. Die Schulbiografie notierte, was für eine Aufgabe Fluhrer 27 Jahre nach seiner Schreibtätigkeit »im Felde« an der Pasinger Schule hatte: »Der Zeichenlehrer Fluhrer führt die Liste der Gefallenen. In kunstvoller Schrift schreibt er immer mehr Namen. Jeder bedeutet das vernichtete Leben eines jungen Menschen. Im Jahr 1945 rückt das Chaos des Kriegs so nahe, daß Nachrichten über gefallene Schüler nur noch zufällig kommen. [...]

---

259 JB der Oberrealschule III 1940/41, S. 30.
260 Walter Bedel, *Geschichte des humanistischen Gymnasiums München-Pasing*, o.D. (vermutlich 1963), S. 15.
261 Aus einem Brief von Bernhard Möllmann vom 11.4.2004 an die Verfasserin. Möllmann erforschte über Jahrzehnte die Geschichte Pasings und die seiner Schulen.

Unterrichtsalltag in einer Klasse von Richard Mund

Schuljahr 1941/42 Klasse 1b bei Zeichenlehrer Richard Mund am Maxgymnasium München.

Aquarelle (Größe ca. 28 x 38 cm) gemalt von Manfred Saller. Aus: Archiv Saller.

Es ist die Zeit, wo die KLV-Lager sich auflösen und jeder Unterricht wegen der Nähe des Feindes aufhört. Schließlich nimmt der alt gewordene Zeichenlehrer seine Gefallenenliste ab, weil die Amerikaner da sind und jedes Gedenken an Gefallene verdächtig ist.«[262]

10.1.4 Zeichenunterricht bei Richard Mund

Einer derjenigen Zeichenlehrer, bei denen die Volkskunst nicht in die faschistisch-völkische Kleinkunst kippte, war Richard Mund. Von einem ehemaligen Schüler liegen die Arbeiten eines ganzen Schuljahres vor. (Dok. 298) Sie unterscheiden sich deutlich von den Ergebnissen der Herrmann-Schule. Sie sind aber auch anders als die Unterrichtsergebnisse von Robert Maendl (man vergleiche z.B. das Thema Apfelernte beim Mund-Schüler Saller und beim Maendl-Schüler Goepfert, beide 1. Klasse höhere Schule, beim einen Gymnasial-Unterricht, beim anderen Oberschule). Mund verfolgte sehr bewusst Fragen der schöpferisch-künstlerischen Komponenten beim Schulunterricht. Als einmal beim Saubermachen einem Schüler der Farbkasten samt Aquarellblock auf den Toilettenboden fiel und mit Wasser überschwemmt wurde und der findige Schüler das auf diese Weise mit Wasserfarben überlaufene Papier dem »Mundus« zur Begutachtung vorlegte, war dieser hocherfreut: »Das ist Musiiik!« Erst als zu viele Schüler das nachmachten und Richard Mund den Trick merkte, war es aus mit der »Musik«. Munds Pädagogik geizte nicht mit satirischem Spott (z.B. als ein Schüler ein Wassergefäß benutzen wollte, das aussah wie ein Fingerhut: »Du Jammerbübchen, was willst du mit dem Taubenabort?«), und im Zeichensaal saß Mund in alter Manier vorne auf dem Podest, wo jeder Schüler einzeln sein Blatt zur Begutachtung und Besprechung hintrug.[263]

Der Zeichenlehrer Gustav Lutz, zur Zeit der Auseinandersetzung Munds gegen Britsch/Kornmann ebenfalls Mitglied im Vorstand des bayerischen Gymnasialzeichenlehrerverbands, verglich in einem Aufsatz die Schularbeiten aus dem Unterricht von Mund und von damaligen »Britschianern«: »Manche Gegnerschaft erwächst aus den *Ergebnissen* eines Unterrichtes im Sinne von Britsch-Kornmann. Es muß in der Tat eine oft peinliche Gediegenheit und ›Delikatesse‹, eine beklemmende Sorgfalt und Bravheit, die Abwesenheit aller Anzeichen kraftvoller Selbstäußerung und ungestümen Schaffensdranges auffallen. […] Sieht man daneben das Draufgängertum, die robuste Naturkraft in den Gestaltungen etwa der Schüler von Britschs Gegner Mund, so wird ein Unterschied offenbar,

---

262 Bedel, *Geschichte des humanistischen Gymnasiums München-Pasing,* S. 26 f.
263 Dr. Manfred Saller aus dem Maxgymnasium in einem Gespräch mit der Verfasserin (2004).

Aquarell 1938 von Braigs Schüler
Eissfeldt, Klasse 1A
am Alten Realgymnasium.
Aus: Archiv Kehr.

Experiment
»freie Kinderzeichnung«
1930/31

Ausstellungsstücke zum Thema
»Trojanisches Pferd«, vermutlich
auf einer von Braig organisierten Ausstellung gezeigt.
Aus: Archiv Kehr.

der sehr nachdenklich stimmen muß und vielleicht den Grundgedanken der Theorie neuerdings fragwürdig erscheinen läßt: Ist seelischer Ausdruck wirklich keine Angelegenheit der künstlerischen Gestaltung?«[264]

Politisch waren Motive wie Früchtekorb, Apfelernte, Obstkuchen, Blumenherz etc. angesichts der NS-»Alltagsästhetik«, der deutsch-verherrlichenden Aufgeladenheit aller Gegenstände des täglichen Lebens ambivalent. Sie stellten kein wirksames Mittel der Verweigerung gegenüber dem Faschismus dar. Auch Lehrer wie Richard Mund, die keine politisch opportune Aktivistentätigkeit entfalteten, unterrichteten mit diesen Motiven – solange sie nicht bewusste antinazistische Aufklärung betrieben, was auch von Mund nicht bekannt ist – durchaus im Interessenspektrum des verbrecherischen Regimes. Auch Indianerzeichnungen enthalten – man vergleiche nur die Romane des Lieblingsautors von Adolf Hitler: Karl May – keinen Hinweis auf eine politisch günstige Erziehung.

Der Lehrerwechsel von Richard Mund zu Josef Eckert und Sepp Pickel hinterließ sichtbare Unterschiede. Allerdings verdanken wir der Zeichnung einer Szene im Luftschutzkeller (Dok. 338) ein anrührendes Zeitdokument eines Zwölfjährigen. Pickel war von 1933 bis 1939 Studienassessor an der Gisela-Oberrealschule, ab 1937 half er im Maxgymnasium im Flugzeugmodellbau aus, da Mund dies nicht übernahm. 1939 wurde er zum außerplanmäßigen Beamten am Maxgymnasium ernannt. Nach 1945 war er ein wichtiger Mann beim Aufbau der Schulfotografie.

10.1.5 Selbstzeugnisse von Adolf Braig

Adolf Braig experimentierte seit den 1920er Jahren mit der »freien Kinderzeichnung«. (Dok. 300) Von den Britsch/Kornmann-Schülern in München unterschied er sich durch seine hohe Wertschätzung des Naturstudiums und seine geringe Neigung zu fundamentalistischen Grabenkämpfen. (Die Zuspitzung der Auseinandersetzung durch Richard Mund lehnte er ab, er trat deshalb damals sogar aus dem Vorstand des Lehrerverbands aus.)

Die politische Haltung Adolf Braigs muss als deutschnational gekennzeichnet werden. Sowohl aus dem Jahr 1928 als auch für die 1930er Jahre zeugen Dokumente davon, wie sehr Braig von der »deutschen Seele« ausging, von den »alten Stammkräfte[n] der Vergangenheit« (die bei Dürer angeblich durchbrachen und er deshalb nur »zeitweise gefährlich aus seiner Richtung« geworfen wurde: »Es zeugt für die gesunde Kraft in Dürer, daß sein Schaffen unter dem Einbruch fremder Säfte in sein Blut nicht mehr und nicht dauernd gelitten

---

264 Gustav Lutz, *Zeichnen,* in: Handbuch der deutschen Lehrerbildung. München und Berlin 1933, S. 59-96, hier S. 73.

302

Illustrationen von Adolf Braig 1939 im »Deutschen Lesebuch« (S. 324 und 326, 3. Band)

Dem Führer.

So gelte denn wieder
Urväter Sitte:
Es steigt der Führer
aus Volkes Mitte.

Sie kannten vorzeiten
nicht Krone noch Thron.
Es führte die Männer
ihr tüchtigster Sohn,

die Freien der Freie!
Nur eigene Tat
gab ihm die Weihe,
und Gottes Gnad'!

So schuf ihm sein Wirken
Würde und Stand.
Der vor dem Heer herzog,
ward Herzog genannt.

Herzog des Reiches,
wie wir es meinen,
bist du schon lange
im Herzen der Deinen.

Will Vesper.

Der Führer spricht.

Meine deutsche Jugend! ... Was wir vom kommenden Deutschland ersehnen und erwarten, das müßt ihr, meine Jungens und Mädchen, erfüllen. Wenn wir ein Deutschland der Stärke wünschen, so müßt ihr einst stark sein. Wenn wir ein Deutschland der Kraft wollen, so müßt ihr einst kraftvoll sein. Wenn wir ein Deutschland der Ehre wiedergestalten wollen, so müßt ihr einst die Träger dieser Ehre sein. Wenn wir ein Deutschland der Treue gewinnen wollen, so müßt ihr selbst lernen, treu zu sein. Keine Tugend dieses Reiches, die nicht von euch selbst vorher geübt wird, keine Kraft, die nicht von euch ausgeht, keine Größe, die nicht in eurer Disziplin ihre Wurzel hat. Ihr seid das Deutschland der Zukunft, und wir wollen daher, daß ihr so seid, wie dieses Deutschland der Zukunft einst sein soll und sein muß!

Adolf Hitler.

hat.«).²⁶⁵ Auf die Frage, was er 1933 gewählt hatte, antwortete er (im Fragebogen vom April 1945): *Hitler?* Braig war der Illustrator von »Ewiges Deutschland. Deutsches Lesebuch für Höhere Schulen«. Die Lesebücher dienten der Verherrlichung des Deutschtums und des heroischen »Sichzurwehrsetzen[s] gegen die feindliche Umwelt. Der einzelne – hart gegen sich und gegen andere – gilt nur als Glied seiner Sippe: Was geschehen soll, das geschieht. Einem übermächtigen Geschick gegenüber heißt es sich zu bewähren: unbeugsam, trotzig und treu bis in den Tod«.²⁶⁶ Autoren wie Alfred Rosenberg konnten sich darin z.B. über die »Ehre als Grundzug des nordischen Menschen« auslassen. Lesebeispiel: »Der Krieg konnte brutal geführt werden, aber sich zu seinen Taten bekennen, galt als erste Voraussetzung des nordischen Mannes (Krieck).«²⁶⁷ (Vgl. Dokumente aus dem dritten Band »für Oberschulen für Mädchen« 1939 und dem sechsten Band: »Der Mensch der germanisch-deutschen Frühzeit«, 2. Auflage 1941: Dok. 302 und 304) Mit Erleichterung kann man feststellen, dass Adolf Braig den siebten Band – »Die Selbstbefreiung des deutschen Geistes«, 2. Auflage 1941 – *nicht* illustrierte: Dieser Band peitschte zu Judenhass auf und lieferte rassistische Vernichtungshetze. Offensichtlich war dies die politisch-moralische Grenzmarke, die Braig nicht mehr bereit war zu dekorieren – und zu legitimieren.

Wie unglücklich sich kunstpädagogische Leitlinien mit politischen Haltungen und ideologischen Vorurteilen verschränken können, zeigte Braig 1939 in seinem Artikel »Echt und unecht in der Kinderzeichnung«.²⁶⁸ Er stellte drei Regeln auf: »1. Zeichnet nie etwas ab! Benützt also keine anderen Bilder als Vorlagen! 2. Laßt Euch von keinem anderen Menschen etwas vormachen oder in euer Blatt hineinzeichnen! 3. Wenn ihr ein Tier oder einen Baum zeichnet, so schaut nicht vorher Abbildungen von Tieren oder Bäumen an.« Mit diesen Geboten wollte Braig »echte« Kinderbilder fördern. Doch wehe, der Schüler verletzte diese Vorschriften! Dann war er ein »Übeltäter«, und für Braig war es ein Leichtes, »ihn zu überführen«. Er zerriss die Zeichnungen des »peinlich über-

---

265 Adolf Braig, *Albrecht Dürer und die Schule*, in: Kunst und Jugend 1928, a.a.O., S. 81. In diesem Beitrag beklagte Braig die »Einseitigkeit« der Schule, »indem sie das abstrakte Denken fast ausschließlich pflegt und das anschauliche Denken ungebührlich verleugnet« (S. 82), und dass sich »das vernünftelnde Wesen übermächtig in das Geistesleben der Deutschen und damit auch in ihre Kunst eingedrängt« (S. 83) habe.
266 *Ewiges Deutschland. Deutsches Lesebuch für Höhere Schulen*. Sechster Band. Der Mensch der germanisch-deutschen Frühzeit (Hg.: Oberstudiendirektoren Dr. August Caselmann in Bayreuth, Dr. Anton Lämmermeyr in Nürnberg und Ernst Puchtler in Bad Kissingen), München und Berlin 1941 (2. Auflage), S. 335.
267 Ebd., S. 333.
268 Abgedruckt in: Der neue Weg, Wien 1939, S. 271-77.

Ewiges Deutschland

Deutsches Lesebuch für Höhere Schulen

Sechster Band

Der Mensch der germanisch-deutschen Frühzeit

2. Auflage

1941

C. C. Buchners Verlag, Bamberg
Friedrich Korn'sche Buchhandlung, Nürnberg
J. Lindauersche Universitäts-Buchhandlung (Schöpping), München
R. Oldenbourg Verlag, München und Berlin

Ewiges Deutschland

Deutsches Lesebuch für Oberschulen für Mädchen

Dritter Band

1939

C. C. Buchners Verlag, Bamberg
Friedrich Korn'sche Buchhandlung, Nürnberg
J. Lindauersche Universitäts-Buchhandlung (Schöpping), München
R. Oldenbourg Verlag, München und Berlin

Ausstellungsvitrine »Gymnasiale Kunsterziehung der NS-Zeit«, 2005.

In den Tagen darauf wurde mir auch mein Schicksal bewußt. Ich mußte nun lachen bei dem Gedanken an meine eigene Zukunft, die mir vor kurzer Zeit noch so bittere Sorgen bereitet hatte. War es nicht zum Lachen, Häuser bauen zu wollen auf solchem Grunde? Endlich wurde mir auch klar, daß doch nur eingetreten war, was ich so oft schon befürchtete, nur gefühlsmäßig nie zu glauben vermochte.

Kaiser Wilhelm II. hatte als erster deutscher Kaiser den Führern des Marxismus die Hand zur Versöhnung gereicht, ohne zu ahnen, daß Schurken keine Ehre besitzen. Während sie die kaiserliche Hand noch in der ihren hielten, suchte die andere schon nach dem Dolche.

Mit dem Juden gibt es kein Paktieren, sondern nur das harte Entweder — Oder.

Ich aber beschloß, Politiker zu werden.

Adolf Hitler.

Schlageters Kampf gegen die Zwingherrschaft an der Ruhr.

en Mittag des 15. März 1923 schieben sich die beiden Abteilungen
toßtrupps Schlageter in Grun___ ___weien an die westliche und
___dorf heran. Die

Ein Opfertod.

Schlageter ist von einem französischen Kriegsgericht zum To
urteilt. ___ ___ ___ Male Erlaubnis erh___

Volk fand zu Volk und Blut fand zu Blut.

Wie Meeresbrandung rauscht es empor,
wie donnernder Wogen gewaltiger Chor,
wenn sie aufgewühlt sind von Sturmeswut:
Volk will zu Volk und Blut will zu Blut!

Was fremde Herren am grünen Tisch
erklügelten, blieb ein erbärmlicher Wisch
und dämmte nicht ein den bekennenden Mut:
Volk will zu Volk ___ ___

Und du___

Schlageter.

r sind der Schritt
kommenden Zeit,
___ Jungen.
Wer uns errang,
hat Ewigkeit
errungen:
Schlageter!

Er ging, er fiel!
Sein Tod hat unserm Leben
Pflicht, Dienst und Ziel
gegeben:
Schlageter!

Wir stehn in seinem Zeichen
zu Pflicht und Dienst und Ziel
und schwören, stets zu gleichen
ihm, der für Deutschland fiel:
Schlageter!

Hanns Joh___

Feldherrnhalle.

Wir werden euch niemals vergessen,
die ihr in das Sterben marschiert.
An eurem Heldentod messen
wir, was diese Zeit gebiert.

___ ___ Feldherrnhalle
___endem Blick:

raschten« Schülers und ermahnte ihn »vor der ganzen Klasse«: »Ein richtiger Junge betrügt nicht.«[269] Braig behandelte das zeichnerische Verhalten seiner Schüler bewusst und überzeugt als eine Frage der »sittlichen Natur«. »*Ein Junge, der sich durch bequemes Nachmachen fremde Leistungen als seine eigenen vortäuscht, wird sittlich geschwächt.* Er wird leicht auch ohne Gewissensdruck in der Schulaufgabe von seinem Nachbarn abschreiben oder sich aus dem Kampf der Kameraden mit den Gegnern weichlich und feige wegdrücken. [...] Wie soll auf zerstörter Grundlage die Erziehung zur Erkenntnis der Wertgehalte in aller Gestaltung aufgebaut werden? Handwerker und Künstler brauchen aber für ihr Schaffen das reine Wollen und das stille Mittun aller guten Kräfte der Volksgemeinschaft. So wird das Echte zu einem Grundwert jeder Kultur.«[270]

Dieses »Echte« war weder bei den Kunsthistorikern (Pinder etc.) noch bei den Kunstpädagogen ein unschuldiger Begriff. So forderte z.B. der Lehrplan der Adolf-Hitler-Schulen, dass »die Jungen« in der Kunstbetrachtung »dahin zu führen« sind, »innerhalb der Kunstäußerungen unseres Volkes und der anderen Völker in Vergangenheit und Gegenwart Echtes von Unechtem zu scheiden«.[271] Dieses »Echte« war stets verbunden mit der Maßgabe, dass es »nicht begrifflich zu deuten ist, sondern vom Beschauer nur geahnt und gefühlt wird«[272], wobei das Echte mit dem *Wahren* und dem *Wert* und das Unechte mit *Unwert* gleichgesetzt wurde. Auch hier legte der Lehrplan der Adolf-Hitler-Schulen offen, welche Funktion die mit der Reichsreform 1938 neugebackenen Kunsterzieher erfüllen sollten: Die Aufgaben »wie z.B. die notwendige Bildergänzung für Aufsätze, biologische Abhandlungen usw.« seien »im jeweiligen Fachunterricht durchzuführen, jedoch zusammen mit dem Kunsterzieher auf Wert und Unwert durchzusehen«.[273]

In seinem Artikel »Albrecht Dürer und die Schule« zeigte Braig aber auch, an welchen Positionen er nicht rütteln lassen wollte. Erstens, dass die Kunst an die Seite der Wissenschaft gehört – »erst durch Dürer wurde die Kunst aus dem Werkstattmäßigen, aus der Niederung des Handwerks an die Seite der Wissenschaft emporgehoben«[274] –, zweitens, dass »in der Verbindung naturwissenschaftlicher und bildhafter Absichten, wie Dürer sie in seinen Naturstudien meister-

---

269 Ebd., S. 271 f.
270 Ebd., S. 277.
271 Die Adolf-Hitler-Schule. Erziehungs- und Lehrplan, S. 20.
272 Ebd.
273 Ebd., S. 42.
274 Adolf Braig, *Albrecht Dürer und die Schule*, S. 81. Braig hatte offensichtlich nur Deutschland im Visier, er erwähnte nicht, dass in Italien dieser Prozess schon ein Dreivierteljahrhundert vorher kulminierte.

Unterrichtsmotive bei Seminarzeichenlehrer Karl Jakob Motz

1935–1937

1939

1940–1942 (Schlachtenbilder von 1940 siehe auch Dok. 206)

lich erfüllt hat«, eine »außerordentliche Kraft« liegt und auch dem Jugendlichen »die zeichnerische Tätigkeit zur Quelle wahrhafter Naturerkenntnis und reinster Freude machen kann«.[275] Zu beachten sei, dass das »darstellende, von sachlicher Naturbetrachtung geleitete Zeichnen« nicht zu früh, sondern im Laufe der Entwicklung des Schülers »neben die freie Bildäußerung«[276] tritt.

10.1.6 »Reichssieger« Helmut Zischler – ein Schüler des Seminarlehrers Karl Motz

Helmut Zischler war ein Schüler von Karl Jakob Motz in der Rupprecht-Oberrealschule. Zeichnen und Malen waren seine große Leidenschaft, als Beruf wählte er später Kunsterziehung, viele Jahre unterrichtete er am Klenzegymnasium in München (ehemals Oberrealschule III an der Klenzestraße). Auch von ihm ist – neben seinen Schlachtenbildern, siehe Dok. 202 – eine reichhaltige Zeichenmappe aus den Schuljahren der NS-Zeit erhalten geblieben. In ihrer Fülle geben die Zeichnungen Aufschluss über die Themen und Motive bei seinem Lehrer: Das übliche Domino-Spiel und die traditionelle Kiste als »räumliche Aufgabe« (vgl. die Skizzen von Alfred Zacharias), eine frühe, noch starr konstruierte Baumallee und ein späteres, schon meisterhaft aquarelliertes Schienennetz mit Zug als zentralperspektivische Übung (Dok. 310), das obligatorische Beißzangenbild (Dok. 164) usw.

In den Jahren 1940 bis 1942 stehen die »harmlosesten« Zeichenmotive – bunte Papageien oder eine rote Lilie – einträchtig neben seinen aggressiven Seegeltungs-Bildern: *Arglosigkeit und Angriffslustigkeit* lautete deshalb der Titel von Zischlers Aquarellen bei der Ausstellung zur gymnasialen NS-Kunsterziehung in München 2005.

10.1.7 Der beste Schüler von Josef Eckert (Seminarist von Ferdinand Honig)

Josef Eckert war einer jener Zeichenlehramtskandidaten, die 1933 an der TH-Ausstellung »Grenzland in Not« aktiv mitwirkten. Sein Seminarjahr verbrachte er anschließend in der Luitpold-Oberrealschule, wo Ferdinand Honig Seminarleiter war. Honig trat 1933 der NSDAP bei, als Kunstpädagoge machte er sich einen Namen gegen Britsch/Kornmann (siehe Dok. 88).

Eine Verbindung von Josef Eckert zur Bergmann-Schule ist archivalisch nur in einem Punkt erschließbar: Als Bergmann 1937 Sonderurlaub für seine Mit-

---

275 Ebd., S. 84.
276 Ebd., S. 83.

Wendelin Schied, geb. 1923.

»Der polnische Adler fliegt nicht mehr!« – Lastkraftwagen mit Symbolik

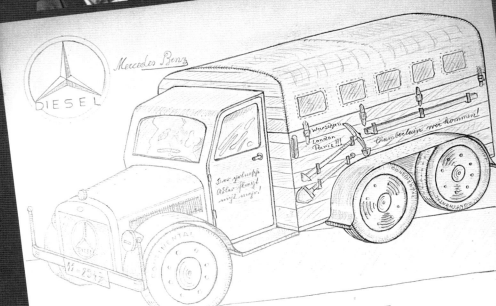

Zeichnungen 1939 in der Klasse 5b (oben) und ein Jahr später in der Klasse 6b (unten), aus: Archiv Schied.

arbeit am Festzug erhielt, übernahm Eckert Bergmanns Vertretung am Neuen Realgymnasium.

Aus dem Unterricht von Josef Eckert an der Luitpold-Oberrealschule sind die Zeichenarbeiten des ehemaligen Schülers Wendelin Schied aus sechs geschlossenen Schuljahren (1935/36 bis 1940/41) vollständig erhalten geblieben. Sie zeigen einen eher traditionalistisch gefärbten Unterricht.

1941 trat Schied als Volontär in die Münchener Vereinigten Werkstätten für Kunst im Handwerk ein, wo er zum technischen Zeichner für Innenarchitektur weiter ausgebildet wurde und bis zum Eintritt ins Rentenalter arbeitete. Arbeiten musste, weil er eigentlich Maler war, der jede Minute seiner Freizeit der bildenden Kunst widmete, aber von seiner Kunst nicht leben konnte. Leidenschaft, zusätzliches Akademiestudium (Abschluss 1949) und ständige Malpraxis ließen Wendelin Schied hervorragende Werke schaffen. Schon in der Schule überzeugten seine Zeichnungen. Sie sollen hier in ihrer Entwicklung gezeigt werden, zum einen als (nochmaliges) Beispiel für den streng konstruktivistischen und sachlichen Unterricht an einer »Realien-Schule« (Dok. 310 bis 313), zum anderen im Hinblick darauf, welche Symboldynamik sich auch in den sachlichsten Zeichnungen entfalten konnte.

In Dok. 308 sind zwei Lastwagen-Zeichnungen von Schied abgebildet. »Der polnische Adler fliegt nicht mehr!« und »Chamberlain wir kommen« wurde vom Schüler in den LKW (oben, 1939, Klasse 5b) geschrieben. In der versachlichten Zeichnung darunter (1941, Klasse 6b) musste dies nicht mehr hineingeschrieben werden, um es trotzdem herauszulesen. Wie nackt die Gegenstände auch gezeichnet wurden, sie waren stets Bedeutungsträger. Selbst die unscheinbarsten Dinge des Alltags, ein Rad, ein Heuwagen oder eine Handbewegung standen nicht für sich allein, sondern vermittelten Sinnzusammenhang und Emotionen. Die Alltagsgegenstände waren symbolträchtig aufgeladen. Das darf man auch angesichts der technisch äußerst sorgsam und konzentriert gezeichneten Dinge wie Ofen, Kochtopf, Trichter, Hufeisen oder Hammer nicht vergessen.

Der weitere Lebens- und Berufsweg von Wendelin Schied zeigt allerdings auch, dass solcherart Indoktrination von Jugendlichen sich nicht zwangsläufig im Erwachsenenleben festsetzen muss. Schied hat sich sehr bewusst mit den Mechanismen dieser Beeinflussung auseinandergesetzt.[277]

Über seinen Zeichenlehrer Josef Eckert ist im Beurteilungsbogen 1954 der Gisela-Oberrealschule zu lesen: »Mit Schärfe wendet er sich gegen Dilettantismus und Experimentiersucht in Kunst und Unterricht« – »unbeirrt von allen

---

277 Diesen Eindruck gewann die Verfasserin in mehreren persönlichen Gesprächen mit Schied. Auch seine Organisierung im »Schutzverband der bildenden Künstler« in München verstand Schied als eine Konsequenz in diesem Sinn.

Schularbeiten von Wendelin Schied
1. Klasse Luitpold-Oberrealschule (1935/1936)

 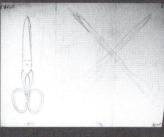 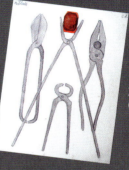

2. Klasse (Schuljahr 1936/1937)

3. Klasse (Schuljahr 1937/1938)

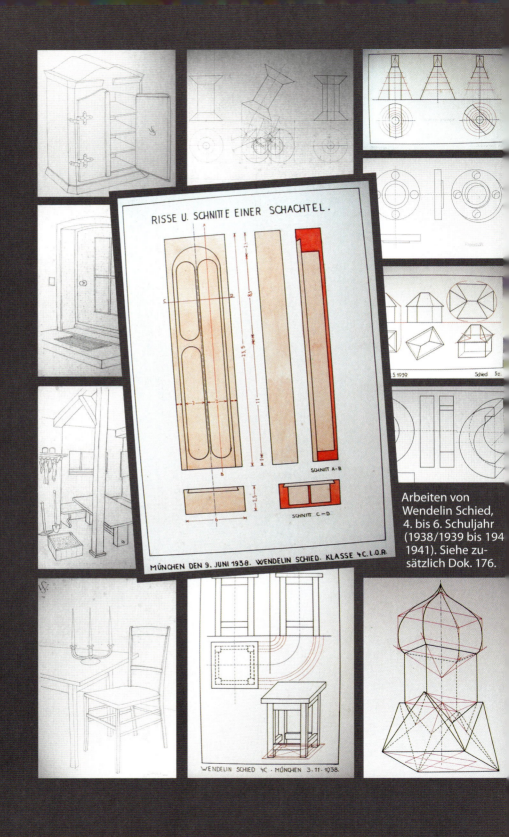

Arbeiten von Wendelin Schied, 4. bis 6. Schuljahr (1938/1939 bis 1940/1941). Siehe zusätzlich Dok. 176.

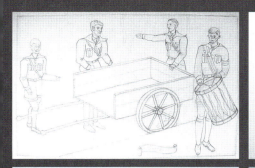

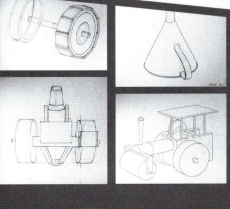

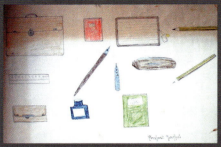

Lehrerwechsel zu einem Bergmann-Seminaristen

Oben: Klasse 1b, Zeichenlehrer Robert Maendl, 1938/39, unten: Klasse 2b, Zeichenlehrer Otto Heueck, 1939/40, jeweils Ludwigsgymnasium in München, Arbeiten von Eberhard Goepfert.

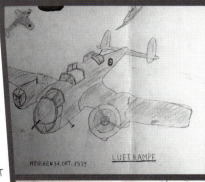
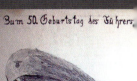

Aus: Archiv Dr. Goepfert.

Modeströmungen«. Und drei Jahre später: »Mit unbestechlicher Gründlichkeit und Straffheit zwingt er die Schüler zu exakter Arbeit und führt sie zu ausgezeichneten Leistungen.«[278]

10.2 Aus dem Unterricht von Bergmann-Seminaristen

Mit dem Musterschüler Wellano und den Adolf-Hitler-Schulen wurde das Wesentliche zu diesem Thema gesagt. Es sei hier zur Illustrierung nur ein Beispiel dafür geliefert, dass sich bei Bergmann-Schülern die Themen und Zeichenmotive änderten – nicht jedoch die traditionalistisch-rigide Zeichenschule.

10.2.1 Sichtbarer Lehrerwechsel: Von Maendl zu Heueck

Wie deutlich sich die Unterrichtsergebnisse bei einem älteren Zeichenlehrer wie Robert Maendl von denen eines Bergmann-Seminaristen wie Otto Heueck unterschieden, ist in den Dokumenten 318 und 320 zu sehen. Ein ehemaliger Schüler stellt hier seine erhalten gebliebenen Zeichnungen aus vier aufeinanderfolgenden Schuljahren aus dem Ludwigsgymnasium zur Verfügung. Während Maendl das Sachzeichnen an Gegenständen wie Briefumschlag, Aktentasche, Federhalter, Bierglas etc. üben ließ, änderten sich bei Heueck Themen und Motive radikal im Sinne der Bergmann-Schule. Bei Heueck spielte die »Gegenwartsbezogenheit« eine große Rolle: Schemm-Gedenkfeier, Hitlers Geburtstag, Kriegsverlauf (Landkarte), Luftkrieg. Dieser »lebendige Unterricht« bestimmte auch die extrem geometrisch-konstruktivistische Ausrichtung in den Folgejahren: Burgen, Brückenbau, Flugzeugmodellbau, Häuser in Militärperspektive, trommelnde Puppen-Automaten. Der äußerst zweckrationale, modern-sachliche und technische Unterricht vermochte die Irrationalitäten der NS-Bewegung an der Oberfläche aufzulösen, so dass diese umso besser im Unsichtbaren ihre Wirkung entfalten konnten!

In der Erhebung, die Adolf Braig nach 1945 für die Hochschule der bildenden Künste durchführte, bekam Heueck für die in seinen Klassen gefertigten Arbeiten die Lehrernote 4-5.[279]

---

278 BayHStA MK Personalaktenabgabe 1997/99, lfd. Nr. 385. In den kunstpädagogischen Auseinandersetzungen in München nach 1949 (siehe Kapitel IV. 2) stand Eckert mit seinen »bissig-vernichtenden« Bemerkungen über Karl Köhler auf der Seite der Gegner der sog. expressionistischen Richtung, wie der damalige Vorsitzende Eugen Küchle dies formulierte – im Vergleich zu den »sorgenvollen« Bemerkungen des Kollegen Zacharias und den »loyal-verbindenden, doch ebenfalls besorgten von Koll. Scherr«. (Bericht vom 28.8.1953 an das Bayerische Staatsministerium für Unterricht und Kultus, BayHStA MK 53011.)
279 Siehe Kapitel IV. 2.1.

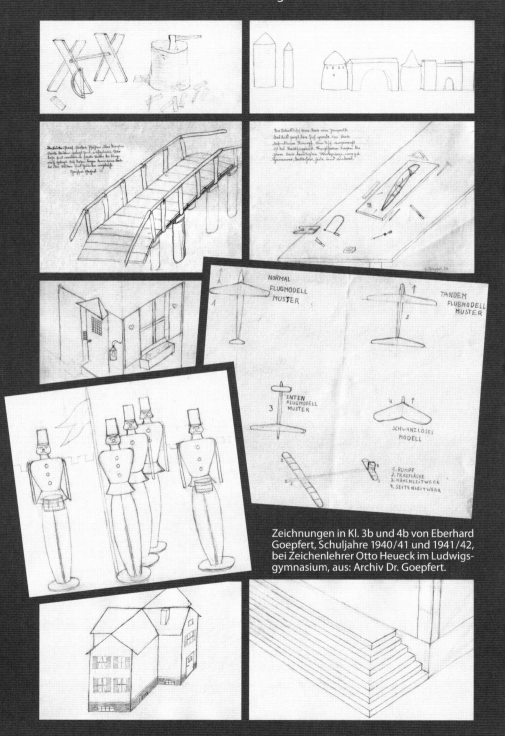

Zeichnungen in Kl. 3b und 4b von Eberhard Goepfert, Schuljahre 1940/41 und 1941/42, bei Zeichenlehrer Otto Heueck im Ludwigsgymnasium, aus: Archiv Dr. Goepfert.

10.3 Die Lehrer aus dem Kornmann-Freundeskreis

Der Kornmann-Freundeskreis war keine homogene Gruppe, weder im politischen noch im kunstpädagogischen Sinn. Dies ist angesichts der Veränderungen, die die Britsch-Überlegungen erfuhren, nicht weiter verwunderlich. Für die in München unterrichtenden gymnasialen ZeichenlehrerInnen dieses Kreises kann keine gemeinsame Didaktik nachgewiesen werden, allenfalls erschließen sich thematisch besondere Betonungen gegenüber beispielsweise der Bergmann-Schule, wobei der hohe Stellenwert der Volkskunst ein breites Band politischer Implikationen umfasste. Eine Ausweitung der Untersuchung auf die bayerische Ebene könnte hier sicher weiterführen, da z.B. in Coburg, Bamberg, Passau, Regensburg und Rosenheim im Gegensatz zu München einstige Britschianer und spätere »Gestalt«-Mitarbeiter auch an den Oberschulen für Jungen unterrichteten. In München stand der Zeichenunterricht wie bereits ausgeführt vor allem in den Volksschulen und Mädchenoberschulen unter dem Einfluss der Britsch-Interpreten Kornmann und Herrmann. An Münchener Oberschulen für Jungen gehörten die zwei Zeichenlehrer Karl Vogelgsang und Alfred Zacharias in den 1930er Jahren zur großen Ausnahme unter ihren Fachkollegen.

10.3.1 Ein Skizzenbuch und die Romane von Alfred Zacharias

Alfred Zacharias übte 35 Jahre lang das Zeichenlehramt aus. Schon als 21-Jähriger publizierte er Holzschnitte, und bald danach verfasste und illustrierte er eine Reihe von Büchern, Kriegsromane und sog. Jugendbücher. In den späten zwanziger Jahren gestaltete er die Werbegrafik für die Bayerischen Flugzeugwerke Augsburg und »auch das Firmenzeichen, das den Messerschmitt-Flugzeugen lange Zeit aufgemalt wurde«.[280] Er lernte seine spätere Ehefrau Irmgard[281] im Kornmann-Freundeskreis der 1920er Jahre kennen und war diesem in lockerer Form verbunden.

Es sollen hier Ausschnitte aus einem persönlichen Skizzenbuch[282] von Alfred Zacharias erstmals veröffentlicht werden. Dieses Skizzenbuch wurde vermutlich Anfang bis Mitte der 1940er Jahre erstellt, als Alfred Zacharias an der Maria-

---

280 KatAusst. *Die Malerfamilie Zacharias,* Kunst- und Gewerbeverein Regensburg 1987.
281 Irmgard Fischel und Alfred Zacharias sind die Eltern von Thomas Zacharias (Professor für Kunsterziehung an der Akademie für bildende Künste in München), Wolfgang Zacharias (ebenfalls Kunstpädagoge, Schriftsteller und Organisator verschiedener kunstpädagogischer Einrichtungen) und Veronika Zacharias (freie Malerin).
282 Das Skizzenbuch wurde der Verfasserin von Dr. Wolfgang Zacharias dankenswerterweise zur Verfügung gestellt.

Volkskunst als räumliche Aufgabe

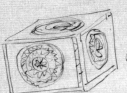

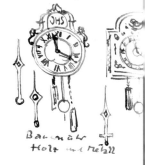

Aus dem Skizzenbuch des Britsch-Interpreten Alfred Zacharias, ca. 1940-46, Archiv Dr. Wolfgang Zacharias.

Theresia-Oberrealschule unterrichtete, und diente bis mindestens 1951 der eigenen Unterrichtsvorbereitung sowie dem methodischen und thematischen Aufbau der Aufgaben, die er als Seminarlehrer ab 1949 in der Ludwigs-Oberrealschule den Lehramtsanwärtern stellte. Die feinen Entwurfszeichnungen korrespondierten zum Teil auch mit den Holzschnitten in den diversen Buchveröffentlichungen von Zacharias. Darüber hinaus notierte Zacharias sehr oft die Bild- und Literaturquellen, auf die er sich bei den jeweiligen Skizzen und Aufgabenstellungen stützte.

Für die inhaltliche Verbundenheit mit der Kornmann'schen Fassung der Britsch-Theorie gibt das Skizzenbuch einigen Aufschluss. Unter der Überschrift »Kunstbetrachtung / Kunstgeschichte« notierte Zacharias beim ersten Punkt »Kunst und Natur / Gestaltung in aller Kunst« Britsch-Kornmann als Quelle für die dazugehörige Einzelmappe. Auch beim Punkt »Die Farbe / Bildverständnis« wurde Kornmann als Quelle angemerkt. Doch sind die quellenkundlichen Bezüge auf Britsch/Kornmann nicht symptomatisch für das Studium von Literatur und Bildmaterial durch Zacharias. Im Gegenteil, neben der mehrfachen Erwähnung der »Blauen Bücher« von Wilhelm Pinder und verschiedener Autoren des R.D.K. (Reallexikon der deutschen Kunst) finden sich noch viele andere Literaturhinweise. Die wesentliche Verbundenheit mit dem Kornmann-Freundeskreis liegt in der Betonung der Volkskunst, sowohl arbeitstechnisch als auch thematisch. So klebte Zacharias zum Beispiel mehrere Seiten aus der Herrmann'schen »Gestalt« über Scherenschnitte aus den Jahren 1937 und 1940 in sein Skizzenbuch ein. Seine Themen nahm Zacharias aus der Welt der Märchen, Sagen, Balladen, Legenden, der Bibel, des Alltags, der Blumen, Bäume, Pflanzen, Tiere und Landschaften, der Berufe, des Handwerks und des Bauernhauses, des Wohnhauses und der alten Städte. Sie waren stark auf die Volkskunst ausgerichtet, wobei die Grenze zum Völkisch-Chauvinistischen zwar fließend, aber meistens nicht in den Skizzen selbst sichtbar wird, sondern erst in deren Verbindung zu bestimmten Texten. Zum Beispiel: Ein Stillleben von (Lorbeer-)Zweigen, Gewehr und Schwert ist in der Aussage ambivalent, als Schlussillustration aber in einem Buch – in dem ein Kurfürst seinen Junker gegen dessen Willen hinterlistig als Werkzeug für einen Völkerrechtsbruch und als Helfer für einen Mord missbraucht, wonach der Junker seinem Herrn angesichts von dessen imposanter Figur aus »Einsicht in das größere Ganze« für die Gnade dankt, ihm dienen zu dürfen[283] – eindeutig affirmativ.

Zacharias besaß starke erzählerische Fähigkeiten, sowohl literarisch als auch grafisch, und seine Skizzen rühren an. Aber die reizvollsten kleinen Zeichnungen mutierten des öfteren zu trockenen humorlosen Gebilden, sobald sie zu Illustrationen von Zacharias' Büchern wie »Kornett in Siebenbürgen« oder »Halt'

---

283 Siehe Abbildung in: Herbert Kranz, *Der Sohn des Achill in Warschau. Mit Holzschnitten von Alfred Zacharias,* Berlin 1941, S. 149.

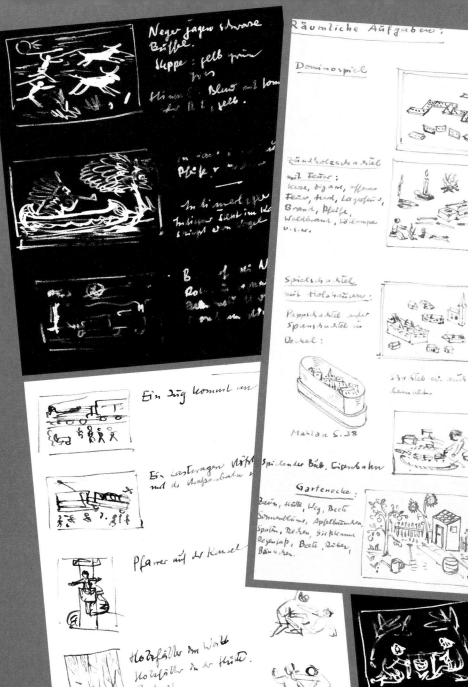

Aus: Skizzenbuch von Alfred Zacharias.

euch brav ihr deutschen Brüder ...« ausgearbeitet wurden. In diesen historisierenden Kriegsromanen wurde das Deutschtum verherrlicht, deutscher Heldenmut, deutsche Ehre und deutsche Treue usw. propagiert und der Kriegsgegner, das türkisch-osmanische Reich, als Mörderbande, als »Raubtiere aus Asien«[284] und teuflische Macht dargestellt. Die Botschaft, »alles zu leisten und alles zu geben für das deutsche Vaterland«,[285] war eindeutig. Auch beim »Kornett in Siebenbürgen« ging es um »des Soldaten Pflicht«, er »führte den Befehl aus, der ihm gegeben war«[286], er »war Soldat und gehörte dem Krieg.«[287] Zacharias propagierte den Schicksalsgedanken und ließ die mythische Macht der kaiserlichen Fahne im Feld, der Standarte hochleben – der feierliche Holzschnitt war die passende Illustration.[288] Der eigenartige Reiz, der noch von den kleinen Skizzen ausgeht und der vielleicht auch dem Widerspruch zwischen der Flüchtigkeit und Leichtigkeit der Linienführung und den thematischen Konkret- und Bestimmtheiten geschuldet ist, ist in den Illustrationen der Kriegsromane von Zacharias kaum mehr aufzufinden.

Die Schilderung »der Burg« war ein vorherrschendes Thema bei Zacharias. Im Skizzenbuch fehlt – wie zu erwarten ist – nicht der Hinweis auf die Blauen Bücher: »Pinder Burgen u. feste Schlösser«. Die Burgen schützten und wehrten, sie setzten Herrschaft gegen das Land und gegen Menschen – historisch und kunsthistorisch ein dankbares politisches Sujet.[289] Inwieweit Zacharias seine Schüler in den NS-Jahren Burgen zeichnen oder malen ließ, ist nicht bekannt. (Im Gegensatz etwa zu den Zeichenlehrern aus der Britsch/Kornmann-Schule wie z.B. Franz Ermer in Coburg, die ihren Schülern häufig das Burgen-Thema stellten.) In den – durch das Skizzenbuch vollständig bekannten – Themen- und

---

284 Zacharias, Alfred: *»Halt' euch brav ihr deutschen Brüder ...«*, Stuttgart 1936, S. 76.
285 Ebd., S. 45.
286 Alfred Zacharias, *Kornett in Siebenbürgen, mit Holzschnitten des Verfassers,* Berlin 1938, S. 8.
287 Ebd., S. 53.
288 Ebd., S. 66.
289 Originalton Pinder: »Burgen und feste Schlösser sind nicht nur Kunstwerke und wollen nicht nur als Kunstwerke gesehen sein. Sie wurzeln tiefer im Boden.« Sie stellen »eine monumentale Form von Kampf zwischen Bauwerk und Boden« dar, dabei herrsche die »Macht des Bodens, die sich irgendwie Allem mitteilt, was über ihm gebaut ist«. Die Burg verdankt dem täglichen Kampf ihr Dasein, »ihr Leben ist mit Not und Gefahr verstrickt, sie wächst in der gleichen Schicht mit dem Leben der Menschen«. Die kunsthistorische Einflussforschung bei den Burgen und festen Schlössern fasste Pinder zusammen: »Deutschland, das alte große Land der Mitte, das den Norden und den Süden, den Osten und den Westen von Europa nicht nur berührt, sondern tatsächlich selbst in seinem eigenen unermeßlichen Schoße birgt.« Wilhelm Pinder, *Deutsche Burgen und feste Schlösser,* Königstein im Taunus 1942, S. 3 ff., zit. nach Sabine Schmid, Hauptseminararbeit, *Der Verlag Karl Robert Langewiesche und »Die Blauen Bücher«,* SoSe 2004, LMU, Institut für Kunstgeschichte.

Burgen und Kirchen von A. Zacharias

Aus dem Skizzenbuch des Britsch-Interpreten Alfred Zacharias (auf ca. 50% verkleinert).

Aufgabenstellungen für die Klassenjahrgänge von 1946 bis etwa 1951 kamen die Burgen bei Zacharias als Schulaufgabe nicht vor.

Auch der Roman »Bauernzorn« von Alfred Zacharias lieferte viel martialischen und bluttriefenden Stoff, die bunten Holzschnitte zeugen von seiner Parteinahme für die geschundenen Bauern, die gegen ihre fürstlichen, adligen und kirchlichen Herren aufstanden.[290]

Zacharias war nicht Mitglied der NSDAP. Er war ein »verkappter Militarist«[291], der gerne mit Zinnsoldaten spielte, Kämpfe schilderte[292] und – wie aus dem Vorwort zu »Halt euch brav ...« hervorgeht – leidenschaftlich gern in Kriegsarchiven stöberte. Darüber hinaus kamen die kriegerischen Motive seiner hervorragend guten Ausbildung im sog. erklärenden Zeichnen (früher funktionales Zeichnen genannt) entgegen. Wie die Mörser beschaffen, wie der Abschuss von Granaten funktionierte usw., das konnte Zacharias in Form von Zeichnungen bestens zeigen. Die Verführung, in dieser Tätigkeit künstlerische Befriedigung und dabei auch noch gesellschaftliches Ansehen und Wohlstand zu sichern, war anscheinend mächtiger als die Einsicht, dass diese Art von Literatur dem Nazi-Regime höchst willkommen war.[293] »Nichts ist nun geeigneter, die Jugend eines

---

290 Der Roman handelt im Jahr 1525 zur Zeit des großen Bauernaufstands. Zacharias' Einschätzung der Niederlage des Bauernaufstands und des frührevolutionären Bürgertums ist im Hinblick auf die nationale Frage aufschlussreich. Zacharias schien am schlimmsten, dass sich hier »Deutsche gegen Deutsche« so »wütig angefallen und grausam zerfleischt« haben. Dass aber dabei die Fürsten die Gewinner waren und über Jahrhunderte hinaus nicht nur das Land zerstückelten, sondern auch ihre Herrschaft über die Menschen erweiterten, dass hier – parallel zur gleichzeitigen Gegenreformation – die erste entscheidende Niederlage des frühen revolutionären Bürgertums erfolgte, die charakteristisch auch für die späteren Niederlagen wurde: dass das Bürgertum die revolutionären Bauern und Verbündeten im Wortsinn im Stich ließen und sich dem Adel andiente, woraus der spezifisch deutsche Untertanengeist und die maßlosen Herrschaftsansprüche der Junker und der ihnen nacheifernden Bourgeoisie bis hin zum preußischen Militarismus [und Hitlerregime] entstanden – diese Einschätzung war zwar seit Engels und Marx etc. bekannt, konnte aber das Bildungsbürgertum und die Kreise, denen Zacharias angehörte, damals in aller Regel nicht erreichen. (Zacharias' Vater war der Hoffotograf des Fürsten von Thurn und Taxis.)
291 Diesen Ausdruck prägte sein Sohn Thomas Zacharias in einem Gespräch mit der Verfasserin, November 2006.
292 Das Robinsonmotiv wählte Zacharias sicherlich nicht zuletzt wegen der willkommenen Gelegenheit, die Kämpfe von Robinson mit den Menschenfressern und dann mit den Meuterern im Detail zu schildern. Waffen und Werkzeuge verleihen Kraft, das war eine der Botschaften dieses Romans.
293 So fanden z.B. im September 1933 mehrere Schulfeiern statt zum Sieg über die Türken vor Wien im Jahr 1683. Und Zacharias selbst zitierte als eine Art Vorwort für seinen Roman »Halt' euch brav ...« aus einem Erlass des Reichskriegsministers, Generalfeldmarschall von Blomberg, an das Reichsheer zum 200-jährigen Todestag des Prinzen Eugen, 21.4.1936:

Halt euch brav, ihr deutschen Brüder …«

„… Von Südosten drohten die Türken, die deutsche Kultur zu vernichten; im Westen drangen die Eroberungsheere des französischen Königs Ludwigs XIV. plündernd, sengend und mordend an den Rhein vor. 1681 fiel Straßburg in französische Hand, zwei Jahre später standen die Türken vor Wien …

… Unter den berühmtesten Feldherren jener Zeit fochten alle deutschen Stämme für die Reichsidee und sicherten für die Zukunft unser gemeinsames Deutschtum gegen die Mächte des Orients im Südosten und die des französischen Imperialismus im Westen …"

Aus dem Erlaß des Reichskriegsministers Generalfeldmarschall von Blomberg an das Reichsheer zum 200jährigen Todestag des Prinzen Eugen am 21. April 1936

Deutschland zur Zeit der Türkenkriege
W: Wien, N: Neuhäusel, G: Gran, S: Straßburg

Offiziere kommen zu General von Caprara:
„Herr General, sie stecken die Gräben voll Türkenköpfe, die von Gran mit dem Schiff gekommen sind, sollen wir das erlauben, wir sind doch keine Türken, das ist ja furchtbar."
Der überlegt und sagt: „Lassen Sie es gut sein. Jetzt ist es schon geschehen, da haben sie heute ihren Spaß daran. Und zum Teufel auch, wieviele Köpfe haben uns die Türken schon aufgesteckt, und es ist wohl besser, wir pflanzen ihre auf als sie unsere!"

Aus: Alfred Zacharias, »Halt' euch brav, ihr deutschen Brüder …« Eine Erzählung aus den Türkenkriegen nach alten Quellen, Stuttgart 1936, S. 6/7 und S. 172/173.

Volkes innerlich wehrbereit zu machen, als die Beschäftigung mit den kriegerischen Ruhmestagen vaterländischer Vergangenheit«, hieß es offen in der NSLB-Zeitschrift »Die Deutsche Höhere Schule«[294] (die Geschichts*erzählung* war sogar zu einer Unterrichts-Methode im Geschichtsfach – und in Form von Lese- und Ergänzungsheften zu einem Ersatz für die schwierige Neufassung der Geschichtslehrbücher) geworden. Militaristische Steckenpferde zu reiten, das war in der NS-Zeit kein harmloses Hobby mehr. Es war klar, dass die Romaninhalte und ihre Botschaften vom Leser auf die Gegenwart projektiert werden. Schließlich sollte damit ja auch das erzieherische Moment insbesondere für die jugendliche Leserschaft erzielt werden.

Umso enttäuschter ist man deshalb z.B. beim Roman »Stein in der Mauer«, in dem Zacharias das Lehrlingsleben beim mittelalterlichen Dombau schilderte: Hier wird als Gegenfigur zum guten (deutschen) Buben der »schwarze Jakob, der Gesell aus dem Welschland, den der Meister einer Untreue wegen gestern davongejagt hat«, vorgeführt, der »Lump, der meineidige«, der dann aus »eigener zorniger Rachsucht [...] das gemeinsame Werk verraten« hat.[295] Der »finstere Jakob« aus dem Welschland wurde von Zacharias als Romanfigur eingeführt, der dem lichten, hellen Dombau mit dem »unirdischen Leuchten«, der herauswächst »aus dem Boden des Landes, genährt von seiner Frucht und von der willigen Kraft der Bürger und des Landvolks«[296], Schaden zufügte. »Wild flackern die Augen des Mannes und seine schmalen Lippen zischen Flüche. Nun haut der Rasende, den muß der Teufel selbst zu diesem Werk bestellt haben, einen großen Träger an.«[297] In einer dramatischen Situation – Blitz, Donner, Unwetter, Nacht – stieg der Mann auf das Gerüst, um sein Teufelswerk zu vollbringen – da, »ein Sturz und ein Aufklatschen unten [...]«. Den »zerschundenen Leichnam« des finsteren Jakobs beschlossen dann die Räte der Stadt »auf das Rad flechten zu lassen, allen zur Mahnung, denen etwa ein Freveln am Werk ankommen möchte«.[298] Und der Lehrbub Michel kommentierte: »Ich hab dem schwarzen Jakob ja nie über den Weg getraut [...] der verdruckte Lump ist

---

»Von Südosten drohten die Türken, die deutsche Kultur zu vernichten; im Westen drangen die Eroberungsheere des französischen Königs Ludwigs XIV. plündernd, sengend und mordend an den Rhein vor. 1681 fiel Straßburg in französische Hand, zwei Jahre später standen die Türken vor Wien [...] Unter den berühmtesten Feldherren jener Zeit fochten alle deutschen Stämme für die Reichsidee und sicherten für die Zukunft unser gemeinsames Deutschtum gegen die Mächte des Orients im Südosten und die des französischen Imperialismus im Westen«.

294 Heft II, 5.6.1936: *Kriegsgeschichte im Unterricht*, zit. nach Obermann, *Exil Paris*, S. 110.
295 Alfred Zacharias, *Stein in der Mauer*, Berlin 1944 (3. Aufl., Erstauflage 1942), S. 88 ff.
296 Ebd., S. 84.
297 Ebd., S. 95.
298 Ebd., S. 99 f.

Sauberkeit – naturgegeben?

Fotos aus der Ausstellung *Gymnasiale Kunsterziehung der NS-Zeit in München*. Im oberen Tafelteil waren fünf Schülerarbeiten aus dem Unterricht von Karl Vogelgsang ausgestellt (1949 bis 1958), und im unteren Teil Arbeiten aus dem Unterricht der Gestalt-Mitarbeiterin Philomena Koch an der städtischen Mädchenmittelschule in München, Zweigstelle Implerstraße (1941 bis 1945). Die Originale befinden sich im Gestalt-Archiv Hans Herrmann e.V.

immer so schiach rumgschlichen, bis ihn der Meister erwischt hat. Weiß der Teufel, was der noch alls g'stohln hat.«[299] In den Neuauflagen des Romans nach 1945 ersetzte Alfred Zacharias, was die Sache nicht besser machte, den »Gesell aus dem Welschland« durch die neue Figur »der fremde Gesell«.[300]

10.3.2 Allweyer'sche Heilkräuter und Dall'Armische Maibäume

Barbara von Allweyer war wohl die erste bayerische Studienlehrerin mit der Bezeichnung »für Zeichnen und Kunstbetrachtung«. Sie unterrichtete an der Hans-Schemm-Aufbauschule, die 1935 das halbe Erbe der Lehrerinnenbildungsanstalt für Oberbayern in München antrat und für die der neue Lehrplan der neuen Schulart galt. Eine ehemalige Schülerin von Frau von Allweyer berichtet: »Die Gegenstände wurden ausgearbeitet bis ins kleinste Detail. Drei Wochen an eine Blume hingezeichnet. Ganz auf Genauigkeit, auf naturalistisch, sehr fotografisch. Das war für die Arbeit in der Volksschule sehr gut. Aber im Laufe der Jahre bin ich dahinter gekommen, dass es vom Künstlerischen her nicht das Wahre war. Ich bin dann selber zu einem viel freieren Zeichnen und Aquarellieren gekommen. Sie war nicht eine Nazin. Sie hat uns nicht mit Verherrlichung ins Haus der Kunst geführt. Im Landschulheim auch mit Frau Allweyer haben wir vor der Natur gezeichnet. Sonst sind wir nicht rausgegangen aus der Schule in die Natur. Als Lehrerin in Pasing habe ich den Zeichenunterricht von Frau A. fortgeführt.«[301] Eine Schülerin aus derselben Zeit: »Das Zeichnen war für mich, die eigentlich begabt war und in einer normalen Familie auch als das anerkannt worden wäre, also der Unterricht war ein wenig quälend, mit genauestem Detailzeichnen nach der Natur. So kann ich mich an eine Zeichnung, die am Schluss dann doch geraten ist, über das Schöllkraut erinnern, eine Arzneipflanze, die mir noch heute so gute Dienste tut. Da das Unterrichtsfach ja ›Kunsterziehung‹ hieß, war darin auch das Handarbeiten einbezogen. Da mussten wir ein Serviettentäschchen mit allen üblichen Stichen herstellen, das Motiv war von der Alli, ich habe es viel später als gut und geglückt erkannt.«[302]

Diese atmosphärische Schilderung wird von einer dritten Schülerin ergänzt: »Einmal sollten wir zum Rahmenthema ›Erntedankfest‹ nach eigener Wahl zeichnen. Im Abiturjahr saßen wir im Treppenhaus mit seinen Bogengängen, um Abschnitte davon wiederzugeben. Außerdem wurden Lichtbilder von griechi-

---

299 Ebd., S. 102.
300 Alfred Zacharias, *Stein in der Mauer. Lehrling am Dom,* Regensburg 1952 (4. Aufl.), S. 96. Den Begriff »Welschwein« ließ Zacharias in allen Auflagen nach 1945 stehen, der war ja auch stets harmlos gemeint.
301 Marianne Schmidt, Trostberg, 2004, in einem Gespräch mit der Verfasserin.
302 Dr. med Annemarie Banzhaf, Nassau, 15.5.2004, in einem Brief an die Verfasserin.

An der Hans-Schemm-Aufbauschule (vordem Kgl. Kreislehrerinnen-Bildungsanstalt, Frühlingstraße) gab es zwei Abteilungen, eine für Mädchen, eine für Knaben. Diese gingen zum Vordereingang in die Schule, jene mussten den Hintereingang nehmen. Auch die Zeichenprüfungen unterschieden sich. So z.B. 1938:

DIE AUFGABEN FÜR DIE KNABEN: ZEICHNEN. (Zur Wahl)

1. Schilderung eines chem. oder physikalischen Vorgangs nach eingehender Betrachtung des Sachverhalts.
2. Zeichnung eines Adlers in freier Gestaltung nach Studium am Modell.
3. *Bildhaftes Gestalten einer erlebten Turnstunde.*

DIE AUFGABEN FÜR DIE MÄDCHEN: ZEICHNEN. (Zur Wahl)

1. Ein Stuhl soll sachlich klar aus der Vorstellung gezeichnet werden. Der Stuhl ist zur Beobachtung aufgestellt, eine Darstellung der Erscheinung desselben ist nicht Aufgabe! Tonunterschiede in den verschiedenen Flächenrichtungen klären die Form.
2. Eine Pflanze nach Wahl ist vor der Natur zu gestalten. Auf Binnenzeichnung, Strukturlinien wird Wert gelegt.
3. *Der weibliche Arbeitsdienst als friesartige Illustration oder als Rechteckfüllung.*

Aus dem Jahresbericht 1937/38, S. 35.

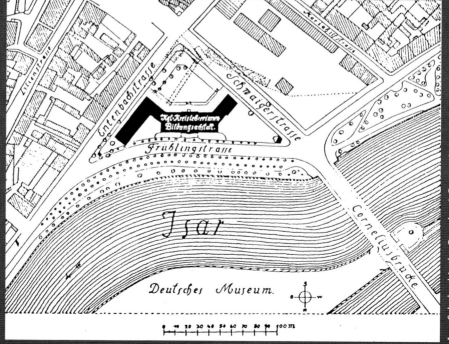

Aus: Schularchiv des Pestalozzi-Gymnasiums.

schen Stelen vorgeführt. [...] Frau von Allweyer war auch unsere Handarbeitslehrerin. Sie hat unter anderem auch praktische Arbeiten ausführen lassen, wie Stopfen, Socken- und Handschuhe-Stricken und Fleckeinsetzen, weil wir als junge Lehrerinnen an Dorfschulen kamen und dort meist den Handarbeitsunterricht geben mussten.«[303]

Weder Barbara von Allweyer an der Hans-Schemm-Oberschule in der Frühlingstraße noch ihre Kollegin am Max-Josef-Stift, Emma von Dall'Armi, waren Mitglied der NSDAP. Im Unterricht unterschieden sie sich eventuell dadurch, dass bei von Dall'Armi die Didaktik manchmal etwas freier war. »Dall'Armi (aus ihr wurde Salami und dann *die Wurst* als Spitzname) gab uns die Motive zum Zeichnen oder Malen – wie wir das dann machten, wurde uns überlassen. Technik, Größe, Art der Umsetzung etc. konnten wir selbst entscheiden. Sie ging durch die Reihen und korrigierte in Einzelbesprechung. Als ich einmal eine Bleistiftskizze – einen wunderschönen Bärlauchstrauch – aquarellierte, meinte sie, ich hätte doch auch ohne Vorzeichnung malen können.«[304]

Beide Zeichenlehrerinnen besuchten bereits in den 1920er Jahren mehrfach Kurse im Starnberger Gustaf Britsch-Institut. Von Dall'Armi gehörte zum engeren Freundeskreis Egon Kornmanns.[305]

Aus dem Unterricht von Emma von Dall'Armi überlebten zwei Dutzend Maibaum-Zeichnungen.[306] (Dok. 330) Sie stammen aus dem Jahr 1949 aus dem Max-Josef-Stift, jeweils 3. Schulklasse. Die Maibaumspitze mit einem Blumenkranz, von Schleifenbändern gehalten, fein säuberlich vorgezeichnet und dann aquarelliert oder mit Buntstiften ausgemalt. Aus den Datumsangaben der Schülerinnen am linken unteren Blattrand ergibt sich, dass die etwa 13-Jährigen sechs Schulwochen mit der Erstellung ihres Maibaum-Blattes beschäftigt waren. Bei einigen Blättern vermerkte Dall'Armi, wie oft die Schülerin gefehlt hatte, sodass auch die Aufeinanderfolge der Ausmalung heute noch nachvollziehbar ist. Der Baumstamm und die Bänder, die den Kranz befestigen, kamen zuletzt, das Blumenmotiv war vorrangig. Die Zeichnungen entstanden 1949, aber es ist mit Sicherheit anzunehmen, dass Emma von Dall'Armi auch während der NS-Zeit das Maibaummotiv oft vorgab und einen ähnlichen Malunterricht erteilte.

---

303 Hildegard Engel, Marquartstein, 12.5.04, in einem Brief an die Verfasserin.
304 Hertha Schmorell, München (Max-Josef-Stift 1934-1942), 2004, in einem Gespräch mit der Verfasserin.
305 Das geht z.B. aus dem Glückwunschschreiben für Kornmann zum 50. Geburtstag hervor, das Emma von Dall'Armi zusammen mit etwa einem Dutzend weiterer Gratulanten unterzeichnete, und zu dem jede/r etwas »Selbstgemachtes« beisteuerte. Zacharias-Fischel z.B. eine Tüllstickerei, Vogelsang ein Landschaftsaquarell usw.
306 Sie befinden sich im Gestalt-Archiv Hans Herrmann e.V. in Schondorf.

Maibäume aus dem Unterricht von Emma von Dall'Armi, Max-Josef-Stift

Zuerst wurde mit Bleistift vorgezeichnet, dann mit Aquarell oder Buntstiften fein ausgemalt. Sechs Schulwochen brauchten die etwa 13-jährigen Mädchen für die Erstellung ihres Blatts. Die Blätter stammen von 1949, aus dem Gestalt-Archiv Hans Herrmann e.V.

Im Hintergrund dieser Malaufgabe stand die Konjunktur des Maibaumaufstellens. In der NS-Zeit explodierte die Maibaumtradition geradezu, nachdem Hitler 1934 im Berliner Lustgarten dem Maibaum die höheren Weihen gab. »Überall in Stadt und Land wurden nun Maibäume errichtet, wobei man sich besonders den bayerischen Figurenbaum zum Vorbild nahm.«[307] Ähnlich wie die Pflege und Anbetung der oberbayerischen Trachtenkultur (z.B. in Form der Lederhose) als »unschuldige Volkskultur« in den 1950er Jahren der BRD ungebrochen von der NS-Zeit übernommen und fortgesetzt wurde, blühte auch das Maibaumaufstellen weiter.[308]

10.4 Unterrichtsaufsicht durch das Kultusministerium

In alter Tradition wurde 1934 Anton Haderer, Studienrat für Mathematik und Physik seit 1923 am NRG, in das Bayerische Staatsministerium für Unterricht und Kultus zur Dienstleistung berufen. Seine Aufgaben dort beschrieb Staatsrat Boepple 1937, als Haderer trotz entgegenstehenden administrativen Regelwerks zum Ministerialrat befördert wurde: »Dadurch, daß Haderer nicht nur mit der fachlichen Leitung des gesamten realistischen höheren und mittleren Schulwesens für Knaben betraut ist, sondern auch sämtliche Angelegenheiten des bayerischen Lehrpersonals für Mathematik, Chemie, Naturwissenschaften und Zeichnen bearbeitet, ist er in der Lage, einen bestimmenden Einfluß auf einen sehr erheblichen Teil des höheren und mittleren Schulwesens in Bayern zu üben, und zwar auch insoweit, als für bestimmte Anstaltsgattungen, wie Privatschulen oder höhere Lehranstalten für Mädchen, besondere Sachbearbeiter aufgestellt sind. Bei der engen Fühlungnahme, die ich allen Sachbearbeitern für die verschiedenen Schulgattungen des Landes zur besonderen Pflicht gemacht habe, kommt sein Urteil als zielsicherer Nationalsozialist im Gesamtbereich des höheren Unterrichtswesens ständig und im besonderen Maße zur Geltung.«[309] Haderer

---

[307] Hans Meinl und Alfons Schweiggert, *Der Maibaum. Geschichte und Geschichten um ein beliebtes Brauchtum,* Dachau 1991, S. 42.

[308] Vgl. Gudrun Brockhaus, *Die Lederhose – Ein verkanntes Emblem der 50er Jahre.* In: Hans Albrecht Hartmann und Rolf Haubl (Hg.): *Von Dingen und Menschen. Funktion und Bedeutung materieller Kultur,* Wiesbaden 2000, S. 37-60. – Eine angeblich ursprüngliche, unberührte alte süddeutsch-alpenländische Trachtenkultur wurde beschworen. Aber die war weder alt noch »unberührt«. Die in Vereinen betriebene Förderung dieser Trachtenkultur entstand Ende des 19. Jahrhunderts und wuchs im selben Maß, wie der Begriff »völkisch« an die Stelle und neben »national« trat. Auch der CSU-Slogan *Laptop und Lederhose* festigte »das assoziative Band zwischen einer behaupteten bayerischen Tradition, moderner Technologie und CSU« eine weitere, auch nicht unbekannte Mischung von völkischer Robustheit und technologischer Moderne.

[309] Boepple am 13.7.1937 an den Reichsstatthalter in Bayern, BayHStA MK 3511.

Alexander Schmorell und das Zeichenfach

Übersicht über die Jahreszeugnisse des Schülers

Alexander Schmorell,

geb. am 16.9.1917 zu Orenburg (Russland)

Schuljahr	Anstalt	Klasse	Fortgangsnoten												Bemerkungen
			Religion	Deutsch	Latein	Englisch	Französisch	Mathematik	Physik	Naturkunde	Chemie	Geschichte	Erdkunde	Zeichnen	Turnen	Singen	
1928/29	Wilh. Gym. Mü.	1c	-	3	4	-	-	3	-	3	-	-	4	1	2	4	
1929/30	" "	2c	-	3	5	-	-	3	-	2	-	-	3	1	2	bst	Rep.
1930/31	N.R.G.	3b	1	2	6	-	-	2	-	2	-	-	3	1	2	"	
1931/32	" "	3a	2	3	4	-	-	3	-	2	-	3	3	1	1	"	
1932/33	" "	4a	2	3	4	4	-	2	-	2	-	3	3	1	2		
1933/34	" "	5a	2	3	3	3	-	2	-	2	-	3	3	1	2	-	
1934/35	" "	6a	2	3	3	4	4	3	2	-	-	3	3	1	2	-	
1935/36	" "	7a	2	3	2	3	3	2	3	-	2	3	2	2	2		
1936/37	" "	8a	2	3	2	3	3	2	2	1	2	2	2	2	2		
19 /																	
19 /																	
19 /																	

Fotos aus: Archiv Hertha Schmorell, Zeugnis aus: Schularchiv Albert-Einstein-Gymnasium (ehemals NRG).

war bereits von 1922 bis zum 9.11.1923 [!] NSDAP-Mitglied und von 1924 bis zum 25.3.1925 Mitglied der Großdeutschen Volksgemeinschaft gewesen, »die seinerzeit die verschleierte, verbotene NSDAP verkörperte«.[310] Am 25.3.1925 wurde er wieder Mitglied der NSDAP, am Neuen Realgymnasium drängte er Assessoren zum »Dienst in der SA«.[311]

Neben Haderer gab es den Ministerialrat Bauerschmidt, der schon in den 1920er Jahren als »Unterrichtsinspektor für den allgemein und wissenschaftlich bildenden Heeresunterricht« u.a. einen »Leitfaden für staatsbürgerliche und vaterländische Belehrung. Geschrieben für den vaterländischen Unterricht im Heer (1918 als Hauptmann im Feld). Die späteren Auflagen als Schulausgaben«[312] veröffentlichte. Das Wehrbezirkskommando wurde 1940 informiert, dass Bauerschmidt als Ministerialrat im Bayerischen Staatsministerium für Unterricht und Kultus tätig sei und »neben der stellvertr. Leitung der Abteilung für das Höhere Schulwesen vor allem das Landesprüfungsamt für das höhere Schulwesen zu versehen« habe.[313] Als Scharnier zwischen Luftwaffe, Kriegsmarine sowie Heereskommando und den Höheren Schulen zeichnete Bauerschmidt für die schon o.g. Anweisungen an die Schuldirektoren.

Weitere Ministerialräte waren Siegfried von Jan und Hugo Freitag (siehe Kapitel I. 2.1). Bis 1939 unterstanden sie Staatsrat Boepple und Ministerialdirektor Karl August Fischer, die – wie das gesamte bayerische Kultusministerium seit dem Tod von Hans Schemm 1935 – dem Innenminister Adolf Wagner zugeordnet waren. 1939 wurde Boepple aufgrund persönlicher Differenzen und Intrigen zwischen Wagner und ihm nach Polen versetzt, für die höheren Schulen in Bayern waren danach die persönlichen Referenten von Wagner, Obergebietsführer Emil Klein und in der Funktion eines stellvertretenden Ministerialrates Alfred Schneidawind, zuständig.

11 Widerstand: Das Beispiel Alexander Schmorell

Alexander Schmorell war vom Schuljahr 1930/31 bis 1937 Schüler am Neuen Realgymnasium, sein Zeichenlehrer war Josef Bergmann. Vorher besuchte Schmorell das Wilhelmsgymnasium, seine guten Leistungen im Zeichnen waren in beiden Schulen stets anerkannt. (Dok. 332) Im Neuen Realgymnasium

---

310 Aus dem Bescheid der Spruchkammer München VI vom 28.7.1948, die Haderer zu diesem Zeitpunkt in die Gruppe III der Minderbelasteten und am 13.8.1948 in die Gruppe IV der Mitläufer einreihte, ebd.
311 Belegt ist dies durch eine eidesstattliche Erklärung von Fritz Ress. BayHStA MK 57752.
312 Siehe Bayerische Blätter für das Gymnasialschulwesen, 1922, 58. Bd. S. 51 (Hinweis aus BayHStA MK 43056).
313 Gez. v. Jan am 4.5.1940 an das Wehrbezirkskommando, BayHStA MK 43056.

Zeichenübungen von Alexander Schmorell

Die Skizzen (Bleistift, 42 x 28 cm) entstanden in einem Aktkurs und bei Zoobesuchen, 1941.

Die Skizzen wurden erstmals in der Ausstellung *Gymnasiale Kunsterziehung der NS-Zeit* 2005 veröffentlicht; aus: Archiv Hertha Schmorell.

lernte Schmorell im Februar 1936 auch Christoph Probst kennen, dieses Jahr »war der Anfang einer ›unzerreißbaren Freundschaft‹«.[314] Aus einem Brief von Probst an seine Mutter vom 23. Juni 1936 geht hervor, dass ihm auch Egon Kornmann kein Unbekannter war. Er berichtete über einen Lichtbildervortrag von Kornmann »Verpflichtung zur Kunst«: »Gestern war ein sehr schöner und tiefer Vortrag mit Lichtbildern über die Verpflichtungen des heutigen Menschen der Kunst gegenüber. Ich habe schon lang keinen so starken Vortrag erlebt. Trotzdem hatte der Vortragende nicht im geringsten Papas Kraft im Wort.«[315]

Alexander Schmorell wurde am 16. September 1917 in Orenburg am Ural in Russland geboren. Nachdem seine Mutter gestorben war, zog sein Vater 1921 mit ihm nach München.[316] Er wuchs zweisprachig auf, in der Familie wurde russisch gesprochen. Die russische Kultur empfand er als seine geistige Heimat, als deutscher Staatsangehöriger besuchte er deutsche Schulen. Nach dem Abitur 1937 musste er seinen Reichsarbeitsdienst im Allgäu für den Ausbau der »Alpenstraße« ableisten, anschließend ließ er sich ein Jahr lang als Kanonier ausbilden. Als er den Eid auf Hitler leisten sollte, bat er um Entlassung aus der Wehrmacht, jedoch vergeblich. Im März 1939 war es so weit, er verließ die Wehrmacht als Unteroffizier mit der Führungsnote »gut« und begann ein Medizinstudium an der Münchner Universität.[317]

Sein Berufswunsch aber war Bildhauer, Rodin war sein Vorbild.[318] In Abendkursen im Privatatelier König bildete er sich im Zeichnen weiter. Eine reichhaltige Zeichenmappe und zwei Skulpturen sind von Schmorell erhalten geblieben. (Siehe Abbildungen der erstmals in der Ausstellung *Gymnasiale Kunsterziehung der NS-Zeit in München* 2005 veröffentlichten Arbeiten in Dok. 334 und 336). Seine ideologisch-kulturellen und politischen Vorstellungen waren eng

---

314 Christiane Moll, *Alexander Schmorell im Spiegel unveröffentlichter Briefe,* in: Rudolf Lill (Hg.), *Hochverrat? Neue Forschungen zur »Weißen Rose«,* Konstanz 1999, S. 129–160, hier S. 132.
315 Ich danke Christiane Moll für die Überlassung des Brieftextes und ihren Hinweis auf die Mitteilungen des Altlandheimerbundes, 16. Jg., Juli 1936, S. 7 – B.Z.
316 »Sein Vater Dr. Hugo Schmorell war Nachkomme deutscher Kaufleute in Orenburg. Seine Mutter Natalie Wwedenskaja war Russin. Sie starb, als Alexander noch ein Kleinkind war. Getauft wurde er nach orthodoxem Ritus. Nach dem Tod der Mutter besorgte der Vater für ihn eine Njanja = Kinderfrau. Nach der Heirat mit Elisabeth Hoffmann, Tochter eines deutschen Bierbrauers in Orenburg siedelte die Familie um nach München. Als Deutsche durften Dr. Schmorell und seine Familie ausreisen. Die Njanja, eine Russin, hätte eigentlich zurückbleiben müssen. Zum Glück für Alex hat Dr. Sch. ihre Mitreise durchsetzen können. So blieb sie auch in Deutschland wichtige Bezugsperson für ihn.« Aus einem Brief von Hertha Schmorell, 18.9.2005, an die Verfasserin.
317 Moll, *Alexander Schmorell im Spiegel unveröffentlichter Briefe,* S. 142.
318 Dr. Erich Schmorell, Bruder von Alexander, in einem Gespräch mit der Verfasserin, 2004.

mit Dostojewskijs Werk verbunden.[319]

Schmorell war einer der Hauptakteure der »Weißen Rose«. Die ersten vier Flugblätter der Weißen Rose – gemeinschaftlich von Hans Scholl und ihm verfasst – stellte er heimlich im Zimmer seines Elternhauses in der Benediktenwandstraße 12 her. Die Schreibmaschine besorgte er von einem Kindheitsfreund in unmittelbarer Nachbarschaft. Wer den Vervielfältigungsapparat kaufte, ist aus den Vernehmungsprotokollen nicht mehr rekonstruierbar.[320]

Wie Lilo Fürst-Ramdohr, mit der er ab 1941 Zeichen- und Malstudien unternahm, berichtete, hatte er auch »Schriftschablonen für die Farbparolen«, die die Freunde der »Weißen Rose« nachts an den Häuserwänden anbringen wollten, bei ihr angefertigt.[321] Alexander besaß handwerkliches Geschick. Wie aus den späteren Vernehmungsprotokollen hervorgeht, malten Schmorell und Hans Scholl in der Nacht auf den 4. Februar mit schwarzer Teerfarbe die Parole »Nieder mit Hitler« und ein durchgestrichenes Hakenkreuz an 29 zumeist öffentliche Gebäude. Dabei benutzten sie die von Alexander gefertigte Schablone. Auf dem Rückweg malten sie rechts und links vom Eingang der Universität die Parole »Freiheit« in 75 cm hohen Lettern ohne Schablone.[322] Alexanders solide grafische Vorbildung nicht zuletzt aus dem Neuen Realgymnasium tat gute Dienste. Wenige Tage später unternahmen Hans Scholl, Alexander Schmorell und Willi Graf zwei risikoreiche Aktionen auf einmal: Sie trugen nicht nur die in zwei Aktenmappen verpackten versandfertigen 800 bis 1200 Flugblätter zu verschiedenen Postämtern quer durch die Innenstadt, sondern gleichzeitig die Schablone und einen Eimer mit Farbe und Pinsel. An der Bayerischen Staatskanzlei und drei anderen Gebäuden brachten sie den Text »Nieder mit Hitler« an. An der Buchhandlung Hugendubl schrieben sie darüber hinaus noch den Text »Hitler Massenmörder« mit der schwarzen Teerfarbe an die Wand. Die Buchstaben – diesmal ohne Schablone – sollen einen Meter hoch gewesen sein.[323]

Am 13. Juli 1943 wurde Schmorell im Gefängnis München-Stadelheim wegen Mitgliedschaft in der »Weißen Rose« hingerichtet.

---

319 Moll, *Alexander Schmorell im Spiegel unveröffentlichter Briefe* – Die gesamte Studie von Moll handelt von der weltanschaulichen Auseinandersetzung Alexander Schmorells mit dem Nationalsozialismus und dabei dem Einfluss der Werke Dostojewskijs.
320 Christiane Moll, *Die Weiße Rose,* in: Peter Steinbach und Johannes Tuchel (Hg.), *Widerstand gegen den Nationalsozialismus,* Bonn, Bundeszentrale für politische Bildung, Schriftenreihe Band 323, 1994, S. 443-67.
321 Lilo Fürst-Ramdohr, *Freundschaften in der Weißen Rose,* München 1995.
322 Moll, *Die Weiße Rose,* S. 456.
323 Ebd. – In der Studie von Christiane Moll befinden sich ausführliche und präzise Quellenangaben zu den Verhörprotokollen der Mitglieder der Weißen Rose, Geheimberichten der SS, Verwaltungsakten und Berichten der Gestapo, Zeitungsartikel usw.

Ab 1933: Eine Feier jagt die nächste

Ab 1941/42: Im Luftschutzkeller, beim Flakeinsatz, im Kinderlager usw.

Zeichnung von Manfred Saller, Maxgymnasium 1942/43, Fotos vom *Fest der dt. Schule* 1933 (StAM) und der Ausstellung *Gymnasiale Kunsterziehung der NS-Zeit.*

III. Ästhetisierung von Geschichte und Politik 1933 bis 1945

Die Schulpolitik der NSDAP folgte der Leitlinie, Schüler wie Lehrer ständig auf Trab zu halten. Die fast fieberhafte Aktivität war zwangsläufige Konsequenz der auf Krieg und Revision von Versailles drängenden herrschenden Kräfte.[1] Neben den schon beschriebenen Schulausstellungen und Besuchen auf dem Flugplatz Oberwiesenfeld reihten sich ab 1933 unablässig Besuche von Kunst-, kulturhistorischen und volkskundlichen Ausstellungen, von staatspolitischen Filmen und Lichtbildervorträgen, von Schul- und anderen Feiern auf der Theresienwiese und im Dantestadion. Schulfeiern zu Geburts- und Todestagen Bismarcks, Hindenburgs, Schemms usw. waren zu organisieren, Versammlungen unter den neuen Lautsprechern in der Turnhalle oder im Schulhof, Flaggenhissungen, Appelle, Konzerte, Tage von Potsdam, Langemarck und Leuthen, Schlageter- und Saarfeiern, choreografische Einlagen bei den Festzügen zum Haus der Kunst, Spalierstehen beim Mussolini-Besuch und beim Münchener Abkommen usw. – erst in den Schuljahren ab etwa 1940/41 wurde weniger »gefeiert«. Die Orte, an denen sich die Schülerinnen und Schüler jetzt mehr und mehr befanden, waren aber auch nicht die Klassenzimmer beim Unterricht, sondern Erntefelder, Luftschutzkeller, Hausdächer, »Kinderland«-Lager in Garmisch oder irgendwo im Voralpengebiet.

Die Aktivitäten waren auf ein bestimmtes Erleben von Stärke und Macht berechnet und sollten ein neues Gemeinschaftsgefühl vermitteln, das gleichzei-

---

1 Es gibt dazu eine Reihe von Studien aus der Soziologie, der Sozialpsychologie und Geschichtswissenschaft. Nach Detlev Peukert ist z.B. ein »unermüdlicher Organisationsaktivismus« das »eigentliche Identitätsmerkmal der NSDAP«. »Bewegung in Permanenz, Bewegung um ihrer selbst willen, Bewegung als ständiger Beweis vorwärtsdrängender Dynamik: das war das Credo der NSDAP«. Ideologisch nichts Originelles, »neu war nur die Leidenschaft und Konsequenz, mit der alle einzelnen Elemente« der alten Ressentiments und konservativ-restaurativen Traditionen auf den Kampf gegen die Weimarer Republik gebündelt wurden. Detlev Peukert, *Die Weimarer Republik. Krisenjahre der Klassischen Moderne,* Frankfurt am Main 1987, S. 232 f.

Sakralisierung der NS-Erziehung

In allen menschlichen Dingen gehen wir heute wieder gläubig auf die Urgesetze des Lebens und der Natur zurück und fügen uns wieder alten und ewigen Bindungen. Wir schöpfen aus ihnen unversiegliche Kraft für den Dienst am Volke. Eine tiefe Aufgabe für die Kunst ist es, dieser neuen Einordnung in ewige Werte Weiheräume zu bauen, die heiligstes Symbol unseres gläubigen Wollens werden. So steht in der Weihehalle des Hauses der Deutschen Erziehung in Bayreuth das Standbild der deutschen Mutter, der Trägerin und Hüterin des ewig neuen und jungen Lebens der Nation. An ihrer heiligen Aufgabe soll die deutsche Erziehung teilnehmen und aus ihr Richtung und Verpflichtung empfangen. Standbild und Raum sind überzeugend zueinander abgestimmt und bilden eine untrennbare Einheit in Form und Ausdruck.

Aus: Georg Schorer, *Deutsche Kunstbetrachtung*, München 1939, S. 166.

tig die nicht zur Gemeinschaft Gehörenden in aggressiver Weise definierte. Bei vorgeblich unpolitischen Erlebnissen wurde Politik unter der Hand gemacht, bei vorgeblich politischen Feiern wurde »die Seele gepflügt« (Krieck). In der gesellschaftswissenschaftlichen Literatur wird für diese Vorgänge der Begriff der Ästhetisierung von Politik und Geschichte verwendet, die offensichtlich nach dem Strickmuster funktioniert: »Soweit die Macht im Dienst politischer Unterdrückung steht, muss sie Verweigerung und Widerstand hervorrufen. Soweit sie ästhetisiert wird, fungiert sie als Medium einer lustvollen Erweiterung und Steigerung von Fähigkeiten.«[2]

1 Sakraltransfer

1.1 Die Feier des Märtyrers

Im Herbst 1934 fand eine Schlageter-Ausstellung in der Residenz statt. Die Besucher pilgerten zu einer Totenehrung wie zu einem Kirchgang. An der Wand eines Ehrenraums befand sich ein altarmäßiger Aufbau: Hinter einer üblichen Ausstellungsvitrine, die sich zu einem Reliquienschrein wandelte, war ein Kreuz angebracht (Inschrift: »An dieser Stelle wurde am 26.V.1923 Alb. Leo Schlageter von den Franzosen erschossen«), darüber ein Bild des Erschossenen, und zu beiden Seiten reihten sich Fahnen und junge Birkenbäume wie bei der Fronleichnamsprozession. Auf dem Bild wurde Schlageter wiederum an ein Kreuz gebunden gemalt – mit hell gleißendem offenen Hemd, das die Brust freilegte und sich auf diese Weise anlehnte an das Bildnis jenes christomorphen jungen Mannes, den Goya in der »Erschießung« malte. Goya war erschüttert darüber, dass ausgerechnet aus dem von ihm verehrten und geliebten Frankreich der Aufklärung die Truppen (Napoleons) herkamen, die in Spanien nun wüteten und die Aufständischen erschossen. So entstand das erste Historienbild, das Kriege und Schlachten nicht verherrlichte, sondern den Widerstandswillen gegen den Krieg noch im Moment des größten Entsetzens des jungen Mannes zeigt, auf den alle Gewehre gerichtet waren. (Dok. 342) Das Schlageter-Bild hingegen war getragen von einer antifranzösisch-germanophilen Haltung[3], die zum Krieg und zur Revanche aufstacheln wollte. Darüber hinaus belegt es bei-

---

2 Terry Eagleton, *Ästhetik. Die Geschichte ihrer Ideologie,* Stuttgart/Weimar 1994 (Engl. Original Erstausgabe 1990), S. 402.
3 Dem alten »gewöhnlichen Ingrimme gegen die Franzosen«, den schon Kaspar David Friedrich so vollendet aufs Bild bringen konnte, wie Hubert Schrade bewundernd bemerkte. In: Volksspiegel 2/1935, S. 17.

Kunstklau und Sakraltransfer

Schlageter-Ausstellung, Residenz, Herbst 1934, Veranstalter: »Deutsche Freikorps«, Fotos: Nortz, StAM, Bildarchiv. Zum Vergleich: »Die Erschießung der Aufständischen« von Francisco Goya.

Gemälde von Oswald Poetzelberger, Münchner Kunstausstellung im Maximilianeum 1939. Während im 19. Jahrhundert mit Altarbildern Motive wie »Arkadien« sakralisiert wurden (oder vgl. z.B. Hans von Marees: Hesperiden Triptychon), handelte es sich bei NS-Sakralisierungen um die imperialistische Verklärung und Mythisierung von Kampf, Opfer, Tod, Leid. Foto: Schödl, StAM.

spielhaft, wie skrupellos sich die Nazis alles einverleibten, was ihnen erfolgversprechend erschien. Veranstalter waren die »Deutschen Freikorps«, die mit Schlageter einen ihrer prominentesten Führer anbeteten. Was den Freikorps seit der Unterzeichnung des Versailler Vertrags mit terroristischen Akten nicht gelungen war, die Zerstörung der verhassten Republik, konnte die NS-Bewegung vollbringen, indem sie die elitären Barrieren der Offizierskorps und Studentenverbindungen durchbrach und mit der »Zugehörigkeit zur germanischen Rasse« breitere Bevölkerungsschichten ansprach und mobilisieren konnte.[4] Hatten die Freischärler ihr bekanntes Lied »Knallt ab den Walther Rathenau, die gottverdammte Judensau!« nicht nur gesungen, sondern die Tat auch vollbracht, blieb es doch dem NS-Staat vorbehalten, sechs Millionen jüdische Menschen planmäßig industriell-arbeitsteilig zu ermorden. »Terror und Horror treten in solchen [zivilisierten] Gesellschaften kaum je in Erscheinung ohne einen ziemlich langen gesellschaftlichen Prozeß der Zersetzung des Gewissens«[5] – in diesem Sinn muss man den Sakraltransfer verstehen, der systematisch von der NS-Bewegung vorgenommen wurde.

Grundlage der Transformation von Ideologie in Religion ist »die Mystifizierung und Emotionalisierung von Ideen, historischen Tatsachen oder Erfahrungsdeutungen. Diese werden zu absoluten und empirisch nicht ableitbaren, metaphysischen Wahrheiten mit sakralem Tabu-Charakter«.[6] Während um 1920 »das

---

4 »Wenn man den Entwicklungsgang der Freikorps als eine der Routen erkennt, die zu den außerstaatlichen Gewalttätigkeiten des Terrorismus der Weimarer Periode sowohl wie zu den staatlichen Gewalttätigkeiten der Hitlerzeit hinführten, dann gewinnt man ein gewisses Verständnis für die lange Anlaufzeit, die, weniger sichtbar, den mehr ins Auge fallenden, scheinbar aus dem Nichts entspringenden Großtaten der Barbarisierung vorausgeht.« Elias, *Studien über die Deutschen,* S. 259.
5 Ebd.
6 Sabine Behrenbeck, *Der Kult um die toten Helden. Nationalsozialistische Mythen, Riten und Symbole 1923 bis 1945.* S. 23. Die Autorin geht davon aus, dass ein »wichtiger Grund für den Erfolg und die Überzeugungskraft der nationalsozialistischen ›Bewegung‹ in der Befriedigung religiöser Bedürfnisse bestand«. Sie füllte ein »Vakuum an Transzendenzerfahrung und allgemein verbindlicher Sinndeutung«. Deshalb grenzt S.B. ihre These von der gängigen Forschungsmeinung ab, die den NS-Heroenkult als »Pseudoreligion« oder »quasi religiös« einstuft, da sie der NS-Ideologie durchaus »metaphysische oder transzendente Wahrheiten« zuerkennt. Sie geht davon aus, dass sich »eine Instrumentalisierung des Glaubens anderer und gleichzeitige persönliche Gläubigkeit keineswegs ausschließen«. Im Gegenteil: »Der nationalsozialistische Heldenkult ist nur als ein kompliziertes Geflecht von bewusst kalkulierten sowie unbewusst bedürfnishaften Vorgängen zu begreifen.« S.B. grenzt ihre These auch vom Konzept der »Zivilreligion« ab, weil dieser eine »unverfügbare, den einzelnen und das Gemeinwesen transzendierende Kategorie« innewohnt, während der NS-Führer in seiner Verfügungsgewalt über Menschen und Völker keinerlei Grenzen anerkannte. (S. 17-32.)

Schlageters 10jähriger Todestag.

Der erste Soldat des Dritten Reiches.

Ein Held vor dem französischen Kriegsgericht.

Schlageterfeiern allgegenwärtig

Links: Seite eines Volksschulhefts von unbekannter Schülerin, aus: Archiv Turck.
Fotos oben aus: Rolf Brandt, *Albert Leo Schlageter. Leben und Sterben eines deutschen Helden*, Hamburg ca. 1936.
Faksimile Mitte aus: Wilhelm Kottenrodt, *Deutsche Führer und Meister*, S. 17.

heroische Ethos in Deutschland ein kaum angezweifeltes, allgemein verbindliches Erziehungsmuster«[7] war und tote Helden als Vorbilder, als Leitbilder der Gesellschaft auch von Demokraten rezipiert wurden, wurde im Unterschied dazu der NS-Heldenkult als »politische Religion«, als nationalchauvinistischer Kult gefeiert. Dabei bediente man sich z.B. auch des »politischen Gedächtnisbildes« aus der französischen bürgerlichen Revolution, das in der kunstgeschichtlichen Fachdebatte erörtert wurde.

Im Erziehungsinstitut Albertinum, dessen Zöglinge Schüler des Ludwigsgymnasiums waren, fand 1933 eine Schlagaterfeier statt, die im Jahresbericht geschildert wurde: »Am 26. Mai gedachten wir Albert Schlageters in der hl. Messe, bei der Tischlesung und beim Abendgebet im Gotteshaus, wo uns beim Schein des ewigen Lichtes die leisen Klänge des guten Kameraden die ganze Größe des jugendlichen Freiheitshelden vor Augen führten.«[8] »Religiös-sittliche und vaterländische Erziehung« hieß die neue Rubrik im Jahresbericht, für »Gott und Vaterland« genügte nicht mehr die bis 1932/33 geltende Rubrik mit dem Titel »Religiös-sittliches Leben«, sondern Politik und Religion begannen nun zu verschmelzen. Clara Zetkin sprach 1907 vom »heiligen Goldhunger«. »Der säbelrasselnde Patriotismus der Besitzenden und Ausbeutenden dem Ausland gegenüber ist im letzten Grunde die zehrende Sorge um das Absatzgebiet, um die Sicherung des Mehrwerts. Er flammt daher stets bis zur Weißglühhitze empor, wenn sie sich durch ihre ausländischen Schwesternklassen in ihrer Plusmacherei bedroht fühlen.«[9] Im faschistischen Deutschland wurde die Weißglühhitze noch gesteigert zum rettenden und vernichtenden Feuer Gottes: zur Erlösung der einen und zur Vernichtung der anderen.[10]

Welche Bedeutung es hatte, dass statt von »Spenden« von »Opfern« gesprochen werden sollte, wird durch einen Bericht aus dem Wittelsbacher Gymnasium

---

7 Ebd., S. 18.
8 »Jahresbericht über das Ludwigsgymnasium und das Erziehungsinstitut Albertinum in München für das Schuljahr 1933/34«, S. 25.
9 Clara Zetkin, *Unser Patriotismus,* in: Ausgewählte Reden und Schriften, Bd.1, Berlin 1957, S. 326.
10 Vgl. Hitler: Der Nationalsozialismus, »nicht nur eine Bewegung, sondern eine Religion«, zit. nach Behrenbeck, *Der Kult um die toten Helden,* S. 23: »Das ist das Gewaltigste, das unsere Bewegung schaffen soll: diesen breiten suchenden und irrenden Massen einen neuen festen Glauben [zu geben]« / Hitler als religiöser Messias: »Mein Wille […] ist euer Glaube! Mein Glaube ist mir – genau wie euch – alles auf dieser Welt!« Nach der Machtübernahme »Politik nicht als die Kunst des Möglichen, sondern die Vorbereitung des Wunders. Der Glaube, der Berge versetzen und Unmögliches möglich machen kann, wurde zum Gestaltungsmittel« Hitlers. Zit. nach ebd., S. 24.

346

Wände aus Magie und Licht

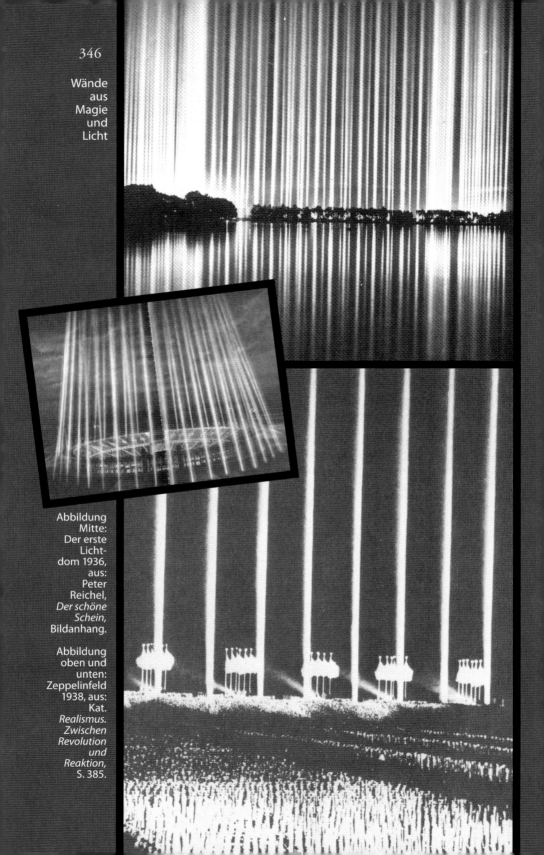

Abbildung Mitte: Der erste Lichtdom 1936, aus: Peter Reichel, *Der schöne Schein*, Bildanhang.

Abbildung oben und unten: Zeppelinfeld 1938, aus: Kat. *Realismus. Zwischen Revolution und Reaktion*, S. 385.

deutlich: »Auch an den Sammlungen für die Winterhilfe beteiligten sich die Schüler nach Kräften. Am 3. November erfolgte die Aufstellung eines Opferaltars mit je einer Opferurne im Stiegenhause des Hauptgebäudes und in der Zweigstelle, in welche die Schüler ihre Spenden für die Notleidenden einlegten. [...] Innerhalb der Schule stellten die Angehörigen der HJ (samt Jungvolk) die Ehrenwache an den obenerwähnten Sammelaltären.«[11]

In den Schulen wurden Ehrenräume eingerichtet, meist in der Eingangshalle. Sie wurden festlich gestaltet und als Weihestätten und Kulträume benutzt. »Für den Festsaal schufen Kandidaten des pädagogischen Seminars für Zeichnen unter Leitung von Oberstudienrat Honig einen stilgerechten und farbschönen Vorhang als dekorativen Behang der Südwand, vor dem die neu erworbene Büste des Führers auf hohem Sockel steht. Auch die prächtigen monumentalen Kränze mit Hakenkreuz, die zu beiden Seiten der Bühne durch ihren zarten Silberton die Wände beleben, sind ein Werk des Zeichenseminars.«[12] In diesem Seminarjahrgang 1934/35 befand sich z.B. der Lehramtskandidat Franz Winzinger. Beim Zeichenlehrer Randl bedankte sich das Wilhelmsgymnasium, dass er »der Anstalt ein eigenhändig gemaltes großes Hitlerbild zum Geschenk machte«.[13]

1.2 Sakralisierung des »ewigen Deutschlands«

Zur Illustration der Sakralisierung von Opfer, Kampf und Tod ein Bericht von der Eröffnungsfeier der Ausstellung *Volk und Schule* (Dok. 114) in der Eingangshalle des Bibliothekbaues des Deutschen Museums:

> »Ein Ordensritter, ein Lützower Jäger, ein Feldgrauer aus dem großen Opfergang des Krieges und einer im Braunhemd, so traten sie aus schwarz verhangener Pforte, die edlen, toten Söhne des Reiches und stellten sich hütend um die verschleierte Flamme. ›Die Flamme bebt, und stirbt ihr gleich, daß Deutschland lebt, wir rufen euch!‹ Jugend vernimmt den Ruf, drängt vor gegen den Altar, will die Höhe stürmen, trunken von einer ›Zukunft, die noch niemals war‹. Nach Glück und titanischer Freiheit hebt sie die Arme, ein losgebundenes Geschlecht. Halt gebieten ihnen die Toten, wehren den Zugang zur Flamme, fordern die Einkehr ›Bis zum Ursprung eures Mutes, ins Geheimnis eures Blutes‹. Und dann beginnt, zwischen dem Chor und den vier Hütern des Grals, ein hymnisches Ringen um den letzten Sinn von

---

11 JB des Wittelsbacher Gymasiums 1933/34, S. 36.
12 JB der Luitpold-Oberrealschule 1934/35, S. 40.
13 JB des Wilhelmsgymnasiums 1936/37, S. 31.

»Strenge rhythmische Symmetrie ist als Ordnungsprinzip meist gewahrt, sowohl in der Komposition des Ganzen, als auch in der Durchbildung der Einzelformen selbst.« (H.-F. Geist)

Abb. oben: Karl Heinz Dallinger, aus: »Süddeutsche Volkskunst«, München 1937. Abb. Mitte / unten: Die Gestalt 1939/4, S. 55, 1935/4, S. 52, zit. nach Diel.

Volk und Opfer und Gesetz, bis die Jugend überwunden, bereit ist. Und die erst fliehen wollten vor der fordernden Flamme, flehen nun: ›Gib uns einen, der uns führe, uns erküre, tatenmächtig uns bezwingt.‹ Hell fallen die Schleier vom Altarherd, jubelnd vereinen sich in der erlösten Flamme die Stimmen der Toten und der zum Leben Bereiten. ›Sieh, nun sind wir ganz in ihr. Ewiges Deutschland, du bist wir!‹ Ergriffen und erhoben verließ man das Festspiel, um oben dann in der Vorhalle der Ausstellung selbst den eröffnenden Reden zu lauschen.«[14]

Die künstlerische Leitung der Ausstellung hatte u.a. Gewerbehauptlehrer Fröhlich, der später (1937) Dozent für Zeichnen, Werken und Modellieren an der Hans-Schemm-Hochschule für Lehrerbildung in Pasing wurde.

1.3. Gestalterische Symmetrie und Menschenornamente

Ein »ewiges Deutschland« sollte sakralisiert werden. Masseninszenierungen mit Lichtdomen und Wänden aus Magie und Licht gegen die finstere, drohende Außenwelt (Abb. 346) wurden entweder in den Riefenstahl-Filmen oder live bei den Nürnberger Reichsparteitagen erlebt. Sie eigneten sich gleichermaßen zur Verankerung des Führer- und Erlösermythos Hitler wie zur Sakralisierung des Volksgemeinschaftsgefühls. Ein wirksames Gestaltungsmittel zu einer Ehrfurcht einflößenden Gestimmtheit war von jeher die Symmetrie. Aber bei den NS-Inszenierungen führte die Symmetrie nicht zu einer weihevollen Ruhe, sondern zu einem »himmlischen Schaudern«, das von Gudrun Brockhaus als eine intensive, vorwärtsdrängende Erregung beschrieben wird, man spürte die Mischung aus machtvoller Aggressivität und Ordnungsversprechen. »Strenge rhythmische Symmetrie ist als Ordnungsprinzip meist gewahrt, sowohl in der Komposition des Ganzen, als auch in der Durchbildung der Einzelformen selbst.«[15] Dieses Zitat stammt von Hans Friedrich Geist, der in den 1930er Jahren für die Britschianer den theoretischen Unterbau lieferte, und war eine der acht Regeln, die Geist als die »charakteristischen Formkennzeichen der Volkskunst und des kindlichen Formschaffens« zusammenfasste.

Während im Schulunterricht die Volkskunst-Symmetrie eine Art Betulichkeit, Militanz und Idylle kombinierte, führte sie bei den Festzügen zum Haus

---

14 Münchener Zeitung Nr. 335 vom 4.12.1933 unter dem Titel »Für ein starkes, freies, edles Geschlecht!«
15 Hans-Friedrich Geist, *Die Wiedergeburt des Künstlerischen aus dem Volk. Ein Buch von der Kunst des Volkes und ihrer Bestätigung im Schaffen des Kindes als Beispiel praktischer Volkstumsarbeit*, Leipzig 1934, S. 73 f.

Ästhetik der formierten Masse

Links oben: VDA-Fest der Schule im Dantestadion am 10.9.1933, aus: StAM, Bildarchiv. Daneben: Modell des Hauses der Deutschen Kunst, Festzug 1933, aus: Leipziger Illustrierte Zeitung vom 26.10.1933. Unten: Entwürfe für den Festzug zum Tag der Deutschen Kunst 1939 von Richard Knecht und Hermann Kaspar: *Das Freikorps und die Grenzpfähle der anstoßenden Gaue – Das Memelländer Haff – Das Protektorat Böhmen-Mähren – Der Wagen Prag*, aus: *Jugend. Stadt der deutschen Kunst,* München 1939, S. 527.

der Deutschen Kunst zu einer Mischung von martialischer Erhabenheit und chauvinistischem Protz. (Dok. 348 und 350) Dies kommt in den Entwürfen des Festzugs 1939 von Hermann Kaspar und Richard Knecht besonders deutlich zum Ausdruck: »Gruppen aus dem Festzug (Das Freikorps und die Grenzpfähle der anstoßenden Gaue – Das Memelländer Haff – Das Protektorat Böhmen-Mähren – Der Wagen Prag)«.[16] Nun kann die Symmetrie genauso wenig wie die Britsch/Kornmann'sche »Richtungsveränderlichkeit« oder die Perspektive etwas dafür, wenn sie in einen funktionalen Zusammenhang gestellt wird, in dem sie bestimmte Wirkung entfaltet. Ein symmetrisches Ornament kann faszinieren, sei es als maurische Glanzleistung, sei es in Form von choreografisch ausgeklügelten Menschenformationen, die einem verbrecherischen Inhalt dienen. Die Symmetrie ist nur ein Gestaltungselement, sie verstärkt Wirkungen in einem bestimmten Zusammenhang, der selbst Reflexionsgegenstand sein muss, wenn man die spezifische Funktion der Gestaltungselemente verstehen will.

Die Schuljugend war für den NS-Staat ein besonderes Angriffsziel für ihre beliebten Menschenornamente. Sei es für Feiern auf der Theresienwiese[17] oder im Dantestadion (Dok. 352), die Jugend als Ornament – entweder inmitten größerer Menschenformationen oder allein als Darbietung für Eltern und andere Zuschauer – verstärkte offensichtlich das erhebende Gefühl der Beteiligten: »Das sind wir!« (oder: »Ewiges Deutschland, du bist wir!«).[18]

Das Stadtarchiv München verfügt über eine ganze Reihe von Fotos z.B. vom Fest der deutschen Schule am 10.9.1933 im Dantestadion, veranstaltet vom VDA, aus denen nicht nur die massenhafte Beteiligung von Schülern und Erwachsenen hervorgeht, sondern auch choreografische und szenische Einzelheiten

---

16 Die Entwürfe des Festzugs 1939: *Jugend. Stadt der deutschen Kunst,* Karl Schilling-Verlag München 1939, S. 527.
17 Zum Beispiel zum 20.6.1936 das Deutsche Jugendfest: Die Schüler der Oberrealschule III »sammelten sich am Abend in der Schule und wurden dann von den Lehrern auf die Theresienwiese geführt, wo sie an der gemeinsamen Sonnenwendfeier mit Siegerehrung der Münchener Jugend teilnahmen«. (JB 36/37) Zum 1. Mai nahmen die Schüler innerhalb ihrer Verbände an den Jugendkundgebungen teil, »während die Lehrer mit der Fachschaft II des NSLB zur Theresienwiese marschierten und dort an der allgem. Kundgebung der Arbeiter der Stirn und der Faust mit Anhören der Rede des Führers auf dem Sportfeld in Berlin teilnahmen«. S. 24.
18 Ich halte die Überlegungen von Walter Benjamin (siehe Nachwort zu »Das Kunstwerk im Zeitalter seiner technischen Reproduzierbarkeit«) und von Siegfried Kracauer zum »Ornament der Masse« für sehr gute Analysen zu dieser Ästhetisierungsfrage. Sie stellen Zusammenhänge zwischen der »normalen« kapitalistischen Entwicklung und der faschistischen »Lösung« der dabei entstandenen Widersprüche fest.

Die Jugend als geometrisches Muster und als Ornament

Fotos unten: Olympiade 1936, Abb. aus Peter Reichel, *Der schöne Schein*, Bildanhang.
Fest der Schule im Dantestadion am 10.9.1933, veranstaltet vom VDA., aus: StAM, Bildarchiv.
Rechts: Aufstellungsplan der Schuljugend am 1.5.1935 in München auf der Theresienwiese.

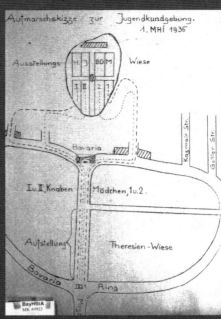

sichtbar sind. Viele Hundert Mädchen und Jungen bildeten über die ganze Fläche des Stadions hinweg ein Tanzornament, einheitliche Kleidung unterstrich und festigte die Linienzüge, wie Blumentupfen formierten sich einzelne Gruppen. Zehntausende schauten zu und reckten sich mit Hitlergruß. Alle Münchener Schulen beteiligten sich an diesem Fest, so z.B. die Oberrealschule III mit Schul- und Bläserchor: Die eine Schule lieferte Wappen-, die andere Fahnenträger, die eine Turnübungen, die andere Tanzdarbietungen, die einen waren Aktivisten, die anderen Zuschauer. Nicht aus allen Fotos leuchtete Begeisterung hervor, aber es ist auch nicht zu übersehen, dass manche Fahnenträgerin recht stolz auf ihr Tun zu sein schien. (Dok. 354) Die Formation der VDA-Fahnenträger (Jungen!) ähnelte sehr stark derjenigen, die wenige Wochen später im Oktober 1933 auf dem Festzug zur Grundsteinlegung des Hauses der Deutschen Kunst durch die Straßen Münchens zu sehen war (Dok. 350) – ein gemeinsamer Ursprung lag wohl in der Münchener Festzugstradition.

Die Chef-Organisatoren der Festzüge zum Haus der Deutschen Kunst wie Josef Wackerle (1933), Hermann Kaspar und Richard Knecht waren immerhin die Akademielehrer vieler Kunsterzieher, und den Umfang der Beteiligung von angehenden Gymnasialzeichenlehrern und Künstlern an der Festzug-Ästhetik kann man erahnen anhand der 690.000 Arbeitsstunden der Akademie, die Kaspar und Knecht für den Festzug zur Eröffnung des Hauses der Deutschen Kunst 1937 organisierten.[19]

2   Äußere Merkmale – »innerer Charakter«

Wenn man die Feiern, Feste, Filme und Ausstellungen, die von den Schulklassen besucht wurden, in der chronologischen Aufstellung (siehe Anhang) nach ihren jeweiligen Schwerpunkten untersucht, so stellt man für die ersten Jahre im Wesentlichen eine Thematisierung des neuen deutschen Menschen, seine Wiedergeburt, seinen Neuanfang, seine Auferstehung aus Erniedrigung, Not und Verzweiflung usw. fest, Hitler wurde als der messianische Befreier dargestellt, so dass die »Märtyrer« nicht umsonst gestorben waren. Der ›innere saubere Charakter des edlen deutschen Menschen‹ wurde verherrlicht, sein Selbstbewusstsein durch ein neues Gemeinschaftsgefühl gestärkt. Das Gegenbild des schwachen, nicht lebenswerten Geschöpfs, des außerhalb der Gemeinschaft stehenden Fremden, des verbrecherischen und unsittlichen Nichtdeutschen, des unreinen Gegners etc. wurde stets mehr oder weniger ausgeprägt mitgeliefert. Doch die aggressive Fokussierung des Gegners als der zu vernichtenden und auszurot-

---

19   BayHStA MK 44672 (Personalakte Richard Knecht).

Fest der Deutschen Schule im Dantestadion

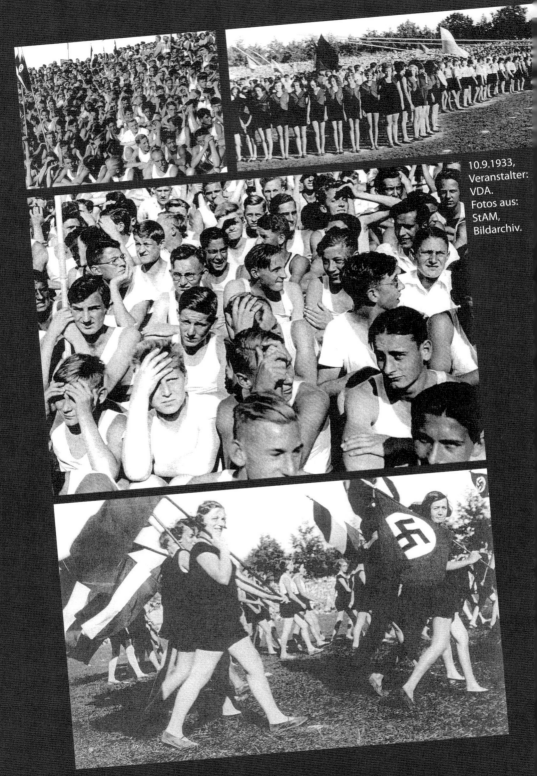

10.9.1933, Veranstalter: VDA.
Fotos aus: StAM, Bildarchiv.

tenden Inkarnation des Bösen kam um 1936/37 in ihre eigentliche Phase, kulminierte 1938 in den Pogromen gegen die jüdische Bevölkerung und mündete dann in den Weltkrieg und die Shoa.

Die Ästhetisierung der Verfolgung und des geplanten Massenmords an der jüdischen Bevölkerung erreichte ihren Höhepunkt in der Ausstellung »Ewiger Jude«, die am Vorabend des Jahrestags des »Marschs auf die Feldherrnhalle« 1937 als »große politische Schau« im Bibliotheksbau des Deutschen Museums durch Joseph Goebbels eröffnet wurde. »412.300 Besucher zählte man in der Zeit vom 8. November 1937 bis 31. Januar 1938«, darunter die Schüler aller höheren Schularten von den 4. Klassen aufwärts.[20] Die vorliegende Arbeit will sich bei der Behandlung dieser Ausstellung[21] auf nur einen Gesichtspunkt beschränken: wie Ästhetisierungsprozesse entwickelt und welche Wirkungselemente dabei bewusst und planmäßig aufeinander bezogen wurden. Die Ausstellung liefert hierfür das grausame Material einer Eskalation, die gleichzeitig den »Mechanismus« von Ästhetisierung freilegt. Da die Ausstellung nach München vom Goebbels-Ministerium auch für weitere Städte übernommen wurde, kann man anhand der vorgenommenen Veränderungen der »politischen Schau« in der zeitlichen Verschiebung den Bauplan der Ästhetisierung erkennen:

In München konzentrierte sich die Ausstellung auf die »äußeren Merkmale«, die Juden angeblich besäßen. »Gezeigt wurden bewußt einseitig ausgewählte und die Wirklichkeit verfälschende Bilder, so beispielsweise kleinwüchsige, bucklige Ostjuden im abgerissenen Kaftan oder jüdische Schauspieler in häßlichen Masken.«[22] Auf einer Ausstellungsfläche von 3500 Quadratmetern wurde hauptsächlich mit Fotos operiert; dabei wurden jüdische Bräuche verächtlich gemacht. Vor allem sollte die Behauptung der Minderwertigkeit der »jüdischen Rasse« belegt werden. (Dok. 356) Als die Ausstellung ein Dreivierteljahr danach in Berlin gezeigt wurde, fokussierte man auf die »Charaktereigenschaften« der »jüdischen Rasse«. Die »tpischen äußeren Merkmale« waren nun unauflösbar verbunden mit der Aussage der Schlechtigkeit, Verwerflichkeit, Unsittlichkeit etc. der »Juden« – das ästhetische Urteil hatte sich zur Legitimierung von Pogrom und Mord verdichtet. Nur wenige Wochen danach fanden die Pogrome des 9. November 1938 statt.

---

20 Wolfram Selig, *Ausstellung »Der ewige Jude«,* in: KatAusst. München – Hauptstadt der Bewegung, Münchner Stadtmuseum 1993, S. 409.
21 Literatur zu den Ausstellungen: Siehe z.B. Christoph Kivelitz, *Die Propagandaausstellung in europäischen Diktaturen. Konfrontation und Vergleich: Nationalsozialismus in Deutschland, Faschismus in Italien und die UdSSR der Stalinzeit,* Bochum 1999.
22 KatAusst. München – Hauptstadt der Bewegung, ebd.

Politik mit den »äußeren Merkmalen«

Plakat zur »Politischen Schau« *Der ewige Jude*, November 1937 bis Januar 1938 im Bibliotheksbau des Deutschen Museums. Dazu ein Ausschnitt aus der Wandgestaltung. Aus: Kat.Ausst. *München – Hauptstadt der Bewegung*, Stadtmuseum. Abbildung zur Wandgestaltung aus: Kivelitz, *Die Propagandaausstellung*, Abbildungsanhang.

Der Film »Jud Süß« von Veit Harlan lief am 8. November 1940 im Atlantikpalast an. Siehe dazu: Günther Baumann, *Orte der Propaganda, Schikanen und Ablenkung. Die Münchner Kinos im Dritten Reich*, in: Lerch-Stumpf (Hg.), *Für ein Zehnerl ins Paradies. Münchner Kinogeschichte 1896 bis 1945*, München / Hamburg 2004, S. 212.

Als man bereits 1937 in München die Juden als »Verderber Deutschlands« an den Pranger stellte, stützte man sich nicht nur auf die jahrelang betriebene kontinuierliche Hetze gegen die Juden, sondern speziell auch auf die »Vorarbeit« durch die »antibolschewistische Schau« des Vorjahres: Dort waren nach dem selben Strickmuster die Kommunisten als Untermenschen dargestellt worden. Im Sinne der Nutzung synergetischer Effekte wurde meist vom jüdischen Bolschewismus gesprochen. Daran angeknüpft wurde die Stimmung gegen die Juden 1937 weiter entfacht: »Als ›Verderber Deutschlands‹ prangerte man Politiker jüdischer Herkunft wie Kurt Eisner und Walter Rathenau an, als ›Verderber der ganzen Welt‹ die ›jüdischen Kommunisten‹ Karl Marx und Leo Trotzki.«[23]

Der Übergang vom Brennpunkt des neuen deutschen Menschen zum direkten Angriffsziel auf den jüdischen und bolschewistischen Untermenschen wurde durch die »erste große deutsche Kunstausstellung«, die »Entartete Kunst« im neu erbauten Haus der Deutschen Kunst, begleitet. Ihr Ästhetisierungsmodell bestand in der Gegenüberstellung und direkten Konfrontation der »deutschen Kunst« mit der »entarteten Kunst«.

Aus einem kunstwissenschaftlichen Instrument – der anschaulichen Methode des analytischen Bildervergleichs, um zu neuen Erkenntnissen zu kommen – wurde ein Instrument des NS-Staats zur Volksverhetzung. »Wer in der Hauptstadt der Bewegung die Ausstellung ›Entartete Kunst‹ besuchte, der hat das entschleierte, aller Tarnung bare, ans helle Tageslicht gezogene Antlitz des Judentums und des Bolschewismus gesehen. Was in grauenvollen Zerrbildern, die alles Gemeine und Niedrige verherrlichen, hier zur Schau gestellt ist, bedeutet das *Richtbild des liberalen Zeitalters*.«[24]

Dieser Charakterisierung des Gegners stand gegenüber: »Wer befreit aufatmend das Haus der Deutschen Kunst betritt und die Werke erlebt, die, sauber in der Darstellung und edel im Motiv, zu unserem Herzen sprechen, der erlebt beglückt, was es für ein Volk bedeutet, eine Kunst zu besitzen, die ihm ein deutsches Richtbild gibt, die Lebenswerte des eigenen Volkes darstellt, emporhebt und so wahrhaft völkische Führungskräfte entfaltet.«[25]

Auf wenigen Seiten findet man in der o.g. kleinen Broschüre von Adolf Dresler in Wort und Bild (Dok. 358) die »deutsche« der »entarteten Kunst« gegenübergestellt. Wie die gegnerische Kunst dabei charakterisiert wurde, machen die umseitig zitierten Ausdrücke deutlich.

---

23 Ebd., S. 409.
24 Adolf Dresler, *Deutsche Kunst und entartete »Kunst«. Kunstwerk und Zerrbild als Spiegel der Weltanschauung,* München 1938, S. 5 [Hervorhebung A.D.].
25 Ebd.

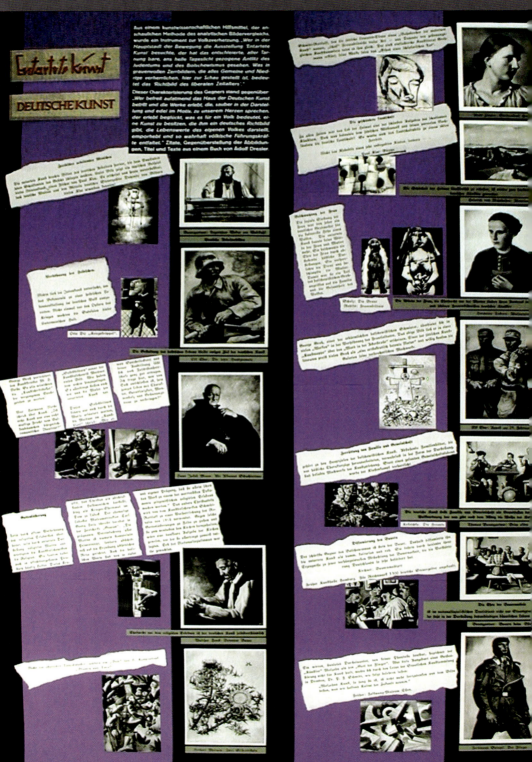

Tafel aus der Ausstellung *Gymnasiale Kunsterziehung der NS-Zeit in München*.

Verhöhnung des Heldischen / Nicht einmal vor den Opfern des Krieges machen die Sudeleien dieser Untermenschen Halt (S. 36) / erbärmlichsten bolschewistischen Schmierer / verbrecherische Machwerke (S. 38) / wirres, sinnloses Durcheinander / Ausgeburt einer Geistesstörung (S. 40) / Gotteslästerung / Verhöhnung des religiösen Erlebnisses (S. 42) / Beschmutzung der Frau / verherrlichte die Dirne und beschimpfte die Mutter / bolschewistischer Großangriff auf die Familie und die Gesundheit des Volkes (S. 44) / Kunstsammler (S. 46) / Erbidioten und Krüppel (S. 48) / jüdische Verschwörung gegen die deutsche Kunst / in Zerrbildern des männlichen Antlitzes wurde ein ganzes Volk verhöhnt (S. 50) / Zerrüttung von Familie und Gemeinschaft / Abstoßende Familienbilder, die nur häßliche Charakterzüge herausarbeiten, verwahrlost in der Form der Darstellung / Kunstzersetzung (S. 54) / kaum ein einziges Bild des Kunstbolschewisten B., das nicht eine gemeine Zote wäre (S. 56) / Diffamierung des Bauern / Mißachtung der Bauernarbeit (S. 58) / Idiotenkunst / die dem Empfinden jedes Schaffenden ins Gesicht schlagen (S. 62) / Spielereien eines Geisteskranken / wirre Durcheinander von Farbenklecksen, aufgeklebten Drähten und Papierfetzen (S. 64) / Die geschändete Landschaft / Doch was bedeutete dem jüdischen Wüstenvolk und seinen perversen Nachläufern die deutsche Landschaft (S. 66) / mit blauer Farbe abschreckender bemalt als irgendein Götze der Fidschi-Insulaner (S. 76).

In der Schrift Adolf Dreslers war die Rede Hitlers abgedruckt, die dieser 1937 zur Eröffnung des Hauses der Deutschen Kunst hielt. Nur ein Beispiel zur Charakterisierung der ›deutschen Seite‹, nachdem »jene Flut von Schlamm und Unrat, die aber das Jahr 1918 an die Oberfläche unseres Lebens gespien hatte« (S. 16) durch »die Wiedergeburt der Nation« beseitigt war: die unsterblichen Leistungen unseres deutschen kunstgeschichtlichen Lebens / so anständig, klar und wahrhaftig. (S. 25) Es war die Rede, in der Hitler »Deutsch sein heißt klar sein« als ein »herrliches Gesetz« (S. 23) verkündete und drohte: »Wir werden von jetzt ab einen unerbittlichen Säuberungskrieg führen gegen die letzten Elemente unserer Kulturzersetzung.« (S. 31)

3   Allumfassende Ästhetisierung – bis in den Tod

Eine der »letzten« Stationen dieses Säuberungskrieges – neben dem unmittelbar erfolgenden Krieg gegen die »letzten« nicht angepassten »Elemente« der Akademie wie den Professor Karl Caspar[26] – bestand in der Zwangsauflösung der Künstlervereinigungen im Münchener Stadt- und Landkreis im Jahr darauf. Die Vereinsmitglieder traten als Einzelpersonen in die neu gegründete »Kameradschaft der Münchner Künstler e.V.« ein.[27] Die Durchsicht der amtlichen

---

26 Siehe Kapitel IV. 1.1 »Ein spezifisches Münchener Verwechsle-dich-Spiel«.
27 Seit dem 24.7.1938 wurden in München (Stadt- und Landkreis) über 30 bis dahin bestehende Künstlervereinigungen zwangsaufgelöst. Die Vereinsvermögen wurden auf die »Kameradschaft der Künstler München e.V.« übertragen. Der bayerische Innenminister Wagner am 28.7.1938 an den Reichsminister der Finanzen von Schwerin-Krosigk: »Die Kame-

I. Vormerkung.

a) Der Reichskammer der bildenden Künste, Landesleitung Bayern, gehören folgende Künstler- und Kunstvereine an:

Ausstellungsleitung München e.V., München, Neue Pinakothek,
Münchener Künstlergenossenschaft, München, Maximilianstr. 26
Verein bildender Künstler Münchens, "Secession" e.V., München, Neue Pinakothek, Barerstr.
Münchener Künstlerbund e.V. (Ehem. Feldgraue), München, Elisabethplatz 1/IV
Verein Münchner Aquarellisten, München, Nordendstr. 32
Verein für Originalradierung, München, Georgenstr. 30
Münchner Künstlerbund "Ring" e.V., München, Adalbertstr. 55
Künstlerbund "Jsar" e.V., München, Siegfriedstr. 13
Deutscher Künstlerverband "Aufbau", München, Kurfürstenstr.39/IV
Künstlerinnenverein, München, Georgenstr. 30
Münchner Künstlergruppe "Der Bund", München, Briennerstr. 25
Künstlergemeinschaft "Kunst für Alle", München, Königinstr. 27
Künstlervereinigung "Kreis", München, Briennerstr. 14/0
Künstlergemeinschaft "Freunde der bildenden Kunst", München, Sonnenstr. 17
Künstlerverband "Pasing-Obermenzing", Pasing, Paosostr. 5
Künstlervereinigung Dachau e.V., Dachau, Münchenerstr. 22
Brucker Kunstring, Fürstenfeldbruck
Berchtesgadener Künstlerbund, Berchtesgaden, Fürstensteinstr.115
Künstlergilde Landsberg-Lech u.Ammersee, Landsberg a.Lech
Künstlergruppe "Die Frauenwörther", Gstadt a.Chiemsee, Post Breitbrunn
Kunstverein Rosenheim, Rosenheim, Rathaus
Kunstverein Jngolstadt, Jngolstadt
Künstlergruppe "Der Berg", Berchtesgaden-Schönau, Landhaus Lehma
Bund "Mittenwalder Künstler" e.V., Mittenwald, Haus Landes
Reichs-Gedok, München, Theresienstr. 120
Korporierte Künstlerschaft Murnau, Murnau a.Staffelsee
Künstlerbund Mühldorf a.Jnn, Mühldorf a.Jnn, Trostbergstr. 3
Kunstverein München e.V., München, Galeriestr. 10
Bayerischer Kunstgewerbeverein München, Pfandhausstr. 7

b) Dem Jnteressenverband Münchener Künstler gehören an:

Künstlervereinigung "Die Gaukler" e.V.
Künstlervereinigung "Glückhaftes Schiff" e.V.
Deutscher Künstlerverband "Aufbau" e.V.
Studentenschaft der Akademie der bildenden Künste
Studentenschaft der Akademie für angewandte Kunst
Münchner Künstlergenossenschaft (privilegiert)
Gesellschaft "Drei Farben"
Gesellige Vereinigung bildender Künstler e.V.
Künstlervereinigung Arche Noah e.V.
Künstlerhausverein e.V.

I. Herrn Ministerialrat Dr. Jacob
zum mündlichen Auftrag von heute.

München, den 23. Juli 1938.
Polizeipräsidium
J.A.

Links: Liste der 1938 zwangsaufgelösten Vereine. Die Münchner Künstlergenossenschaft wurde davon zunächst ausgenommen.
§6: »Der Präsident der Kameradschaft ist der Gauleiter des Traditionsgaues München-Oberbayern.«
§7: »Die Vorstandschaft besteht aus sechs Mitgliedern der Kameradschaft, die vom Präsidenten auf die Dauer von drei Jahren bestellt werden. Der Vorstandschaft gehören ferner auf Grund dieser Satzung an: a) der Leiter der Hauptstelle Kultur im Gau München-Oberbayern, b) der Kunstreferent des Bayerischen Staatsministeriums des Innern, c) der Kulturreferent der Hauptstadt der Bewegung, d) die Landesleiter der Kammern der Reichskulturkammer im Gaugebiet München-Oberbayern, e) der Schatzmeister der Kameradschaft.«
Auch »kann der Präsident Richtlinien erlassen, die für die Mitglieder bindend sind.« (§1)
Selbst die Satzung konnte der Präsident eigenmächtig ändern.
BayHStA MK 51588.

Kataloge und Pressefotos[28] z.B. der »Münchener Kunstausstellungen« 1938-1943, die nun an die Stelle der vorherigen »Großen Münchener Kunstausstellungen« (Glaspalast, dann Neue Pinakothek) getreten waren, zeigt eine Kontinuität der thematischen Beschränktheit und weitere Verengung der ausgestellten Werke auf Porträts, brave Landschaftszeichnungen und -malerei, zum Voyeurismus einladende Frauenakte und bronzene Führerbüsten. Neben den bekannteren Ausstellern wie Sepp Hilz, Schmid-Ehmen, Josef Wackerle, Hermann Kaspar, Willy Preetorius etc. finden sich auch die Namen von Zeichenlehrern und Kunsterziehern wie Josef Bergmann (sehr oft), Heinz Landgrebe (oft), Josef Eckert (häufig), Alfons Fäustle (einmal). Auch Anton Marxmüller gehörte zu den Ausstellern. (Dok. 362) Die Dünkirchen-Bilder (Dok. 364) von Hermann Kaspar bilden im Motiv eine gewisse Ausnahme – für die Kriegsmalerei gab es eigene Ausstellungen wie die »Kunst der Front«, »Münchener Künstler erleben den Krieg« oder »Münchener Maler erleben den Feldzug im Osten«.

Die Ausstellung »Kunst der Front« wurde 1942 und 1943 vom Luftgaukommando VII in Verbindung mit dem Reichspropagandaamt München-Oberbayern veranstaltet. »Soldaten, die das, was sie mit der Waffe erstritten, so mit Auge und Seele in Besitz zu nehmen vermögen, sind Eroberer im wahrhaft schönsten Sinne; ein Volk, das solche Soldaten aussendet, hat tiefsten Anspruch auf das Recht, die Dinge um sich her neu zu ordnen.«[29] »Ausgestellt haben Soldaten der Luftwaffe, nicht zuerst und zuletzt Künstler, die zur Berufsausübung als Kriegsmaler kommandiert oder eingeladen wurden, sondern Soldaten im Dienst, Angehörige der kämpfenden Truppe im weitesten Sinne […] Der Soldat, der ganz in der gegenwärtigen Stunde lebt, schafft unbefangen und ungehemmt aus der Stunde heraus. Und so ist es eine Schau des Urerlebnisses der Malerei schlechthin geworden, des Triebes, darzustellen, was das Auge als Gegenstand eines Lebensereignisses empfand. Sie zeigt nicht so sehr Persönlichkeiten und Kunstauffassungen als die Breite des Schaffens, wie sie naturhaft aus dem Volk hervorbricht. Es ist eine Ausstellung, wie man sie auch den Malern der stillen

---

radschaft der Künstler soll alle künstlerisch schöpferischen Menschen auf Grund des Leistungsgrundsatzes zu einer kameradschaftlichen Gemeinschaft vereinigen, deren bestimmende Grundlage die nationalsozialistische Weltanschauung ist.« »München hat vom Führer die Auszeichnung und die Verpflichtung erhalten, im neuen deutschen Reich die ›Stadt der Kunst‹ zu sein. Die große Aufgabe, im Wettstreit mit den anderen Kunstzentren des Reiches diesen stolzen Titel für alle Zukunft zu bewahren, kann nur eine unter einem Willen zusammengefaßte Künstlerschaft lösen.« Aus: BayHStA MK 51588.

28 StAM, Bildarchiv.
29 Münchener Mosaik, Heft 12,12.1942.

Amtliche Kataloge

Ab 1939 sahen die Katalog-Titel immer gleich aus, s. Faksimile von 1943. Vorgänger waren die »(Großen) Münchner Kunstausstellungen« im Glaspalast und ab 1932 im Deutschen Museum und in der Neuen Pinakothek.

Münchener Künstler im Maximilianeum 1938-1943. Veranstalter: *Kameradschaft der Münchner Künstler e.V.* Unter den ausgestellten Objekten waren z.B. zu sehen:

1938. Eine Zeichnung von Josef Bergmann, *Heuernte* und *Hügellandschaft* von Josef Eckert, ferner z.B. Werke von Hans Flüggen, Sepp Hilz, Hermann Kaspar, Peter Trumm, Josef Wackerle.

1939. Eine Radierung *(Ammersee)* von Josef Eckert, eine Radierung von Heinz Landgrebe *(Alte Weiden)*, Werke von Josef Henselmann, Sepp Hilz, Ernst und Ferdinand Liebermann, Josef Wackerle.

1940. Fünf Radierungen von Josef Eckert *(Erntebeginn, Die Auer Dult, Rund um den Dorfweiher, Die Dorfstraße, Viktualienmarkt)*, ein Aquarell von Alfons Fäustle *(Nach der Arbeit)*, Werke von Josef Henselmann und Hermann Kaspar *(Mosaikentwurf für das Dt. Museum, Frauenakte)*, von Heinz Landgrebe *(Winterlandschaften)*, Bronze von Ferdinand Liebermann *(Der Führer)*, ein Relief von Josef Wackerle.

1941. Zwei Zeichnungen von Josef Bergmann, drei Radierungen von Josef Eckert *(Ammersee, Blick vom Dachauer Schloss, Dorfstraße mit Truthahn)*, eine Kohlezeichnung von Emil Scheibe, drei Mosaikkartons für die Reichskanzlei und acht Kriegsmalereien von Hermann Kaspar *(Dünkirchen, Dok. 364)*, *Mädchenakte* von Richard Klein und Josef Wackerle *(Brunnenfigur)*, Werke von Anton Marxmüller.

1942. Werke u.a. von Josef Bergmann, Josef Eckert, Hermann Kaspar, Anton Marxmüller, Richard Klein, Richard Knecht.

1943. Werke von Josef Bergmann, Josef Eckert, Anton Marxmüller und Peter Trumm.

Aus den Amtl. Katalogen. Foto oben aus: Kat.Ausst. 1943, Mitte und unten:: Ausstellung 1939, aus dem Bildarchiv StAM.

Josef Bergmann, Meine Nich..

Front des Alltags wünschen möchte, gewissermaßen als Bestandsaufnahme des Tagesschaffens.«[30]

Aber die »stille Front des Alltags« gab es nicht, als Front war sie stets laut und aggressiv; still und oft unbemerkt war nur die Methode der Einflussnahme der deutschen Hybris. Von Anfang an hatte die NS-Bewegung auf den »Kampf als Daseinsform« gesetzt. Die Kunst hatte dabei die »Philosophie der Tierzüchter«[31] zu ästhetisieren. Darunter fiel die sog. »heroische Kunst« (Dok. 366) ebenso wie die »völkische Kunst«, die »Blut-und-Boden-Kunst« (Dok. 366), dazu gehörten aber auch die Versuche von kunstgeschichtlichen Koryphäen, die sog. »hohe Kunst« und die Gebiete von Archäologie, Architektur, Denkmalpflege etc. dafür zu funktionalisieren.

Walter Benjamin beschrieb sehr früh: »Alle Bemühungen um eine Ästhetisierung der Politik gipfeln in einem Punkt. Dieser eine Punkt ist der Krieg. Der Krieg, und nur der Krieg, macht es möglich, Massenbewegungen größten Ausmaßes unter Wahrung der überkommenen Eigentumsverhältnisse ein Ziel zu geben« und dabei »die sämtlichen technischen Mittel der Gegenwart« zu mobilisieren, bis dahin, »ihre eigene Vernichtung als ästhetischen Genuss ersten Ranges [zu] erleben«.[32] Sowohl die Sakralisierung des Deutschtums als auch die Verteufelung des Gegners waren unabdingbar zur vollständigen Militarisierung der Gesellschaft.

Es gab keine kulturgeschichtliche Ausstellung, die nicht das Deutschtum verklärte, keine Archivalienzusammenstellung, die nicht den wehrhaften Deutschen verherrlichte, keine Landwirtschaftsausstellung, die nicht das Blut des Deutschen und seine »reiche Erde« beweihräucherte, keine Buchausstellung, in der nicht das Schemm-Wort »Das gute Buch soll wie ein lebendiger Befehl stets neben uns stehen!« Leitlinie war. Eine Senefelder-Gedächtnisfeier musste den *deutschen*[33] Erfindergeist thematisieren, eine Mozart-Ausstellung im Kriegsjahr

---

30 Ebd.
31 Hans-Jochen Gamm, *Führung und Verführung. Pädagogik des Nationalsozialismus. Eine Quellensammlung,* München 1964, zit. nach Ortmeyer, a.a.O., S. 293.
32 Benjamin, *Das Kunstwerk im Zeitalter seiner technischen Reproduzierbarkeit,* S. 42 ff.
33 »Wie der Buchdruck Mittler geistiger Werte sei, so sei die Lithographie Mittlerin der Bildkunst und dazu auch Trägerin einer hochentwickelten Kunst. Sie habe sich die Welt erobert und sei ein Weltgewerbe geworden. Ein Beweis, daß niemand die Berechtigung habe, einen Kulturträger wie das deutsche Volk aus dem Ring der Völker herauszunehmen, wenn er nicht diesen Ring sprengen wolle.« – Münchener Neueste Nachrichten Nr. 55, 26.2.1934. In »Mein Kampf« hatte Hitler als Leitlinie formuliert: »Auch in der Wissenschaft hat der völkische Staat ein Hilfsmittel zu erblicken zur Förderung des Nationalstolzes. Nicht nur die Weltgeschichte, sondern die gesamte Kulturgeschichte muß von diesem Gesichtspunkt

Hermann Kaspar: *2-Mann-Tank und englische Autobrücken am Strand von Dünkirchen / Dünkirchen, Bombentreffer auf einen englischen Zerstörer / Ausgebrannte Kirche in Dünkirchen*, aus: KatAusst. Münchener Künstler im Maximilianeum 1941. Links: Fotos aus der Ausstellung Kunst der Front, Juni 1941, StAM, Kulturamt. Links unten: Anton Kolnberger, *Arc de Triomphe*.

1941 sakralisierte den Tod: »Michelangelo hat von sich bekannt, daß er nicht einen einzigen Augenblick zu erleben vermöge, welcher nicht das Angesicht des Todes trüge. Aber wie wenigen war es gegeben, diesen Schatten, der ja das Leben jedes denkenden und fühlenden Menschen bedroht, nun ganz mit dem Golde der Liebeskraft, der Bejahung, des feiernden Einverstandenseins zu durchwirken und das Finstere leuchten und das Unabänderliche willkommen zu machen! Von den deutschen [!] Musikern ist es einzig Mozart ganz und gar vergönnt gewesen.« Auch J.S. Bach »lebte und schuf im immerwährenden Anblick des Todes. Aber der Tod war für ihn nicht der bittere und rätselvolle Abschluß der irdischen Laufbahn, sondern ihre Verheißung und ihre Krönung«.[34]

4 Politik und Kunst – die Ästhetisierung entgrenzt beides

Bei politischen Themen von Ausstellungen, Filmen etc. wurde auf die Ausschaltung, Verächtlichmachung oder Korrektur der Ratio abgezielt; die politische Aussage verwandelte sich in das »Schlagen des Herzens«, das Fühlen des Großen, das Einlösen von Sehnsüchten, das Vermeiden von Furcht, Angst und Scham, das Erleben von Abscheu usw. – angestrebt war das ästhetische Erlebnis *anstatt* politischer Auseinandersetzung.

Zum Beispiel war die »antibolschewistische Schau« das Gegenteil einer politischen Auseinandersetzung mit dem Kommunismus: Ein »Gang durch die Hölle« u.a. mittels niedriger und stickiger Räume und abgedunkeltem Licht sollte die sinnliche Wahrnehmung prägen. Die Abteilung »Kulturbolschewismus« bestand aus hintereinandergeschalteten »Gruselkabinetten«,[35] dabei wurden die »raumzerstörenden und alle Formgesetze zersetzenden Tendenzen dieser Spielart des Bolschewismus zu handgreiflicher Anschaulichkeit«[36] gebracht. Die Raum-

---

aus gelehrt werden. Es darf ein Erfinder nicht nur groß erscheinen als Erfinder, sondern muß größer noch erscheinen als Volksgenosse. Die Bewunderung jeder großen Tat muß umgegossen werden in Stolz auf den glücklichen Vollbringer derselben als Angehörigen des eigenen Volkes.« Zit. nach: Johannes Eilemann, *Deutsche Seele – deutscher Mensch – deutsche Kultur und Nationalsozialismus,* Leipzig: 1933.
34 Aus einer Broschüre »Zum Mozart-Gedenkjahr 1941, herausgegeben vom Kulturamt der Hauptstadt der Bewegung.« Die Ansprache von Paul Alverdes wurde am 3.5.41 zur Eröffnung der Ausstellung im Historischen Stadtmuseum gehalten. StAM, OMon 445a, S. 7 f.
35 »Jeder Deutsche müßte da hinein in diesen Raum, wo uns ein unverständliches Gestammel, verzerrte Fratzen, brutaler Hohn entgegentreten. […] Dazu erfüllt diese Schreckenskammer noch eine ›Musik‹, die aus lauter Mißtönen besteht.« Fritz Brunner, *Ein Gang durch die Hölle. Die Antibolschewistische Schau in München,* in: Aichacher Zeitung, 28.11.1936, zit. nach Kivelitz, *Die Propagandaausstellung in europäischen Diktaturen,* S. 219.
36 Völkischer Beobachter vom 18.11.1936, zit. nach Kivelitz, ebd.

Ausstellung
Heroische Kunst
1936

Fotos aus: Kat.Ausst.

Ausstellung
Süddeutsche Kunst in München 1934

Ausstellung *Blut und Boden* 1935

Fotos Mitte und unten aus: StAM, Bildarchiv. Veranstaltungsdaten s. Chronologie im Anhang.

inszenierung war auf die Aufhebung der orthogonalen Raumstruktur berechnet, so dass die Irritation der Wahrnehmung »Entartung« und »Zersetzung« fühlen ließ, um auch auf diese Weise »die Auseinandersetzung aus dem Bereich der Politik in eine Sphäre gleichsam absoluter Werte zu verlagern«.[37] Das absolute Böse aber war kein Gegenstand der Ratio, sondern nur noch des Kampfes auf Leben und Tod.

Ein anderes Beispiel: 1941 hatte die »Handelsschiffahrt, besonders aber die Kriegsmarine« die Ausstellung »Großdeutschland und die See« »hauptsächlich im Interesse einer tatkräftigen Nachwuchswerbung gefördert«.[38] Im Katalog der Ausstellung war zu lesen: »Denn die See wird Männer fordern, die sie beherrschen können und die ihre Führerschaft auf Seefahrt zur Geltung bringen wollen. Daß diese Männer sich finden mögen und daß das deutsche Volk ihr Wirken mit Herz und Sinn begleiten möge, ist der Sinn des Rufes, den diese Ausstellung an jeden einzelnen ihrer Besucher richtet.«[39] Der politische Zweck der Anwerbung kriegstauglicher Männer wurde romantisiert, die deutsche imperialistische Seegeltung konnte mit dem alten Menschheitstraum, das Meer zu bezwingen, eingeschmuggelt werden. Allerdings ging die Konzeption der Ausstellungsmacher nicht immer auf. Die Veranstalter von »Großdeutschland und die See« beschwerten sich mehrfach beim Schuldezernat der Stadt München, dass zu wenig Schulklassen kämen und »der größere Teil« der SchülerInnen äußerst ungezogen, »flegelhaft« und unaufmerksam sei.[40]

37 Kivelitz, *Die Propagandaausstellung in europäischen Diktaturen*, ebd.
38 Amtlicher Katalog des Veranstalters: *Großdeutschland und die See*, Ausstellung in München 1941 e.V.
39 Ebd., S. 75.
40 Die Veranstalter am 19.12.1941 in einem Brief an das Schuldezernat: »Der Besuch der Schulen in der Ausstellung ›Großdeutschland und die See‹ bleibt zahlenmäßig weit hinter dem Voranschlag zurück. Es war veranschlagt, daß an den ab Mitte November bis 28. Februar 1942 zur Verfügung stehenden 85 Wochentagen ca. 800 Schüler täglich in die Ausstellung geführt werden sollen. Bis heute haben wir einen Durchschnitt von etwas über 400 Schülern täglich. Wir bitten Sie, den Schulbesuch so zu steigern, daß [...] sämtliche Schulen in der zur Verfügung stehenden Zeit die Ausstellung besuchen können.« Zwei Wochen später: »Beim Besuch der Schulen in der Ausstellung [...] ergeben sich dauernd schwere Mißstände. Während ein Teil der Schüler in der sicheren Hand ihrer Lehrkräfte sich in musterhafter Ordnung den Weisungen der Aufsicht fügt und mit Aufmerksamkeit dem Vortrage der Führung folgt, benimmt sich der größere Teil der Schüler und Schülerinnen in lärmender, flegelhafter Weise, rennt durch die Ausstellung, streckt dem Aufsichtspersonal auf Mahnungen zur Ruhe die Zunge entgegen und zeigt sich der Hand der Lehrkräfte völlig entglitten. Eine vollständige Klasse von 14 bis 15jährigen Mädchen hat kürzlich einen schweren Tumult im Lichtspielraum verübt, ist auf den Stühlen herumgesprungen und hat die

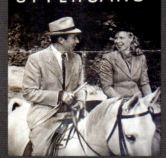

Keine politische Auseinandersetzung: Ein »Gang durch die Hölle«. Abb. links: Romantisierung und Ästhetisierung von Opfer, Kampf, Tod und Leid.

Das Buch soll wie ein Gewehr neben dir stehen! (Hans Schemm). Buchausstellung *Buch und Schwert. Ein Sinnbild unserer Zeit.* München 1940. Veranstalter: Landesleitung der Reichsschrifttumskammer München/Oberbayern.

In dieser *Jahresschau des deutschen Schrifttums* befanden sich Titel wie *Die Kraft der Seele. Gedanken eines Deutschen im Kriege / Vermächtnis gefallener Erzieher / Ewiges deutsches Soldatentum / Schwert am Himmel. Fünf Jahre deutsche Luftwaffe / Juden beherrschen England / Juden erobern England / Der indische Arbeiter und britische Herrschaft / Die neue Kriegsschuldlüge / England ohne Maske / Cant, die englische Art der Heuchelei / Das Konzentrationslager. Bericht über eine englische Erfindung im Burenkrieg / England wollte keinen Frieden* usw.

Allein in der Abteilung *Kampf gegen England* befanden sich 55 Titel. Die *Besetzung Norwegens und Dänemarks* musste sich mit wenigen Titeln begnügen, dafür lieferte die Abteilung *18 Tage Kampf gegen Polen* wieder 34 Titel wie *Panzer packen Polen, Höllenmarsch der Volksdeutschen in Posen* und – ganz sachlich – *Polnische Dokumente*.

Nach der *Eingliederung Böhmens und Mährens* gelangt man zur Abteilung *Die deutsche Kolonialforderung*, in der wiederum 34 Bücher wie *Unvergessenes deutsches Land / Ein Lebenswerk in Afrika / Unser Kamerun von heute* das Objekt der Begierde zeigen. Daneben gab es *Dichtung und Unterhaltung*.

Oder: Ein augenscheinlich politisch thematisierter, staatspolitischer Film, der von den Schulklassen besucht wurde, war »Der alte und der junge König«, gedreht nach tatsächlichen Begebenheiten. König Friedrich Wilhelm I. »sorgt sich darüber, daß sich sein Sohn und Thronerbe nur für Bücher und Musik interessiert. Deshalb tadelt er absichtlich seinen Sohn, der gegenwärtig den Rang eines Hauptmannes hat, öffentlich auf dem Kasernenhof wegen seiner nichtmilitärischen Interessen. Da der Sohn diese Demütigung nicht erträgt, plant er mit seinem Freund, dem Leutnant Katte, die Flucht. Doch die Fluchtpläne werden entdeckt, der Sohn erhält Stubenarrest. [...] Schließlich wird dem König ein zweiter Fluchtplan hinterbracht; er prügelt seinen Sohn [...] verbrennt seine Bücher, zerbricht seine Flöte, wirft ihn in Festungshaft, fordert Kattes Hinrichtung und zwingt seinen Sohn, bei der Enthauptung seines Freundes zuzusehen.«[41] Katte starb mit den Worten: »Ich sterbe für meinen Herrn, den ich liebe«, und sein Vater beugte sich: »Ich will mir einbilden – es sei Krieg – mein Sohn sei auf dem Felde der Ehre gefallen! Darauf der König: Herr von Katte – mein Kompliment!«[42] An anderer Stelle der König: »Der Wille des Königs ist Gesetz und was sich ihm nicht beugt, muß vernichtet werden.« Der Widerstand und das Rückgrat des Sohnes jedenfalls wurden gebrochen, um »Preußen groß« zu machen, und am Ende des Films stand »der junge König in Großaufnahme da als neuer ›Siegfried‹ mit heroischem Aussehen.«[43] Dass so nebenbei die französische Literatur als »Hurenlektüre« bezeichnet wurde, das gehörte zur unterschwelligen Begleitmusik. Der Film wollte nicht zur politisch-historischen Auseinandersetzung mit dem Preußentum anregen, sondern er war eine Aufforderung zur »völligen Unterwerfung, zum absoluten Gehorsam, den man dem Vater, den Vorgesetzten, dem Staatsoberhaupt schuldet«, und die »Botschaft an die Eltern, Autorität, Disziplin und Gehorsam notfalls mit Härte, Strenge und Bestrafung, einzufordern.«[44]

Das waren nur drei – recht unterschiedliche – Beispiele für die Ästhetisierung von Politik und Geschichte. Eine detailliertere Beschreibung der (im Anhang aufgelisteten) von den Schulklassen besuchten Filme und Ausstellungen wäre

---

Wände mit Fußtritten beschädigt. Heute hat eine Klasse Mittelschüler schwere Beschädigungen an den Wänden am Kinoeingang verübt und die Wände an mehreren Stellen eingedrückt, ebenso im Ehrenraum der Kriegsmarine. Es ging so toll zu, daß es unmöglich war, die Namen der Täter festzustellen.« Aus: StAM, Schulamt 2564.

41 Walther Habersetzer, *Ein Münchner Gymnasium in der NS-Zeit. Die verdrängten Jahre des Wittelsbacher Gymnasiums,* München 1997, S. 135 ff.
42 Aus dem Drehbuch des Films, zit. nach Habersetzer, ebd.
43 Ebd.
44 Ebd.

370   Der unpolitische und der staatspolitische Film

Vorbereitung der Ausstellung *Gymnasiale Kunsterziehung der NS-Zeit*, Sammlung der Filmprospekte: Walther Habersetzer.

seitensprengend, würde aber durchgängig belegen: Nicht die Kunst wurde politisiert (um diskurstheoretische Möglichkeiten in politischen Kategorien zu eröffnen), sondern die Politik ästhetisiert. Dabei fand eine Entgrenzung beider Bereiche statt, die eine Art mentales Niemandsland schuf, in der die Verbrechen des NS-Regimes zu Tugenden und heiligen Pflichten umfunktioniert werden konnten – bis dahin, dass eine Weigerung, z.B. die Frauen und Kinder eines polnischen Dorfs zu massakrieren, als die Haltung eines Kameradenschweins ausgelegt wurde, der den anderen die »Arbeit« überlässt.[45]

Umgekehrt wurden augenscheinlich unpolitische Veranstaltungen, Filme, Ausstellungen etc. unter der Hand zu politisch höchst wirksamen Waffen, wie in früheren Kapiteln schon belegt wurde. Notfalls wurde »nur« Speichelleckerei betrieben, wie z.B. im Amtlichen Katalog des verantwortlichen Leiters der Staatsgemäldesammlung, Ernst Buchner, zur Altdorfer-Ausstellung 1938: Er betonte »das Glück, unter dem Stern des geeinten deutschen Reiches zu stehen. […] Zum Schluß sei auf die tiefe symbolische Bedeutung der Ausstellung hingewiesen. Sie beweist die innere Zusammengehörigkeit und kulturelle Einheit der alten bajuwarischen Ostmark vom Lech bis zur Leitha, deren Herzstrom der Inn ist, an dem Braunau liegt. Die Aufrichtung des geeinten Reiches gibt ihr die Weihe. Wenn je eine Ausstellung alter deutscher Kunst innerlich berechtigt, ja notwendig war, so ist es diese. Wir sind sie dem Andenken Altdorfers, aber auch der entschieden zu wenig gewürdigten Leistung eines ganzen deutschen Stammes in einer großen Zeit schuldig. Denn diese Ausstellung zeigt – alles in allem – den bajuwarischen Beitrag zur größten Epoche der deutschen Malerei.«[46]

---

45 Vgl. z.B. Christopher Browning, *Ganz normale Männer. Das Reserve-Polizeibataillon 101 und die Endlösung in Polen,* Reinbek 1993.
46 Aus: Amtlicher Katalog München 1938, *Gedächtnisausstellung zum 400. Todesjahr Altdorfers »Albrecht Altdorfer und sein Kreis«,* Neue Staatsgalerie, Königsplatz. – Ausgerechnet auf diese Ausstellung hatte sich Ernst Buchner berufen, als er sich nach 1945 gegen den Vorwurf des Kunstraubs im Dienst des NS-Staats reinwaschen wollte. Auch beim Antrag auf Wiederverwendung im Staatsdienst nach Erhalt seines Spruchkammerurteils (»Mitläufer«) führte er an: Die Ausstellung »war wohl die schönste, bedeutendste und erfolgreichste Ausstellung alter Kunst, die jemals in München gezeigt worden ist. Trotzdem haben sie der Diktator, der Ministerpräsident, der Gauleiter ostentativ nicht besucht, weil sie angeblich zu christlich und mittelalterlich-kirchlich war.« BayHStA MK 44778.

Die »Gestaltfrage«

»Der Blickpunkt, der heute die gesamten Wissenschaften beherrscht, die Gestaltfrage, fand hier in der Kunst ein ihr ureigenes Feld vor.«

Lottlisa Behling, *Gestalt und Geschichte des Masswerks*, Halle 1944, S. 6.

Die Bilder

1. Germanischer Reiterstein aus Hornhausen
2. Engel aus der Bamberger Apokalypse
3. Lukas aus dem Evangelienbuch Ottos III.
4. Grabstein Widukinds, Enger i. W.
5. Hl. Michael aus dem Hildesheimer Ratmannmissale
6. Jonas und Hosea im Dom zu Bamberg
7. Der Reiter im Bamberger Dom
8. Barbarossa in der Marienkirche zu Gelnhausen
9. Hl. Martin, Bassenheim
10. Ekkehart und Uta im Naumburger Dom
11. Grabmal Heinrichs IV., Breslau
12. Heinrich IV. aus der Manessischen Liederhandschrift
13. Hartmann von Aue aus der Manessischen Liederhandschrift
14. Gebrüder Klausenburg: Hl. Georg
15. Albrecht Dürer: Hl. Georg
16. Bernt Notke: Hl. Georg
17. Albrecht Dürer: Ritter, Tod und Teufel
18. Michael Pacher: Hl. Georg
19. Schlüsselfelderscher Christopherus, Nürnberg
20. Gilg Sesselschreiber: Herzog Ernst der Eiserne
21. Lukas Cranach d. Ä.: Hl. Georg
22. Hans Burgkmair: Teurdank und Ernhold
23. Hans Burgkmair: Die Spiele des jungen Weißkunig
24. Urs Graf: Fahnenträger
25. Claus Berg: Jakobus
26. Hans Baldung: Judas Thaddäus
27. Albrecht Dürer: Vier Apostel
28. Albrecht Dürer: Kampf der Engel aus der Apokalypse
29. Meister J. W.: Hl. Michael
30. Matthias Grünewald: Kreuzigung vom Isenheimer Altar
31. Hans Holbein d. J.: Kampf der Landsknechte
32. Albrecht Dürer: Ölberg
33. Albrecht Dürer: Auferstehung
34. Adam Elsheimer: Hl. Christoph
35. Johann Wilhelm Baur: Reiterschlacht
36. Andreas Schlüter: Der Große Kurfürst
37. Balthasar Permoser: Herkules
38. Andreas Schlüter: Maske eines sterbenden Kriegers
39. Andreas Schlüter: Maske eines sterbenden Kriegers
40. Johann Heinrich Füßli: Der Steinwerfer
41. Alfred Rethel: Der Fahnenträger
42. Peter Cornelius: Der tote Siegfried vor Kriemhild
43. Alfred Rethel: Der erschlagene Rüdiger
44. Adolf Menzel: Friedrich und Ziethen
45. Adolf Menzel: Friedrich auf der Terrasse
46. Adolf Menzel: Nächtlicher Angriff
47. Bernhard Bleeker: Der Soldat des Münchener Gefallenendenkmals
48. Adolf Menzel: Titelblatt zum dritten Buch von Kuglers Geschichte Friedrichs des Großen.

»Die Bilder«: Inhaltsverzeichnis aus: Hubert Schrade, *Die heldische Gestalt in der deutschen Kunst*, München 1937.

DIE GESTALT
Abhandlungen zu einer allgemeinen M[orphologie]
herausgegeben von
Wilhelm Pinder / Wilhelm Troll / L[othar Wolf]

Heft 6
GESTALT UND GESCHICH[TE]

DIE GESTALT
Abhandlungen zu einer allgemeinen Morpho[logie]
herausgegeben von
Wilhelm Pinder / Wilhelm Troll / Lothar [Wolf]

Heft 2
GESTALT UND URBILD
Gesammelte Aufsätze zu Grundfragen der organischen Morpho[logie]

DIE GESTALT
Abhandlungen zu einer allgemeinen Morphologie
herausgegeben von
Wilhelm Pinder / Wilhelm Troll / Lothar Wolf

Heft 3
DIE WAHRNEHMUNG DES RAUMES ALS PSYCHOLOGISCHER VORGANG
von
Dr. phil. G. JOHANNES VON ALLESCH
o. Prof. der Philosophie und Psychologie an der Universität Halle

WISSENSCHAFTLICHE GRUNDLAGENFORSCHUNG UND DIE GESTALTKRISE DER EXAKTEN WISSENSCH[AFTEN]

DIE GESTALT 10.
DEUTSCHE CHEMIE ALS LEHRE VOM STOFF
VON CONRAD WEYGAND
MAX NIEMEYER VERLAG HALLE (SAALE)

DIE GESTALT 12.
MATHEMATIK ALS BEGRIFF UND GESTALT
VON MAX STECK
MAX NIEMEYER VERLAG / HALLE (SAALE)

5 Von der geschichtslosen »Gestalt« (Jünger, Baeumler, Weinhandl) zur »Wesens-Schau« (Hans Herrmann)

Die Kunst wurde zum Instrument der Geschichtsfälschung, indem die wirkliche Geschichte systematisch aus allen Bereichen der Kunst vertrieben wurde. Georg Lukács zeichnete u.a. anhand der Gestaltenmythologie der Vertreter der Lebensphilosophie die ruckweise Entwicklung nach, in der sie die Geschichte immer energischer in einen Mythos verwandelten.[47] Nach dem Erscheinen der »Morphologie« von Oswald Spengler[48] trat die »Gestalt« als Zentralbegriff der mythenschaffenden Tendenz bei Ernst Jünger auf. Er faßte seine Anschauungen in einem programmatischen Buch zusammen: »Der Arbeiter, Herrschaft und Gestalt«. Nach Jünger war schon das »Sehen von Gestalten« insofern ein »revolutionärer Akt, als es ein Sein in der ganzen und einheitlichen Fülle seines Lebens erkennt. Es ist die große Überlegenheit dieses Vorganges, daß er sich jenseits sowohl der moralischen und ästhetischen, als auch der wissenschaftlichen Geltung vollzieht.«[49] Mithilfe der »Gestalt« begründete Jünger seine radikal antihistorische Geschichtsauffassung »Der Sieger schafft den Mythos der Geschichte«: »Eine Gestalt ist, und keine Entwicklung vermehrt oder vermindert sie. Entwicklungsgeschichte ist daher nicht Geschichte der Gestalt [...]. Die Entwicklung kennt Anfang und Ende, Geburt und Tod, denen die Gestalt entzogen ist. Die Geschichte bringt keine Gestalten hervor, sondern sie ändert sich mit der Gestalt. Sie ist die Tradition, die eine siegreiche Macht sich selbst verleiht.«[50]

Der Arbeiter als soldatisches Ideal wurde von Baeumler, dem pädagogischen Lehrer der Kunsterzieher, weiter mythologisiert. Auch für den nationalsozialistischen Philosophen Baeumler war der Mythos nicht hinterfragbar, weil »schlechthin ungeschichtlich«, schließlich reiche er »nicht nur in die Urzeit, sondern auch in die *Urgründe* der Menschenseele herab«.[51] Die Geschichte müsse man wie »Rosenberg der Ghibelline« methodisch anwenden. »Rosenberg hat das rassisch-geschichtliche Denken des Nationalsozialismus systematisch auf den politischen Bereich übertragen. Sein Buch ist als Ganzes nur denen zugänglich,

---

47 Georg Lukács, *Die Zerstörung der Vernunft,* Berlin 1954.
48 Siehe Kapitel I. 2.4.3.
49 Ernst Jünger, *Der Arbeiter,* Hamburg 1932 (2. Auflage), S. 39, zit. nach Lukács, *Die Zerstörung der Vernunft,* S. 422.
50 Ebd., S. 79, zit. nach Lukács: *Die Zerstörung der Vernunft,* S. 423.
51 Alfred Baeumler, *Der Mythos vom Orient und Occident,* Einleitung zur Bachofen-Ausgabe, München 1926, S. XC f., zit. nach Lukács: *Die Zerstörung der Vernunft,* S. 427.

29. Meister J.W., Hl. Michael. Holzschnitt

5. Hl. Michael. Miniatur aus dem Ratmannmissale. Hildesheim. 1159

Kunstbetrachtung der *Gestalt* (1)

»Der Michael des Meisters J.W. (Abb. 29), unter dem Eindruck von Dürers Apokalypse entstanden, trotzdem aber eine ganz selbständige Schöpfung, enthüllt in schlechthin überwältigender Weise die Kraft der Deutschen zur Gestaltung des Elementaren.« Schrade S. 8. »Aber im Drachenkampf des hl. Michael erkannte das Volk die Kämpfe wieder, die auch seine Helden gegen Ungetüme und Drachen aller Art ausgefochten hatten. Denn auch sie waren ja Helden dadurch gewesen, daß sie auszogen, das Unholde aus der Welt auszurotten.« Schrade, *Die heldische Gestalt*, S. 8.

RITTERANBETUNG, ADEL-NACHAHMUNG UND SAKRALTRANSFER

Das Symbol der Fahne

Die Zeichnung »gilt dem Opfertod des Fahnenträgers, der sich nach der unglücklichen Wendung, die die Schlacht bei Tagliacozzo für Konradin, den letzten Hohenstaufen, nahm, mit der Fahne in den Fluß stürzte, um das Symbol des Reiches nicht in die Hände der Feinde fallen zu lassen. Er hat sich in die heilige Fahne ganz eingehüllt, so daß er nun nichts mehr ist als der Träger der Fahne. Im Symbol aufgegangen, ist er selber das Symbol geworden.
 Gleich einer dunklen schicksalsschweren Wolke schwebt die verhüllte Gestalt vor dem düsteren Himmel über dem Abgrunde. Die vollkommene Verhüllung der Gestalt erinnert an ältere deutsche Erfindungen«. Schrade, ebd., S. 27.

41. Alfred Rethel, Der Fahnenträger. Zeichnung. Dresden. Um 1850

die imstande sind, das Weltgeschehen geschichtlich, d.h. als Abfolge von ›Gestaltenkämpfen‹ zu sehen (s. den Untertitel des ›Mythus‹). [...] es werden geschichtliche *Gestalten* und die in ihnen erscheinenden *Wertsysteme* vergleichend nebeneinander gestellt. Ein solches Verfahren kann nur von demjenigen angewendet und verstanden werden, der Gestalten *sieht* und selber mit Bewußtsein in einem Wertsystem *lebt*.«[52] In diesem Zusammenhang wies Baeumler auch auf die überragende Bedeutung des »symbolschauenden Blicks« für den Nationalsozialismus hin: »Die Methode der geschichtlichen Charakteristik kann nur von dem gemeistert werden, der das Auge für die geheimnisvoll-offenbare Wirklichkeit der Symbole besitzt.«[53] So war es für Baeumler auch »eine aus tiefstem Instinkt geborene symbolische Tat, als Alfred Rosenberg in Meister Eckhart die adlige Seele des germanischen Ritters wieder entdeckte«.[54]

Der Kunsthistoriker Hubert Schrade fand – wie viele seiner Berufskollegen – in diesem »symbolschauenden Blick« sein ureigenstes Anwendungsgebiet: So erschien 1937 in München »Die heldische Gestalt in der deutschen Kunst«.[55] In diesem Büchlein werden quer durch die westeuropäische Kunstgeschichte fast alle NS-Ästhetisierungsmuster durchexerziert, die sich letztendlich auf eine Aussage reduzieren: deutsch = heldisch = Gottes Sturm. (Dok. 372-380)

Der führende Gestalt- und Symboltheoretiker des Nationalsozialismus war Ferdinand Weinhandl. Er postulierte eine »Erkenntnistheorie des physiognomischen Sehens«[56] und begründete sie mit den Notwendigkeiten der NS-Rassenlehre. Nach ihm sollte man »im Gestaltbegriff den methodischen *Grundbegriff* für die Bewältigung weltanschaulicher Probleme sehen, das Werkzeug, das auch geeignet ist, die rassischen Physiognomien des Weltbildes zu erfassen«.[57] Der »deutsche Erkenntniswille« will »den Dingen auf den Grund gehen«. Und was sollte man nach Weinhandl tun, wenn man in der Frage »nach dem Wesentlichen im Sinne des Innersten der Sache und im Sinne der noch zu erhellenden Tiefe« nicht weiterkommt? »Eine gestaltphilosophische Überlegung und die praktischen Erfahrungen der Gestaltanalyse haben uns über die entscheidende Klippe gebracht. Ich habe mir gesagt: Überall, wo mich etwas so anspricht, daß ich das Gefühl habe, daß ich mit allem, was ich mir bisher darüber

---

52 Alfred Baeumler, *Rosenberg der Ghibelline,* in: Derselbe, *Politik und Erziehung,* Reden und Aufsätze, Berlin 1937, S. 24.
53 Ebd.
54 Ebd., S. 18.
55 Mit 48 Bildern, ausgewählt und beschrieben von Hubert Schrade, *Die heldische Gestalt in der deutschen Kunst,* München 1937.
56 Weinhandl, *Philosophie – Werkzeug und Waffe,* S. 3.
57 Ebd., S. 4.

Kunstbetrachtung der *Gestalt* (2)

Die *Kreuzigung vom Isenheimer Altar* von Grünewald und den *Kampf der Landsknechte* von Holbein stellte Schrade zueinander, weil sie »mit demselben unerbittlichen Wirklichkeitssinn dargestellt« seien. Und: »Der männerentfesselnde Dämon des Schlachtgewühls, den Holbein in seiner ganzen furchtbaren Großartigkeit verspüren läßt, bewahrt die Szene davor, ins Henkermäßige abzufallen.« Schrade, ebd., S. 21.

LANDSKNECHT-VEREHRUNG UND TODESVERACHTUNG

»[...] neben dem Ritter, ja fast schon mehr als dieser, ist der Kämpfer der Zeit der Landsknecht gewesen. Er ist da, wo es etwas zu kämpfen gibt, und das kann überall sein. Kämpfer um Sold, hat er gleichwohl seine Ehre, und die Fahne, der er folgt, verteidigt er bis in den Tod. [...] Für diesen festen, ausgreifenden Schritt gibt es keinen Widerstand, über den er nicht hinwegginge, kein Ziel, das er nicht erreichte. Die Fahne, die der Krieger trägt, ist groß wie der Himmel [...]. Aller Wetter Gunst und Ungunst haben das Gesicht des Reisigen getroffen, und die verwegene Luft nach Leben hat es ebenso gebildet wie der aushöhlende Anblick des Todes, so daß in diesem Antlitz der Dämon des Lebens und der Dämon des Todes als dieselbe Macht erscheint. / Es war ein Wagnis, aber die revolutionäre Unruhe der Zeit machte es möglich, daß Claus Berg seinen Güstrowern Aposteln das Ansehen von Landsknechten gab.« Schrade, ebd., S. 17 f.

24. Urs Graf, Fahnenträger. Federzeichnung. Basel. 1516

25. Claus Berg, Jakobus. Güstrow, D... Um 1530

gedacht habe, noch nicht beim Wesen, noch nicht beim Wesentlichen bin, daß da noch irgendetwas ›los ist‹, da muß doch im Eindruck selbst der Anlaß zu diesem Gefühl liegen […]« Und Weinhandl zerschlug den Gordischen Knoten: »nur durch ein sich immerfort selbst korrigierendes Hineinlauschen in das Ganze« kann das Wesen gefunden werden.[58] So lange in ein Bild hineinlauschen, bis man das gefunden hat, was man suchte!

Um diese Philosophie zu rechtfertigen, wurde die »Gestalt« als »mythisches Gebilde« kreiert, das aber »seine Wirklichkeitsbezogenheit eindeutig kundtut« durch eine »räumlich bestimmte Größe«.[59] »Wohl allen mythischen Gebilden scheint direkt oder indirekt eine Größe des Raums in vertikaler wie auch in horizontaler Richtung, aber ebenso gut als unbestimmte Tiefe und Tiefenerstreckung in die Erde hinein eigen zu sein.« Und nachdem Weinhandl auf dieser Grundlage den Mythos definiert hatte »als das Großbild einer Weltanschauung«, fragte er: »Aber dabei steht noch ein Letztes und Wesentlichstes aus, das ist das Verhältnis des Mythos zur Zeit, zur Geschichte […].«[60] Seine Antwort: »Die Wahrheit des Mythos ist nicht irgendeine Verifizierbarkeit – denn Tiefe und Größe des Lebens sind letztlich immer wahr. Seine Wahrheit liegt vielmehr in seiner Kraft und Wirkung und Verbindlichkeit. […] Das Gründen des Mythos in der ›Zeit‹ ist letztlich unabtrennbar von seinem Gründen in einer Gemeinschaft, in einem Volkstum. Das ist seine Gewachsenheit und zusammen mit der Größe, Hintergründigkeit und Tiefe seine ›Gestalt‹.«[61]

---

58 Ebd., S. 17.
59 Ferdinand Weinhandl, *Philosophie und Mythos,* Hamburg 1936, S. 13. Weinhandls Interpretation der räumlichen Komponenten versuchte, alle Bedürfnisse der NS-Herrschaft zu bedienen: »So scheint die ›Höhe‹ mehr dem Idealismus und damit der Steigerung der Person zum ›Helden‹ des Mythos, die ›Tiefe‹ dagegen allem bäuerlich Erdhaften, aber auch dem Mythos im engeren chthonisch-antiklassischen Sinn der Romantik zu entsprechen. Und zwar sowohl die vertikale als horizontale Raumtiefe, jene etwa wesentlich beteiligt am Symbol von ›Blut und Boden‹, diese an der mythischen Landschaft. […] Während man die nüchterne Klarheit einer ins Mythische wachsenden Technik unschwer als Höhe und Hochraumdimensionierung erkennen kann.« Ebd., S. 13 f.
60 Ebd., S. 15.
61 Ebd., S. 16. Weinhandl gab vor, seine Gestalt- und Symboltheorie auf den Überlegungen von Goethe aufzubauen. In der Tat war Weinhandl ein Kenner der Goethe-Texte – aber genau deshalb muss man Weinhandl bewusste Verfälschung und geradezu Umkehrung der gestalttheoretischen Erkenntnisse von Goethe nachsagen. Goethe hatte die Veränderbarkeit und die dialektischen Entwicklungen von Gestalten, insbesondere ihr Vergehen, im Mittelpunkt seiner Überlegungen (so sehr, dass er bei der Erstellung von Morphologien vom Begriff Gestalt abriet), Weinhandl dagegen betonte die Konstanz der Gestalt. Er konzipierte sie als statisch, »blutmäßig bedingt« von »überhistorischer Ganzheit« usw. Siehe z.B. die Studie von Monika Leske, *Philosophen im Dritten Reich,* Berlin 1990, S. 193 ff.

Kunstbetrachtung der *Gestalt* (3)

47. Bernhard Bleeker, Der Soldat des Münchener Gefallenendenkmals

45. Adolf Menzel, Friedrich auf der Terrasse. Aus den Illustrationen zu Kuglers Geschichte Friedrichs des Großen

»PATHOS DES KLEINEN« UND »GRÖSSE DES GESCHEHENS«

48. Adolf Menzel, Titelblatt zum dritten Buch von Kuglers Geschichte Friedrichs des Großen.

Zu Abb 45 (Menzel): »Wenn es ein Pathos des Kleinen gibt, so spricht es hier. Zu seiner heroisierenden Wirkung kommt es durch die Einsamkeit der Gestalt. Die Spannung zwischen Menschen- und Weltmaß wird zum Ausdruck der Macht des Schicksals […]. Der einzelne wird klein in der Größe des Geschehens, er ist nur ein Teil von ihm, und wenn das Geschehen auch ohne ihn nicht wäre, so wächst es doch über ihn hinaus. Das Schicksal, das sich im Geschehen auslöst, wird ganz sein eigenes […] wenigstens in einigen Werken eine gestalterische Form gefunden zu haben, die Wesen und Sinn der Tode der gegenwärtigen Schlachten wirklich symbolisieren, ist die schon geschichtlich gewordene Leistung unserer Tage. Inmitten einer architektonischen Umfassung […], in einer Krypta, die ein schwerer Steinblock bedeckt, der zugleich altar- und sarkophagähnlich erscheint, liegt in dem Münchener Denkmal der tote junge Soldat, der alle vertritt, die mit ihm fielen (Abb. 47). Er liegt im Frieden des Todes, aber gerüstet, und wenn auch das Leben in ihm für jetzt zur Ruhe gegangen ist, wir spüren es noch, und es scheint uns, daß es nur eines Anrufs bedürfe, den Entschlummerten wieder zu erwecken. […] Ganz als ein Deutscher, in dem das germanische Erbe der Ausdrucksfähigkeit ohne das Mittel der menschlichen Gestalt noch lebendig war, symbolisierte Menzel das Heldentum in dem Titelblatte zu dem davon handelnden Buche der Geschichte Friedrichs des Großen (Abb. 48). Über den Wolken fliegen Adler, die sich bekämpfen, stärker als der Sturm, und doch Geschöpfe des Sturms, der über die Erde braust und der nicht des Menschen, sondern Gottes Sturm ist.«   Schrade, ebd., S. 29 f.

Entsprechend der Weinhandl'schen »Erkenntnistheorie vom physiognomischen Sehen« kann man auch die Wahl des Zeitschriften-Titels »Die Gestalt« von Hans Herrmann als programmatischen Akt verstehen. Auch Herrmann postulierte: »*Theorie*, d. i. Wesen-Schau«.[62] Im Unterschied zu Weinhandl waren Herrmanns Überlegungen neuthomistisch motiviert[63], aber auch sie passten sich aktiv in die NS-Mythenbildung ein, zum Teil in opportunistischer Weise, zum Teil durch inhaltliche Affinitäten bedingt. Der Anpassungsprozess von Hans Herrmann bereitete einige theoretische Schwierigkeiten, die er jedoch mit aquinatischer Hilfe und bisweilen sozialdarwinistischer Argumentation[64] zu lösen versuchte. Die Hauptschwierigkeit war, die »ewige Wahrheit Gottes«, die sich laut Herrmann in der »überall und zu allen Zeiten notwendige[n] Struktur des Formgebildes« niederschlage, mit dem »volkhaft« bedingten Anteil dieser Formgebilde in Übereinstimmung zu bringen. Man erinnere sich, dass für Herrmann »ein echtes Kunstwerk notwendigerweise sinnfälliges Dokument der ›Weltanschauung‹ eines Volkes«, »gewissermaßen die Quintessenz arteigener Wert- und Lebenswelt«[65] war – in anderen Formulierungen jedoch galt »die besondere Eigenart bestimmter Zeiten und Rassen«[66] nur als etwas der Gestalt Äußerliches. Herrmanns »Lösung«: »Die wirkliche Wahrheit steht über den Sterblichen […] Tritt sie aber ins zeitliche Leben ein, dann trägt sie freilich das Gewand der Zeit.«[67] An dieser Stelle müssen wir uns daran erinnern, wie Herrmann schon Anfang der 1930er Jahre »nach Thomas« die Form als »das bestimmende Prinzip der Wesenheit« definierte. Gegenüber dem Text von 1933/34 war die Verwendung des Begriffs *Wesensschau* im Buch »Glanz des Wahren« von 1940 neu. Nun konnte nicht nur das »beseelte Auge« das Wesen erschauen, jetzt war die ganze »Theorie der bildenden Kunst« von Britsch/Kornmann eine »wahre

---

62 Hans Herrmann, *Glanz des Wahren. Von Wesen, Wirken und Lebensbedeutung der bildenden Kunst,* Krailling vor München 1940, S. 19.
63 Im Theorie-Nachlass von Britsch und Kornmann wurde kein Beleg gefunden, dass in ihren Kreisen Weinhandl studiert wurde. Der Nachlass von Hans Herrmann müsste noch untersucht werden. Es ist davon auszugehen, dass sich der »Gestalt«-Gedanke in den 1920er bis Mitte der 1940er Jahre allgemeiner Beliebtheit erfreute.
64 Z.B.: »So wenig etwa der durch das Knochengerüst bestimmte, nach gewissen Grundgesetzen vollzogene Aufbau des Wirbeltierkörpers oder die allgemeinen Gesetze des Blutkreislaufes in ihm die individuelle Freiheit der Form im einzelnen schmälern, so wenig behindert die hier gemeinte, überall und zu allen Zeiten notwendige Struktur des Formgebildes den persönlichen, blut- und zeitbedingten Ausdruck.« Ebd., S. 130.
65 Hans Herrmann alias Hans Flüggen, *Traktat über Kunst und Photographie,* S. 23.
66 Hans Herrmann, *Glanz des Wahren,* S. 21.
67 Ebd., S. 19.

Kunstbetrachtung der *Gestalt* (4)

16. Bernt Notke, Hl. Georg. Stockholm. 1489

15. Albrecht Dürer, Hl. Georg. Kupferstich. 1508

»Hat Dürer in diesem Kupferstich ein Ur- und Sinnbild ritterlicher Stetigkeit geschaffen, so lebt in seinem Georg der von der Weite der Welt erfüllte und ihre Fernen bezwingende Geist des Bamberger Reiters wieder auf.« Schrade, ebd., S. 14 f.

Die heldische Gestalt in der deutschen Kunst

Fotos unten: *Bamberger Reiter* von Hege; Werbeplakat 1936, zit. nach B. Hinz, in: Warnke, *Kunstwerk zwischen Wissenschaft und Weltanschauung*, S. 39.

Wesensschau«.⁶⁸ Ein kleiner, aber bemerkenswerter neuer Anpassungsschritt von Hans Herrmann ans »zeitliche Leben«, der natürlich mehr bedeutete als nur ein Gewand, das man so schnell ablegen kann, wie es angezogen war. Mit dieser letzten Umkehrung der Britsch-Überlegungen wurde eine Entwicklung besiegelt, in deren Verlauf nur noch Versatzstücke der Britsch-Terminologie als Worthülse für völlig andere Ideen eingesetzt wurden. Der Begriff »Britschianer« kann seitdem sinnvollerweise nur noch als historisch begrenzter Begriff für die 1920er Jahre verwendet werden.

Konrad Fiedler hatte einmal die »Gestalt« als das künstlerische Pendant zum wissenschaftlichen »Begriff« gewählt – auf dieser Grundlage wurde auch in der Kunstpädagogik die Auseinandersetzung eröffnet, die in vielen wissenschaftlichen Disziplinen in den Umbrüchen des 19. und 20. Jahrhunderts zu beobachten war und in vielerlei Weise bis heute andauert. Die Begriffspolaritäten (Anschaulichkeit versus Begrifflichkeit, anschauliches versus rationales Denken, ganzheitliches oder synthetisches versus analytisches Denken, Intuition versus Wissenschaft) und die verschiedenen Wahrnehmungstheorien standen seit ihrer Entstehung immer an der Wegscheide, inwieweit die erkennbaren Widersprüche als reale anerkannt und nicht als »nur scheinbare« für nicht existent erklärt und inwieweit die Zusammenhänge wissenschaftlich erforscht und nicht auf irrationaler (mythologischer, religiöser, esoterischer usw.) Grundlage behauptet wurden.⁶⁹

Inwieweit die Münchener gymnasialen Kunsterzieher ihre Theorien und ihre Praxis der NS-Zeit nach 1945 reflektierten, davon handelt das nächste Kapitel.

---

68 Ebd.
69 Wie die Weinhandl-Richtung in Philosophie und Pädagogik oder die Verjagung der Berliner Schule der Gestaltpsychologie durch die Nazis oder auch die Zusammenstellung von 14 Schriften durch Wilhelm Pinder als Mitherausgeber des Sammelbands *Gestalt. Abhandlungen zu einer allgemeinen Morphologie* zeigt, ist spätestens Anfang der 1940er Jahre in Deutschland kaum mehr eine Anstrengung vorhanden, die den »Gestalt«-Begriff und seine Analyse in einer vernünftigen, wissenschaftlich fundierten Weise behandelt und nicht unter der Prämisse, die eine der 14 Schriften schon im Titel verrät: *Wiedergeburt der Morphologie aus dem Geiste deutscher Wissenschaft*. Darin heißt es z.B.: »Es ist deshalb nicht Aufgabe der morphologischen Forschung, den Typus zu analysieren, sondern ihn, geschlossen wie er ist, zur Anschauung zu bringen.« Wilhelm Troll, *Gestalt und Urbild. Gesammelte Aufsätze zu Grundfragen der organischen Morphologie,* in: Wilhelm Pinder, Wilhelm Troll und Lothar Wolf (Hg.), *Die Gestalt. Abhandlungen zu einer allgemeinen Morphologie,* Leipzig 1941, Heft 2, S. 155.

 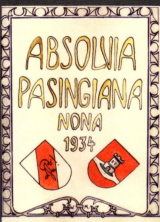 
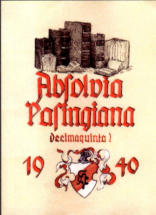  

Faksimiles von Chroniken des Humanistischen Gymnasiums Pasing, gesammelt von Bernhard Möllmann, gezeichnet (1941, 1943 und 1944) von Werner Eckhardt, siehe auch Dok. 294.

IV   Das Verhalten der Kunsterzieher 1945 und danach

1   Das politische Verhalten bei der »Entnazifizierung«

Das Aktenstudium über das Verhalten der 50 Zeichenlehrer und KunsterzieherInnen, die einmal Mitglied der NSDAP waren bzw. der SA oder SS angehörten, führt zu dem niederschmetternden Ergebnis, dass nur ein Einziger bei der Spruchkammer eine Stellungnahme abgab, die eine eigene Schuld reflektierte: »Ich bin bereit, soweit es meine Kraft zuläßt, für den verhängnisvollen Fehler meiner Parteizugehörigkeit einzustehen und beuge mich dem gerechten Urteilsspruch der Kammer.« (Anton Sterner, der 1940 in die NSDAP eintrat.) Auch diejenigen, die nicht »bei der Partei« waren, die aber in ihrem Unterricht die Absichten der NSDAP voll mittrugen und verwirklichten, ließen jedes Unrechtsbewusstsein vermissen. Manche organisierten mehrere Dutzend »Zeugenaussagen«[1] für die Spruchkammern, um zu belegen, dass sie schon immer Nazi-Gegner waren. Insgesamt gab es nach der Argumentation der Belasteten keinen einzigen Sachverhalt, der sie nicht dazu berechtigte, schuldlos Mitglied der NSDAP zu sein, oft sogar unter dem Vorwand, »Schlimmeres zu verhüten«.

Die Spruchkammerurteile selbst waren in der Regel auch nicht wirkliche Schuldsprüche, sondern sie »entnazifizierten« auf eine sonderbare Weise: Wenn ein NS-Lehrer das Urteil »Mitläufer« bekam, dann war der Weg freigegeben, wieder in den Staatsdienst eingestellt zu werden und die durch die Militärregierung früher angewiesene Dienstenthebung zu beenden.[2] »Sühne«leistungen beschränkten sich auf wenige Hundert Reichsmark, ersatzweise oft nur 10 Tage gemeinnützige Arbeit. »Es war vielleicht das verwirrendste Merkmal der ›politischen Befreiung‹ und gab ihr eine abgründige Zweideutigkeit, daß deutlich spürbare Nachteile meist nicht nach dem Verfahren durch den Spruch über den Betroffenen verhängt wurden, sondern daß er durch das Urteil von ihnen be-

---

1   Mindestens 62 Stellungnahmen organisierte Hildegard Deppisch (BayHStA MK 56237), mindestens 47 Johann Baptist Dietl (BayHStA MK 32370), um nur zwei Beispiele zu nennen. Am Beispiel von H. Deppisch sei in Dok. 384 gezeigt, welche Sachverhalte mit den »Zeugenaussagen« verschleiert, vertuscht und ins Gegenteil verkehrt wurden.
2   Siehe im Einzelnen die Kurzviten im Anhang.

Ein Grundmuster

Vor 1945 »Begeisterung für die nationalsozialistische Weltanschauung« – nach 1945 »politisch verfolgt«, z.B. Hildegard Deppisch: Am 7.2.1935 schrieb sie in ihrem *Gesuch um Aufnahme in den Volksschuldienst*:

»Durch meinen Beitritt zum Nationalsozialistischen Lehrerbund im Jahre 1933, durch den regelmäßigen Besuch der Versammlungen und Beratungen desselben, durch Einführung in dessen Ziele und Bestrebungen wurde der längst als aussichtslos aufgegebene Wunsch neu geweckt. Meiner Begeisterung zur nationalsozialistischen Weltanschauung gab ich Ausdruck durch Anmeldung bei der Nationalsozialistischen Arbeiterpartei. [...] Möge das Staatsministerium mit obigen Darlegungen auch noch mein Versprechen hinnehmen, daß Unterricht und Erziehung der Jugend zur vaterländischer Gesinnung und Einstellung im Sinne unseres Führers mir erste und oberste Lebensaufgabe sein sollen. Heil Hitler! Hildegard Deppisch, Studienassessorin.«

Am 15.4.1950 gab sie im Meldebogen der Militärregierung »politisch verfolgt durch das Nazisystem seit 1935-45« an. Aus: BayHStA MK 56237.

freit wurde.«[3] Wie die Spruchkammermitglieder selbst politisch eingestellt waren, verrät z.B. ihre Sprache: »Seine [Anton Zeitlers] Mitarbeit in der Partei, nicht beachtenswert. Anzuerkennen ist dagegen seine Unterstützung von jüdisch versippten Frauen.«[4]

Die Spruchkammerbegründungen zugunsten der belasteten Kunsterzieher aus den Münchener höheren Schulen widerspiegelten die ganze Bandbreite der vorgebrachten Argumentationen: Der eine war jung und politisch unerfahren,[5] der andere stand im heiratsfähigen Alter, der Nächste wurde entschuldigt, weil er im vorgerückten Alter[6] nicht bei bester Gesundheit war, usw.

Im Folgenden werden einige Einzelfälle genannt, bei denen exemplarisch das Verhältnis von Politik, Kunst und Wissenschaft im Nationalsozialismus thematisiert wurde.

1.1 Ein spezifisches Münchener Verwechsle-dich-Spiel

Unmittelbar nach dem Festzug von 1937 und der damit verbundenen »letzten« Säuberungsaktion auch an der Akademie der Bildenden Künste in München war Karl Caspar als »entarteter« Künstler zu seinem Entlassungsgesuch gedrängt worden, Hermann Kaspar hingegen mit einer Professur belohnt.[7] Caspar war einer der ganz wenigen Professoren der Akademie, die nicht ihre Unterschrift unter das NS-Pamphlet gegen Thomas Mann gesetzt hatten. Wie aus der »Jahresübersicht der Hochschule der bildenden Künste München von 1945 bis 31.

---

3   Lutz Niethammer, *Entnazifizierung in Bayern. Säuberung und Rehabilitierung unter amerikanischer Besatzung,* Frankfurt am Main 1972. Zugleich: *Entnazifizierung in Bayern. Untersuchungen zur Entstehung und Durchführung des Gesetzes zur Befreiung von Nationalsozialismus und Militarismus vom 5.3.1946 in einem Land unter amerikanischer Besatzung,* Dissertation, Heidelberg, 1971, S. 575, zit. nach Ortmeyer, *Schicksale jüdischer Schülerinnen und Schüler in der NS-Zeit,* S. 220.
4   Spruchkammer München VIII vom 4.3.1948. BayHStA MK 58704.
5   Siehe z.B. in Kapitel IV 1.3 die »Eidesstattliche Erklärung« von Kurt Weber.
6   Beim SS-Standartenführer aus der Gisela-Oberrealschule, Dr. Hans Brand, führte der Vorsitzende der Spruchkammer Darmstadt-Hauptlagergericht am 17.7.1947 u.a. aus: »Wenn auch meine Belastungen schwer ins Gewicht fallen, so muss auch die entlastende Gesamthaltung berücksichtigt werden, zumal der Betroffene nahezu 70 Jahre alt, körperlich stark behindert ist und sichtlich an seiner Gesundheit gelitten hat.« BayStA MK 45764. Siehe auch Kapitel IV 1.2.
7   Siehe auch Winfried Nerdinger, *Fatale Kontinuität: Akademiegeschichte von den zwanziger bis zu den fünfziger Jahren,* in: Thomas Zacharias (Hg.), *Tradition und Widerspruch. 175 Jahre Kunstakademie München,* München 1985, S. 179-203.

Namensvert(a)uschung

Am 5.5.1990 veröffentlichte Josef Dering eine Biografie, in der er »Meisterschüler bei Karl Caspar« war, nicht erwähnt wurde Hermann Kaspar, bei dem Dering – laut Brief an das Kultusministerium vom 14.8.1938 (siehe links) – so beschäftigt war, dass er für weitere zwei Jahre Beurlaubung von Unterrichtsaushilfen beantragte: »[…] Zur weiteren künstlerischen Ausbildung bin ich Studierender der Akademie der bildenden Künste zu München und zwar seit vorigem Semester Meisterschüler bei Professor Hermann Kaspar und damit Inhaber eines Komponierateliers und Anwärter auf das Mond'sche Stipendium […] Gegenwärtig führe ich unter Leitung von Herrn Professor Hermann Kaspar ein 18 qm großes Marmor-Mosaik für das Brunnenhaus vor dem Luftkreiskommando V an der Prinzregentenstraße zu München aus.«

Quellen: BayHStA MK 56241, Josef Dering, *Retrospektive 1933-1990*, München 1990.

Biographie

1910	Am 17. März in München geboren
1930–1934	Technische Hochschule in München, Schüler von Karl Knappe
1934	Staatsprüfung für das höhere Lehramt im Zeichnen
1934	Studienaufenthalt in Paris
1934–1939	Akademie der Bildenden Künste München, Schüler von Adolf Schinnerer, dann Meisterschüler bei Karl Caspar. Briefwechsel mit Ernst Ludwig Kirchner
1940	Heirat mit Angelika Spethmann, einer Urenkelin von Theodor Storm
1939–1945	Wehrdienst und Gefangenschaft
1945–1948	Freier Maler
1948–1971	Kunsterzieher, Seminarlehrer, dann Seminarleiter für das höhere Lehramt im Zeichnen
1945–1990	Neben Malerei vorwiegend Grafik (Aquarell, Zeichnung, Holzschnitt und Farblinoldruck); Arbeiten für Sakral- und Profanbauten. Freundschaft mit Architekt Walter Ehm
1949–1987	Mitarbeit von Paul Ramadier bei vielen Werken, die in architektonischem Zusammenhang entstanden. Die ungetrübte Freundschaft mit Ramadier besteht seit der Akademiezeit

März 1949«[8] hervorgeht, wurde an die neu errichtete Hochschule nicht nur Karl Caspar, sondern auch Hermann Kaspar übernommen. Wann dies geschah ist nicht vermerkt. Es muss irgendwann beim »Übergang vom Kriegsende bis zur Eröffnung der Hochschule« am 20.3.1946 geschehen sein. »Als die Militärregierung davon erfuhr, entließ das Ministerium *aus Versehen* Karl Caspar, den es zwar nach 14 Tagen wieder einstellen mußte, aber Hermann Kaspar wurde anschließend nie mehr in Frage gestellt.«[9] Im Gegenteil: Trotz Protests von Maria Caspar-Filser wurde H. Kaspar schon ein Jahr nach dem Tod von Karl Caspar Mitglied der Akademie der schönen Künste und 1959 auch noch Vizepräsident der Akademie.[10]

Die Verwechslungsmöglichkeit der Namensvettern machte sich nicht nur das Kultusministerium zunutze, sondern auch »am kleinen Platze« der Kunsterzieher Josef Dering. Während er noch 1990 in seiner Autobiografie angab, von 1934 bis 1939 zuerst Schüler von Adolf Schinnerer, dann Meisterschüler von Karl Caspar gewesen zu sein, war er in Wirklichkeit von Januar 1938 bis 1939 Komponierschüler von Hermann Kaspar. Dies geht sowohl aus einem handschriftlichen Gutachten von Kaspar als auch aus einem eigenen handschriftlichen Schreiben vom 14.8.1938 an das Kultusministerium hervor, bei dem er weitere zwei Jahre Beurlaubung von Unterrichtsaushilfen beantragte, weil er so beschäftigt sei mit Studium und Arbeiten »unter Leitung von Herrn Professor Hermann Kaspar«, z.B. führe er im Moment gerade »ein 18 qm großes Marmor-Mosaik für das Brunnenhaus vor dem Luftkreiskommando V an der Prinzregentenstraße zu München aus«. (Dok. 386) Es soll nicht angezweifelt werden, dass Josef Dering auch einmal Schüler von Karl Caspar war, sondern es geht um die biografische Vertuschung und Täuschung als Ausdruck der stillschweigenden Haltung, »als ob nichts gewesen wäre«, die der großen Mehrheit von Kunsterziehern und anderen Lehrern eigen war. Josef Dering gehörte nicht zu den Studierenden, die 1937 gegen die Entlassung von Karl Caspar protestierten und dann ebenfalls aus der Akademie entfernt wurden[11], sondern er befand sich auf der Seite der Nutznießer dieser Entlassung; konsequente Weichenstellung dafür war Derings NSDAP-Eintritt 1937 im »Jahr der deutschen Kunst«.

---

8   Abgedruckt in Nerdinger 1985, S. 336.
9   Ebd., S. 193.
10 Ebd., S. 195.
11 Ebd., S. 192. Einer derjenigen, die aus Solidarität mit Karl Caspar die Akademie verließen, war der Studienassessor für Zeichnen Joseph Loher. http://www.bayernlb.de/galerie (letzte Einsicht Juni 2007).

Drei Wochen, bevor Bergmann auf Weisung der Militärregierung selbst aus dem Schuldienst entlassen wurde, schrieb er einen Brief an Frau Reß.

Quelle: BayHStA MK 57752.

»München 23.III.46. Sehr geehrte Frau Reß!
Daß Ihr Mann Naziaktivist sein könnte, wird wohl niemand von ihm glauben, der ihn einigermaßen näher kennen lernte. Ich hatte stets den Eindruck von ihm, daß ihn politische und kriegerische Angelegenheiten nicht beschäftigten; vielmehr aber war er mit Leib und Seele bei den ernsten künstlerischen Bestrebungen, die ihn an mich immer mehr und stärker zu ziehen vermochten, so [?] es die Verhältnisse mit sich brachten, daß er um mich sein konnte. Ein Zweites beschäftigte ihn dann nicht minder und das war die Sorge um seine Familie. Und wenn zwei Aufgaben ein Menschen so im Bann halten, wie Ihren Mann, dann ist für keine andere Aufgabe mehr Platz vorhanden. Ich begrüße Sie mit vorzüglicher Hochachtung Ihr ergebener Josef Bergmann / St.Professor und Fachleiter des Seminars für Kunsterziehung.«

1.2 Der unpolitische Künstler und der bloße Wissenschaftler

Allein in Bayern sind nach einer Schätzung von Lutz Niethammer 2,5 Millionen eidesstattliche Versicherungen zugunsten von NS-Belasteten abgegeben worden. »Die Analyse einer großen Anzahl solcher *Persilscheine* ergab, daß sie nur ein und denselben Inhalt haben*: das Lob des Unpolitischen, der innerlichen Integrität, der privaten Moralität.*«[12] Das Lob des Unpolitischen wurde bei den Spruchkammerverfahren und den entsprechenden Wiedereinstellungsgutachten für die Kunsterzieher und -dozenten noch um eine Variante bereichert: Der unpolitische Künstler wurde wiedergeboren.

Für Friedrich Reß, der in den Adolf-Hitler-Schulen sein »Feld zur Entfaltung« suchte, bediente sich seine Frau in einem Schreiben am 16.10.1945 an das Kultusministerium der Argumente: »Mein Mann war als Künstler ein durchaus unpolitischer Mensch. Er hatte nur das Bestreben seine Pflicht als Beamter gewissenhaft zu erfüllen und sich in seiner Kunst weiterzubilden. Als Mitglied der Partei verhielt er sich ganz passiv [...].«[13] In einem anderen »Zeugnis« für Reß hieß es: »Die ganze äussserst künstlerische, grosszügige und vor allem unpolitische Einstellung der Familie schloss ja von vornherein jeden sturen Nazismus aus.«[14] Was dem Schreiber dabei mit dem verräterischen Adjektiv *stur* durchrutschte, das war ihm wohl nicht klar. Und ausgerechnet Josef Bergmann wies den Vorwurf, dass Fritz Reß »Naziaktivist sein könnte«, in einem Brief an Frau Reß weit von sich: Wenn ein Mann so erfüllt von seinen »ernsten künstlerischen Bestrebungen« und so mit der »Sorge um seine Familie« beschäftigt sei wie Reß, »dann ist für keine andere Aufgabe mehr Platz vorhanden«.[15] (Dok. 388)

Bei Fritz Schwimbeck, der 1936-39 Filmhauptstellenleiter der NSDAP-Ortsgruppe und schon seit 1933 Mitglied der NSDAP war, begründete die Spruchkammer ihr »Mitläufer«-Urteil: »Der Betroffene, der seiner ganzen Natur nach ein den Realitäten des Lebens abgekehrter Künstler ist, stand dem politischen Treiben der damaligen Zeit völlig fremd gegenüber. [...] Er zeigte sich auch nicht als Militarist, da eine solche Einstellung seiner feinsinnigen Künstlernatur völlig zuwiderlief. [...] auch als sogenannter Filmstellenleiter hatte er keinerlei politische Funktion und beschränkte sich darauf, etwa einmal im Monat an-

---

12 Niethammer erstellte 300 Fallstudien aus bayerischen Spruchkammerverfahren, die er methodisch aus dem Buchstaben »M« herausgriff. Nach: Ortmeyer, a.a.O., S. 223.
13 BayHStA MK 57752.
14 Ein Schreiben an das Kultusministerium vom 5.7.1948, ebd.
15 Bergmann am 23. März 1946 an Frau Reß, siehe Dok. 388.

Feststellungen:

Zu Ungunsten der Betroffenen:
NSDAP. von 1.5.1937 - 1945 (ohne Amt)
NSF.   von   1937 - 1945 (Blockleiterin - 1937-1939)
NSLB. von   1935 - 1945 (Sachbearbeiterin für Zeichnen - 1937-1938)
RKBd. von   1936 - 1945 (ohne Amt)
NSV.   von   1936 - 1945 (ohne Amt)
DRK.   von   1937 - 1938 (Zellenleiterin)

Beweis: Meldebogen 24.4.46, Arb.-Blatt Mil.-Reg. 15.10.46, pol. Fragebo[gen]
14.6[...]

Zu Gunsten der Betroffenen:

Die Betroffene war Zeichenlehrerin an einer Mädchen-Lehranstalt in Kai[sers]lautern tätig. Als geborene Münchnerin fühlte sie sich in ihrem dortige[n] Wirkungsbereich nicht wohl; sie trachtete mit allen Mitteln wieder als kraft an eine Münchner Schule zu kommen, was jedoch mit erheblichen Sch[wie]rigkeiten verknüpft war. Es wurde ihr geraten, zur Erreichung ihres Zie[les] der NSDAP. beizutreten. Nach vollzogenem Parteibeitritt 1937 gelang ihr auch die Versetzung nach München in ihre Heimat 1939 zu erreichen.
Der Parteibeitritt sollte nicht der Ausdruck einer politischen Überzeug[ung] sein. Die Ermittlungen ergaben keine Anhaltspunkte für ein aktivistisch[es] Verhalten im Sinne des Nationalsozialismus.
Die Tätigkeit als Blockleiterin in der Frauenschaft 1937/1939 bestand l[edig]lich in der Wahrnehmung rein geschäftsmässiger Obliegenheiten und fand mit der Versetzung nach München ihr Ende. - Die Tätigkeit als Sachbearb[eite]rin im NSLB. bezog sich lediglich auf ihr Spezialfach "Zeichnen". - Im [Krieg] war die Betroffene bereits 1914 - 1918 als freiwillige Rote-Kreuz-Pfleg[erin]. Da sie 1920 auch das Staatsexamen in der Krankenpflege ablegte, lag es [im] Zuge ihrer Ausbildung in der Krankenpflege, dass sie dem DRK. weiterhin [an]gehörte. Das von der Anklage zitierte Schrifttum belegt die Betroffene [mit] zahlreichen Originalbelegen der erschienenen Aufsätze. Die Kammer konnt[e] sich eingehend über den Inhalt orientieren. Es handelt sich in allen Fä[llen] um Aufsätze aus dem Fachgebiet der Betroffenen, wie Bilderkleben, Scher[en]schnitte und Aufstellung von Ahnentafeln. Der Inhalt der Aufsätze richt[et] sich in erster Linie an die Schuljugend in rein sachlicher Weise. Ahnen[for]schung wurde schon vor 1933 betrieben. In diesem Falle handelt es sich u[m] solche über Vorfahren Schillers und in den weiteren Anleitungen, wie di[ese] Tafeln für die Allgemeinheit angelegt werden sollten. In keinem Falle i[st in] diesem Schrifttum Bezug auf den Nationalsozialismus genommen. Die Betro[ffene] schrieb in der Nazizeit auch aus ihrem Fachgebiet für schweizer und nor[dische] Zeitschriften. Sie stand auch mit Kolleginnen in England während des Dr[itten] Reiches im Ideenaustausch.

Zusammenfassung:

Unter Berücksichtigung der Be- und Entlastungsmomente hat die Betroffen[e] nicht mehr als nominell am Nationalsozialismus teilgenommen oder ihn nu[r un]wesentlich durch Wahrnehmung geschäftlicher Obliegenheiten unterstützt. [Nach] Art. 12/I ist die Betroffene in die Gruppe IV der Mitläufer einzureihn.

Die Beisitzer: Der Vorsitzend[e]
gez.: H e r r m a n n
gez.: S c h w a b   Die Richtigkeit der Abschrift gez.: H ö p f n[er]
                              beglaubigt:
                         [Spr]uchkammer X
                         Geschäftsstelle

Quelle: BayHStA MK 47031 (Personalakte Ostertag)

lässlich der Vorführung von Spiel- und Kulturfilmen die Kinokarten an 5 Verkäufer abzugeben und die Lokale, in denen die Filmvorführungen durchgeführt werden sollten, zu verständigen.«[16]

Bei Heinrich Landgrebe benützte die Spruchkammer die Unterscheidung von Politik und Parteipolitik: »Sein Unterricht war frei von jeder Parteipolitik oder Partei-Progaganda […]; der Betroffene stand politischen Dingen völlig uninteressiert gegenüber (Beleg 9); er hat sich politisch in keiner Weise betätigt (Beleg 6).« Diese Argumentation wirkt angesichts der beschriebenen Entgrenzung von Politik und Kunst(erziehung) recht unglaubhaft, auch wenn man nicht weiß, dass es in Landgrebes Personalnachweis vom Januar 1940 durch das Schuldirektorium hieß: »In der Partei betätigt er sich eifrig als Blockleiter und Verwalter des Heimatmuseums«.[17]

»Zu Gunsten der Betroffenen« Dr. Hildegard Ostertag aus der Gisela-Oberrealschule führte die Spruchkammer an: »Die Tätigkeit als Sachbearbeiterin im NSLB. bezog sich lediglich auf ihr Spezialfach ›Zeichnen‹.« oder: »Das von der Anklage zitierte Schrifttum belegt die Betroffene mit zahlreichen Originalbelegen der erschienenen Aufsätze. […] Es handelt sich in allen Fällen um Aufsätze aus dem Fachgebiet der Betroffenen, wie Bilderkleben, Scherenschnitte und Aufstellung von Ahnentafeln. Der Inhalt der Aufsätze richtete sich in erster Linie an die Schuljugend in rein sachlicher Weise. Ahnenforschung wurde schon vor 1933 betrieben. In diesem Falle handelt es sich um eine solche über Vorfahren Schillers und in den weiteren Anleitungen, wie diese Tafeln für die Allgemeinheit angelegt werden sollten. In keinem Falle ist in diesem Schrifttum Bezug auf den Nationalsozialismus genommen. […] Zusammenfassung: Unter Berücksichtigung der Be- und Entlastungsmomente hat die Betroffene nicht mehr als nominell am Nationalsozialismus teilgenommen oder ihn nur unwesentlich durch Wahrnehmung geschäftlicher Obliegenheiten unterstützt. Nach Art. 12/I ist die Betroffene in die Gruppe IV der Mitläufer einzureihen. Der Vorsitzende: gez. Höpfner«.[18] (Dok. 390)

Bei einem anderen »Betroffenen« der Gisela-Oberrealschule, Dr. Hans Brand, stützte sich das Kultusministerium auf die Argumentation der Darmstädter Internierungskammer, um zu belegen, dass Brands Unterricht mit seiner SS-Tätigkeit nichts zu tun hatte: »Bei dem Urteil hat die Kammer, wie aus der Begründung hervorgeht, festgestellt, daß der Betroffene in der Himmlerorganisation ›Ahnenerbe‹ lediglich wissenschaftlich als Karst- und Höhlenforscher tätig war. Eine Beteiligung an verbrecherischen Handlungen konnte weder nach-

---

16 StAM, Schulreferat 25/35, Nr. 2562.
17 BayHStA MK 33604.
18 Spruchkammer-Begründung vom 21.1.1947, BayHStA MK 47031.

I. G. FARBENINDUSTRIE AKTIENGESELLSCHAFT

Herrn
Prof. Dr. Ing. A. Brandt,
München
Lerchenfeldstraße 11

Wiss. Labor.

BITTERFELD
den 16. Okt. 1936.

Molybdänvorkommen in Skandinavien.

Sehr geehrter Herr Professor!

Bezugnehmend auf Ihre Untersuchungen der Molybdänglanzlagerstätte von Kelemis, die Sie im Jahre 1916 im Auftrage der Kriegsmetall A.-G. durchgeführt haben, gestatten wir uns hiermit anzufragen, ob und unter welchen Bedingungen Sie bereit wären, zwei uns angebotene Molybdänglanzvorkommen in Skandinavien zu untersuchen. Es würde dabei im wesentlichen auf eine ungefähre Schätzung der Mengen ankommen. Die Besichtigung der Lagerstätten müßte baldmöglichst, tunlichst nach dem 26. d. Mts. vorgenommen werden.

Mit deutschem Gruß!
I.G. FARBENINDUSTRIE AKTIENGESELLSCHAFT

Quelle: BayHStA MK 45764 (Personalakte Brand).

gewiesen werden noch kann diese überhaupt in Frage kommen. Dasselbe gilt für seine militärische Teilnahme an Handlungen der Waffen-SS. Die Tätigkeit in allen diesen Angelegenheiten hatte niemals mit schulischerzieherischen Aufgaben Verbindung.«[19]

»Überhaupt« konnten für Hans Brand keine verbrecherische Handlungen »in Frage kommen«, da er »ein international bekannter, zuverlässiger und bedeutender Höhlen- und Karstforscher« sei, ein »gründlich gebildeter Mensch«, ein »Zeichner und Maler mit überdurchschnittlicher Begabung« und »zuletzt ist er Offizier, der schon im ersten Weltkrieg als Pionier und Artillerist die Aufmerksamkeit der vorgesetzten Dienststellen auf sich lenkte«, kurz: »Der Betroffene ist kein Mensch, der mit gewöhnlichem Mass zu messen ist […].«[20]

Die »lediglich wissenschaftliche« Tätigkeit Brands geht zum Beispiel aus dem Schreiben der IG Farben vom 16. Oktober 1936 hervor, wo Brand in Skandinavien schon mal vorsorglich eine »ungefähre Schätzung« der Molybdänglanzvorkommen vornehmen sollte. (Dok. 392) Hans Brand leitete die SS-Ahnenerbe-Abteilung »Forschungsstätte für Karst- und Höhlenforschung«, 1942 gründete er eine »Karstwehrtruppe« innerhalb der Waffen-SS, die er bis Kriegsende kommandierte. Zusammen mit seinem Freund Walther Wüst (Rektor der Universität München, Kurator des »Ahnenerbes« und stellvertretender Vorsitzender der »Deutschen Akademie«) und Ahnenerbe-Reichsgeschäftsführer Wolfram Sievers[21] betrieb Brand ab 1938 die Gleichschaltung der deutschen und österreichischen Karst- und Höhlenwissenschaftler mit dem »Ahnenerbe«, wobei sie die Absetzung, Verschleppung und Abtransportierung des angesehenen jüdischen Leiters Dr. Benno Wolf vom traditionellen »Hauptverband Deutscher Höhlenforscher« in das KZ Theresienstadt betrieben und Brand sich in Wolfs »wertvollen Besitz des seit Jahren angehäuften und sorgfältig bearbeiteten Materials«[22] brachte. In Österreich zog Brand mit der »Haltung eines tyranni-

---

19 So das Großhessische Staatsministerium am 4.8.1947 an das Bayerische Staatsministerium für Unterricht und Kultus, BayHStA MK 45764.
20 Aus der fünfseitigen, eng beschriebenen »Begründung« der Lagerspruchkammer Darmstadt (Deutsches Internierungslager, Hauptlagergericht) vom 11.7.1947, Aktenzeichen D.Lg. IP/ 2134/47, BayHStA MK 45764.
21 Sievers büßte »im Juni 1948 für die im Namen des Ahnenerbes« begangenen Verbrechen mit seinem Leben, während der Kurator, nach einem Schwurgerichtsverfahren ›entnazifiziert‹, sich schließlich als zwangsemeritierter Rektor der Universität München in der bayerischen Hauptstadt niederließ, wo er 1973 noch lebte.« Michael Kater, *Das »Ahnenerbe« der SS. 1935–1945. Ein Beitrag zur Kulturpolitik des Dritten Reiches,* Studien zur Zeitgeschichte, München 2006, S. 354.
22 Brand an Sievers, 13.12.1940, zit. nach Kater, *Das »Ahnenerbe« der SS,* S. 267.

Hans Brand ab 1. September 1947 im Ruhestand – trotz Art. 6 Ziff 5 des Bayer. Beamtengesetzes.

Quelle: MK 45764.

Bayer. Staatsministerium für Unterricht und Kultus
Eingel.: 27 OKT. 1947
N° 053377   Beil.: 2
10/5/B/238

N. 053377
Nach Art. 6 Ziff 5 des Bayer. Beamtengesetzes kann Dr. Hans Brand als Minderbelasteter während d. Bewährungsfrist nicht in den Ruhestand versetzt werden.   München 13.11.47.
z. A.
2. z. A.

I. Urkunde.

Der Studienprofessor

Dr. Hans B r a n d   Abgesandt: / / Abt.

wird hiermit in den Ruhestand versetzt.

München, den . . 1948.

Der Bayerische Staatsminister für Unterricht und Kultus

II. An

das Direktorat der Gisela-Oberrealschule

in M ü n c h e n.

Betreff: Ruhestandsversetzung des
Studienprofessors......
Dr. Hans Brand..........

Beilagen: 1 Urkunde,
1 Entschl. Abdruck.

Durch die anruhende Urkunde wird der Studienprofessor

Dr. Hans B r a n d

in den Ruhestand versetzt.

Der Genannte wurde durch den am 23. August 1947 rechtskräftig gewordenen Bescheid der Spruchkammer Darmstadt-Lager vom 12. Juli 1947 in die Gruppe der Minderbelasteten eingereiht. Gemäss § 1 (2) der Verordnung Nr. 133 vom 14. 10. 1947 (GVBl. S. 204) erhält er in sinngemässer Anwendung des Art. 13 der Verordnung Nr. 115 vom 29.1.1947 (GVBl. S. 82) ab 1. September 1947.......... die treffenden Versorgungsbezüge. Wegen Festsetzung und Einweisung der Versorgungsbezüge wird der Oberfinanzpräsident ...München... Zweigstelle in ....München...., das weitere veranlassen.

Die Urkunde sowie der anliegende Entschliessungsabdruck sind dem Studienprofessor Dr. Hans Brand........................ sofo

---

Bemerkung:

Dr. Brand, geb. am 9.4.1879, ist gemäss § 3 Abs. 1 der zweiten Verordnung über Massnahmen auf dem Gebiet des Beamtenwesens vom 9.10.42 über die gesetzliche Altersgrenze hinaus im Dienste verblieben. Er wurde von der Lagerspruchkammer Darmstadt als SS Standartenführer in die Gruppe der Minderbelasteten eingereiht. Eine förmliche Genehmigung dieses Spruchkammerurteils durch die Militärregierung liegt zwar nicht vor, doch kann diese als erteilt angenommen werden, da Dr. Brand bei der Militärregierung beschäftigt ist. Auch hat sich Capt. Edward D. Landis persönlich für die alsbaldige Erledigung der Pensionierung Dr. Brands eingesetzt.
Die Spruchkammer Darmstadt-Lager hat mit Schreiben vom 4.8.47 mitgeteilt, dass die Entziehung des Ruhegehaltes für den Betroffenen eine unbillige Härte wäre, die nicht im Sinne des Bescheides der Kammer sein würde.

schen Zwingherrn«²³ alle Register, um den Widerstand der dortigen Höhlenforscher zu brechen. Darüber erfährt man in der Darmstädter Lagerspruchkammer-Begründung nichts. Wohl aber, dass die Karriere Brands durch den einstigen bayerischen Kultusminister und NSLB-Vorsitzenden Schemm persönlich eingeleitet worden war.²⁴

1.3 Der arme Student

Für Bergmanns Musterschüler Wellano lagen der Spruchkammer Dillingen mindestens 35 eidesstattliche Erklärungen vor, dass er kein überzeugter Anhänger Hitlers gewesen sei, vor allem, »dass der Betr. als armer Student, so wie viele andere in seiner Lage befindlichen es auch getan haben, der SA nur beigetreten ist, um Stipendien und Kostgeldermäßigung erhalten zu können«.²⁵

Mit welcher Selbstverständlichkeit die Mitgliedschaft in den verbrecherischen Organisationen als Recht des deutschen Studenten in einer wirtschaftlichen Notsituation abgeleitet wurde, davon zeugen eine Reihe von Stellungnahmen. So begründete Max Kellhammer seinen frühen NSDAP-Beitritt im Jahr 1932:

»Wie schwierig damals die Frage der Anstellung im Lehrfach war, ist wohl noch bekannt. Jeder Anwärter für das höhere Lehramt hatte nach Abschluss seines Studiums Jahre stellenlosen Wartens vor sich. […] Inzwischen verschoben sich aber die politischen Machtverhältnisse derart, dass vorauszusehen war, dass in Zukunft der Staat durch die immer mächtiger werdende Partei der Nazis repräsentiert werden würde. Ich konnte auf diese Entwicklung keinen Einfluss mehr haben, – ich musste aber in Anbetracht meiner finanziellen und familiären Verhältnisse alles tun, um *durch* diese Entwicklung nicht vollends übergangen zu werden. Es blieb mir in meiner Zwangslage deshalb nichts anderes übrig, als durch den Anschluss an die Partei die Verbindung zum *Staat* zu vertiefen, auf den ich, je länger meine Wartezeit dauerte, umsomehr angewiesen war.«

Oder z.B. Kurt Weber: »Ich gebe die eidesstattliche Erklärung ab, daß ich, als ich 1933 der NSDAP beitrat, jung und politisch unerfahren, dem auf der Studentenschaft lastenden politischen Druck nachgab. Mein Ziel war der Staatsdienst. Die zur Staatspartei gewordene NSDAP verlangte von künftigen Staatsbeamten die Parteizugehörigkeit.²⁶ Wollte ich mir meinen Weg nicht verstellen,

---

23 Ebd., S. 128.
24 »Der Zufall fügte es, dass der Betroffene in […] Schemm, einem von dem Betroffenen einst stark begünstigten Schüler, einen Protektor fand […]«. Lagerspruchkammer, a.a.O., S. 2 f.
25 Aus der Begründung der Spruchkammer, dass Wellano nicht in die Gruppe III einzuordnen ist. BayHStA MK 58546.
26 Das Argument war eine frei erfundene Behauptung, die auf keiner rechtlichen Grundlage beruhte, siehe Kapitel IV. 1.4. Interessant ist, dass Weber durchaus die Paragrafen kannte.

KURT WEBER
MÜNCHEN 58
FELDBERGSTR. 48

46683

20. Juli 1948

EIDESSTATTLICHE ERKLÄRUNG

Ich gebe die eidesstattliche Erklärung ab, daß ich, als ich 1933 der NSDAP beitrat, jung und politisch unerfahren, dem auf der Studentenschaft lastenden politischen Druck nachgab. Mein Ziel war der Staatsdienst. Die zur Staatspartei gewordene NSDAP verlangte von künftigen Staatsbeamten die Parteizugehörigkeit. Wollte ich mir meinen Weg nicht verstellen, mußte ich mich der Partei anschließen. Meine Mitgliedschaft in der Partei und SA erschöpfte sich in der Zahlung von Beiträgen. Eine politische Tätigkeit habe ich nicht ausgeübt (wie sie in den Min. Erl. VIII. 55327 Berlin 30.8.37 und Min. Erl. VIII. 7233, München vom 8.3.38 gefordert wurde).

Kurt Weber,

Quelle: BayHStA MK 58499 (Personalakte Kurt Weber).

mußte ich mich der Partei anschließen. Meine Mitgliedschaft in der Partei und SA erschöpfte sich in der Zahlung von Beiträgen. Eine politische Tätigkeit habe ich nicht ausgeübt (wie in den Min.Erl. VIII. 55327, Berlin 30.8.37 und Min. Erl. VIII.7233, München vom 8.3.38 gefordert wurde).«[27] (Dok. 396)

1.4 »Auf Befehl« gehandelt

Nur »unter Druck« oder »auf Befehl« oder gar »ohne seinen Willen« war gerne der ältere Zeichenlehrer in die NSDAP gekommen. Zum Beispiel Kerschensteiner: »mir wurde durch den NS Lehrerbund, der sich als vorgesetzte Behörde ausgab, befohlen, in die Partei einzutreten (im Juli 1939)«. Auf die Frage »In welche Gruppe des Gesetzes gliedern Sie sich ein?« schrieb Lunglmayr: in die Gruppe »der Unbelasteten«. Begründung: »Weil mein Beitritt zur Partei durch Druck von oben unfreiwillig erfolgte, weil außerdem keinerlei Vorteile damit für mich verbunden waren und jede Mitarbeit unterblieben ist.« Bei Andreas Scherr begründete die Spruchkammer ihr Mitläufer-Urteil: »Aus den vom Betroffenen beigebrachten Dokumenten […] geht hervor, daß der Betroffene sich in erheblichem Gegensatz zum Nationalsozialismus befunden hat, daß seine Übernahme vom Stahlhelm in die SA-Reserve im Scharführerrang ohne dienstliche Funktion ohne seinen Willen automatisch erfolgte, daß er nur unter Druck in die Partei eintrat.«[28] In seinem »Lebenslauf« vom 20.8.1947 bekräftigte Scherr, dass er weder seine Stahlhelm-Mitgliedschaft noch die der NSDAP in irgendeiner Weise kritisch reflektiert hatte: »Nachdem ich auf dem Umweg über den ›Stahlhelm‹ 1937 in die Partei geraten war, mußte ich am 21.1.46 meine Dienstenthebung hinnehmen.«[29] Wie er denn in den Stahlhelm »geraten« war, das war keiner Überlegung wert.

Wie einige Lehrer unter Beweis stellten, musste man als Beamter weder Mitglied der NSDAP sein noch »einer der Gliederungen der NSDAP« und bis 1938 auch nicht einem der »angeschlossenen Verbände« wie z.B. dem NSLB oder der DAF angehören. Allerdings gab es am 10. Juni 1936 eine Bekanntmachung des Staatsministeriums für Unterricht und Kultus »über den Pflichtenkreis der Lehrer(innen) und Erzieher(innen) im nationalsozialistischen Staat«, die den Druck einer NS-Tätigkeit auf die Lehrer verstärkte. Und am 20.2.1937 bekräftigte der bayerische Innenminister Wagner, dem gleichzeitig das Kultusministerium unterstand: »Ich rufe im Sinne dieses Erlasses erneut zur Mitarbeit auf. Die Vielen, denen es Herzenssache ist am Aufbauwerk des Führers mitzu-

---

27 20.6.1948, BayHStA MK 58499.
28 Spruchkammer München VI, Aktenzeichen 1232/A/46, BayHStA MK 34682.
29 Ebd.

Zu Nr. VIII 56163.

An
MB.

I. Vormerkung

Betreff: Wiedereinstellung Hugo H u ß l a.

1.) Im Sinne der ME. I 36570 bringe ich mit folgender Stellungnahme den Wiedereinstellungsvorgang des ehem. Studienrates Hugo H u ß l a zur endgültigen Entscheidung durch den Herrn Staatsminister in Vorlage.

2.) Mit Sühnebescheid vom 10.6.48 der Spruchkammer München III wurde Hußla in die Gruppe der Mitläufer eingereiht. Laut vorliegendem Sühnebescheid und Meldebogen war Hußla lediglich formelles Mitglied der allgemeinen SS. von 1933 bis 1940 ohne Rang und Amt.
Ein Aktenstudium konnte der Stellungnahme nicht vorhergehen da kein Personalakt vorhanden. Aus dem Lebenslauf ist jedoch zu ersehen, daß Hußla z.Zt. seines Eintritts in die allg. SS. noch Student war. Als solcher und später als Studienassessor mußte Hußla nach den geltenden Bestimmungen einer Gliederung angehören. Zu diesem Zeitpunkt war die wirkliche Bedeutung der SS. für den Betroffenen nicht bekannt.
Daß sich Hußla in der SS. nicht aktiv hervorgetan hat beweist seine einfache Mitgliedschaft. Da Hußla außer dieser formellen Mitgliedschaft bei einer Gliederung der NSDAP. nicht belastet ist und auch später der NSDAP. nicht beitrat, bestehen meines Erachtens für eine Wiederverwendung keine Bedenken.

München, 20. September 1948.
Ref. 16

schaffen, grüße ich als meine Kameraden. Von den anderen erwarte ich mit Bestimmtheit, daß sie sich in Zukunft ihren Pflichten gegenüber der Volksgemeinschaft nicht mehr entziehen werden. Es darf im Dritten Reich […] keinen Erzieher mehr geben, der sich nicht an irgendeiner Gemeinschaftsarbeit, in irgendeiner Organisation der Gemeinschaft in Partei oder Staat beteiligt.«[30]

Als das Bayerische Staatsministerium für Unterricht und Kultus 1948 den Kunsterzieher Hugo Hußla, der von 1933 bis 1940 SS-Mitglied war, wieder verwenden wollte, begründete es diesen Schritt: »Aus dem Lebenslauf ist jedoch zu ersehen, daß Hußla z.Zt. seines Eintritts in die allg. SS noch Student war. Als solcher und später als Studienassessor mußte Hußla nach den geltenden Bestimmungen einer Gliederung angehören. Zu diesem Zeitpunkt war die wirkliche Bedeutung der SS. für den Betroffenen nicht bekannt.«[31] (Dok. 398) Die Lüge zog gleich hinter sich ein weiteres populistisches Plausibilitätsargument, eine Kommentierung darf mir hier erspart bleiben.

1.5 Kein »äusseres Anzeichen« von »nazistischer Gesinnung«

Ein gängiges Argumentationsmuster der »Zeugenaussagen« stützte sich auf die »äußeren Zeichen« des Nationalsozialismus. »Mir war bis vor kurzem nicht bekannt, daß Herr Prof. Dietl Mitglied der Partei war, da ich nie ein Hakenkreuz oder eine Binde an ihm gesehen habe.«[32] Oder z.B. »Herrn Kellhammers häusliches Leben verlief ganz in den althergebrachten Traditionen guten Bürgertums, ohne ›deutschen Gruß‹, ohne Hitlerbild, ohne Völkischen Beobachter.«[33] Selten stand eine solche Begründung als einziges oder wichtigstes Entlastungsmoment im Raum. Meist wurde es mit der einen oder anderen Anekdote oder Behauptung verbunden. In Hans Herrmanns Erklärung zu seinem Freund Josef Mohr – er wird in der kunstpädagogischen Auseinandersetzung 1952 noch eine Rolle spielen, siehe Kapitel »Die neue alte Gebietsaufteilung: Volksschulen und Gymnasien« – findet sich die Kombination mit einem weiteren häufig benutzten Muster:

Josef Mohr[34] war Dozent an der Hans-Schemm-Hochschule für Lehrerbildung in Pasing. In mehreren Fragebogen der NSDAP und verschiedenen Behörden gab er an, dass er 1920-22 Mitglied der Deutschnationalen Volkspartei,

---

30 Bek. d. Staatsmin. f. Unt. u. Kult. Nr. VIII 9305 über die außerschulischen Aufgaben der Lehrer(innen) und Erzieher(innen), Amtsblatt 1937, S. 7.
31 Schreiben des Bayerischen Staatsministeriums für Unterricht und Kultus vom 20.9.1948 an das Direktorat des Gymnasiums in Coburg, BayHStA MK 56915.
32 20.6.1946, gez. Georg Eberl, BayHStA MK 32370.
33 14.5.1946, gez. Jost Schmidt, BayHStA MK 46536.
34 Geboren am 4.11.1899 in Exing, 1917-19 Infanterist, Frontkämpfer. BayHStA MK 46925.

14.	Politische Einstellung:	Eintritt, bzw. Beginn der Zugehörigkeit, Dauer	Mitglied Nr.	Dienstrang, Führerstelle, Ämter:
	a) Mitglied—Angehörige(r) der NSDAP.	1) 1922–Nov. 1923 2) Nov. 1937	um 8000 3 994 712	— —
	~~SA~~, SAR., ~~SAM~~, ~~SS~~.)	Nov. 1933	—	Rottenführer
	Förd. Mitgl. der SS.	nein	—	
	des NSKK.	nein	—	
	des NSFK.	nein	—	
	der HJ., des BDM.*)	nein	—	
	des RDB., NSRB.*)	NSLB		
	der NSV.	nein		
	des RLB.	ja	—	
	der NS.-Frauenschaft,			
	~~DAF~~.	N.S. Studentenkampfhilfe	—	—
	b) Frühere Mitgliedschaft bei politischen Parteien und politischen Verbänden (H.-Akt, Blatt Nr. ......)	1920-22 Deutschvölk.Volksgem., Ortsgr. Ingolstadt 1922-33 NSDAP 1919 Freikorps Wolf u. Freikorps Altötting 1920 Einwohnerwehr, Ortly-Ingolstadt 1921-23 Bund Oberland		
	c) Erklärung über die Zugehörigkeit zu Freimaurerlogen, freimaurerlogenähnlichen Organisationen u...			

Quelle: BayHStA MK 46925.

Josef Mohrs Fragebogen 1938. Zehn Jahre später sagte er, dass er in diesem Fragebogen falsche und übertriebene Angaben gemacht hat.

Hans Herrmann: »nie ein äusseres Zeichen davon wahrgenommen«.

Studienprofessor Hans Herrmann, Fachberater für Zeichenunterricht an den Münchener Volksschulen:

Erklärung
– 209 –

Ich kenne Herrn Josef M o h r seit dem Jahre 1935 und war zuletzt mit ihm befreundet. Er folgte nur widerwillig einem Ruf an die Lehrerhochschule Pasing. Da er seine Tätigkeit dort sehr ernst nahm und liebgewann, wollte er sich später durch einen ehrgeizigen Nichtskönner aus ihr nicht verdrängen lassen. Anscheinend sah Mohr keine andere Möglichkeit als seinen formellen Parteibeitritt um sich sein Arbeitsfeld zu erhalten. Ich habe nie auch nur die Spur von nazistischer Gesinnung an ihm bemerkt und auch nie ein äusseres Zeichen davon wahrgenommen; er trug nie Parteizeichen, so oft ich ihn sah und grüsste mich nie mit dem Hitlergruss. Ich schätze Mohr als einen der ernsthaftesten Fachgenossen und riet ihm szt. dringend die angebotene Stelle in Pasing anzunehmen, da ich dafür keinen besseren Bewerber wusste. Die Entfernung Mohrs aus dem Lehrdienst bedeutet einen argen Verlust für die Schule.
Ich selbst bin mit Mohr nicht verwandt, war weder Angehöriger der Partei noch einer ihrer Gliederungen. Ich bin im Amte als "Fachberater für den Zeichenunterricht der Münchener Volksschulen".

München 2,
Westenriederstrasse 5, den 28. 10. 1946   Hans Herrmann
                                              (Herrmann)

1922-33 Mitglied der NSDAP war, 1919 und 1920 sich in den Freikorps Wolf und Altötting und 1921 in einer Einwohnerwehr betätigte, am 9.1.1923 im Freikorps Oberland marschierte und Mitglied des Stahlhelms war (der 1934 geschlossen in die SA überging). Nach 1945 erklärte Mohr, dass er während der NS-Zeit »falsche« und »übertriebene« Angaben machte. Seinen Parteieintritt 1937 konnte Mohr nicht leugnen.

In dieser Situation entstand folgendes Argumentationsmuster: In den zahlreichen »Eidesstattlichen Erklärungen« z.B. ehemaliger Schüler zieht sich die Beglaubigung durch: »Herr Mohr wurde von uns nie in Uniform oder mit Parteiabzeichen gesehen.«[35] Auch Hans Herrmann erklärte: »Ich habe nie auch nur die Spur von nazistischer Gesinnung an ihm bemerkt und auch nie ein äusseres Zeichen davon wahrgenommen, er trug nie Parteiabzeichen, so oft ich ihn sah und grüsste mich nie mit dem Hitlergruss.« Die zentrale Aussage, die damit befestigt werden sollte, war, wie Hans Herrmann formulierte, dass sich Mohr nicht »durch einen ehrgeizigen Nichtskönner« aus der Lehrerhochschule Pasing »verdrängen lassen« wollte und 1937 anscheinend »keine andere Möglichkeit als seinen formellen Parteibeitritt [sah], um sein Arbeitsfeld zu erhalten«. (Dok. 400) Als nach der Wiederanstellung[36] Mohrs im Schuldienst das Kultusministerium die Frage prüfte, ob Mohr zum Studienrat befördert werden könne, übernahm es zugunsten Mohrs die Argumentation: »Mohr trat erst 1937 der NSDAP bei, um nicht von einem Ehrgeizling verdrängt zu werden und einem radikalen Nationalsozialisten Platz machen zu müssen.«[37]

Die Bedeutung von »äußeren Zeichen« sehr ernst zu nehmen fiel Herrmann entsprechend seiner ontologisch durchdrungenen Phänomenologie sicher nicht schwer. Umso opportunistischer muss es erscheinen, dass er 1950 die Debatte um diese Zeichen unter »nebensächlichen Gründen« abtat. Da ging es darum, dass in der »Gestalt« die »äußeren Zeichen« der Nazizeit retuschiert wurden, um »den Blick für die *gestaltete* Form zu schärfen«.[38] (Siehe auch Dok. 402)

---

35   11.2.1947, unterschrieben von Fred Kieschke, Alfred Zecherle, Hein Preisleben, Hugo Schüssling. In einer anderen Stellungnahme hieß es: »Ich habe Herrn Mohr niemals in einer Uniform, noch etwa mit dem Parteiabzeichen ›geschmückt‹ gesehen, obschon er in staatlicher Stellung war.« 21.3.1947, gez. Dr. med. dent. Georg Thoma. BayHStA MK 46925.
36   Am 30.4.1947 entschied die Spruchkammer Miesbach, dass Mohr unter die sog. Weihnachtsamnestie falle, am 2.2.1949 nahm Mohr in der Wittelsbacher Oberschule für Jungen seine Unterrichtstätigkeit wieder auf. Am 29.1.1949 war er mit Wirkung 1.2.1949 zum Studienrat befördert worden. Ebd.
37   BayHStA 46925.
38   Hans Herrmann, *Die Gestalt. Blätter für Zeichnen/Werken/Kunstunterricht,* 1950, Heft 3, S. 120. Herrmann äußerte sich hier das erste Mal »von einigem zu sprechen, was wir bisher nicht erwähnten. – Ja, wir bringen des öfteren Beispiele, die nicht von heutzutage sind, weil

gener volkstümlicher Kraft, es kann gar nicht anders sein, als daß eine Vertrautheit mit der so hie...
: es kann gar nicht anders sein, als daß eine Vertrautheit mit der so nie...
priesenen, aber noch wenig bekannten Welt einfach volkstümlicher Form
n einstellt, wenn der junge Mensch im Zeichnen seiner natürlichen Be-
nmung nach erzogen wird. Was im Laufe des Lebens aus ihm wird, das
nnen wir getrost der Gnade des Himmels überlassen, wie ja auch der
uersmann sich bescheiden muß, wenn er nicht törichtem Wahnstreben
rfallen will. Arbeiten wir so in gegebener Ordnung der Welt, dann können
r ungescheut auf unsere Kraft vertrauen, weil sie nicht irgendwelchen
ngebildeten Zielen, sondern der Wirklichkeit dient. So wollen wir auf
e Frucht hoffen, die zu ernten eben noch Zeit ist, denn die Klugheit eines
ielfältig verzweigten Apparates gesetzter Zwecke und Bedürfnisse gilt
ichts und kann auf die Dauer nicht hemmen, wenn sich der unzerstörte
Mensch der reichen Fülle seiner gottgegebenen Kräfte wieder bewußt wird!

Adlerbild eines Dreizehnjährigen. Teilstück aus einem Linolschnitt

tümlicher Form sich bildet, wenn der junge Mensch im Zeichnen seiner natürlichen Bestimmung nach erzogen wird. Was im Laufe des Lebens aus ihm wird,
das können wir getrost der Gnade des Himmels überlassen, wie ja auch der
Bauersmann sich bescheiden muß, wenn er sein Feld bestellt hat.

Arbeiten wir so in gegebener Ordnung der Welt, dann können wir ungescheut
auf unsere Kraft vertrauen, weil sie nicht irgendwelchen eingebildeten Zielen,
sondern der Wirklichkeit dient. So dürfen wir auf die Frucht hoffen, die zu
ernten eben noch Zeit ist. Denn die Klugheit eines vielfältig verzweigten Apparates gesetzter Zwecke und Bedürfnisse gilt nichts und kann auf die Dauer
nicht hemmen, wenn sich ein unzerstörter Mensch der Fülle seiner gottgegebenen Kräfte wieder bewußt wird und so in die Ordnung zurückfindet.

Die »äußeren Anzeichen«: unwesentlich – oder: Kontinuität, die »der Wirklichkeit dient«.

Oben aus: Hans Herrmann, *Zeichnen fürs Leben, 1. Band: Überschau der Entwicklung. Führung bis zum Alter von etwa 12 Jahren. Beseeltes Auge in Werktag und Feier.* Stuttgart 1942, S. 34 und S. 41.

Unten aus: Hans Herrmann, *Zeichnen fürs Leben.* Obermarchtal 1993, S. 44 und S. 51.

1.6 Das »Fundament der geistlichen Kunst der Vergangenheit«

Josef Bergmann war »auf Aufforderung mit Rückmeldung 1937 zur Partei gegangen«, wie er sich ausdrückte. »Ich habe beim Lehrerbund lediglich das Fach Zeichnen vertreten und auch nur deshalb, weil man mich von verschiedenen Seiten dazu veranlaßte. Man war in Sorge, daß es in die Hände eines Mannes gegeben wurde, der schädlichen Einfluß ausüben könnte. In meiner Seminartätigkeit gelang es mir trotz mancherlei Anfeindungen und Schwierigkeiten den Unterricht auf dem Fundament der geistlichen Kunst der Vergangenheit in erster Linie durchzuführen.«[39]

Neben dem gängigen Argumentationsmuster »um Schlimmeres zu verhüten«[40] wurde gerne eine »religiöse Einstellung« bemüht. Zum Beispiel: »Dass sie [Hildegard Deppisch] im Innern niemals eine Anhängerin Hitlers, der alles Religiöse aus dem Herzen des Volkes reißen und für immer beseitigen wollte, geworden sein kann, folgt allein schon aus ihrer eigenen tief religiösen Einstellung.«[41] Mit solcherart Begründung wurde sie in die Gruppe V der Entlasteten eingereiht, obwohl eine »gesetzliche Vermutung in Klasse II […] mehrfach gegeben« war.[42]

Manchmal wurde das religiöse Argument so nebenbei eingestreut: »Nachdem er [Walter Rau] sich jahrelang als Assessor kümmerlich durchgeschlagen hatte und mit seinen Bewerbungen um eine Anstellung als Nichtparteimitglied immer wieder abgewiesen wurde, entschloss er sich schweren Herzens gegen seine innere Überzeugung am 1. Mai 1937 in die Partei einzutreten. […] An seiner inneren Einstellung änderte sich durch den Parteieintritt nichts. Er hielt

---

wir unsere Hauptaufgabe darin sehen, den Blick für die gestaltete Form zu schärfen, und dazu nehmen wir die geeigneten Beispiele, wo wir sie finden. Es gibt davon nicht so viel, daß man sich erlauben könnte, dergleichen aus nebensächlichen Gründen unter den Tisch zu werfen. Wir scheuen uns auch nicht, einmal Schülerarbeiten zu zeigen, die während des tausendjährigen Reiches entstanden sind. […] Es ist kein Beweis für einen ruhigen geistigen Blick, wenn man die Orientierungsmarken von Zeit, Partei oder Zone braucht, um ein Urteil zu fällen.«

39 Bergmann in einem Brief vom 26.11.1947 an das Kultusministerium. BayHStA MK 32108 und 18405. StAM, Schulamt Bund 22, Nr. 20.
40 So gab z.B. auch Susi Praun »zu ihrer Rechtfertigung an, daß sie zur Partei in ihrer Eigenschaft als stellvertretende Vorsitzende des Vereins der akademischen Zeichenlehrerinnen, um diesen Verein vor der ›Gleichschaltung‹ zu retten, kam.« Allerdings war Praun in der Tat nur von 1933 bis 1934 NSDAP-Mitglied.
41 Spruchkammer Berchtesgaden-Reichenhall, 19.2.1947, BayHStA MK 56237.
42 Ebd.

<u>Anlage</u> zum Antrag der Architektenabteilung der Technischen Hochschule München auf Streichung Professor Dusslers von der Berufungsliste für die Besetzung des Ordinariats für Kunstgeschichte.

<u>Begründung</u>

Die Architektenabteilung, die Fakultät für Bauwesen und der gesamte Senat der Hochschule sind einstimmig der Ansicht, dass mit der vor einem halben Jahr beschlossenen Berufung von Professor Heydenreich nicht nur ein hervorragender Gelehrter und Wissenschaftler für die Hochschule gewonnen wird, sondern dass darüber hinaus die Verbindung des Hochschullehrstuhles mit dem neu errichteten Zentralinstitut für Kunstgeschichte von besonderem Wert für die Ausbildung der Studierenden sein wird. Es soll hier als Beispiel nur auf die im Institutsprogramm vorgesehene Inventarisierung des Erhaltungszustandes der Kunstdenkmäler hingewiesen werden, die in Form von Übungen und als Arbeitsfeld für entsprechend interessierte Architekturstudenten einen wesentlichen Bestandteil der jetzt so notwendigen Ausbildung zur Denkmalpflege bilden kann. Die Aufstellung Professor Dusslers als Dritter auf der Berufungsliste ist nur nach der Zusicherung der Berufung Heydenreichs aus Gründen der Loyalität gegenüber einem so langjährigen Mitglied de Hochschule erfolgt.

Es sind der Technischen Hochschule nun im letzten Augenblick Schritte bekannt geworden, die Professor Dussler nicht unbekannt sein konnten und welche die Durchkreuzung der Berufung Professor Heydenreichs und an Stelle dessen eine Ernennung von Professor Dussler zum Ziel haben. Hierdurch sind die Interessen der Hochschule aufs schwerste gefährdet.

Das jedem Einzelnen zustehende Recht des Kampfes um die eigene Laufbahn hört dort auf, wo dieser Kampf gegen gemeinnützige und übergeordnete Bestrebungen geführt wird.

Von einem Lehrer der akademischen Jugend ist ganz besonders zu verlangen, dass er diese Grenze klar erkennt und sie nicht aus persönlichem Ehrgeiz überschreitet.

Die Berufung Professor Dusslers als o.Professor ist bisher aus rein sachlichen Gründen (siehe Gutachten von Prof.Jantzen) abgelehnt worden. Nachdem die Technische Hochschule von der ernsten Gefährdung der Berufung Professor Heydenreichs erfahren hatte und der Personalakt von Professor Dussler in der Technischen Hochschule nicht auffindbar ist, wurde der Fakultät ausnahmsweise die Einsicht in den Personalakt des Ministeriums gestattet. In diesem findet sich als erstes ein Brief von Professor Dussler an den Referenten der Universität, Prof. Rheinfelder, vom 5.3.47. Hierin erklärt er sich als das Opfer von Denunziationen und bezeichnet es als eine weise Fügung, dass Prof. Rheinfelder mit Energie und Wachsamkeit das letzte Stadium seines Prozesses in die Hand genommen habe und den Minister über alles aufklären wolle. Das hierauf erfolgte Schreiben Professor Rheinfelders an den Kultusminister vom 9.3.47 dringt auf eine "Beförderung" Professor Dusslers, d.h. auf seine sofortige Ernennung zum Ordinarius der Technischen Hochschule. Von den Belangen der Technischen Hochschule und ihrer Berufung Heydenreichs wird dagegen ebensowenig geredet, wie von

auch seiner Kirche die Treue und besuchte regelmäßig die öffentlichen Gottesdienste derselben. Am 1.3.42 übernahm er unter dem Druck des Ortsgruppenleiters, nachdem er sich vergebens dagegen gewehrt hatte, den Posten eines stellvertr. Blockleiters unter der ihm zugesagten Bedingung, dass er nur die einfachen Geschäfte zu erledigen habe [...]« Und weiter hieß es: »Einen Dienst als Scharführer und Oberscharführer machte er nicht, er war nur mit dem Modellbau beschäftigt. Seine Tätigkeit als Blockleiter, bei der er keine Werbung für die Partei vornahm, war jedenfalls nicht geeignet, die nat.soz. Gewaltherrschaft im Sinne des Art. 7 Ziff.1 *wesentlich* zu fördern.«[43]

Bei Georg Schorer, der 1933 in die NSDAP und in die SA eintrat, von 1934-1945 in der NS-Oberschule Feldafing unterrichtete und 1939 die *Deutsche Kunstbetrachtung* verfasste, verstrickte sich die Spruchkammer in folgende Argumentation: »Er [Schorer] genoß eine strenge katholische Erziehung. Dieser Grundeinstellung war er treu geblieben. Er war Angehöriger der kath. Studentenverbindung vor 1933. Die Machtübernahme durch die NSDAP 1933 übte auf ihn keinerlei Einfluß aus. Als pflichtgetreuer Staatsbeamter glaubte er nun, seine Loyalität gegenüber der Partei, die aufs engste mit dem Staate verbunden war, beweisen zu müssen. Wie viele andere, so glaubte auch Schorer damals, daß die rauhe Zeit des Kampfes um die Macht nunmehr durch die ruhige Zeit der Verantwortung abgelöst werden müsste. [...] Dass die Partei später, im Gegenteil eine Gewaltherrschaft errichten würde, die mit Verstössen gegen die Menschlichkeit und Menschenrechte, verbunden sein würde, das konnte der Betroffene damals nicht voraussehen.« Bei der NSDAP übte Schorer bis 1943 »keinerlei Amt oder sonstige Tätigkeit« aus, und die NS-Oberschule Feldafing »war eine, von Röhm gegründete Versuchsschule der Partei, die den Charakter einer staatlich genehmigten Privatschule hatte und keinesfalls [...] den Parteiführernachwuchs heranbilden sollte. [...] Von einer Vergiftung der Jugend an Geist und Seele durch nationalsozialistische Lehrer oder Erziehung im Sinne des Artikels 7/II/Z.2 des Befr.Ges. war keine Rede.«[44]

1.7 Der »Bayer und Katholik« Dussler wird Ordinarius

Am 3.12.1945 erhielt Luitpold Dussler seinen Amtsenthebungs-Bescheid. Aber bereits eine Woche später teilte das Kultusministerium dem Rektor der TH mit, dass Dussler in seiner »derzeitigen Stelle verwendet« werden könne. Knapp zwei Jahre später, im Oktober 1947 – während das Spruchkammerverfahren gegen Luitpold Dussler noch lief – wurde dieser nicht nur als apl. Professor beschäf-

---

43 BayHStA MK 57696.
44 Aus der Begründung der Lagerspruchkammer vom 13.5.1948. BayHStA MK 58038.

Seite 2 des Briefs der TH vom 31.3.1947 an das Kultusministerium:

NR. I 1297.
DER REKTOR
DER
TECHNISCHEN HOCHSCHULE
AN DAS
STAATSMINISTERIUM
FÜR UNTERRICHT UND KULTUS
MÜNCHEN.
zu Hd. Herrn Staatsminister
Dr.Dr. A. Hundhammer.

In der Anlage übermittle [ich] den einstimmigen Beschluß der Architektenabteilung der Technischen Hochschule München sowie die Begründung hiezu in der Angelegenheit der Besetzung der Professur für Kunstgeschichte und bitte, entsprechend diesem Antrag, Herrn apl. Professor Dr. Luitpold Dußler von der Berufungsliste, die mit Bericht vom 18. September 1946 Nr. I 3161 vorgelegt wurde, abzusetzen.

einer fachlichen Qualifikation Professor Dusslers. Als Grund für die Ernennung wird eine Belastung des christlichen Gewissens angegeben, die entstehen würde, wenn der während der Nazi-Zeit zurückgesetzte und jetzt so hämisch denunzierte Bayer und Kathol[ik] nicht sogleich zum Ordinarius ernannt würde.
Dieses Schreiben lässt nicht nur jede Kenntnis der akademischen Regeln und akademisches Niveau vermissen, sondern bedeutet auch mit seiner völligen Entstellung der sachlichen Gegebenheiten und Formulierungen wie "Exempel statuieren" und "Flüsterpropaganda vereiteln" einen Rückfall in diktatorische Methoden, die der neuen demokratischen Ordnung des Hochschullebens hohnsprechen. Die Billigung solchen Vorgehens unter Nichtbeachtung des einstimmigen Beschlusses von Fakultät und Senat und die Umgehung des zuständigen Hochschulreferenten durch Professor Dussler sprechen ihm von vornherein die Qualifikation eines Lehrers der Technisch[en] Hochschule in dieser Zeit ab.

Über seine persönliche Stellungnahme zum Beruf des Dozenten hat Professor Dussler am 19.1.1938 in einem Bewerbungsschreiben folgendes ausgesprochen:
"Mit den Zielen der Bewegung hat sich Unterzeichneter bereits 1930 d(urch) seine im beifolgenden Lebenslauf erwähnte Kampftätigkeit auf dem Gebiete des Expertisenwesens getroffen, ebenso hat er in seinem Dozentenberuf damals schon immer auf die Entartung der modernen Kunst und i(hr) völlig Volksfremdes verwiesen."

Diese Äusserung, die hier nicht politisch bewertet werden soll, ist fachlich besonders schwerwiegend. Im Sinne der akademischen Lehrfreiheit muss es wohl gestattet sein, die eigene Meinung positiver oder negativer Art vor den Studierenden zu vertreten. Es ist aber für die Qualifikation als Lehrer der Kunstgeschichte an einer Technischen Hochschule ein bedenkliches Zeichen, wenn ein halbes Jahr nach der deutsamen Ausstellung "Entarteter Kunst[",] in der sich Werke von Franz Marc, Lovis Corinth und anderen hervorragenden Malern befanden, die moderne Kunst als völlig volksfremd und entartet bezeichnet wird. Gerade dieser Begriff der Entartung, der aus der Vorstellung einer privilegierten eigenen Art entsprungen ist, hatte die dünkelhafte Aburteilung alles Fremden zur Folge, die wesentlich zur politischen und geistigen Katastrophe Deutschlands beigetragen hat.

Nach Kenntnisnahme der hier ausgeführten Vorgänge und um die Möglichkeit einer Wiederholung für die Zukunft auszuschliessen, sieht sich die Fakultät für Bauwesen genötigt den Antrag zu stellen, Herrn Professor Dr. Dussler vollends von der Berufungsliste zu streichen.

Quelle: BayHStA MK 67553.

tigt, sondern gegen den einstimmig erklärten Willen der Architektenabteilung im Oktober 1947 sogar zum Lehrstuhlinhaber für Kunstgeschichte an der TH München ernannt. Knapp ein Jahr später, am 16.7.1948, wurde Dussler von der Spruchkammer X als »entlastet« eingestuft. Eine nähere Betrachtung des Ablaufs dieser Vorgänge enthüllt eine besondere bayerische Variante des (Wieder-)Aufstiegs einstiger NS-Kämpfer in der Nachkriegszeit. Sie zeigt aber auch, dass die junge TH-Generation – zumindest an der Architekturabteilung – sich kritisch und aktiv mit dem Nationalsozialismus auseinandersetzte.

Der Lehrstuhl für Kunstgeschichte an der TH sollte mit dem 1946 gegründeten Zentralinstitut für Kunstgeschichte durch eine gemeinsame Direktion verbunden werden. Als Leiter des Zentralinstituts und Ordinarius auf dem TH-Lehrstuhl sollte Ludwig Heinrich Heydenreich berufen werden, so war es zwischen allen Beteiligten bis in die letzten Details (Umzugsdatum von Mailand nach München, Besoldungsfragen etc.) in vielen Gesprächen und Verhandlungen bereits abgeklärt[45], als der Technischen Hochschule »im letzten Augenblick Schritte bekannt« wurden, »welche die Durchkreuzung der Berufung Professor Heydenreichs und an Stelle dessen eine Ernennung von Professor Dussler zum Ziel«[46] hatten.

»Nachdem die Technische Hochschule von der ernsten Gefährdung der Berufung Professor Heydenreichs erfahren hatte und der Personalakt von Professor Dussler in der Technischen Hochschule nicht auffindbar [war], wurde der Fakultät ausnahmsweise die Einsicht in den Personalakt des Ministeriums gestattet.« In diesem nun fand sich als Erstes ein Brief von Dussler »an den Referenten der Universität, Prof. Rheinfelder, vom 5.3.47. Hierin erklärt er sich als das Opfer von Denunziationen und bezeichnet es als eine weise Fügung, dass Prof. Rheinfelder mit Energie und Wachsamkeit das letzte Stadium seines Prozesses in die Hand genommen habe und den Minister über alles aufklären wol-

---

45 Siehe z.B. die Stellungnahme Heydenreichs vom 14.3.1947: »Aus den Vorgängen resultiert, dass die T.H. mich als bereits berufen zu betrachten hat und dass lediglich der rein formelle Ernennungsvollzug noch aussteht! Das Telegramm Birkmeyers, meine Absage des Hamburger Ordinariates, die getroffenen Vereinbarungen mit den zuständigen Dienststellen der T.H. und des Kultusministeriums und schliesslich die öffentliche Bekanntgabe meiner Berufung sind Geschehnisse, die die T.H. und das Kultusministerium an ihre mir gegenüber gemachten Zusagen *binden*.« Hervorhebung von Heydenreich, zitiert in: Stellungnahme des Abteilungsvorstands und Prodekans der Fakultät für Bauwesen, Krauss. BayHStA MK 67553.
46 Aus: *Anlage zum Antrag der Architektenabteilung der Technischen Hochschule München auf Streichung Professor Dusslers von der Berufungsliste für die Besetzung des Ordinariats für Kunstgeschichte. Begründung* – Anhang zum Brief des Rektors der TH vom 31.3.1947 an das Staatsministerium für Unterricht und Kultus, BayHStA MK 67553.

STAATSMINISTER DR. ANTON PFEIFFER
LEITER DER BAYERISCHEN STAATSKANZLEI

MÜNCHEN 22, DEN 3. April 1947
PRINZREGENTENSTR. 7
FERNRUF: 32661-65

Persönlich!

An
Herrn Staatsminister Dr. Hundhammer
München
Staatsmin. f. Unterricht und Kultus

Eing. 7. APR 1947
Aktenz. 7 a 2469
Ref.

Lieber Freund!

Ich erbitte Dein besonderes Interesse für die Frage der Berufung des neuen Professors an die Technische Hochschule München. Vorgeschlagen ist primo loco Dr. Heidenreich, der zur Zeit noch in Italien lebt. Der Lehrkörper der Technischen Hochschule in München hat den an dritter Stelle stehenden Vorschlag Dussler zurückgezogen. Vielleicht lässt Du Dir einmal den Rektor Vorhölzer zu einer persönlichen Aussprache kommen.

Der zu werdende Professor soll ja auch Direktor des neuen allgemeinen Kunstinstituts werden und da wäre vielleicht auch die Meinung des Herrn Direktor Lill vom Landesamt für Denkmalspflege von Wichtigkeit.

Mit herzlichem Gruss
Dein
Pfeiffer

Der Kultus-
minister
entscheidet:
Dussler
wird
berufen.

III 12309
zum ...
am 21.4.47
i.A.
Rheinfelder

---

betrifft: Kunsthistorisches Zentralinstitut
Lehrstühle der Kunstwissenschaft an der Universität und an der Technischen Hochschule München
die Professoren Dr. Heidenreich und Dr. Dußler.

19/4.

Vermerkung über ein Telephongespräch zwischen Prof. Rheinfelder und Prof. Dr. Lill, Direktor des Landesamts für Denkmalpflege.

Prof. Lill würde es begrüßen, wenn Prof. Dr. Heidenreich Direktor des Zentralinstituts würde, regt aber an, daß die Dotierung dieser Direktorstelle ungefähr jener eines Ordinariats entsprechen sollte, da Prof. Heidenreich um des Zentralinstituts willen, das ursprünglich mit dem Ordinariat der Technischen Hochschule verbunden werden sollte, andere Rufe abgelehnt hat.

Prof. Lill ist der Auffassung, daß für Heidenreich die Universität in höherem Maße als die Technische Hochschule die geeignete Lehr- und Forschungsstätte sein würde. An der Universität würde er sich nicht genötigt sehen, in bestimmtem Turnus bestimmte Vorlesungen zu halten, sondern könnte sich freier entfalten.

Wenn Heidenreich an der Universität nur Honorarprofessor ist, so sollte man ihm doch die Möglichkeit in Aussicht stellen, später, d.h. nach der Emeritierung von Prof. Jantzen, das Ordinariat an der Universität zu erhalten.

Über Prof. Dußler hat Prof. Lill viele Erkundigungen eingezogen: er ist ein sehr gediegener und gründlicher Forscher, wie alle seine Arbeiten bekunden. In der Vorlesung gilt er als etwas trocken; es fehlt ihm der hinreißende Schwung, den Karlinger gehabt hat. Prof. Lill hält es für eine Forderung der Billigkeit, daß Dußler, der nun so lange an der Technischen Hochschule wirkt, Ordinarius werde. Es gehe nicht an, ihn nachträglich von einer Liste zu streichen, "wenn er nicht inzwischen silberne Löffel gestohlen habe."

München, 18. April 1947.

Rheinfelder

Quelle: BayHStA MK 67553.

le. Das hierauf erfolgte Schreiben Professor Rheinfelders an den Kultusminister vom 9.3.1947 dringt auf eine ›Beförderung‹ Professor Dusslers, d.h. auf seine sofortige Ernennung zum Ordinarius der Technischen Hochschule. [...] Als Grund für die Ernennung wird eine Belastung des christlichen Gewissens angegeben, die entstehen würde, wenn der während der Nazi-Zeit zurückgesetzte und jetzt so hämisch denunzierte Bayer und Katholik nicht sogleich zum Ordinarius ernannt würde.«[47] An der Sprache Rheinfelders kritisierte die Architektenabteilung »einen Rückfall in diktatorische Methoden, die der neuen demokratischen Ordnung des Hochschullebens hohnsprechen«. Darüber hinaus machte sie auf die Bewerbungsschreiben Dusslers von 1938 aufmerksam (siehe Dok. 28) und erkannte darin »für die Qualifikation als Lehrer der Kunstgeschichte an einer Technischen Hochschule ein bedenkliches Zeichen, wenn ein halbes Jahr nach der bedeutsamen Ausstellung ›Entarteter Kunst‹, in der sich Werke von Franz Marc, Lovis Corinth und anderen hervorragenden Malern befanden, die moderne Kunst als völlig volksfremd und entartet bezeichnet wird.« Auf dieser Grundlage fasste die Architektenabteilung am 29.3.1947 »bei vollzähliger Anwesenheit ihrer Mitglieder« einstimmig den Antrag, »Professor Dr. Dussler vollends von der Berufungsliste zu streichen«.[48] (Dok. 404 und 406)

Obwohl auch Ministerialbeamte wie Meinzolt und Poeverlein bestätigten, dass das Ministerium an Heydenreichs Berufung durch die vorangegangenen Schritte gebunden war und das Ministerium tunlichst nicht vom Vorschlag der Hochschule abweichen sollte, entschied Staatsminister Alois Hundhammer anders. Dussler wurde Ordinarius. Ein schlauer Schachzug von Staatsminister Anton Pfeiffer ging dem voraus. Pfeiffer schlug Hundhammer am 3.4.1947 wie beiläufig vor, »vielleicht auch die Meinung des Herrn Direktor Lill vom Landesamt für Denkmalspflege« einzuholen, denn der »zu werdende Professor soll ja auch Direktor des neuen allgemeinen Kunstinstituts werden«. Mit diesem Auftrag in der Tasche berichtete dann Rheinfelder »über ein Telephongespräch« zwischen ihm und Lill: Dieser sei der Auffassung, dass »für Heidenreich [sic] die Universität in höherem Maße als die Technische Hochschule die geeignete Lehr- und Forschungsstätte sein würde. An der Universität würde er sich nicht genötigt sehen, in bestimmtem Turnus bestimmte Vorlesungen zu halten, sondern könnte sich freier entfalten«. Über »Prof. Dußler [sic] hat Prof. Lill viele Erkundigungen eingezogen: er ist ein sehr gediegener und gründlicher Forscher, wie alle seine Arbeiten bekunden. [...] Es gehe nicht an, ihn nachträglich von einer

---

47 Ebd.
48 »Aus Gründen der Loyalität gegenüber einem so langjährigen Mitglied der Hochschule«, wie es Dussler war, war dieser als Dritter auf die Berufungsliste gesetzt worden, aber nur nachdem die Berufung Heydenreichs zugesichert war. Ebd.

»Einbau des Kunstunterrichts in den Gesamtplan der Deutschen Schule«

»In harter materieller Not und in tiefer seelisch-sittlicher Verelendung besinnen wir uns auf die reinsten und reichsten Quellen unserer gewachsenen Kultur. Wir erkennen in der starken Begabung unseres Volkes für die Kunst, und vor allem für die Musik, eines der wirksamsten Mittel zu seiner inneren Wiederaufrichtung; ein Mittel, das deshalb eminent wirksam ist, weil das Erlebnis der Kunst, und besonders die aktive Beschäftigung mit ihr, uns in einzigartiger psychophysischer Einheit das Erlebnis der Form vermittelt, dessen stärkender und aufrufender Kraft unser Volk dringend bedarf, um wieder zu einer wahrhaft humanen Gemeinschaft zusammenzuwachsen.

Wer das Werden und den Segen künstlerisch-geistiger Form intensiv erlebt hat, wird auch leichter den Weg zur sozialen Form d.h. zu einer klaren und edlen Form des Gemeinschaftslebens finden. Zugleich erkennen wir in der Mobilisierung jener ererbten Kräfte, der schöpferischen wie der reproduktiven, die sicherste Aussicht, die verloren gegangene Weltgeltung unserer Nation, die ja weitgehend auf deren kulturellen Fähigkeiten und Leistungen beruht hat, wieder zu gewinnen.

Andererseits sind wir uns bewusst, dass unser Kunstleben und unsere künstlerische Leistungsfähigkeit schon seit längerer Zeit von der einst erreichten Höhe abgesunken sind. Jener vielleicht wichtigste Faktor künstlerischer Volkskultur: der selbsttätige Umgang eines breiten Liebhabertums mit der Kunst ist schon nach dem ersten Weltkrieg durch das Aufkommen der mechanischen Reproduktionsmittel und auch durch die Wirtschafts- und Sozialkrise von damals erschüttert worden. Gleichzeitig ist der private Kunstunterricht ins Wanken geraten, der diese aktive Kunstpflege unterbaut und ständig neu angeregt hat. Noch ehe die in dieser Hinsicht recht zielbewusste Kunstpolitik des ersten deutschen Volksstaates fruchten konnte, kam der Nationalsozialismus an die Macht und stiftete neuen, schlimmeren Schaden. Unter der Maske einer beispiellosen Kunstfreudigkeit hat er die gewachsene Kultur unseres Volkes an den seelischen Wurzeln geschwächt, hat er das Geschmacksniveau auf die berüchtigte KdF-Stufe herabgedrückt und das Kunstschaffen wie die Kunstpflege zu gröbsten machtpolitischen Zwecken missbraucht. Durch geistige Knebelung der Schaffenden, durch Ausschaltung der Kritik, durch Begünstigung von Minderbegabten und Minderverantwortlichen und durch chauvinistische Überheblichkeit hat er unsere gesamte Leistungsfähigkeit auf diesem Gebiete merklich verringert. Davon abgesehen hat er mindestens eine Generation des Nachwuchses dem Moloch seines Machtwahnes geopfert. Der von ihm entfesselte zweite Weltkrieg hat uns schließlich noch eines grossen Teils unserer Kunstinstitute beraubt einschließlich der Instrumentarien, Bibliotheken, Aufführungs- und Lehrmaterialien. Wie sollen wir aus dieser Not herauskommen, wie sollen wir die mannigfachen Verluste wieder ausgleichen und die segensreichen Kräfte der Kunst wieder der Individualbildung und Gemeinschaftsbildung fruchtbar machen, wenn nicht durch eine Kunsterziehung, die auf diese Erfordernisse und Ziele hin gerichtet ist?«

Aus einem Vortrag des hessischen
Regierungsdirektors Dr. Holl
bei einer Tagung der Kultusminister
1946 in München.
Quelle: BayHStA 53011.

Liste zu streichen, ›wenn er nicht inzwischen silberne Löffel gestohlen habe‹«.⁴⁹ (Dok. 408)

Als Hundhammer Dussler zum Ordinarius ernannte, umschiffte er gleichzeitig noch eine weitere Klippe mit einer trickreichen Formulierung: »Die Militärregierung hat mit Schreiben vom 10.XI.1945 MG 210.1 GNNCU – 4 und mit Schreiben vom 7.XII.1946 ERA/TAB/ dk gegen die Beschäftigung von Professor Dussler keine Einwendung erhoben.« Der Wortlaut dieser Schreiben aber besagte, dass die Militärregierung gegen die »derzeitige Beschäftigung Dusslers« keinen Einwand hatte. »Derzeitig« war damals eine vertretungsweise Dozentenstelle des Fachgebiets Kunstgeschichte.⁵⁰

2 Das kunstpädagogische Verhalten nach 1945

Die persönliche unkritische Verhaltensweise der Kunsterzieher (und ihrer Dozenten) reproduzierte sich in der fachlichen Auseinandersetzung nach 1945 in Bayern. Es gab keine politisch-fachliche Selbstanalyse, um für die neuen Lehrpläne aus dem unterrichtlichen Verhalten in der Hitlerzeit Konsequenzen zu ziehen. Dieses Phänomen war richtungs- und strömungsübergreifend. Und selbst wenn einmal solche Formulierungen fielen, wie zum Beispiel, dass der Nationalsozialismus »durch chauvinistische Überheblichkeit […] unsere gesamte Leistungsfähigkeit […] merklich verringert« und »mindestens eine Generation des Nachwuchses dem Moloch seines Machtwahnes geopfert« habe, so stammten sie erstens nicht von *bayerischen* Kunsterziehern und waren zweitens meist eingebettet in allgemein kulturpessimistische Klagen oder neue deutschtümelnde Vorstellungen.⁵¹ (Dok. 410) Die fachlichen Auseinandersetzungen setzten meistens nicht nur da wieder ein, wo sie in den zwanziger Jahren aufgehört hatten, sondern übernahmen auch die alten Vorurteile und Irrtümer, die darüber hinaus mit einer Praxis von zwölf NS-Jahren überlagert waren.

Die unmittelbare Nachkriegsentwicklung in der bayerischen Kunstpädagogik

---

49 Stellungnahme von Dr. Rheinfelder am 18.4.1947. BayHStA MK 67553.
50 Die Berufung Dusslers ist wie die Berufung Hans Sedlmayrs auf den Münchener Lehrstuhl für Kunstgeschichte 1951 (siehe Jutta Held, *Hans Sedlmayr in München*, in: Kunst und Politik, Jahrbuch der Guernica-Gesellschaft, Band 8/2006, S. 121-169) symptomatisch für das katholische Netzwerk in Bayern. Es funktionierte nach dem Prinzip: Unbelastete Würdenträger setzten sich für ihre belasteten Glaubensbrüder ein.
51 Siehe z.B. den Vortrag über den »Einbau des Kunstunterrichts in den Gesamtplan der Deutschen Schule«, den 1946 der hessische Regierungsdirektor Dr. Holl bei einer Tagung der Kultusminister in München hielt. Hier wird wenigstens noch deutlich, in welcher Zeit, in welchen Jahren man sich befand. BayHStA MK 53011.

An das
Staatsministerium für Unterricht und Kultus
München.

Von Ihrer Erlaubnis Gebrauch machend, habe ich mir erlaubt, Herrn Studienprofessor Braig zu den dringenden Vorarbeiten für die Ausbildung der Kandidaten des Kunstlehramtes an höheren Schulen heranzuziehen (Durchsicht der eingelieferten Arbeiten neu kommender Studierender, Teilnahme an der Aufnahmeprüfung, Betreuung der alten Schüler, besonders der letzten, die noch nach alter Weise in der T.H. ausgebildet, dies Jahr ihr Examen machen; Mitwirkung im diesbezüglichen Prüfungsausschuss, vor allem für die Aufstellung des Lehrplanes).

Es wird gebeten, die Dienstverhältnisse des Studienprofessors Braig zu regeln. Er muss von seinem Dienst am Maxgymnasium beurlaubt werden und seine ganze Kraft und Zeit der Akademie widmen. [...] sehr anstrengend für ihn werden wird, bitte ich [...]
zu stellen; er könnte rechnu[...]   18.4.1946.
oder auf eine e[...]

Herrn Staatsrat Dr. Meinzolt
Staatsministerium für Unterricht und Kultus
München 2

Sehr verehrter Herr Staatsrat!

...............Zeichnlehrerausbildung.......

Mein Berater ist der ausgezeichnete, verdiente und bekannte Zeichenlehrer Prof. Adolf Braig, der auf diesem Spezialgebiet wohl der unterrichtetste und weitblickendste Mann ist, den wir haben. Seine famose Persönlichkeit und seine Erfolge als Lehrer lassen es dringend erwünscht sein, dass er sein Lebenswerk endlich, ehe es zu spät ist, vollenden kann. – Ich habe deswegen gebeten, ihn mir für die Wiederingangbringung der Zeichenlehrerei zur Seite zu stellen, und ich kann wohl mit bestem Gewissen und aus langjähriger Erfahrung versprechen, dass wir etwas Gutes fertigbringen werden und zwar zeitgemäss auf sehr praktischer Grundlage unter Benützung einer guten Tradition und mit offenem Blick für die Zukunft.

Am 2.Mai sollen wir mit dem Unterricht von 50 Kandidaten beginnen! noch heute weiss ich nicht, ob mir Braig zugeteilt wird und gerade im Anfang ist es so sehr notwendig! ....

Meine Bitte geht nun dahin, sehr verehrter Herr Staatsrat, dass Sie mir doch recht bald zur Berufung Braigs verhelfen! Die Schwierigkeiten, mit denen ich in beiden Akademien zu kämpfen habe, müssten allein schon genügen, dass mich das Ministerium wenigstens in solchen Wünschen unterstützen würde.

Seien Sie meiner ausgezeichneten Hochachtung versichert!

Ihr sehr ergebener

(Carl Sattler)
Direktor

Quelle: AdBK-Archiv, Personalakte Braig.

ist vor allem ein Lehrstück darüber, wie die Nichtreflexion der Nazi-Vergangenheit den Grundstein für viele unfruchtbare Auseinandersetzungen und Verhärtungen in der bayerischen Kunstpädagogik legte. Immerhin aber gab es einen organisatorischen Neuanfang – und eine Bestandsaufnahme der Mal- und Zeichenergebnisse aus dem Unterricht aller bayerischen Gymnasialzeichenlehrkräfte.

2.1 1946-1948: Ein organisatorischer Neuanfang

Der sinnfälligste Bruch in der Münchener und bayerischen Kunstpädagogik war das Ende der TH-Ära in der Ausbildung der gymnasialen Zeichenlehrer und Kunsterzieher. Bereits am 29.11.1943 hatte das Kultusministerium beschlossen, die Kunsterzieherausbildung von der TH auf die Staatsschule für angewandte Kunst zu verlegen.[52] Die aus militärischen Erwägungen anschließend (1944) getroffene reichsweite Entscheidung, alle Kunsthochschulen zu schließen, verhinderte zunächst diese Verlagerung. Die offizielle Geschichtsschreibung hierzu beginnt wieder am 20.3.1946. An diesem Tag wurde vom Bayerischen Staatsministerium für Unterricht und Kultus verordnet, die Akademie der Bildenden Künste und die Akademie für angewandte Kunst in München aufzulösen und die Hochschule der Bildenden Künste München zu errichten. »In dieser werden alle bisherigen Ausbildungszweige der beiden ehemaligen Akademien gelehrt. Zum ersten Präsidenten wurde Professor Carl *Sattler* ernannt.«[53]

Die Wiederaufnahme der Kunsterzieherausbildung erfolgte unter der Leitung von Studienrat Adolf Braig, unterstützt von Anton Marxmüller und Richard Wolf. In einem Brief beschrieb Carl Sattler Ende 1947 die Arbeitsteilung an diesem neuen »Kunstlehramt zur Ausbildung an höheren Lehranstalten« wie folgt: Braig »hat zur Zeit die pädagogische Ausbildung der zukünftigen Zeichenlehrer, wie auch die Ausbildung in Kunstbetrachtung und Kunstgeschichte. […] Dabei hat er jetzt noch die wichtige Arbeit übernommen in dem pädagogischen Praktikum, dem Seminarjahr, das an 2 höheren Lehranstalten vor sich geht, persönlich mitzuarbeiten und es zu überwachen, damit die neue ausgezeichnete Methode auch sich auswirken und auf seine Nachfolger übertragen werden kann. Prof. Anton Marxmüller hat die Ausbildung im Zeichnen usw. übernommen. […] Studienrat Richard Wolf hat ausser der Mitarbeit beim Zeichenunterricht das Aktzeichnen übernommen und die wichtige Aufgabe den

---

52 Äußerungen dazu oder Begründungen waren archivalisch bisher nicht zu finden.
53 Jahresübersicht der Hochschule der Bildenden Künste München von 1945 bis 31. März 1949, zit. in: Thomas Zacharias (Hg.), *Tradition und Widerspruch*, S. 336.

Abschrift.

Bayerisches Staatsministerium
für Unterricht und Kultus. München, 5. November 1946.
Nr. VII 51169.

1) an die Akademie für angewandte Kunst in München,
2) an die Akademie der bildenden Künste in München.

<u>Betreff:</u> Die Hochschule der bildenden Künste
 in München.

A) Auf Grund der vorläufigen Genehmigung des Amtes der amerikanischen Militärregierung für Deutschland vom 11. Oktober 1946 werden die Akademie der bildenden Künste und die Akademie für angewandte Kunst in München gemäss Ziff. I der Verordnung vom 20. März 1946 Nr. VII 14914 mit Wirkung vom 4. Nov. 1946 aufgelöst. An ihrer Stelle wird die Hochschule der bildenden Künste errichtet.

B) 1. Aus diesem Anlass werden an die Hochschule der bildenden Künste in München versetzt:

   a) als Professor der Direktor Karl Sattler der Akademie für angewandte Kunst unter Wahrung seiner erworbenen Rechte,

   b) die Professoren der Akademie für angewandte Kunst Adolf Braig, Else Brauneis, Fritz Ehmcke, Josef Henzelmann, Josef Hillerbrand, Fritz Rickert, Dr. Fritz Skell und Walter Teutsch sämtliche in gleicher Diensteseigenschaft;

   c) die Professoren der Akademie der bildenden Künste Karl Caspar, Dr. Emil Preetorius und Josef Wackerle in gleicher Diensteseigenschaft;

   d) die auf Dienstvertrag angestellten Lehrer der Akademie der bildenden Künste und der Akademie der angewandten Kunst Professoren Xaver Fuhr, Willi Geiger, Theodor Georgii, Hans Gött, Anton Hiller, Dr. Walter Riezler und Anton Stadler, ferner die Vertragslehrer Alois Gangkofner, Emilie Grief, Karl Josef Huber, Herbert Kern, Emil Grieger, Josef Oberberger, Max Pfefferle, Karl Sittl und Adolf Thiermann;

   e) der Syndikus Regierungsrat Josef Bernhart, der Regierungsinspektor Walter Kießling, der Hausverwalter Johann Hagen, sämtliche in gleicher Diensteseigenschaft; ferner die Angestellten Rosa Angerer, Magdalene Heiß, Ilse Horn, Theo Löbbert, Paula Petri, Franz Schilke u. Ilse Wisner.

2. Auf Grund des § 43 DBG. werden mit Wirkung vom 1. Nov. 1946 in den Wartestand versetzt:

   a) der Professor der Akademie der bildenden Künste Anton Roth,

   b) der Professor der Akademie für angewandte Kunst Friedr. Heubner.

Quelle: BayHStA MK 44681

Werkunterricht zu erteilen.«⁵⁴ Die »neue ausgezeichnete Methode« bezog sich nicht zuletzt auf eine großangelegte Aktion Braigs, nämlich die unmittelbaren Unterrichtsergebnisse aller bayerischen Gymnasialzeichenlehrer und Kunsterzieher einer Bestandsaufnahme zu unterziehen. Das Kultusministerium war seiner Anregung gefolgt und hatte eine Ausschreibung besorgt, auf die fast alle Lehranstalten mit der Einsendung von Schülerarbeiten antworteten.

Im März 1948 berichtete Adolf Braig, inzwischen Professor an der Hochschule der Bildenden Künste, dass er nun »über 30.000 Zeichnungen durchgemustert« hat, »klassenweise Leistungen aus dem Zeichenunterricht der höheren Schulen Bayerns«.⁵⁵ »Der Zustand, der aufgedeckt wurde, ist im ganzen betrüblich und in zahlreichen Fällen empörend. Viele Lehrer bewegen sich in verhärteten Geleisen. Wenige nur vermögen die Forderungen zu erfüllen, die man seit langem an einen lebendigen Kunstunterricht stellen muß.« Ohne auf »diese Forderungen« und die Eigenschaften eines »lebendigen Kunstunterrichts« einzugehen, bot Braig die Lösung der Misere in Form personeller Veränderungen und in Form einer übergeordneten Aufsichtsperson an: »Der erschreckende Tiefstand der Kunsterziehung an den höh. Schulen Bayerns – bei den meisten Lehrern klingt es wie Hohn, diese Bezeichnung zu gebrauchen –, dessen Ursachen wesentlich im Fehlen einer geeigneten fachlichen Aufsicht und Förderung durch eine übergeordnete verantwortliche Persönlichkeit begründet ist, darf nicht länger andauern, wenn dieser Lehrzweig nicht der weiteren Verödung preisgegeben werden soll.«⁵⁶

Ein Jahr später präzisierte Braig in dem noch immer andauernden Streit, ob ein Fachberater für Zeichnen beim Kultusministerium sinnvoll ist: »Kein Anstaltsdirektor sei imstande einen Zeichenlehrer in dem Zeichenunterricht richtig zu beurteilen. [...] Nicht die Prüfungsnoten und die Qualifikation der Direktoren solle entscheidend sein, sondern ob er ein künstlerischer, ein kultivierter Mensch sei. [...] Wir wollen nicht Zeichenlehrer haben, die Kunstmaler sind. Ein richtiger Zeichenlehrer solle ein künstlerischer Mensch und ein guter Lehrer sein. [...] Es gebe allerdings verschiedene Richtungen, er sei nicht für die Britsch-Methode sondern für freie Kunsterziehung – die Hauptsache sei, dass ein Lehrer seinen Platz ordentlich ausfülle.«⁵⁷ Die pragmatische Haltung Adolf Braigs

---

54 Carl Sattler am 5.12.1947 an das Bayerische Staatsministerium für Unterricht und Kultus. Betreff: Kunstlehramt-Stellen. Akademiearchiv, Personalakte Braig.
55 Adolf Braig in einem Brief vom 31.3.1948 an das Bayerische Staatsministerium für Unterricht und Kultus. BayHStA MK 53011.
56 Ebd.
57 »Betreff: Kunsterziehung an den Schulen Bayerns. Niederschrift über die Besprechung am 4.3.1949.« Gez. Ref. 28 des Bayerischen Kultusministeriums. BayHStA MK 53011.

Kunsterzieher in Bayern werden benotet (1948/49)

Quelle: BayHStA MK 53011.

HOCHSCHULE BILDENDEN KÜNSTE

MÜNCHEN, 17.11.1949
AKADEMIESTRASSE 2 · RUF 31 690

Nr. 2297

An das
Bayer. Staatsministerium
für Unterricht und Kultus
München

Bayer. Staatsministerium für Unterricht und Kultus
Eingeg. 18 NOV 1949
80798
10a 72   Beil.:

Betreff: Einsendung von Schülerarbeiten aus der Kunsterziehung und deren wertmäßige Beurteilung

Das Staatsministerium hat die Direktorate der höheren Schulen zur Einsendung von Schülerarbeiten wiederholt aufgefordert. Nach dem gegenwärtigen Stand der Kartei fehlen noch 99 Einsendungen. Viele Lehrer sind erst wieder in den Dienst eingestellt, andere sind entlassen worden.

Sobald im laufenden Schuljahr wieder mehr Arbeiten angelaufen sind, sollte die Aufforderung für die fehlenden Lehrer wiederholt werden, damit eine Beurteilung aller möglich wird. Nach einiger Zeit wird also nochmals das Ersuchen um Ausschreibung an das Staatsministerium ergehen.

Unter den bisher eingesandten Schülerarbeiten sind viele, die einen mangelhaften oder ungenügenden Unterricht durch die Lehrer bezeugen.

Mangelhaft arbeitende Lehrer waren und sind:

Titel	Name	Schulart	Ort	Note
StPr.	Albrecht	Neues G.	Bamberg	4
	Aumüller	OR. u. G.	Kaufbeuren	4
StR.	Else Büchner		Brückenau	4 – 5
	Buchholz	RG.	Nürnberg	4 – 5
	Carla Buchner		Pfarrkirchen	4 – 5
	P. Busl	ProG.	Gars	4 – 5
	Ottmar Betzler	R.	Neuulm	4 – 5
	P. Barthel		Schäftlarn	5
	Eugenie Butzke		Lichtenfels	5
StPr.	Dietrich	OR.	Pasing	4
StR.	R. Dirnberger		Kitzingen	4 – 5
	M. Stefanie Erhard	OSch.f.J.	Simbach	4
	P. Elmar Feuhs	ProG.	Schweikelberg	4 – 5
	Focke	N.G.	Regensburg	4 – 5
	Fuchs	St.OR.	Weißenhorn	5
	P.Fr. Finn	ProG.	Obermeidlingen	5
	Lotte Gütermann	Diak.A.	Neuendettelsau	4 – 5
StR.	Gabler		Ingolstadt	4 – 5
	Gaßner		Mühldorf	5
	P. Clemens Gietl	G.	Metten	4 – 5
StR.	Hedeck	M.Th.OR.	München	4 – 5
	Haßmüller	M.OR.u.LBA.	Haßfurt	4 – 5
StPr.	Hofmann	G.	Rosenheim	4 – 5
	Hönig	OSch.	Cham	4 – 5
StAss.	P. Höcht	G.	Münnerstadt	4 – 5
	Elly Jüngling	OSch.	Scheinfeld	4 – 5
StPr.	Körber	G.	Aschaffenburg	4 – 5
StR.	Kotisa	OR.	Augsburg	4 – 5
	Krause	OR.	Bayreuth	5
StAss.	A. Klose	OR.	Reichenhall	4 – 5
StAss.	W. Kunzmann	St.OR.	Rosenheim	4 – 5
	Irene Lutz	OR.	Coburg	4 – 5
	H. v. Linprun	Wilh.G.	München	4 – 5
StAss.	Fr. Münich	LG.	München	4 – 5
StProf.	Meeder	Dürer OR.	Nürnberg	4 – 5
Schw.	Alfonsa Nagengast	M.OSch.	Pielenhofen	4 – 5
	Pratzak	St.OSch.	Miesbach	5
	Dr. Pany	OR.	Kitzingen	4 – 5
	M. Gerti Priller	LBA.	Gnadenthal	4 – 5
	Dr. Peschel	OR.	Mühldorf	5
	Roth	Aufb.Sch.Mü.	Wilhstr.	4
StProf.	Reichardt	G.	Pasing	4 – 5
PtProf.	Reill	LBA.	Freising	4 – 5
	Gretel Roth	OR.	Schwandorf	4 – 5

bildete – wie vor 1933 – keine vollständig adäquate Antwort auf die Bedürfnisse nach einer Positionsbestimmung in der Kunsterziehung. Braig wollte 1948 »einen Überblick über die Leistungen der Lehrer und der Schüler gewinnen«, und er wollte mit der Einrichtung eines Fachberaters sicherstellen, dass dieser die Lehrer »beaufsichtigt, berät und qualifiziert« und sie »im Zusammenwirken mit den Anstaltsleitern […] zu Beförderungen, Versetzungen und Absetzungen«[58] vorschlägt. Die fachliche Lehrerbeurteilung aber setzt gemeinsame Maßstäbe voraus, zumindest die bewusste Kenntnisnahme der Maßstäbe des anderen, wenn sich die einzelnen Lehrer und Anhänger der jeweiligen Strömungen nicht bloß in ihrer persönlichen Integrität verletzt und angegriffen sehen sollten.

Zunächst führte die Initiative von Adolf Braig dazu, dass das Kollegium der Hochschule der Bildenden Künste im November 1948 vom Kultusministerium zur Fachberatung für Kunsterziehung berufen wurde.[59]

2.2   1949: Richard Wolf wird »Inspektor«

Wenige Wochen später erhielt Professor Henselmann von der Akademie einen Brief von Carl Sattler: »Beigeschlossene Abhandlung des Herrn Studienrat Richard Wolf hat er, durch mich seit langer Zeit gedrängt, endlich aufgeschrieben. Ich finde sie so ausgezeichnet neben den etwas anderen Tendenzen, die Prof. Braig vertritt, daß ich sie Ihnen nicht vorenthalten möchte. […] Ganz besonders wichtig erscheint mir Wolfs Hinweis, daß die Ausbildung zu Pädagogen wichtiger ist als die zu Künstlern. Aus diesem Widerstreit entstehen viele Halbheiten.«[60] Richard Wolf war »am wichtigsten […] die Erziehung zur Persönlichkeit. Ich halte die Vermassung unserer heutigen Menschen für eine Krankheit, besonders im Hinblick auf das kulturelle Leben und sehe in dem Schrei nach dem Führer (in der Kunst ist es Picasso) eine elende Verarmung, gegen die man sich wenden müßte«.[61]

Die vierseitige Abhandlung hieß »Der Kunstunterricht in den Höheren Schulen«. Wolf wandte sich gegen einen »Intellektualismus ohne seelischen Kern« und postulierte, dass das Schöpferische »ein echtes Erlebnis voraus(setzte)«. Wie eh und je grenzte Wolf den guten Lehrer dadurch vom schlechten ab, dass der eine vom Katheder herab die Schüler abkanzelt, drillt und sie zur Nachahmung, sprich »Charakterlosigkeit« verführt statt zur Entfaltung der eigenen Persönlichkeit usw. Wolf sagte das in Dutzenden von Traktaten, Aufsätzen und Büchlein

---

58   Brief Adolf Braigs vom 31.3.1948, a.a.O.
59   Ministerielle Entschließung vom 29.11.1948.
60   Brief vom 8.4.1949. BayHStA MK 53011.
61   Brief Richard Wolfs an Prof. Sattler vom 26.3.1949. Ebd.

HOCHSCHULE
ILDENDEN KÜNSTE

MÜNCHEN, 20.4.1950
AKADEMIESTRASSE 2 · RUF 31 690

Nr. 478/479

An das
Bayer. Staatsministerium
für Unterricht und Kultus
M ü n c h e n

Bayer. Staatsministerium
für Unterricht und Kultus
Eingeg.: 21.APR.1950

VM 29695

Betreff: Stellungnahme zum Arbeitsbericht des Ausschusses für
Kunsterziehung in Hessen und zum Referat Betzler beim
Kunstpädagogischen Kongreß in Fulda

Zur Min.Entschl.v.17.2.1950 x 90348

Beilagen: - 5 -

Die hauptsächlichen Forderungen, die in den "Hessischen Beiträgen zur Schulreform" und damit zusammenhängend und zusammenfassend in dem Referat von Studienrat Betzler für den Kunstunterricht gestellt worden sind, können durchaus als fortschrittlich bezeichnet werden.

Musische Erziehung im Zentrum der Schule, Erziehung zur Persönlichkeit durch freies schöpferisches Gestalten, Ablehnung alles schematisch Methodischen und jeder Nachahmung, besonders moderner Kunst, Förderung eines möglichst weitgehenden Kunstverständnisses das sich aus dem eigenen Schaffen entwickeln muß, Koordinierung des Kunstunterrichtes mit anderen Fächern zugunsten einer Ganzheitlichkeit: all das ist wahrhaft zu erstreben.

Es ist aber zu bemerken, daß diese an sich positiven Werte fast durchwegs entweder falsch, einseitig oder überhaupt nicht klar definiert sind, wodurch den Ausführungen die Grundlagen entzogen werden.

Ein Programm für den Kunstunterricht, das wie das vorliegende nur auf der Theorie von Gustav Britsch aufgebaut ist, muß an einer Einseitigkeit leiden. Wie Egon Kornmann im Kongreß in Fulda eindeutig erklärt hat, befaßt sich die Theorie von Britsch in bewußter Einseitigkeit nur mit dem "Geistigen" in der Kunst. Seine Lehre bezieht sich auf das Formale und ist als eine Hilfe für dessen Erfassung zu beurteilen. Damit aber kommt in den methodischen Leitsätzen das Kunstwerk in keiner Weise als Ausdruck des Erlebnisses irgendeines Inhaltes zur Geltung. Der Art des Schaffens des Kindes, dessen Formgebung wie bei jeder primitiven Kunst sich unbewußt und unüberlegt, aber trotzdem nach einer natürlichen Gesetzmäßigkeit folgerichtig aus einem Inhalt ergibt und der Darstellungsweise des Jugendlichen, der schon eine Form denkt und sich abmüht, diese mit einer inhaltlichen Idee zu verschmelzen, was ihm bei seiner mangelnden Erkenntnis nur selten gelingt, dem ist nirgends Rechnung getragen. Gerade das ist aber entscheidend für die Behandlung der Schüler nach

schon tausendmal Gesagte noch einmal. »Es darf keine Kunst*belehrung*, die sich ja immer auf Äußerlichkeiten bezieht, geben. [...] Nur das in Worten nicht auszudrückende, zeitlose und ortsungebundene Geistige, das Hohe und Große, das künstlerische Werke ausströmen [...] kann mit Nutzen aufgenommen werden.« Wolfs Fazit: »Unpersönliche Menschen sind niemals schöpferisch und haben darum das Bedürfnis nach Anlehnung. Sie schließen sich in Gruppen und Vereinen zusammen. Es sind die, welche einer Methode nachlaufen, sich Expressionisten, Kubisten, Existenzialisten u.a. nennen und doch nur immer an einer äußerlichen Manier haften bleiben, ohne daß diese Anschauungsweisen aus ihnen langsam gewachsen wären. Sie trennen sich von ihrem eigenen Ich, weil sie auf schnelle und leichte Art zu einem Erfolg kommen wollen. Diese Tatsache charakterisiert unsere heutige Kunst und ist der Grund ihres Zerfalls in ein intellektualistisches Scheindasein. Schuld daran ist unsere Erziehung zum Massenmenschen.«[62]

Dass der antimoderne Ansatz in diesem Traktat Carl Sattler positiv beeindruckte, offenbarte zum einen dessen eher konservative Linie[63] und steckte zum anderen den Rahmen ab, in dem sich die inhaltliche Auseinandersetzung über die Aufgaben der Kunsterziehung in den beiden Folgejahren bewegen sollte.

2.3 1950: Die Akademie[64] in der Auseinandersetzung

Im Dezember 1949 hielt Emil Betzler beim Kunstpädagogischen Kongress in Fulda (26.11.-3.12.1949) ein Referat[65], das das Bayerische Staatsministerium für Unterricht und Kultus Adolf Braig zur Begutachtung übersandte. Beigelegt war auch ein Arbeitsbericht des Ausschusses für Kunsterziehung in Hessen, zu

---

62 Aus: Abhandlung von Richard Wolf vom 26.3.1949. Ebd.
63 Vgl. Ulrike Stoll, *Kulturpolitik als Beruf. Dieter Sattler (1906–1968) in München, Bonn und Rom,* Paderborn 2005. Dieter Sattler war der Sohn von Carl Sattler.
64 Sie hieß zu dieser Zeit Hochschule für bildende Künste.
65 Betzler forderte, die »musischen Erziehungsideen also zukünftig ins Zentrum der Schule« zu stellen, darin sei die Revolutionierung der Schule zu sehen. Er betonte das »lebensorganische und ganzheitliche Wachsen und Entfalten der Jugend«, die »geistesbiologische Eigenart des musischen Entwicklungsvorganges im Kinde«, wobei er sich bei der Verteidigung des »psychogenetischen Grundgesetzes« auf Hartlaub, Levinstein und natürlich auch Goethe stützte. Was das Kind »rein aus sich heraus schafft«, das trage den »Charakter der Zeitlosigkeit ähnlich wie die zugrunde gegangene volkshafte Kunst«. Das Kind und nicht der Lehrer solle im Mittelpunkt der Kunsterziehung stehen, das Kind müsse sich selbst darstellen und das Recht haben, »innerhalb seiner Anlagen« sich entfalten zu können. Und »erst das Vital-Emotionale gibt der Kinderzeichnung ihr Blut, ihre Kraft, ihren bewegenden Rhythmus«. Darin sah sich Betzler mit Kornmann einig, der ebenfalls ein Referat in Fulda

Fortsetzung von Seite 418.

der Pubertät. Es kommt hier also nicht darauf an, eine Weiterdifferenzierung des Formalen im Sinne einer zunehmenden Kompliziertheit zu fördern, sondern es gleicht die Tätigkeit des Lehrers eher der des Gärtners, der den Baum beschneidet um ihn fruchtbarer zu machen. Damit soll gesagt sein, daß die bewußt mit dem Verstande erfaßte formale Einstellung des Jugendlichen eher eingedämmt als gefördert werden muß, weil die Entwicklung der Form aus dem Inhalt, wie die echte Volkskunst zeigt, immer richtig ist, während die volldurchdachte Form nur der hohen Kunst vorbehalten bleibt, welche herzustellen schon außerhalb unseres Aufgabenbereiches liegt.

Die Forderungen des Reformplanes weisen durchaus einen Mangel an notwendiger Bescheidenheit auf. Dies zeigt sich besonders in den Leitsätzen für den Werkunterricht. Ein vierteljährlicher Werkunterricht in einer Oberklasse entspricht zeitlich einer dreitägigen Ausbildung eines Lehrjungen. Es ist unmöglich, in dieser kurzen Zeit ein Verständnis für die "verschiedenen Werkstoffe" auch nur zu wecken oder gar wie es heißt, ein "technisch und geschmacklich einwandfreies Werkgebilde zu schaffen", so wie hier gefordert wird.

Warum die Ausbildung der Kunsterzieher an Universitäten erfolgen soll, ist nicht einzusehen. Wenn im musischen Sinne erzogen werden muß, dann kann es nur eine künstlerische Persönlichkeit vollbringen, nicht aber ein Kunstwissenschaftler, der aus einer Universitätsausbildung resultieren würde. Auch hierin zeigt sich die Überbetonung des verstandesmäßig erfaßbaren Formalen und eine völlige Unterschätzung des Erfühlbaren, was der "Arbeitsbericht des Ausschusses für Kunsterziehung" folgendermaßen definiert: "Denn das Wesen der Kunst besteht darin, ursprünglich chaotische Emotion in gestaltete Form, d.h. in gegliederte Ordnung zu bannen". Diese Verkennung des Wesens der Kunst spricht in allen Teilen des vorliegenden Reformplanes und gibt die Veranlassung, ihn in dieser Fassung abzulehnen.

Nr. VIII 15182
23695
29695.

(Josef Henselmann)

I. Die Arbeitsberichte und die dazu eingelaufenen Stellungnahmen haben dem Herrn Staatssekretär als Unterlagen für seinen Vortrag über musische Erziehung am 26.4.50 in der Pädagogischen Arbeitsstätte gedient.

II. An die Ref. 7, b, 8 und N
zur gefl. Kenntnisnahme.

IV. III. Zum Akt.

München, den 30. Mai 1950.
I.A.

dem weitere Stellungnahmen und Gutachten von Andreas Scherr und Karl Köhler beim Kultusministerium eingingen.[66]

Köhler formulierte knapp und klar seine Ablehnung: »Der Arbeitsbericht des Ausschusses für Kunsterziehung des Landes Hessen beruht auf den wissenschaftlichen Ergebnissen der Theorie Britsch. Britsch war Wissenschaftler, nicht Künstler noch Kunstpädagoge. Seine Theorie zeigt psychologische Tatbestände und Sachverhalte des werdenden Menschen auf, die das Interesse der Kunstpädagogik verdienen. Sie bildet aber keine Grundlage für den Unterricht in Kunsterziehung. […] Es wird zum Beispiel das psychogenetische Grundgesetz als Ausgangspunkt der Kunsterziehung betrachtet. Das psychogenetische Grundgesetz ist eine Hypothese. Es kann durch Funde aus der ersten Kulturepoche des Menschen widerlegt werden. (Altamira!) Das pädagogische Ziel, das im Kunstunterricht nach dem Arbeitsbericht angestrebt werden soll, ist zu wenig bestimmt. Die aufgestellten kunstpädagogischen Leitsätze entbehren jede Klarheit. Die grössten Gegensätze sind im Rahmen dieser Leitsätze und Forderungen möglich. Desweiteren werden Gemeinschaftsarbeiten gefordert, die der individuellen Erziehung durch Kunst widersprechen. Sie sind in dieser Art abzulehnen. Ebenso sollte eine ›zeichnerische Nachbeurteilung‹ der wesentlichen Formzusammenhänge eines Kunstwerkes in der Kunstbetrachtung vom Schüler nicht verlangt werden.«

Dann ging Köhler auf ein weiteres bis heute umstrittenes Thema ein: »Ganz und gar ist der Plan zur Ausbildung der Kunsterzieher zu verwerfen. Die Grundausbildung der Kunsterzieher darf nicht an einem Pädagogischen Institut erfolgen, vielmehr an Kunsthochschulen mit freier Lehrerwahl. Trotz mancher brauchbaren Anregungen und richtiger Überlegungen bietet der Arbeitsbericht des Ausschusses für Kunsterziehung des Landes Hessen keine Grundla-

---

hielt. Betzler rief zu weiterer Wachsamkeit gegen die Gefahren des Intellektualismus auf, um die »Zeichen echten, wahrhaftigen Formens und Bildens« sichtbar werden zu lassen. Er propagierte das »Gruppen- und Gemeinschaftsschaffen« als Mittel, die musischen Kräfte des Kindes zu entwickeln, und berichtete von der fruchtbaren »Begegnung des Schülers mit der großen geschichtlichen Kunst«. Schöpferisch müsse auch der Umgang mit den »polaren Spannungen von Material und Formgestaltung und von Formvorstellung« sein (dabei denke er »beileibe nicht an ein ›Anlehnen‹ an die moderne Kunst«). Auf jeden Fall müsse das Kind »zu klarer und zuchtvoller Formgestaltung« angehalten werden, allerdings müsse dabei das Kind auch die Freiheit haben, mit Farbe schöpferisch umzugehen und dabei »nicht immer nur vom Gegenständlichen auszugehen«.

66 Der Arbeitsbericht selbst ist leider nicht im betreffenden Akt des Bayerischen Hauptstaatsarchivs enthalten. Da er aber auf der Konzeption von Betzler beruhte und darüber hinaus in den Gutachten auszugsweise zitiert wurde, geben diese doch ein aufschlussreiches Bild der damaligen Auseinandersetzung.

RÄUMLICHKEIT IN DER KINDERZEICHNUNG

Abbildung 59 a

Lösung die Möglichkeit des „Schrägstaffelns" wie in 59a und 60b (mit ausreichenden Abständen zwischen den Figuren), oder die der genauen Parallelführung (59 b). Dieses Schrägordnen kann als eine Art rein vorstellungsgemäßen „Parallelprojizierens" aufgefaßt werden, der wir übrigens in Kinderzeichnungen häufig begegnen, sobald die Stufe des ausschließlichen Neben- und Übereinanderordnens (Abbildung 58 a und b, ferner beispielsweise in den Abbildungen 9, 11, 13 b, 51, 52) verlassen wird. Für das Schrägordnen stehen als Beispiele unter anderen die Abbildungen 55, 56 b, 64. (In 64 noch nicht einheitlich durchgeführt.)

Abbildung 59 b

ge für eine Reform des Kunstunterrichtes an den höheren Schulen in Bayern. K. Köhler, Studienrat.« (Gauting, 24.3.1950)

Auch die Hochschule der Bildenden Künste in München lehnte den Vorschlag ab. Josef Henselmann, der am 20.4.1950 die Stellungnahme der Akademie zeichnete, hob zunächst hervor, was man als fortschrittlich in dem Reformbeitrag ansah: »Musische Erziehung im Zentrum der Schule, Erziehung zur Persönlichkeit durch freies schöpferisches Gestalten, Ablehnung alles schematisch Methodischen und jeder Nachahmung, besonders moderner Kunst, Förderung eines möglichst weitgehenden Kunstverständnisses, das sich aus dem eigenen Schaffen entwickeln muß, Koordinierung des Kunstunterrichtes mit anderen Fächern zugunsten einer Ganzheitlichkeit: all das ist wahrhaft zu erstreben.« Dann wurde die Ablehnung begründet:

»Es ist aber zu bemerken, daß diese an sich positiven Werte fast durchwegs falsch, einseitig oder überhaupt nicht klar definiert sind, wodurch den Ausführungen die Grundlagen entzogen werden. Ein Programm für den Kunstunterricht, das wie das vorliegende nur auf der Theorie von Gustav Britsch aufgebaut ist, muß an einer Einseitigkeit leiden. Wie Egon Kornmann im Kongreß in Fulda eindeutig erklärt hat, befaßt sich die Theorie von Britsch in bewußter Einseitigkeit nur mit dem ›Geistigen‹ in der Kunst. Seine Lehre bezieht sich auf das Formale und ist als eine Hilfe für dessen Erfassung zu beurteilen. Damit aber kommt in den methodischen Leitsätzen das Kunstwerk in keiner Weise als Ausdruck des Erlebnisses irgendeines Inhaltes zur Geltung. […] Damit soll gesagt sein, daß die bewußt mit dem Verstande erfaßte formale Einstellung des Jugendlichen eher eingedämmt als gefördert werden muß, weil die Entwicklung der Form aus dem Inhalt, wie die echte Volkskunst zeigt, immer richtig ist, während die volldurchdachte Form nur der hohen Kunst vorbehalten bleibt, welche herzustellen schon außerhalb unseres Aufgabenbereiches liegt.«

Die Britsch-Theorie war damit wieder einmal in den bekannten Extremen und einem verbindenden Spagat über diesen diskutiert: von Henselmann in der Ecke des Formal-Verstandesmäßigen im Gegensatz zum Kunsterlebnis, und von Betzler als Kronzeuge für eine »musische Erziehung« zur Erfüllung des »psychogenetischen Grundgesetzes«.

Eine »Überbetonung des verstandesmäßig erfaßbaren Formalen und eine völlige Unterschätzung des Erfühlbaren« sah die Akademie auch in der Kunstauffassung, wie sie der hessische Arbeitsbericht formulierte:

»Denn das Wesen der Kunst besteht darin, ursprünglich chaotische Emotion in gestaltete Form, d.h. in gegliederte Ordnung zu bannen« – die Skepsis gegen die »gegliederte Ordnung« war mehr als angebracht (siehe auch Dok. 422), sie in Form des alten Vorwurfs an Britsch zu formulieren zeigt einmal mehr, welch unübersehbares Spektrum an Interpretationen der Begriff *Britsch-Theorie* inzwischen mit sich führte.[67] *Musisch* wurde mit *künstlerisch* gleichgesetzt und im Gegensatz zu *wissenschaftlich* gesehen. Auf dieser Grundlage kritisierte

Die »klare Gestaltung« aus der NS-Zeit nach 1945

60. Muster eines klaren Lage-Bildplanes; die Menschenfiguren freilich etwas zurückgeblieben

55. Es ist Vorsicht am Platze, wenn Kinder „Landschaft" malen wollen. Meist schwebt ihnen das richtiges" konventionelles Bildchen vor. Wird jedoch klar gestaltet wie hier, dann ist die Arbeit in Ordn

Das Aquarell (links) in Hans Herrmann, *Zeichnen fürs Leben, 2. Band: Führung durch das Alter von etwa 12 bis 16 Jahren. Gegenstände und Techniken,* Stuttgart 1942, S. 77, wurde nach 1945 durch das Bild rechts ersetzt. Siehe Hans Herrmann, *Zeichnen fürs Leben,* Obermarchtal 1993, S. 92.

Links: Die Gestalt, Januar 1938, Heft 3, S. 39. Rechts: Hans Herrmann und G. Meiss, *Neues Zeichnen im Volksschulalter,* Ratingen 1959 (6. Aufl.), S. 25.

Zeichnen fürs Leben, 1942, S. 77, vs. Ausgabe 1993, S. 91.

Henselmann ebenso wie Köhler den hessischen Reformvorschlag zum Ort der Ausbildung der Kunsterzieher: »Warum die Ausbildung der Kunsterzieher an Universitäten erfolgen soll, ist nicht einzusehen. Wenn im musischen Sinne erzogen werden muß, dann kann es nur eine künstlerische Persönlichkeit vollbringen, nicht aber ein Kunstwissenschaftler, der aus einer Universitätsausbildung resultieren würde.«

Ebenfalls im Jahr 1950 hatte sich die Akademie schon mit einem anderen Vorschlag »Zur Reform des Kunstunterrichts an den höheren Schulen«[68] auseinandergesetzt. Franz Winzinger hatte zwölf Seiten verfasst, die die Oberrealschule Nördlingen an das Kultusministerium einsandte. Er wandte sich gegen die Absetzung der Perspektivlehre aus dem Kunstunterricht an den höheren Schulen, sein zweiter Hauptpunkt betraf die Kunstbetrachtung.[69] Insgesamt wurde Winzinger von der Akademie schnell abgefertigt.

Auch aus Rosenheim kamen wieder Vorschläge zur Schulreform.[70] Die Verfasser der Schriftsätze betonten »die Mittlerrolle des Kunsterziehers zwischen Kunst und Wissenschaft«. Angesichts des neuen Zauberworts »musische Erzie-

---

67 Andreas Scherrs Position war zurückhaltend positiv. Nachdem der »Gestalt«-Anhänger Scherr eine ganze Reihe von Gedanken als sehr positiv hervorgehoben hatte (darunter, »dass man das Kind keinesfalls nach Massgabe einer der heute noch in sehr umkämpfter Problematik stehenden modernen Kunstrichtungen künstlerisch erziehen dürfe«), formulierte er vorsichtig: »Was jedoch in Bayern nicht allseitige Zustimmung finden wird, ist die Tatsache, dass der Arbeitsbericht zum Wesentlichen Ausgangspunkt das psychogenetische Grundgesetz und die auf ihr aufgebaute Theorie Britsch macht (S. 6, 7, 8). Zwar gilt dieses Gesetz nach wie vor, doch nicht in sturer Gleichförmigkeit für alle Individuen und alle Altersstufen […]. Die geistig-seelische Entwicklung des Kindes ist eine sehr komplexe Grösse, die nur ein Kunsterzieher, der in alle diese Komponenten Einsicht hat, und darüber hinaus ein künstlerischer Mensch und vor allem ein ›Lehrer‹ ist, zu meistern versteht.« BayHStA MK 53011.
68 Ebd.
69 Ebd.: Franz Winzinger, *Zur Reform des Kunstunterrichts an den höheren Schulen,* o.D. In der aus 1949 oder Anfang 1950 stammenden Schrift forderte Winzinger z.B., der Lehrer müsse es bei der Kunstbetrachtung »verstehen, die geistesgeschichtlichen Voraussetzungen und den inneren Zusammenhang zwischen Geist und Form sichtbar werden zu lassen. Der Schüler muß das Kunstwerk als geistiges Gebilde, als sichtbare Verwirklichung geistiger und religiöser Vorstellungen verstehen lernen«. Die Hochschule der Bildenden Künste, vertreten durch Josef Henselmann, hatte zu diesem Abschnitt (V) der Argumentation von Winzinger keine Einwände: »Was der Abschnitt V bringt, ist in den von mir eingereichten Denkschriften längst ausgesprochen worden.« (22.2.1950) – Winzingers Anwendung seiner theoretischen Vorstellungen lernten wir im schmallippigen welschen Pendant zum Bamberger Reiter kennen.
70 »Vorschläge der Arbeitsgemeinschaft Rosenheim zur Gestaltung des Kunstunterrichts a.d. höheren Lehranstalten Bayerns« vom April und November 1950. BayHStA 53011.

Studienrat Richard W o l f München, 27.10.1952

An das
Bayerische Staatsministerium
für Unterricht und Kultus
M ü n c h e n

Betr.: Bericht über die Besichtigung des Kunstunterrichtes
am humanistischen Gymnasium in Pasing am 22.4.1952
Bezug: Entschließung vom 10.10.1952 Nr.VIII 77376

Die Beurteilung "noch befriedigend" ergab sich, wie schon im
ersten Bericht mitgeteilt wurde, aus der bewußten Abneigung des
Herrn Studienrat Reß, den Unterricht im Sinne des neuen Lehrplanes
zu gestalten. Diese Einstellung zeigte sich in der Aussprache
während der Besichtigung des Unterrichtes, vor allem in den Schülerarbeiten und nicht zuletzt im zweiten Teil seiner Stellungnahme zur Beurteilung.
Zur letzteren ist im einzelnen zu bemerken:

Zu 1) Im Lehrplan ist die Art der Tätigkeit des Schülers mit
folgenden Worten festgelegt: "Da vorwiegend seelische
Kräfte gestalten, ist nicht äußere Richtigkeit, sondern
innere Klärung formbestimmend."
Die Arbeiten aus diesem Unterricht, besonders in den unteren
Klassen, zeigen ein bewußtes Streben nach Naturähnlichkeit
(was an sich nicht negativ zu bewerten ist), dagegen einen
ziemlichen Mangel an Lebendigkeit und Einfühlung. Die Kinder
werden zu wenig zum schöpferischen Gestalten angeregt, das
sich aus einer inneren Klärung entwickeln müßte. Sie zeichnen den Gegenstand, wie er optisch erscheint (daher wohl
der Ausdruck "Ehrlichkeit"). Demgegenüber heißt es in den
Richtlinien zum Kunstunterricht: "Das primitive Weltbild
des Kindes zu entwickeln, seinen Erlebnisbereich zu erweitern und in erster Linie auf solche Gestaltungsanlässe
einzugehen, die dem Seelischen entstammen, ist Aufgabe des
Kunstunterrichtes."
Der Begriff "Urteilsfähigkeit", der hier erwähnt wird,
bezieht sich, wie die Zeichnungen der Schüler erkennen
lassen, nur auf das Schaubare, aber nicht auf seine Auswirkung. Darum wird fast nur der äußerliche Sachverhalt
festgelegt und damit das Erlebnis des Schülers, die innere
Beziehung, gehemmt. Eine solche Einstellung beachtet nicht
die entwicklungsbedingte Auffassung des Kindes, das vor-
stellungsmäßig zeichnet und sich kaum auf das Schaubild
bezieht.

NB. Wird eine Bildung des Geschmackes als Ziel gesetzt,
so schließt das nicht eine "gefällige Darstellung" aus.
Dies ist in der Beurteilung auch nicht als negativ bewertet, sondern es ist behauptet, daß damit nur ein Teil
der Anforderungen erfüllt wird.

b.w.

hung« hatten die Vorschläge keine Chance. Es reichte aus, eine »Überbetonung des Theoretischen« zu konstatieren, um sie abzulehnen.[71]

2.4   1952: Ein Vorfall zwischen Fritz Reß und Richard Wolf

Ein kleiner Vorfall aus dem Unterrichtsalltag, vielmehr aus dem Visitationsalltag des Kunstunterrichts an einem Gymnasium 1952 soll hier zur Beschreibung der damaligen kunsterzieherischen Verhältnisse und Debatten dienen. Es handelt sich dabei um eine Auseinandersetzung zwischen Richard Wolf und dem ehemals exponiertesten Bergmann-Schüler Fritz Reß.

Richard Wolf war nach seinem dreijährigen Einsatz an der Hochschule der bildenden Künste Seminarlehrer an der Ludwigs-Oberrealschule in München geworden und besichtigte am 22.4.1952 im Auftrag des Kultusministeriums den Kunstunterricht von Studienrat Reß am Humanistischen Gymnasium in Pasing. Wolf gab die Note »noch befriedigend« und erhob den Vorwurf des »nicht musischen Unterrichts«. Reß beschwerte sich in einer ausführlichen Stellungnahme, wobei er hauptsächlich argumentierte, dass ein »rein auf das gefühlsmäßige Erlebnis eingestellter Unterricht, der nicht wie jede schöpferische Leistung auch die Kräfte des Geistes beansprucht«, von seinen Schülern »innerlich abgelehnt« würde und zudem »sich bei dem jetzigen Stand unserer Zivilisation der Grad der Trennung von Verstandestätigkeit und Gefühlswirken schon vom frühen Kindesalter an durch den Lehrer kaum noch kontrollieren« ließe. »Eine unbeeinflußte, aus dem reinen Erlebnis stammende schöpferische Tätigkeit halte ich daher für unmöglich.«[72] Wolf konterte mit der ganzen Autorität des neuen Lehrplans: »Im Lehrplan ist die Art der Tätigkeit des Schülers mit folgenden Worten festgelegt: ›Da vorwiegend seelische Kräfte gestalten, ist nicht äußere Richtigkeit, sondern innere Klärung formbestimmend.‹ [...] ›Das primitive Weltbild des Kindes zu entwickeln, seinen *Erlebnisbereich* zu erweitern und in erster Linie auf solche Gestaltungsanlässe einzugehen, *die dem Seelischen*

---

71   Ebd., siehe z.B. die Vorbemerkung in Wolfs Stellungnahme zu den Rosenheimer Überlegungen: »Im allgemeinen ist zu bemerken, daß der Lehrplanentwurf die musische Ausrichtung des Kunstunterrichtes in keiner Weise klar zum Ausdruck bringt. Er leidet an einer Überbetonung des Theoretischen und sieht fast nur im Formalen und im gedanklich Erfaßbaren das Künstlerische. Bei einer solchen grundsätzlich falschen Einstellung, die nur auf Mangel an künstlerischem Verständnis zurückzuführen ist, kann der vorliegende Entwurf keine Basis bilden, auf der ein Lehrplan aufgebaut werden könnte. Auch eine verbessernde Änderung ist hier unmöglich.«
72   Schreiben von Fritz Reß vom 14.9.1952 an das Direktorat des Humanistischen Gymnasiums München-Pasing und an das Bayerische Staatsministerium für Unterricht und Kultus, BayHStA MK 57752.

**HOCHSCHULE
BILDENDEN KÜNSTE**

Nr. 1203

MÜNCHEN, 12.7.1951
AKADEMIESTRASSE 2 · RUF 31 690

An das
Bayerische Staatsministerium
für Unterricht und Kultus
M ü n c h e n

Bayer. Staatsministerium
für Unterricht und Kultus
Eingel.: 16 JUL 1951
47251 10 a 1/82 Bail.:

Betr.: Zeichnen und Kunsterziehung an den Oberrealschulen

In der Entschließung des Staatsministeriums für Unterricht und Kultus vom 28.6.51 Nr.VIII 41885 über Stundentafeln für die Höheren Lehranstalten (KMBl. S.210) ist im letzten Absatz des Abschn. 4 verfügt, daß an den Oberrealschulen für die Schüler der 4., 5. und 6. Klasse, die sich für die Teilnahme an dem Fach Handelskunde entscheiden, der Kunstunterricht wegfällt. Diese Bestimmung bedeutet einen Rückschritt zum Lehrplan von 1914.

Die Hochschule der bildenden Künste ist daran interessiert, daß der Kunstunterricht besonders an den Höheren Schulen nicht nur in sinnvoller Weise, sondern auch in entsprechendem Umfange gegeben wird. Das künstlerische Niveau eines Volkes ist nicht allein vom Künstler, sondern auch von dem abhängig, der Kunstwerke anschafft. Es sind besonders die jetzigen Schüler der Höheren Lehranstalten, die später als Unternehmer, Direktoren, Ingenieure und Ministerialbeamte entscheidend auf dem Gebiet der Kunst mitreden werden. Die Ausbildung dieses Personenkreises, der dem Künstler die Existenzmöglichkeit bietet, ist demnach eine so wichtige kulturelle Aufgabe des Staates, daß es als eine Unmöglichkeit erscheinen muß, wenn die einzige Gelegenheit, die im Kunstunterricht an den Höheren Lehranstalten gegeben ist, so weit zeitlich beschränkt wird, daß das erwähnte Ziel dieses Faches nicht mehr erreicht werden kann.

Kein Teilgebiet der Erziehung darf auf längere Zeit unterbrochen werden. Der gegenwärtige Kunstunterricht sollte eine auf die Entwicklung des jungen Menschen bezogene kontinuierlich fortschreitende Ausrichtung zum Künstlerischen und damit ein wichtiger Faktor in der Gesamterziehung sein. Er ist heute nicht mehr wie früher nur eine praktische Betätigung unter Bezugnahme auf erlernbare Gesetzlichkeiten. Im Kunstunterricht muß darum die Entwicklung des Schülers dauernd gelenkt werden, und zwar gerade dann, wenn in der geistigen Umstellung in der Pubertätszeit die Gefahr eines Abgleitens auf eine einseitige verstandesmäßige Ebene am stärksten vorhanden ist. Erfolgt in dieser Entwicklungsperiode keinerlei Einwirkung auf die geistig-seelische Einstellung des Schülers zu seiner Umwelt, so ist auch kein logischer Aufbau in der musischen Erziehung mehr möglich und der Unterricht in den unteren und in den oberen Klassen verliert jeden Zusammenhang und damit auch seinen Sinn.

Mit obengenannter Verfügung sind demnach wertvollste erzieherische, allgemein kulturelle und staatliche Interessen außerachtgelassen. Die Hochschule der bildenden Künste als das beratende Institut für das Bayerische Staatsministerium für Unterricht und Kultus in Fragen des Kunstunterrichtes kann sich mit dieser Bestimmung nicht abfinden. Sie bittet daher, durch Aufheben der einschränkenden Verfügung auch den Schülern der Handelsabteilungen an den Oberrealschulen in einem Pflichtunterricht die Betätigung auf dem Gebiete des Künstlerischen zu gewährleisten in einem harmonischen Verhältnis der rein intellektuell eingestellten Fächer zu den musisch ausgerichteten.

Die Hochschule der bildenden Künste bit...
sterium für Unterricht und Kultus, ihr...
schneidende Verfügung vor der Hinausgabe...
zuzuleiten, damit sie ihre Aufgabe als...
die ihr durch Entschließung vom 29.11.4...
übertragen worden ist, erfüllen kann.

(Josef Henselmann)

entstammen, ist Aufgabe des Kunstunterrichtes‹.« Dagegen würden die Arbeiten aus dem Unterricht von Reß »ein bewußtes Streben nach Naturähnlichkeit« offenbaren und es herrsche »in diesem Unterricht eine ›rein formale‹ Beurteilung der Schüler« vor, »die das Erleben ausschließt«. Reß musste sich belehren lassen: »In einem musischen Unterricht handelt es sich nicht so sehr um das Gestalten sondern darum, was im Innern des Schülers während des Gestaltens vor sich geht. Ob die Niederschrift dann geschickt oder primitiv ist, bleibt ziemlich bedeutungslos, nicht aber, ob sie innere Erregung zeigt. Darin unterscheidet sich der moderne Kunstunterricht vom früheren Zeichenunterricht, in welchem nur ein umfangreiches Wissen, eine gute verstandesmäßige Überlegung, ein formal klares Erfassen und eine geschickte Darstellung verlangt wurde, aber keine gefühlsbetonte Einstellung.«[73]

Reß reagierte empört auf den Vorwurf, dass er »Modelle abzeichnen« lasse, »zu denen der Schüler keine innere Beziehung hat«. Das war in der Tat ein Verhalten, das den Bergmann-Arbeitsgemeinschaften und -Schülern in keiner Weise zu keinem Zeitpunkt nachgesagt werden konnte, schon gar nicht vor 1945. Sie konzentrierten sich dabei bekanntlich stark auf Themen und Motive (Hochlandlager und HJ-Ausrüstung), die ihren Zöglingen ganz besonders nahelagen. Reß wähnte sich auf der sicheren Seite, als er seine Beschwerde schrieb: »Die ratio ist ein Charakteristikum der europäischen Kunst. Rationale und gefühlsmäßig intuitive künstlerische Einstellung bestehen immer nebeneinander ebenso wie die vielfältige Synthese aus beiden. Aus der Hinneigung zu einem der beiden Pole das Recht zur Verurteilung des anderen abzuleiten, erscheint mir wenig objektiv.« Wolf dagegen argumentierte, indem er sich an die »geistige Leistung« bei Britsch erinnerte: »Es ist eine falsche Meinung, wenn behauptet wird, daß der neue Kunstunterricht rein gefühlsmäßig eingestellt sei und den Verstand nicht anspreche. In den Richtlinien zum Lehrplan wird gesagt, daß die Deutung eines Formbestandes eine geistig-seelische Leistung ist. Wenn der Kunstunterricht heute mehr das Seelische betont, so geschieht das, um die Erziehung der Schüler im Gegensatz zu der mehr geisteswissenschaftlichen Einstellung anderer Fächer ausgleichend zu beeinflussen, aber vor allem, weil der Zeichenunterricht von früher, in welchem man das Zeichnen lehrte, heute zum Kunstunterricht erhoben wurde, der eine innere Beziehung zur Kunst schaffen soll.«[74]

Reß gab schließlich – sich entschuldigend – eine knappe Erklärung ab:
»Stud.Rat Wolf legte seiner Beurteilung ausschließlich die Richtlinien zu-

---

73 Richard Wolf am 27.10.1952 an das Bayerische Staatsministerium für Unterricht und Kultus, BayHStA MK 57752.
74 Ebd.

Landesverband
der Kunsterzieher in
Bayern

München, 19.4.1952.

Bayer. Staatsministerium
für Unterricht und Kultus
Eingl. 24. APR. 1952
IM 32516

An das
Staatsministerium
für Unterricht und Kultus
München

Betreff: Zweistündiger Kunstunterricht in den Klassen 4 – 9
an den Humanistischen Gymnasien.

Weitere Stundenkürzungen (1952)

1) In dem im Heft 12/1951 der Zeitschrift "Neues Land" veröffentlichten Schulordnungsentwurf ist unter §2 das Bildungsziel des Humanistischen Gymnasiums niedergelegt. Die dort gezeigte Ansicht ist so allgemein und so typisch, daß es angebracht erscheint jetzt schon, um künftigen verbindlichen Entscheidungen zuvorzukommen, dazu Stellung zu nehmen. Dort heißt es unter anderem: "Entsprechend seiner Eigenart sieht das Hum.Gymnasium das H a u p t m i t t e l dieser erziehenden Einwirkung in der B e s c h ä f t i g u n g von der d e n g e i s t i g e n u n d k ü n s t l e r i s c h e n von der Antike geprägten W e r t e n ..."

Daraus muß der erfreuliche Eindruck entstehen, daß die mit der Neuordnung des Schulwesens beschäftigten Gremien zu der Einsicht gekommen seien, daß auch am humanistischen Gymnasium der Kunsterziehung eine wichtige Erziehungsaufgabe zufällt. Vergleicht man aber diese grundsätzliche Darlegung mit den entsprechenden Stundentafeln, so ergibt sich ein unbegreifliches Mißverhältnis: Für dieses "Hauptmittel der erziehenden Einwirkung" steht von der 5.Klasse an nur eine einzige Wochenstunde, im Kernunterricht der 8.und 9.Klasse nicht einmal diese eine Stunde zur Verfügung. Eine derartige Zwiespältigkeit zwischen grundlegender Planung und praktischer Durchführungsmöglichkeit ist mit den Maßstäben logischer Erziehungsgrundsätze nicht zu erklären. Die Sinnwidrigkeit ist umso größer, als gerade erst in der Oberstufe die notwendige Aufgeschlossenheit und Reife für die Vielfalt der musischen Erziehungsgebiete erwartet werden kann.

Es ist ferner zu bedenken, daß die Kunsterziehung nicht ein in sich abgeschlossenes Fachgebiet darstellt, das in einem bestimmten Zeitraum bewältigt werden kann und von dem nach Verlassen der Schule ein mehr oder weniger großer Teil in Vergessenheit gerät. Der Kunsterzieher legt vielmehr den Samen, der die seelischen Bezirke im jungen Menschen zur Entfaltung bringt, was für sein ganzes Leben von bestimmendem und bleibendem Einfluß ist.

2) Die Stoffpläne für das hum.Gymnasium, die leider keine Lehrziele oder Richtlinien enthalten wie sie für Mathematik und Kunsterziehung erschienen sind verraten nicht wie und ob die Fachlehrer für alte Sprachen die bildende Kunst der Antike ihren Schülern nahebringen. Es kann aber versichert werden, daß die Kunsterzieher ihre Studien an der Akademie nicht ohne das Erlebnis der Antike abschließen und dieses in ihrem Unterricht einen breiten Raum einnimmt.

So sehr es einleuchtet, daß der Studierende der alten Sprachen tiefen Einblick in das Wesen der antiken bildenden Kunst erhält, so unwiderlegbar bleibt die Tatsache, daß der praktische Bildhauer, Maler, Töpfer, Graphiker (Stadien, die der Kunsterzieher durchläuft) dem Wesen antiker Kunst mindestens ebenso nahe kommt. Auch er wird des Studiums der Religion, Dichtung und Philosophie zur Vervollständigung seines Weltbildes bedürfen. Die Grammatik aber, die der Sprachlehrer betreibt pflegt auch der Kunsterzieher, wenn er das Wesen von Form, Farbe, Linie Fläche und ihrer Zusammenhänge darlegt und deren Beherrschung fordert.

Es wäre also zu erwarten, daß das hum.Gymnasium zur Erhaltung und Bereicherung seiner Bildungsideale in unserer jetzigen krisenreichen Zeit den Kunsterzieher als Freund heranzöge, besonders da es

1. Vorsitzende
Küdle

Quelle: BayHStA MK 53011.

grunde. Ich habe die Richtlinien erst anfangs April erhalten; die Besichtigung fand am 22. April statt. Es war trotz meiner positiven Einstellung zu denselben nicht möglich […] den Unterricht ganz in ihrem Sinne auszurichten.«[75]

Das Einknicken von Reß verhinderte nicht, dass die Meinungsverschiedenheiten unter der Decke weiter schwelten. Reß war nicht der Einzige, der in Opposition zur Wolf'schen Variation des »Musischen« stand. Die Widersprüche auch zwischen den ehemaligen Anhängern von Britsch/Kornmann wuchsen. Auf dem Hintergrund von Stundenkürzungen des Kunstunterrichts (noch bevor die Stempel unter den neuen Lehrplänen trocken waren, siehe Dok. 428 und 430), kündigte es sich bereits an, dass sich die »musische« Neupositionierung als wenig tragfähig erweisen würde. Die Konstellationen und Gruppierungen der bayerischen Kunsterzieher waren Anfang der 1950er Jahre nicht mehr mit den vor und in der NS-Zeit existierenden Arbeitsgemeinschaften vergleichbar.[76] Trotzdem kann man eine gewisse Verschiebung zugunsten der ehemaligen Britsch-Anhänger feststellen, aus Gründen, die sowohl einer spezifischen München-Komponente als auch dem allgemeinen Zeitgeist geschuldet waren.[77] Die gegensätzlichen Meinungen vermischten sich mit heftiger Personalkritik an Wolf und Köhler. Hauptkritikpunkt vieler Kunsterzieher war die »expressive Richtung«, die Wolf inzwischen verfolgte. Die Arbeitsgemeinschaft Rosenheim brachte

---

75 Abschließendes Schreiben von Fritz Reß an Direktorat und Kultusministerium, ebd.
76 Ein Beispiel dafür liefert die harsche Kritik Anton Marxmüllers am Lehrplanentwurf der Rosenheimer Arbeitsgemeinschaft. Marxmüller gehörte zum Britsch/Kornmann-Freundeskreis, die Rosenheimer AG mit Studienrat Baumgartner war vor 1933 begeisterte Anhängerin der Britsch/Kornmann-Überlegungen. So griff Marxmüller am 14.12.1950 ein Zitat der Rosenheimer auf: »Künstler, die etwa gar selbst nicht einmal das Abitur haben, können keinesfalls junge Leute höh. Schulen für die ›Reife‹ bilden.« Und er kommentierte: »Aber Leute, die trotz Abitur ›Etwa gar selbst nicht einmal‹ primitive künstlerische Leistungen zuwege bringen, Leute von solch schamlos hochmütiger Einbildung, von solcher Unbildung und Unreife, bilden sich ein, junge Leute für die ›Reife‹ zu bilden, zeitlose Kunst zu vermitteln. Solche Leute schreiben Lehrplanentwürfe und dürfen einem ungestraft die Zeit stehlen.« BayHStA 53011.
77 Erstens waren – in München – nach der offiziellen Diktion mehr ehemalige Britsch-Anhänger als Bergmann-Schüler (mehr technisch bis »konstruktivistisch« ausgerichtet) »unbelastet«, so dass sie am schnellsten wieder in den entsprechenden Ämtern tätig wurden, zweitens verbündete sich die »musische Richtung« mit Psychologen wie Philipp Lersch, der den ideologisch-theoretischen Deutungszusammenhang für diese Richtung weiterentwickelte, und drittens war – damit zusammenhängend – die »seelische Erlebniswelt«, die »tiefe Innerlichkeit« etc. die am wenigsten bruchhafte Anknüpfung an die Ideologie »deutschen Wesens«. Die »Flucht in die Innerlichkeit« entsprach einem realen Bedürfnis westdeutscher Bürgerschichten.

Personalbogen für Beamte Fach:

I. Persönliche Verhältnisse

1. Beamter

Familienname: LERSCH Vornamen: Kurt, Philipp, Georg

geboren am 4. April 1898 in M ü n c h e n

Kreis

Familienstand: ledig — verheiratet seit 1.3.1930 verwitwet seit

geschieden seit .... wiederverheiratet seit

Staatsangehörigkeit: Westd.Bundesrepubl. Religion: konfessionslos

IV. Vorbildung, sonstige Ausbildung und Fortbildung

1. Vorbildung

Besuchte Lehranstalten			Prüfungen*)			
Art	Ort	Zeit	Art	Zeit		Ergebnis (Note u. Platz)
Volksschule	München	1904–08				
Humanist. Gymnasium 1.12.16	München eingez.zu.Wehrdienst	1908–16	Notabitur	Juli 1917		1
Techn.Hochsch.	München	Nov.1918 – Febr.1919				
Universität	München	Mai 1919 – Febr.1922				
		Febr.1922 promov. z.Dr.phil.				
Techn.Hochsch.	Dresden	SS 1929 Habilitation				

*) Auch Universitätsabschlußprüfung, 2. Staatsprüfung und akademischer Grad sowie nichtbestandene Prüfungen (= N) und Wiederholungsprüfungen (= W).

2. Sonstige Ausbildung

Kurzschrift (Art, Kenntnisse oder Beherrschung): Gute Beherrschung d.Gabelsberger Kurzschr...

Schreibmaschine (Kenntnisse oder Beherrschung): autodidaktisch-laienhaft

Lebende Sprachen (Schulkenntnisse oder Beherrschung): Französisch u.Englisch Schulkenntnisse

Kraftfahrzeug-Führerscheine: Klasse

Sonstige besondere Kenntnisse:

II.

V. Tätigkeit vor Eintritt in den öffentlichen Dienst *)

als	bei	von/bis	Prüfungen		
			Art	Zeit	Ergebnis (Note u. Platz)
Wehrmachts-psychologe	Reichswehrministerium	Aug.1925 –1.10.33			

*) Soweit der Nachweis erbracht ist.

III. Entscheidung der Spruchkammer

Entlastet laut Beschluß des Kassationshofes (Kass.Reg.K 10 388) v.24.4.1950

(am 11.7.1951) das Gespräch auf die »vier Totengräber« für das Fach Kunsterziehung – namentlich nannten sie drei: Wolf, Köhler und Dering – die »egoistisch, blind, eitel« und »sich anmaßend als staatliches *Seminar für Kunsterziehung* blähend« nur negativ wirkten, die Lehrer in den Fragen der Stundenplangestaltung, im Kampf gegen die Senkung der Unterrichtsstunden, in allen konkreten Belangen der Fachschaft alleine ließen.[78]

Fäustle sen. im Oktober 1952: »Der brünstige Blick über den Zaun zum modernen Kunstschaffen hin, die psychologische Ausdeutung jedes skurrilen Striches oder zufälligen Farbenergebnisses hat den Sinn für das Sachliche und Zweckdienliche verschleiert. […] Ist es wirklich so schrecklich, unserem Fache zuzubilligen, daß es außer seinen Wirkungen in die Tiefen der seelischen Bereiche, auch noch sehr schätzbare Werte fürs praktische Leben vermittelt?«[79] Trotz seiner Kritik am »Pendelschlagausschlag nach der anderen Seite« (»alles Flüchtige, Oberflächliche, Skizzenhafte, Schlampige, nach ›früheren Begriffen‹ Falsche ist großartig und genial, das Gegenteil von all dem ist Mist«) gab er seiner Hoffnung Ausdruck, dass »dazwischen ein Weg sein müßte und auch *ist*«, und sah sie in der Kunsterziehertagung 1952 bestätigt: »Ich halte die Tagung der südd. Kunsterzieher für das Bedeutendste, was mir in meinen 40 Dienstjahren begegnet ist und gedenke ihrer mit reichem Gewinn […] Man fühlte sich nicht bedroht von der ›Atmosphäre des Genickschusses‹ (wie bei anderen Arbeitsgemeinschaften der Kunsterzieher […]).«[80]

2.5 1952: Bezugswissenschaften. Symbiose mit Philipp Lersch

Auf dieser »1. Süddeutschen Tagung des Bundes Deutscher Kunsterzieher« 1952 in München hielt Philipp Lersch das einleitende Hauptreferat »Kunsterziehung als Aufgabe unserer Zeit«.[81] Für ihn war »gerade die Kunsterziehung dazu berufen, den Menschen aus der Enge und Plattheit einer verzweckten Welt zu befreien, in ihm wieder die Bereitschaft des Vernehmens, der seelischen Aufge-

---

78 Bericht vom 28.8.1953 an das Bayerische Staatsministerium für Unterricht und Kultus vom Landesverband Bayern im Bund deutscher Kunsterzieher und der Fachgruppe Kunsterziehung im Bayerischen Philologenverband, unterzeichnet von Studienrat Eugen Küchle, 1. Vorsitzender, S. 2 f. BayHStA MK 53011. Auf 17 Seiten schilderte Küchle die internen Auseinandersetzungen im Verband, wobei er viele Zitate von Kunsterziehern kolportierte.
79 Ebd., S. 5.
80 Ebd., S. 4.
81 Bund Deutscher Kunsterzieher (Hg.), *Probleme und Aufgaben der Kunsterziehung. Vorträge und Arbeitskreisergebnisse der 1. Süddeutschen Tagung des Bundes Deutscher Kunsterzieher, München 1952*, Ratingen 1953, S. 7-15.

Zu Nr. V 9785

I. Laut Mitteilung der Militärregierung kommt Prof. L e r s c h für eine Studienreise nach den USA. nicht in Frage, da er als "Mitläufer" eingestuft ist.

(dem Referat mitteilen durch Reg. Dir. Bogl)

II. Zum Akt

München, 17. Februar 1949
Ref. 17

III. **Entscheidung der Spruchkammer**
Entlastet laut Beschluss des Kassationshofes (Kass.Reg. K 10 388) v. 24.4.1950

...risches Staatsministerium
Unterricht und Kultus
Fernsprecher: 28461

Abdruck

München, 3. Januar 1950
Salvatorplatz 2
Postanschrift: München 1, Brieffach

An den
Generalkläger beim Kassationshof
im Bayer. Staatsministerium
für Sonderaufgaben
München
Königinstr. 15

<u>Betreff:</u> Univ.Prof.Dr.Philipp Lersch, München 23, Imhofstr.9
<u>Vorgang:</u> Ihr Schreiben v.9.12.1949 Gen.Reg.3071/49
<u>Beilagen:</u> Spruchkammerakten zurück.

Es läßt sich nicht bestreiten, daß Prof. L e r s c h in der Nazizeit persona grata gewesen ist; sonst wäre er 1942 gewiß nicht mit einem Sondergrundgehalt von 13.600 ℳ und einer Kolleggeldgarantie von 5.000 ℳ von Leipzig nach München berufen worden.
Zu den Briefstellen, die der amerikanische Zensor vorgelegt hat, (Bl.3, Bl.11a und b) läßt sich aus den Akten des Bayerischen Staatsministeriums für Unterricht und Kultus eine Stellungnahme nicht gewinnen. Es wird übrigens bemerkt, daß die Vorwürfe auf Bl.3 (zu denen Prof.Lersch nicht Stellung genommen hat) in den Vorwürfen von Bl.11a und b (zu denen er sich geäußert hat) enthalten sind. Die Akten des Ministeriums gestatten weder eine Bestätigung noch eine Widerlegung der Rechtfertigung von Prof.Lersch.
Die Frage ob eine Entlastung des Genannten gerechtfertigt ist, muß ich selbstverständlich ganz der Beurteilung der Spruchkammer überlassen. Ich darf jedoch bemerken, daß auch andere Professoren, die zunächst Mitläufer waren und nicht geringer oder sogar mehr belastet erscheinen als Prof.Lersch, später "entlastet" wurden.

I.A.

gez. Dr. Hans Rheinfelder

Quelle: BayHStA MK 54866.

schlagenheit des Hinsehens und Hinhörens zu wecken, in der allein sich die Sinngehalte der Welt erschließen, und ihm wieder den Zugang zur Welt der Bilder zu eröffnen.«[82] Lersch stützte sich auf Klages' »erlebende Seele«, die »allein imstande« sei, »den Bildcharakter der Wirklichkeit dem Menschen aufzuschließen«. Dabei unterschied Lersch zwischen den »echten Bildern« – diese »wirken formend, den Menschen innerlich gestaltend«, nur sie vermögen »den Menschen auszufüllen« – im Gegensatz z.B. zum Film, der als »ein neues Merkmal unserer Zeit« eine »Flüchtigkeit und Diskontinuität des Erlebens«, »Surrogate, Attrappen echter Bilder« liefere.[83] Die modernen Menschen würden daran gehindert, »die Welt in die Tiefe der Innerlichkeit hineinzunehmen und sie aus dieser Tiefe zu erleben«. Lersch beklagte, »ein impressionistischer, flachatmiger Stil des Erlebens« habe sich entwickelt, und empfahl dagegen das »Erlebnis der Kunst« als »Haltung des Schauens, des schauenden Verweilens und der schauenden Hingabe«.[84]

Die Kunsterziehung als Schulung für das eigene Gestalten sah Lersch als »therapeutische Aufgabe« gegen die »neurotischen Störungen [...], wo die Möglichkeiten des persönlichen Lebens ungelebt bleiben und verdrängt werden«, um »wenigstens in der Phantasiebetätigung eigenen künstlerischen Gestaltens den schöpferischen Kräften des Einzelnen die Möglichkeit ihres Ausdrucks und eine Chance des Sich-Darlebens zu geben«.[85] Die Ästhetisierung von Politik, Geschichte und sozialen Klassenverhältnissen wurde wieder als Ausweg aus einer Krisensituation gesehen. Die Formulierung erinnert nicht zufällig an die Kennzeichnung Walter Benjamins der Ästhetisierungsfunktion des NS-Staates, die den »Massen zu ihrem Ausdruck« und »beileibe nicht zu ihrem Recht«[86] verhalf. Aber der NS-Staat hatte die Kehrseite dieser Ästhetisierung auf die schlimmste Art gezeigt: »Die *Erhebung* der Masse durch Ästhetisierung verlangt die *Erniedrigung* der Gegenmasse, letztlich ihre Vernichtung.«[87] Dem *Echten* stand und steht mehr oder weniger ausgesprochen das *Unechte* gegenüber, der *Auslese* folgte die *Ausmerze*.

Philipp Lerschs Praxis im NS-Staat hing stark mit seiner Lehre zusammen: 1932-1936 hatte er als Assistent an der TH Dresden »für Lehramtsbewerber am Pädagogischen Institut [...] charakterologische Aufnahmeprüfungen unternommen«, dazu skizzierte er Aufsätze wie z.B. »Das Problem einer charakterologi-

---

82   Ebd., S. 10.
83   Ebd., S. 11.
84   Ebd., S. 12.
85   Ebd., S. 14.
86   Benjamin, *Das Kunstwerk im Zeitalter seiner technischen Reproduzierbarkeit*, S. 42.
87   Wieland Elfferding, *Inszenierung der Macht*, zit. nach Ogan, *Faszination und Gewalt*, S. 24.

»Die rationale Welt ist unser Todfeind«

Bericht von Kurt Weber über den Kongress der FEA – Internationale Vereinigung für Kunsterziehung, 7. bis 12. 8. 1958 in Basel – an das Kultusministerium

Was ich auf dem 2. Kongreß der FEA [...]

DONNERSTAG, DEN 7. AUGUST 1958
9:30 Eröffnungssitzung mit dem Vortrag des Herrn Prof. Dr. PORTMANN.
14:30 Eröffnung der Kongreßausstellung durch den Basler Zeichenlehrer Herrn W. WEBER, Präsident der Ausstellungskommission.
15:00-19:00 Rundgang durch die Ausstellung.
20:00 Marionetten-Spiele des Herrn Prof. RÖTTGER, Kassel.

FREITAG, DEN 8. AUGUST
9:00-13:30 Zweiter [...]
14:30 Prof. IT[...]
16:00 Oberstud[...]
17:30 Prof. R[...]
  Mitteln [...]

SAMSTAG, DE[...]
8:30 E. MÜLL[...]
10:15 Prof. E. P[...]
  der Geo[...]
11:00 Studienl[...]
11:30 Dr. A. Bol[...]
14:30 E. MÜLL[...]
16:00 Studienr[...]
  gebunt[...]
16:25 Stud. Ass[...]
  analyse [...]
17:30 Studien[...]
  und Vo[...]
18:30 Dr. L. HO[...]
20:30 Kollegia[...]

SONNTAG/D[...]
9:00 Omnibus[...]
11:00 Besuch [...]
15:00 „ [...]
19:00 Besichti[...]

MONTAG/DE[...]
9:00 Besuch [...]
11:15 Prof. WE[...]
14:30 X. Gen[...]
20:15 Pr. G. SCH[...]
  Museum[...]

Quelle: BayHStA MK 58499.

Vorträge

Es war nicht leicht – und es ging nicht ohne Erregung ab – aus der Fülle des Gebotenen die Rosinen herauszupicken. Und nachträglich stelle ich mit Bedauern fest, daß ich nicht wahrnahm, was die Dänzinnen zu sagen hatten, die Japaner und die Bewohner der DDR – es waren ihrer Sieben, die mit dem Flugzeug über Prag gekommen waren, denen Fahrt, Unterkunft und Verpflegung vom Staat ersetzt wurden –; schließlich läßt sich nicht alles fassen.

Folgende Vorträge waren für mich besonders bereichernd:

Prof. Dr. PORTMANN
»ANLAGE UND ENTFALTUNG DES VISUELLEN ALS BILDUNGSPROBLEM«

Der Ordinarius für Biologie an der Universität Basel leitete die Notwendigkeit einer Erziehung zur Gestaltung aus den Tatsachen ab:
1. Dem Menschen sind Farben und Formensinn angeboren.
2. Die Selbstdarstellung der Natur ist zwecklos, sie fordert auf zur Gestaltung, sie ist Ausdruck der Geheimnisse um uns und in uns.

Dem ptolemäischen Weltbild stellte er das kopernikanische gegenüber und folgerte:
Der Welt des Wissens ist die Welt des Gefühls einzugliedern; dem anschauenden Sinn ist ein anschauender Sinn zugeordnet.

Weil wir den GANZEN Menschen wollen, muß das Gleichgewicht der Kräfte – Gefühl – Wissen – gewahrt werden.
Der optische Sinn ist heute verwildert, deshalb ist Erziehung zur Form und zur Farbe notwendig.

Prof. H. WEINSTOCK
»DIE NOTWENDIGKEIT MUSISCHER BILDUNG«

Der Ordinarius für Pädagogik an der Universität Frankfurt/M. befragte Aristoteles und Schiller und fand:
„Sinn und Zweck ist Reinigung des gespaltenen Zustands..",
„Nun da ist der Mensch Kreisel, wo er spielt."

Als Ursache des gespaltenen Daseins heute nannte er die Rationalisierung. Kunsterziehung müsse die irrationalen Kräfte wecken. Die EINBILDUNGSKRAFT, die nur dem Menschen eigen ist, müsse gepflegt werden.
Er wies auf die vehängnisvollen Folgen der französischen Revolution und auf die Lehren von Marx und Hegel und betonte:
Die rationale Welt ist unser Todfeind.

Prof. Weinstock forderte auf
zur Erziehung des Menschen zur Freiheit, die ohne Kunst nicht möglich sei,
  „   „   „   zum Schönen, das war nichts nütze, aber selig
  „   „   „   in sich selbst ist,
  „   „   „   zum Wahren im Sinne Platos.

schen Auslese für das Höhere Lehramt«. Bis 1933 war Lersch »mit der Entwicklung der charakterologischen Eignungsprüfung für Offiziersanwärter befaßt«. 1938 als Professor in Breslau veröffentlichte er sein Hauptwerk: »Der Aufbau des Charakters«, 1941 in Leipzig »Die Vererbung des Seelischen«. Ab 1942 war er Professor an der Universität in München, seinem Geburts- und Studienort.[88]

Zu den zwei Schichten, nach denen der menschliche Charakter nach Lersch aufgebaut ist (ein »personeller Oberbau« mit Denken und bewusstem Wollen ruht auf dem »endothymen Grund« = Gefühle, Triebe, Strebungen, Anmutungserlebnisse, Gestimmtheiten), fügte Lersch nach 1945 eine weitere Schicht hinzu: den »Lebensgrund« als die unterste Schicht, die alle »organischen Zustände und Vorgänge, die sich in unserem Leibe abspielen«, umfasse. Das »Innerste« des Menschen, nach Lersch eine »nicht mehr unterscheidbare Tiefe und schöpferische Mitte in uns, hinter die das Bewußtsein nicht mehr zurück[zu]gehen vermag«, wurde noch weiter nach unten vertieft in die »organischen Zustände«. Und da in der organischen Natur alles »natürlich« und »echt« ist, konnte Lersch auf einfache Weise seinen schon 1942 postulierten normativen Charakter mit Echtseinsgehalt im wörtlichen Sinn weiter vertiefen. Die unhinterfragbaren »Natürlichkeiten« hatte Lersch 1942 als »ontisches Geheimnis« beschrieben, das »gar nicht mehr psychologisch-phänomenologisch beantwortet werden kann«. Das »Unechte« war das »Wesensfremde«, wie Lersch schrieb: »Und es zeigt sich wieder einmal, daß der deutsche Mensch die geistigen Geschicke der abendländischen Entwicklung gleichsam den anderen vorlebt, wenn gerade er sich heute als Repräsentant eines Volkes darauf besinnt, was ihm wesenhaft ist, um alles Wesensfremde und Äußerliche, in das sich zu verlieren er in Gefahr war, abzutun und im prägnanten Sinne des Wortes echt zu werden.«[89] Das »Wesensfremde« war in der psychologischen Fachsprache (Jaensch) der »Gegentypus«, der »Typus der Auflösung und Zersetzung«. Zum Hauptvertreter des Gegentypus wurde in dem gleichnamigen Buch von Erich Jaensch »im Angesicht der herrschenden Judenverfolgungen das ›Judentum‹« erklärt.[90]

Nach 1945 konzentrierte man sich wieder auf das »Innerste«. Für die Kunsterziehung galten wieder die Worte von Egon Kornmann aus dem Jahr 1935: »Darum müssen wir suchen, zu jenem ›innersten Kern‹ vorzudringen, zu den

---

88 Siehe dazu: Klaus Weber, *Die Persönlichkeitspsychologie Philipp Lerschs. Appell zur ›Normalität‹,* in: Heidi Spanl, Klaus Weber und J. Utz Palußek, *Rückblicke. Augenblicke. Ausblicke. Zur Geschichte des Psychologischen Instituts München,* München 1989.
89 Philipp Lersch, *Der Aufbau des Charakters,* Leipzig 1942, S. 325 f.
90 Ulfried Geuter, *Nationalsozialistische Ideologie und Psychologie,* in: M.G. Ash und U. Geuter (Hg.), *Geschichte der deutschen Psychologie im 20. Jahrhundert. Ein Überblick,* Opladen 1985, S. 172-200, zit. nach Weber, S. 57.

Vom Abstrakten zum Gegenstand
Ein Bericht von Richard Wolf

München, den 17. Dezember 1950.

An das
Bayerische Staatsministerium
für Unterricht und Kultus
München.

VIII 89561

Betreff: Vortrag über: "Grundlagen des neuen Zeichenunterrichts" gehalten von Julius Himpel in der Pädagogischen Arbeitsstätte München.

In drei Vorträgen schilderte der Redner seine persönliche Einstellung zur abstrakten Kunst und entwickelte eine Unterrichtsmethode, die ein "modernes Formgefühl" im Sinne dieser ...

Der Kunstunterricht muss den Sinn für Rhythmus bilden, damit der Lernende künstlerische Urformen erfinden kann. Die Methode, die der Vortragende in seiner Schule dafür zur Anwendung bringt, ist folgende: Monatelang zeichnen die Schüler runde und eckige Linien, die um mehrere angenommene Punkte herum gezogen werden. So kommt nach Ansicht des Redners der Schüler zum rhythmischen Bildaufbau. Die dabei entstandenen Flächen werden dann als Komplizierung teilweise mit parallelen Linien gefüllt, aber so, dass sie sich ebenfalls zueinander rhythmisch verhalten. Sie werden auch farbig behandelt. Durch diese abstrakte Linienführung soll jeder an die Natur gebundene Illusionismus ausgeschaltet werden. Die Anhaltspunkte fallen später weg und der Schüler beginnt freie rhythmische Formen aufzubauen. Auch mit beiden Händen wird gleichzeitig gezeichnet. "Kommt der Schüler nicht mehr weiter, so zeichnet er blind" (!)

"Die abstrakten Formen werden solange geübt bis sich die Naturform von selbst anbietet". Es wird dies vom Vortragenden so aufgefasst, dass abstrakte Formen Ähnlichkeiten aufweisen können mit natürlichen. Durch Hinzufügung von einzelnen Strichen und Linien zur Verdeutlichung des Bildes eines in der Natur vorkommenden Gegenstandes wird das zuerst Nichtgemeinte zu etwas Gemeintem, aber in einer "freien Form".

Als geistige Ausdrucksmittel dient der Punkt, die Linie, die Fläche, der Raum, und als vierte Dimension die Zeit (Schilderung einer zeitlich gebundenen Reihenfolge z.B. das Fahren im Eisenbahnzug).

Inhalt des zweiten Vortrages.
"Die Naturform wird nicht erstrebt, sie entsteht aus einem Rhythmus. Dadurch kommt Ordnung in das Bild". Ausser dieser rhythmischen Ordnung hilft eine geometrische zum Bildaufbau mit. Diese Ordnungselemente sind im Unterbewusstsein des Menschen vorhanden und müssen vom Lehrer gelöst werden. Auch die Natur zeigt solche Ordnungselemente; darum ist eine vertiefte Naturbeobachtung notwendig.

Dieser ordnende Sinn in der abstrakten Malerei ist aus dem Streben nach den primären Formelementen des Archaischen entstanden.

Quelle: BayHStA MK 53011.

Quellen, aus denen von jeher die überzeitlich *wahren Sinn-Gebilde der Form* hervorgegangen sind. Wir haben heute diese Quellen wiedergefunden in den bildnerischen Kräften, die noch nicht auf die Irrwege des Intellektuellen abgebogen sind: in der bildnerischen Phantasie der Kinder.«[91] Einer der Hauptredner auf dem Kunsterzieherkongress 1952 war Richard Wolf – der letzte Satz seines Referats fasste dieses zusammen: »Die Kunst ist nur Gefühl.«[92]

2.6 Abstrakt oder nicht: Der »Gegenstand in der Zeichnung«

Es war Hans Herrmann, der bei diesem Kongress 1952 eine der spannendsten Fragen stellte, allerdings nur, um sie gleich wieder zur Seite zu legen. Als Leiter des Arbeitskreises »Der Gegenstand in der Zeichnung« war er mit dem Problem konfrontiert, die »echte gestalt-darstellende Sachzeichnung« in Konkurrenz zur »expressiven« Zeichnung als auch teilhabend am Musischen darzustellen. »Die starke Abneigung, die vielfach heute nicht nur vom Künstler, sondern auch vom Kunsterzieher der Natur-Gestaltenwelt entgegengebracht wird, muß schon deswegen verdächtig erscheinen, weil wir Menschen doch unablösbar eng mit allen Dingen verbunden sind, in deren Mitte wir bedürftig leben. Wie kann es denn sein, daß ihre sichtbaren Formen keine oder sogar eine negative Bedeutung für den gestaltenden Menschen haben? Aber lassen wir diesen Gedanken ruhen […].«[93]

In der NS-Zeit war man nicht nur »unablösbar eng mit all den Dingen« verbunden, sondern die Dinge selbst waren Träger sozialpsychologischer Beziehungen geworden, geprägt durch Herrenmenschentum, Rassismus und Militarismus. Es liegt nahe, dass die ideologische Aufgeladenheit der Dinge des Alltags durch den verlorenen Krieg, die ›Enttäuschungen‹ und ›Verluste‹, durch den Abstieg in das Reich des Verlierers etc. zu einer ›starken Abneigung‹ führten. Die NS-Alltagsästhetik war in der Tat gebrochen. Im Zeichen- und Kunstunterricht war z.B. der Adler nicht mehr beliebte ›Vorstellungsgestalt‹, stattdessen sah man vor sich das Bild des zerbrochenen Reichsadlers in den Händen eines Soldaten der Roten Armee oder das berühmte Adlerfoto mit dem amerikanischen Militärbeamten vor dem zentralen NS-Verwaltungsbau in München, nach 1945 Central Art Collecting Point der vom NS-Regime geraubten Kunstobjekte und

---

91 Egon Kornmann, *Vom Wesen der Volkskunst,* in: Kunst und Jugend, Amtliches Organ des NSLB für Künstlerische Erziehung, Bayreuth/Stuttgart 2/1935, S. 39-40.
92 Bund Deutscher Kunsterzieher, a.a.O., S. 55.
93 Hans Herrmann, *Der Gegenstand in der Zeichnung,* in: Bund Deutscher Kunsterzieher, a.a.O., S. 79.

MITTEILUNGEN DES GUSTAF BRITSCH-
INSTITUTES FÜR KUNSTERZIEHUNG
UND KUNSTWISSENSCHAFT

Jahrgang 23   Nr. 3   Starnberg, Sept. 1953

Kunst ohne Gegenstand
Bericht über ein Zusammentreffen in Starnberg

Zu Beginn der bayerischen Ferien hatte das Institut zu einer Zusammenkunft in engem Kreis eingeladen, um Fragen zu besprechen, die sich durch die Entwicklung der Zeit aufdrängen.

Was auf dem Kongreß in Fulda sich schon so deutlich abzeichnete, hat inzwischen auch in neuen Veröffentlichungen seinen Niederschlag gefunden; kurz gesagt: der Einfluß der modernen Kunst auf die Kunsterziehung. In einem Bericht über den Fuldaer Kongreß war gesagt worden, die Kunst und die Kunsterziehung seien durch die Maler am Baunaus neu begründet worden. Heute nun sehen wir, wie die Lehre des Bauhauses an deutschen Werkakademien und künstlerischen Fachschulen sich durchgesetzt hat und die Ausbildung der Kunsterzieher weitgehend bestimmt. Wir können uns nicht verhehlen und wollen es nicht verschleiern, daß damit eine w e s e n h a f t andere Auffassung von Wesen und Wert Bildender Kunst die Ziele und Wege der Kunsterziehung in weiten Kreisen bestimmt, als wir sie am Gustaf Britsch-Institut vertreten. Es war deshalb der Zweck der Zusammenkunft, sich über den Begriff "Moderne Kunst" auszusprechen und ihr Verhältnis zu den Grundaufgaben der Jugendbildung zu erörtern.

Da wir annehmen, daß die meisten Leser sich lebhaft für das behandelte Problem interessieren werden, so geben wir in dieser Nummer einen Überblick über den Verlauf der Tagung. Wir bitten, dieses umfangreichere Blatt als Ausgleich zu nehmen dafür, daß in diesem Jahr erst zwei Nummern erschienen sind.-

Der Kornmann-Freundeskreis berät über die »moderne Kunst«, sie wird als eine »wesenhaft andere Auffassung von Wesen und Wert Bildender Kunst« angesehen. Der 18-seitige Bericht beruft sich namentlich auf Britsch: »Anders war die Richtung orientiert, die auf den Erkenntnissen von Britsch fußte. Sie sah im *Aufbau* der kindlichen Zeichnung vor allem die originale Entstehung echter Frühform und es war ihr Bestreben, dieser nach dem Wachstumsgesetz des kindlichen Geistes zu lebendiger Entfaltung zu verhelfen. Auch hierbei war ein Leitbild wirksam: nicht expressionistische Zeitkunst, sondern *Frühkunst* und das, was in unserer Volkskunst nicht Rückbildung hoher Kunst, sondern originale Frühform war.« (S. 13)

heute Zentralinstitut für Kunstgeschichte. Für die Nachkriegsästhetik mussten neue Inhalte und Formen gefunden werden.

In der Mädchenoberschule St. Anna bereitete man die Schülerinnen 1944 auf die kommende Zeit vor, wie das Abituraufsatzthema zeigte: »*Schaffen, das ist die große Erlösung vom Leiden.* (Dieses Wort Zarathustras ist zu begründen und auf unsere Zeit anzuwenden.)«[94] Die NS-Formulierung vom ›tüchtigen Deutschen‹ wurde bekanntlich nirgendwann so intensiv und ausgedehnt umgesetzt wie in den 1950er Jahren. Dabei kam die abstrakte Malerei »weniger den ideologischen als den Wahrnehmungsinteressen der Wirtschaft entgegen«.[95] Einer der Protagonisten abstrakter Malerei, Willi Baumeister, hatte massenhaft Aufträge von der Textilindustrie; seine Muster fanden sich auf Gardinen, Tischdecken, Eierwarmhaltern etc. wieder. Picasso konnte man längst schon auf Tapeten entdecken, während es für die Kunsterzieher noch verdächtig war, solchen »extremen Kunstrichtungen« zu huldigen.[96] Im westlichen Nachkriegsdeutschland wurde die abstrakte Malerei nach ihrer Unterdrückung im NS-Staat wiedergeboren als Bestandteil der Warenästhetik,[97] erst später eroberte sie auch die Galerien, Biennalen etc. und wurde im ›Kalten Krieg‹ instrumentalisiert.

2.7 Das neue alte Frauenbild

Offen reaktionäre Ansichten äußerte Hildegard Deppisch im Rahmen des Arbeitskreises »Aufgaben der Kunsterziehung an höheren Mädchenschulen«, den sie zusammen mit Susi Praun bei dem Kongress 1952 leitete. Sie behauptete, dass durch den bestehenden Bildungsweg »die gesamte gebildete Frauengene-

---

94 Jahresbericht der St.-Anna-Oberschule 1942-1945.
95 Martin Warnke, *Von der Gegenständlichkeit und der Ausbreitung der Abstrakten,* in: Dieter Bänsch (Hg.): *Die fünziger Jahre. Beiträge zu Politik und Kultur,* Tübingen 1985.
96 Siehe auch Dok. 446.
97 Zur Warenästhetik gibt es reichhaltiges Untersuchungsmaterial und eine Reihe von Veröffentlichungen. Ich sehe durch sie meine weitergehende These abgestützt, dass die NS-Alltagsästhetik im Wesentlichen durch die Warenästhetik als dem bestimmenden Moment der Ästhetik der 1950er Jahre abgelöst wurde, siehe z.B. Axel Schildt und Arnold Sywottek (Hg.), *Modernisierung im Wiederaufbau. Die westdeutsche Gesellschaft der 50er Jahre,* Bonn 1993, oder: Hans Albrecht Hartmann und Rolf Haubl (Hg.), *Von Dingen und Menschen. Funktion und Bedeutung materieller Kultur,* Wiesbaden 2000, oder: Ludwig-Uhland-Institut für Empirische Kulturwissenschaft der Universität Tübingen, *Partykultur? Fragen an die Fünfziger,* Tübingen 1991. – In engem Zusammenhang damit sind die vielfältigen Vorstöße in den 1950er Jahren zu sehen, die Frauen wieder an Heim und Herd zurückzudrängen, nachdem diese in den Kriegs- und unmittelbaren Nachkriegsjahren »ihren Mann gestanden« hatten.

Landesverband Bayern
im Bund deutscher Kunsterzieher

Fachgruppe Kunsterziehung
im Bayerischen Philologenverband.

München, 28.8.1953

Studienrat Eugen Küchle, 1.Vors.

An das
Bayerische Staatsministerium
für Unterricht und Kultus
München

Salvatorplatz 2

Betreff: Stellungnahme zu den Bedenken gegen die Art der Durchführung der pädagogischen Seminare für Kunsterziehung und die einseitig gelenkte Entwicklung dieses Faches.

Bezug: Schreiben des Staatsministeriums f. Unt.u.Kultus Nr. X 47971 v. 3.7.53 und Nr.VIII 42170 v. 6.6.53.

Beilage: Denkschrift (Mohr) VIII 42170
Zeitschrift Kunst und Jugend, 1952 Nr. 5.

Das Ersuchen des Staatsministeriums um ausführliche Stellungnahme zu den "schweren Bedenken und Sorgen über die gegenwärtig sehr einseitig gelenkte Entwicklung des Faches Kunsterziehung nach der Seite des Expressiven hin auch bei der Ausbildung des jungen Nachwuchses" reisst große, grundsätzliche Meinungsverschiedenheiten auf, die seit langem i n n e r halb des Verbandes heftig erörtert worden sind. Anlaß zu dieser Kritik gab stets die Haltung der Kollegen Köhler und Wolf.

Um Einblick zu geben in die Entwicklung der Situation seit dem Jahre 1950 mögen zunächst folgende Auszüge aus Kollegenbriefen diese Bedenken innerhalb des Landesverbandes belegen:

Koll. Fäustle jun. - 25.5.1950:

"Der heillose Wirrwarr innerhalb der Fachschaft braucht eine maßvolle Linie ..."

Koll. Ziegelmaier-Wasserburg, 23.5.1950:

"Der Opposition (Köhler, Wolf, Dering) muß bei der Gestaltung des Lehrplanes nicht noch mehr Wasser auf die Mühle gegeben werden."

Das Faksimile der ersten von 17 Seiten, in denen Eugen Küchle über die Auseinandersetzungen innerhalb des Verbandes berichtet. Quelle: BayHStA MK 53011.

ration [...] zu einer abstrakten Denkmaschine herabgewürdigt« werde; das »analysierende, abstrakte Denken« bzw. deren »bisherige Vorrangstellung« sei »der fraulichen Wesensveranlagung konträr. Die Frau vermag durch das intuitive Erspüren einer Ganzheit den Wahrheitsgehalt meist sicherer zu erfahren [...]«. Die »Zentralstelle der Schaukräfte liegt im Herzen«, und hier ist auch »der Sitz der Weisheit und Einsicht, des Willens, die Quelle der Entschlüsse. [...] Die Kräfte des Herzens müssen in der kommenden Frauenbildung im Mittelpunkt stehen«.[98] Hier wurde ein typisches NS-Frauenbild aufs neue propagiert.[99]

Es scheint, dass die häufige Argumentation der Kunsterzieher – »der unpolitische Künstler« – bei ihren Spruchkammerverfahren eine Art Verpflichtung enthielt, nun auch wirklich unpolitisch zu sein. Dass dabei unreflektiert die reaktionärsten Ansichten übernommen wurden, vom Antikommunismus als politischer Leitlinie der BRD ganz zu schweigen, soll hier nicht weiter ausgeführt werden.[100] Wie zynisch aber die »Haltung des Schauens« z.B. von Egon Kornmann auf dem Kongress 1952 als Aufgabenstellung der Kunsterziehung illustriert wurde, zeigt seine Rede als Leiter des Arbeitskreises »Praktische Geschmacksbildung«: »Es sollte deshalb zur Bildung des Auges der Jugendlichen gehören, ihr Interesse zu wecken und zu pflegen für die Strukturen und die Farbigkeiten der Werkstoffe, der Hölzer, Steine, Keramiken, Textilien usw. Die Trümmerfelder der Städte bieten reiche Jagdgründe, um z.B. verschiedenfarbige Marmorarten und andere Werksteine zu sammeln und ihre Qualitäten der Struktur, der Farbigkeit, der Transparenz in sich aufzunehmen.«[101]

2.8 Die neue alte Aufteilung: Volksschulen und Gymnasien

Am 31.5.1953 – und damit soll dieser Bericht enden – erreichte das Bayerische Kultusministerium eine »Denkschrift über den gegenwärtigen Zustand des Faches Kunsterziehung und Zeichnen an den höheren Schulen Bayern« von Studienrat Josef Mohr. Mohr war während der NS-Zeit Dozent an der Hans-Schemm-Hochschule für Lehrerbildung in Pasing und zur Zeit seiner Denkschrift Studienrat am Gymnasium mit Oberrealschule in Tegernsee. Von Hans

---

98 Hildegard Deppisch, *Symptome unserer höheren Mädchenschulbildung,* in: Bund Deutscher Kunsterzieher, a.a.O., S. 69.
99 Vgl. dazu eine Studie von Godele von der Decken, die 56 Romane und Sachbücher der NS-Frauenliteratur auf typische Handlungsverläufe, Beziehungsmuster und Motive/Themen untersuchte.
100 Siehe z.B. den Bericht von Kurt Weber an das Kultusministerium 1958 (Dok. 436).
101 Bund Deutscher Kunsterzieher, a.a.O., S. 66.

Dienstliche Würdigung

Es bedeutet: 1 = außergewöhnlich, hervorragend; 2 = sehr gut (über dem Durchschnitt); 3 = durchschnittlich, gut; 4 = mangelhaft; 5 = ungenügend.
(Die Noten sind in arabischen Ziffern abzugeben. — Zwischennoten sind unstatthaft — Das Formblatt ist in allen Punkten auszufüllen.)

Name: Herrmann Hans   Amtsbezeichnung: Studienprofessor
Schule: St.-Anna-Strasse   eingereiht in Gehaltsgruppe: 12
Wohnung: Zeppelinstrasse 67/III

1. Fleiß und Eifer	4. Erfolge	
a. für die Schule … 2	a. im Unterricht … —	
b. für die eigene Fortbildung … 1	b. in der Erziehung … —	
2. Berufskenntnisse … 1	(Herrmann erteilt keinen Unterricht)	
3. Methodisches Geschick … 3	5. Verhalten	
	a. dienstlich einwandfrei	
	b. außerdienstlich einwandfrei	

Benotung „einwandfrei" oder „nicht einwandfrei"

Kurze Charakteristik des Beamten, besondere Eigenschaften und Fähigkeiten und sonstige Bemerkungen: (Persönliches Auftreten, Spezialleistungen, künstlerische oder literarische Tätigkeit usw.)

Professor Herrmann vertritt zäh und unermüdlich die von ihm als richtig erkannten neuen Wege im Zeichenunterricht. Er konnte bisher einen kleineren Kreis der Zeichenlehrer dafür gewinnen, der hervorragende und überzeugende Erfolge aufweisen kann. Beim Grossteil der Lehrerschaft ist es ihm freilich noch nicht gelungen, Anklang zu finden; doch ist zu hoffen, dass die Arbeit Herrmanns auch hier noch ihre Erfolge zeigen wird.

München am 2. März 1940.

Oberstudiendirektor — Direktorin   Haupt
Unterschrift des Referenten

Anmerkung: Die dienstliche Würdigung ist geheim zu halten und unter Umschlag unmittelbar dem Schulreferat zu übers.

Dienstliche Würdig[ung]

Es bedeutet: 1 = außergewöhnlich, hervorragend; 2 = sehr Durchschnitt); 3 = durchschnittlich, gut; 4 = mangelhaf[t]
(Die Noten sind in arabischen Ziffern anzugeben. — Zwi[schennoten] ist in allen Punkten auszufüllen.)

Name: Herrmann Hans
Schule: Volksschulen
Wohnung: München 13, Arcisstr. 48

1. Fleiß und Eifer
   a. für die Schule …
   b. für die eigene Fortbildung …
2. Berufskenntnisse …
3. Methodisches Geschick …

Kurze Charakteristik des Beamten, besondere Eigenschaften und Fähigkeiten und sonstige Bemerkungen: (Persönliches Auftreten, Spezialleistungen, künstlerische oder literarische Tätigkeit usw.)

Oberstudienrat Herrmann läßt sich die zeichnerische Erziehung und Bildung der Schuljugend sehr angelegen sein. Er schöpft aus einem reichen, weithin anerkannten Wissen um die Probleme. Das Geschick, sein persönliches Wissen zu vermitteln, ist leider geringer, trotzdem wirkt er erfolgreich. In einem Buch "Der Glanz des Wahren" hat er sein künstlerisches Wollen dargestellt.

München am 16. September 1958
Zum Personalakt
Am 23. Sep. 1958
Personalreferat
Im Auftrag:

Oberstadtschulrat x Stadtschulrat
Ederer
Stadt. Oberschulrat

Dr. A. Fingerle
Stadtschulrat
Unterschrift des Referenten

Anmerkung: Die dienstliche Würdigung ist geheim zu halten und unter Umschlag unmittelbar dem Schulreferat zu übers.

Quelle: Stadtarchiv München / Schulamt 1898.

Herrmann gibt es mehrfache Bekundungen, dass ihn mit Mohr eine enge Zusammenarbeit verband.[102] Die Denkschrift Mohrs war der Anlass für das schon erwähnte Schreiben[103] von Eugen Küchle zu den »schweren Bedenken und Sorgen über die gegenwärtig sehr einseitig gelenkte Entwicklung des Faches Kunsterziehung nach der Seite des Expressiven hin«, denn sie riss »große, grundsätzliche Meinungsverschiedenheiten auf, die seit langem *inner*halb des Verbandes heftig erörtert worden sind.«[104] (Dok. 442)

Mohrs Absicht war, den Schülern im Kunstunterricht »auch eine gewisse Schulung und Vorbereitung für das praktische Leben, den späteren Beruf« zukommen zu lassen (»ohne dass der Utilitätsstandpunkt in den Vordergrund gestellt werden soll«), so dass z.B. der künftige Techniker, Beamte, Kaufmann, Arzt usw. »eine räumliche Situation eindeutig und klar, anschaulich und sachlich richtig darstellen kann«.[105] Doch seine Argumentation für diese sachlichen Ziele offenbarte die alte fundamentalistische Ablehnung der Moderne.

Mohr stellte seiner Kritik die damals üblichen Verbeugungen vor »den Kunstrichtungen des Tages« voran (man »wird das Gute nehmen, von woher immer es sich anbietet«, jeder »aufgeschlossene, echte Kunsterzieher wird ein positives Verhältnis zur Moderne« haben usw.), um dann umso heftiger zu klagen und vom Leder zu ziehen: »Gültig und erstrebt sind nur leidenschaftliche Erlebnisausbrüche, erregende, oft schauerliche und unkindertümliche Stoffe in ebenso abstrakter Form und Farbigkeit. Nach deutlich erkennbaren Vorbildern gewisser moderner Meister werden sie in seelisch verkrampftem Manierismus von unseren Kindern und Jugendlichen der öffentlichen Schulen als Pseudoleistungen gefordert.«[106] Dagegen lobte Mohr »echtes, kindliches Zeichnen im Sinne der nun endlich erkannten eigenen Wachstumsgesetze der kindlichen Vorstellung! Die Erkenntnisse dieser Grundwahrheiten haben die moderne Kunsterziehung

---

102 1940 beantragte Hans Herrmann die Erlaubnis für Vorlesungen an der Hans-Schemm-Hochschule für Lehrerbildung in Pasing, wöchentlich 1 Stunde als Vertretung für den zum Militär einberufenen Dozenten für Kunsterziehung Mohr. »An das Personalamt [...] Erwähnen möchte ich noch, daß zwischen dem Pasinger Dozenten Mohr und mir bereits bisher eine enge Zusammenarbeit bestand. Heil Hitler! Herrmann.« (23.1.1940) Siehe auch Kapitel IV. 1.5: Kein »äusseres Anzeichen« von »nazistischer Gesinnung«.
103 Bericht vom 28.8.1953 an das Bayerische Staatsministerium für Unterricht und Kultus, a.a.O. BayHStA MK 53011.
104 Ebd., S. 1.
105 Ebd., S. 2.
106 Josef Mohr, *Denkschrift über den gegenwärtigen Zustand des Faches Kunsterziehung und Zeichnen an den höheren Schulen Bayerns,* Tegernsee, 31.5.1953, S. 1.

Wandlung zum »glühenden Picasso-Verehrer«

stalt: Ludwigs-Oberrealschule München

Beurteilungsbogen
für

Oberstudienrat   W o l f
(Amtsbezeichnung)   (Familienname, gegebenenfalls Mädchenname)

rbefähigung: Kunsterziehung

1958

16. Zusammenfassung:
(Kurze Darstellung der Gesamtpersönlichkeit der Lehrkraft, ihrer besonderen Eigenschaften, Fähigkeiten oder Mängel, ihrer Eignung für besondere Aufgaben. Besondere Bemerkungen.)

OStR Wolf ist ein begeisterter Kunsterzieher, der seine Kunstbegeisterung auch auf seine Schüler überträgt. Das künstlerische Erlebnis bildet den Schwerpunkt seiner Erziehungsarbeit und er versäumt keine Gelegenheit, die Schüler zu diesem hinzuführen (Lichtbildervorträge, Naturbetrachtung, Besuch zahlreicher Ausstellungen); dabei huldigt er allerdings auch gelegentlich sehr extremen Kunstrichtungen (glühender Picasso-Verehrer!), deren Bildungswert für die Jugend nicht unumstritten ist. Mit großer Hingabe widmet er sich dem Unterricht im Basteln und Modellieren sowie dem künstlerischen Werkunterricht.
Als Seminarlehrer hat er sich sehr gut bewährt und wirkt auch an der künstlerischen Ausbildung der künftigen Kunsterzieher mit (Lehrauftrag an der Akademie der bildenden Künste).
Zu den Kollegen ist er jeder Zeit und entgegenkommend.

München, den 22. Juli 19 58

Der Anstaltsvorstand: *Haßmüller*
                         Oberstudiendirektor

1955

16. Zusammenfassung:
(Kurze Darstellung der Gesamtpersönlichkeit der Lehrkraft, ihrer besonderen Eigenschaften, Fähigkeiten oder Mängel, ihrer Eignung für besondere Aufgaben. Besondere Bemerkungen.)

Er bemüht sich mit Erfolg, seine große Begeisterung für die Kunst auch auf seine Schüler zu übertragen und ihnen Augen und Sinn für die künstlerischen Schönheiten ihrer Umgebung zu öffnen. Er legt den Schwerpunkt auf das künstlerische Erlebnis und sucht die Schüler bei jeder Gelegenheit zu diesem hinzuführen (Lichtbildervorträge, Naturbetrachtung). Das unscheinbarste Blümchen läßt er vor den Schülern zum begeisternden Kunstwerk werden und gibt ihnen dadurch reiche Anregungen. Seine besondere Neigung gilt dem Unterricht im Basteln und Modellieren und dem künstlerischen Werkunterricht.
Als Seminarlehrer hat er sich sehr gut bewährt; außerdem ist er noch an der Akademie der bild.Künste tätig (Lehrauftrag).
Durch sein freundliches, entgegenkommendes Wesen ist er ein allseits beliebter Kollege.
Seine Eignung für die vorgeschlagene Beförderung in charakterlicher, fachlich-pädagogischer und organisatorischer Hinsicht ist voll gewährleistet.

München, den 19. Januar 19 55

Der Anstalts Vorstand: *Haßmüller*

Quelle: BayHStA MK 47933.

erst möglich gemacht und die strahlend schönen Kinderzeichnungen erstehen lassen, die der frühere Zeichenunterricht geradezu verhinderte«.

Im Juni 1953 fand noch eine Aussprache zwischen Wolf und Mohr über die Punkte der Denkschrift statt. Laut Küchle lenkte Wolf jetzt ein, »weil er spürt[e], daß die Gegnerschaft wächst«. Im August 1953 schrieb Küchle über Hans Herrmann, Wolf und Köhler, sie »haben es aufgegeben, noch einmal nach irgendeiner Verständigungsbasis zu suchen«.[107]

Hans Herrmann pflegte als Fachberater für Zeichnen für das Münchener Volksschulwesen seine Linie[108] weiter, an den staatlichen und städtischen Gymnasien ging es nicht so homogen zu. Zwar berief man sich überall zunehmend auf das ›musische Prinzip‹, und alle operierten mit dem ›Erlebnis‹, doch ein wesentlicher Unterschied bestand darin, inwieweit die immer noch allgegenwärtige Abwehr der ›modernen Kunst‹ und der ›modernen Medien‹ aufbrechen konnte bzw. zusammenbrechen musste. Während sich z.B. Richard Wolf noch in den 1950er Jahren zum »glühenden Picasso-Verehrer« wandelte, muss man beim »Gestalt«-Kreis eher eine Verhärtung der Positionen – bis in die jüngste Vergangenheit – zur Kenntnis nehmen. Das früh separierende, hierarchisch gegliederte Schulsystem in Bayern ermöglichte ein weiteres Auseinanderdriften der kunstpädagogischen Leitlinien an den jeweiligen Schulgattungen und erschwerte einen fruchtbaren Diskurs.

---

107 Stellungnahme zu den Bedenken gegen die Art der Durchführung der pädagogischen Seminare für Kunsterziehung und die einseitig gelenkte Entwicklung dieses Faches.
108 Diese Linie ist nachlesbar in: »Vorläufige Richtlinien und Lehrplanaufgaben für den Zeichenunterricht an den Münchner Volksschulen mit Genehmigung des Staatsministeriums für Unterricht und Kultus im Auftrag des Stadtschulamtes München, erstellt vom Fachberater für Zeichnen in Zusammenarbeit mit Münchner Schulräten.« In: Die Gestalt. Blätter für Zeichnen/Werken/Kunstunterricht, Ratingen 1949, 2. Lieferung, S. 57-64. In diesem Lehrplan ist noch nicht (oder nicht mehr) von der musischen Erziehung die Rede. Egon Kornmann hatte 1942 in einem Artikel »Die unsterblichen Kräfte der Volkskunst« (Die Gestalt, Juli 1942, S. 1/2) die Volkskunst als »Träger und Ausdruck der musisch-gestaltenden Kräfte der Kunst« und den »Maßstab des Musischen« als alleinigen Maßstab für das Bildnerisch-Schöpferische benannt. Auch nach 1945 war es vor allem Kornmann, der das ›Musische‹ betonte, während Hans Herrmann eher aus der Defensive heraus mit dem Begriff operierte.

Kurze Zusammenfassung

Als hauptsächliche Ergebnisse der Studie sind zu nennen:
1. Auf Grund des (im Vergleich zu den Volksschullehrern) hohen Grades der Mitgliedschaft in der NSDAP und der nachgewiesenen Tätigkeit der KunsterzieherInnen an den sog. höheren Schulen in München ist der Begriff »Kunsterziehung der NS-Zeit« zu erweitern auf NS-Kunsterziehung.
2. Diese NS-Kunsterziehung stützte sich nicht auf eine Hauptsäule (Kornmann/Herrmann), wie bisher in der Literatur (unter dem Stichwort Britsch/Kornmann) meist angenommen wurde, sondern nährte sich aus zwei Hauptquellen und vielen kleinen Rinnsalen. Belegt wurde, dass neben der Schule der Britsch-Interpreten Kornmann und Herrmann die Seminarschule von Josef Bergmann überragenden Einfluss hatte. Die beiden Hauptströmungen, die sich in jeweiligen Arbeitsgemeinschaften auch strukturell und organisatorisch ausformten, bedienten gemeinsam die Interessen, die sich aus der Aufgabe der vollständigen Militarisierung der Gesellschaft ergaben. Es entwickelte sich wie von selbst eine Art Arbeitsteilung, die bis hin zu einer Gebietsaufteilung führte: Völkisch-nationalistisch ausgerichtete Kleinkunst im Unterricht »für die kleinen Leute« (Volksschulen und Mädchenoberschulen), mehr modern-funktional an technischer Zweckrationalität orientierter Unterricht an den Knabenoberschulen und Gymnasien. Die Hierarchie der faschistischen »Männergesellschaft« mit dem weiblichen Resonanzboden prägte auch die Kunsterziehung ihrer Zeit bis in die feinsten Poren. Die Gleichschaltung der Kunstpädagogik in der NS-Zeit bedeutete also nicht unbedingt die Einebnung aller Formvorstellungen, die Uniformierung aller Gestaltungskonzepte, sondern deren jeweilige, durchaus unterschiedliche Indienstsetzung für das Regime. Entscheidend war die eindeutige Deutschverherrlichung mit dem dazugehörigen Feindbild des Hässlichen und Schwachen. Die wechselnden Erfordernisse des NS-Regimes (Feiern, Fliegen, Sammeln, Sterben usw.) brachten auch die personellen kunstpädagogischen Konstellationen durcheinander.
3. Die beiden Hauptrichtungen der NS-Kunstpädagogik waren einerseits Ausdruck und Spiegelbild des überlebten bayerischen Ausbildungssystems der Trennung in THM und Kunstgewerbeschule (und isoliert davon die Akademie), andererseits stützten und festigten sie aktiv diese Trennung im Interesse des NS-Systems. Zwölf Jahre lang bediente sich der Faschismus an der Macht

noch der morschen Strukturen und verknöcherten Inhalte, bis – zeitgleich – mit seiner militärischen Niederlage auch die TH-Ära der Kunsterzieherausbildung zu Ende ging. Der Zeichen- und Kunstunterricht an den Münchener »höheren Schulen« war Bestandteil eines verfestigten Systems geometrisch-rigider und starrer Ausrichtung – und als die KunsterzieherInnen schließlich gegen dieses System rebellierten, geschah dies bereits in einem geistigen Milieu, in dem die Vorstellungen von Kunst mit all ihren irrationalen Komponenten mit den rassistischen NS-Mythen schon zu verschmelzen begannen.

4. Für die Kunsterzieher erwies sich der Titel »Hauptstadt der Deutschen Kunst« als ein Versprechen, das geeignet war, Größenfantasien zu wecken. Diese platzten jedoch wie eine Seifenblase. In der Praxis hieß das Dienst »am kleinen Platze«: in dekorierender, beschönigender und schmückender Funktionsausübung und – im Schlepptau von Geschichtsfälschung und rassistischer deutscher Hybris – verschleiernde, romantisierende und legitimierende Tätigkeit. Daneben umfasste dieser Dienst an den höheren Schulen die direkte Ausbildung und Offiziersanwerbung von Schülern für die faschistische Luftwaffe und Marine. Diese dienende Rolle der Kunsterziehung und Kunst schmälert nicht die Bedeutung der Hauptstadtrolle, sondern erfüllte den ihr eigenen Auftrag.

5. Nach dem Ende der kunstpädagogischen Blütenträume (für die akademische Ausbildung spätestens 1940) stützte man sich bei der Neupositionierung der Kunsterziehung nach 1945 hauptsächlich auf die sog. seelisch-musischen Bildungswerte (immer noch und erneut im Gegensatz zur »kalten Rationalität«). In München versammelte man sich unter teilweisem Sträuben relativ schnell unter diesem Dach, das aber die tatsächlichen Widersprüche noch weiter verschärfte: Auch beim »Musischen« hatten sich während der NS-Zeit zwei Hauptstränge herausgebildet: erstens die »soldatisch-musische« Erziehung von Krieck und Baeumler und zweitens die Verbindung »musisch« mit »heimatlich« (die »gestaltete Heimat« usw.). Beide zusammen hatten weite Flächen der Interessen nationalsozialistischer Erziehung bedient. Nach 1945 übernahm man im Namen einer neuen Innerlichkeit unreflektiert den Begriff des Musischen und das damit verbundene unübersehbare Interpretationsspektrum.[1]

6. Schon Anfang der 1950er Jahre zeichnete es sich ab, dass auch die beschworenen musischen Bildungswerte nicht die erhoffte Tragfähigkeit aufweisen würden. Kaum waren die neuen Lehrpläne erstellt, sah man sich schon mit

---

[1] Soweit nach 1945 mit der »musischen Kunstpädagogik« wieder an Gustaf Britsch angeknüpft wurde, erledigte man nur aufs Neue gründlich dessen Überlegungen. Weder die musische Kunsterziehung nach 1945 noch die völkische Kunstpädagogik in der NS-Zeit ist dem Werk Britschs anzulasten.

Stundenkürzungen an den Oberschulen und Gymnasien konfrontiert. Das Pendeln eines Faches zwischen (Größen-)Fantasien und herben Rückschlägen in der Realität muss nach wie vor als Gefahr für die Kunstpädagogik gesehen werden.

7. Die Veränderung der Britsch-Überlegungen bis zu ihrer Umkehrung ist stationenweise sichtbar geworden: in der Haltung zur modernen Malerei – bei Britsch Nichtbeachtung, bei Kornmann Abwehr, bei Herrmann Krieg; in der Frage Kunst und Technik – bei Britsch Ratlosigkeit und Neigung zur Trennung, bei Kornmann strikte Trennung, bei Herrmann Krieg; politisch – bei Britsch Trennung von Kunst und »außerkünstlerischen Faktoren«, bei Kornmann »Augen zu«, Hauptsache, es nützt der Kunst, bei Herrmann opportune aktive Einbettung der Kunstpädagogik in die Zielsetzung des NS-Regimes.

Erfreute sich Kornmann 1938 an der Annexion Österreichs wegen des Zuwachses an kunsterzieherischem Potential, so bedeuteten ihm die Trümmerfelder 1945 reichlich Beutegrund für Farbe, Struktur und Stein. Dieser Haltung, Nutzen und Anerkennung für das Fach erlangen zu wollen, ohne die gesellschaftlichen Zusammenhänge zu reflektieren, muss offensichtlich bewusst entgegengesteuert werden.

8. Die NS-Kunsterziehung war keine Erziehung zu einer politischen Kunst, sondern verfolgte das entgegengesetzte Konzept der ästhetisierten Politik. Die Scheidelinie zwischen diesen Konzeptionen kann belegbar als Trennungslinie zwischen einem emanzipierenden Akt und einem Akt gefasst werden, der die Erkenntniskräfte zugunsten eines Erlebnisses vermindert. Die Herausforderung, mithilfe der Kunst (bei entsprechender Hilfestellung im Unterricht) und mit künstlerischen Genüssen auch gesellschaftsbezogene rationale Erkenntnisse zu gewinnen, stellt sich seit den Erfahrungen 1933-45 mehr denn je. Das Nichtdurchschauen ästhetischer Faszination hat sich mutatis mutandis als aktuelles Problem erhalten.

Anhang

Kurzviten der ZeichenlehrerInnen und KunsterzieherInnen an Münchner »höheren Schulen« in der NS-Zeit

Schulen ohne Ortsangabe sind Schulen in München.

Allweyer, Barbara von, geb. 29.11.1884. Absolvierung des 8-klassigen Kgl. Erziehungsinstitutes Nymphenburg als Internatszögling, 1902 Lehramtsprüfung für die französische Sprache, 1902 (?) -1910 KGS, 1907 Lehramtsprüfung für Zeichen (LPZ), 1912 Praktikantin für das Zeichenlehrfach an Münchner Volkshauptschulen, 1913 Verweserin, ab 1916 Zeichenlehrerin an der Kgl. Kreis-LBA München, 1939 Studienrätin. 1942 auf Aufforderung der Direktion der Hans-Schemm-Oberschule eigenes Entlassungsgesuch, 1943 Pensionierung. Laut eigener Angaben (Meldebogen 1946) »nicht betroffen«. Ab 1946 wieder Studienrätin im aktiven Schuldienst an der LBA München-Pasing, 1948 Ruhestand. BayHStA MK 31981.

Baer, Otto, geb. 23.2.1911 in München. 1930 Abitur Wilhelmsgymnasium, 1930-34 AdBK (bei Schinnerer und Diez), KGS (Klasse Teutsch) und THM, 1934 LPZ 1. Teil, 1934-35 Päd. Sem. Luitpold-Oberrealschule, 1935 LPZ 2. Teil. Kurze Zeit an der Maria-Theresia-Realschule, ab 1935 Salemer Schloss-Schule in Baden, April 1940 Einberufung zur Wehrmacht, kurze Ausbildung in Prag, dann Frankreich und Ostpreußen, Einmarsch in die Sowjetunion. 1941 Beamter auf Lebenszeit, Studienrat. Laut eigenen Angaben (Meldebogen 1946): NSDAP-Anwärter, SA-Sturmmann ab 1936, RKdBK 1935-45, HJ, NSLB seit 1936. Als »Spätheimkehrer« aus sowjetischer Gefangenschaft September 1949 »gemäß Art. 3 der VO. Nr. 165 vom 13.7.1948 von der RAO. zur politischen Säuberung vom 25.4.1947 nicht betroffen«. 1958 Studienprof. in Augsburg, 1962 Oberstudienrat. BayHStA MK 55903.

Beer, Andreas, geb. 8.3.1914 in München. 1933 Abitur Wilhelmsgymnasium, 1933-1937 THM, 1937 LPZ 1. Teil, Päd. Sem. NRG, Unterrichtsaushilfe an der Luitpold-Oberreal, 1938 LPZ 2. Teil. 1938-39 Militärdienst. 1939/40 Studienass. an der Oberschule für Knaben a.d. Müllerstraße und Gisela-Oberschule, 1940-42 in Passau. 1942-45 Soldat, entlassen wegen Sturz vom Motorrad. 1943 Studienrat. Am 22.10.1945 auf Weisung der Militärregierung aus dem Lehrfach entlassen: NSDAP 1937-38, SA-Reserve 1933-38 (Oberscharführer), NS-StB 1933-37, NSLB 1938-45. 1945-48 Maler und Grafiker. Einstellung des Spruchkammerverfahrens, 3.5.1948 : »Weihnachtsamnestie«. Ab 1948 Maria-Theresia-Oberreal, 1960 Studienprof., 1965 Oberstud.rat, 1968 Gymnasialprof., 1970 Ruhestand (Dienstunfähigkeit). Teilnahme an Ausstellungen der Gesellschaft für christl. Kunst 1937, Münchner Kunstausstellung im Maximilianeum 1938. BayHStA MK 55975, Foto: HATUM.

Bergmann, Josef, geb. 1.11.1888 in Amberg, gest. 27.9.1952. AdBK, THM, 1919 LPZ 1. Teil, 1920 2. Teil. Im 1. Weltkrieg Soldat und Offizier. 1922-32 Rupprecht-Oberrealschule, 1924 Studienrat, 1932-46 NRG, Seminarlehrer und Gutachter des Kultusministeriums, Kirchenfreskenmaler und ausstellender Künstler. Vom 1.6.-16.7.1937 beurlaubt für die »Vorbereitungen für den Tag der dt. Kunst 1937«. Spruchkammer München X, 14.4.1948: »Mitläufer«: NSDAP 1937-45, NSV. Am 13.4.1946 auf Weisung der Militärregierung dienstenthoben. Eine Weihnachtsamnestie wurde rückgängig gemacht (Nr. IX 60859). Am 3.8.1948 Wiederanstellung als Studienprof. und Ruhestandsversetzung. Kirchen-Freskenmalerei u.a. in Olching, Gilching, Kirchseon. BayHStA MK 32108, MK 18405 und HATUM.

Birnmeyer, Artur, geb. 3.12.1901 in Krickenbach/Kaiserslautern. 1921 Abitur in Kaiserslautern, 1921-1925 THM und KGS München (bei Dasio, Graf, Teutsch, Schinnerer und Pfeifer), 1925 LPZ 1. Teil, Päd. Sem. Luitpold-Oberrealschule, 1926 LPZ 2. Teil. 1926-30 priv. Dr. Ustrich'sche Lehranstalten, 1930-34 vorber. Dienst am Hum. Gymnasium Pasing, Unterrichtsaushilfen: NRG München Ende 1931 bis April 1932 (für Soyter), 1933 Gisela-Oberrealschule, anschließend in Germersheim/Rhein, Studienrat 1938, dann in Kaufbeuren. Auf Weisung der Militärregierung am 29.10.1945 des Dienstes als Studienrat enthoben. Spruchkammer Kaufbeuren, 17.6.1948 (AZ 1101 Bi/K): »Mitläufer«. NSDAP 1933-39 (Mitgl.-Nr. 1 924 450), HJ 1933-39 (Oberjungzugführer), NSLB 1936-39, RKdBK 1936-39, VDA 1935-38, NSKG 1935-37 (Kulturwart). 1948 wieder im Schuldienst. BayHStA MK 45717.

Blatner, Joseph, geb. 24.8.1895 in München, gest. 28.8.1987 in München. 1905-08 Luitpoldgymnasium, 1908-1914 Hum. Gym. Pasing, 1914 Abitur. 1914-20 THM (Kriegsdienst 1915-18), KGS, AdBK. 1920 LPZ 1. Teil, Päd. Sem. Luitpold-Oberrealschule, 1920 LPZ 2. Teil. 1921-25 Studium Kunstgeschichte und Archäologie, LMU. 1927 Mitarbeiter der Ausstellung »Das bayerische Handwerk«. Ab 1925 Lehramtsass. in Lindau, Pasing, München und Weiden, ab 1929 Studienrat in Hof, 1934-45 Gisela-Oberrealschule München, ab 1935 auch Oberrealschule III und Hum. Gymnasium Pasing, 1940 Studienprof. »In den letzten Jahren« vor 1945 »Prüfungskommissär für den Nachwuchs im Lehramt für Kunsterziehung an den höh. Lehranstalten«. 1945 Oberschule in Gräfelfing und Herrsching (?). Nach eigenen Angaben nicht Mitglied der NSDAP. 1946 Hauptkonservator am Bayer. Landesamt für Denkmalpflege, betraut mit den kirchlichen und öffentl. Bauten, soweit sie dem Erzbischöfl. Ordinariat unterstanden. 1960 Ruhestand. BayHStA MK Blatner, HATUM.

Börner, Laura, geb. 9.11.1879 in München, gest. 8.2.1956 in München. Volksschule, Institut am Anger, Privatunterricht im Zeichnen und in fremden Sprachen, 3 Jahre Vorunterricht im Turnen und Ausbildung an der Kgl. Landesturnanstalt in München. 1894-99 KGS, 1899 LPZ, 1 Semester Assistentin für Geometrie und Projektion (Prof. Kleiber) und 2-jähriges Studium bei Prof. Walter Thor. 1901 und 1904 Turnexamen. 1905 Verweserin für Turnen und Zeichnen, 1908 Lehrerin für Turnen und Zeichnen an Volksschulen (»wirkliche Zeichenlehrerin«), seit 1910 Mitglied der Prüfungskommission für Turnlehrerinnen, ab 1913 Turnlehrerin an Höh. Mädchenschule, ab 1920 Hauptlehrerin im städt. Schuldienst, Lyzeeum Luisenstraße, 1922 Rechte der unwiderruflichen Anstellung,

ab 1929 Seminarlehrerin für Turnen am Luisenlyzeeum. VDA ab 1925, NSV ab 1935, NSLB 1935-1945, RDB 1936, Volksbund für Kriegsgräberfürsorge ab 1933, DRK ab 1940. 1945 durch die Militärreg. bestätigt. 1947 Ruhestand. StAM, Schulref, Abg. 1986, Bd. 7, Nr. 3.

Braig, Adolf, geb. 26.7.1880 in Denklingen, gest. 22.2.1950. 1890-97 Realschule in Augsburg, 1897-1901 THM, 1901 LPZ. Erste Lehrtätigkeit am Technikum Aschaffenburg, dann in Schweinfurt und Nürnberg. 1914-16 Rendant im Vereinslazarettzug. 1925-35 Theresiengymnasium, ab 16.4.1935 Altes Realgymnasium, Ministerialbeauftragter zur Visitation des Zeichenunterrichts. Am 1.7.1946 beurlaubt für Sonderaufgaben an der Akademie für angewandte Kunst, dann von Carl Sattler an die Hochschule für Bildende Künste geholt. Laut eigenen Angaben im Meldebogen 1946: nicht Mitglied der NSDAP, NSV, NSLB, RLB, VDA. Auf die Frage, wie er 1933 gewählt hat, schrieb Braig: »Hitler?« BayHStA MK 36444 und Personalakte der AdBK.

Brand, Hans, Dr. Ing., geb. 9.4.1879 in Bayreuth, gest. 10.1.1959 in Pottenstein. 1899 Reifeprüfung, 1900-04 AdBK München, Universitäten Gießen und München, THM und Darmstadt: Ausbildung für Graphik, für das Bau- und Bergfach sowie Geologie und Vermessungskunde (Dissertation 1921 an der THM »Die Kupfererzlagerstätten bei Kupferberg in Oberfranken«). Ab 1927 Studienprofessor für Zeichnen an der Gisela-Oberrealschule. Spruchkammer Darmstadt-Lager vom 12.7.1947: »Gruppe III der Minderbelasteten«. Stahlhelm 1929 und erneut ab 1932, NSDAP ab 1935, Waffen-SS. Führend tätig in der Himmlerorganisation »Ahnenerbe«. Trotz Spruchkammerbescheid Ruhestandsversetzung zum 1.9.1947. BayHStA MK 45764, Kater, *Das Ahnenerbe,* Ernst Klee, *Das Personenlexikon zum Dritten Reich,* Frankfurt am Main 2003.

Braun, Heinrich, Dr., geb. 24.7.1908 in Ansbach. 1927-1932 THM, 1932 LPZ 1. Teil, 1933 2. Teil, ab 28.2.1933 Freiwilliger Arbeitsdienst, 1.6.1936 RAD-Feldmeister, 31.12.38 »Austritt aus dem RAD als Oberfeldmeister auf eigenes Ansuchen«, 1939 Gisela-Oberreal, Sommer 1939 Sportlehrer in Berlin, 1939-40 Kunsterzieher in der Dt. Schule in Athen (angerechnet als vorber. Dienst), ab 1941 Studienass. an der Oberschule a.d. Damenstiftstraße. Ab 11.8.1941 Wehrmacht. 1943 Studienrat. NSDAP ab 1933 (Mitgl.-Nr. 1 868 421), RAD 1936-38, DAF. Juli 1945 bis Februar 1946 Internierung in Moosburg. Spruchkammerbescheid, 9.10.1946: »Entlasteter«, weil er ab 1943 »in Widerstand« getreten sei (Gruppe Gerngross). 1946 Rückmeldung an der Oberschule a.d. Damenstiftstraße, 1947 Studienrat Realschule Gunzenhausen, 1955 Promotion an der Uni Würzburg (»Triesdorf! Baugeschichte der ehemaligen Sommerresidenz der Markgrafen von Brandenburg-Ansbach 1600-1791.«) 1956 Studienprofessor am NRG. 1957 Studienreise nach Jugoslawien mit Förderung durch das Zentralinstitut für Kunstgeschichte in München. BayHStA MK 56104.

Buchner, Dorothea, geb. 14.6.1891 in Kaufbeuren, gest. 6.5.1968 in Oberstdorf. 1906 Absolvierung der 6-kl. Höh. Mädchenschule in Hof, 1911-15 KGS München, 1915 LPZ, 1915-16 Praktikum am Max-Joseph-Stift, 1917 LA-Prüfung für Turnen, 1917-18 wissenschaftliche Hilfsarbeiterin Staatsbibliothek München, 1918-19 Zeichen- und Turnlehrerin an der LBA Kaiserslautern, 1920-1943 Städt. Höh. Mädchenschule an der Luisenstraße (1920 Hilfslehrerin, 1934 Fachoberlehrerin, 1941 Studienrätin), 1943-45 Oberschule für

Mädchen in München-Pasing. Dienstenthebung auf Weisung der Militärregierung am 1.6.1945. Spruchkammer München VII, 6.2.1947 (AZ 2562/46): »Belastete (Gruppe II)«. NSDAP 1926-45 (Mitgl.-Nr. 40 011, Inhaberin des Goldenen Parteiabzeichens und des Nürnberger Parteitag-Abzeichens 1929), SS 1933-45 (förderndes Mitglied, Trägerin der SS-Silbernadel), BDM (Mädelringführerin), JM (Jugendwalterin), NSF 1934-45, NSV 1934-45, NSLB 1933-45, DRK, RKB. Berufungskammer, 29.7.1948: »Minderbelastete (Gruppe III)«. Spruchkammer M.-Stadt (Hauptkammer), 3.2.1949: »Die Betroffene wird im Nachverfahren gem. Art. 42/2 endgültig in die Gruppe IV eingereiht.« 1948 Wiedereinstellung mit gleichzeitigem Ruhestand. StAM, Schulreferat, Abg. 1969, 25/22b, Bd. 1, Nr. 3.

Dall'Armi, Emma von, geb. 5.11.1885 in München. 1895-1904 Höh. Mädchenschule (Englische Fräulein in Nymphenburg, 1903-04 in Frankreich), 1905-09 Kunstgewerbeschule München, 1909 LPZ (alte Ordnung), 1910-13 Lehrtätigkeit in Aachen, 1913-18 Weiterbildung auf künstlerischem Gebiet, ab 1918 Lehrtätigkeit am Max-Joseph-Stift, ab 1926 häufig Kursteilnehmerin am Gustaf Britsch-Institut in Starnberg. 1938 Fachlehrerin für Zeichnen und Beamtin auf Lebenszeit, 1930-40 nebenamtlich an der Kaufmännischen Berufsschule München. 1940 Studienrätin am Max-Josef-Stift. Laut eigenen Angaben im Meldebogen von 1946: Nicht Mitglied der NSDAP, NSLB ab Juli 1933, NSV ab 1928, RKdBK ab 1933, Reichsluftschutzbund ab 1937, VDA ab 1937. 1950 Ruhestand. BayHStA MK 32303.

Deppisch, Hildegard, geb. 16.6.1908 in München. 1928 Abitur Luitpold-Oberrealschule, 1928-1932 KGS und THM, Akademie (bei Schinnerer), 1932 Referendarprüfung, 1933 Assessorin, 1935 Sonderprüfung für Volksschuldienst. April-Juli 1933 am Humanistischen Gymnasium Luisenstraße, 1933-35 in Amberg, 1935 Zeichenlehrerin am Lyzeum Paul-Heyse-Straße in München, 1943 an der städtischen Oberschule Maria-Ward-Straße (diese Schule wurde in ein KLV-Lager nach Wiessee geschickt). Spruchkammer Erding, 7.10.1946: »Mitläufer«. 1934 NSLB, NSV und VDA, 1937-45 NSDAP, 1936-37 BDM, 1934-35 Schuljugendwalterin, 1938 Kreisjugendwalterin im NSLB, NSF-Blockhelferin, Jugendhelferin der NSV 1936-37. Spruchkammerbescheid Berchtesgaden-Reichenhall, 19.2.1947: »entlastet«. Die Militärregierung stimmte diesem Bescheid nicht zu. BayHStA MK 56237.

Dering, Joseph, geb. 17.3.1910 in München, gest. 2.7.1999. 1929 Abitur an der Rupprecht-Oberrealschule, 1932-33 THM, 1933 LPZ 1. Teil, Seminar an der Rupprecht-Oberrealschule, 1934 LPZ 2. Teil, 1934-39 AdBK (anerkannt als Vorbereitungsdienst), 1938-39 Komponierschüler von Hermann Kaspar. 1939-45 Wehrmacht, 1945 amerikanische Kriegsgefangenschaft. Nach eigenen Angaben (Meldebogen 1946): NSDAP 1937-1945 (Mitgl.-Nr. 4 126 937), NSStB 1933-39, RKdBK 1934-45, SA-Sturm 1936, SA-Sportabzeichen. »Weihnachtsamnestie« durch die Spruchkammer Fürstenfeldbruck am 8.4.1947 mit der Bemerkung: »Dering war vorher nicht im Schuldienst tätig und konnte deshalb auch nicht von einer Militärregierung des Dienstes enthoben werden.« 1948 Oberrealschule Pasing, 1949 Wittelsbacher Gymnasium, Studienrat ab 1950. Seminarlehrer. 1965 Gymnasialprofessor, 1972 Ruhestand. Vertreten auf Ausstellungen: 1936 »Große Münchener Kunstausstellung«, 1939 »Tage studentischer Kunst«, nach 1945 bekannt vor allem durch Kirchenglasmalerei. BayHStA MK 56241.

Dietl, Johann Baptist, geb. 21.12.1883 in Pollanten (LK Beilngries), 1902 Absolutorium der Realschule Landshut, 1902-05 Kunstgewerbeschule München, 1905-07 THM, 1907 LPZ, 1908-11 Zeichner am Deutschen Museum, 1911 Praktikum an der Maria-Theresia-Realschule, 1911-17 Assistent an der Realschule in Aschaffenburg, 1918 Gymnasialzeichenlehrer, 1920 Studienrat, ab 1923 Oberrealschule III in München, 1934 Studienprofessor. 1944-45 Maximiliansgymnasium. Dienstenthoben durch ME vom 18.1.1946. Spruchkammer München VII vom 21.4.1948: »Mitläufer«. NSDAP 1932-45 (Hauswart), NSB 1936-45 (Obmann), RLB 1936-45, NSV 1938-45 (Helfer). 1948 Versorgungsbezug (Dienstunfähigkeit), 1951 gesetzliches Ruhegehalt. Spezialgebiet: Die Gabelsberger Stenografie. BayHStA MK 32370.

Dressel, Paul, geb. 21.11.1887 in München. Absolvierung der Realschule an der Damenstiftstraße. Studium THM, 1910 LPZ. Einjährig-freiwillig im 1. Infanterie-Regiment, 1912 Pädagogisches Seminar in Nürnberg (»Turn- und Jugendspielkurs für geprüfte Lehramtskandidaten und -Assistenten humanistischer und realistischer Mittelschulen«).1913 Lithograf. 1914 bis 1918 »im Felde«. 1919 NRG, 1920 (als Studienrat) bis 1944 bzw. 1946 am Wittelsbacher Gymnasium (dazwischen zum Fotografieren für den »Führerauftrag« vom Landesamt für Denkmalpflege eingesetzt), 1939 Studienprofessor, ab 1946 Klenze-Oberrealschule, Seminarlehrer für Zeichnen. 1952 krankheitsbedingt beurlaubt und Ruhestand. Eigene Angaben im Meldebogen vom 5.3.1946: »nein« bei NSDAP, NSLB 1936-45, NSV 1937-45, VDA 1922-45, RLB 1939-45, Truppführer 1944-45. BayHStA MK 45928, Foto: Schularchiv Rupprechtgymnasium.

Eckert, Josef, geb. 10.3.1910 in München. 1921-27 Gisela-Oberrealschule, 1927-30 Luitpold-Oberrealschule, 1930 Abitur, 1930-34 THM, AdBK, Kunstgewerbeschule, 1934 LPZ 1. Teil, Seminarjahr an der Luitpold-Oberrealschule, 1935 LPZ 2. Teil. 1935 Studienass. an der Ludwigsrealschule, Mai - Juli 1937 Unterrichtsaushilfe am NRG für Josef Bergmann, der für den »Festzug« beurlaubt war, 1940 Maxgymnasium, 1941 Studienrat am Maxgym. und an der Oberschule für Jungen an der Damenstiftstraße, 1942 Kriegseinsatz (Luftwaffe), 1943 Lagerleiter des KLV Reichenhall. Spruchkammerbescheid Fürstenfeldbruck, 11.11.1948: Mitläufer. NSDAP ab 1.5.1937 bis 1941, Mitgl.-Nr. 5096210. Am 29.4.1946 auf Weisung der Militärregierung aus dem Schuldienst entlassen: »Diese Entscheidung der Militärregierung ist endgültig.« Am 7.10.1949 entschied die Hauptkammer München AZ H/Fü/3197/49-Kr./S., »nicht betroffen«. 1949 Zeichenlehrkraft am Gymnasium in Neuburg, dann Altes Realgymnasium und Gisela-Oberrealschule in München, 1950 Studienrat, 1957 Studienprof., 1965 Gymnasialprof., 1972 Ruhestand. Quelle: MK 385 (29036).

Eichele, Max, geb. 29.10.1882 in Daxberg/Memmingen, gest. 25.11.1951 in München. 1901 Absolvierung der Realschule, 1901-06 THM und Kunstgewerbeschule, 1906 LPZ, 1906-07 freiwilliges praktisches Jahr am Alten Realgymnasium, 1908 Süddeutsches Landerziehungsheim Schondorf/Ammersee, 1910 Seminarassistent an der LBA Eichstätt, 1911 Präparandenlehrer, 1918 Gymnasialzeichenlehrer in Erlangen und Eichstätt, 1923 Studienprofessor, 1925-47 Wittelsbacher Gymnasium München, 1930 Studienprofessor. Nach eigenen Angaben im Meldebogen 1946: nicht Mitglied der NSDAP,

Fördermitglied der SS 1937-38, Fördermitglied des NSFK 1937-43, NSV 1934-43, NSLB 1936-43, VDA ?-43, DRK ?-43, RKB ?-43. Spruchkammer IX München (AZ IX 501/46 Kg) am 4.7.1947: »[…] Der Kassationshof hat gegen den am 10.2.47 erlassenen Sühnebescheid Einspruch erhoben […] da der Betroffene nur förderndes Mitglied der SS und des NSFK […] war und daher das Verfahren einzustellen ist.« 1948 Ruhestand. BayHStA MK 32467

Fäustle, Alfons, geb. 28.7.1888 in Schwabmünchen. 1906 Absolutorialprüfung an der Kg. Realschule in Kaufbeuren, 1906-10 THM, 1910 Lehramtsprüfung für Zeichnen und Modellieren und für Stenographie, 1910-11 Pädagogisches Seminar an der Luitpold-Kreisoberrealschule. 1914-16 Kriegsdienst. Ab 1922 Studienrat Lehrer für Zeichnen und Stenografie in Forchheim, ab 1934 an der Gisela-Oberrealschule in München, 1935 Studienprofessor. Auf Weisung der Militärregierung am 28.1.1946 dienstenthoben. Spruchkammer München X vom 21.4.1948: »Mitläufer«. NSDAP 1937-45 (Mitglieds-Nr. 4 200 746, Zellenleiter 1938-45), SA-Reserve 1933-40 (Oberscharführer 1940), NSV 1935-45, NSLB 1934-45, VDA 1938-40, RLB 1935-45. 1948 wieder eingestellt an der Gisela-Oberrealschule, 1949 wieder Studienprofessor, 1953 Ruhestand. BayHStA MK 45997.

Fluhrer, Friedrich, geb. 26.10.1883 in Unterampfrach/Feuchtwangen. 1901 Absolvierung der Realschule in Dinkelsbühl, 1902-05 Kunstgewerbeschule Nürnberg, 1905-06 THM, 1906 LPZ. 1907-10 Technischer Zeichner in Kassel und Frankfurt am Main. Ab 1911 Assistent am Progymnasium Schwabach, 1916-27 Gymnasialzeichenlehrer am Progymnasium Pasing. 1917 bis Kriegsende »im Felde«. Ab 1927 Studienprofessor am Humanistischen Gymnasium mit Realschule in München-Pasing. Nach eigenen Angaben (Meldebogen 1946): nicht Mitglied der NSDAP, NSV ab ca. 1935, NSLB ab 1934, VDA ab ca. 1928, DRK ab ca. 1939, RLB ab 1933, Evangelische Kirchengemeinde (Kirchenvorsteher 1930). Spruchkammer München VII, 30.4.1947: »Aufgrund der Angaben in Ihrem Meldebogen […] nicht betroffen.« 1947 Dienstunfähigkeit, 1948 Ruhestand. BayHStA MK 32624.

Födransperg, Alfred, geb. 24.12.1901 in Saalhausen/Westfalen. 1921 Reifeprüfung am Humanistischen Gymnasium in Bayreuth, 1921-25 THM (hospitiert an Kunstgewerbeschule und Uni München), 1925 LPZ 1. Teil, 1925-26 Pädagogisches Seminar an der Rupprecht-Oberrealschule, 1926 LPZ 2. Teil, 1926-34 Unterrichtsaushilfe, insbesondere an der Maria-Theresia-Realschule, 1934-45 Studienassessor und Studienrat an der Oberrealschule für Jungen in Kulmbach, 1938 Studienrat. 1941-45 Kriegsdienst, als Unteroffizier 1945-46 in englischer und amerikanischer Kriegsgefangenschaft. Nach eigenen Angaben (Meldebogen 1946): NSDAP 1935-45 (Mitglieds-Nr. 3 667 920, Schrifttumsbeauftragter 1936-45, Ortsgruppen-Propagandaleiter Kulmbach-Altstadt 1938-40), NSV 1935-45, NSLB 1934-45 (Gausachbearbeiter für Kunsterziehung, 1936-45 Gaustellenleiter »nicht bestätigt«), RKdBK 1934-45 (Kreisfachschaftsleiter 1937-45). Auf Weisung der Militärregierung am 14.8.1945 dienstenthoben, 13 Monate interniert im Lager Hammelburg. Spruchkammer Kulmbach AZ 14688 vom 18.5.1948: »Mitläufer«. Wiedereinstellung an der Oberrealschule in Kulmbach 1948. BayHStA MK 46051.

Gaugigl, Magdalena, geb. 18.3.1894 in München, gest. 18.3.1983 in München. 1900-1909 Volksschule und Fortbildungsschule, 1909-11 Gewerbliche Zeichenschule, 1911-15 KGS, 1915 LPZ, 1917 Lehramtsprüfung für Turnlehrerinnen, 1917-18 Kunstgewerblerin, 1918-38 Zeichenlehrerin am Lyzeum der Englischen Fräulein Berg-am-Laim, 1938-42 nebenamtl. Fachlehrkraft an den städt. Oberschulen für Mädchen, z.B. an der Maria-Ward-Straße und an der Blumenstraße, 1942 als ständige Angestellte an der Oberschule für Mädchen an der Maria-Ward-Straße, 1943 als Fachlehrerin an der Gewerblichen Berufsschule ins Beamtenverhältnis übernommen, 1945 Fachhauptlehrerin. 1945 auf Befehl der Militärregierung entlassen, dieser Befehl wurde nach zwei Monaten wieder zurückgenommen. 1950 bestätigte der öffentliche Kläger bei der Hauptkammer München, dass sie auf Grund ihrer Angaben im Meldebogen (1946) »nicht betroffen« ist. NSLB 1933-45 (Vertrauensfrau ab 1934), NSV 1938 bis Auflösung, DRK 1941-44. 1946 Beamtin auf Lebenszeit. StAM, Schulreferat 58/782.

Grünleitner, Elisabeth, geb. 27.7.1909 in München. Höhere Schule bis 1923, Frauenarbeitsschule 1923-26 (Gesellenprüfung 1926), Handarbeitslehrerseminar 1926-28 (Abschlussprüfung 1929), Deutsche Meisterschule für Mode 1931-33 (Meister- und Diplomprüfung 1933), KGS-Lehrgang November 1937 bis April 1938 (mit 14 Wochenstunden), selbständige Schneidermeisterin 1933-35, ab 1935 Handarbeitslehrerin am Max-Josef-Stift, 1939 Fachlehrerin, 1943 Oberschullehrerin am Max-Josef-Stift. Spruchkammer München IV, Akt IV/898, 13.11.1946 »Mitläufer«: Mitglied der NSDAP seit 1.4.1940 (Mitgl.-Nr. 7 956 325). Auf Weisung der Militärregierung am 28.11.1945 dienstenthoben. Januar 1947 wieder am Max-Josef-Stift (in Beuerberg) für Handarbeitsunterricht und für die Heimaufsicht angestellt. »Weihnachtsamnestie« 14.5.1947: »nicht betroffen«. 1970 Dienstunfähigkeit, 1971 Ruhestand. BayHStA MK 56620 und StAM, Schulreferat 1238/23, Abgabe 1966.

Hämmerle, Josef, geb. 13.11.1886 in Mindelheim. 1904 Absolvierung Realschule Kaufbeuren, 1904-06 KGS München, 1906-08 THM, 1908 LPZ. Praktikum 1908-09 Realschule in Kaufbeuren, 1909-11 Präfekt am Bärmann'schen Institut in Bad Dürkheim, 1912 erste staatliche Anstellung als Assistent an der Realschule Weiden bis 17.8.1916. Ab da Kriegsdienst bis Dezember 1918. Gymnasialzeichenlehrer ab 1918 in Landshut und Weiden, 1920 Studienrat, ab 1925 München Oberrealschule III, 1932-47 Rupprecht-Oberrealschule, Studienprofessor 1.1.1933. Nach eigenen Angaben (Meldebogen 1946): nicht Mitglied der NSDAP, NSLB 1936-45, NS-Volkswohlfahrt 1934-45, VDA 1934-45. Spruchkammer München X: »nicht betroffen«. Ab 1948 Gisela-Oberrealschule, 1950 Dienstunfähigkeit, 1951 Ruhestand. BayHStA MK 46244, Foto aus Schularchiv Rupprechtgymnasium.

Hahn, Julie, geb. 5.6.1900 in München, gest. 12.1.1970. 1921 Lehramtsprüfung für Zeichenlehrerinnen, 1923 Lehramtsprüfung für Turnlehrerinnen, 1922 Aushilfe als Turn- und Zeichenlehrerin an der Höh. Mädchenschule am St.-Anna-Platz, 1924-1926 Fachlehrerin in Rothenburg/T., 1926 Fachlehrerin wieder am St. Anna-Platz, 1935-38 Fachhauptlehrerin und Beamtin auf Lebenszeit, 1947 Fachoberlehrerin. Spruchkammer München I, 25.10.1946: »nicht betroffen«. Nicht Mitglied der NSDAP, BDM 1935 (förd. Mit-

glied), RDB 1934, NSV 1935, NSLB 1933, RLB 1934, VDA 1935-45, NS-Reichsbund für Leibesübungen (über Turnverein München von 1860). StAM, Schulamt, Bund 2, Nr. 44, Jg. 2000.

Haseneder, Joseph, geb. 16.1.1870 in Regensburg. 1883-88 LBA Amberg, 1889-95 Schulgehilfe in Furth im Wald, 1895-99 2 Semester Kunstschule in München, 3 Semester AdBK, 4 Semester THM, 1899 LPZ, 1899-1903 Projektzeichner im Baugeschäft Heilmann und Littmann, München, 1903 Gymnasialzeichenlehrer in Dillingen, ab 1909 Reallehrer in Regensburg, ab 1919 Studienprofessor am ARG in München, 1929 Oberstudienrat, 1935 Ruhestand. Zeichenunterrichts-Visitator für das Kultusministerium. Im Ruhestand noch Unterrichtsaushilfe z.B. am ARG und am Ludwigsgymnasium. Laut eigenen Angaben (Meldebogen 7.4.1933): nicht Mitglied der NSDAP. Angehöriger »der liberalen Vereinigung Dillingen a/D. von 1904-1905«. BayHStA MK 32937.

Heckenstaller, Karl-Heinrich, geb. 23.5.1886 in Landshut, gest. 26.12.1957 in München. 1906 Absolvierung der 6-kl. Realschule. 1900-04 Städt. Gewerbeschule Luisenstraße, Ausbildung als Glasmaler, 1906 Absolvierung Luitpold-Oberreal, 3 Jahre KGS und 4 Sem. THM, 1910 LPZ, 1910-11 Päd. Sem. in Nünberg, 1913-14 Militärdienst im 1. bayer. Fuß-Artillerie-Regiment, 1914 -18 Kriegsdienst. 1919-23 Assistent der THM für »Techn. Plan- und Kartenzeichnen«, 1923-25 Studienrat an der Realschule Cham, 1925-30 St. Anna-Gymnasium Augsburg, 1930-34 LBA Pasing, 1935 Hans-Schemm-Aufbauschule (1940/41 nebenamtl. Gisela-Oberschule), nach Zerstörung des Schulgebäudes durch Fliegerangriff an der Luitpold-Oberschule, Angerklosterschule und Wittelsbacher Oberschule. 1943 Beurlaubung wegen Lungenentzündung. Am 12.2.1946 auf Weisung der Militärreg. dienstenthoben. Spruchkammer München IV, 16.8.1948: »Mitläufer«. NSDAP 1933-45 (OG-Amtsleiter), NSLB 1933-45, NSV 1935-45. 1948 Wiederanstellung und Ruhestandsversetzung als Studienprof. an der Oberrealschule Frühlingstraße. BayHStA MK 46303.

Herrmann, August, geb. 11.1.1908 in München, gest. 13.5.1942 (beim »Angriff auf Dmitrowka an der Spitze seines Zuges«). 1927 Reifeprüfung am Theresiengymnasium, 1927-30 THM und KGS, 1930 AdBK (bei Schinnerer), 1931 LPZ 1. Teil, Päd. Sem. Luitpold-Oberreal, 1932 LPZ 2. Teil, 1932-36 Studienass. am Wilhelmsgymnasium, 1934 Unterrichtsaushilfe an den Progymnasien Kirchheimbolanden und Grünstadt, ab 1935 öfters militärische Übungen, 1936 Unterrichtsaushilfe an der Hans-Schemm-Aufbauschule, Turnlehrerausbildung »für die 3. Turnstunde«, ab Ende 1936 Gewerbehauptlehrer an der städt. Berufsschule in Schwabach, ab 1938 Studienass. an der Realschule Straubing, 1938 apl. Beamter. 1938 Wehrmacht. 1940 Studienrat. SA ab 1934, NSDAP ab 1937 (Mitgl.-Nr. 5 266 725), NSLB ab 1933, NSV ab 1937, DAF-Kursleiter. BayHStA MK 33039, Foto: HATUM.

Herrmann, Hans, geb. 22.3.1899 in Bamberg, gest. am 5.1.1981 in Landsberg/Lech. Humanistisches Altes Gymnasium in Bamberg bis zur 7. Klasse, 1917 Eintritt in die Armee, 1919 Kriegsreifeprüfung, 1919-23 Bankvolontär und Bankbeamter, 1923-27 THM, KGS und Universität, 1927 LPZ 1. Teil, 1928 Teil 2, Besuch von Kursen des Britsch-Instituts in Starnberg, 1928-29 Zeichenlehrer am Mariengymnasium in Werl, 1929-31 Lehrer für Zeichen- und Kunstunterricht an der Stiftung Süddeutsches Landerziehungsheim

Schondorf am Ammersee, anschließend staatlicher Vorbereitungsdienst an der Oberrealschule Bamberg, 1932 Realschullehrer in Bad Tölz, 1935 Fachberater für Zeichnen für die Münchener Volksschulen, 1938 Studienprofessor, ab 1940 auch Dozent an der Hans-Schemm-Hochschule für Lehrerbildung in Pasing, 1940 Beamter auf Lebenszeit, 1943 Kriegsdienst. Nach eigenen Angaben (Fragebogen von 1938 und 1945): NSV 1934-45, NSLB 1934-45, Reichspressekammer 1934-45, Reichskolonialbund 1938-45, RLB 1935-45. Spruchkammer München II, 24.2.1947: »nicht betroffen«. 1957 Oberstudienrat, 1962 Ruhestand. StAM, Schulamt 1898.

Heß, Paul, geb. 19.9.1909 in Cham, gest. 7.11.2004. 1928 Reifeprüfung am Neuen Gymnasium in Regensburg, 1928-31 AdBK,1931-32 THM. 1932 LPZ 1. Teil. Pädagogisches Seminarjahr an der Rupprecht-Oberrealschule. 1933 LPZ 2. Teil. 1933 AdBK Dresden, 1933/34-37 AdBK München (anerkannt als Vorbereitungsdienst), 1937-38 Studienaufenthalt »auf dem Lande« (Stipendium der Stadt München), 1939 Studienassessor an der Maria-Theresia-Oberschule, dann Oberschule in Dillingen, 1940 Studienrat. 1939-45 Wehrmacht (als Unteroffizier im Überfall auf Polen und Frankreich, als Oberleutnant gegen die Sowjetunion). Auf Weisung der Militärregierung vom 4.1.1946 diensthoben. Belastung: NSDAP 1939-45, Reiter-SS 1933-45 (Rottenführer). Spruchkammer Weilheim, 10.3.1948: »Weihnachtsamnestie«. 1948 Zeichenlehrer am Neuen Gymnasium in Bamberg, 1950 Studienrat Oberrealschule mit Gymnasium in Weilheim, 1956 Studienprofessor, 1960 Oberstudienrat, 1965 Gymnasialprofessor, 1975 Ruhestand. BayHStA MK 56803.

Heueck, Otto, geb. 16.11.1905 in Rosenheim, gest. 20.10.1955 in München. 1925 Reifeprüfung am Humanistischen Gymnasium Passau, 1925-30 THM, Universität und Akademie für angewandte Kunst, 1931 Fachprüfung an der KGS in kunstgewerblichen Fächern, 1931 Lehrbefähigungsprüfung an der Deutschen Schule in Santiago de Chile. 1931-37 Zeichen- und Werklehrer an der Dt. Schule in Santiago. 1938-39 Zeichenlehrerstudium an der THM, 1939 LPZ 1. und 2. Teil. 1939-41 Studienassessor an der Ludwigs-Oberschule in München für Zeichnen und Mathematik. 1941-45 Militärdienst. 1945 Studienrat an der Oberschule an der Damenstiftstraße, anschließend Maria-Theresia-Oberrealschule. Im Februar 1946 auf Weisung der Militärregierung entlassen. Spruchkammer München I, 30.8.1946: »Minderbelasteter (Gruppe III)«. NSDAP 1934-45 (Blockleiter 1940-41), NSFK 1940, NSLB 1935-45. Beauftragter des Vereins für deutsche Seegeltung, Schuljugendwalter. Berufungskammer München, 26.9.1946: »Entlastet«. (Hauptbegründung: »sicherer Mann« bei der »Freiheitsaktion Bayern«). Ab Oktober 1946 Studienrat an der Maria-Theresia-Oberrealschule. 1948-53 Aufenthalt in Chile (beurlaubt), ab 1953 an der Oberrealschule München-Pasing. 1955 Herzinfarkt. BayHStA MK 46364.

Hinterlohr, August, geb. 7.2.1910 in München. Reifeprüfung 1929 an der Rupprecht-Oberrealschule, 1929 und 1933 THM, 1929-30 Staatsschule für angewandte Kunst, 1930 und 1933 AdBK, 1933 LPZ 1. Teil, Päd. Sem. Rupprecht-Oberrealschule, 1934 LPZ 2.Teil, 1934-35 Studienassessor am NRG, nebenberuflich Zeichner an der »Akademie zur wissenschaftlichen Erforschung und zur Pflege des Deutschtums« (»Deutsche Akademie«), 1935 Unterrichtsaushilfe am Ludwigsgymnasium, 1935-39 Lektor der Dt. Akademie am Lektorat Split (Jugoslawien). 1939 apl. Beamter an der Deutschen Schule in Barcelona. 1940-

1943 Studienrat in Barcelona, 1943 Zuweisung an die Oberschule für Knaben in Rosenheim, 1943-45 Kriegsdienst im Westen, 1945-48 englische Kriegsgefangenschaft. Spruchkammer Rosenheim, 25.6.1948: »Heimkehreramnestie«. Mitglied der NSDAP 1937-45 (1938-39 Zellenleiter in Split). 1948 Versetzung an die Oberrealschule in Amberg, 1955 Oberstudienrat am Gymnasium mit Oberrealschule Traunstein, 1965 Gymnasialprofessor, 1974 Ruhestand. BayHStA MK 56816

Hollweck, Emma, geb. 2.3.1882 in München, gest. 13.10.1970 in Engelsberg. 1895-99 Frauenarbeitsschule, 1899-1901 Arbeitslehrerinnenseminar, 1901 Handarbeitslehrerinnen-Prüfung, 1901-06 KGS, 1905 Prüfung für Zeichenlehrerinnen. 1907-16 Lehrerin für Zeichnen und Handarbeiten an der Höh. Mädchenschule Kerschensteiner (1910 acht Monate Zeichenakademie in Florenz, 1911 und 1912 in den Sommerferien Zeichenstudien in der Bretagne). 1916 Verweserin im städt. Dienst, 1919-45 Mädchengymnasium am St.-Anna-Platz: 1919 Handarbeitslehrerin (Beamtin auf Widerruf), 1930 Beamtin auf Lebenszeit, 1939 Studienrätin, 1945 Ruhestand. Nach eigenen Angaben (Fragebogen 1938): Mitglied des RDB seit Gründung, NSLB und NSV ab 1934, förd. Mitglied der HJ, VDA. Fragebogen 1945: Dt. Kolonialverein »seit 1931?« StAM, Schulamt, Jg. 2000, Bd. 3, Nr. 49.

Holzner, Franz, geb. 15.4.1885 in Pfaffenbichl (Rosenheim). 7 Kl. humanistisches Gymnasium, 2 Jahre KGS, 8 Semester THM, 1910 LPZ, 1911/12 Praktisches Jahr am ARG, 1914 Prüfung für Turnen im Nebenamt, 1914-18 Kriegsteilnahme, 1920 nachträgliche Seminararbeit, 1920-25 Studienassessor an der Maria-Theresia-Realschule, 1925-33 Studienrat in Wasserburg, 1933-34 Gisela-Oberrealschule München, 1934-46 Maria-Theresia-Realschule. 1939 Studienprofessor. Am 18.1.1946 auf Weisung der Militärregierung vom 17.12.1945 dienstenthoben. Spruchkammer München XI (AZ XI/971/48), 8.11.1948: Minderbelasteter (Gruppe III), Bewährungsfrist 6 Monate. NSDAP 1933-45, SD-Vertrauensmann 1939-43, NSV 1935-45 (Ortsgruppenamtsleiter), NSLOB 1934-45, NSKOV, RLB, VDA, NSRKB. Die Berufungskammer vom 4.2.1949 bestätigte die Einstufung in Gruppe III. Am 18.6.1949 »im Nachverfahren eingereiht in die Gruppe IV der Mitläufer«. 1949 Ruhestand wegen Dienstunfähigkeit, ab 1951 volles gesetzliches Ruhegehalt. BayHStA MK 33163.

Honig, Ferdinand, geb. 28.8.1876 in Ansbach. Absolutorium 1894 Realschule Ansbach, 1894-98 KGS München und THM, 1898 LPZ, 1898-1900 Aushilfslehrer an Realschulen in Weiden und Fürth und in Ludwigshafen, ab 1900 Lehrer für Zeichnen und Turnen am Humanistischen Gymnasium Zweibrücken, 1906 Gymnasialzeichenlehrer. 1916 »König-Ludwig-Kreuz für Kriegsverdienste«. Zusätzlicher Unterricht an Realschule Zweibrücken, 1918 Gymnasialprofessor, 1919 Wilhelmsgymnasium München, ab hier auch Leiter der Landesfachschaft der Lehrer für Zeichnen- und Kunstunterricht. 1922 Studienprofessor an der Maria-Theresia-Kreisrealschule, 1925-39 Luitpold-Oberrealschule München, auch Seminarlehrer. 1929 Oberstudienrat. Nach eigenen Angaben (Fragebogen 1937): NSDAP seit 1933 (Mitgl.-Nr. 2 205 099), NSLB, LSB. 1939 Ruhestand. BayHStA MK 16378.

Hußla, Hugo, geb. 23.5.1912 in München. 1931 Reifeprüfung am Wittelsbacher Gymnasium (Abteilung Realgymnasium), 1931-33 THM, 1931-35 AdBK, 1935 LPZ 1. Teil, 1935-36 Päd. Sem. NRG, 1936 LPZ 2. Teil, 1937-41 Studienassessor an der Wittelsbacher Oberschule, Unterrichtsaushilfen in mehreren bayerischen Gemeinden, Studienrat 1942. 1941-45 Wehrmacht, 1945 englische Kriegsgefangenschaft. Auf Weisung der Militärreg. (ME 7.12.1945) dienstenthoben. Spruchkammer München III (AZ BX/4078/Me/D), 10.6.1948: »Mitläufer«. SS 1933-1940, SS-Sturmmann. 1948 wieder im Schuldienst als »Vertragsangestellter«, ab 1951 Studienrat an der Oberrealschule »Ernestinum« in Coburg, 1958 Studienprof., 1960 Oberstudienrat, 1965 Gymnasialprofessor, 1975 Ruhestand. BayHStA MK 56915.

Kellhammer, Maximilian, geb. 25.12.1902 in Großkarolinenfeld, gest. 11.7.1953 in Kempten. 1923 Absolvierung der Luitpold-Oberrealschule München, 1923-28 THM, KGS und AdBK, 1928 LPZ 1. Teil, Päd. Sem. Luitpold-Oberrealschule, 1929 LPZ 2. Teil, 1929-35 Studienass. an der privaten Abendschule von Dr. Crusius. 1935-45 Gisela-Oberrealschule, 1939 Studienrat. 1939-40 Kriegsdienst, 1945 Oberschule für Jungen in Kempten. Am 9.2.1946 auf Weisung der Militärregierung dienstenthoben. Berufungskammer Kempten, 23.4.1948, in Abänderung des Urteils der 1. Instanz (AZ SV 469/47, 8.1.1948): »Mitläufer«. NSDAP 1932-45. 1950 angestellt. Zeichenlehrer an der Oberrealschule in Kempten, 1951 wieder Studienrat. 1953 Dienstunfähigkeit (Lungenentzündung). BayHStA MK 46536.

Kerschensteiner, Walter, geb.10.8.1887 in Nürnberg. Sohn von Dr. Georg Kerschensteiner. 1904 Abschluss der 6. Klasse des Human. Gymnasiums, Malunterricht in der städtischen Malschule Westenriederstraße, 1905-08 KGS, 1908-10 THM, 1910 LPZ, 1910-11 16. Infanterieregiment Passau, 1911-12 Päd. Sem. Luitpold-Oberrealschule, 1912-13 Praktikant an der Westenriederstraße, Unterricht »im Kopf- und Aktzeichnen und Landschaftsmalen«, 1913-14 Akademie bei Professor Angelo Jank. 1914-18 »im Felde«, zuletzt Oberleutnant der Reserve. Ab 1921 Rupprecht-Oberrealschule, 1939 Studienprofessor. Am 28.11.1945 auf Weisung der Militärregierung dienstenthoben. Spruchkammer Starnberg vom 28.11.1946: »Mitläufer«. NSDAP 1940-45 (Mitglieds-Nr. 7 354 920), NSV, NSLB und RKdBK 1934-1945. Am 7.7.1947 zum Unterricht und zur »Speisenaufsicht« an der Rupprecht-Oberrealschule zugelassen, August 1952 Ruhestand. BayHStA MK 46544.

Kolnberger, Anton, geb. 21.2.1906 in Reisbach/Dingolfing. 1926-31 THM, KGS und Universität München, dazwischen ein Semester KGS Stuttgart, 1931 LPZ 1. Teil, 1931 mit Aquarellkurs der KGS nach Sizilien, Dalmatien und Dänemark. Seminarjahr an der Luitpold-Oberrealschule, 1932 LPZ 2. Teil 1932-38 Studienassessor am Wittelsbacher Gymnasium, nebenberuflich Gebrauchsgrafiker. Ab 1938 Entbindung vom vorbereitenden Staatsdienst, anschließend freiberuflich tätig. Nach eigenen Angaben (Fragebogen 1937): Nicht Mitglied der NSDAP. Von 1932-33 BVP, NSLB, RLB und NSV. Mitglied des Bundes Deutscher Maler und des Bundes Deutscher Gebrauchsgrafiker in der RKK. Blockhelfer im Amt für Volkswohlfahrt (Ortsgruppe München-Borstei) 1938. BayHStA MK 33499 (Akteninhalt nur bis 1938), Foto HATUM.

Landgrebe, Heinrich, geb. 6.10.1908 in München. 1927-31 THM, 1930-32 AdBK (Gronber und Schinnerer) und KGS (Klasse Klein), 1932-34 Studienassessor an der Maria-Theresia-Realschule, ab 1934 Donauwörth, Rosenheim und Freising, 1939 außerplanmäßiger Beamter, Obergefreiter 1941, Unteroffizier 1942, acht Monate amerikanische und französische Kriegsgefangenschaft. NSDAP 1933-45. Blockhelfer 1939-40. SS-Mann der Reserve 1933-34 (nach Mitteilung der Militärregierung bis 1936). NSV 1940-45, NSFK (Modellbaulehrer), NSLB 1936-43, RLB 1939-45, RKdNK 1934-35. 1950 Beamter auf Lebenszeit, 1955 Studienprofessor. BayHStA MK 33604, Foto: HATUM.

Loher, Josef, geb. 18.10.1907 in München, gest. 2002 in Frotzhofen. 1927 Reifeprüfung an der Rupprecht-Oberrealschule. 1927-31 THM, KGS (bei Dasio) und Akademie (bei Schinnerer). 1931 LPZ 1. Teil, Pädagogisches Seminar an der Rupprecht-Oberrealschule, 1932 LPZ 2. Teil. 1932-38 Studienassessor an der Rupprecht-Oberrealschule, oft beurlaubt vom Vorbereitungsdienst wegen Beschäftigungen z.B. als anatomischer Zeichner beim medizinischen Verlag Dr. Schörcher, Privataufträgen und Weiterbildung (Komponierschüler von Karl Caspar). Akademie 1937 aus Protest gegen die Diffamierung von Karl Caspar verlassen. Nach Ablehnung des Gesuchs 1938 um weitere Beurlaubung am 4.1.1939 aus der Liste der Anwärter für das Lehramt an den staatlichen höh. Schulen Bayerns gestrichen. Angabe im Fragebogen 1933: »Keine Partei«, »Wähler der NSDAP«. BayHStA MK 33710, Foto: HATUM.

Lunglmayr, Adalbert, geb. 8.3.1880 in Augsburg. 1895-99 Volksschule, Wilhelmsgymnasium, Realgymnasium, 1899-1903 THM, 1903 LPZ. 1903-04 Freiwilliges »Einjähriges« 2. Infanterieregiment, 1904-05 Praktikant der Städtischen Gewerbeschule München, 1905-06 Lehrer am Technikum Aschaffenburg, 1906-10 Handwerkerschule Augsburg, 1910-11 Lehramtsverweser, 1911-18 Reallehrer an der Oberrealschule Ludwigshafen, 1918 Studienrat an der Maria-Theresia-Realschule München, 1926 Studienprofessor. Am 11.12.1945 durch die Militärregierung dienstenthoben. Spruchkammer München V: »Mitläufer«. NSDAP 1937-45, NSV 1935-45, NSLB 1933-45, VDA 1937-45, RLB 1937-45. 1946 wieder zugelassen zum Unterricht, 1948 Ruhestand. BayHStA MK 33733.

Lutz, Gustav, geb. 11.11.1885 in Traunstein, gest. 7.3.1950. 1902-04 K. Industrieschule München, 1904-08 THM, 1908 LPZ, 1908-09 Assistent an der THM, 1908-09 Seminar am ARG, 1909-10 Lehrer an der Baugewerkschule Passau, 1910-14 Fachschule Selb, 1914-18 LBA Bayreuth, darunter zwei Jahre Kriegsdienst. 1918-20 Gymnasialzeichenlehrer am Wittelsbacher Gymnasium München, ab 1920 Ludwigs-Realschule, 1945 Studienprofessor an der Oberrealschule Weilheim. Nach einem Schreiben des Kultusministeriums (IX 45370 A.III), 11.10.1947, teilte der öffentliche Kläger bei der dortigen Spruchkammer mit, dass Studienprofessor Gustav Lutz »nicht betroffen« ist. BayHStA MK 57332.

Maendl, Robert, geb. 29.1.1882 in Erding, gest. 23.7.1939. 1898 Reifeprüfung in Bamberg, 1899-1901 KGS München, 1901-03 THM, 1903 LPZ. 1903-04 freiwilliges »Einjähriges« im 5. Infanterieregiment Bamberg, 1904-05 Städt. Baugewerkschule Bamberg, 1905-09 Privatrealschule Bad Dürkheim, 1909 Assistent Gymnasium Bamberg, 1910-14 Gymnasialzeichenlehrer in Passau und Ludwigshafen. 1914-18 Kriegsdienst (1915 wegen Krankheit als Kompagnieführer ersetzt, Ehrenkreuz für Frontkämpfer). 1920 Luitpold-Oberrealschule München, ab 1922 Ludwigsgymnasium, ab 1924 nebenamtlich auch am NRG. 1927 Studienprofessor. Ab Mai 1939 wegen Krankheit beurlaubt. Nach eigenen Angaben (Fragebogen 1937): Nicht Mitglied in der NSDAP. Ab 1936 NSLB, ab 1934 VDA und RLB. BayHStA MK 33749.

May, Anne, geb. 17.6.1884 in Kaiserslautern, gest. 7.2.1975 in Ruhpolding. 1905 Lehramtsprüfung für Turnen, 1907 für Handarbeiten, 1907-09 KGS München, 1909 LPZ. 1909 Schulverweserin für Zeichen, 1916 Hauptlehrerin in Erlangen, ab 1918 Fachlehrerin für Turnen, Zeichnen und Handarbeit an der höh. Mädchenschule am St.-Anna-Platz, 1924 Fachhauptlehrerin, als Fachoberlehrerin 1932 wegen Krankheit in zeitlichen Ruhestand versetzt, 1934 wieder eingestellt, 1936 wegen Krankheit in dauernden Ruhestand versetzt. Nach eigenen Angaben (Fragebogen 1933): keine Parteimitgliedschaft. StAM, Schulreferat, Abg. 25/35, Nr. 1791.

Motz, Karl Jakob, geb. 28.2.1878 in Ludwigshafen. 1894 Abschluss der 6. Klasse Oberrealschule in Mannheim als Vorbedingung zur Aufnahme des Zeichenlehrerstudiums. 1895-96 Kunstgewerbliche Fachschule im Rosenthal, München, 1896-98 Kunstgewerbeschule und 2 Semester THM, 1899 LPZ. 1899-1900 freiwilliges Lehramtspraktikum an der Maria-Theresia-Kreisrealschule, 1900-01 freiwilliges »Einjähriges« im 1. Infanterieregiment, 1901-02 Aushilfsassistent in Hof, 1902-25 Assistent, Reallehrer und Studienprofessor in Landau, ab 1925 Rupprecht-Oberrealschule München, 1931-34 Seminarlehrer für Zeichnen. Während der gesamten Dienstzeit für das Kultusministerium Zeichenvisitator an Mädchenschulen. 1945-46 kommissarischer Leiter der Rupprecht-Oberrealschule, 1946 Oberstudienrat. Zustimmung der Militärregierung zum Verbleib an der Schule am 31.5.1946. Nach eigenen Angaben (Meldebogen 1946): Keine Mitgliedschaft in der NSDAP. NSV 1934-45, NSLB 1934-45, RLB 1938-45, DRK 1939-45, VDA 1935-45, RKdBK 1934-45. 1948 Ruhestand. BayHStA MK 33910.

Mund, Richard, geb. 19.1.1885 in Ramstein, gest. 4.12.1968 in München. 1904 Absolutorium am Humanistischen Gymnasium Kaiserslautern, acht Semester THM, ein Semester AdBK (bei Franz von Stuck), 1908 LPZ. 1911-13 Aushilfsassistent in der Oberrealschule Kaiserslautern, 1913-20 Assistent am königlich-bayerischen Kadettenkorps, 1916-18 »im Felde« (Schlacht bei Armentieres, Angehöriger des bayerischen Schallmesstrupps 12). Ab 1920 Studienrat am Maximiliansgymnasium München, 1932 Studienprofessor. 1943 Kinderlandverschickung in das Lager Garmisch, 1944-46 Beurlaubung wegen Krankheit und Aufenthalt in Tirol, ab 1946 wieder Maximiliansgymnasium. Nach eigenen Angaben (im Fragebogen 1937 und im Meldebogen 1946): Keine Mitgliedschaft in der NSDAP. Angaben zu NSLB nicht vorhanden. BayHStA MK 46968, Foto: Familienarchiv.

Nerl, Franz, geb. 10.8.83 in Regensburg. Ab 1920 Gymnasialzeichenlehrer am Humanistischen Gymnasium Landau, 1927-32 am Neuen Gymnasium Regensburg, 1932-35 Studienprofessor an der Oberrealschule III München, 1935-48 am NRG München. Nach eigenen Angaben (in diversen Dokumenten vor und nach 1945): Keine Mitgliedschaft in der NSDAP. NSV »mehrere Jahre bis ca. Sept. 1943«. 1948 Ruhestand. Zahlreiche vergebliche Gesuche an das Kultusministerium noch bis 1970 auf Wiedergutmachung wegen Nichtbeförderung zum Oberstudienrat. BayHStA MK 46991.

Oettel, August, geb. 20.8.1870 in München. Absolvierung der Kreisrealschule München, Studium 1 ½ Jahre an der gewerblichen Fortbildungsschule, 1 ½ Jahre an der KGS, 4 Jahre THM. 1893 LPZ. 1893-95 Praktikum an der Ludwigs-Kreisrealschule, 1895-1903 Gymnasialzeichenlehrer in Fürth, Kronach und Regensburg, 1913 Studienprofessor in Wasserburg, 1920 Oberstudienrat, 1922-25 Luitpold-Oberrealschule München, ab 1925 Maria-Theresia-Realschule. Nach eigenen Angaben (Fragebogen 1933): Keine Mitgliedschaft in der NSDAP. Im Mai 1934 auf eigenen Antrag (»den Anforderungen, welche jetzt an einen Beamten gestellt werden, in körperlicher Beziehung nicht mehr vollständig entsprechen zu können«) in Ruhestand versetzt. BayHStA MK 34026.

Ostertag, Mathilde, Dr., geb. 15.6.1892 in München. Reifeprüfung Oberrealschule für Jungen in Kaiserslautern. 1914-19 freiwillige Rotkreuzhelferin im Kriegseinsatz, 1920 Examen für Krankenpflege, 1921 Musikprüfung an der Bayreuther Kirchenmusikschule, 1921-25 KGS München und Nürnberg, 1925 LPZ in München, 1925-39 Zeichenlehrerin LBA Kaiserslautern. 1933 Promotion in Erlangen in Kunstgeschichte, Englisch und Pädagogik (Thema: »Das Fichtelgebirgsglas«). Ab 1939 Lehrerin an der Gisela-Oberschule in München, 1943 Studienrätin. Am 17.12.1945 auf Weisung der Militärregierung dienstenthoben. Spruchkammer München X, 21.1.1947: »Mitläufer (Gruppe IV)«. NSDAP 1937-45, NSF 1937-45, Blockhelferin 1937-39, NSLB 1935-45 (Sachbearbeiterin für Zeichnen und Kunsterziehung 1937-38), RKdBK 1936-45, NSV 1936-45, DRK 1937-38 (Zellenleiterin). 1947 Lehrkraft an der Oberrealschule an der Frühlingstraße, ab 1948 Studienrätin Oberrealschule Bayreuth. 1955 Ruhestand (Dienstunfähigkeit). BayHStA MK 47031.

Pickel, Josef, geb. 10.2.1908 in Würzburg. 1927 Reifeprüfung an der Oberrealschule in Würzburg, 1927-32 THM, KGS und AdBK, zwei Semester Kunstgeschichte an der LMU (bei Pinder), 1932 LPZ 1. Teil, Seminar Luitpold-Oberrealschule, 1933 LPZ 2.Teil. 1933-35 Studienassessor an der Gisela-Oberrealschule, 1934-38 Nebentätigkeit als Feuilletonist beim Fränkischen Volksblatt und Fränkischen Kurier. 1935-39 Studienassessor am Maximiliansgymnasium, 1940 Studienrat. 1940-45 Kriegsdienst. Zustimmung der Militärregierung am 11.2.1946 zum Verbleib an der Schule. Nach eigenen Angaben (Meldebogen 1946): Mitglied der NSDAP Herbst bis Winter 1929, NSFK 1938-40 (Förderer), NSLB ab 1934, NSV ab 1937 oder 38. 1947-49 ARG, ab 1949 wieder Maximiliansgymnasium. 1955 Oberstudienrat / Vorsitzender des Landesgremiums für Schulfotografie in Bayern, 1958 2. Vorsitzender des Bundesgremiums für Schulfotografie, viele Fotojugendpreise. 1965 Gymnasialprofessor, 1973 Ruhestand. BayHStA MK 57613.

 Praun, Susanne, geb. 16.9.1904 in München, gest. 22.6.1961 in München. 1925 Absolutorium Höh. Mädchenschule der Armen Schulschwestern v. U. L. Fr. am Anger. 1925-29 THM, LMU (Kunstgeschichte), KGS und AdBK. 1929 LPZ 1. Teil, 1930 2. Teil. Studienass. an Lyzeen in Gleiwitz, Fulda und Freising, 1932-36 Mädchenrealgymnasium Nymphenburg und Lyzeum Paul Heysestraße München. Weiterbildung an der Meisterschule für Mode, Glasfensterarbeiten an der Bayer. Kunstanstalt. 1935 Umschulungskurs und Sonderprüfung für den Volksschuldienst. 1936-39 Volksschullehrerin in der Pfalz und in Oberbayern. 1939 Mädchenoberschule Paul-Heyse-Straße für Zeichnen und Mädchenmittelschule in den Klassen 1 u. 2 für Deutsch und Geschichte. 1940 Studienrätin an der Mädchenoberschule am St.-Anna-Platz, 1943 Beamtin auf Lebenszeit. 1944 Lagerlehrkraft im Hauptlager II von Bad Tölz, 1945 Entlassung aus dem städt. Dienst. Spruchkammer München VII, 2.1.1947: »Mitläufer«. NSDAP 1933-34, DRK 1938-44 (Laienhelferin), DF 1936-44, NSV 1936-44 (vertr. Blockhelferin), NSLB 1936-43, RKdBK, VDA. 1947 Wiedereinstellung, 1950 Studienprofessorin, 1958 Oberstudienrätin. StAM, Schulamt Bd. 22, Nr. 20.

Randl, Michael, geb. 5.12.1879 in Wall (Kreis Miesbach), gest. 1948. Absolvierung der Realschule in Landsberg/L., anschließend KGS München, AdBK und THM, 1902 LPZ. 1905 Assistent am Gymnasium in Neuburg/D., 1909 Gymnasialzeichenlehrer, 1913 Reallehrer in Zweibrücken. Ab 1918 Maria-Theresia-Kreisrealschule München, 1920 Titelprofessor, ab 1922 Studienrat am Wilhelmsgymnasium München, 1926 Studienprofessor, 1936 Modellbaulehrgang. Nach eigenen Angaben (Fragebogen 1937): NSDAP-Mitglied ab 1933. 1939 Erkrankung, 1940 Ruhestand. BayHStA MK 34184.

 Rau, Walter, geb. 23.12.1905 in München, gest. 8.3.1992. 1926 Reifeprüfung am Theresiengymnasium, 1926-30 THM,1926-29 KGS, 1929-30 AdBK, 1930 LPZ 1. Teil, 1930-31 Päd. Sem. Luitpold-Oberrealschule, 1931 LPZ 2. Teil, 1931-32 Praktikant an der Kerschensteiner Gewerbeschule München (dabei Anlage und Sichtung von ca. 3000 kunstgeschichtlichen Lichtbildern), ab 1932 Studienassessor an der Luitpold-Oberrealschule, 1934-37 Unterrichtsaushilfe und Vorbereitungsdienst am Theresiengymnasium, ab 1936 auch Modellbaulehrer, ab 1937 Unterrichtsaushilfe an der Oberrealschule in Fürth, 1939 Studienrat in Fürth. 1943-46 Kriegsdienst und Gefangenschaft. Spruchkammer Stadtkreis Fürth (AZ 3171/Wi), 14.11.1946 : »Mitläufer«. NSDAP 1937-45 (stellv. Blockleiter 1942-43), NSFK-Sturm 3/87 Fürth 1937-45 (Oberscharführer, stellv. Sturmreferent für Modellbau). NSLB 1937-45 (zeitweise stellv. Vertrauensmann). 1947 Lehrer an der Oberrealschule in Fürth, 1948 Studienrat an der Maria-Theresia-Oberrealschule, 1953 Studienprofessor, 1954 Oberstudienrat, 1969 Studiendirektor, 1971 Ruhestand. BayHStA MK 57696.

Renner, Wilhelm, geb. 18.9.1869 in München. 1879-84 Maxgymnasium, 1885-90 div. Zeichenschulen und 2 Jahre KGS, 1891-93 AdBK, 1893-94 THM. 1894 LPZ, 1894-96 Zeichenlehrer am Bärmann-Institut in Dürkheim, 1896-1906 Gymnasialzeichenlehrer in Neustadt/Hof, 1907-17 am Wittelsbacher Gym. München, 1915 Studienprof., 1916 Aushilfe (für Richard Mund) am Kadettenkorps, 1917-20 Studienprof. an der Realschule Neu-Ulm, 1920-34 Maria-Theresia-Kreisrealschule, 1925 Oberstudienrat, 1934 Ruhestand. Lt. eig. Angaben (Fragebogen 1933): 1919-20 Schutz- und Trutzbund, 1917-30 Alldt. Verband. NSDAP 1923 und erneut ab 1931 (M.-Nr. 637 289), SA 1933. BayHStA MK 34250.

Reß, Fritz, geb. 15.4.1906 in Wegscheid. 1925 Reifeprüfung Human. Gymnasium in Aschaffenburg, 1925-26 LMU, 1926-29 AdBK, 1929-31 THM, 1931 LPZ Teil 1, Päd. Sem. Luitpold-Oberreal, 1932 LPZ Teil 2, 1932-35 Studienass. am NRG, 1935 am ARG, Unterrichtsaushilfen am Maxgymnasium und Maria-Theresia-Realschule. 1936-38 Geschäftsaushilfe im Kultusministerium (»Bearbeitung von Personalanträgen für die höh. Lehranstalten«), 1937 a.p. Beamter, 1938 Hilfslehrer und komm. Dozent an der Hochschule für Lehrerbildung in Würzburg, 1941 Dozent. 1940-44 Kriegsdienst, 1944-46 Kriegsgefangenschaft. Auf Weisung der Militärregierung, 10.8.1945, dienstentlassen. Spruchkammer Fürstenfeldbruck, 14.1.1948: »Mitläufer«. NSDAP 1933-45, Mitgl.-Nr. 3 212 881, Blockleiter 1936-38, Presseref. des NS-DoB, NS-Altherrenbund 1938-40, NSV ab 1935, RLB ab 1939. Wiedereinstellung 1948 Oberrealschule München-Pasing, 1949 Studienrat Human. Gymn. München-Pasing, 1954 Oberstudienrat, 1965 Gymnasialprofessor, 1971 Ruhestand. BayHStA MK 57752.

Richter, Paul, geb. 4.5.1908 in Uffing. 1927 Reifeprüfung an der Oberrealschule III München, 1927-31 THM, KGS (Klasse Dasio),1931 LPZ 1. Teil, Päd. Seminar an der Rupprecht-Oberrealschule, 1932 LPZ 2. Teil. 1932-35 Studienassessor an der Rupprecht-Oberrealschule, 1935 Aushilfen an der Städtischen Realschule Bad Tölz und am Gymnasium Münnarstadt, 1935 Studienassessor an der Städtischen Realschule Vilshofen, neben Zeichnen auch Unterricht in Erd- und Naturkunde, Wirtschaftslehre und Kurzschrift, 1937 kommissarische Leitung der Schule, 1938 Wehrmacht, Mitglied der NSDAP seit 1937 (Mitgl.-Nr. 4 836 195), NSFK ab 1934 (Scharführer, Dienststellenleiter, Modellbaulehrer), außerdem NSLB, NSV, RLB. BayHStA MK 34267 [Akte nur bis 1942]. Foto: HATUM.

Rockelmann, Heinrich, geb. 25.4.1875 in Bad Steben. Gymnasium in Hof und Coburg. 1896-99 KGS in Nürnberg, 1899-1902 THM, 1902 LPZ, 1902-04 Praktikant an der K. Kreisrealschule in Nürnberg, 1904-06 Zeichenlehrer an der Damm'schen Real und Handelsschule Marktbreit, 1906-08 Aushilfsunterricht in Landshut und Dinkelsbühl, 1908-17 Gymnasialzeichenlehrer und Realschullehrer in Hof, 1918-21 Reallehrer und Studienrat an der Realschule Aschaffenburg, ab 1922 Studienprofessor an der Oberrealschule Würzburg, 1932-37 Luitpold-Oberrealschule. 1938 vorzeitige Ruhestandsversetzung. Nach eigenen Angaben (Fragebogen 1937): Nicht Mitglied der NSDAP. NSLB-Mitglied, NSV, RLB und VDA. BayHStA MK 34293.

Schäfer, Raimund, geb. 18.10.1902 in München, gest. 5.8.1960 in Miesbach. 1922 Reifeprüfung am Wittelsbacher Gymnasium, 1922-26 THM, KGS, 1926 LPZ 1. Teil, Päd. Sem. Luitpold-Oberrealschule, 1927 LPZ 2. Teil, 1927-34 Studienass. am Humanist. Gymnasium Pasing, 1934-38 an der Maria-Theresia-Realschule, daneben Bilderrestauration, Kurzschriftdiktate, Münchener Rundfunk, und Tätigkeit an den Privatschulen Mairoser und Vogl/Icking, 1938-39 Studienrat am Progymnasium in Öttingen, dann Oberschule für Knaben in Frankenthal/Pfalz. 1941-45 Kriegsdienst (Marine), 1945 englische Kriegsgefangenschaft. Spruchkammer Miesbach (AZ 21/3756/Liste Nr.16) am 1.3.1948: »Mitläufer«. NSDAP 1933-45 (Mitgl.-Nr. 2 944 980, Blockwart 1934). Nach eigenen Angaben (Meldebogen 1946) auch NSV 1939-41 (Blockwart 1940-41), NSLB 1933-41. 1948 Dienstvertrag an der Städt. Oberrealschule Miesbach, 1952 wieder Studienrat, 1957 Studienprof. BayHStA MK 47307.

Scheibe, Emil, geb. 23.10.1914 in München. 1935 Abitur Gisela-Oberrealschule. 1935-39 THM (bei Graf, Heinlein und Bergmann), 1 Semester KGS und AdBK. 1938 LPZ Teil 1, 1939 Teil 2 an der Oberschule für Jungen an der Müllerstraße. Ab Ende 1939 Studienass. für Zeichnen und Naturkunde an der Oberschule für Jungen in Schweinfurt. 1941-1945 Kriegseinsatz. März 1943 Studienrat. Auf Weisung der Militärregierung, 24.9.1945, aus dem Schuldienst entlassen: NSDAP 1937-45, 4 Monate stellvertr. Blockleiter 1939, NS-DStB 1935-38, HJ 1934-38, Scharführer 1937-38, NS-Reichsbund für Leibesübungen 1938-40, VDA 1939-41. Spruchkammer Schweinfurt, 1.12.1947: »Mitläufer«. Oktober 1948 Angestellter Oberrealschule Schweinfurt, 1949 Studienrat auf Probe, Versetzung an das Dom-Gymnasium Freising, 1951 Gisela-Oberreal, 1955 Beamter auf Lebenszeit, 1958 Ruhestand wegen Dienstunfähigkeit. Ausstellungen als Kunstmaler ab 1941. BayHStA MK 57897.

Scherr, Andreas, geb. 15.8.1892 in Edenkoben/Rheinpfalz. 1912 Reifeprüfung an der Luitpold-Oberrealschule, 1912-13 THM, 1913-14 AdBK (bei Becker-Gundahl). 1914-17 16. Reserve-Reg. *List,* zweimal verwundet. 1917-19 THM und KGS (bei Riemerschmid und Dasio). 1919 LPZ 1. Teil, Päd. Sem. Luitpold-Oberrealschule, 1920 LPZ 2. Teil, 1920-22 Universitätsstudium Pädagogik und Psychologie (bei Aloys Fischer und Erich Becker). 1922 lateinische Ergänzungsprüfung an der Univeristät. Ab 1920 Studienass. am Wittelsbacher Gymnasium, ab 1925 in Zweibrücken. 1927 Studienrat, 1927-35 in Pirmasens. Ab 1935 am Theresiengymnasium München, 1939 Studienprofessor. Auf Weisung der Militärregierung vom 17.12.1945 dienstenthoben. Spruchkammer München VI (AZ 1232/A/46), 3.6.1947: »Mitläufer«. NSDAP 1937-45 (Mitgl.-Nr. 4 006 999), Stahlhelm 1933, SA-Reserve (Scharführerrang) 1933-45, NSV 1937-45, NSLB 1934-45, RKK 1936-45, VDA 1937-45. Wiedereinstellung Dezember 1947 im Theresiengymnasium, Seminarlehrer. Ab 1951 Zeichenvisitator an 7 höh. Lehranstalten. 1954 Ruhestand (Dienstunfähigkeit). BayHStA MK 34682.

Schlötter, Carl, geb. 1.7.1880 in Würzburg. Humananist. Gymnasium und Realgymnasium in Würzburg, Abschluss nach der 6. Klasse, 2 Jahre KGS in Nürnberg, 4 Semester THM, 1901 LPZ, 1902 Praktikant an der Polytechnischen Schule und Realschule Würzburg, 1903-04 Realschule Warnheim, 1905-06 Realschule Pirmasens, 1907-08 Würzburg, ab 1909 Reallehrer in Ludwigshafen, ab 1922 Studienrat »mit dem Titel eines Studienprofessors« in Würzburg, 1932 Luitpold-Oberrealschule München, dann wieder in Würzburg. Ab 1935 Rupprecht-Oberrealschule München. 1940 Ruhestand wegen Dienstunfähigkeit (Krankheit). Nach eigenen Angaben (Fragebogen von 1933 und 1937): NSDAP-Mitglied ab 1933, NSLB, NSD-Beamtenbund, SSV, VDA, LSB. BayHStA MK 34722.

Schmidt, Hans, Dr. der technischen Wissenschaften, geb. 15.2.1907 in Ludwigshafen. 1925 Reifeprüfung am Humanist. Gymnasium Ludwigshafen, 1925-29 THM, bis 1935 KGS und Universität München (Kunstgeschichte bei Popp, Wölfflin, Pinder und Jantzen), 1926-27 Kunstakademie in Düsseldorf. 1929 LPZ 1. Teil, Päd. Sem. Luitpold-Oberrealschule, 1930 LPZ 2. Teil, ab 1930 Studienassessor an der Gisela-Oberrealschule. 1931 Promotion an der THM (Thema: »Von Lukas van Leyden bis Rembrandt. Beiträge zu einer systematischen Geschichte der gebundenen und freien Tiefdruckgraphik in den Niederlanden von 1500-1650«). 1932-33 Gisela-Oberreal und Oberreal III (auch für Turnen), 1934-

35 Heimleiter in Gelbenholzen, NSLB-Kreissachbearbeiter für Schullandheime, dann wieder an der Oberrealschule III, 1937-39 (oder länger) »Ingenieur auf dem technischen Prüfstand« der IG Farben in Ludwigshafen (als staatl. Vorbereitungsdienst anerkannt). SA 1933-38, NSDAP ab 1935 oder 36, SS 1938- (SS-Reitersturm 2/13 Mannheim). BayHStA 34756.

Schorer, Georg, geb. 31.12.1907 in Höhenkirchen. 1927 Reifeprüfung im Hum. Gymnasium Freising, 1927-1932 THM (bei Popp und Dussler), KGS und AdBK. 1932 LPZ 1. Teil, Päd. Sem. in der Luitpoldoberrealschule. 1933-34 Schullandheimassessor der Luitpoldoberreal (Sachsenhausen im Isarwinkel), 1934-45 Zeichenlehrer an der NS-Oberschule (Reichsschule) Feldafing am Starnberger See, 1939 Verfasser von *Deutsche Kunstbetrachtung*, 1940 Studienrat. 1945-48 Internierungslager. Lagerspruchkammer Nürnberg-Langwasser am 20.5.1948 »Minderbelasteter«, am 15.10.1948 »Mitläufer« (AZ LSK/4734): NSDAP 1933-45, Ortsgruppenleiter ab Februar 1943, SA 1933-45, Obersturmführer, NSLB ab 1937. Ab 1949 langjähriger Schriftleiter der Zeitschrift »Pelikan«, ab 1953 Kunsterzieher angestellt am Carl-Duisberg-Gymnasium in Wuppertal, 1954 wieder Studienrat, Mitarbeiter beim *Handbuch der Kunst- und Werkerziehung*. BayHStA MK 58038, Foto: HATUM.

Schwimbeck, Fritz, geb. 30.1.1889 in München, gest. 29.8.1977 in Friedberg. Reifeprüfung Maxgymnasium, 1912 LPZ 1. Teil, 1912-13 Päd. Sem. Luitpold-Oberrealschule, 1914-16 Heeresdienst, ab 1919 Mitglied im Feldgrauen Künstlerbund und ab 1921 in der Münchner Künstlergenossenschaft, 1923 Anwärter für das Lehramt an den höh. Lehranstalten Bayerns, 1924-25 Studienass. an der Rupprecht-Oberrealschule, 1925 auf eigenes Gesuch Entlassung aus dem Staatsdienst und Anstellung als Gemeindebeamter (Studienrat) am Städt. Lyzeum Luisenstraße, ab 1931 auch Unterricht an der VHS München. 1945 Ruhestand. Spruchkammer München X (AZ X 188/46): »Mitläufer«. NSDAP 1933-45 (Filmstellenleiter und -hauptstellenleiter von 1936-39), SS (förd. Mitglied) 1935-45, RdL, NSLB, RLB, VDA, DRK, NSV, RKdbK. BayHStA MK 34909, StAM, Schulreferat Bd. 25/35, Nr. 2562.

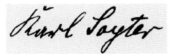

Soyter, Karl, geb. 14.6.1878 in Pähl/Obb., gest. 12.3.1943. 1897 Abitur in Landsberg/L., 1897-1902 KGS, AdBK und THM, 1902 LPZ (Note III), 1903 Prüfungswiederholung (Note II), 1902-07 Zeichenlehrer an der Städt. Malschule München, drei Monate als Zeichner am Dt. Museum, 1908-10 Assistent in Zweibrücken, ab 1910 Gymnasiallehrer in Bamberg, ab 1920 am NRG, 1928 Studienprofessor, 1931-33 Dienstunfähigkeit (Krankheit). [Bis 1943 keine Angaben im HStA.] Zuletzt an der Luitpold-Oberreal in München tätig, 1943 Augenleiden und Herzerkrankung. BayHStA MK 34463.

Steinheil, Martha, geb. 15.10.1894 in München, gest. 6.3.1977 ebd. 1904-10 Höh. Töchterschule, 1911-15 KGS, 1915 LPZ, 1915-16 Praktikantin in Höh. Mädchenschule von Anna Roscher, 1917 Plänezeichnen im väterl. Betrieb, später Frauenarbeitsschule Augsburg, 1920 Zeichenhilfslehrerin im Volksschuldienst, 1921 Prüfung Handarbeitslehre, 1923 Verweserin, 1926 Zeichenlehrerin, bis 1927 Volksschuldienst und Kindergärtnerinnen- und Hortnerinnenseminar (KH-Sem.), 1928 Fachlehrerin am KH-Sem., 1933 Fachhauptlehrerin, 1936-46 St. Anna-Lyzeum, 1939 Fachoberlehrerin, 1940 Beamtin auf Lebenszeit, 1946 entlassen. Spruchkammer München II, 5.7.1947: »Mitläufer«. NSDAP 1937-45, NSF

1939-45, NSLB 1933-45, NSV 1935-45, DRK 1939-45, NSB 1936-45, VDA 1935-45, RLB 1933-45, BdM (förd. Mitglied) 1934-37, RKB 1936-45. 1950 wieder Beamtin, 1952 Fachstudienrätin und nebenamtl. Dozentin an der LBA Pasing, 1958 Ruhestand. StAM, Schulref. Nr. 2696.

Sterner, Anton, geb. 20.12.1885 in München, 1904 Reifeprüfung am Luitpoldgymnasium, 1905-06 KGS, 1904-08 THM, 1907 Lehramtsprüfung für Turnen, 1908 LPZ, 1908-09 Praktikant für Zeichnen an der K. Maria-Theresia-Kreisrealschule München, 1909-11 Hilfsass. für techn. Plan-, Karten- und Katasterzeichnen an der THM, 1910-11 freiw. Praktikantenjahr und 1911-12 Gymnasialass. am K. Realgymnasium in München, 1912-17 Assistent für Zeichnen und Turnen an der K. Gisela-Kreisrealschule, 1918-20 Gymnasiallehrer in Bamberg, ab 1920 Studienrat an der Ludwigs-Kreisrealschule München, 1933-1946 Studienprof. an der Ludwigs-Realschule. 1944-46 dienstverpflichtete Lehrkraft als Kriegsaushilfe bei der Stadt München. Am 4.1.1946 dienstenthoben auf Weisung der Militärregierung. Spruchkammer München Land (AZ 774/47-Pull.2514), 2.4.1947: »Mitläufer«. NSDAP 1940-45 (Mitgl.-Nr. 8061231), NSLB 1935-45, RKdBK 1935-36, NSV 1935-45 (Kriegsblockhelfer 1939-43), VDA-Schulgruppe 1937-45. 1948 Wiedereinstellung als Studienrat an der Oberrealschule an der Damenstiftstraße. 1951 Ruhestand. BayHStA MK 47636.

Strecker, Hedwig, geb. 5.3.1915 in Fulda. 1934 Reifeprüfung am Oberlyzeum Hildesheim, 1934-35 KGS Hildesheim, 1936-39 TH München, AdBK und LMU, 1939 LPZ 1. Teil, Päd. Seminar am NRG, 1940 LPZ 2. Teil, ab 1940 Assessorin am Wittelsbacher Gymnasium und anfangs auch am NRG. Bis 1934 VDA-Schülerleiterin in Hildesheim, ab Januar 1939 Deutsches Frauenwerk (ab 1941 Referatsleitung »Kultur und Erziehung«). Ab August 1946 stellvertr. Heimleiterin am Max-Josef-Stift, 1949 Studienrätin, 1951-54 Heimleiterin am Max-Josef-Stift, 1960 Studienprofessorin, 1977 Ruhestand. BayHStA MK 58288.

Thoma, Sophie, geb. 9.5.1877 in Stoffenried, gest. 28.2.1969 in Garmisch-Partenkirchen. 1908 LPZ an der KGS München, 1909 Prüfung als Turnlehrerin, 1908-10 Unterricht im Erziehungsinstitut der Salesianerinnen zu Beuerberg, 1910 Zeichen- und Turnlehrerin in Ansbach, 1913-16 Zeichenlehrverweserin an Schulen in München, ab 1914 an der höh. Mädchenschule St.-Anna-Platz, 1916 zur »wirklichen Zeichenlehrerin« befördert, 1920 Städt. Fachlehrerin, 1924 Fachhauptlehrerin, 1939 Studienrätin, 1943 Ruhestand. Nach eigenen Angaben (Fragebogen 1933): Keine Partei. Nach Angaben des Dez. 8 der Stadt München, 14.2.1939: Mitglied des RDB, NSLB und der NSV. StAM, Schulamt, Abg. 25/35 Nr. 2803.

Vogelsang, Karl Amadeus, geb. 6.9.1901 in Passau, gest. 21.4.1978. 1921 Reifeprüfung in Bayreuth, 1921-25 THM, KGS und LMU, 1925 LPZ 1. Teil, Päd. Sem. Luitpold-Oberreal, 1926 LPZ 2. Teil, ab 1926 Assessor, ab 1928 Oberrealschule III, Aushilfstätigkeit in mehreren bay. Gemeinden, 1934 (nichtetatmäßiger) Beamter, 1939 Studienrat am Humanist. Gymn. Lohr/Main, 1943 Wehrmacht. Auf Weisung der Militärregierung Würzburg, 21.10.1945, dienstenthoben. Spruchkammer Lohr/Main, 17.9.1946: »Mitläufer«. NSDAP ab 1935 (Mitgl.-Nr. 3 664 059, Sachbearbeiter für Festgestaltung in der Abteilung für Propaganda der OG Lohr 1939), NSV ab 1935, NSLB ab 1934, DRK ab 1938, VDA-Leiter ab 1940, RKdbK

1934-36. Januar 1947 Wiedereinstellung am Gymnasium Lohr, ab 1951 Domgymnasium Freising, 1952 Studienprofessor, 1958 Oberstudienrat, 1966 Ruhestand. BayHStA MK 47780.

Wagner, Johann, geb. 21.2.1907 in Passau, gest. 1998. 1926 Abitur in Passau, 1927-31 THM, KGS und AdBK, 1931 LPZ 1. Teil, Päd. Sem. Luitpold-Oberreal, 1932 LPZ 2. Teil, Studienass. an der Gisela-Oberreal, 1940 Studienrat. 1939-44 »Einsätze in Polen, Belgien, Holland und Russland«, 1944-45 Lazarett Rostock und Weissenburg i.B. Am 22.1.1946 auf Weisung der Militärregierung dienstenthoben. Spruchkammer Passau, 4.9.1947: »Mitläufer«. NSDAP 1937-45, NSFK 1937-45 (Mitgl.-Nr. 6881), NSV 1937-45, NSLB 1934-45, RKB 19?-45, RLB 1937-45. Bis zur Wiedereinstellung August 1948 (Oberreal Passau) Modellbauer für Bischöfl. Ordinariat und Landbauamt Passau. 1950 Beamter auf Lebenszeit, 1955 Studienprof., 1958 Oberstudienrat, 1965 Gymnasialprof., 1972 Ruhestand. BayHStA MK 58462.

Weber, Kurt, geb. 6.12.1911 in Ehringsdorf/Weimar. Reifeprüfung 1930 in Gotha, 1930-31 Kunsthochschule Weimar, 1931-35 THM, LMU und Hochschulinstitut für Leibeserziehung und Sport, München, 1935 LPZ 1. Teil, 1936 Staatsexamen für Turnen, 1935-36 Päd. Sem. NRG, 1936 LPZ 2. Teil, Studienass. an der Realschule in Weilheim, 1937-38 KdF-Sportlehrer, ab 1939 Ludwigsgymnasium, 1941 Studienrat. 1939-45 Kriegsdienst, 1945-47 französische Gefangenschaft. NSDAP 1933-39, SA 1933-39 (Oberscharführer 1939), NS-StB 1933-35, DAF 1936-39, NSLB1939. Spruchkammer München V, 12.7.1948: »Weihnachtsamnestie«. Ab 1949 Studienrat am Staatl. Realgymnasium in Würzburg, 1957 Studienprof., 1960 Oberstudienrat, 1965 Gymnasialprofessor, 1974 Ruhestand. BayHStA MK 58499.

Weiß, Gerald, geb. 19.2.1909 in Leipzig. 1930 Reifeprüfung in Würzburg 1930. Akademie für graphische Künste und Universität Leipzig 1930-32. AdBK München 1932/33, THM 1932-35. LPZ 1935 Teil 1, päd. Sem. Luitpold-Oberrealschule, 1936 LPZ Teil 2, 1936 Studienassessor und 1937-38 Schullandheimassessor für die Luitpold-Oberrealschule, 1938/39 Einsatz in den Realgymnasien Nürnberg und Augsburg, 1939 bis Januar 1945 Aufbauschule für Mädchen in Aschaffenburg, 1939 apl. Beamter, 1942 Studienrat. 1945 Aufbauschule für Jungen in Amberg. Am 31.10.1945 Dienstenthebung durch den Landrat, am 28.11.1945 Dienstenthebung durch das Kultusministerium. NSDAP-Mitglied ab 1.5.1937, SA 1934 bis 1941, SA-Reserve 1941 bis 1945 (Scharführer ab 1944). Spruchkammerurteil Amberg-Stadt vom 31.3.1947: »Mitläufer«. Wiedereinstellung Sommer 1947 als Angestellter am Gymnasium Amberg, 1948 Beamter auf Probe, 1950 Beamter auf Lebenszeit (Studienrat), 1955 Oberrealschule Amberg, 1958 Studienprofessor, 1960 Oberstudienrat, 1965 Gymnasialprofessor, 1971 Ruhestand. BayHStA MK 58528.

Wellano, Karl, geb. 3.1.1912 in Amberg, gest. 1999. 1932 Abitur Oberrealschule Regensburg, 1932-37 THM, 1937 LPZ 1. Teil, Päd. Seminar am NRG, 1938 LPZ 2. Teil, Studienassessor am NRG, Unterrichtsaushilfen in Neustadt/Weinstraße, Straubing, Frankenthal, Fürth, Nürnberg und am Wilhelmsgymnasium in München, 1939 apl. Beamter, 1940 Oberschule für Knaben in Dillingen, 1943 Studienrat. Wehrmacht (Kanonier) Ende 1944-45. Am 4.3.1946 auf Weisung der Militärregierung vom 9.10.1945 dienstenthoben. Spruch-

kammer Dillingen am 29.11.1946: »Mitläufer«. SA-Sturm 1933-45 (Sturm 3/11, SA-Sturm 47/L München und Sanitätssturm Regensburg), Deutsche Studentenschaft 1932-37. NSDAP 1937-45 (Mitgl.-Nr. 4 277 280), NSLB 1938-45 (die Spruchkammer notierte 1941-45), NSV 1943-45 (zeitweise Blockwalter). März 1947 wieder eingestellt bei der Oberschule in Dillingen, ab 1950 oder 1951 am Gymnasium München-Pasing, dann wieder Dillingen. 1960 Studienprofessor, 1965 Oberstudienrat, 1968 Gymnasialprofessor, 1977 Ruhestand. BayHStA MK 58546.

Winzinger, Franz, Dr., geb. 22.7.1910 in Hofberg (Niederbayern), gest. 1983. Abitur 1930 Luitpold-Oberrealschule, 1930-34 THM, AdBK und Universität, 1934 LPZ 1. Teil, Pädagogisches Seminar Luitpold-Oberrealschule, 1935 LPZ 2. Teil, 1935-40 Unterrichtsaushilfen an verschiedenen bayerischen Städten, 1937 Lehrbefähigung im Turnen, 1938 Luitpold-Oberrealschule, September 1938 bis Mai 1939 Tätigkeit an der Alten Pinakothek, 1941-45 Studienrat Oberschule Hammelburg, 1940 Promotion Dr. rer. nat. (Dissertation: »Studien über die Kunst Albrecht Altdorfers«), 1940-45 Wehrmacht. Nach eigenen Angaben (Fragebogen 1946): NSDAP seit 1938, NSFK 1936-45, NSV ab 1936, NSLB ab 1934, RKK, LSB ab 1938. NSDStB »nicht mehr erinnerlich«. Spruchkammer Nördlingen vom 8.5.1947: »Entlastet«. Begründung: »nach dem Maß seiner Kräfte aktiv Widerstand« geleistet. 1946-50 Studienrat in Nördlingen, 1950-55 am Progymnasium in Öttingen, 1955-60 Studienprofessor. Parallel dazu: 1953-1958 Lehrbeauftragter und ab 1960 a.o. Professor für Kunstgeschichte an der Philosophischen Theologischen Hochschule Regensburg, 1957 Privatdozent für Kunstgeschichte an der Universität Erlangen und an der Akademie der Künste Nürnberg, 1956 Promotion in Erlangen zum Dr. phil. (Dissertation: »Zeichnungen altdeutscher Meister aus dem Besitz der CIBA AG Basel«) 1958 wissenschaftlicher Assistent in Regensburg unter Beurlaubung vom höheren Schuldienst. Viele Veröffentlichungen in Kunst- und Fachzeitschriften. Quellen: BayHStA MK 55455 und MK ad 55455.

Wolf, Richard, geb. 11.3.1901 in München, gest. 5.4.1962. 1922 Abitur an der Oberrealschule III München, 1922-26 THM und Kunstgewerbeschule, 1926 LPZ 1. Teil, 1926-27 Päd. Sem. Luitpold-Oberreal, 1927-39 Studienassessor Luitpoldgymnasium, Unterrichtsaushilfen am Maximiliansgymnasium und NRG. Wegen Mitgliedschaft in der SPD (1929-32) später als üblich befördert. Ab 1936 Flugmodellbaulehrer, 1939-52 Studienrat in Bamberg, 1943-46 Kriegsdienst und Kriegsgefangenschaft. Nach eigenen Angaben (in allen Fragebogen): Nicht Mitglied der NSDAP. Mitglied des NSLB, der NSV und des RLB. 1946 Altes Realgymnasium München (Siegfriedstraße), 1947-50 entbunden vom Dienst zugunsten eines vollständigen Einsatzes als Lehrer an der Hochschule der Bildenden Künste, ab 1949 Seminarlehrer an der Ludwigs-Oberrealschule, 1952 Studienprofessor an der Ludwigs-Oberrealschule, 1954 Oberstudienrat. Quelle: BayHStA MK 47933.

Wüllfarth, Leonhard, geb. 1.2.1909 in München. 1929 Abitur an der Luitpold-Oberrealschule, 1929-33 THM, 1933 LPZ 1. Teil, Pädagogisches Seminar Luitpold-Oberrealschule, 1934 LPZ 2. Teil, ab 1934 Studienassessor an der Ludwigs-Realschule, Unterrichtsaushilfen 1937 am Ludwigsgymnasium und an der Oberrealschule III für Zeichnen und Turnen, 1938 Unterrichtsaushilfe an der Rupprecht-Oberrealschule in München und am Progymnasium in Öttingen, ab 1939 an der Oberschule für Knaben in Schwandorf, 1940 Studienrat. 1939-45 »Feldzug gegen Polen und Westfeldzug« (Oberstleutnant). »Während des Krieges und in Abwesenheit« Versetzung an die Oberschule Ettal. Am 28.11.1945 dienstenthoben. Spruchkammer München III (AZ W 344, 30.9.1948): »Mitläufer«. NSDAP 1930-39, Allg. SS 1931-33 (Rottenführer), NSLB 1935-45. Ab 1.4.1951 wieder auf der Gehaltsliste des Kultusministeriums, ab 1953 Studienrat an der Klenze-Oberrealschule München, 1957 Studienprofessor, 1964 Oberstudienrat, 1967 Gymnasialprofessor, 1974 Ruhestand. Quelle: BayHStA MK 58671.

Zacharias, Alfred, geb. 25.3.01 in Regensburg, gest. 3.11.1998. 1921 Reifeprüfung in Regensburg, 1921-24 und 1927-29 THM und Kunstgewerbeschule, 1924-27 Tätigkeit im Verlagsbuchhandel und als Grafiker in Regensburg, München und Leipzig, 1925-26 Staatliche Akademie für Graphische Künste und Buchgewerbe in Leipzig, 1929 LPZ 1. Teil, Pädagogisches Seminar an der Luitpold-Oberreal, 1930 LPZ 2.Teil. 1931-37 Zeichenlehrer bei Dr. Schönhärl und Stoll München, 1932-40 Studienassessor an der Rupprecht-Oberrealschule, 1940-45 Studienrat an der Maria-Theresia-Oberschule. Wehrmacht 1943-45. Keine Mitgliedschaft in der NSDAP. Mitglied des NSLB 1933-45, NSV 1937-45, VDA 1937-45. 1945-58 Ludwigs-Oberrealschule, Seminarleiter ab 1949, Studienprofessor 1952, Oberstudienrat 1955, Ruhestand 1966. Jugendschriftsteller, Illustrator, Fachberater für Kunsterziehung beim Kultusministerium, Mitglied des Prüfungsausschusses für Schülerbüchereien, Mitglied des Prüfungsausschusses für Maximilianeum-Prüfung. BayHStA MK 47953.

Zeitler, Anton, geb. 28.3.1909 in Regensburg. 1929 Reifeprüfung Realgymnasium in Regensburg, 1929-33 THM und AdBK, 1933 LPZ 1. Teil, 1933-34 Pädagogisches Seminar an der Rupprecht-Oberrealschule, 1934 LPZ 2. Teil. Vorbereitungsdienst und Unterrichtsaushilfe in verschiedenen bayer. Städten. 1936-41 Studienassessor an Oberrealschule an der Klenzestraße, 1940-1946 Wilhelmsgymnasium, 1941 Studienrat. Am 16.2.1946 auf Weisung der Militärregierung vom 20.12.1945 dienstenthoben. Spruchkammer München VIII, 4.3.1948: »Mitläufer«. NSDAP 1937-44 (Mitglieds-Nr. 4 591 103, Kreissachbearbeiter für Dekoration), NSV 1940-45, NSLB 1936-45, RKdbK 1934-45, Stahlhelmanwärter Ende 1933-34. Wiedereinstellung in Schuldienst 1948 an der Oberrealschule in Schwandorf, ab 1953 Regensburg. 1960 Studienprofessor, 1964 Ruhestand (Dienstunfähigkeit). BayHStA MK 58704.

Ziegelmaier, Josef, geb. 1.9.1899 in Donauwörth, gest. 3.6.1996 in Wasserburg. Reifeprüfung 1920 am Gymnasium in Günzburg, 1920-24 an TH München und TH Stuttgart, 1924 LPZ 1. Teil (THM), Seminar Luitpold-Oberrealschule, 1925 LPZ 2. Teil, 1925-28 Studienassessor am Gymnasium Ettal, 1928 bis August 1933 Oberrealschule III, verschiedene Unterrichtsaushilfen in bayerischen Gemeinden, ab August 1933 an der Realschule Wasserburg, 1935 Studienrat. 1939-40 Unteroffizier und 1944-45 Obermaat bei der Marine-Küstenartillerie der Wehrmacht, Gefangenschaft. Auf Weisung der Militärregierung vom 6.12.1945 dienstenthoben. Spruchkammer Wasserburg/Inn, 14.8.1947: »Mitläufer«. NSDAP 1937-45 (Mitgl.-Nr. 4 332 200), SA-Reserve 1933-45 (Mitgl.-Nr. 137, Oberscharführer 1944-45), NSLB 1936-45 (Schadenverhüter 1943-45), NSV 1934-45, NS-Schulgemeinde 1936-45. 1946 Wiedereinstellung am Gymnasium Wasserburg, 1948 wieder Beamtenverhältnis, 1952 Studienprofessor, 1955 Oberstudienrat, 1964 Ruhestand. BayHStA MK 47975.

Zielbauer, Paul, geb. 12.9.1890 in Nürnberg. 6-kl. Gymnasium, 4 Semester KGS in Nürnberg, 6 Semester THM, 1912 und 1913 (Wiederholung) LPZ, anschließend Assistent an der LBA Bamberg. 1914-18 Kriegsdienst. Studienassessor am Progymnasium Neustadt/A., ab 1925 Studienrat an der Oberrealschule in Ludwigshafen, 1942 Versetzung an die Oberschule für Knaben, Neu-Ulm. März 1945 Beurlaubung auf eigenen Antrag bis zum Beginn des Ruhestands wegen Dienstunfähigkeit. 1946 wieder arbeitsfähig. Nach eigenen Angaben (Fragebogen 1933 und 1937): »Keine Partei«. Spruchkammer des Landkreises Neu-Ulm v. 20.1.1947: Verfahren eingestellt, da »nicht betroffen«. Allg. SS 1933-39 (förderndes Mitglied), NSLB 1935-39, NSV 1935-44, RLB 1934-44. Ab 1947 Studienprofessor am ARG in München. 1951 Ruhestand. BayHStA MK 47982.

Nicht mehr auffindbar oder noch nicht publizierbar

Egger, Maria, geb. 27.9.1877. StAM, Schulamt 25/9b, Abg. 1958, Akte 2003 kassiert.

Imschweiler, Wilhelm, geb. 6.1.1910 in Ludwigshafen. 1933 LPZ an der TH München, Kunsterzieher an der Reichs-NS-Oberschule Feldafing am Starnberger See.

Kollmannsberger, Georg. StAM, Schulamt 25/13b, Nr. 6, Bund 1, Akte 2003 kassiert.

Nagel, Ernst, geb. 25.11.1878 in Gräfenthomma. Keine MK-Akte gefunden.

Schätzl, Lothar, geb. 12.9.1914 in Pfaffenhofen an der Ilm, gest. 19.9.2006 (Personenschutz). Akten: BayHStA MK 57880, Studentenakte im HATUM, NS-Bestand BDC.

Schmidbauer, Frieda. Keine MK-Akte.

Schoetz, Ernestine. Keine Akte gefunden. 1935 als Studienassessorin Aushilfe für Dorothea Buchner an der Luisenstraße.

Stöhr, Walter, gest. 2003 (Personenschutz). BayHStA MK 58 271.

Wagner, Englmar, geb. 24.9.1910 in München. Keine MK-Akte gefunden.

Zintner, Hans, geb. 16.11.1881 in Neumarkt an der Rott. Vor 1933 Mitglied der Bayerischen Volkspartei, 1936 Eintritt in den NSLB, keine Mitgliedschaft in der NSDAP. Zeichenlehrer bis zum Ruhestand 1944 an der Oberschule für Jungen an der Siegfriedstraße. Akten: Reichsstatthalter 10457 des BayHStA und Bundesarchiv Berlin, NS-Bestand BDC.

Zwengauer, Maria, geb. 19.7.1888. 1908 LPZ, 1916 Zeichenverweserin, 1919 Zeichenlehrerin, 1937 NSDAP-Eintritt (Personalreferat der Stadt München am 19.6.52, aus: Akte Steinheil). »Frl. Zwengauer, die seinerzeit wegen ihrer Parteizugehörigkeit entlassen war und ab 1.1.51 als Fachoberlehrerin in Bes.Gr. 9 wieder übernommen wurde, wurde […] ab 1.7.52 zur Gew. Studienrätin befördert.« Aus: Akte Gaugigl, Unterlagen des Personalreferats vom 24.10.1956. Die Personalakte Zwengauer (StAM, Schulamt 25/22a, Abg. 1969) wurde 2003 kassiert.

Ausstellungen, Filme und Veranstaltungen 1933-1944 in München, die von Schulklassen besucht wurden*

* Soweit sie durch folgende Quellen im Einzelnen belegt sind:
1. Durch die Jahresberichte der Schulen: Diese Quelle wird nicht extra vermerkt.
2. Durch die NSD-Schulgemeinde, die die Einteilung der Schulklassen bekanntgab. Ihre Listen, die z.B. für die Großausstellung »Raubstaat England« (Januar bis Februar 1940) erhalten sind, geben einen Anhaltspunkt dafür, wie die Besuche auch bei den anderen Filmen und Ausstellungen zu lesen sind. Die Besuchsdaten sind mit * versehen, die Unterlagen entstammen meistens den Sammelordnern des Stadtschulamts München: Quelle StAM, Schulamt Nr. 2643 = (1a), Quelle StAM, Schulamt 2564 = (1b).
3. Durch Beschlüsse des Stadtschulamtes München, siehe die o.g. Sammelordner.
4. Durch Bekanntgaben des Bayer. Staatsministeriums für Unterricht und Kultus.

14. Januar bis 6. Februar 1933
Saarland-Ausstellung.
Träger: Museum für Länderkunde, Leipzig, Bund der Saar-Vereine (Landesgruppe Bayern). Ort: Weißer Saal der Polizeidirektion München. »Angesichts der hohen staatspolitischen und kulturellen Bedeutung der Ausstellung wird den Oberklassen der Volksschulen und den übrigen Schulen der klassenweise geschlossene Besuch dringend empfohlen.« (Stadtrat, 13.1.1933)
27.1. Oberrealschule III.
Quelle: 4° Mon 2467, Schlussbericht Saarland-Ausstellung, München 1933.

2.-26. März 1933
Luftschutz-Wanderausstellung.
Veranstalter: Dt. Luftschutz-Verband. Ort: Ausstellungsgebäude an der Elisenstraße. Der Veranstalter nimmt die Einteilung der Schulbesuche vor. »Der klassenweise geschlossene Besuch der Ausstellung während der Unterrichtszeit wird den 7. und 8. Klassen der Volksschulen, sowie den übrigen Schulen gestattet.« (Beschluss des Schulreferats, 4.3.1933). Quelle: (1a)

Mai 1933
Film *Das blutende Deutschland*.
23.5.33 Oberrealschule III
24.5. Maria-Theresia-Realsch.
27.5. Luisengymnasium
29.5. Wittelsbacher Gymnasium
(o.D.) ARG (»geschlossen«)
(o.D.) priv. LBA d. Armen Schulschwestern.

Juni bis Juli 1933
Ausstellung *Grenzland in Not*.
Veranstalter: Studentenschaft der THM. Ort: Ausstellungspark Halle II. Die Ausstellungsleitung teilt die Anmeldungen ein. Der »klassenweise geschlossene Besuch« ist auch den höheren Schulen »dringend empfohlen«. Gesamtleitung: Joseph Heubuch. Künstl. Beirat: Oskar Graf, Hans Döllgast. Zeichenarbeiten: Thomas Stöckl, Joseph Eckert, Englmar Wagner, Walter Bodenstein, Leopold Freiherr von Proff zu Irmich. Leitung: Dr. Theo Brannekämper. Quelle: (1a).
8.6.33 ARG (»geschlossen«)
7.7.33 Gisela-Oberrealschule
11.7.33 Oberrealschule III
12.7.33 Maria-Theresia-Realschule (Kl. 3-6)
13.7.33 Luisengymnasium.

AUSSTELLUNGEN, FILME UND VERANSTALTUNGEN

September bis Dezember 1933
Film *Hitler-Junge Quex*.
21.9.33 Maria-Theresia-Realschule (alle Klassen)
28.10.33 Wittelsbacher Gymnasium
30./31.10.33 Luisengymnasium
11.12.33 Gisela-Oberreal (»sämtl. Schüler«)
(o.D.) ARG (»geschlossen«).

10. September 1933
Schulfeier zum *Tag der deutschen Schule* mit Aufmarsch, Ansprachen, Festspiel, Sprechchören und Kampfspielen. Veranstalter: VDA. Ort: Dantestadion.
Wittelsbacher Gymnasium
Gisela-Oberrealschule (»mit turnerischen und gesanglichen Darbietungen«)
Altes Realgymnasium (JB: Teilnahme im Dantestadion mit allen anderen Schulen).

11. und 12. September 1933
Schulfeiern zur *250. Wiederkehr des Tages der Befreiung Wiens von den Türken*.
Oberrealschule III
Maria-Theresia-Realschule
Wilhelmsgymnasium.

16. Sept. bis 1. Oktober 1933
Landwirtschaftsausstellung auf dem Oktoberfest.
30.9. Maria-Theresia-Realsch.

22. Sept. bis 6. Oktober 1933
Ausstellung *Deutsche Schrift und ihre Entwicklung*. Veranstalter/Ort: Neue Sammlung, Bayerisches Nationalmuseum, Abteilung für Gewerbekunst. Das Kultusministerium empfiehlt den Besuch. Quelle: (1a)

15. Oktober 1933
Festzug zum *Tag der deutschen Kunst*, Spalierbildung:
Gisela-Oberrealschule.

23. Nov. [?] – 3. Dezember 1933
Ausstellung vom *Kunstverein München e.V.*, empfohlen für die »3. und 6. Klassen der mittleren bzw. höheren Schulen« (Schulreferat, 30.11.33). Quelle: (1a)

Dezember 1933
Buchausstellung: *Das Buch und der neue Staat*. Veranstalter: »Münchner Buchhändlerverein in Gemeinschaft mit der Reichsstelle zur Förderung des deutschen Schrifttums und dem Kampfbund für deutsche Kultur«. Ort: Nibelungensäle der Residenz. »Der klassenweise Besuch der Ausstellung wird den Münchener Schulen aller Art empfohlen.« (Kultusministerium, 4.12.1933) Die Ausstellungsleitung übernimmt die Einteilung. Der Buchhändlerverein weist darauf hin, dass »neben dem Herstellungsgang des Buches ›Hitler, Mein Kampf‹ auch eine besondere Gedenkstätte für den zu Braunau erschossenen Buchhändler Palm« gebracht wird. Quelle: (1a)

Dezember 1933
Weihnachtsausstellung
der »Standarte R.16 *List* mit Beteiligung von Kameraden der Standarten L., S./1, der SS und des ST und der Fachgruppe der NSDAP unter dem Protektorat des Führers der Standarte R.16 *List*«: Malerei, Bildhauerei, Architektur und Graphik. Ort: Residenz München. Aussteller waren z.B. Hans Flüggen mit Landschaftsmalereien und Markus Heinlein mit Selbstbildnis, Holzplastik, Große Gipsfigur und Bronzepferd.

Dezember 1933 bis [?] 1934
Pädagogische Großausstellung *Volk und Schule*. Veranstalter: Münchner Lehrerverein. Ort: Bibliothek des Dt. Museums. Künstl. Leitung: Gewerbehauptlehrer Fröhlich, Direktor Baeßler des Dt. Museums. Organisatoren: Hauptlehrer Hose und Zwiesler. Quellen: (1a), Völk. Beobachter Nr. 336, KatAusst. des Münchner Lehrervereins, 8° Mon 5971.

März 1934
Film *Sieg des Glaubens*.
7.3.34 Wittelsbacher Gymnas.
(o.D.) ARG (»geschlossen«).

April bis Mai 1934
Sonderausstellung *Trachtenpuppen aus dem Puppen-Museum Neustadt bei Coburg*.
Veranstalter / Ort: Neue Sammlung, Bayerisches Nationalmuseum. »Der klassenweise Besuch der Ausstellung wird den höheren Unterrichtsanstalten, den Berufsschulen und den oberen Klassen der Volksschulen empfohlen. Der Einritt ist frei.« (Kultusministerium, 24.4.1934).

 2.-13. Mai 1934
Ausstellung *Die Pfalz im neuen Reich*. Veranstalter: Landesverkehrsverband Rheinpfalz mit Unterstützung der Stadtverwaltung München, »unter dem besonderen Schutz von Ministerpräsident Siebert«. Ort: Weißer Saal des Polizeipräsidums. »In Würdigung der grossen geschichtlichen, nationalpolitischen, kulturellen und wirtschaftlichen Bedeutung der Pfalz als Grenzland wird den Schulen der Besuch der Ausstellung empfohlen.« (Stadtrat und Stadtschulbehörde, 7.5.1934) Quelle: (1a)

 Juni bis September 1934
Ausstellung *Die Straße*.
Veranstalter: Generalinspektor Todt (Schirmherr und Oberleitung) i.A. der Reichsregierung für das deutsche Straßenwesen. Den Oberklassen der Volksschulen und den übrigen Schulen ist der Besuch empfohlen (Kultusministerium, 2.7.1934).
(o.D.) Gisela-Oberrealschule.

 Juni 1934
Film *Flandern, die Front nach 15 Jahren*. Veranstalter: Gaufilmstelle.
8.6.34 Altes Realgymnasium.

 Juni 1934
Film *Was ist die Welt*.
Veranstalter: Gaufilmstelle.
8.6.34 Altes Realgymnasium
(o.D.) Maria-Theresia-Realschule.

 Juni 1934
Amateurphoto-Ausstellung der Gesellschaft Münchner Lichtbildner e.V. Ort: Ausstellungsgebäude im Alten Botanischen Garten. Besuch für alle Schulgattungen empfohlen (Kultusministerium, 20.6.1934). Quelle: (1a)

 Juni 1934
Fest der deutschen Schule,
Veranstalter: VDA.
Ort: Dantestadion.
(o.D.) Altes Realgymnasium.

 Juni bis Oktober 1934
Deutsche Siedlungsausstellung.
Veranstalter: Dt. Siedlungsausstellung München 1934.
Der klassenweise Besuch aller Schulgattungen war empfohlen (Kultusministerium, 16.5.1934). Für die Lehrer gab es eine Sonder-Filmvorführung mit dem »Kulturfilm-Programm: Mit Kreuzer Königsberg in See / Fernstrom / Menschen im Schatten – Menschen im Licht / Der neue Mensch (Ein Film von deutscher Körpererziehung) / Die Stadt von morgen.« Quelle: (1a)

 Juli 1934
Ausstellung
Das Gold Ostpreussens, »eine Schau der Staatl. Bernstein-Manufaktur Königsberg«. Fernmündliche Mitteilung des Kultusministeriums an Stadtschulrat Mahir: Sämtliche Schulen sind zu verständigen, klassenweiser Besuch ist empfohlen, 12.7.1934. Quelle: (1a)

 September bis Oktober 1934
Schlageter-Ausstellung. Veranstalter: »Deutsche Freikorps«.
Ort: Residenz, »allen Schülern und Schülerinnen über 12 Jahren warm empfohlen« (Kultusministerium, 6.9.1934). Eintrittsermäßigung bei klassenweisem Besuch, die Ausstellungsleitung teilt die Zeiten ein.
24.10.34 Oberrealschule III
(o.D.) Maria-Theresia-Realschule
(o.D.) Gisela-Oberrealschule
(o.D.) Wittelsbacher Gymnasium

AUSSTELLUNGEN, FILME UND VERANSTALTUNGEN 477

November 1934
Sonderausstellung *Das schöne bayerische Ostmarkglas*. Veranstalter / Ort: Die Neue Samml., Bayer. Nationalmuseum. Der klassenweise Besuch aller Schulgattungen wird empfohlen (Kultusmin., 7.11.1934). Quelle: (1a)

November bis Dezember 1934
Ausstellung *Süddeutsche Kunst*. Ort: Neue Pinakothek. »Der Besuch wird den Oberklassen der Volksschulen, den Berufs-, Mittel- und höheren Schulen empfohlen.« Eintritt frei. (Stadtrat und Stadtschulbehörde, 1.12.34). Quelle: (1a)

Januar 1935
Ausstellung *Ritter, Tod und Teufel*. Ort: Galeriestraße 10.
Der klassenweise Besuch wird für Schüler und Schülerinnen über 14 Jahren empfohlen (Kultusminist., 11.1.1935). Quelle: (1a)

Mai bis Juni 1935
Film *Triumph des Willens*.
8.5.35 Luitpold-Oberreal
8.5.35 Oberrealschule III
8.5.35 Altes Realgymnasium
9.5.35 Wittelsbacher Gymnasium
10.5.35 Ludwigs-Realschule
17.6.35 Maria-Theresia-Realschule
(o.D.) Gisela-Oberrealschule
(o.D.) Theresiengymnasium.

Juni 1935
Fest der deutschen Jugend. Wie im Vorjahr. Wettkämpfe:
22.6.35 Ludwigs-Realschule
22.6.35 Oberrealschule III.

Juni 1935
Ausstellung *Unsere Zähne*.
21.6.35 Ludwigs-Realschule

29. Juni 1935
Sonnwendfeier auf der Theresienwiese.
Altes Realgymnasium
Wittelsbacher Gymnasium.

Juni bis Juli 1935
Ausstellung *Olympia*.

29.6.35 ARG (4.-9. Klassen)
1.7.35 Oberrealschule III (»geschlossen«).

1.-6. Juli 1935
Ausstellung *der Zeichnungen zum Winterhilfswerk*.
»Eine Auslese der von Schulen des Gaues München-Oberbayern zum Thema W.H.W. eingelieferten Schülerzeichnungen«. Veranstalter: NSDAP, Amt für Erzieher, NS-Lehrerbund, Ort: Großer Saal, Bundeshaus des NSLB, Gabelsbergerstr. 26. Quelle: (1a)

15.-18. September 1935
Ausstellung *Deutsche Luftfahrt-Wanderschau*.
Veranstalter: Ortsgruppe München des Dt. Luftsportverbandes. Ort: Weißer Saal der Polizeidirektion. Die Ausstellung enthält »etwa sechzig Modelle von Motor- und Segelflugzeugen«, die in »anschaulicher Weise die Entwicklung der deutschen Fliegerei von den Anfängen bis zur Gegenwart zeigen«. Der Besuch wird für Schüler und Schülerinnen über 12 Jahren »wärmstens empfohlen«. Ermäßigung bei Besuch von Klassen (Kultusministerium, 12.9.1935). Quelle: (1a)

September 1935
Ausstellung *Leben und Gesundheit* mit Sondergruppe *Der gläserne Mensch*.
Veranstalter: Deutsches Hygiene-Museum (Zentralinstitut für Volksgesundheitspflege Dresden). Ort: Städtische Tonhalle. »Für die Leiter aller Schulen findet unter fachmännischer Leitung eine besondere Führung« am Mittwoch, 4.9.1935, statt. (Stadtschulrat) »Der Besuch eignet sich für Schüler und Schülerinnen vom vollendeten 12. Lebensjahr an. Bei klassenweisem Besuch beträgt der Eintrittspreis für den Schüler 10 Pfennig.« (Kultusministerium, 5.9.1935).
(o.D.) Oberrealschule III (mehrere Klassen) Quelle: (1a)

23. September 1935
Tag des deutschen Volkstums.
– Altes Realgymnasium.

23. September bis 20. Okt. 1935
Ausstellung *Schrift der Deutschen.* Veranstalter: Schriftmuseum Rudolf Blanckertz, Berlin, mit »Förderung des Kulturamtes der Stadt München«. Ort: Residenz im Königsbau.
(o.D.) Luitpold-Oberrealschule.

1.-15. Oktober 1935
Ausstellung *Blut und Boden.*
Veranstalter: NS-Kulturgemeinde. Ort: Räume des Kunstvereins. Das Kultusministerium weist die Schulen auf diese »Ausstellung von Gemälden, graphischen Blättern und plastischen Werken, die in besonderer Beziehung zum deutschen Land, zum deutschen Bauern und zur Naturverbundenheit des deutschen Menschen stehen«, hin. Quelle: (1a)

Oktober 1935
Ausstellung *Reichsnährstand.*
Die im Ausstellungspark gezeigte »Lehrschau [...] wird bis Sonntag, 6. Gilbhart (Oktober) 1935 verlängert, um sämtlichen Schulen Münchens Gelegenheit zu geben, die lehrreiche Ausstellung zu besuchen.« Quelle: (1a)

Oktober bis November 1935
Film *Der alte und der junge König.*
1.10.35 Oberrealschule III
15.10.35 Luitpold-Oberreal
17.10.35 Ludwigs-Realschule
24.10.35 Altes Realgymnasium
8.11.35 Wittelsbacher Gymnasium
26.11.35 Maria-Theresia-Realschule
(o.D.) Theresiengymnasium
(o.D.) Rupprecht-Oberrealschule
(o.D.) Gisela-Oberrealschule.

Januar 1936
Schülerausstellung *Olympia und Schule.* Veranstalter: Gauamtsleitung des NSLB, München-Oberbayern, zusammengestellt von der Reichsleitung des NSLB. Ort: Bundeshaus des NSLB, Gabelsbergerstraße. »Das Material dieser Ausstellung ist aus einem Preisausschreiben der Deutschen Schülerzeitschrift ›Hilf mit‹ hervorgegangen.« Eintritt ist frei, »der Besuch wird empfohlen« im »Einverständnis mit dem Bayerischen Staatsministerium für Unterricht und Kultus« auch für die staatlichen und privaten höh. Unterrichtsanstalten. Quelle: (1b)
10.1.36 Ludwigs-Realschule
Jan. 36 Oberrealschule III.

Februar 1936
Fahrt zu den *IV. Olympischen Winterspielen in Garmisch.*
14.2.36 Gisela-Oberrealschule (50 Schüler, 3 Lehrer)
(o.D.) Oberreal III (22 Schüler, 2 Lehrer).

19.-26. Mai 1936
Ausstellung *Das deutsche Danzig ruft!* Veranstalter: Studentenbund des Gaues München-Oberbayern der NSDAP »in Zusammenarbeit mit der Abteilung für Volksaufklärung und Propaganda des Senates der Freien Stadt Danzig«. Ort: Aula der TH. »Der geschlossene Besuch der Ausstellung wird leider den meisten Schulen dadurch unmöglich sein, dass in der angegebenen Zeit eine mehrtägige Schulung der Lehrerschaft durch den NSLB stattfindet, während der kein Unterricht erteilt wird.« (Oberbürgermeister, 19.5.1936) Quelle: (1b)
(o.D.) Gisela-Oberrealschule.

Mai bis Juni 1936
Film *Auf großer Fahrt.*
6.5.36 Theresiengymnasium
26.5.36 Oberrealschule III
17.6.36 Maria-Theresia-Realschule
23.6.36 Altes Realgymnasium
3.7.36 Luisen-Gymnasium
(o.D.) Wittelsbacher Gymnasium.

Juni bis Juli 1936
Buch- und Urkunden-Ausstellung *Das wehrhafte Deutschland – Der Kampf um das Reich*

in 12 Jahrhunderten deutscher Geschichte. Veranstalter: NS-Kulturgemeinde (im Rahmen ihrer Reichstagung). Ort: Maximilianeum. »Der Besuch der Ausstellung wird den Schulen empfohlen. Der Eintritt ist kostenlos.« (Kultusministerium, 16.6.1936)
März [irrige Angabe im JB] Luitpold-Oberrealschule (obere Kl.)
Juni/Juli 36 Oberrealschule III (4.-9. Kl.)
Juli 36 Ludwigs-Realschule
9.7.36 Hans-Schemm-Aufbauschule
(o.D.) Gisela-Oberrealschule
(Kat.Ausst. in Mon 11197).

20. Juni 1936
Deutsches Jugendfest 1936.
Die Schüler der Oberrealschule III »sammelten sich am Abend in der Schule und wurden dann von den Lehrern auf die Theresienwiese geführt, wo sie an der gemeinsamen Sonnenwendfeier mit Siegerehrung der Münchener Jugend teilnahmen.« (JB 1936/37, S. 23)

[?] 1936
Ausstellung *Fränkische Kunst.*
(o.D.) Luitpold-Oberrealschule.

15. Juli 1936
Lenbach-Sonderausstellung.
Ort: Städtische Galerie
Oberrealschule III (9. Klasse).

22. Juli bis 15. November 1936
Prunkausstellung *Das Pferd in der Kunst.* Gesamtleitung: Max Reinhard, Direktor des Kulturamts der »Hauptstadt der Bewegung«. Künstl. Oberleitung: Prof. Ferdinand Liebermann. Künstlerische Mitarbeiter: Benno Adam, Egon Freiherr von Berchem, Max Bernhard, Max Feldbauer, Karl Gröber, Fritz Häberlein, Armin Hausladen, Ludwig Hohlwein, Angelo Jank, Inspektor Ch.O. Müller, Ministerialrat R. Pöverlein, Albert Reich, Wolfgang Vogl, Willy Zügel. Ort: Residenz. »Auf diese Ausstellung werden die Münchener Schulen aufmerksam gemacht.« (Kultusministerium, 12.9.1936)

(o.D.) Maria-Theresia-Realschule
(o.D.) Luisen-Gymnasium (zwölf Klassen)
(o.D.) Wilhelmsgymnasium
(o.D.) Gisela-Oberrealschule.

Oktober bis Dezember 1936
Film *Jugend der Welt* – und *Sport und Soldaten.*
7.10.36 Theresiengymnasium
19.10.36 Ludwigs-Realschule
21.11.36 Altes Realgymnasium
23.11.36 Maria-Theresia-Realschule
2.12.36 Luisen-Gymnasium
(o.D.) Wittelsbacher Gymnasium.

Oktober 1936
Große Kundgebungen gegen Bolschewismus und Weltzerstörung. Beteiligung, z.B. in Form von Flagghissung und Flaggabnahme, eigenen Schulfeiern etc.:
6.-11.10.36 Maximiliansgymnasium
6.-11.10.36 Hans-Schemm-Aufbauschule
6.-11.10.36 Gisela-Oberrealschule
7.-9.10.36 Oberrealschule III (Klassenansprachen und Schulfeier)
10.10.36 Theresiengymn. (Schulfeier)
10.10.36 Ludwigs-Realschule (Schulfeier)
10.10.36 Hum. Gymn. Pasing (Schulfeier).

21. Okt. bis 30. Nov. 1936
Ausstellung *Deutsches Recht.*
Nov. 36 Hans-Schemm-Aufbauschule
(o.D.) Wilhelmsgymnasium.

November 1936
Ausstellung *Friedrich der Große im Spiegel seiner Zeit.* Veranstalter: Graphische Sammlung München. Ort: Neue Pinakothek. »Der Besuch der Ausstellung wird den oberen Klassen der Anstalten empfohlen.« (Kultusministerium, 13.11.1936) Quelle: (1a)

5. November 1936 – verlängert bis 31. Juli 1937
Der Bolschewismus – Antibolschewistische Schau. Veranstalter: Antikomintern, Gauleitung München-Oberbayern der NSDAP, Landesstelle Mün-

chen-Oberbayern des Reichsministeriums für Volksaufklärung und Propaganda. Verantwortlicher Leiter: Walter Wüster. Ort: Bibliotheksbau des Deutschen Museums.
16.11.36 Oberrealschule III
17.11.36 Maria-Theresia-Realschule
21.11.36 NRG (5 Klassen)*
21.11.36 Theresiengymnasium (5 Kl.)*
21.11.36 Gisela-Oberrealschule (5 Kl.)*
21.11.36 Maximiliansgym. (5 Kl.)*
21.11.36 Wittelsbacher Gym. (5 Kl.)*
24.11.+3./4.12.36 Wittelsbacher Gym.
25.11.36 Theresiengymnasium (4 Kl.)*
27.11.36 ARG (15 Kl.)*
28.11.36 ARG (4 Kl.)*
28.11.36 Hans-Schemm-Aufbausch. (4 Kl.)*
1.+2.12.36 Gisela-Oberreal. (insg. 15 Kl.)*
2.+3.12.36 Maximiliansgym. (insg. 13 Kl.)*
3.12.36 Hans-Schemm-Aufbau. (Restkl.)*
3.+4.12.36 Wittelsbacher Gym. (21 Kl.)*
8.12.36 Ludwigs-Realschule
9.+10.12.36 Rupprecht-Oberreal (25 Kl.)*
14.12.36 Wilhelmsgymnasium*.
Auch die SchülerInnen der privaten Lyzeen besuchten die »Schau«. Quelle: (1b)

Januar bis Februar 1937
Film *Der Verrat*
(auch *Verräter*).
22.1.37 Theresiengymnasium
27.1.37 Ludwigs-Realschule
3.2.37 Oberrealschule III
9.2.37 Maria-Theresia-Realschule
18.2.37 Altes Realgymnasium
23.2.37 Luisen-Gymnasium
(o.D.) Wittelsbacher Gymnasium
(o.D.) Ludwigsgymnasium.

März 1937
Wanderschau »*Gesundes Volk*«
Veranstalter: NSDAP, Amt für Volksgesundheit, NSD-Ärztebund, Gau München-Oberbayern. Ort: Ausstellungs-Saalbau des Dt. Museums. Die Ausstellung ist in vier Abteilungen gegliedert, z.B. die erste: »Nur der gesunde Erbstrom des Volkes sichert Deinen Bestand.« usw. »Der Besuch dieser Wandschau wird allen Schülern und Schülerinnen über 13 Jahre empfohlen.« (gez. Der Oberbürgermeister, i.V. Bauer, 3.3.1937) Quelle: (1b)

Mai bis Juni 1937
Riefenstahl-Kurzfilm
Tag der Freiheit.
26.5.37 NRG
Juni 37 Wittelsbacher Gymnasium
(o.D.) Ludwigsgymnasium
(o.D.) Humanistisches Gymnasium Pasing
(o.D.) Neues Realgymnasium.

Mai bis Dezember 1937
Film *Wolkenstürmer – Unsere Wehrmacht*.
26.5.37 NRG
26.5.37 Oberrealschule III
28.5.37 Wilhelmsgymnasium
6.12.37 Altes Realgymnasium
7.12.37 Max-Josef-Stift
(o.D.) Ludwigsgymnasium
(o.D.) Theresiengymnasium.

30. Mai bis 6. Juni 1937
4. Ausstellung des *Reichsnährstands*. Ort: Theresienwiese.
Der Schulbesuch wurde auf den 4. und 5. Juni festgesetzt (Kultusministerium, 10.5.1937). Quelle: (1b)
4.6.37 Wilhelmsgymnasium
4.6.37 Max-Josef-Stift
5.6.37 Neues Realgymnasium
4.7.[sic]37 Oberrealschule III
(o.D.) Ludwigsgymnasium
(o.D.) Humanistisches Gymnasium Pasing.

Juli bis Oktober 1937
Film *Tannenberg*.
2.7.37 Altes Realgymnasium
6.7.37 Max-Josef-Stift
20.10.37 Oberrealschule III
26.10.37 Neues Realgymnasium
29.10.37 Wilhelmsgymnasium
(o.D.) Ludwigsgymnasium
(o.D.) Theresien-Gymnasium
(o.D.) Humanistisches Gymnasium Pasing
(o.D.) Neues Realgymnasium.

24.-26. September 1937
Wanderausstellung *Schafft Heime*. Veranstalter: Hitlerjugend.
»Sämtliche Schulbehörden werden ersucht, der Ausstellung jede nur irgendwie mögliche Förderung zuteil wer-

den zu lassen, insbesondere ist in den Schulen der Besuch der Ausstellung zu empfehlen. Von einem Besuch der Ausstellung durch die Schulen während der Unterrichtszeit ist jedoch abzusehen.« (Kultusministerium 17.9.1937) Quelle: (1b)

Oktober 1937
Ausstellung *Süddeutsche Volkskunst*. Veranst.: »Kulturamt der Hauptstadt der Bewegung«.
Ort: Ausstellungspark, Hallen V und VI. Die Stadt München empfiehlt allen Schulen den Besuch. Quelle: (1b)

16. Oktober – 6. Nov. 1937
Ausstellung *Schönheit der Arbeit* und *Die Arbeit in der Kunst*.
Veranstalter: DAF, NS-Gemeinschaft KDF, Gau München-Oberbayern.
Ort: Ausstellungspark, Halle III. Hier führte man die ›höheren‹ Schüler nicht hin.

1937
Reichswanderschau *Ewiges Volk,* Veranstalter: Hauptamt für Volksgesundheit, Dt. Hygiene-Museum Dresden. Gesamtleitung Dr. Pakheiser. Lit.: Kivelitz, S. 102 ff. und S. 446.

Oktober 1937
Entartete Kunst, die »erste große deutsche Kunstausstellung des Dritten Reiches im Haus der Deutschen Kunst«.
28./29.10.37 Hans-Schemm-Aufbauschule
28./29.10.37 Hans-Schemm-Aufbauschule
(o.D.) Rupprecht-Oberrealschule
(o.D.) Luisen-Gymnasium.

Nov. 1937 bis Januar 1938
Der ewige Jude – »Politische Schau«. Ort: Bibliotheksgebäude des Deutschen Museums.
»Der klassenweise Besuch dieser Ausstellung wird hiermit empfohlen. Die Schulen haben sich an die von der Leitung der Schau für den Schülerbesuch festgesetzten Zeiten zu halten, da für Jugendliche nur bestimmte Abteilungen zugänglich sind. Der Besuch der Ausstellung durch einzelne Jugendliche auch in Begleitung Erwachsener ist verboten.« (Kultusministerium, 29.11.1937)
15.+17.11.37 Oberrealschule III
23.11.37 Wilhelmsgymnasium
8.12.37 ARG (die oberen 5 Klassen)
11.12.37 Hans-Schemm-Aufbau. (alle Kl.)
10.1.38 NRG (Kl. 4-8)
(o.D.) Ludwigsgymnasium (Klassen 4-8)
(o.D.) Max-Josef-Stift
(o.D.) Humanistisches Gymnasium Pasing
(o.D.) Neues Realgymnasium.

[?] 1938
Ausstellung *Pocci*.
Luisen-Gymnasium (6 Klassen).

[?] 1938
Großkundgebung
Jugend und Technik.
(o.D.) Ludwigsgymnasium (Klassen 6-8).

März 1938
Film *Männer machen Geschichte*
(Marsch nach Abessinien).
10.3.38 Neues Realgymnasium
12.3.38 Wilhelmsgymnasium
14.3.38 Oberrealschule III
21.3.38 Altes Realgymnasium
(o.D.) Theresiengymnasium
(o.D.) Ludwigsgymnasium
(o.D.) Humanistisches Gymnasium Pasing
(o.D.) Neues Realgymnasium.

Juni 1938
Film *Unternehmen Michael*.
18.6.38 NRG
18.6.38 Oberrealschule III
27.6.38 Max-Josef-Stift
29.6.38 Wittelsbacher Gymnasium
(o.D.) Ludwigsgymnasium.

2. Juli bis 17. August 1938
Ausstellung: *Strahlen und Heilkunde*. Veranstalt.: Verein Strahlen und Heilkunde, München 1938 e.V. Quelle: (1b)
5. und 6. Juli 1938 Wilhelmsgymnasium.

Juli 1938
Ausstellung *Münchner Malerei des 19. Jahrhunderts*. Veranstalter: Sektion Bildende Kunst der Kameradschaft der Künstler Münchens.
Ort: Maximilianstraße 26.

 1938
Große Deutsche Kunstausstellung 1938 im Haus der Deutschen Kunst
(o.D.) Luisen-Gymnasium.

 September 1938
Ausstellung *Albrecht Altdorfer und sein Kreis*. Gedächtnisausstellung zum 400. Todesjahr Altdorfers. Veranstalter/Ort: Neue Staatsgalerie (Ernst Buchner), Königsplatz.
26.+28.9.38 Oberrealschule III (8. Klassen)
(o.D.) Max-Josef-Stift.

 September bis Oktober 1938
Riefenstahl-Film *Olympia I*.
24.9.38 Maria-Theresia-Realschule
24.9.38 Luisen-Gymnasium
25.9.38 Max-Josef-Stift
30.9.38 Oberrealschule III
1.10.38 Neues Realgymnasium
(o.D.) Wilhelmsgymnasium
(o.D.) Ludwigsgymnasium
(o.D.) Deutsche Oberschule Mü.-Pasing.

 Oktober bis November 1938
Riefenstahl-Film *Olympia II*.
29.10.38 Oberrealschule III
26.11.38 Maria-Theresia-Real.
26.11.38 Luisen-Gymnasium
28.11.38 Neues Realgymnasium
28.11.38 Wittelsbacher Gymnasium
30.11.38 Max-Josef-Stift
(o.D.) Wilhelmsgymnasium
(o.D.) Ludwigsgymnasium
(o.D.) Deutsche Oberschule Mü.-Pasing.

 29. September 1938
Spalier zum *Münchener Abkommen*. »Am Tage von München, 29. September, fiel der Unterricht aus. Die Schüler marschierten unter Führung ihrer Lehrer zum Spalier für die vier Staatsmänner Hitler, Mussolini, Chamberlain und Daladier auf dem Marienplatz.«
Oberrealschule III (JB 1938/39, S. 25).

 Februar 1939
Film *Wer will unter die Soldaten?*
25.2.39 Maria-Theresia-OS
25.2.39 Mädchen-Oberschule Luisenstr.
27.2.39 Wittelsbacher Oberschule
27.2.39 Oberschule an der Klenzestraße
28.2.39 Oberschule an der Müllerstraße
(o.D.) Ludwigs-Oberschule
(o.D.) Oberschule an der Müllerstraße.

 Februar bis März 1939
Film *Sudetendeutschland kehrt heim*.
25.2.39 Mädchen-OS Luisenstr.
27.2.39 Oberschule an der Klenzestraße
28.2.39 Oberschule an der Müllerstraße
1.3.39 Max-Josef-Stift
(o.D.) Ludwigs-Oberschule
(o.D.) Deutsche Oberschule Mü.-Pasing.

 20.Februar bis März 1939
Ausstellung *Wir wollen gesund sein!* Veranstalter: »Der Beauftragte für die Schulausstellungen 1939 des Kreis Groß-München« »gelegentlich des Kreistages des Keises München der NSDAP«. Ort: Acht Schulbezirke – siehe Kapitel II. 4.2.
Besuche erfolgten
z.B. in der Winthirschule:
13.3.39 Rupprecht-OS (untere Kl.)
z.B. in der Volksschule am Mariahilfplatz:
(o.D.) Mädchen-Oberschule Luisenstraße
(o.D.) Dt. Oberschule a.d. Frühlingstraße
(o.D.) Max-Josef-Stift.

 20. März 1939
Schulfrei anlässlich der Eingliederung »des Protektorats Böhmen und Mähren« (interner Bericht der Rupprecht-Oberschule 1938/39).

9. März bis 2. April 1939
Ausstellung *Europas Schicksalskampf im Osten*. Veranstalter: NSDAP-Gauleitung München-Oberbayern (zusammengestellt vom »Amt des Reichsleiters Alfred Rosenberg«). Ort: Maximilianeum. »Aus dem Besuche der Ausstellung kann ein unterrichtlicher und erzieherischer Gewinn für Schüler und Schülerinnen aller Schulgattungen etwa vom 12. Lebensjahr an erwartet werden. Der Besuch wird den Schulen in München empfohlen.« Kultusministerium, 13.3.1939.
(o.D.) Mädchen-Oberschule Luisenstraße
(o.D.) Dt. Oberschule München-Pasing.

Mai bis Juni 1939
Deutsches Land in Afrika, Staatspolitischer Film. Veranstalter: Bayerische Landesfilmstelle. Ort: Bergpalast.
20.,22.5.39 Maria-Theresia-Oberschule
6.6.39 Oberschule an der Müllerstraße
6.6.39 Rupprecht-Oberschule
6.6.39 Oberschule an der Klenzestraße
7.6.39 Ludwigs-Oberschule
(o.D.) Oberschule an der Siegfriedstraße
(o.D.) Mädchen-Oberschule Luisenstraße.

16. Juli 1939
Tag der Deutschen Kunst München 1939. »Feierliche Eröffnung – Der Führer spricht – Empfang der Stadt im Alten Rathaussaal – *Festzug 2000 Jahre Deutsche Kultur* – Chöre in den Festzugsstraßen – *Nacht der Nymphen* am Kleinhesseloher See« usw., siehe Kapitel II. 8.1.

14. Sept. bis 8. Oktober 1939
Reichsschau *Ewiges Volk*. Veranstalter: »Deutsches Hygiene-Museum und Hauptamt für Volksgesundheit«. Ort: Ausstellungspark Theresienhöhe Halle I. »Die Ausstellung muss vor allen Dingen auch von der heranwachsenden Jugend besucht werden. Wir haben deshalb den Wunsch, ebenso wie es in den anderen Städten geschehen ist, dass die Schüler und Schülerinnen der Münchner Schulen die Ausstellung besichtigen.

Wie uns Herr Ratsherr Gross zu unserer grossen Freude mitteilte, haben Sie, sehr geehrter Herr Stadtschulrat Bauer, sich damit einverstanden erklärt, dass der klassenweise Schulbesuch durchgeführt wird.« (Dt. Hygiene-Institut an Bauer, 24.8.1939) Quelle: (1b)

November 1939
Film *Der Westwall*. Veranstalter: Bayerische Landesbildstelle.
16.11.39 Ludwigs-Oberschule
(o.D.) Mädchen-Oberschule Luisenstraße.

Januar bis Februar 1940
Großausstellung *Raubstaat England*. Veranstalter: Gauleitung München-Oberbayern, als Wanderausstellung von der Reichspropagandaleitung übernommen. Ort: Staatsgalerie am Königsplatz. »Der Besuch der Ausstellung ist auch für die Schüler und Schülerinnen aller Schulen von besonderer erziehlicher und unterrichtlicher Bedeutung. Es wird deshalb allen Schulen in München (Volksschulen vom 5. Schuljahrgang ab) der klassenweise Besuch der Ausstellung, der auch während der Unterrichtszeit stattfinden kann, zur Pflicht gemacht.« (Kultusministerium, 6.1.1940)
15.,16.,17.1.40 OS Müllerstr.* (18 Kl.)
16.,18.1.40 Mädchen-OS St.Anna* (10 Kl.)
17.1.40 Maximiliansgymnasium* (11 Kl.)
18.1.40 Mädchen-OS Blumenstr.* (10 Kl.)
24.+25.1.40 Oberschule Klenzestr. (alle Kl.)
25.+26.1.40 Maria-Theresia-Oberschule
29./30.1.+2./3.2.40 Rupprecht-OS* (28 Kl.)
29./30.1.+2./3.2.40 Gisela-OS* (20 Kl.)
1.2.40 Max-Josef-Stift* (7 Kl.)
5.,7.,9.2.40 Dt. OS Frühlingstr.* (18 Kl.)
5.,7.,9.2.40 Wittelsbacher-OS* (15 Kl.)
5.,7.,9.2.40 Theresiengymnasium* (17 Kl.)
6.,8.,10.2.40 Mädch.-OS Luisenstr.* (21 Kl.)
6.,8.,10.2.40 Mädch.-OS Pasing* (7 Kl.)
8.,10.2.40 Mädch.-OS Maria-Ward* (13 Kl.)

18. Januar bis 4. Februar 1940
Schulausstellung *Form der Jugend*. Veranstalter: »Schuldezernat der Hauptstadt der Bewegung gemeinsam mit der NSD-Schulge-

meinde, Gau München-Oberbayern«. Ort: Historisches Stadtmuseum. »Zeichnungen, Malereien, Schnitte, Werkarbeiten aus Bayerischen Schulen«. 227 Schulklassen, »darunter aus Meisterschulen des Handwerks, aus Höheren Schulen, aus Kunstakademien und privaten Kunstschulen« besuchten die Ausstellung. (Hans Herrmann, 7.4.1940) Quelle: (1b)

Februar 1940
Film *Der Feldzug in Polen*.
Veranstalter der »Großschau«: Bayer. Landesfilmstelle, Ort: Neue Staatsgalerie am Königlichen Platz.
27.2.40 Oberschule Müllerstraße (Kl. 1-7)
27.2.40 NRG (Kl. 3b mit Hedwig Strecker)
28.2.40 Ludwigs-Oberschule
29.2.40 Oberschule an der Klenzestraße
(o.D.) Oberschule an der Siegfriedstraße.

September 1940
Ausstellung *Auch wir kämpfen für den Sieg!*
20.9.40 Wilhelmsgymnasium
27.9.40 Maria-Theresia-Oberschule
(o.D.) Rupprecht-Oberschule.

27. Okt. bis 10. Nov. 1940
Ausstellung *Buch und Schwert. Ein Sinnbild unserer Zeit*.
Veranstalter: Landesleitung der Reichsschrifttumskammer München-Obb. Ort: Neue Staatsgalerie.
30.10., 5.,6.11.40 Wilhelmsgymnasium
2.11.40 Maria-Theresia-Oberschule.

8. Nov. 1940 bis Januar 1941
Reichsausstellung *Deutsche Größe*.
Veranstalter: »Dienststelle des Beauftragten des Führers für die Überwachung der gesamten geistigen und weltanschaulichen Schulung und Erziehung der NSDAP, Reichsleiter Rosenberg« (nach Kivelitz, S. 543), Schirmherr: Rudolf Heß. Ort: Bibliotheksbau des Deutschen Museums. Den Führungsdienst in allen Städten übernahm der NSLB.
2.,4.,6.12.40 Maximiliansgym.* (6 Kl.)
2.,4.12.40 Wittelsbacher OS* (16 Kl.)
3.,5.12.40/22.1.41 Mädchen-OS Luisenstr.* (21 Kl.)
5.12. 40 Mädchen-OS Pasing* (3 Kl.)
7.,14.12.40 Wilhelmsgymnasium* (4 Kl.)
14.12.40/8.,14.1.41 Theresiengym.* (14 Kl.)
9.1.41 Oberschule Damenstiftstr.* (alle Kl.)
10.1.41 Maria-Theresia-OS* (alle Knab.kl.)
13.1.41 OS an der Müllerstraße* (alle Kl.)
14.1.41 Maria-Theresia-OS* (6 Mädchenkl.)
20.,22.,23.1. Luitpold-OS* (14 Kl.)
21.,22.,23.,25.,28.1. Gisela-OS* (13 Kl.)
21.1.40 Dt. Aufbauschule Oberanger*
21.1.40 Hermann Bezzelschule*
22.1.40 Rupprecht-Oberschule* (alle Kl.)
23.1.40 Oberschule Siegfriedstr.* (alle Kl.)
23.24.,25.,30.1.41 Dt. Oberschule Frühlingstr.* (alle Knabenklassen)
24.,28.1.41 Mädch.-OS Maria-Ward * (6 Kl.)
27.,28.1.41 Dt. Oberschule Frühlingstraße* (6 Mädchenklassen)
29.1.41 Mädch.-OS Max-Josef-Stift* (6 Kl.)
29.1.41 Mädchen-OS Blumenstraße* (1 Kl.)
30.1.41 Hans-Schemm-Aufb. Pasing (5 Kl.)
31.1.41 Mädch.-OS St.-Anna-Platz* (alle Kl.)
31.1.41 Oberschule Pasing* (alle Kl.).
Quelle: (1b)

Januar 1941
Film *Jud Süß*.
Regisseur: Veit Harlan.
Ort: Atlantik-Palast am Isartor.
24.1.41 Wittelsbacher Gymnasium.

21. März bis 14. April 1941
Ausstellung zum *Tag der Wehrmacht – Münchner Künstler erleben den Krieg*. Veranstalter: Stellvertr. Generalkommando des VII. Armeekorps in Zusammenarbeit mit dem Kulturamt der Stadt München. Malereien u.a. von Herrmann Kaspar, Georg Buchner und Anton Kolnberger. (Kat. Ausst.)

31. Mai bis 29. Juni 1941
Ausstellung *Die Kunst der Front*.
Veranstalter: Luftgaukommando VII. Ort: Neue Staatsgalerie München, Königsplatz. Zuvor in anderen Städten. Für die höheren Schulen und oberen Klassen der Volksschulen empfohlen. (Kultusministerium, 31.5.1941)

AUSSTELLUNGEN, FILME UND VERANSTALTUNGEN   485

Juni/Juli 41 Maria-Theresia-Oberschule
14.6.41 Wilhelmsgymnasium
(o.D.) Gisela-Oberschule
(o.D.) Rupprecht-Oberschule.

6.-13. Juni 1941
Ausstellung *Seefahrt ist not*.
Gauausstellung des Nationalsozialistischen Lehrerbundes mit den Ergebnissen des gleichnamigen Wettbewerbs. Diese Ausstellung »kann während der Unterrichtszeit klassenweise besucht werden.« (Kultusministerium, 31.5.1941)
14.6.41 Wilhelmsgymnasium
Anf. Juli 41 Maria-Theresia-Oberschule
(o.D.) Rupprecht-Oberschule
(o.D.) Gisela-OS mit eigenem Beitrag.

Große Deutsche Kunstausstellung 1941
im Haus der Deutschen Kunst
(o.D.) Rupprecht-Oberschule.

24. Sept. 1941 bis 28. Feb. 1942
Ausstellung »*Großdeutschland und die See*«. Veranstalter: Arbeitsausschuss »Großdeutschland und die See«. Ort: Bibliotheksbau im Deutschen Museum. Es waren täglich 800 Schüler-Besuche vorgesehen, aus den höh. Schulen waren insgesamt 11 000 Besucher eingeplant. Das Soll wurde nicht erreicht. »Die Handelsschiffahrt, besonders aber die Kriegsmarine haben die Ausstellung hauptsächlich im Interesse einer tatkräftigen Nachwuchswerbung gefördert.« (Arbeitsausschuss) Quelle: (1b)

November 1941
Leistungsschau der Deutschen Bautechnik. Veranstalter/Ort: Deutsches Museum.
»Diese Leistungsschau gibt einen Überblick über das Bauschaffen seit der Machtübernahme mit historischen Rückblicken und zeigt zahlreiche ausgezeichnete bildliche Darstellungen, Modelle, Geräte usw. Sonderabteilungen sind der Rationalisierung im Bauwesen und dem behelfsmäßigen Kriegsbau gewidmet. […] Ich empfehle daher dringenden klassenweisen Besuch dieser Ausstellung (ab 5. Klasse der höheren Lehranstalten). Der Besuch kann auch während der Unterrichtszeit erfolgen.« (Kultusministerium, 13.11.1941)

November 1941
Buch- und Dokumentenschau
Deutscher Schicksalskampf.
Veranstalter/Ort: Neue Staatsgalerie. Der »Schicksalskampf um die Erfüllung des Parteiprogramms ist für die Schüler und Schülerinnen der oberen Jahrgänge aller Schulen von großer erziehlicher und unterrichtlicher Bedeutung. Es wird deshalb allen Schulen in München (Volksschulen vom 6. Jahrgang ab, Berufsfachschulen und höheren Schulen von den entsprechenden Altersstufen ab) der klassenweise Besuch der Ausstellung, der auch während der Unterrichtszeit erfolgen kann, zur Pflicht gemacht.«
(Kultusministerium, 13.11.1941)

November bis 14. Dez. 1941
Ausstellung *Münchener Maler erleben den Feldzug im Osten.*
Veranstalter: Stellvertretendes Generalkommando des VII. Armeekorps. Ort: Städtische Galerie (Lenbach-Galerie). »Der Besuch der Ausstellung ist geeignet die wehrgeistige Erziehung der Jugend zu unterstützen und zu fördern; er wird deshalb für die Schüler(innen) der Berufs- und Fachschulen sowie die entsprechenden Klassen der Berufsfach-, Mittel- und höheren Schulen empfohlen. Soweit sich klassenweiser Besuch nicht ermöglichen lässt, sind die Schüler zum Einzelbesuch der Ausstellung anzuregen.« (Stadtschulrat Bauer, 27.11.1941). Quelle: (1b)

Dez. 1941 bis 15. März 1942
Ausstellung *Vom Musketier zum Feldmarschall.*
Veranstalter: Stellvertretendes Generalkommando des VII. Armeekorps. Ort: Neue Staatsgalerie. »Die Ausstellung bringt in zahlreichen zeitgenössischen Stichen, in Dioramen und auf Schautischen eine Fülle von Material, das für die wehr-

geistige Erziehung der Jugend von hohem Wert ist. Wegen der Eigenart der Ausstellung und ihrer einmaligen Art hat das Staatsministerium für Unterricht und Kultus den Besuch der Schau für die Klassen aller Münchener Schulen verpflichtend gemacht.« (Stadtschulrat, 23.1.1942) Eine Einschränkung wurde für Schüler unter zehn Jahren gemacht.

4. Juli bis 2. August 1942
Ausstellung *Kunst der Front 1942*. Veranstalt.: Luftgaukommando VII in Verbindung mit dem Reichspropagandaamt München-Oberbayern. Ort: Neue Staatsgalerie am Königl. Platz. Im Bayer. Regierungsanzeiger vom 16.6.1942 wird »der klassenweise Besuch der Ausstellung für alle mittl. und höh. Schulen, die Lehrerbildungsanstalt, Berufsschulen [...] zur Pflicht gemacht«: »Die Ausstellung vermittelt noch umfassender als im Vorjahr ein vielseitiges Bild des soldatischen Erlebens und ist ein bedeutsames Hilfsmittel von größter Eindringlichkeit für den vaterländischen Unterricht.«

November 1942
Kriegsbildschau *Vom Nordkap bis zum Schwarzen Meer – Künstler erleben den Krieg im Osten*. Veranstalter: Kulturamt in Zusammenarbeit mit dem Stellvertr. Generalkommando des VII. Armeekorps. Ort: Historisches Stadtmuseum. »Sie ist eine Kriegsbildschau, die [...] einen Gesamteindruck des Geschehens an der Ostfront vermittelt. Bei entsprechender Führung und Erläuterung werden auch die Jungen und Mädels der obersten Klassen der Volksschulen einen nachhaltigen Eindruck gewinnen von der packenden Echtheit der Bilder, die Zeugnisse überlegenen deutschen Kampfes sind.« (Stadtschulamt, 30.11.1942, Schulverteiler I, Ia, II und XIII) Quelle: (1b)

Mai bis Oktober 1943
Münchener Kunstausstellung im Maximilianeum. Veranstalter: Kameradschaft der Künstler München e.V. (siehe Dok. 360 und 362).

10. April bis 13. Juni 1943
Ausstellung *Das Meer*. Veranstalter: Städt. Kulturamt in Verbindung mit dem Oberkommando der Wehrmacht, dem Deutschen Seegeltungswerk und dem Amt »Bildende Kunst« in der Dienststelle des Reichsleiters Rosenberg. Ort: Städtische Galerie (Lenbach-Galerie). »Der klassenweise Besuch der Ausstellung (Volksschulen ab 6. Schülerjahrgang) wird empfohlen.« (Stadtschulamt, 30.4.1943)
12.5.-11.6.43 Wilhelmsgymnasium.

28. Juni bis 10. Juli 1943
Ausstellung *italienischer Bücher zur Erziehung und Ausbildung der faschistischen Jugend*. Veranstalter: Gaustudentenführung München-Oberbayern gemeinsam mit der faschistischen Studentenorganisation GUF. Ort: Große Aula der LMU. Vor allem für Lehrer und Erzieher empfohlen.
9.7.43 Wilhelmsgymnasium.

30. Okt. bis 31. Dezember 1943
Ausstellung *Vom Ringwall zum Bunker*. Zur Geschichte der Befestigungswerke. Veranstalter: »Kulturamt der Hauptadt der Bewegung und Stellv. Generalkommando VII. Armeekorps«. Ort: Armeemuseum. »Für den Bereich München wird der klassenweise Besuch der Ausstellung für alle höheren Schulen, die Lehrerbildungsanstalt, sowie alle 6.-8. Klassen der Knabenvolksschulen angeordnet.« (Kultusministerium, 24.11.1943) Die Ausstellung läuft unter »wehrgeistige Betreuung der Schulen«. Quelle: (1b)

Staatliche und städtische »höhere Schulanstalten« in München 1933-1945

1933	1938/39	2004	Randnotizen zur Schulgeschichte
Wilhelmsgymnasium Thierschstraße 46 (staatlich)	Wilhelmsgymnasium Thierschstraße 46	Wilhelmsgymnasium Thierschstr. 46 80538 Mü.	Ursprünglich (seit 1559) von Jesuiten betreute Lateinschule, 1773 dem Staat unterstellt, 1830 Gliederung der human. höh. Schule in 4 Jahre Lateinschule und 4 Jahre Gymnasium, 1849 Abzweigung des → Maximiliansgymn., die verbliebene Schule wurde Wilhelmsgymnasium genannt, seit 1893 pädagogisch-didaktische Kurse.
Ludwigsgymnasium Maxburg 2 (staatlich)	Ludwigsoberschule für Knaben Maxburg 2	Ludwigsgymn. Fürstenrieder Str. 159a 81377 Mü.	1824 als zweites humanistisches Gymnasium Münchens gegründet, eng mit dem Zöglingsheim Albertinum verbunden.
Ludwigs-Realschule Damenstiftstraße 2 (staatlich)	Oberschule für Knaben an der Damenstiftstraße 2 1940/41 Angliederung einer 7. Klasse, 1941/42 achtklassige Vollanstalt	Erasmus-Grasser-Gymnasium Fürstenrieder Str. 159a 81377 Mü.	1833 erste realistische Lehranstalt (Isarkreis-Landwirtschafts- und Gewerbeschule), 1855 Einstellung des landwirtschaftl. Unterrichts, 1877 erste Münchner Kreisrealschule mit 6 Klassen, Alleinbesitzer der Damenstiftstraße, 1891 Abzweigung von der Luitpold-Kreisrealschule und Verbleib der Ludwigs-Kreisrealschule. – Gebäude an der Damenstiftstraße 1943 zerbombt, Gastgeber Theresiengym. bis 1950, Wittelsbacher Gym. bis 1956 und Maxgymnasium bis 1958.
Maximiliansgymnasium Morawitzkystraße 9 (staatlich)	Maximiliansgymnasium Morawitzkystraße 9	Maximiliansgymnasium Karl-Theodor-str. 9 80803 Mü.	1849 drittes Münchner humanistisches Gymnasium, Abzweigung von der Lateinschule, 1898 Zuordnung eines pädagogischen Seminars.

Altes Realgymnasium Siegfriedstraße 22 (staatlich)	Oberschule für Knaben an der Siegfriedstraße 22	Oskar-von-Miller-Gymnasium Siegfriedstr. 22 80803 Mü.	1864 erstes Realgymnasium, Eröffnung mit 34 Schülern, 1912/13 806 Schüler; 1913/14 Gründung einer Filiale in der Klenzestraße, daraus entstanden → NRG und → Klenzegym. Die Filiale des (Alten) Realgymnasiums wurde zunächst als Parallelanstalt dem Luitpoldgym. eingegliedert. – Ursprünglich in der Luisenstr., 1912 Neubau Siegfriedstr., 1944 völlige Zerstörung des Filialbaus Klenzestr.
(ehemaliges) Luitpoldgymnasium Müllerstr. 7			1886 viertes humanist. Gymnasium, 1921 aufgelöst (Landtagsbeschluss 26.10.1920). Rechtsnachfolger: → NRG.
Luitpold-Oberrealschule Alexandrastraße 3 (staatlich)	Luitpold-Oberschule für Knaben Alexandrastraße 3	Luitpold-Gymnasium Seeaustr. 1 80538 Mü.	1891 gegründet als Luitpold-Kreisrealschule, 1907 9-klassige Anstalt, erster sog. Arbeitsunterricht in Schülerlaboratorien, ab 1902 päd.-didaktische Seminare bis heute, 1910 Seminar für Zeichnen. 1944 Schulhaus zerbombt, Gastaufenthalt im Wilhelmsgym., 1958 Neubau in der Seeaustraße.
Theresiengymnasium Kaiser-Ludwigs-Platz 3 (staatlich)	Theresiengymnasium Kaiser-Ludwigs-Platz 3	Theresien-Gymnasium Kaiser-Ludwigs-Platz 3 80336 Mü.	1896 fünftes humanist. Gymnasium Münchens. 1890 hatte das Luitpoldgymnasium (Müllerstr.) 1100 Schüler. Ein neues Gymnasium war dringend notwendig.
Maria Theresia-Realschule Regerplatz 1 (staatlich)	Maria-Theresia-Oberschule für Knaben Regerplatz 1	Maria-Theresia-Gymnasium Regerplatz 1 81541 Mü.	1899 dritte Kreisrealschule in München, »höhere bürgerliche Bildung auf sprachlich-historischer *und* mathematisch-naturwissenschaftlicher Grundlage« sollte gewährt werden. »Hart war der Kampf der realistischen Schulen um den direkten Zugang zu den Hochschulen«. 1907 Prinzip der Arbeitsschule. – 1914 wurde das Schulgebäude mit Militär belegt, bis zum Februar 1919 siedelte die Schule um in das Gebäude der KLBA, im 2. Weltkrieg Gebäude zerbombt, noch 1949 war das Schulgebäude zur Hälfte Ruine.

Wittelsbacher Gymnasium (mit Realgymnasium) Marsplatz 8	Wittelsbacher-Oberschule für Knaben Marsplatz 8	Wittelsbacher-Gymnasium Marsplatz 1 80335 Mü.	1906 sechstes humanistisches Gymnasium, 1907 Unterrichtsbeginn im neu errichteten Gebäude, 1920 Auflösung der Kadettenkorps (Versailler Friedensvertrag) als selbständige Unterrichtsanstalten, Schaffung des 6-kl. realgymnas. Zweigs für die ehemal. Kadetten. 1944 Turnhallen verbrannt, 1945 Schuldach zerstört, Unterrichtseinstellung 26.4.1945.
(staatlich)			
Humanist. Gymnasium Pasing und Realschule (staatlich)	Oberschule für Knaben in Pasing Schulstraße 3	Karlsgymnasium Am Stadtpark 2181243 München	1910 Progymnasium, trotz 1. Weltkrieg zum Vollgymnasium mit 13 Klassen ausgebaut und durch Angliederung von 6 Realklassen zu einer Doppelanstalt erweitert.
Rupprecht-Oberrealschule Albrechtstraße 7	Rupprecht-Oberschule für Knaben Albrechtstraße 7	Rupprechtgymnasium Albrechtstr. 7 80636 Mü.	1911 6-kl. Kreisrealschule, 1918 der Republik. Schutztruppe zur Verfügung gestellt, 1919 Beschädigung des Schulhauses: Regierungstruppen vermuteten in der Schule Angehörige der Roten Armee, 1921 9-klassige Kreis-Oberrealschule, pädagogisches Seminar. 1945 wurde der Zeichenlehrer Karl Motz kommissarischer Schulleiter (bis 1946).
(staatlich)			
Neues Realgymnas. (NRG) Müllerstr. 7	Oberschule für Knaben an der Müllerstraße 7	Albert-Einstein-Gymnasium Lauterestr. 28 1545 Mü.	Ab 1918 wurde das Luitpoldgym. mit einer realgymnas. Abzweigung vom → ARG als NRG an der Müllerstraße weitergeführt. 1944 Schulgebäude stark beschädigt, Oktober 1944 bis Februar 1945 Unterricht im Wittelsbacher Gym.
(staatlich)			
Oberrealschule III an der Klenzestr. 54 (staatlich)	Oberschule für Knaben an der Klenzestraße 54	Klenze-Gymnasium Wackersberger Str. 59 81371 Mü.	1921 eröffnet.
Gisela-Oberrealschule + Handelssch. Arcisstraße 65	Gisela-Oberschule für Knaben Arcisstraße 65	Gisela-Gymnasium Arcisstr. 65 80801 Mü.	
(staatlich)			

Max-Josephs-Stift Ludwigstraße (ab 1939 Mühlbaurstraße) (staatlich)	Max-Josef-Stift, Oberschule für Mädchen (einzige staatliche achtklassige Mädchenschule in Bayern)	Max-Josef-Stift Mühlbaurstr. 15 81677 Mü.	1813 ordnete König Maximilian I. Joseph die »Staatliche Maximiliansanstalt für Töchter Höherer Stände« an zur standesgemäßen Erziehung der weibl. Angehörigen des königl. Hofs und seiner Umgebung. 1912 Max-Josef-Stift. 1935 Umwandlung in eine Externschule mit angeschlossen. Schulheim, 1941 erstes Abitur.
Städt. Lyzeum Luisenstraße (mit humanistischem und realistischem Reformgymnasium, mit humanistischem Vollgymn. und mit Realgymn., interkonfessionell) (städtisch)	Oberschule für Mädchen an der Luisenstraße (städtisch)	Luisengymnasium Luisenstr. 7 80333 Mü.	1822 erstes Mädchengymnasium, zugleich erstes städt. Gymnasium in München. Fundierte Ausbildung für die spätere Aufgabe »Repräsentantin eines bürgerlichen Hauswesens«. 1912 erstmals Lehrpläne für Höhere Mädchenschulen, Gymnasialabteilung (erstes Abitur 1919), 1924 städt. Lyzeum mit human. Mädchengymnas. und Mädchenrealgym. 1927 Ausbau des Reformgymnasiums – angleichend an die Knabengymnasien in 9 Jahren zur Hochschulreife. – Schulhaus-Zerstörung 7.1.1945 (bis 1949 Unterricht in Gastschulen).
Städt. Lyzeum am St.-Anna-Platz (mit Mädchenoberreal und Frauenschule)	Oberschule für Mädchen am St.-Anna-Platz (städtisch)	St.-Anna-Gymnasium St.-Anna-Str. 20 80538 Mü.	1927 Ausbau der »Städtischen Höheren Mädchenschule«.
Humanist. Mädchengym. der Armen Schulschwestern, Blumenstr. 26 (heute – 2004: Theresia-Gerhardinger Gymnas. Am Anger d. Arm. Schulschwest. Blumenstr. 26) (privat)	Nach Schließung der Schule durch die NSDAP ab 1939 Oberschule für Mädchen an der Blumenstraße (städtisch)	Nachfolger der Oberschule: Theodolinden-Gymnasium Am Staudengarten 2	1803 Auflösung des Angerklosters (Säkularisation), 1809 Auflösung der Klosterschule der Chorfrauen de Notre Dame in Stadtamhof, 1833 Gründung der Kongregation der Armen Schulschwestern von u. Lieben Frau, 1834 Genehmigung des Instituts durch Kg. Ludwig I., 1843 Einweihung des Mutterhauses am Anger, 1912 Höh. Mädchenschule. – 1944 zerstörten Bomben das Kloster, 1956/57 Bezug des Neubaus in der Blumenstraße.

Höhere Töchterschule an der Planegger Straße (Englische Fräulein) und Lyzeum »Grotschule Pasing« (privat)	Nach Schließung beider Schulen durch die NSDAP: ab 1939 Oberschule für Mädchen München-Pasing (städtisch)	Nachfolger der Oberschule: Elsa-Brandström-Gymnasium Ebenböckstr. 1 81241 Mü.	
Mädchenlyzeum der Englischen Fräulein (mit Mädchenrealgymnasium und höherer Mädchenschule und Frauenschule) München-Nymphenburg (heute – 2004: Maria-Ward-Gymnasium Maria-Ward-Str. 5 80638 Mü.) (privat)	Nach Schließung der Schule durch die NSDAP: ab 1938 Oberschule für Mädchen München-Nymphenburg an der Maria-Ward-Straße (städtisch)	Nachfolger der Oberschule: Louise-Schroeder-Gymnasium Pfarrer-Grimm-Str. 1 80999 Mü.	
(Evangelische) Höhere Mädchenschule Hermann-Bezzel (privat)	Nach Schließung der Schule durch die NSDAP: ab 1941 Städt. Oberschule für Mädchen an d. Tengstr.	Nachfolger der Obersch.: Sophie-Scholl-Gym. Karl-Theodor-Str. 92 80796 Mü.	
Ab 1935: Hans-Schemm-Aufbauschulen München und Mü.-Pasing (staatlich)	Deutsche Oberschule in Aufbauform für Knaben und Mädchen München, Frühlingstr. 1	Pestalozzi-Gymnasium Eduard-Schmid-Str. 1 (ehem. Frühlingstr.) 81541 Mü.	

Quellen: Jahresberichte, Festschriften und Homepages der Schulen, Münchener Jahrbücher 1933-1942.

1871 Gründung der Lehrerinnenbildungsanstalt für Oberbayern (1872 Schulhaus im Rosenthal, dann im Damenstiftsgebäude in der Ludwigstraße, 1908 Neubau an der Frühlingstraße durch den Kreis Oberbayern, 1935 Übernahme des Gebäudes durch den bayerischen Staat, 1872-1937 Seminarübungsschule angeschlossen, 1875-1906 Präparandinnenschule (auf 3 Jahre Präparande folgen 2 Jahre Seminar), 1906 5 Jahre Seminar, akademisch gebildete Lehrer werden eingestellt, 1908 6 Jahre Seminarausbildung, 1935 5.+6. Klassen der LBA werden abgebaut, so dass bis 1937 allein die Lehrerbildungsanstalt in Pasing zuständig ist. Diese wurde dann zur Hans-Schemm-Hochschule, die unteren Klassen bildeten die → Hans-Schemm-Aufbauschule. – 1943 Zerstörung des Gebäudes an der Frühlingstraße durch Bomben, Ausbau des ersten Teils für das NRG.

Ungedruckte Quellen

Archive

Archive und Sammlungen von Privatpersonen: Magdalena Aufhauser, Dr. med. Annemarie Banzhaf, Heinrich Bauernfeind, Günther Baumann, Johann Binser, Dr. Heinrich Eder, Dr. Eberhard Goepfert, Dip.-Ing. Werner Eckhardt, Walther Habersetzer, Prof. Dr. Wolfgang Kehr, Florian Köhler, Ingrid Marschall, Bernhard Möllmann, Reinhard Riederer, Dr. Manfred Saller, Wendelin Schied, Hertha Schmorell, Lisanne Schneider-Schwarz, Prof Dr. Otfried Schütz, Dr. Eva-Monika Turck, Marianne Walter, Dr. Siegfried Weiß, Dr. Wolfgang Zacharias, Helmut Zischler, Brigitte Zuber.

Archiv der Akademie der Bildenden Künste, München.

Archiv der Geschichtswerkstatt Neuhausen, München.

Bayerisches Hauptstaatsarchiv, München.

Bayerisches Staatsarchiv, München.

Bundesarchiv, Berlin (Bestand des ehemaligen Berlin Document Center).

DenkStätte »Weiße Rose«, München.

Deutsches Museum, München.

Germanisches Nationalmuseum, Nürnberg.

Gestalt-Archiv Hans Herrmann e.V., Schondorf.

Historisches Archiv der Technischen Universität München (HATUM).

Institut für Zeitgeschichte (IfZ), München.

Schularchive: Albert-Einstein-Gymnasium, Klenze-Gymnasium, Louise-Schroeder-Gymnasium, Ludwigsgymnasium, Luisengymnasium, Luitpold-Gymnasium, Maria-Theresia-Gymnasium, Maximiliansgymnasium, Pestalozzi-Gymnasium, Rupprechtgymnasium, Wilhelmsgymnasium, jeweils München.

Stadtarchiv München.

Stadtbücherei München / Monacensia.

Universitätsarchiv der LMU.

Gedruckte Quellen

Schulberichte, Schülerzeitungen, Festschriften

Altes Realgymnasium
Das K. Realgymnasium in München 1864-1914, Festschrift zum fünfzigjährigen Bestande des K. Realgymnasiums, Beilage zum Jahresbericht 1913/14, München 1914.

Luisenlyzeum
Erster Lehrgang im Schullandheim Seeheim, 8.-18. Mai 1936, Fotoalbum (Schularchiv).

Luitpold-Oberrealschule
Das Band, Schülerzeitung der Luitpoldoberrealschule, 1929-1931 (Mon 9864).
1891-1991 Luitpold-Gymnasium München, Jubiläumsjahresbericht, München 1990/91.

Humanistisches Gymnasium Pasing
Barth, Doris, Bernhard Möllmann und Bernd-Michael Schülke, *Zeugnisse. Das Humanistische Gymnasium in Pasing. Die Vorgeschichte des Karlsgymnasiums und des Max-Planck-Gymnasiums 1910-1955,* München 1992.
Bedel, Walter, *Geschichte des humanistischen Gymnasiums München-Pasing,* o.D.
Möllmann, Bernhard, *Bilder vom alten Pasing. Ansichtskarten aus der Zeit zwischen 1897 und 1938,* München-Pasing 2002.
Derselbe: *Bilder vom alten Pasing. Band 2. Pasinger Album mit Dokumenten aus der Zeit zwischen 1892 und 1945,* München-Pasing 2004.

Maria-Theresia-Oberrealschule
Bekh, Wolfgang J.: *Am Brunnen der Vergangenheit. Erinnerungen,* Pfaffenhofen 1995.
Binser, Johann, *Die Geschichte des Maria-Theresia-Gymnasiums,* Band 5, Juli 1915-1922 (wenige Handexemplare beim Verfasser).

Maximiliansgymnasium
125 Jahre Maximiliansgymnasium. Rückblick – Ausblick, München 1974.
150 Jahre Maximiliansgymnasium. Chronik 1849-1999, hg. von Winfried Bauer, München 1999. Darin: *Erinnerungen Ehemaliger: Mundus,* S. 91-92.
Weiß, Siegfried, *Heinrich Weishaupt (1810-1883) und Joseph Rheingruber (1824 - nach 1889) – die ersten Kunsterzieher am Max,* in: fotojahrbuch 2003 maxgymnasium, S. 62 f.
Mitteilungsblatt der »Vereinigung der Freunde des Maximiliansgymnasiums in München«, Juli 1951 (Heft 1) bis November 1959 (Heft 7).

Neues Realgymnasium
Hausel, Philipp, *50 Jahre Albert-Einstein-Gymnasium München, 1918-1968,* München 1968
Jahresbericht Schuljahr 2001/02. Darin: Ehemalige Schüler des AEG, *Die Widerstandsbewegung Weiße Rose,* S. 42-45.

Rupprecht-Oberrealschule
Fotoalben der Familie Genal (Privatarchiv Günther Baumann).
Schulheim-Tagebuch, Juli 1932 bis Oktober 1935 (Schularchiv).
Willi Waldhierl, *Erinnerungen, Rupprecht-Oberrealschule 1931-1939,* München 2001 (unveröffentlicht).

Wilhelmsgymnasium
Festschrift zur Vierhundert-Jahr-Feier des Wilhelms-Gymnasiums 1559-1959, München 1959.
Berg, Rudolf (Hg.), *Die jüdischen Schüler des Wilhelmsgymnasiums im 19. und 20. Jahrhundert. Erinnerungen anlässlich der 440-Jahrfeier 1999,* München 1999.
Joachimsen, Paul und Eduard von Welz, *Aus der Vergangenheit des Münchner Wilhelmsgymnasiums,* München 1959.
Wilhelmsgymnasium München Thierschstraße 1877-1977. Eine Rückschau in Dokumenten. Zusammenstellung: Josef Lindauer, München 1977.

Wittelsbacher-Gymnasium
Festschrift zum 50jährigen Bestehen des Schullandheimes des Wittelsbacher-Gymnasiums in Endlhausen 1927-1977, Hg.: Studiengenossenschaft der ehemaligen Schüler des Wittelsbacher-Gymnasiums unter Mitwirkung des Landheimvereins. München 1977
Habersetzer, Walther, siehe Literatur.

Zeitungen und Zeitschriften

Amtsblatt des Bayer. Staatsministerium für Unterricht und Kultus, München 1933 bis 1937.
Das Bayerland. Illustrierte Halbmonatsschrift für Bayerns Land und Volk, München 1934.
Die Deutsche Höhere Schule. Zeitschrift des Nationalsozialistischen Lehrerbundes / Reichsfachschaft 2: Höhere Schulen, 1.-9. Jahrgang, München 1935-1942.
Die deutsche Schulfeier. Amtliche Zeitschrift für die Spiel-, Feier- und Freizeitgestaltung der deutschen Schulen und Schulgemeinden. Hg.: NSLB, Leipzig 1938.
Die Gestalt. Blätter für Zeichen- und Kunstunterricht. Hg. von der Arbeitsgemeinschaft für neues Schulzeichnen, 2.-5. Jahrgang, München 1934-1943 und 1949-1950.
Die Kameradschaft. Mitteilungsblatt der Kameradschaft der Künstler München, 1941.
Der neue Weg. Wien 1939.
Die Schulphotographie. Zeitschrift für lehrende und lernende Lichtbildner, Berlin 1930-34.
Die Technische Hochschule München. Zeitschrift des AStA der THM. München 1926-1930.
Illustrierter Beobachter. Sammelband 31. Dez. 1936 bis 1. Sept. 1938, München 1938.
Kunst und Jugend. Deutsche Blätter für Zeichen- Kunst- und Werk-Unterricht (bis 1932). »Zeitschrift der Reichsfachgruppe deutscher Zeichen- und Kunsterzieher im nationalsozialistischen Lehrerbund (1933),« »Amtliches Organ des N.S.L.B. für das Sachgebiet der Kunsterzieher« (1934), »Amtliches Organ des ›NSLB‹ für künstlerische Erziehung« (1935), »Monatszeitschrift des NSLB für ›Bildnerische Erziehung‹, Hg.: Hauptamt für Erzieher/Bayreuth« (1936-40), jeweils Stuttgart. 1941-42: »Monatszeitschrift für Bildnerische Erziehung, Hg.: Reichswaltung des NS-Lehrerbundes, Sachgebiet Kunsterziehung«, München.
Kunst und Wirtschaft. Zeitschrift des Reichsverbands bildender Künstler, Berlin 1932.
Mitteilungen des Gustaf Britsch-Institutes für Kunstwissenschaft. Hg. von Egon Kornmann, September 1928 (Heft 1) bis Dezember 1943 und Februar 1947 bis Dezember 1966. (1942 und 1943 hießen die Mitteilungen »Lehrbriefe«, ab 1947 hießen sie »Mitteilungen des Gustaf Britsch-Institutes für Kunsterziehung und Kunstwissenschaft«).
Münchener Mosaik. Kulturelle Monatsschrift der Hauptstadt der Bewegung, 1938-43.

Neues Land. Zeitschrift des Verbandes Bayer. Philologen. Wissenschaftl. Teil. Jg. 40, 1933.
Völkischer Beobachter. Kampfblatt der nationalsozialistischen Bewegung Großdeutschlands, Münchener Ausgabe, Jahrgänge 1943-45.

Ausstellungskataloge

1933. Grenzland in Not, KatAusst. und Inhaltsbeschreibungen (StAM, Schulamt 2643).
1933. Saarland-Ausstellung, Schlussbericht (Monacensia).
1934. Die Straße, Amtlicher Katalog.
1935. Münchener Malkultur der achtziger Jahre, Amtlicher Katalog (Monacensia).
1936. Der Kampf um das Reich in 12 Jahrhunderten deutscher Geschichte (Monacensia).
1936. Heroische Kunst, Beschreibung in »Kunst und Volk« 6/1936, S. 218 ff. (Monacensia).
1938. Albrecht Altdorfer und sein Kreis, Amtlicher Katalog.
1938-1943. Münchener Künstler im Maximilianeum, Amtliche Kataloge.
1940. Deutsche Größe, Amtlicher Katalog (Monacensia).
1941. Großdeutschland und die See, Katalog des Veranstalters (Monacensia).
1941. Zum Mozart-Gedenkjahr, Broschüre, Hg.: Kulturamt der Hauptstadt der Bewegung.
1941. Tage Studentischer Kunst, Katalog des Veranstalters (Monacensia).
1943. Vom Ringwall zum Bunker, Katalog des Veranstalters (StAM, Schulamt 2564).
1990. Josef Dering. Retrospektive. 1933-1990, München/Zürich 1990.
1993. München – Hauptstadt der Bewegung, Münchner Stadtmuseum 1993.

Schriften

Ammann, Hans, *Lichtbild und Film in Unterricht und Volksbildung. Lehrbuch der Technik, Pädagogik, Methodik und Ästhetik des Lichtbilds,* München 1936.
Andersch, Alfred, *Die Kirschen der Freiheit,* München 1962.
Baeumler, Alfred, *Männerbund und Wissenschaft,* Berlin1934.
Baeumler, Alfred, *Politik und Erziehung,* Reden und Aufsätze, Berlin 1937.
Baeumler, Alfred, *Bildung und Gemeinschaft,* Berlin 1942.
Beckmann, Walther, *Im Auf und Ab zur Weltmacht. Marksteine deutscher Geschichte,* Berlin o.J.
Benjamin, Walter, *Das Kunstwerk im Zeitalter seiner technischen Reproduzierbarkeit,* Frankfurt am Main 1977 (Erstauflage 1963, Schriften von 1931, 1936 und 1937).
Betzler, Emil, *Neue Kunsterziehung,* Frankfurt am Main 1949.
Blatner, Josef und Ludwig Krafft, *Kunstschätze aus Münchner Privatbesitz,* Kat.Ausst. zur Hundert-Jahr-Feier des Münchener Altertumsvereins eV. von 1864. München, Stadtmuseum 14.9.-24.10.1965.
Braig, Adolf, *Echt und unecht in der Kinderzeichnung.* In: Der neue Weg, Wien 1939, S. 271-277.
Braig, Adolf, *Albrecht Dürer und die Schule.* In: Kunst und Jugend. Deutsche Blätter für Zeichen-Kunst- und Werkunterricht. Zeitschrift des Reichsverbandes akad. geb. Zeichenlehrer und Zeichenlehrerinnen. 8. Jahrgang, April 1928, Heft 4, S. 80-85.
Braig, Adolf, *Zum Werk von Professor Gustav Kolb:»Bildhaftes Gestalten als Aufgabe der Volkserziehung«.* In: Kunst und Jugend, 8. Jg., 5/1928, Seite 123-125.
Bund Deutscher Kunsterzieher (Hg.), *Probleme und Aufgaben der Kunsterziehung. Vorträge und Arbeitskreisergebnisse der 1. Süddeutschen Tagung des Bundes Deutscher Kunsterzieher,* München 1952, Ratingen 1953.
Cornelius, Hans, *Einleitung in die Philosophie,* Leipzig und Berlin 1911[2] (Erstauflage 1902).

Cornelius, Hans, *Elementargesetze der bildenden Kunst. Grundlagen einer praktischen Ästhetik,* Leipzig und Berlin 1911 (2. Auflage, Erstauflage 1908).
Cornelius, Hans, *Leitsätze für die Organisation der künstlerischen Erziehung,* Erlenbach-Zürich und München 1920.
Cornelius, Hans, Ernst Reisinger und Georg Kerschensteiner, *Aufgabe und Gestaltung der Höheren Schulen,* Drei Vorträge, München 1910.
Dering, Josef, Josef Dering. *Retrospektive. 1933-1990,* Ausstellung im evangelischen Gemeindehaus Eichenau. 5.-13. Mai 1990, München/Zürich 1990.
Dresler, Dr. Adolf (Hg.), *Deutsche Kunst und entartete ›Kunst‹. Kunstwerk und Zerrbild als Spiegel der Weltanschauung,* München 1938.
Eilemann, Johannes, *Deutsche Seele – deutscher Mensch – deutsche Kultur – und Nationalsozialismus,* Leipzig 1933.
Eng, Helga, *Kinderzeichnen. Vom ersten Strich bis zu den Farbenzeichnungen des Achtjährigen. Beihefft 39 zur Zeitschrift für angewandte Psychologie,* Leipzig 1927.
Ermer, Franz, *Freude am Scherenschnitt. Bewährte Anregungen um stufenweise zu echten, eigenen Arbeiten zu kommen,* Stuttgart o.J. (Reihe: Wachsen und Reifen).
Geist, Hans-Friedrich, *Die Wiedergeburt des Künstlerischen aus dem Volk. Ein Buch von der Kunst des Volkes und ihrer Bestätigung im Schaffen des Kindes als Beispiel praktischer Volkstumsarbeit,* Leipzig 1934.
Geith, Karl, *Deutschlands Jugend sammelt Heilkräuter. Eine Anleitung besonders für Lehrer und Erzieher.* In: Biologische Zeitfragen, Hg. Ernst Lehmann, Erfurt 1940.
Gnuva, Paul, *Zweitausend Jahre deutscher Kultur.* In: Die Kunst im Dritten Reich. Illustrierte Monatsschrift für freie und angewandte Kunst, Juli/August München 1937.
Graevenitz, Fritz von, *Kunst und Soldatentum,* Stuttgart 1940.
Grothmann, Heinrich, *Das Zeichnen an den allgemein bildenden Schulen, mit besonderer Berücksichtigung der preußischen Lehrplanbestimmungen,* Berlin 1908.
Herrmann, Hans, *Gustaf Britsch und die Kunsterziehung.* In: Kunst und Jugend. Deutsche Blätter für Zeichen-Kunst- und Werkunterricht. Zeitschrift des Reichsverbandes akad. geb. Zeichenlehrer und Zeichenlehrerinnen. 8. Jg., 9/1928, S. 234-237.
Herrmann, Hans, *Die Lehre von Gustaf Britsch und die Erkenntnis-Theorie des hl. Thomas,* München/Regensburg ca. 1935.
Herrmann, Hans unter Pseudonym Flüggen, Hans, *Traktat über Kunst und Photographie,* München 1938.
Herrmann, Hans, *Glanz des Wahren. Von Wesen, Wirken und Lebensbedeutung der bildenden Künste,* München/Krailling 1940.
Herrmann, Hans (Hg. Gestalt-Archiv Hans Herrmann e.V.), *Hans Herrmann 1899-1999. Forschung und Lehre. Vorträge, Untersuchungen, Abhandlungen, Kleinschriften zur bildnerischen Erziehung,* Schondorf 1999.
Hoffmann, Heinrich, Hitler wie ich ihn sah. Aufzeichnungen seines Leibfotografen. München/Berlin 1974.
Jünger, Ernst, *Der Arbeiter. Herrschaft und Gestalt,* Hamburg 1941.
Karl, Fritz, Mit Liebe gemalt. Allerlei bemalte Gegenstände des Hausrats. Ratingen 1958.
Kerschensteiner, Georg, *Die Pädagogik der Gegenwart in Selbstdarstellungen,* Sonderdruck, Leipzig 1928/29 [Nicht im Handel, Monacensia 8° Mon3623].
Kerschensteiner, Georg, *Berufsbildung und Berufsschule,* Ausgewählte pädagogische Schriften, Band I. Paderborn 1966.
Kerschensteiner, Marie, *Georg Kerschensteiner. Der Lebensweg eines Schulreformers,* München/Berlin 1939.
Kollmann, Franz, *Schönheit der Technik,* München 1928.
Kornmann, Egon, *Die methodischen Folgerungen aus der Kunsttheorie Gustaf Britschs,* Vortrag, gehalten auf dem VI. internationalen Kongreß für Zeichnen und Kunstunterricht

in Prag. In: Kunst und Jugend, 8. Jg., 12/1928, Seite 261-267.
Kornmann, Egon, *Zu den methodischen Folgerungen aus der Theorie Britsch.* In: Kunst und Jugend, 8. Jg., 8/1928, S. 312-316.
Kornmann, Egon, *Über den künstlerischen Bildungswert des Zeichnens in der Schule,* Dissertation, LMU, Starnberg 1931.
Kornmann, Egon, *Vom Wesen der Volkskunst.* In: Kunst und Jugend, Februar 1935, Heft 2, S. 39-40
Kornmann, Egon, *Talent und Lehre. Grundfragen bildend-künstlerischer Erziehung,* München 1949.
Kornmann, Egon, *Kunst im Leben,* Gesammelte Aufsätze, Hg.: H. Herrmann, Ratingen 1954.
Kracauer, Siegfried, *Das Ornament der Masse,* Essays. Frankfurt am Main 1963 (Schriften aus den Jahren 1922 bis 1931).
Kracauer, Siegfried, *Die Photographie* (FZ, 28.10.1927). In: Derselbe, *Der verbotene Blick. Beobachtungen, Analysen, Kritiken,* Leipzig 1992.
Kranz, Herbert, *Der Sohn des Achill in Warschau. Mit Holzschnitten von Alfred Zacharias,* Berlin 1941.
Krieck, Ernst, *Deutsche Kulturpolitik?,* Frankfurt am Main 1928.
Krieck, Ernst, *Musische Erziehung,* Leipzig 1933.
Krieck, Ernst, *Charakter und Weltanschauung,* Rede zum 30. Januar 1938, gehalten in der Aula der Neuen Universität Heidelberg, Heidelberg 1938.
Kublank, Walter (Hg.), *Hitler an die deutsche Jugend,* Frankfurt am Main 1934.
Kunzfeld, Ernst, *Lichtbild und Schule.* In: Enzyklopädie der Photographie und Kinematographie, Heft 117, Halle 1932.
Lehmann, Gerhard, *Die deutsche Philosophie der Gegenwart,* Stuttgart 1943.
Lemkes, O., *Aufsätze und Aufsatzstoffe aus dem Leben der Gegenwart für die Oberstufe,* Bamberg (?) 1939.
Lendvai-Dircksen, *Das Deutsche Volksgesicht. Böhmerwald,* Bayreuth 1944.
Lendvai-Dircksen, *Das Deutsche Volksgesicht. Mecklenburg und Pommern,* Bayreuth 1940.
Lichtwark, Alfred, *Übungen in der Betrachtung von Kunstwerken. Nach Versuchen mit einer Schulklasse,* hg. von der Lehrervereinigung zur Pflege der künstlerischen Bildung, Berlin 1918 (Erste Herausgabe 1897).
Loher, Rudolf, *Carl August von Steinheil – der Erfinder und Schöpfer der Kleinbild-Photographie vor 100 Jahren. Geschichte der Entwicklung von Kleinbildlinsen in der Steinheilschen Werkstätte,* München 1937.
Lutz, Gustav, *Zeichnen.* In: Handbuch der deutschen Lehrerbildung, Sonderausgabe. München und Berlin 1933, S. 57-66.
Mund, Richard, *Möglichkeit und Verwirklichung. Ist die Britsch-Theorie das »Kolumbusei« der Zeichenpädagogik?* In: Kunst und Wirtschaft, 5/1932.
Mund, Richard, *Möglichkeit und Verwirklichung. Ist die Britsch-Theorie ein »einheitliches wissenschaftliches Gebäude«?* Sonderdruck, Zur Frage der »Neugestaltung des Zeichenunterrichtes« des Landesverbands der Lehrer für Zeichnen und Kunstunterricht an den höheren Lehranstalten Bayerns im Dezember 1932.
Natter, Christoph, *Künstlerische Erziehung aus eigengesetzlicher Kraft,* Gotha/Stuttgart 1924.
Obermann, Karl, *Exil Paris. Im Kampf gegen Kultur- und Bildungsabbau im faschistischen Deutschland. 1933–1939,* Frankfurt am Main 1984 (Texte von 1934 bis 1939).
Parnitzke, Erich, *Bildhaftes Gestalten.* In: Handbuch der deutschen Lehrerbildung, Sonderausgabe, München und Berlin 1933, S. 1-56.
Pinder, Wilhelm, *Sonderleistungen der deutschen Kunst,* Festrede am Friedrichstag der Preußischen Akademie der Wissenschaften am 29. Januar 1942, Berlin 1942.
Pinder, Wilhelm, *Deutsche Kunstgeschichte.* In: Deutsche Wissenschaft. Arbeit und Aufgabe. Dem Führer und Reichskanzler legt die Deutsche Wissenschaft zu seinem 50. Geburtstag

Rechenschaft ab, über ihre Arbeit im Rahmen der ihr gestellten Aufgabe, Leipzig 1939, S. 11-13.
Pickel, Sepp, Richard Mund und Benno Ziegler, *Meister der Gestaltung,* München 1948.
Rahn, F., *Aufsatzerziehung – eine Handreichung für Deutschlehrer zur Erfüllung der Lehrplanforderungen,* Frankfurt am Main 1941.
Rahn, Gottfried, *Britsch und Klages. Zur philosophischen Grundlegung deutscher Kunsterzieher.* In: Fr. Manns Päd. Magazin. Heft 1394, Philosophische und pädagogische Arbeiten, Hg. Aloys Fischer, Langensalza 1934.
Schering, Walther Malmsten, *Wehrphilosophie,* Leipzig 1939.
Schorer, Georg, *Deutsche Kunstbetrachtung,* München 1939.
Schultze-Naumburg, Paul, *Bildmäßige Photographie,* München 1938.
Seraphim, Dr. Hans-Günther, *Das politische Tagebuch Alfred Rosenbergs aus den Jahren 1934/35 und 1939/40,* Göttingen, Berlin, Frankfurt am Main 1956.
Stange, A.: *Kunstwissenschaft.* In: *Deutsche Wissenschaft. Arbeit und Aufgabe. Dem Führer und Reichskanzler legt die Deutsche Wissenschaft zu seinem 50. Geburtstag Rechenschaft ab, über ihre Arbeit im Rahmen der ihr gestellten Aufgabe,* Leipzig 1939, S. 9-10.
Thies, Hans Arthur, *Palladium der Nation. Der Tag der Deutschen Kunst und der Festzug 2000 Jahre Deutsche Kultur.* In: Münchener Mosaik. Kulturelle Monatsschrift der Hauptstadt der Bewegung, Heft 7, Juli 1939, S. 265-268.
Weinhandl, Ferdinand, *Die Gestaltanalyse,* Erfurt 1927.
Weinhandl, Ferdinand, *Über das aufschließende Symbol.* In: Sonderhefte der Deutschen Philosophischen Gesellschaft 6.1929, Berlin 1929.
Weinhandl, Ferdinand, *Der deutsche Idealismus und wir.* In: Schriften der wissenschaftlichen Akademie des NSD.-Dozentenbundes der Christian-Albrechts-Universität Kiel, Neumünster 1938.
Weinhandl, Ferdinand, *Geist und Intellekt, Wissenschaft und Wirklichkeit.* In: Schriften der wissenschaftlichen Akademie des NSD.-Dozentenbundes der Christian-Albrechts-Universität Kiel, Neumünster 1939.
Weinhandl, Ferdinand, *Philosophie – Werkzeug und Waffe,* Neumünster in Holstein 1940.
Weinhandl, Ferdinand (Hg.), *Gestalthaftes Sehen. Ergebnisse und Aufgaben der Morphologie. Zum hundertjährigen Geburtstag von Christian von Ehrenfels,* Darmstadt 1978 (Erstauflage 1960).
Weismantel, Leo und Franz Hilker (Hg.): *Musische Erziehung. Vorträge, Berichte und Ergebnisse des Kunstpädagogischen Kongresses in Fulda 1949,* Stuttgart 1950.
Wichert, Ernst: *Nationalsozialistische Erziehung im Zeichenunterricht.* In: Die Deutsche Höhere Schule. Zeitschrift des Nationalsozialistischen Lehrerbundes / Reichsfachschaft 2: Höhere Schule. Hg. Ministerialrat Dr. Benze, 20. April 1936.
Winzinger, Franz: *Kunstbetrachtung,* Berlin 1964 (Erstauflage 1954).
Wölfflin, Heinrich, *Gedanken zur Kunstgeschichte. Gedrucktes und Ungedrucktes,* Basel 1947 (4. unveränderte Auflage, Erstauflage 1940).
Worringer, Wilhelm, *Abstraktion und Einfühlung. Ein Beitrag zur Stilpsychologie,* Leipzig und Weimar 1981 (Erstauflage München 1908).
Wuellfarth, Leonhard, *Gipsschnitt und plastisches Bauen als Vorstufe zum plastischen Gestalten,* Ravensburg 1936.
Zacharias, Alfred, *Halt' euch brav, ihr deutschen Brüder ... Eine Erzählung aus den Türkenkriegen nach alten Quellen,* Stuttgart 1936.
Zacharias, Alfred, *Kornett in Siebenbürgen. Mit Holzschnitten des Verfassers,* Berlin 1938.

Literatur

Arnheim, Rudolf, *Gestalten von gestern und heute.* In: Weinhandl, Ferdinand (Hg.), *Gestalthaftes Sehen. Ergebnisse und Aufgaben der Morphologie. Zum hundertjährigen Geburtstag von Christian von Ehrenfels,* Darmstadt 1978 (Erstauflage 1960).

Baumann, Günther, *Orte der Propaganda, Schikanen und Ablenkung. Die Münchner Kinos im Dritten Reich,* in: Lerch-Stumpf, Monika (Hg.), *Für ein Zehnerl ins Paradies. Münchner Kinogeschichte 1896 bis 1945,* München 2004, S. 187-221.

Behrenbeck, Sabine, *Der Kult um die toten Helden. Nationalsozialistische Mythen, Riten und Symbole,* Vierow 1996.

Beilner, Helmut, *Die Emanzipation der bayerischen Lehrerin – aufgezeigt an der Arbeit des bayerischen Lehrerinnenvereins (1898-1933).* Dissertation (Reihe Miscellanea Bavarica Monacensia), München 1971.

Berg, Rudolf (Hg.), *Die jüdischen Schüler des Wilhelmsgymnasiums im 19. und 20. Jahrhundert. Erinnerungen anlässlich der 440-Jahrfeier 1999,* München 1999.

Blänsdorf, Agnes, *Lehrwerke für Geschichtsunterricht an Höheren Schulen 1933–1945: Autoren und Verlage unter den Bedingungen des Nationalsozialismus.* In: Lehmann, Hartmut und Otto Gerhard Oexle (Hg.), *Nationalsozialismus in den Kulturwissenschaften. Band 1. Fächer – Milieus – Karrieren.* Veröffentlichungen des Max-Planck-Instituts für Geschichte (Band 200), Göttingen 2004, S. 273-370.

Böttcher, Horst, *Schulphotographie damals und heute. 60 Jahre Schulphotographie,* Hg.: Landesbildstelle Berlin 1989.

Brock, Bazon und Achim Preiß (Hg.), *Kunst auf Befehl? Dreiunddreißig bis Fünfundvierzig,* München 1990.

Brockhaus, Gudrun, *Schauder und Idylle. Faschismus als Erlebnisangebot,* München 1997.

Browning, Christopher R., *Ganz normale Männer. Das Reserve-Polizeibataillon 101 und die »Endlösung« in Polen,* Reinbek 1993.

Bund Deutscher Kunsterzieher in Verbindung mit dem Werkbund-Archiv und der Arbeitsstelle für historische und vergleichende Kunstpädagogik an der Pädagogischen Hochschule Berlin, *Kind und Kunst. Eine Ausstellung zur Geschichte des Zeichen- und Kunstunterrichts,* KatAusst., Berlin 1976.

Bußmann, Hadumod (Hg.), *Stieftöchter der Alma Mater? 90 Jahre Frauenstudium in Bayern – am Beispiel der Universität München,* KatAusst., München 1993.

Diel, Alex, *Die Kunsterziehung im Dritten Reich. Geschichte und Analyse,* München 1969.

Dienel, Hans-Liudger und Helmut Hilz, *125 Jahre Technische Universität München. Bayerns Weg in das technische Zeitalter,* München 1993.

Dithmar, Reinhard und Jörg Willer, *Schule zwischen Kaiserreich und Faschismus. Zur Entwicklung des Schulwesens in der Weimarer Republik,* Darmstadt 1981.

Dithmar, Reinhard (Hg.), *Schule und Unterricht im Dritten Reich,* Neuwied 1989.

Eagleton, Terry, *Ästhetik, Die Geschichte ihrer Ideologie,* Stuttgart/Weimar 1994 (Engl. Originalfassung Erstausgabe 1990).

Elias, Norbert, *Studien über die Deutschen. Machtkämpfe und Habitusentwicklung im 19. und 20. Jahrhundert,* Hg.: Michael Schröter, Frankfurt am Main 1992.

Fröhlich, Elke (Hg. i.A. des IfZ), *Die Tagebücher von Joseph Goebbels,* Band 4, März – November 1937, Teil I: Aufzeichnungen 1923-1941, München 2000, Band 9, Juli – Sept. 1943, Teil II: Diktate 1941-1945. München, New Providence, London, Paris 1993.

Fürst-Ramdohr, Lilo, *Freundschaften in der Weißen Rose,* München 1995.

Fuhrmeister, Christian, Stephan Klingen, Iris Lauterbach und Ralf Peters (Hg.), *»Führerauftrag Monumentalmalerei«. Eine Fotokampagne 1943-1945,* Köln 2006.

Giffhorn, Hans, *Kritik der Kunstpädagogik. Chancen und Gefahren ästhetischer Erziehung,* Köln 1972.

Gimmel, Jürgen, *Die politische Organisation kulturellen Ressentiments. Der »Kampfbund für deutsche Kultur« und das bildungsbürgerliche Unbehagen an der Moderne,* Dissertation 1999, Universität Siegen, Münster – Hamburg – London 1999.

Habersetzer, Walther, *Ein Münchner Gymnasium in der NS-Zeit. Die verdrängten Jahre des Wittelsbacher Gymnasiums. Ein Beitrag der Geschichtswerkstatt Neuhausen e.V. zum 90-jährigen Bestehen,* München 1997.

Halfbrodt, Dirk und Rudolf Herz, *Revolution und Fotografie München 1918/19,* Berlin und München 1988.

Halfbrodt, Dirk und Wolfgang Kehr (Hg.), *München 1919. Bildende Kunst / Fotografie der revolutions- und Rätezeit. Ein Seminarbericht der Akademie der Bildenden Künste,* München 1979.

Hamann, Albert, *Reformpädagogik und Kunsterziehung. Ästhetische Bildung zwischen Romantik, Reaktion und Moderne,* Innsbruck – Wien 1997.

Held, Jutta, *Hans Sedlmayr in München.* In: Kunst und Politik. Jahrbuch der Guernica-Gesellschaft, Band 8/2006, Göttingen S. 121-169.

Hespe, Reiner, *Der Begriff der Freien Kinderzeichnung in der Geschichte des Zeichen- und Kunstunterrichts von ca 1890-1920. Eine problemgeschichtliche Untersuchung,* Frankfurt am Main 1985.

Hinz, Berthold, *Der »Bamberger Reiter«,* in: Martin Warnke (Hg.), *Das Kunstwerk zwischen Wissenschaft und Weltanschauung,* Gütersloh 1970, S. 26-44.

Höller, Ralf, *Der Anfang, der ein Ende war. Die Revolution in Bayern 1918/19,* Berlin 1999.

Jacobeit, Wolfgang und Christoph Kopke, *Die biologisch-dynamische Wirtschaftsweise im KZ. Die Güter der »Deutschen Versuchsanstalt für Ernährung und Verpflegung« der SS von 1939 bis 1945,* Berlin 1999.

Kater, Michael H., *Das »Ahnenerbe« der SS 1935-1945. Ein Beitrag zur Kulturpolitik des Dritten Reiches,* München 2001 (Studien zur Zeitgeschichte, Bd. 6, Dissertation 1966).

Kehr, Wolfgang, *Kunstwissenschaft und Kunstpädagogik im 19. und 20. Jahrhundert. Studien zur Vermittlung von Kunstgeschichte an den Höheren Schulen,* Diss., München 1983.

Kehr, Wolfgang, *Kunsterzieher an der Akademie.* In: Zacharias, Thomas (Hg.), *Tradition und Widerspruch. 175 Jahre Kunstakademie München,* München 1985, S. 287-326.

Kehr, Wolfgang und Ernst Rebel, *Zwischen Welten. Adolf von Hildebrand (1847 bis 1921). Person, Haus und Wirkung,* München 1998.

Kerbs, Diethart (Hg.), *Historische Kunstpädagogik. Quellenlage, Forschungsstand, Dokumentation. Beiträge zur Sozialgeschichte der ästhetischen Erziehung,* Köln 1976.

Kershaw, Ian, *Hitler. 1936-1945,* Stuttgart 2000 (engl. Original London 2000)

Keim, Wolfgang, *Erziehung unter der Nazi-Diktatur. Band II. Kriegsvorbereitung, Krieg und Holocaust,* Darmstadt 1997.

Klenner, Jochen, *Verhältnis von Partei und Staat, dargestellt am Beispiel Bayern 1933–45.* In: Miscellanea Bavarica Monacensia, Heft 54.

Koschatzky, Walter, *Die Kunst der Photographie,* Wien 1989 (Erstauflage 1984).

Kymnicki, Grzegorz, Rosi Mittermaier-Mühldorfer, J. Utz Palußek, Heidi Spanl und Klaus Weber, *Rückblicke. Augenblicke. Ausblicke. Zur Geschichte des Psychologischen Instituts München,* München 1989.

Kulturreferat der LH München / Bayerische Landeszentrale für politische Bildungsarbeit

(Hg.), *Ein NS-Dokumentationszentrum für München. Ein Symposium in zwei Teilen,* Tagungsband, München 2003.

Lang, Jochen von, *Der Hitler-Junge Baldur von Schirach. Der Mann, der Deutschlands Jugend erzog,* München 1991.

Large, David Clay, *Hitlers München. Aufstieg und Fall der Hauptstadt der Bewegung,* München 1998.

Leske, Monika, *Philosophen im »Dritten Reich«. Studie zu Hochschul- und Philosophiebetrieb im faschistischen Deutschland,* Berlin 1990.

Lindner, Hans, *Der Reformpädagoge und Maler Richard Ott. Eine quellenkundliche Analyse seines kunstpädagogischen und künstlerischen Konzepts,* Dissertation, LMU München, Donaustauf 1998.

Lingelbach, Karl Christoph, *Erziehung und Erziehungstheorien im nationalsozialistischen Deutschland,* Dissertation, Marburg/Lahn 1969.

Lukács, Georg, *Die Zerstörung der Vernunft,* Berlin 1954.

Lukács, Georg, *Wie ist die faschistische Philosophie in Deutschland entstanden?* Hg.: László Sziklai, Budapest 1982 (Schrift von 1933).

Lukács, Georg, *Wie ist Deutschland zum Zentrum der reaktionären Ideologie geworden?* Hg.: László Sziklai, Budapest 1982.

Lutz, Rupert, *Die Kunsterziehung im Dritten Reich (eingeschränkt auf die Kunsterziehung in der Volksschule),* Zulassungsarbeit für das Volksschul-Lehramt, Eichstätt 1976.

Lundgreen, Peter (Hg.), *Wissenschaft im Dritten Reich,* Frankfurt am Main 1985.

Metzger, Wolfgang, *Ist die Gestalttheorie überholt? Fortsetzung eines Gesprächs mit P.R. Hofstätter.* In: Weinhandl, Ferdinand (Hg.), *Gestalthaftes Sehen. Ergebnisse und Aufgaben der Morphologie. Zum hundertjährigen Geburtstag von Christian von Ehrenfels,* Darmstadt 1978 (Erstauflage 1960).

Möllmann, Bernhard, siehe Quellen: Schulberichte, Schülerzeitungen, Festschriften.

Moll, Christiane, *Die Weiße Rose.* In: Peter Steinbach / Johannes Tuchel (Hg.), *Widerstand gegen den Nationalsozialismus,* Bonn 1994, S. 443-467.

Moll, Christiane, *Alexander Schmorell im Spiegel unveröffentlichter Briefe.* In: Rudolf Lill (Hg.), *Hochverrat? Neue Forschungen zur »Weißen Rose«,* Konstanz 1999, S. 129-160.

Nerdinger, Winfried (Hg.) in Zusammenarbeit mit Katharina Blohm, *Architekturschule München 1868-1993. 125 Jahre Technische Universität München,* München 1993.

Nerdinger, Winfried, *Fatale Kontinuität: Akademiegeschichte von den zwanziger bis zu den fünfziger Jahren.* In: *Tradition und Widerspruch. 175 Jahre Kunstakademie München,* München 1985, S. 179-203.

Neukäter-Hajnal, Ildikó, *Ideologische Wurzeln der Kunsterziehung. Herausbildung von irrationalen Tendenzen und ihrer Wirkung,* Kastellaun 1977.

Pätzold, Kurt und Manfred Weißbecker, *Geschichte der NSDAP. 1920 bis 1945,* Köln 1998.

Peukert, Detlev, *Die Weimarer Republik. Krisenjahre der Klassischen Moderne,* Frankfurt am Main 1987.

Prinz, Wolfgang, *Ganzheits- und Gestaltpsychologie und Nationalsozialismus.* In: Lundgreen, Peter (Hg.), *Wissenschaft im Dritten Reich.* Frankfurt am Main 1985.

Ogan, Bernd und Wolfgang W. Weiß (Hg.), *Faszination und Gewalt. Zur politischen Ästhetik des Nationalsozialismus,* Nürnberg 1992.

Ortmeyer, Benjamin, *Schicksale jüdischer Schülerinnen und Schüler in der NS-Zeit – Leerstellen deutscher Erziehungswissenschaft? Bundesrepublikanische Erziehungswissenschaften (1945/49-1995) und die Erforschung der nazistischen Schule,* Bonn 1998.

Raphael, Lutz, *›Ordnung‹ zwischen Geist und Rasse: Kulturwissenschaftliche Ordnungssemantik im Nationalsozialismus.* In: Lehmann /Oexle (Hg.), *Nationalsozialismus in den Kulturwissenschaften. Band 2. Leitbegriffe – Deutungsmuster – Paradigmenkämpfe. Erfahrungen und Transformationen im Exil,* Göttingen 2004, S. 115-137.

Reichel, Peter, *Der schöne Schein des Dritten Reiches. Faszination und Gewalt des Faschismus,* München/Wien 1991.
Reiss, Wolfgang A., *Die Kunsterziehung in der Weimarer Republik. Geschichte und Theologie,* Dissertation 1980, Weinheim/Basel 1981.
Rösch, Mathias, *Die Münchner NSDAP 1925-1933. Eine Untersuchung zur inneren Struktur der NSDAP in der Weimarer Republik.* Hg.: Institut für Zeitgeschichte, München 2002.
Rumschöttel, Hermann / Ziegler, Walter (Hg.), *Staat und Gaue in der NS-Zeit. Bayern 1933-1945,* München 2004.
Sachsse, Rolf, *Fotografie. Vom technischen Bildmittel zur Krise der Repräsentation,* Köln 2003.
Schlenker, Ines, *Hitler's Salon. The Große Deutsche Kunstausstellung at the Haus der Deutschen Kunst in Munich 1937-1944,* Bern 2007.
Schmalhofer, Claudia, *Die Kgl. Kunstgewerbeschule München (1868–1918). Ihr Einfluss auf die Ausbildung der Zeichenlehrerinnen,* Dissertation, München 2005.
Schütz, Helmut Georg, *Kunstpädagogische Theorie. Eine kritische Analyse kunstdidaktischer Modelle,* München/Basel 1973.
Schütz, Otfried, *Britsch und Kornmann. Quellenkundliche Untersuchungen zur Theorie der Bildenden Kunst,* Würzburg 1993.
Schuster, Peter-Klaus (Hg.), *Die »Kunststadt« München 1937. Nationalsozialismus und »Entartete Kunst«,* München 1987.
Schweizer, Stefan, *»Glanzzeiten Deutscher Kultur« – Der historische Festzug zur Grundsteinlegung des »Hauses der Deutschen Kunst« 1933 in München.* In: Tel Aviver Jahrbuch für deutsche Geschichte XXXIV (2006), Göttingen 2006.
Schweizer, Stefan, *»Unserer Weltanschauung sichtbaren Ausdruck geben«. Nationalsozialistische Geschichtsbilder in den historischen Festzügen zum »Tag der Deutschen Kunst« 1933 bis 1939,* Göttingen 2007.
Stoll, Ulrike, *Kulturpolitik als Beruf. Dieter Sattler (1906–1968),* Paderborn 2005.
Seidenfaden, Fritz, *Die musische Erziehung in der Gegenwart und ihre geschichtlichen Quellen und Voraussetzungen,* Düsseldorf 1962.
Vondung, Klaus, *Magie und Manipulation. Ideologischer Kult und politische Religion des Nationalsozialismus,* Dissertation, Göttingen 1971.
Warnke, Martin, *Von der Gegenständlichkeit und der Ausbreitung der Abstrakten.* In: Bänsch, D. (Hg.), *Die fünziger Jahre. Beiträge zu Politik und Kultur,* Tübingen 1985, S. 209-222.
Wasem, Erich, *Kunsterziehung im Dritten Reich, unter Berücksichtigung bayerischer Modifikationen.* In: Handbuch der Geschichte des bayer. Bildungswesens, 3. Band. Geschichte der Schule in Bayern, 1918-1990, Hg. Max Liedtke, B. Heilbrunn 1997, S. 426-439.
Weber, Klaus, *Die Persönlichkeitspsychologie Philipp Lerschs. Appell zur «Normalität«.* In: Kymnicki, Grzegorz / Rosi Mittermaier-Mühldorfer, J. Utz Palußek, Heidi Spanl, Klaus Weber, *Rückblicke. Augenblicke. Ausblicke. Zur Geschichte des Psychologischen Instituts München,* München 1989, S. 47-64.
Schuster, Peter-Klaus (Hg.), *Die ›Kunststadt‹ München 1937. Nationalsozialismus und ›Entartete Kunst‹,* München 1987.
THM, *Technische Hochschule München 1868-1968,* Festschrift, München 1968.
Weidenfeller, Gerhard, *VDA. Verein für das Deutschtum im Ausland. Allgemeiner Deutscher Schulverein (1881-1918). Ein Beitrag zur Geschichte des deutschen Nationalismus und Imperialismus im Kaiserreich,* Dissertation, Bern/Frankfurt am Main 1976.
Wilmsmeyer, Herbert, *»Volk, Blut, Boden, Künstler, Gott« – Zur Kunstpädagogik im Dritten Reich.* In: Lundgreen, Peter (Hg.), *Wissenschaft im Dritten Reich,* Frankfurt a. M. 1985.
Zacharias, Thomas (Hg. i.A. der AdBK), *Tradition und Widerspruch. 175 Jahre Kunstakademie München,* München 1985.
Zacharias, Thomas, *(ART)REINE KUNST. Die Münchner Akademie um 1937, Eine Dokumentation 50 Jahre danach,* Hg. AdBK, München 1987.

Abkürzungen

Einige Kürzel aus den Akten der Spruchkammern konnten nicht identifiziert werden.

Abb.	Abbildung
AHS	Adolf-Hitler-Schulen
AdBK	Akademie der Bildenden Künste
a.p., apl.	außerplanmäßig
ARG	Altes Realgymnasium in München
Art.	Artikel
AZ	Aktenzeichen
BayHStA	Bayerisches Hauptstaaatsarchiv
BayStA	Bayerisches Staatsarchiv
BDM	Bund Deutscher Mädel
Bek.	Bekanntmachung
BMW	Bayerische Motorenwerke
BP	Bayernpartei
BVP	Bayerische Volkspartei
DAF	Deutsche Arbeitsfront
DF	Deutsches Frauenwerk
Dok.	Dokument
DRK	Deutsches Rotes Kreuz
DTSB	Deutscher Turn- und Sportbund
geb.	geboren
gest.	gestorben
Gestapo	Geheime Staatspolizei
Fragebogen 1933	Fragebogen zur Durchführung des Gesetzes zur Wiederherstellung des Berufsbeamtentums vom 7. April 1933
Fragebogen 1937	Personalbogen für Beamte im Schuldienst im Jahr 1937
HATUM	Historisches Archiv der Technischen Universität München
HJ., HJ, H.J.,	Hitlerjugend
Höh.	Höhere
IfZ	Institut für Zeitgeschichte
JB	Jahresbericht
JM	Jungmädel
K., kgl.	Königlich/e/en, königlich
KatAusst.	Katalog der Ausstellung
KdF	Kraft durch Freude
KGS	Kunstgewerbeschule
Kl.	Klasse/n (Schulklassen)
KLV	Kinderlandverschickung
Ks.	Kreis
Kultusministerium	(Bayerisches) Staatsministerium für Unterricht und Kultus
LA	Lehramt

LBA	Lehrerbildungsanstalt, Lehrerinnenbildungsanstalt
LK	Landkreis
LPZ	Lehramtsprüfung für Zeichnen (und Modellieren)
LSB	Luftschutzbund
M., Mü	München
ME	Ministerialerlass
Meldebogen 1946	Meldebogen auf Grund des Gesetzes zur Befreiung von Nationalsozialismus und Militarismus vom 5. März 1946
MK	Ministerium für Unterricht und Kultus
Mon.	Monacensia
Napola	Nationalpolitische Erziehungsanstalt
NRG	Neues Realgymnasium in München
NSB, NSBBd	Nationalsozialistischer Beamtenbund
NSD-Schulgemeinde	Nationalsozialistische Deutsche Schulgemeinde
NSDAP	Nationalsozialistische Deutsche Arbeiterpartei
NSDoB	Nationalsozialistischer Dozentenbund
NSF, NSF., N.S.F.	Nationalsozialistische Frauenschaft
NSFK	Nationalsozialistisches Flieger-Korps
NSKK	Nationalsozialistisches Kraftfahrer-Korps
NSKG	Nationalsozialistische Kulturgemeinde
NSKOV	Nationalsozialistische Kriegsopferversorgung
NSLB, N.S.L.B.	Nationalsozialistischer Lehrerbund
NS-StB, NSDStB	Nationalsozialistischer Deutscher Studentenbund
NSV	Nationalsozialistische Volkswohlfahrt
o.D., o.J.	ohne Datum, ohne Jahresangabe
OLG	Oberlandesgericht
Pg.	Parteigenosse
RAO	Reichsabgabenordnung
RAD	Reichsarbeitsdienst
Ref.	Referat
REM, RMWEV	Reichsministerium für Wissenschaft, Erziehung und Volksbildung, abgek.: Reichserziehungsministerium
RDB	Reichsbund deutscher Beamter
RdL	Recht der Landwirtschaft [?]
RKdBK	Reichskammer der Bildenden Künste
RKB	Reichskolonialbund
RKK	Reichskulturkammer
RLB, RLSB	Reichsluftschutzbund
SA	Sturmabteilung
SD, S.D.	Sicherheitsdienst
SS	Schutzstaffel
StA, StAM	Stadtarchiv, Stadtarchiv München
Staatsmin. f. Unt. u. Kult.	(Bayerisches) Staatsministerium für Unterricht und Kultus
StAss., Stud.ass.	Studienassessor/in
stellv.	stellvertretend
StP., Stud.Prof.	Studienprofessor/in
StR., Stud.Rat	Studienrat/rätin
THM	Technische Hochschule München
VDA	Verein für das Deutschtum im Ausland

Personenregister

Abele, Theodor 103
Allmann 230
Allweyer, Barbara von 16, 185, 187, 327 ff., 451
Altdorfer, Albrecht 241, 282, 285, 371
Alverdes, Paul 365
Ammann, Hans 269 f.
Aristoteles 81, 163, 169
Arndt, Ernst Moritz 163
Aufhauser, Magdalena 188
Bach, Johann Sebastian 365
Baer, Otto 16, 451
Baeumler, Alfred 37, 101, 150, 165 ff., 373 ff.
Banzhaf, Annemarie 327
Banzhaf 146
Bauer, Josef 219, 225, 261
Bauernfeind, Heinrich 286
Bauerschmidt, Hans 160 f., 194, 196 f., 269, 333
Baumann, Günther 12, 136, 143, 206
Baumeister, Willi 441
Baumgartner [aus Rosenheim] 157, 431
Becker-Gundahl, Carl Johann 155, 257
Bedel, Walter 297
Beer, Andreas 16, 451
Behling, Lottlisa 372
Behrenbeck, Sabine 343, 345
Beichele 111
Bellini 29
Bekh, Wolfgang Johannes 289, 291
Benjamin, Walter 27, 205, 263, 295, 351, 363, 435
Benze, Rudolf 249
Bergmann, Josef 16, 37, 153 ff., 173, 253 ff., 278 f., 307, 314 ff., 333, 361 f., 388 f., 403, 427 f., 452
Bestelmeyer, German 255
Betzler, Emil 419 ff.
Binser, Johann 12
Birnmeyer, Artur 16, 71, 452
Blänsdorf, Agnes 237

Blatner, Joseph [Josef] 16, 221, 242, 267, 290 ff., 452
Blohm, Katharina 257
Bloßfeldt, Karl 284 f.
Bodenstein, Walter 35, 36
Boepple, Ernst 89, 140 f., 177 f., 205 ff., 331
Börner, Laura 16, 33, 150 f., 182, 452
Böttcher, Horst 267
Böttcher, Robert 47, 191 f.
Braig, Adolf 16, 73 ff., 144, 146, 164, 208, 220, 265, 287, 300 ff., 315, 413 ff., 453
Brand, Hans 16, 139, 385, 391 ff., 453
Brauermeister 90
Braun, Heinrich 16, 247, 453
Brauneis, Elsa 181
Breckling, Th. 135
Britsch, Gustaf Adolf 10 f., 58 ff., 103 ff., 133, 157, 175, 184 ff., 199, 238, 264, 277, 299, 307, 315 ff., 349, 351, 379, 421 ff., 429
Britsch, Luise 64
Brockhaus, Gudrun 147, 185, 201, 331, 349
Browning, Christopher 371
Bruckmann, Elsa und Hugo 23
Brunner, Fritz 365
Brunner, Georg 90
Buchner, Dorothea 16, 151, 164, 453
Buchner, Ernst 371
Buchner, Georg 230, 253 ff.
Buchner, Josef 99
Büglmeier, Konrad 90, 94
Bühlmann, Manfred 207
Caselmann, August 303
Caspar, Karl 359, 385 ff.
Caspar-Filser, Maria 387
Cassirer 30
Cavallini 163
Chamberlain 309
Cézanne, Paul 243
Corinth, Lovis 409

Cornelius, Hans 58 ff., 81
Dall'Armi, Emma von 16, 33, 181, 185, 212, 327 ff., 454
Dasio, Max 53, 73, 76, 89
Decken, Godele von der 443
Dei[c]ke, Walter 39 ff.
Deppisch, Hildegard 16, 181, 383 f., 403, 441 f., 454
Dering, Josef 16, 386 ff., 433, 454
Diderot, Denis 57
Diel, Alex 11, 95
Dienel, Hans-Liudger 19, 25
Distel 90
Dietl, Johann Baptist 16, 221, 293, 295, 297, 383, 399, 455
Dithmar, Reinhard 178
Döllgast, Hans 35, 253 ff.
Dorn, Walter 90
Dostojewskij, Fjodor 335
Dresler, Adolf 357 ff.
Dressel, Paul 16, 33, 454
Dürer, Albrecht 29, 96, 109, 175, 245, 265, 301, 305
Dussler, Luitpold 28 ff., 404 ff.
Eagleton, Terry 341
Eckert, Joseph [Josef] 16, 35, 36, 301, 307 f., 361 f., 455
Eckhardt, Hans 290
Eckhardt, Werner 198, 216, 242, 290 ff., 382
Egerland, Hanns 81, 90, 93, 95, 110 f., 238
Egger, Maria 473
Egger-Lienz 257
Eher, Franz 43
Eichele, Max 16, 151, 201, 455
Eilemann, Johannes 365
Eisner, Kurt 45, 357
Eissfeldt 300
Elias, Norbert 131 f., 343
Elfferding, Wieland 435
Engel, Hildegard 327
Engels, Friedrich 322
Engelsperger, Elisabeth 161
Ennerst 217
Ermer, Franz 90, 94, 287, 321
Fäustle, Alfons 16, 361 f., 433, 456
Fichte, Johann Gottlieb 23, 163
Fiedler, Konrad [Conrad] 59 ff., 81, 277, 381
Fiehler, Karl 43

Fieseler, Gerhard 195
Finsterwalder, Johanna 173
Finsterwalder 50
Fischel-Zacharias, Irmgard 94, 102, 186
Fischer, Karl August 333
Fischer, Theodor 63
Flinzer, Fedor 71
Flüggen, Hans [auch Pseudonym von Hans Herrmann] 97 f., 280 ff., 362, 379
Fluhrer, Friedrich 16, 296 ff., 456
Födransperg, Alfred 16, 456
Forster, Max 219
Freitag, Hugo 46, 333
Frey 30
Frick, Wilhelm 118
Friedrich der Große 295,
Friedrich, Kaspar David 341
Fröhlich, Wilhelm 349
Frohnsbeck 230
Fromm, Erich 10
Fürst-Ramdohr, Lilo 337
Fuhrmeister, Christian 12
Gall, Leonhard 228, 234
Gamm, Hans-Jochen 363
Gaugigl, Magdalena 16, 457
Geddes, Eric 25
Geist, Hans-Friedrich 115, 348 f.
Geith, Karl 213
Genal [Familie] 136, 152, 203
Genal, Kurt 206
Geuter, Ulfried 437
Gilbhard, Herrmann 43
Gimmel, Jürgen 21, 23
Gnuva, Paul 235
Goebbels, Joseph 97, 120 f., 185, 275, 277, 355
Goebl, Hans 230
Goepfert, Eberhard 314 ff.
Göring, Hermann 205 f., 209
Goethe, Johann Wolfgang von 245, 377, 419
Gogh, Vincent van 243,
Goldenberger, Franz 89
Gollwitzer, Gerhard 90, 94
Goya, Francisco de 341 f.
Graevenitz, Fritz von 95, 172, 175, 238
Graf, Jakob 124
Graf, Oskar 35
Graf, Oskar Maria 45
Graf, Willi 337

Gravenhors, Lerke 147
Gruben, G. 28
Gruber, Georg 139
Grün, Anastasius 77
Grünleitner, Elisabeth 16, 125, 183, 457
Günther, Hans F. K. 242
Gulbransson, Olaf 295
Habersetzer, Walther 12, 124, 137, 153, 369 f.
Hagedorn, Ortrud 165
Haderer, Anton 208, 269, 331 f.
Haeckel, Ernst 81 f.
Hämmerle, Josef 16, 33, 457
Hahn, Julie 16, 181, 186, 189, 457
Halfbrodt, Dirk 39
Hartlaub, G. F. 71, 419
Hartmann, Albrecht 331, 443
Harrer, Karl 43
Haseneder, Josef 16, 164, 458
Hass, Angela 60
Haubl, Rolf 331, 443
Hauff, Wilhelm 295
Heckenstaller, Karl-Heinrich 16, 146, 458
Held, Jutta 411
Hegel, Georg Wilhelm Friedrich 163
Henn, Aloys 94
Heinemann-Fleischmann 29
Heinlein, Markus 253, 255
Heinrich [der Löwe] 233
Heißmeyer, August 159
Henselmann, Josef 362, 417, 423 f., 428
Herold-Strebel, Martha 94
Herrmann, August 16, 458
Herrmann, Hans 16, 77, 83, 89 ff., 94 ff., 103 ff., 131, 157, 168, 175, 185 ff., 193, 199, 211 f., 227, 241, 259, 265, 267, 281 ff., 317, 373, 379 f., 399 ff., 424, 439 f., 444 ff., 458
Hespe, Reiner 55, 61
Heß, Paul 16, 459
Heß, Rudolf 111
Heueck, Otto 16, 155, 314 ff., 458
Heydenreich, Ludwig Heinrich 407 ff.
Hildebrand, Adolf von 10, 53, 59 ff., 79, 81
Hildebrand-Sattler, Nina 62
Hiller, Anton 230
Hilz, Helmut 19, 25
Hilz, Sepp 361 f.
Himmler, Gebhard 135 f.
Himmler, Heinrich 135 f., 215
Hinterlohr, August 16, 459

Hinz, Berthold 380
Hirth, Georg 71
Hitler, Adolf 21, 28, 41 f., 43, 111 ff., 131 f., 159, 185, 187, 191, 201, 209, 211, 229 f., 301, 303, 315, 329, 335, 345, 347, 353, 359, 365, 403
Hömes 90
Hönn, R. 181
Hoffmann, Elisabeth 335
Hollweck, Emma 16, 460
Holtorf, Herbert 253
Holzner, Franz 16, 210, 460
Honig, Ferdinand 16, 77, 86, 88, 153, 307, 347, 460
Huber, Sophie Maria 167
Hudezeck, K. 153, 215
Hundhammer, Alois 409 f.
Hußla, Hugo 16, 21, 155, 398 f., 461
Imschweiler, Wilhelm 145, 473
Jacobeit, Wolfgang 215
Jaensch, Erich 437
Jahn, Friedrich Ludwig 163, 167
Jan, Siegfried von 333
Jünger, Ernst 373
Jung, Martha 155
Kainz, Heinrich 277
Kaiser, Rudolf 155
Kammermann, Elfrida Luitgart 279
Kant, Immanuel 81
Karl, Fritz 90, 102, 287
Karlinger, Hans 28,
Karnbaum, Anton 88
Kaspar, Hermann 235, 350 f., 353, 361 ff., 385 ff.
Kater, Michael 393
Katzenberger 90
Kehr, Wolfgang 10 f., 19, 39, 45, 49, 53, 59, 129, 144, 146, 220, 300
Keim, Wolfgang 159
Kellhammer, Maximilian 16, 395, 399, 461
Kerbs, Diethart 11
Kerschensteiner, Georg 39, 45, 53 ff., 59
Kerschensteiner, Marie 39, 45
Kerschensteiner, Walt[h]er 16, 39, 145, 287, 397, 461
Kerschensteiner, Wolfgang 39, 45
Kershaw, Ian 211
Kiener, Hans 253 ff.
Kivelitz, Christoph 355 f., 365, 367
Klages, Ludwig 435
Klein, Emil 261, 281, 333

Klein, Richard 181, 228, 230, 234, 236, 362
Klenner, Jochen 89, 91
Knackfuß, Hubert 28
Knecht, Richard 235, 350 f., 353, 362
Knoop, Dorothea 239
Koch, Philomena 94, 326
Köhler, Florian 12
Köhler, Karl 309, 421 f., 433, 447
König [Privatatelier] 335
Kollmann, Franz 203
Kollmannsberger, Georg 473
Kolnberger, Anton 16, 24, 46, 364, 461
Kopke, Christoph 215
Korn, Jakob 89
Kornmann, Egon 61, 63, 68, 70, 75 ff., 91 ff., 95 ff., 131, 133, 157, 185 ff., 241, 259, 277, 299, 307, 315 ff., 329, 333 f., 351, 379, 431, 439 f., 443, 447
Kornmann[-Britsch], Luise 64, 94
Koschatzky, Walter 265
Kottenrodt, Wilhelm 242, 344
Kracauer, Siegfried 351
Krafft, Ludwig 199
Kranz, Herbert 319
Krauss, Friedrich 28,
Krieck, Ernst 37, 101, 150, 165 ff., 303, 341
Küchle, Eugen 309, 430, 433, 442, 445 f.
Kuhlmann, Fritz 51, 71, 293
Lämmermeyr, Anton 303
Landauer, Gustav 45
Landgrebe, Heinrich 16, 361, 391, 462
Langbehn, Julius 243
Lang, Andreas 230
Lange, J. A. 81
Lange, Konrad 71
Large, David Clay 45
Lehmann, Gerhard 173
Lehmann, Hartmut 95
Leibl, Wilhelm 247
Lersch, Philipp 431 ff.
Leske, Monika 251, 379
Levinstein 419
Ley, Robert 158 f.
Lichtwark, Alfred 49, 71, 263
Liebermann, Ernst 362
Liebermann, Ferdinand 362
Lill, Georg 409
Löffler, Clemens 155,
Loher, Joseph 16, 387, 462
Lotto, Lorenzo 29

Lukas van Leyden 137, 247
Lukács, Georg 69, 373
Lunglmay[e]r , Adalbert 16, 286 ff., 397, 462
Lutz, Gustav 16, 210, 299, 462
Maendl, Robert 16, 33, 208, 221, 299, 314 f., 463
Majano, Benedetto da 29
Mann, Thomas 385
Marc, Franz 409
Marees, Hans von 342
Marx, Karl 323, 357
Marxmüller, Anton 94, 144, 185, 220, 361 f., 413, 431
Marschall, Werner 188
Mattenklott, Gert 285
Matthaei, Adelbert 71
Maximilian [Kaiser] 233
May, Anne 16, 463
May, Karl 301
Mayer, A.L. 30 f.
Mayrhofer, Hermann 94
Meinl, Hans 329
Meinzolt 409
Meiss, G. 424
Melcher, Mathilde 161
Menning, Wilhelm Johann 67
Menzel, Adolph 295
Messerschmitt, Willy 317
Mezger, Friedrich 125
Michelangelo 363
Miller, Oskar von 223
Möding 191
Möllmann, Bernhard 12, 290, 294, 296 f., 382
Moholy-Nagy 265
Mohr, Josef 399 ff., 443 ff.
Moll, Christiane 333, 335, 337
Morris, William 71
Motz, Karl Jakob 16, 33, 142 f., 153, 220, 306 f., 463
Mozart, Wolfgang Amadeus 363 f.
Müller, Josef Christian 155
Münzinger, Hertha 181
Mund, Richard 16, 73 ff., 77 ff., 81 ff., 87 ff., 188, 199, 287, 298 ff., 463
Mussolini 339
Nagel, Ernst 139, 473
Natter, Christoph 55
Nauhaus, Walter 41 f.
Nerdinger, Winfried 257, 385

PERSONENREGISTER

Nerl, Franz 16, 464
Neukäter-Hainal, Ildikó 11
Niekisch, Ernst 91
Niethammer, Lutz 385
Obermann, Karl 251, 253
Oettel, August 16, 46, 464
Oexle, Otto Gerhard 95
Ogan, Bernd 236, 435
Ortmeyer, Benjamin 141, 389
Ostertag, Mathilde 16, 182, 390 f., 464
Pätzold, Kurt 39, 43
Peukert, Detlev 339
Pfeiffer, Anton 408 f.
Picasso 417, 441, 447
Pickel, Josef [auch Sepp] 16, 21, 87, 193, 273, 301, 464
Pinder, Wilhelm 30, 92, 115, 236 ff., 243, 305, 321, 381
Piombo, Sebastiano del 29
Platon, auch Plato 163, 169
Poetzelberger, Oswald 342
Poeverlein 409
Popp, Joseph, auch Josef 28, 29
Praun, Susanne 16, 181, 186, 403, 441, 465
Preetorius, Willy 84, 89, 361
Proff zu Irnich, Leopold von 35, 36, 111, 155
Probst, Christoph 333, 335
Puchtler, Ernst 303
Raffael 29
Randl, Michael 16, 347, 465
Raphael, Lutz 95
Rathenau, Walt[h]er 343, 357
Rau, Walter 16, 193, 201, 403, 465
Rebel, Ernst 11 f., 53, 59,
Reber, Franz von 28
Reuleaux, Franz 49
Reichel, Peter 205, 346, 352
Rein, Wilhelm 71
Reiss, Wolfgang 10 f., 47
Rembrandt van Rijn, Harmensz 137, 243, 247
Renner, Wilhelm 16, 465
Reß, Fritz [Friedrich Michael] 16, 157 ff., 249, 253, 388 f., 427 ff., 466
Restle 28
Reuleaux, Franz 18
Rheinfelder, Hans 407 ff.
Richter, Paul 16, 142 ff., 466
Riefenstahl, Leni 349
Riemerschmid, Richard 261

Riezler, Walter 19
Rockelmann, Heinrich 16, 466
Rodin, Auguste 335
Rohmeder 31
Rosenberg, Alfred 21 f., 97, 130, 185, 205, 255, 303, 373, 375
Ruskin, John 71
Rust, Bernhard 132, 159, 229
Sachsse, Rolf 261, 265
Saller, Manfred 199, 208, 298 f., 338
Sattler, Carl [Karl] 412 ff.
Sattler, Dieter 419
Sckell, Fritz 181
Schäfer, Raimund 16, 297, 466
Schätzl, Lothar 16, 155, 473
Scheibe, Emil 16, 362, 467
Schemm, Hans 89, 119, 262, 269 f., 315, 333, 368, 395
Scherr, Andreas 16, 95, 309, 421, 425, 467
Schied, Wendelin 164, 176, 208, 307 ff.
Schildt, Axel 441
Schinnerer, Adolf 86, 89, 387
Schirach, Baldur von 159
Schlageter, Albert Leo 341 ff.
Schlötter, Carl 16, 467
Schmid-Ehmen 361
Schmidt, Hans 16, 24, 137 ff., 247, 263, 267, 275 f., 467
Schmidt, Marianne 327
Schmi[e]dbau[e]r, Frieda 155, 473
Schmoll, Josef Adolf, gen. Eisenwerth 28
Schmolze, Gerhard 39 f.
Schmorell, Alexander 287, 332 ff.
Schmorell, Erich 335
Schmorell, Hertha 183, 287, 327, 334 ff.
Schmorell, Hugo 335
Schneidawind, Alfred 333
Schoetz, Ernestine 473
Scholl, Hans 337
Schorer, Georg 172, 242, 244, 246 f., 340, 405, 468
Schrade, Hubert 341, 372 ff.
Schraut, Hubert 118
Schreck, Georg 215
Schütz, Otfried 10, 12, 58 ff., 98 f., 104 ff., 184 ff., 238, 264
Schultze-Naumburg, Paul 135, 255
Schweiggert, Alfons 329
Schweizer, Stefan 99, 230 ff.
Schwimbeck, Fritz 16, 151, 265, 389, 468
Sebottendorf, Rudolf von 33, 39 ff.

Sedlmayr, Hans 411
Seidenfaden, Fritz 167
Selig, Wolfram 355
Senefelder, Alois 363
Senger, Alexander von 28, 253 f.
Seraphim, Hans-Günther 205
Seydlitz [Seidlitz], Friedrich W. von 39 f.
Siepmann, Eckhard 167
Sievers, Wolfram 393
Signorelli 29
Snida, Wilhelm [?] 10
Soyter, Karl 16, 468
Spengler, Oswald 85, 373
Stang, Walter 132
Stange, Alfred 237 f.
Steigerwaldt, Eduard 187, 255
Steinheil, Martha 16, 180, 189, 468
Sterner, Anton 16, 210, 383, 469
Steitz, Friedrich 143
Stöckl, Thomas 35, 36
Stöhr, Walter 473
Stoll, Ulrike 419
Strecker, Hedwig 155, 469
Streicher, Julius 208
Stuhlmann, Adolf 71
Sywottek, Arnold 441
Teuchert, Franz Carl von 39
Thiemann, Margarethe 155, 161
Thies, Hans Arthur 235
Thoma, Sophie 16, 181, 186, 189, 469
Thomas von Aquin 103 ff.
Thurn und Taxis 39, 323
Tizian 29
Troll, Wilhelm 381
Troost, Paul Ludwig 230
Trotzki, Leo 357
Trümbach 138,
Trumm, Peter 154 f., 362
Türr, Karina 67
Udet, Ernst 195
Veronese 29
Vögler, Albert 209
Vogelgsang, Karl Amadeus 16, 24, 71, 90, 94, 102, 287, 317, 326, 329, 469
Volkelt, Johannes [Hans] 61, 71
Volkmann, Ludwig [?] 71
Voll, Karl 28
Vorhölzer, Robert 255
Wackerle, Josef 41, 235, 353, 361 f.
Wagner, Adolf 333, 359 f., 397
Wagner, Englmar 35, 36, 473

Wagner, Johann [Hans] 16, 193, 470
Waldhierl, Willi 195
Waldmüller, Ludwig 94
Wallbaum, Kerstin 239
Warnke, Martin 380, 441
Wasem, Erich 11
Weber, Klaus 437
Weber, Kurt 16, 155, 395 f., 436, 443, 470
Weidenfeller, Gerhard 31
Weiermann, 28
Weindl, Eleonore 97
Weinhandl, Ferdinand 175, 373 ff.
Weismantel, Leo 89
Weiß, Gerald 16, 470
Weiß, Wolfgang W. 237
Weißbecker, Manfred 39, 43
Wellano, Karl 16, 155, 162 ff., 315, 395, 470
Wessel, Horst 143
Westarp, Heila von 39
Wetzstein 215
Wilsmeyer, Herbert 105
Winkler, Ina 165
Winzinger, Franz 16, 241 ff., 347, 425, 471
Witz, Max 71 f., 153
Wölfflin, Heinrich 23
Wolf, Benno 393
Wolf, Lothar 381
Wolf, Richard 16, 21, 24, 191, 201, 413 ff., 426 ff., 431 f., 438 f., 446 f., 471
Wührer, Nikolaus 145, 266 ff.,
Wuellfarth, Leonhard 16, 263, 471
Wüst, Walther 393
Wustlich 90
Zacharias, Alfred 16, 33, 90, 146, 309, 317 ff., 472
Zacharias [Zacharias-Fischel] Irmgard 94, 102, 317, 329
Zacharias, Thomas 75, 144, 220, 317, 323, 413
Zacharias, Wolfgang 146, 317 f.
Zacharias, Veronika 317
Zeitler, Anton 16, 385, 472
Zetkin, Clara 345
Ziegelmaier, Josef 16, 472
Ziegler, Benno 87
Zielbauer, Paul 16, 201, 473
Zintner, Hans 164, 183, 208, 473
Zischler, Helmut 164, 199, 202, 220, 306 f.
Zöberlein, Hans 99
Zuckermann, Moshe 231
Zwengauer, Maria 16, 473